SWB

Albert Harald Kaltenecker

Die Brandstifter

**Wie uns Politik und Parteien
wirklich regieren**

Verlag

Umwelthinweis:
Dieses Buch wurde auf chlor- und
säurefreiem Papier gedruckt

1. Auflage 2010

© 2010 Verlag Jürgen Wagner
SüdWest**Buch,** SWB-Verlag, Stuttgart

Lektorat und Korrektorat: Paula Matos, Bochum und Maja Kunze, Berlin

Titelfoto: Jana Peterson
Titelgestaltung: Joe Trageser, J + S Design, Freigericht, j-und-s@t-online.de

Satz: Heinz Kasper, www.printundweb.com

Druck und Verarbeitung: E. Kurz + Co., Druck und
Medientechnik GmbH, Stuttgart www.e-kurz.de
Printed in Germany
ISBN: 978-3-938719-41-1

www.swb-verlag.de

Über den Autor: Albert Harald Kaltenecker versteht sich als kritischer Geist und neugieriger Politik- und Medienbeobachter. Seit Anfang der Neunzigerjahre befasst er sich eingehend mit Deutschlands Polit-Szene. Fundamentale Erfahrungen sammelte er als Gründer, Mitbegründer und Mitglied regionaler und bundesweiter Bürgerinitiativen. Darunter Anlaufstellen für Opfer von Behörden- und Justizwillkür. Hieraus erwuchsen hautnahe Erfahrungen mit der politischen Klasse. Besonders stachen dem Autor stets wiederkehrende Verhaltensmuster im Staatsmetier ins Auge: Gleichgültigkeit gegenüber den Problemen der Menschen! Die Diskrepanz zwischen Reden und Handeln! Fehler um keinen Preis revidieren oder eingestehen! Die gewichtigste wie offensichtlichste Untugend: Ideologie statt Demokratie! Letztlich ging aus den Basis-Einblicken der Antrieb hervor, die Mächtigen unseres Landes auf breiter Front einer gründlichen Revision zu unterziehen. Mit diesem Buch liegen jetzt der schriftliche Befund, Einschätzungen und Aspekte vor. Ohne politische Rücksichtnahme, parteifrei und ohne das modische Beschönigen und Schönreden. Der ungefilterte Zustand der Bundesrepublik Deutschland.

Inhaltliche Anmerkung: Der Autor will ausdrücklich von Experten und wissenschaftlichen Veröffentlichungen abrücken. Ihm liegt besonders daran, Zusammenhänge einfach, verständlich und präzise abzubilden. Das geschriebene Wort soll nicht zu Nachfragen führen und trotz oder gerade wegen der politischen Thematik, auch spannende Unterhaltung sein. »Lesen, ohne dass es Strafe ist« – einer der Leitgedanken des Verfassers. Im Bereich politischer Publikationen eher eine Seltenheit.

Ein Dankeschön

An alle, die mich in der Arbeit zu dieser Publikation unterstützten: Ute-Patricia Aurin mit ihrer Selbsthilfegruppe Kassel wies mich erstmals auf die essenziellen Probleme der Jod-Geschädigten hin. Sie stellte mir umfassendes fachspezifisches Material zur Verfügung, das mir sehr weiterhalf. Besonders herausstellen möchte ich ihr unermüdliches Engagement für Erkrankte dieses Verbraucherskandals. Gleiches gilt für Alice D'Angelo auf dem Gebiet der HIV-Hepatitis-Arzneimittelopfer. Hintergründe und das Leiden der Betroffenen brachte sie mir in ihrer ungewöhnlich liebenswerten und engagierten Art nahe. Sie kämpfte bis zur Selbstaufgabe zusammen mit ihrem infizierten Mann Thomas gegen die Wirkung eines tödlichen Medikaments und für staatliche Entschädigungszahlungen. Beides vergeblich. Für Informationen aller Art geht ein pauschaler Dank an verschiedene Selbsthilfegruppen im Bereich Trennung/Scheidung. Gleiches gebührt dem Berliner Verein Skifas e. V. und Ursel Maurer mit ihrer Initiative für Jugendamtsgeschädigte in Stuttgart. Mit den Tücken jüngster Rechtschreibreformen machte mich meine Lektorin Paula Matos vertraut. Ohne in meinen persönlichen Schreibstil einzugreifen, verfeinerte sie mit sinnvollen und intelligenten Vorschlägen mein Manuskript bis zur Druckreife. Nicht zu vergessen Joe Trageser, der sich der Gestaltung des Buchcovers annahm. Ein besonderer, wenn auch ungewöhnlicher Dank im Literaturmetier gilt meiner Mutter Thilde Kaltenecker. Sie stand mir in vielerlei Hinsicht zur Seite. Speziell ihre konstruktive Kritik, die Textüberarbeitung und das Sammeln von Quellenmaterial waren wichtige Bestandteile zum Gelingen dieses Projekts.

Herzlichen Dank!

Inhalt

Ein Dankeschön 7
Vorwort 13

Teil 1 21

Politik nicht Lösung, sondern das Problem 22
Fiktion und Wirklichkeit 26
Demokratie: Sanierungsfall oder Konkursmasse? 28
Deutschlands größter Standortnachteil: die politische Klasse 31
Salbeitee, Gott und Metastasen der Macht 35
Neoliberale Verluderung der Sitten – der kollektive Wahn 39
Kollateralschäden spalten und entsolidarisieren die Gesellschaft 45
Abstieg in die absolute Armut 49
Globalisierung, der märchenhafte Bluff 54
Betrugsfall Euro 58
Bundestag und Bundesrat, die suboptimalen Reformhäuser 60
Master of Desaster – Tatort Arbeitsmarkt 65
Legenden und Rentenlotterie statt Alterssicherung 71
Bittere Pille, das chronisch kranke Gesundheitswesen 81
Demografischer Wandel – Mythos oder Big-Bang? 87
Mega-Profite, Minilöhne, Marktgeschehen 94
Deutschland – ein System versagt 107

Im Wahrheitsstau und jeden Kredit verspielt 113
Irrwege in die Unglaubwürdigkeit 114
Vollkasko-Mentalität, Gier, Diäten und pralle Pensionen 116
Abkassieren aus dem Jenseits 124
Arbeitsprinzip – versuchte Volksverdummung 126
Hauptsache die Show stimmt 131
Reden leicht gemacht 133
Faul oder überarbeitet – was sind Vorurteile? 135
Berauscht fürs Vaterland 137
Wurzeln der Unfähigkeit 139
Sucht statt Bürgerwohl – die bizarre Welt »da oben« 141

Parteien – Gift der Demokratie ... **145**
Money, Money, Money ... 146
Land im Würgegriff der Parteien ... 147
Volksschäden durch Günstlingswirtschaft ... 149
Parlamente, Spiegel der Gesellschaft? ... 151
Wählen durch Wahlen? Oder Stimmvieh für XY unbekannt? ... 152
Alles läuft wie geschmiert – Parteispenden im Zwielicht ... 154

Roben, Chaos und Parteilichkeit – Krebsgeschwür Justiz . **160**
Ermittlungsbehörden und die Sage der Unabhängigkeit ... 162
Richter und die Sage der Unabhängigkeit ... 165
Geheimnisse höchster Gerichte ... 167
Schwerstpflegefall Justitia ... 170
»Das hätte ich in unserem Rechtsstaat nicht für möglich gehalten« ... 171
Hier werden Sie geholfen – Gerichtspossen ... 173
Politische Justiz, Krankheit unserer Zeit ... 175
Wer den Schaden hat, kann sich seinen Ruin erklagen ... 179
Gutachter, Deutschlands heimliche Richter ... 181
Hilfe, ich bin unschuldig, holt mich hier raus ...! ... 183
Dem Rechtsstaat ist der Krieg erklärt ... 186

Teil 2 ... **191**

Der Skandal schlechthin – Massenmord aus Profitgier ... **192**
Alle wussten vom Tod aus der Spritze ... 194
Die Tragödie war perfekt ... 195
Unvorstellbare Dramen ... 197
Zu spät und doch nicht gestoppt ... 199
Almosen und Häme für die Opfer ... 201
Alle Blutspuren verrinnen in den Amtsstuben der Justiz ... 207
Nachwort zum Kapitel ... 208

Der Exzess – eine Nation im Jodrausch ... **209**
Lügen für das Jodprojekt ... 211
Heimlich verseuchte Nahrungsmittel ... 212
Folgen der Maßlosigkeit ... 215
Ein Leben ohne Gesundheitskiller ... 218
Die pharmanahen Versager waren am Werk ... 220

Multikulti, Kopftücher und Feindliches gegen Einheimische 222
Die Bundesrepublik im weltweiten Vergleich 226
»Wer politisch verfolgt ist, genießt Asyl.« 227
Deutschland Asylland, aber kein Einwanderungsland 228
Gefahr für den inneren Frieden 229
Märchen aus Tausend und einer Nacht 232
Zu spät ausgesiedelt und integrationsunwillig 234
»Weil die Deutschen das Untolerierbare tolerieren« 235
Islamismus und Gegengesellschaften 244
Gleichmut und Ignoranz 245
Waffen statt Entwicklungshilfe 249

Humanschande Altenpflege – abkassiert, entwürdigt, totgepflegt 250
Endstation Pflegeheim: deutsches Roulette für Senioren 252
Gewalt durch Pflege und sonstige Katastrophen 254
Alle verdienen an den Missständen 259
Den Himmel auf Erden gibt es schon 260
Ambulante Pflegedienste 261
Auch das noch … 263
Wo bleibt der Aufstand der Pflegekräfte? 264
Politischer Dreikampf: Schweigen, Ehren und Vertuschen 266

Mann oh Mann … Schicksal Trennung 270
Rückschritt als Fortschritt 272
Kinder als Faustpfand 273
Bittersüß, die Rache des Ex-Partners 275
Beute Kind ist Geld 277
Tatwaffe Kindesmissbrauch 278
Verordneter Bankrott als staatliche Zukunftschance 281
Warum arbeiten und zahlen? 282
Der psychische Ruin 284
Die Schizophrenie des Rechts 286
Der letzte Ausweg 287
Unrecht kurz notiert 288
Was tun und lassen politisch Verantwortliche? 291

Feminismus – nicht Gleichstellung, sondern Unrecht und Anarchie **295**
Wahre Befreiungsabsichten des 21. Jahrhunderts 295
Vetternwirtschaft, Freundinnen und das liebe Geld 299
Rechtsbruch zugunsten von Frauen 299
Männer müssen leider draußen bleiben 303
Die EU-Kommission beschloss Wahnwitz 305
Die Bundesrepublik nimmt Kurs auf US-Verhältnisse 307
Das Gewaltschutzgesetz 310
Geschlechtsspezifischer Fundamentalismus und Extremismus 311
Vorliebe Sex 314
Steuermittel für straffreie Schwerkriminalität 315
Politisch ignoriert – Deutschlands Massenverdächtigungen 317
Wie wird verdächtigt? Wer ruft die Laienberater? 322
Suggestion – Grundlage falscher Anschuldigungen 323
Viele kleine Fälle 325
Vom Rechtsstaat verlassen 327
So wird das Dilemma möglich 328
Sie dulden keinen Widerspruch 328
Rote Karte für erfolglose Beratungsbüros 329
Das Wort zum Kapitel von Professorin Christine Thürmer-Rohr und Hans Eichel 329

Deutschlands schrecklichste Behörde ... und morgen verschwindet Ihr Kind **331**
Warnung an alle Eltern 332
Pflegeeltern, staatlich geduldete Kidnapper 334
Unerklärliche Arbeitsweise 335
Internationale Rügen zur nationalen Praxis 336
Interventionsmissbrauch kontra Untätigkeit 337
Politischer Doppelschlag gegen die Verfassung und Familien 340
Wahre Kurzgeschichten 345
Menschenfresser und ein ungeheuerliches Staatsschauspiel 346
Ware Kind 354
Was sonst in Deutschlands Jugendbehörden passiert 355
Mindestens 7.000 Straßenkinder 358
Bill Clinton, Stimmungen und Stimmen anerkannter Fachleute 359

Mit tödlicher Sicherheit – Pleiten, Pannen, Datenschutz .. 361
Das Vollzugschaos muss wohl grenzenlos sein 362
»Promi-Fälle« erzählen vom Gesellschaftsskandal 364
Heiler reden sich gut und teuer 367
Wenn Mütter morden 369
Fälle – kaum öffentlicher Beachtung wert 370
Kinder zum Sterben geboren in Schlagzeilen 371
Was tun gegen falsches Tun? 372
Der genetische Fingerabdruck 373

Ausblick – was tun? **377**
Ziviler Ungehorsam – Lösungsansatz eins 378
Falsch wählen – Lösungsansatz zwei 381
Anwendungsbereiche mit Blick in die Zukunft 384
Nichts ist unmöglich – Waffe Kleinparteien 385

Literatur-Verzeichnis **388**
Bildnachweis **389**
Quellenangaben und Anmerkungen **390**
Personenregister **408**

Vorwort

Fast könnte man meinen, die Erbschuld der Deutschen wären ihre heutigen Politiker. Nirgendwo haben Parteien so viel Macht und der Bürger so wenig zu sagen. In keinem zivilisierten Land, das sich demokratisch nennt, wird ähnlich gegen das eigene Volk regiert. Deutschlands nationale Widerstandsgruppe sitzt direkt in den Abgeordnetenhäusern. Obwohl die Welt nur wenig davon ahnte – sie war anlässlich des »Fußball-Sommermärchens« zu Gast bei Tricksern.[1] Es genügt eben nicht, wenn sich vereinzelt aufgebrachte Bürger im Ausland um Aufklärung bemühen. In der Redaktion des WDR-Talk »Hart aber fair« ging eine E-Mail ein: »Ich habe mir jetzt eine neue Flagge für meinen Campingplatz genäht. Eine rot-goldene Banane auf schwarzem Grund. Sie soll zeigen, wo ich herkomme.«[2] Angemessen ist die Vokabel »Bananenrepublik« nicht. Beinahe eine Verunglimpfung und Geringschätzung jener Staaten, die gegenwärtig mit den süßen und beliebten Agrarprodukten handeln. Kreiert wurde die geflügelte Redewendung in den Fünfzigerjahren. Damals haftete diese Etikette korrupten Regierungen in zentralamerikanischen Ländern an. Republiken, die rein vom Bananenexport lebten und unter miserablen, menschenverachtenden Bedingungen Plantagenarbeiter beschäftigten. Heute steht der Begriff »Bananenrepublik« für Staaten, in denen im Bereich Wirtschaft, Politik und Recht der Einfluss von Bestechlichkeit, Korruption und Willkür vorherrscht. Damit schließt sich der Kreis. Wir sind zurück in der Bundesrepublik Deutschland und beim Kern dieses Buches.

Seit Jahrzehnten wuchert ein systemveränderndes Allparteien-Kartell. Schleichend nimmt die Veränderung ihren Lauf, ähnlich einem bösartigen Geschwür. Die handelnden Personen haben unsere Republik feindlich übernommen und in brüderlicher Solidarität geteilt. Nach außen hin bekämpft sich die Parlamentarische Gesellschaft dem Volksmund nach wie die Kesselflicker. Nach innen existiert ein einträchtiges schwarz-gelb-rot-grünes Staatsbündnis. Nicht das Volk, sondern die Parteien bestimmen, welche Politiker häufig über Jahrzehnte oder ein ganzes Berufsleben in den Parlamenten sitzen. Wähler allenfalls als lästiger Hemmschuh, die dann-und-wann liebgewordene Job-Gewohnheiten durchkreuzen. Schließlich darf der Souverän wenigstens über eine Kleinigkeit entscheiden: Wer regiert? Wer lümmelt in der Lucky-Loser-Hängematte der Opposition? Allerdings stellt sich der noch so gut gemeinte Wechsel etablierter Parteien gerade mal als exzellent dotierte und wiederkehrende Rotation dar: Regierende gehen in die bequeme Oppositionsrolle. Die Oppositionellen übernehmen die Regierungsgeschäfte. Tücke des Objekts: Die Abgeordneten bleiben nahezu die gleichen, einschließlich der »abgewählten«. Der Zeremonie fehlt ein ganz entscheidendes demokratisches Instrument: *das der wirklichen Abwahl.* Ob schlechte Politik, ob grobes Fehlverhalten – der Bürger kann nicht einmal die schwärzesten Schafe vor die Türen der Parlamente setzen. Natürlich wissen unsere »Volksvertreter« um ihre Sonderstellung. Natürlich blüht in diesem kuscheligen Milieu die Arroganz der Macht. Ausdruck findet dies in Korruption, Selbstbedienung, Affären, schlechter Arbeit und Untätigkeit. Hervorzuheben wäre noch der visionslose Kleinmut in sonderbarer Kombination mit Größenwahn. So ist Deutschland heute ein Filz- und Mauschelstaat mit denkbar schlechten Perspektiven: Ein Gemeinwesen, das in erster Linie gemein ist. Bedrohliche Staatsverschuldung. Überbordende Bürokratie. Bildungsnotstand. Hohe Arbeitslosigkeit. Wettbüros statt Banken. Marktradikale Verrohung der Sitten. Ausbeutung im Berufsleben. Soziale Ungleichheit. Gesellschaftliche Massenverelendung. Geplünderte Sozialkassen. Hinzu kommen fehlende Unabhängigkeit und fehlende Maßstäbe bis tief in die Rechtsprechung hinein. Christdemokrat Heiner Geißler urteilt aus hautnaher Sicht: »Die Verantwortlichen in der Politik verlieren immer mehr ihr ethisches Fundament.«[3] Für Deutschland heißt das weniger Recht, mehr Unrecht. Selbst Jubelpolitik in Wachstumsphasen ändert nichts daran. Auch nicht an der öffentlichen Stimmung oder am dramatischen Auseinanderdriften zwischen Arm und Reich. Die Kluft der Gegensätze, sie wächst und wächst, doch die politische Klasse nimmt keine Notiz davon. Laut einer Allensbach-Umfrage halten 60 Prozent der Parlamentarier die Verteilung von Einkommen und Vermögen für gerecht. Und die Bürger? Eine Zweidrittelmehrheit der Deutschen hält die Verteilung für ungerecht.[4] Gleiche Studie – tiefgreifende Unterschiede in der Wahrnehmung. Martin Richenhagen, einziger deutscher Manager eines der 500 größten US-Konzerne, stichelnd: »Weltfremde Politiker, das gehört zum Berufsbild.«[5]

Realpolitik in Deutschland: Wie schlecht wir »gemanagt« oder regiert werden, belegen drei relativ belanglose Projekte. Ausgewählt deshalb, da sie jeder Bürger kennt, sie in Kürze erzählt sind und repräsentativ politisches Tun veranschaulichen:
Erste Episode: Seit geschlagenen 20 Jahren diskutiert Deutschland den Ladenschluss. In dieser Zeit gab es zigfache Lockerungen der Öffnungszeiten. Ursprünglich war alles an ein heiliges Versprechen geknüpft: »Schaffung neuer Arbeitsplätze«! Doch mehr Personal blieb eine Illusion, wahrscheinlich Täuschung. Umsatzsteigerungen wohl die Träumerei gieriger Kapitaleigner.

Dennoch krampft die ideologische Endlos-Debatte unbeirrt weiter. Jetzt soll der symbolträchtige Tag der Ruhe und Erholung fallen. Sturmreif geschossen mit der explosionsartigen Ausbreitung verkaufsoffener Sonntage. Nichts gelernt aus der chronischen Prozedur der Vergangenheit? Die Angelegenheit hat einen entscheidenden Haken: Die Menschen können nicht mehr Geld ausgeben, als sie haben. Deshalb fordern Verbraucher heute vieles, nur keine weitergehenden Ladenöffnungszeiten. Doch Deutschlands Parlamentarier sehen sich nicht in der Lage, einen so unnötigen wie simplen Sachverhalt abzuschließen und endlich ad acta zu legen.

Zweite Episode: Zigarettenpackungen werden seit Jahren mit Aufschriften wie »Rauchen kann tödlich sein« bedruckt. Besonders junge Menschen sollen sich davon abgeschreckt fühlen. Solche Warnungen mögen gut gemeint sein, professionell sind sie nicht. Jeder Werbestratege weiß: Auch Negativwerbung weckt Interesse und führt zur Nachfrage. Für Kids hat die Zigarette seither den besonderen »Kick« und ist als ungemein »cool« aufgewertet. Mögen solche Erkenntnisse die »große Politik« nicht erreicht haben, der Nebenschauplatz ist ein wahres Husarenstück: Gleichzeitig zur »Antiwerbung« werden Raucherecken und Raucherzimmer an Schulen angeboten. Dazu wird vehement um EU-Subventionen für den Tabakanbau gekämpft und vor dem Europäischen Gerichtshof gegen ein Werbeverbot für Zigaretten geklagt.[6] »Erfolg« der Staatskunst furioso: Immer mehr Kinder und Jugendliche greifen zum Glimmstängel. Laut WHO-Studie sind Deutschlands Teenager Europameister auf dem Sektor »blauer Dunst«. Geplante Konsequenz: erneut ein gesetzlicher Werbefeldzug, um junge Raucher zu ködern: Schock-Fotos auf Zigarettenschachteln.

Letzte Episode: Ein unübertroffenes Spektakulum bot die berühmt-berüchtigte Rechtschreibreform. Nach dem über ein Jahrzehnt andauernden Hin und Her stand am Ende die Reform der Reform der Reform. Ein Schildbürgerstreich mit unrettbar verkorksten Regeln. Ein Aufmüpfiger verließ den fehlbesetzten und partei-ideologisch verblendeten »Rechtschreibrat« mit den Worten: »Mit gutem Gewissen kann ich dieses unausgegorene Machwerk nicht auf die Schulen loslassen.«[7] Und es wurde losgelassen! Viktor von Bülow, alias »Loriot«, ein Meister der feinsinnigen deutschen Sprache, hat zu alledem eine dunkle Vorahnung: »Wenn wir so weitermachen, grunzen wir bald.«[8]

Nicht können? Oder nicht wollen? Wo ist der Sündenfall? Die Machthaber unserer Zeit beschäftigen sich – wie gerade gehört – Jahrzehnte mit belanglosen oder nutzlosen Dingen. Im Giftschrank haben sie »Reformen«, um

Bestehendes zu verschlechtern. Speziell gegenüber den Schwächeren lassen es Deutschlands Protagonisten richtig krachen. Andererseits sträubt sich Politik einem jahrzehntelangen Verhaltenskodex gemäß gegen wirkliche Lösungen. Viel Zeit und Kraft sind vonnöten, um das sich hieraus ableitende Schlamassel zu beschönigen, zu verteidigen oder zu vertuschen. Das ist die verkürzte Palette der parlamentarischen Philosophie. Wen wundert dann noch, wenn die Menschen »denen in Berlin« nichts mehr zutrauen? Schwarz, Rot, Gelb, Grün ist die Farbenlehre bisheriger Regierungsparteien seit Gründung der Bundesrepublik. In gesamtschuldnerischer Verantwortung haben sie unsere Nation in eine innere Dauerkrise gestürzt. Wenngleich die Probleme in weltwirtschaftlich besseren Zeiten von der Öffentlichkeit weniger wahrgenommen werden, am Generalversagen der herrschenden Klasse ändert das nichts. Der Hauptfehler ist lokalisierbar: Deutschland wird seit Jahrzehnten ausschließlich von Wirtschaftsparteien geführt. Stammkundenpolitik für eine gesellschaftliche Minorität, anders ausgedrückt: Politik für wenige. Hintergrund: Die christlichen Parteien sind traditionell wirtschaftsnah. Die Sozialdemokraten mauserten sich spätestens unter der Agenda 2010 zu marktradikalen Genossen der Bosse. Die freien Demokraten sind nach eigenen Aussagen die Partei der Besserverdienenden. Die Grünen schweigen genüsslich und hätscheln ihr bevorzugtes Wählerklientel der Wohlhabenden. Diese Schieflage – auch eine Frage der Gerechtigkeit – begünstigt die Starken, die sich selbst helfen könnten. »Normalbürger« sind ohne politische Vertretungsmacht. Gänzlich vergessen sind die Schwächsten, für die Politik vorwiegend gemacht ist. Der Staat als Schutzmacht der Benachteiligten, davon kann heute keine Rede mehr sein. Deutschland erlebt den Sieg der Ökonomie über das Leben. Warum das so ist, welche Folgen sich ableiten und wie verstrickt Wirtschaft und Politik sind, wird im Verlauf des Buches ausführlich beleuchtet.

Demokratie braucht Recht und Gerechtigkeit auf der Grundlage selbstbestimmter Bürger. Nach dem Willen der jeweiligen Mehrheit eine »Herrschaft des Volkes«. Durchweg Bausteine, die im Klüngel der »repräsentativen Demokratie« erodiert sind. Es gibt Nationen, die rechtsstaatlich und demokratisch sind – Deutschland gehört nicht dazu. Diese These mag dem ersten Anschein nach äußerst gewagt und provokant erscheinen. Doch wer genauer hinsieht oder diese Publikation gelesen hat, wird nicht umhin kommen, sich einer identischen Auffassung anzuschließen. Kleine Präsentation zum Thema Placebo-Demokratie: »Alle Staatsgewalt geht vom Volke aus«, so schwebte es einst den Machern des Grundgesetzes vor. Zur EU-Verfassung sagten unsere Nachbarn Frankreich mittels Volksabstimmung »Non« und Holland

»Nee« – beides heißt: Nein! Wir Deutschen blieben ungefragt. Ersatzweise stellte sich der damalige Außenminister Fischer vor die französische Presse und erklärte, entgegen allen demoskopischen Nein-Umfragen, Deutschland habe mit »Ja« gestimmt, und meinte damit sich und seine politische Clique. Jahre später der gleiche Sachverhalt, das gleiche Szenario, nur die handelnden Personen waren andere. Hauptakteure diesmal das rot-schwarze Regierungsduo Steinmeier/Merkel. Speziell auf deren Betreiben wurde das in anderen Ländern abgelehnte Verfassungswerk in einen »Lissabon-Vertrag« umetikettiert und erneut zum Verkauf feilgeboten. Die Iren erkannten die Mogelpackung und stimmten in einem Referendum mit »No«. Erneut blieb das deutsche Volk ungefragt und wieder ratifizierte die Bundesrepublik den Vertrag gegen eine mehrheitliche Bürgermeinung.[9] Eine interessante Interpretation von Demokratie! Bei allen wichtigen Entscheidungen unseres Landes hat eine Handvoll Politiker auf ähnliche Weise über die Köpfe der Menschen hinweggeschieden: *Beitritt zur EU. Abschaffung der D-Mark. Überdehnung der Osterweiterung. Deutschland als Einwanderungsland. Anlocken ausländischer Arbeitskräfte. Rente mit 67. Weltweite Einsätze der Bundeswehr. Genmanipulierter Anbau ... und so weiter und so fort.* Jedes Regierungshandeln gegen das Volk zersetzt das Vertrauensverhältnis. So macht sich Argwohn breit, der sich verstärkt, wenn Gesetze nicht geachtet, die Schwachen nicht geschützt und die Starken nicht kontrolliert werden. Werte, die keine traditionelle Partei in der Praxis heute noch verteidigt. Folglich haben die Menschen längst nicht mehr das Gefühl, dass es in unserer Gesellschaft mit rechten Dingen zugeht. Das Grundvertrauen ist zerstört. Da aber Vertrauen der Kitt jeder Demokratie ist, wendet sich Deutschland von ihrer vermeintlichen »Volksherrschaft« ab. Seit Jahren jagt ein Umfragetief das nächste. Jüngster Trend: Die Mehrheit der Deutschen ist grundsätzlich nicht mehr damit einverstanden, wie hierzulande Demokratie funktioniert. Ein Pulverfass, denn Demokratie-Verdrossenheit ist kein harmloser Schnupfen. Die politische Klasse pokert gegenwärtig im Casino der Macht mit einigen Unbekannten um unser Land. Ausgang ungewiss!

Bisher war von prinzipiellen Fehlentwicklungen und falschen Weichenstellungen die Rede. Damit werden wir uns im ersten Teil des Buches beschäftigen. Im zweiten Abschnitt wird staatliches Sodom und Gomorrha aufgerollt, das der Öffentlichkeit weitgehend verborgen ist. Oder falls bekannt, nicht der Politik zugeordnet wird. Bürgerschicksale bis hin zu tödlichen Folgen aufgrund der fehlenden Ordnung, die die staatliche Elite nicht mehr aufrechterhält. In den Führungszirkeln wird nicht mehr nach Recht und Unrecht oder richtig und falsch entschieden. So kommt es kraft

Exekutive, also in Behörden, die letztlich politische Vorgaben umsetzen, zu staatlicher Gewalt. Unrecht mit teils lebenszerstörenden Konsequenzen! Eine Schlüsselstellung nimmt dabei die Justiz ein. Sie ist ebenso im Netz der Filzokratisierung verfangen und wurstelt ohne klare Werte und Kontrolle vor sich hin. Alles zusammen ebnet den Weg für Menschenrechtsverletzungen in allen öffentlichen Bereichen. Staatsdelikte, die vorzugsweise in fernen Ländern gebrandmarkt werden, gehören zum Alltag unserer Republik. Am deutschen Wesen soll nun mal die Welt genesen, darum stellen sich unsere Volksvertreter liebend gern über andere Nationen. Aber wehe dem, sollten internationale Organe oder führende Staatsrepräsentanten anderer Länder die Verstöße der Bundesrepublik anprangern. Postwendend werden die »Reklamationen« hochgradig empört zurückgewiesen. Ergänzend gehört es zur »Problembewältigung«, die Beschwerden zu ignorieren und auszusitzen, bis niemand mehr davon spricht. Ein allgemein gängiges Schema! Ehrliche Diskussionen über Grundrechtsverletzungen der Bundesrepublik gibt es nicht. Zementiert ist ein unausgesprochenes Redeverbot. Wer als Opfer Gerechtigkeit will, läuft ohnmächtig gegen eine Wand geballten Zynismus. Sollten Betroffene auch noch gegen jene staatlichen Praktiken protestieren, die ihnen zum Verhängnis wurden, enden sie in einer Querulantenkartei.[10] Die gibt es tatsächlich.

Geschickt und mit den Mitteln der Macht gelingt es der politischen Kaste immer wieder, das eigene Versagen einer breiten Öffentlichkeit zu entziehen. Kein Ruhmesblatt für das Pressewesen. Wie in den USA, zeigen sich immer augenfälliger und unverblümter Gleichschaltungs-Tendenzen. Die vierte Macht im Staate als Verteidiger der Demokratie hat auch in den Augen der Bürger abgedankt: Laut Umfrage des Marktforschungsinstituts »Ipsos« im Auftrag der Programmzeitschrift »Hörzu« glaubt eine Mehrheit der Deutschen den TV-Berichten nicht mehr.[11] Zu auffällig brav folgt die Presse dem politischen Mainstream. Diese Willfährigkeit ist kein unerklärbares Phänomen: Freundlich formuliert ist die Berichterstattung heute »zu nah dran«. Im gleichen Boot sitzend hat man sich Seit an Seit verschwistert: Politik ist angewiesen auf die Macht der Massenmedien. Der hochprofitable »Medienmarkt« wiederum braucht topaktuelle Informationen »aus erster Hand«. Ein Abhängigkeitsverhältnis mit Kumpaneifaktor. Erschwerend kommt hinzu, dass in nahezu allen Vorständen und Aufsichtsgremien unsere Parlamentarier höchstpersönlich sitzen. Parallel dazu kaufen sich Parteien gleich ohne Umschweife in Hörfunk, Fernsehen oder Zeitungen ein. Medienbeteiligungen bis zu hundert Prozent! Deutschlands undurchschaubarer Wust an Lenkungsmöglichkeiten.

Zu all dem gesellt sich ein kleiner Trick, um Probleme wegzureden und gesellschaftliche »Nörgler« kaltzustellen. Bezieht sich Kritik speziell auf ein Ereignis, entgegnen unsere Mandatsträger: »Das ist ein Einzelfall.« Wer Missstände pauschal anprangert, dem wird eine »unzulässige Verallgemeinerung« vorgeworfen. So dreht sich das Karussell des Unrechts in der Zentrifuge des Teufelskreises. Dem Verschleierungs- und Totlauftrick greift diese Publikation vor. Deutschlands Mängel sind pauschal benannt und speziell im zweiten Buchabschnitt immer wieder anhand von menschlichen Einzelschicksalen konkretisiert.

Behördliches Unheil ist ein Gemisch aus politischem Machtmissbrauch und dem Nichts- oder Falschtun unserer Volksrepräsentanten. Betroffene Bürger begreifen ihre »Heimsuchung« häufig als individuelles Schicksal. Doch es ist, was es ist – staatliches Unrecht mit System. Elementare Aufgaben, die unter sechzehn Jahren Helmut Kohl und sieben Gerhard-Schröder-Jahren nicht angepackt wurden, lässt auch Angela Merkel in den Fesseln ihrer Co-Abhängigkeit liegen. Denn eines funktioniert im heimlichen Allparteien-Bündnis: Es wirkt als Meinungskartell. Ein Paradebeispiel: Einhellig predigen die althergebrachten Parteien seit Jahrzehnten neoliberale Irrlehren. Diese Rezepte, auch Reformen genannt, sind über den gesamten Zeitraum auf ganzer Linie gescheitert. Sogar kläglichst gescheitert. Doch trotzig werden die Ideen unreflektiert als Heilsbringer »ohne Alternative« weiterpropagiert. Einspruch, liebe Staatsfrauen und Staatsmänner! Auch in der politischen Problembewältigung führen viele Lösungsstrategien und Wege nach Rom. So bleibt die »alternativlose« Behauptung allein erfahrungswissenschaftlich trotz x-facher Wiederholung eben x-fach falsch.

Deutschland entfernt sich immer weiter vom Zustand eines demokratischen Rechtsstaates. Tendenziell führt der Weg in eine Plutokratie, eine Gesellschaftsform, die nur Vermögenden politische Macht garantiert. Eine Herrschaft der Reichen! Schon heute fehlt es an allen Ecken und Enden an Gerechtigkeit. Dazu der Heilige Augustinus (354–430), ein Kirchenlehrer, sinngemäß: »Ein Staat ohne Gerechtigkeit ist nichts anderes als eine große Räuberbande.« Und über diese Räuberbande berichtet dieses Buch.

Anmerkung zur inhaltlichen Gestaltung: Angaben über Geldbeträge der alten D-Mark-Währung sind mit wenigen Ausnahmen direkt in Euro dargestellt. Immer wiederkehrende Umrechnungs-Erklärungen werden damit vermieden.

Die neutrale Gesetzessprache mit der ausdrücklichen Erwähnung beider Geschlechter entstammt dem feministisch-fanatisierten Zeitgeist. Texte werden dadurch verkompliziert, stören den Lesefluss und sind mit verständlicher Sprache nicht vereinbar. Kein Gewinn für Frauen. Kein Fortschritt für Leser. Deshalb wird weitgehend auf diese Schreibweise verzichtet.

Teil 1

Politik nicht Lösung, sondern das Problem

Ein gut gekleideter Mann im Lodenmantel beugt sich anlässlich eines Weinfestes über den Bühnenrand und ruft: »Hier hast du auch was zu trinken.« Genüsslich und mit breitem Grinsen kippt er eine übergroße Flasche Winzersekt über den Kopf eines Besuchers. Es ist keine Bühnenshow und kein Ritual einer Siegerehrung. Der völlig durchnässte Mann – ein Obdachloser – weint bitterlich, als ihm der Sekt aus den Haaren über sein Gesicht perlt. Später sagt der Gedemütigte: »Es war wie ein Schlag ins Gesicht und dieser Mann hat sich dabei noch gefreut.«[12] Welches Menschenbild und welcher Mensch stehen hinter einer derartigen Handlung? Bekannt ist, der durchgeknallte Sekt-Anschläger war ein von Bodyguards umringter Politiker: Bremens christdemokratischer Wirtschaftssenator und Vize-Regierungschef Peter Gloystein. Diese Begebenheit beinhaltet manchen Fingerzeig: Das berühmte Tuch zwischen dem Bürger und seinen Vertretern ist zerschnitten. Zu konstatieren ist eine zerrüttete Beziehung, die samt politischer Moral auf den Hund gekommen ist. Zur These eine weitere Kostprobe: Bayerns CSU-Finanzminister Kurt Faltlhauser verkündete anlässlich einer Berliner Festrede: Werde sein Chef Stoiber erst mal Kanzler, »dann wird das Bier billiger, und die Frauen werden williger«.[13] Na, dann Prost, schließlich fielen die Äußerungen im Rahmen eines Bockbieranstichs und unmittelbar vor Stoibers Demontage. Die Quintessenz aus den Vorgängen um diese regionalen Mandatsgrößen: Das häufig kritisierte Schlechtreden der politischen Klasse ist eine Mythenbildung. Deutschlands Volksrepräsentanten übererfüllen dieses Rollenverhalten selbstverpflichtend. Umso verwunderlicher, wie es den Herrschenden verlässlich gelingt, zwei hartnäckige Gerüchte zu streuen: Die Medien würden ihre Arbeit zu negativ beurteilen, und das fügt man in der Regel hinzu: Die Politik, die man mache, sei eine gute Politik, sie wäre der Öffentlichkeit lediglich »schlecht vermittelt« oder »schlecht erklärt«. Das eigene miserable Ansehen gewissermaßen als Kommunikationsproblem. Absicht oder kollektive Sinnestäuschung? Sicher ist: Die politische »Elite« wird, obwohl sie seit Jahrzehnten nicht einmal minimalste Anforderungen erfüllt, in der medialen Berichterstattung mit Samthandschuhen angefasst, sogar hofiert. Dieses Buch geht einen anderen Weg und stellt vorab richtig: Gute Politik erklärt sich selbst. Schlechte Staatskunst als vernünftige Sache zu verkaufen schließt sich trotz modernster Image-Beratung aus. Damit wäre gleichzeitig das reihenweise Scheitern kostspieliger und steuerfinanzierter PR-Agenturen aufgehellt.

Gehen wir einmal auf eine fiktive Reise. Wie könnte oder müsste sich die Übertragung einer objektiven und realistischen Neujahrsansprache aus dem Bundeskanzleramt anhören?

»Liebe Mitbürgerinnen, liebe Mitbürger! Seit einigen Jahrzehnten haben Sie immer und immer wieder uns, den etablierten Parteien Deutschlands, Ihr Vertrauen geschenkt. Danke! Wir wussten, wir können uns auf Sie verlassen. Wir wussten um Ihre einmalige Treue. Stets konnten wir mit der Mehrheit aller Wählerstimmen rechnen. Diese Garantie und der Schutz, für unser Tun nicht belangt werden zu können, führte uns auf Abwege: Nebst Selbstgerechtigkeit und Hochmut ließen wir seit Beginn der Achtzigerjahre die Dinge laufen. Wir mogelten uns lediglich von Wahl zu Wahl. Unsere Philosophie: Gewählt ist gewählt! Zu Ihrer Beruhigung sei gesagt, es war unerheblich, welchem Lager Sie Ihre Stimme schenkten. Schwarz-Gelb, Rot-Grün, der Großen Koalition, sie alle vertraten identische Praktiken: *Probleme verwalten. Wichtige Aufgaben meiden.* Nur öffentlicher Druck brachte Betriebsamkeit in unsere Reihen. Je nachdem, wie prekär sich die Lage zuspitzte, verfielen wir in Aktionismus. Zumeist missglückten die daraufhin eingeleiteten Schritte noch aufgrund handwerklicher Fehler. Alle konventionellen Parteien reduzierten ihr Hauptinteresse auf Machterhalt denn auf Lösungen. So kam es, dass wir regelmäßig Entscheidungen gegen die Mehrheit unseres Volkes trafen. Speziell die Volksparteien – die keine mehr sind – verrieten alles, wofür sie einst standen: Chancen- und Verteilungsgerechtigkeit! Freiheit! Solidarität! Menschenrechte! Heute sprechen wir von einer Kernschmelze in diesen Fragen. Daraus resultiert auch eine Abwärtsspirale mit sozialen Verwerfungen. Es sind Probleme, die wir selbst verursachten, aber jetzt vorgeben, sie zu bekämpfen. Statt Aufgabenbewältigung verschärften wir die Situation des Landes immer weiter. Politik ist, die Lebensbedingungen der Menschen zu verbessern. Alles andere ist unpolitisch. Daher räumen wir ein, dass unsere Arbeit seit Jahrzehnten eine unpolitische war. Viele der erzeugten Schwierigkeiten versuchten wir mit Geld zu mildern, das wir nicht hatten. Deshalb nahmen wir ohne Tilgungsabsichten riesige Kredite auf. Stichwort Staatsverschuldung. Analog dazu stand an oberster Stelle unseres Handelns die ständige Steigerung der Konzerngewinne. Erreicht wurde dies mit immer neuen Steuerentlastungen fraglicher Klientel. Zur Gegenfinanzierung griffen wir den sogenannten kleinen Leuten immer tiefer in die Tasche. Eine der gängigen Methoden war, versprochene Leistungen zu kürzen oder ganz zu streichen. Meine Rede ist von den ewigen Verschlimmbesserungen, die Sie zur Weißglut brachten. Mit diesen Reformen, wie wir sie nannten – die aber keine waren, verbreiteten wir landauf, landab Angst und Schrecken. Fragen der Gerechtigkeit oder Wünsche Ihrerseits, liebe Mitbürgerinnen und

Mitbürger, konnten wir leider nicht berücksichtigen. Ausgenommen von dieser Festlegung war die ökonomische Elite. Obwohl Wirtschaftsfürsten schlechte Ratgeber für das Gemeinwohl sind, erfüllten wir deren Anliegen bereits im vorauseilenden Gehorsam. Anregungen und Anstöße aus der Mitte der Gesellschaft fielen einer Art kollektiven Blockade zum Opfer: Sie zogen wir zu keinem Zeitpunkt in Betracht. Auch von unseren europäischen Nachbarn, die in der Vergangenheit vieles besser lösten, wollten wir nichts annehmen. Wäre es nicht unendlich blamabel, beispielsweise von der Alpenrepublik Schweiz, dem winzigen Dänemark oder anderen Zwergstaaten zu lernen? Wir, eine groß- und weltmachtstrebende Nation? Wir, ein Land das gelernt hat, mit völkerrechtswidrigen Truppeneinsätzen globale Herrschaftsansprüche anzumelden? Hin und wieder waren echte Problemlösungen förmlich mit Händen zu greifen. Erinnern Sie sich an eine verständliche und gerechte Steuererklärung auf dem dadurch zur Berühmtheit gelangten Bierdeckel? Schade, aber sinnvolle und notwendige Zukunftsreformen fallen traditionell unserem eigenwilligen Hobby zum Opfer – dem parteitaktischen Gezänk.

Hier und heute möchte ich die Gelegenheit ergreifen, um den landesweiten Notstand auszurufen. Der Grund: Es ist nahezu unmöglich geworden, uns gegen die übermächtigen Wirtschaftsinteressen durchzusetzen. Jeder Volksrepräsentant hat sich im Zuge der Gier nach Macht und Geld im Netzwerk der Konzerne verfangen. Gerade noch das herzensgute Grundgesetz glaubt an die Unabhängigkeit deutscher Parlamentarier. Vom Bundestag bis in die Kommunen stehen meine politischen Mitstreiter auf den Lohnlisten mannigfaltiger Unternehmen. Überall sprudelt Geld. Auch unsere Parteien finanzieren sich größtenteils aus Deutschlands spendierfreudiger, aber hoch anspruchsvoller Wirtschaft. Mehr als 3.000 einflussreiche Lobbyisten tummeln sich allein in Berlin. Das böse Wort ›Lobbyschlampen‹ macht die Runde, denn sie lassen uns einfach nicht in Ruhe. Immer müssen wir uns von ihnen anhören: ›Wer zahlt, bestimmt!‹ So erklärt sich auch der über ein Jahrzehnt andauernde Kampf um ein – mit Verlaub – albernes Dosenpfand. Auch die Namen krimineller Betriebe, die uns tonnenweise ekliges Gammelfleisch auftischen, dürfen wir nicht, wie in anderen Ländern, veröffentlichen. Fachverbände interpretieren den Verbraucherschutz leider etwas eigenwillig: Sie wollen die Lebensmittel-Mafia vor den boykottanfälligen Konsumenten geschützt wissen. Nur Anonymität gewährt hier verbindliche Sicherheit für das Fleischsyndikat. Auch das Verschärfen von Strafgesetzen für den Handel mit verdorbenen oder verseuchten Nahrungsmitteln ist uns strengstens untersagt. Nur deshalb sind wir untätig! Doch unsere Passivität beinhaltet auch eine staatssichernde Komponente. Bei politisch konsequentem Auftreten würden wir wichtige Ansprechpartner des Handels und der Industrie an Haftanstalten der gesamten Republik verlieren. Liebe Mitbürgerinnen und Mitbürger, wir können nicht anders. Bitte, glauben Sie den Worten des Journalisten und weisen Weltenkenners Peter Scholl-Latour: ›In Deutschland ist eine gewaltige Wirtschaftslobby zu Gange, die die Politik bestimmt und beherrscht. Das ist nicht normal.‹[14]

Ein explosives Gemisch aus ökonomischer Fremdbestimmung, dem dreißigjährigen Krieg der Parteien, politischer Starrköpfigkeit und der permanent faulen Kompromisse hat tiefe Spuren hinterlassen: Hohe Unrechtsquote! Abstieg einer gesellschaftlichen Mehrheit! Aussagekräftige Pressemeldung aus dem Jahre 2007: ›*Netto-Löhne so niedrig wie vor 20 Jahren.*‹ Übrigens: Auch nach diesem Datum blieben Reallohnerhöhungen aus, sondern das Wenige wurde weiter weniger. Eine Bertelsmann-Studie meint sogar, der Niedergang Deutschlands wäre ›*einzigartig*‹.[15] Selbst wenn uns im Sog der Weltkonjunktur unverschuldete Aufschwungphasen ereilen, die Krise bleibt. International periodischer Aufwind löst keine nationalen Strukturprobleme. Ebenso wenig schafft Wachstum Vertrauen. Wie bei Beton kommt es darauf an, was man daraus macht. Genau hier liegt das Problem: Wächst die Wirtschaft, wächst die Ungerechtigkeit! Steigt der Wohlstand, steigt die Armut! Zuwachs geht an der Masse des Volkes vorbei. Formel unseres Tuns: Über Soziales und Linksruck reden, neoliberal handeln. Soziologe Professor Christoph Butterwegge der Universität Köln glaubt: ›Wir sind auf dem Weg in den Suppenküchen-Staat.‹[16] Worte, die die Gegenwart bereits einholte. Essensausgabe für Bedürftige eine mittlerweile flächendeckende Erscheinung bis in die kleinsten Städte.

Liebe Mitbürgerinnen und Mitbürger, im stillen Kämmerlein sind wir verzagt. Wir hätten nie auf Anraten liberaler Kräfte das Erfolgsmodell Soziale Marktwirtschaft aufgeben dürfen. Zusammen mit dem ordnungspolitischen Rückzug, der Entstaatlichung und dem Todesfall des Gerechtigkeitsgedankens produziert dies den Großteil unserer heutigen Schwierigkeiten. Wir wissen um Ihren Ärger, wenn Sie die Zeitung aufschlagen. Wir ahnen Ihre Wut, wenn Sie uns im Hörfunk oder Fernsehen reden hören. Laut Emnid-Umfrage vertrauten im Jahre 2007 gerade noch 14 Prozent aller Deutschen der Bundesregierung.[17] Ein blauer Brief und Trend, der sich immer weiter verfestigt. Ihre Gefühlslage ist berechtigt, obwohl das Ausmaß unseres Scheiterns weitgehend im Dunkeln liegt. So viel sei an dieser Stelle enthüllt: Die hausgemachten Schwierigkeiten sind uns über den Kopf gewachsen.

Keim allen Übels: Wir haben unsere Unabhängigkeit verkauft und sind zum Spielball anonymer Kapitalinteressen geworden. Das System Deutschland ist in der Krise, denn die Wirtschaft kontrolliert die Politik. Folglich handeln wir aus Sicht des ›kleinen Mannes‹ und der ›kleinen Frau‹ immer an deren Anliegen vorbei und tun immer das Falsche. Das ist auch so und wir wissen das. Ein Zwiespalt, der uns ratlos macht. Wir stehen heute handlungsunfähig vor den Scherben unserer Verstrickungen. Als Gefangene mächtiger Geldgeber haben wir uns in eine Sackgasse manövriert. Diese Entwicklung kann und darf nicht andauern. Kein ›Weiter so‹ und deshalb sind wir kapitulationsbereit. Einziger Ausweg: Entbinden Sie uns von der Last der staatlichen Verantwortung. Bitte wählen Sie keine traditionellen Blöcke mehr, denn damit schaden Sie Deutschland. Die alten Parteien haben ausgedient. Geben Sie Ihre Stimme unabhängigen Menschen, unverbrauchten Parteien oder freien Vereinigungen, die wieder Sachwalter Ihrer Interessen sein können. Danke! Wir, die Obrigkeit, wünschen Ihnen ein gutes, erfülltes und gesegnetes neues Jahr.«

Fiktion und Wirklichkeit

Wie gesagt, die Neujahrsansprache ist erdacht. Ungeachtet dessen orientieren sich die nackten Fakten an der politischen Lebenswirklichkeit. Nicht nur das, auch ein Teilgeständnis liegt vor. Kronzeuge: ein Mann aus »Maggie« Merkels sogenannter Boygroup. Sein Name Norbert Röttgen, der seine Beichte als Parlamentarischer Geschäftsführer der Unions-Fraktion ablegte: Er kritisierte den jahrzehntelangen »Exzess der machtpolitischen Interessen der Parteien gegenüber ihrer sachpolitischen Aufgabe«. Weiter: »Wir sind sowohl moralisch als auch ökonomisch gescheitert.« Und: »Ich glaube in der Tat, dass wir seit der ersten Großen Koalition [1966–1969] damit begonnen haben, über unsere Verhältnisse zu leben. Das drückt sich in dieser massiven Verschuldung aus. Das ist zu einer Methode geworden. Die Parteien haben gesagt, wir wollen bei der nächsten Wahl erfolgreich sein. Also vertagen wir die Probleme, wir lösen sie nicht. Wir vertagen sie, insbesondere mit dem Mittel der Verschuldung.« Sein Resümee: »Wir haben uns – die Parteien – wichtiger genommen als die Aufgabe, der wir zu dienen haben. Das ist nicht mein Vorwurf, sondern meine Feststellung! Damit sind wir politisch gescheitert, weil wir keine Gestaltungsspielräume mehr haben, von der Kommune bis zum Bund. Ökonomisch fällt der Staat als Nachfrage aus. Aber wir sind insbesondere moralisch gescheitert, weil es eine Lebensweise ist, die bedeutet, dass die heute älteren Erwachsenen auf Kosten ihrer Kinder leben.

Das würden wir privat niemals machen und wir dürfen es auch als Staat, als Gesellschaft nicht tun.«[18] Trotz der erfrischend ehrlichen Worte bedarf es der ausdrücklichen Betonung, dass die Absichten und Wünsche der Menschen systematisch übergangen wurden. Nie und nimmer war es Volkes Wille, auf Kosten seiner Kinder zu leben. Zumal es im wirklichen Leben eher umgekehrt ist. Beklagte Weichenstellung war – wie Röttgen auch sagte – rein parteiegoistisch motiviert. Es bedeutet aber auch: Deutsche Politiker waren in den letzten 30 bis 40 Jahren nie ehrlich. Speziell vor Wahlen ist es seit jeher gute Sitte, mit Versprechungen Stimmen zu kaufen. Dass die »Guttaten« kreditfinanziert sind, wurde dem Bürger nie gesagt.

Anspruch und Wirklichkeit: Norbert Röttgen fast zwei Jahre nach seinem ehrenwerten Bekenntnis und ebenso lang mit Angela Merkel in Regierungsverantwortung: »Es ist nicht nur so, dass wir nur noch besser werden müssen. Wir sind zum Teil auch schlecht. Nicht gut genug. Und wir genügen den Anforderungen nicht.«[19] Jammerschade, dass der CDU-Politiker vergaß zu erläutern, warum die Probleme weiterhin vertagt und die Menschen immer noch schlecht regiert wurden. Doch davon erfuhr die Öffentlichkeit wenige Wochen später. Ursächlich hat das mit der Abhängigkeit von Politik und Wirtschaft zu tun. Derselbe Reichstagsabgeordnete Röttgen, der so sympathisch und moralisch argumentierte, wollte eine der einflussreichsten Lobby-Tätigkeiten der Republik antreten. Wohlgemerkt, »nebenbei« zum Bundestagsmandat! Seine angestrebte Stellung: Hauptgeschäftsführer des Bundesverbandes der Deutschen Industrie (BDI). Ein gut dotierter Fulltimejob. Nur aufgrund heftiger Proteste ließ Röttgen davon ab. Weniger einsichtig hingegen sein Unions- und Bundestagskumpane Reinhard Göhner. Im »Zweitjob« ein hochkarätiger Verbandsfunktionär. Schon Mitte der 90er-Jahre versprach er, sein Mandat zurückzugeben. Mehr als ein Jahrzehnt verzichtete Göhner weder auf seinen Sitz im Bundestag noch auf das Zubrot von jährlich geschätzten 300.000 Euro als Hauptgeschäftsführer des Arbeitgeber-Bundesverbandes (BDA). Doch Mehrfachbelastungen bergen Gefahren. So kam es, dass der Vielbeschäftigte nachweislich in München einen Fernsehauftritt hatte und gleichzeitig im Berliner Reichstag mit »Ja« für die dreiprozentige Mehrwertsteuererhöhung 2007 stimmte. Peinlich! Göhner: »Wie meine Stimmkarte in die Urne kam, weiß ich nicht ...«[20] Tatsächlich? Normal strukturierte Menschen glauben wohl eher an eine plumpe Schwindelei mit dem Votum eines »verhinderten« Volksvertreters *(mehr zu Verstrickungen und gut dotierten Nebentätigkeiten unserer Mandatsträger in späteren Kapiteln)*. Mit der gängigen Pannenpraxis in den Parlamenten befassen wir uns sofort: Wer schüttelt nicht den Kopf über vorsintflutliche Abstimmungen in den

Abgeordnetenhäusern? Ein stundenlanger Kampf und Krampf mit Zetteln, ungültigen Stimmkarten, Handzeichen, Auszählungsfehlern, doppelten Voten einzelner Abgeordneter (offenkundige Betrugsversuche) und sonstigen Unwägbarkeiten. Von Rechtssicherheit keine Spur! Andere Länder, zeitgemäße Methoden. Woanders wird in wenigen Minuten elektronisch abgestimmt. Mit einem entsprechenden Computersystem wären auch hierzulande alle Probleme gelöst und Manipulationen vorgebeugt. Doch deutsche Politik lebt von Versäumnissen, und das ist eine flächendeckende Erkenntnis.

Demokratie: Sanierungsfall oder Konkursmasse?

Politische Untersuchungsausschüsse, das ist kein Geheimnis, sind lediglich gewaltige Seifenblasen, die final platzen. Am Ende tritt ein Parteifreund der oder des Überprüften – auch Obmann genannt – vor einen Pulk Journalisten und erklärt: Nichts aber auch gar nichts hätte sich bestätigt. Der politische Gegner und Besucher gleicher Veranstaltung sieht alle Vorwürfe als erwiesen an. Es ist, was es ist: Ein steuerfinanziertes Politspektakel.

Alibi-Demokratie auch auf anderen Gebieten. Nur trifft es hier den Bürger bereits ganz direkt: Das Bankgeheimnis ist faktisch ohne merklichen Gegenwind gefallen. Kontenschnüffelei, das neu installierte »Moorhuhnspiel« für Staatsdiener. Derzeit arbeitet man an Online-Durchsuchungen, um mit staatlichen Trojanern unsere Computer auszuspionieren. Vorab ist schon mal die Leidenschaft beim Abhören von Wohnungen ausgebrochen: Lauschangriffe – Deutschlands boomender Markt. Leider ohne nennenswerte Fahndungserfolge, außer dass hin und wieder Unschuldigen das Leben zerstört wird. Geschehen im Fall des TV-Moderators Andreas Türck. Man glaubte, ein Telefonat über eine Vergewaltigung mitgehört zu haben. Großer Medienrummel um einen völlig unnötigen Prozess: Freispruch! Doch der Rufermordete und einstige Strahlemann ist seine Sendung und folglich seinen Job los. Immerhin scheint dadurch eine andere Problematik gemildert. Manche Beamte leiden an Unterbeschäftigung. Lothar S. beispielsweise, klagte vor dem Verwaltungsgericht Köln, dass er für ein Gehalt von 6.000 Euro monatlich »weitgehend zu Untätigkeit gezwungen ist«.[21]

Ein Bürger, der Opfer von Behördenwillkür wurde und mit einer Dienstaufsichtsbeschwerde richtig auf den Tisch hauen will, soll es tun. Doch bitte, knüpfen Sie *keine* Hoffnungen daran. Eine unabhängige Aufsicht oder gar die demokratische Kontrolle durch das Volk sieht das System Deutschland nicht vor. Was geschieht nach einer eingelegten Dienstaufsichtsbeschwerde? Vorgesetzten Instanzen obliegt die sogenannte Prüfung. Sie erbitten vom Verantwortlichen einen Bericht. Was glauben Sie, was der Gerügte erwidert? Selbstverständlich! Er habe wunderbar und den Vorschriften entsprechend gearbeitet. In der Folge übernimmt die »Aufsicht« die Argumentation des Tatverdächtigen und hebt schützend die Hand über den Willkürakt. So wird Unrecht zur unverrückbaren Wahrheit und erreicht das Behördenopfer als provokante Antwort. Jeder, der damit zu tun hatte, wird diese Verfahrensweise bestätigen können.

Eine ähnliche Scheinfunktion erfüllt der Petitionsausschuss. Was früher »Untertanenbitte« hieß, ist heute ein »Bürgerrecht«. Klingt schöner, geändert hat sich aber wenig. Allein im Bund werden immer neue Eingabe-Rekorde gebrochen. Fast eine halbe Million Bürger reichen alljährlich Beschwerde ein, das weisen die jüngsten Jahresberichte aus. Erfahrungen mit den »Kummerkästen der Nation« belegen wenig Gutes. Wer sich an den Bundestag wendet, wird an das Land verwiesen. Wer im zuständigen Landtag Hilfe sucht, wird an die Bundesinstitution weitergereicht. Egal wo die Petition letztendlich dahindümpelt, das Verfahren ist höchst undemokratisch: Alles geheim! Ohne Anhörung! Nach Jahren des Hinhaltens auf der einen und großen Erwartungen auf der anderen Seite erreicht den Petenten (welch ein Wort!) ein Larifari-Schreiben. Meist ist es geeignet für ein Magengeschwür oder als hilfreiches Beiwerk für das örtliche Bedürfnis.

Kommen wir zu Bürgerforen oder Bürgeranhörungen bei umstrittenen Projekten. Durchgängig schlechte Show-Veranstaltungen! Falsche Gutachten sind ebenso Standard wie kriminelle Energie. Anwohner, für die ein neu geplanter Airport, ein Flughafenausbau, ein atomares Zwischenlager massiv in ihr Leben greift, können gerne klagen. Auch zu Bürgerinitiativen dürfen sich Betroffene zusammentun. Das Ergebnis steht allerdings vorab fest: Es wird gebaut! Dies beweisen *sämtliche* Großprojekte der Republik. Paradefall aus München: Im Stadtteil Sendling erhitzte der beabsichtigte Bau einer riesigen Moschee die ortsansässigen Gemüter. Eine Bürgerversammlung sprach sich gegen das Projekt aus. Münchens SPD-Oberbürgermeister Christian Ude am nächsten Tag: »Die Moschee wird gebaut!«[22] Ude weiter: »Ich kenne keinen einzigen Stadtrat, der sich je an ein Bürgervotum gehalten hätte.«[23] Basta-Politik oder wie es Buchautor Prof. Hans Herbert von Arnim ausdrückt: »Das Grundübel unserer Demokratie liegt darin, dass sie keine ist. Das Volk, der nominelle Herr und Souverän, hat in Wahrheit nichts zu sagen.«[24]

Wir verweilen noch einen Augenblick in der bayerischen Landeshauptstadt. Dort zeigten sich Politiker aufgrund einer Bürgeraktion genervt. In den Landkreisen wurden Unterschriften für eine bessere finanzielle Ausstattung von Frühförderstellen gesammelt. Tausende unterschrieben. Eigentlich sollten die unterzeichneten Listen an den Bayerischen Landkreistag weitergeleitet werden. Doch von dort kam die Order: »Wir bitten davon abzusehen, diese Unterschriftenliste dem Bayerischen Landkreistag zuzuleiten. Wir bitten vielmehr, die Liste in eigener Zuständigkeit zu entsorgen.«[25] Der Pressesprecher des Diakonischen Werkes Bayern, Daniel Wagner, fand moderate Worte für die gelebte Demokratur: »Das ist eine Frechheit.«[26] In der gleichen Region scheinen Staatsschützer von Langeweile geplagt. Man ermittelte gegen brave Bauern aus dem Landkreis Ebersberg. Diese vermeintlich »subversiven Elemente« wagten es, ihren Unmut mit Plakaten auf Traktoren auszudrücken. Der sanfte Protest richtete sich gegen gentechnisch veränderte Pflanzen.

Demokratiefeindlichkeit allerorten. Ganz offen ist von »Abweichlern« oder gar »Dissidenten« die Rede, falls Politiker ihrem Gewissen und nicht der Parteiräson folgen. Der SPD-Mann Franz Maget: »Es ist eine Sternstunde des Parlaments, wenn es nicht strikte Fraktionsvorgaben gibt, sondern ein Abgeordneter sich trauen kann, seine Meinung zu äußern.«[27] In Berlin erwarb Gerhard Schröder während seiner Kanzlerschaft besonders fragwürdige Verdienste: Mehrheiten dank Nötigung und Erpressung. Entweder mittels Rücktrittsandrohung oder durch die Verknüpfung einer Sachfrage mit der Vertrauensfrage. Schröders SPD-Intimus Franz Müntefering frönte einer anderen Neigung. Geheime Wahlen, ja sicher! Aber bitte nur, wenn richtig gewählt wird! Nach Schröders Kanzlerwahl in seine zweite Amtsperiode fehlte eine Ja-Stimme aus dem rot-grünen Lager. Müntefering: »Es wird noch zu klären sein, wer anders gestimmt hat!«[28] Drohen statt Demokratie. Schon vorher hatte der bekennende Sauerländer seine Partei-Genossen auf ähnliche Weise eingeschüchtert. 20 »Mazedonien-Abweichlern« kündigte er Sanktionen bei der Listenplatzvergabe für die nächste Bundestagswahl an. Will heißen: Berufsverbot durch Jobverlust. Diese Drohung birgt eine brisante Nebenbotschaft. Nicht der Wähler bestimmt, wer in den Parlamenten sitzt, sondern eine Handvoll Politiker (*Ausführliches in einem späteren Buchabschnitt*). Müntefering selbst trat unter dem abenteuerlichen Begriff »Königsmord« vom SPD-Parteivorsitz zurück. Der Anlass war ein demokratisch völlig legitimes Verfahren. Münteferings Wunschkandidat Kajo Wasserhövel scheiterte bei der Abstimmung für den Posten als SPD-Generalsekretär. Der Parteivorstand bevorzugte und nominierte lieber

Andrea Nahles. Warum Rücktritt? Warum Königsmord, wenn sich zusätzliches Personal erfolgreich zur Wahl stellt? Schon 1969 wollte Willy Brandt »mehr Demokratie wagen« und viele haben bis heute die Botschaft nicht verstanden.

Gesetzestreue der politischen Institutionen ist unabdingbarer Bestandteil einer Demokratie. Auch hier scheinen die Dinge in den Machtzirkeln verwaist. Die Verleihung der »Sauren Zitrone« geht in dieser Kategorie konkurrenzlos an die Union. Wir schreiben die Jahrtausendwende und den Siedepunkt des CDU-Parteispenden-Skandals. Die Nation fragte sich: »Wie käuflich ist die Republik?« Schwarze Konten, anonyme Spender, falsche Rechenschaftsberichte, Geldwäsche und Geschichten wie aus einer Gaunerkomödie. In dieser Situation hetzten Unions-Vertreter der unbeteiligten PDS den Verfassungsschutz an den Hals. Vorwurf: Die Partei sei eine verfassungsfeindliche Vereinigung! Ausgerechnet jene warfen mit Exkrement, die *zeitgleich* Deutschlands prominentesten Dauer-Verfassungsbrecher beschützten und beherbergten. Nämlich Ex-Kanzler Helmut Kohl. Der Patriarch und Pate von Oggersheim schwieg wie ein Grab zu den »anonymen Spendernamen«, ohne sie je preiszugeben. Sanktionsfrei! Das, obwohl Kohl und seine Partei von der Verfassung zur Offenlegung verpflichtet waren und sind. Entgegen anderslautender Lehrbuchmeinung ist das Grundgesetz ein Regelwerk der frommen Wünsche. Wir erleben in der real existierenden Demokratie ein Regieren ohne Kontrolle und jenseits von Bürgerbeteiligung. Berührungspunkte mit dem demokratischen Ideal »Herrschaft für das Volk und durch das Volk« interpretieren nur höchst gewiefte Rechtsverdreher.

Deutschlands größter Standortnachteil: die politische Klasse

Wir leisten uns seit Jahrzehnten mit einmalig schlechten Staatsangestellten das Teuerste, was sich ein Volk leisten kann. Rückblick: Im Herbst 1998 ging die längste Kanzlerschaft der Geschichte unserer Republik zu Ende. Die Ära Kohl. Das Land lag nach 16 christliberalen Regierungsjahren gelähmt und erstarrt am Boden. Die bekannteste Eigenschaft des »ewigen Kanzlers« war die Kultur des Aussitzens. Neben besagtem Spenden-Scherbenhaufen waren weitere Nebenwirkungen seiner Regentschaft: Die Schulden, die Arbeitslosen und die Steuern stiegen in schwindelnde Höhen. Mit dem Lorbeer »Wiedervereinigungskanzler« wird Altkanzler Kohl so gern wie unberechtigt geschmückt. Die historische Wirklichkeit widerlegt die

Geschichtsfälschung: Der Verdienst gebührt dem sowjetischen Präsidenten Michail Gorbatschow und den Menschen in den Ostländern mit ihrer friedlichen und vor allem mutigen Revolution.

Kohls sozialdemokratischer Nachfolger führte die erfolglose Politik seines konservativen Vorgängers nahtlos fort. Der angesehene Politologe und Publizist Alfred Grosser über die Kanzlerschaft Gerhard Schröder: »... seine Regierung hat Stillstand bedeutet.« Unter dem 7-jährigen rot-grünen Projekt mauserte sich der Boss der SPD-Genossen zum »Genossen der Bosse«. Alle seine Pseudo-Reformen ließen sich unter dem Ordner »Pleiten, Pech und Pannen« speichern oder gleich in den Papierkorb verschieben. Schröders undemokratisch durchgesetzte Agenda 2010 war ein Vollflop: Wachstum, Ausbildung, Arbeit, Innovation, zukunftssichere Sozialsysteme in einem modernen Arbeitsmarkt prophezeite das phrasengespickte Papier. Nichts davon wurde wahr. Im Gegenteil, Schröder war drauf und dran, nebst seiner Partei auch unser Land zu ruinieren. Nach Kohls schleichender Vorarbeit entpuppte sich die Agenda »Mut zur Veränderung« als Weiterentwicklung der sozialen Demontage. Ohne Rücksichtnahme auf die Gerechtigkeitsfrage! Ohne Rücksicht auf Chancengerechtigkeit! Ohne Rücksicht auf die Menschen! Im Schulwesen hätte eine vergleichbare Negativbilanz eine handfeste Konsequenz: »Die Leistungen waren mangelhaft, der Schüler wird nicht versetzt.« Doch Schröder wurde versetzt. 2002 seine Wiederwahl. Meinungsforscher fanden die Schuld am Überraschungssieg in den trüben Fluten des »Jahrhunderthochwassers« an Mulde, Elbe und Donau. Schließlich präsentierte sich der Kanzler am Katastrophenort mit Gummistiefeln, ohne sich dieselben nass zu machen. Ein Mann der Tat? Andere glauben noch heute, es war keine Wiederwahl, sondern eine Reklamation. Wie auch immer, Schröder verstand es, Meinung, Land und Partei zu spalten. Gesellschaftlich öffnete sich wie nie zuvor die Schere zwischen Arm und Reich. Wie nie zuvor war die historische Kameradschaft zwischen SPD und den Gewerkschaften zerrüttet. Und wie nie zuvor riss ein Kanzler derart unüberbrückbare Gräben durch die eigene Partei. In einem SPD-Kettenbrief hieß es: »Schröder muss gehen – Kurswechsel sofort.«[29] Schröder widerstand der Forderung und verkannte die Wirkung massenhafter Parteiaustritte. So wurde ein sozialdemokratischer Kanzler zum Geburtshelfer einer neuen Vereinigung – der Linkspartei. Jene Geister, die er rief, kosteten ihn letztlich seinen Kanzlerjob. Verdientermaßen wird auch die SPD auf unabsehbare Zeit mit dem Erbe ihres einstigen Chefs und den »linken Gespenstern« ihre liebe Mühe haben. Schröders Positivliste: Er sagte Nein zum Werbefeldzug für Terrorismus – dem Irakkrieg. Er war rhetorisch und laienschauspielerisch gut ausgebildet. Mithilfe eidesstattlicher Versicherungen seines Friseurs (!) gewann er den Prozess gegen die Nachrichtenagentur ddp. Das Klageärgernis: Schröders Haare seien weder gefärbt noch getönt, wie mancher Bösewicht behauptete. Gesamtwertung: Schlechtester Bundeskanzler seit Bestehen der Bundesrepublik.

Altkanzler Schröder – der nicht so genannt werden will – verabschiedete sich mit Tränen aus dem Amt. War es die Trauer über sein verpfuschtes Politikerleben? War es der Herzschmerz über die vertane Chance als Regierungschef? Oder nahmen ihn die Praktiken seines Parteibusenfreundes Müntefering so mit? Noch in einer vorgelagerten Bundestagsdebatte sagte »der Franz« an die Adresse der Unions-Kandidatin bezüglich ihres Kanzlertraumes: »Frau Merkel, Sie können das nicht, und Sie wissen das auch.«[30] Zwei Monate später: Franz Müntefering samt SPD-Parteigenossinnen und -genossen wählten jene Person zur Kanzlerin, die sie gerade noch für ausgesprochen ungeeignet hielten. Frau Merkel sagte, was anlässlich einer solch göttlichen Fügung zu sagen ist: »Ich bin glücklich.«

Nie zuvor hatte ein Regierungswechsel bei den Menschen derart hohe Erwartungen geweckt. Eine Euphoriewelle, die sich im Wesentlichen auf zwei Elemente stützte: Erstmals in der Geschichte Deutschlands – deshalb überfällig – wurde das mächtigste politische Amt einer Frau übertragen. Zugleich war dem feministischen Zeitgeist Genüge getan, der jenseits von Qualifikation Frauen als bessere Menschen ansieht. Für diese Form der Verblendung artikulierte die Ex-Grünen-Chefin Jutta Ditfurth einen interessanten Einwand: »Was macht Frau Merkel besser, nur weil sie eine Gebärmutter hat?«[31] Eine weitere Stütze der Hochstimmung: Die Wähler hofften, dass die Hauptverantwortlichen, die den Karren jahrzehntelang abwechselnd in den Dreck fuhren, ihn bitteschön in einer Großen Koalition herausziehen mögen. Nicht zu vergessen den besonderen Charme dieser Konstellation: Der Hickhack zwischen den großen Machtblöcken Schwarz und Rot musste im Hafen einer friedlichen Lebensabschnittspartnerschaft zwangsenden. Das Wahlvolk verbannte die Repräsentanten der »Volksparteien« gewissermaßen in eine politische Ausnüchterungszelle. Schluss mit den gegenseitigen Blockaden! Schluss mit der Dauerstreiterei! Und wirklich, dieser Effekt trat zunächst ein. Parteifunktionäre redeten urplötzlich vernünftig miteinander, ähnlich wie man das unter normalen Menschen kennt. Fast wie Verlobte sahen sich die schwarze Kanzlerin Merkel und »ihr« roter Vizekanzler Müntefering an. Ein tief zufriedenes Aufatmen ging durch eine befriedete Nation. Mit der Eintracht kam der »Aufschwung«. Allerdings mit zwei elementaren Schönheitsfehlern: Beim Bürger kam nichts davon an. Und er war weitgehend herbeigeredet.

Herbst 2007 – Halbzeit der Großen Koalition. Presse und wirtschaftsnahe Institute überschlugen sich mit Erfolgsmeldungen. Eine davon: »Die Steuereinnahmen sprudeln.« Hexerei oder simple Mathematik nach der größten Steuer- und Abgabenflut aller Zeiten? Tagtäglich reißerische Positivnachrichten. Vom »Job-Wunder« bis zum »dritten Wirtschaftswunder« reichten die News. Aus Regierungskreisen hieß es: Deutschland sei wieder »Konjunkturlokomotive«. Selbstlob stinkt! Zeitgleich kürte uns der Internationale Währungsfonds (IWF) mit einer Wachstumsprognose von 1,8 Prozent zum internationalen Schlusslicht.[32] Noch eine interessante Zahl. Diesmal aus Tagen der rot-grünen Vorgängerregierung. Mit 3,2 Prozent lag das Wirtschaftswachstum im Jahre 2000 beinahe doppelt so hoch wie im gelobhudelten Zeitraum 2007. Aber: Im damals wirklichen Boomjahr wurde der Standort Deutschland in Schutt und Asche geredet. Wer regiert, macht in Deutschland den kleinen Unterschied. Wo verbirgt sich die Botschaft? Falsch ist, Unions-Parteien machen gute Wirtschaftspolitik. Richtig ist, sie können besonders gut mit der Wirtschaft. Die christlichen Parteien sind traditionell wirtschaftsnah. Deshalb investieren Unternehmen am liebsten in CDU und CSU. Die alljährliche Spendenflut bringt aber nur dann eine optimale Rendite, sofern die Gesponserten in Regierungsverantwortung sind. Geld verschenken ohne Gewinnerwartung ist unter Ökonomen unüblich. Um seine Ziele durchzubringen, spannt sich ein hyperaktives Netzwerk von Lobbygruppen und Verbänden über das gesamte Bundesgebiet. Zusammen mit der Hoheit über die Medien wird allerorts propagandistisch gearbeitet. Vereinfacht funktioniert das so: Sind die »Christlichen« in der Oppositionsrolle, wird die Republik bodenlos kaputtgeredet, um seine Wunschpartei wieder an die Macht zu bringen. Tragen die »Christlichen« Regierungsverantwortung, wird dies von Jubelstürmen begleitet, damit alles so bleibt. Das ist das ganze Geheimnis der organisierten »Merkelmania«.

Mit dem Weg, eine künstlich erzeugte Euphorie an den Erfahrungen der Menschen vorbeizusteuern, lassen sich aber nur temporäre, also vorübergehende Erfolge erzielen. Erstaunlich! Erste Rufer aus der Wüste kamen aus den eigenen Reihen. Niedersachsens damaliger CDU-Ministerpräsident Christian Wulff schlug Alarm: Die Große Koalition dürfe die Lage nicht schönreden, sagte er dem Magazin Wirtschaftswoche. Und: »Ich kann nur davor warnen, den Anschein zu erwecken, die Regierung hätte die wesentlichen Probleme im Griff.«[33] Dann zählte Wulff von der Verschuldung über die sozialen Sicherungssysteme die Liste der Versäumnisse auf. Ernüchterung auch anderswo. Ein Satz beschrieb die Situation präzise: »Frau Merkel macht nichts, aber das, was sie nicht macht, macht sie gar nicht so schlecht.« Das US-Nachrichtenmagazin »Newsweek« bezeichnete sie deshalb als »Lost Leader«, wörtlich übersetzt »verlorene Führerin«. Zu wenig für Deutschland. Zu wenig für den Leitsatz der ersten Kanzlerin: »Ich will Deutschland dienen.«[34] Wieder einmal hatte eine Regierung die Sorgen der Menschen vergessen. Auch die Streitereien flammten wieder auf. Der Alltag und sein Polit-Kindergarten waren zurück. Wie Drogenabhängige fielen die »Volksparteien« in alte Verhaltensmuster. Nur lähmten sie sich nicht wie in der Vergangenheit über den Bundesrat oder Vermittlungsausschuss, sondern gleich direkt. Wieder hatten die Deutschen ein Kabinett der Minimalisten. Wieder nur faule Kompromisse auf dem kleinsten gemeinsamen Nenner. Selbst eine pompöse Mehrheit von 70 Prozent im Bundestag – mit der immer geforderten Frau an der Spitze – entzog sich ihrem Arbeitsauftrag. Eine staatliche Bankrotterklärung! Erkenntniszuwachs: Das Dilemma lässt sich nicht durch große Mehrheiten oder mit einer Frau lösen, sondern nur mit einer 4,9-Prozent- bis Null-Abwahl der etablierten Parteien. Sie können es nicht.

Salbeitee, Gott und Metastasen der Macht

Die Pleitenserie deutscher Kanzlerschaften wäre beinahe auf besondere Weise getoppt worden. Im September 2002 gab der Wahlleiter das amtliche Endergebnis der Bundestagswahl bekannt. SPD und Union lagen mit 38,5 Prozent gleichauf. Herausforderer Edmund Stoiber fehlten einige Überhangmandate und ganze 6.027 Stimmen, um nach dem Kanzleramt zu greifen. Deutschland entkam denkbar knapp einem Wahldebakel. Das »Problem Stoiber« wäre nicht gewesen, dass er als Asket auf Alkohol verzichtete. Sicher war es befremdlich, wenn er im Bierzelt eine Maß stemmte, aber in Wahrheit den Menschen mit einem Salbeitee-Gebräu zuprostete. Bürgernähe und Urbayer-Image mussten schließlich sein. Peinlicher wurde es, als sich der CSU-Politiker unterster Schubladen bediente: »Wir haben leider nicht überall so kluge Bevölkerungsteile wie in Bayern.«[35] Untragbar wird ein Demokrat spätestens dann, wenn er den bereits verunglimpften »Bevölkerungsteilen« obendrein die freie Wahlentscheidung abspricht. Stoiber vor der Bundestagswahl 2005: »Ich will nicht, dass noch einmal im Osten die Wahl entschieden wird.«[36]

Der bayerische Ministerpräsident galt als umständlicher, unruhiger, hastiger und fahriger Mensch. Mankos, die gerade in der freien Rede zu skurrilen Exzessen führten. Ungeschönte Fassung zum Thema geschlechtsspezifische Verfolgung im Polittalk mit Sabine Christiansen: »Absenkung des, nah ..., des, des, des ... äh ... nah, des ... äh ... des Alters, des Alters der Kinder, wenn sie das Nachzugalters. Dann kommt der fünfte Punkt und der sechste Punkt, kommt dann sicherlich die Fragen: Gleichge ... äh ... nicht gleichgesch ... sondern, ob ich auch ... äh ... äh ... Asylgründe schaffe, außerhalb der politischen und der rassistischen Verfolgung. Also auch Gründe ... äh ... wenn aus ... wenn andere Gründe sozusagen also aus dem Geschlecht oder ähnlichem ... äh ... stattfinden. Also solche Frauen die irgend, die irgend, wegen ihres Frau-seins, irgendwo verfolgt werden.«[37]
Es ist schwer auszumachen, ob sich Bayerns Ministerpräsident »irgendwo« selbst verfolgt fühlte oder was er dem Fernsehzuschauer vermitteln wollte. Was bleibt, ist ein Zitat des Redners selbst: »Wer nicht Deutsch spricht, kommt auf die Sonderschule!«[38] Der »Stern«-Chefredakteur Andreas Petzold sah eine humoristische Verwendungsmöglichkeit für den damaligen Landesfürsten: »Es ist eigentlich schade, dass Stoiber nicht Finanzminister geworden ist, er hätte die Schulden wunderbar abstottern können.«[39] Sicher muss jedem Menschen ein schlechter Tag zugestanden werden. Doch Ausfälle dieser Art wurden Stoibers Markenzeichen. Legendär seine Kultrede um den politisch erlegten »Problembär« Bruno – der übrigens kein Problem war. Enthalten sind 28 »Ähs«, nebst reichlich konfusem Sprachwirrwarr. Man stelle sich einen vergleichbaren Auftritt als Bundeskanzler im Ausland vor. Kaum auszudenken, hätte »Dr. Seltsam« – wie sie ihn in Berlin verspotteten – in der Fremde nach seiner Frau »Muschi« gerufen. Stoibers Kosename für die »First Lady«, der schon in Bayern allgemeine Heiterkeit auslöste. Ein Szenario der Peinlichkeiten, das professionellen Simultanübersetzern schier Unmenschliches abverlangt hätte. Wie sich befasste Dolmetscher auch über alle Unwägbarkeiten hinweggerettet hätten, für die Bundesrepublik eine Standort-Blamage sondergleichen. Abschlussbefund: Politiker wie Stoiber als Kanzler – untragbar für Deutschland.

Joseph »Joschka« Fischer avancierte in seiner politischen Laufbahn vom »Superstar« über den »Außergalaktischen« bis hin zum »Gottvater« und ähnlichen Überhöhungen. Das Warum wird eines der großen Geheimnisse der deutschen Politik bleiben. Journalisten trugen am Popstarkult eher geringe Schuld. Mit der ihm zu eigen gewordenen Arroganz beleidigte er das schreibende Gewerbe als »Fünf-Mark-Nutten«. Fischer wurde bereits in seiner steinewerfenden Spontizeit nachgesagt, die Ansichten zu wechseln wie andere ihre Unterhemden. Nur auf diesem charakterlichen Hintergrund lässt sich seine Extremwandlung vom Straßenkämpfer zum Turnschuhminister bis »ganz Diplomat« begreifen. In seiner politischen Hochphase war Fischer »von sich selbst am meisten beeindruckt«[40], spotteten Kabinettskollegen. Der Vizekanzler und »größte anzunehmende Außenminister« (Die Zeit) gefiel sich vor allem in der Rolle als Atlantiker und Weltpolitiker. Dreiteiliger Cerruti-Anzug. Bekümmerte bis griesgrämige Schwermuts-Mimik. Hochgezogene Augenbrauen. Weit aufgerissene Augen. Oberlehrerblick unter einer zerfurchten Stirn. So schien der Mann die Last der Welt allein zu schultern. Im Sportbereich wäre damit die B-Note beschrieben, sprich der künstlerische Wert der Darstellung. Doch wie stand es mit der Ausführung? Wie arbeitete das Alpha-Tier ohne Bildungsabschluss? Was hat der einstige Revoluzzer mit Taxischein für Deutschland geleistet? Wenig. Wollte den Irakkrieg verhindern. Gescheitert! Vermittelte im Nahen Osten. Gescheitert! Vermittelte im Irankonflikt. Gescheitert! Warb dilettantisch um einen ständigen Sitz Deutschlands im Weltsicherheitsrat. Gescheitert! Von einem hinterlassenen Scherbenhaufen ist gar die Rede. Verstrickte Deutschland erstmals in völkerrechtswidrige NATO-Kriegseinsätze im Kosovo und Afghanistan. Schwieg wie ein Grab zu Abu Ghraib und Guantanamo. Die Bundesrepublik blieb unter Fischer als wirtschaftliches Schlusslicht größter EU-Nettozahler. Öffnete in der »Visa-Affäre« fröhlich die Grenzen nach Osteuropa. Schleuserbanden bedankten sich und ein Richter nannte die Vorgänge einen »kalten Putsch gegen die bestehende Rechtsordnung«.[41] Diplomaten, die ihn während der Arbeit erlebten, sahen nur geringe Anhaltspunkte für einen kompetenten Außenminister. Daneben galt seine Unpünktlichkeit als notorisch. Statt einer Entschuldigung kam meist ein abgehobenes »Wo ist mein Kaffee?«. Auch viele seiner engsten Mitarbeiter suchten bevorzugt das Weite. Übrig blieben, wie man sie nannte, die »Fischer-Chöre«. Der Bundesminister »des Äußersten« war nie der Politiker, für den ihn die Deutschen hielten. Joschka Fischer verabschiedete sich von der politischen Bühne mit den Worten: »Jetzt gehe ich nach Hause.« Da der Schein stets größer war als das Sein, kräht seither kein Hahn nach dem angeblich unabkömmlichen Machtautisten. Kein Mensch geht so ganz, deshalb blieb wenigstens ein netter Witz zurück: Was ist der Unterschied zwischen Gott und Joschka Fischer? Gott weiß, dass er nicht Fischer ist. Abschlussbefund: War in erster Linie ein guter Vertreter seiner selbst, nicht für unser Land. Staatsschauspieler als Spitzenpolitiker – untragbar für Deutschland.

Personalpolitische Absurditäten im Schnelldurchlauf:
• Horst Seehofer (CSU) spezialisierte sich sein ganzes Politikerleben auf Sozialpolitik. Er galt als Gesundheitsexperte und wurde – Achtung! – Bundesminister für Ernährung, Landwirtschaft und Verbraucherschutz. • Der christsoziale Michael Glos lästerte über sich selbst: »Ich hoffe, dass es meinem Land nie so dreckig geht, dass es auf Leute wie mich zurückgreifen muss.« Seine böse Ahnung wurde wahr: Zunächst als Verteidigungsminister gehandelt, dann noch überraschender als Bundesminister für Wirtschaft und Technologie vereidigt. Logisches Ende: Überfordert und lustlos trat er nach drei Jahren Amtszeit zurück. • Bundeslandwirtschaftsministerin Ilse Aigner (CSU) entließ ihren Staatssekretär Gert Lindemann völlig überraschend. Insider flüsterten sich den Anlass zu: Der exzellente Fachmann und ausgewiesene Führungskopf im Ministerium war zu kompetent. • Überflüssig wie sein Amt, Kultusminister Julian Nida-Rümelin (SPD). Gönnte sich siebenwöchige Urlaube. Schwänzte regelmäßig wichtige Sitzungen und erwarb sich bei höchster Dotierung den Spitznamen »Nie-da-Rümelin«. • Die sozialdemokratische Familienministerin Christine Bergmann vermittelte über ihren Internetauftritt des Bundesministeriums alle nur denkbaren Sexdienste. Von Seitensprungagenturen bis Porno- und Sexspielzeuganbieter. Über den »Link (Verbindung) des Monats« konnte auf Callboys und Teenager-Sexfotos (besonders skandalös!) zugegriffen werden.[42] • War Christa Nickels, die grüne Drogenbeauftragte der Bundesregierung, selbst Opfer lauernder Suchtgefahren? Auf ihrer Website fanden sich detaillierte Anweisungen für den Haschischkonsum: Wie stopfe ich das Dope-Pfeifchen richtig? Wie backe ich Shit-Kekse mit grammgenauen Zutaten? Wer zugedröhnt im Straßenverkehr unterwegs sein mochte, dem wurde ein rezeptfreies Medikament gegen die typisch roten Augen empfohlen. Mit dem Präparat könne man »selbst Verkehrskontrollen und ungewollte Grenzstopps unerkannt überstehen«, war wörtlich zu lesen.[43] • Die deutsche Europa-Abgeordnete der Grünen, Ilka Schröder, wollte allen Ernstes Schleuserbanden an den EU-Ostgrenzen subventionieren. Sie sah darin keine kriminelle Handlung, sondern eine »Dienstleistung«, die sich ansonsten nur Reiche leisten könnten.[44] • »Unions-Barbie« und dauergrienende Überfrau der deutschen Politik, Ursula von der Leyen, verkörpere wie keine andere eine Symbiose aus Familie und Beruf, sagt man. Allerdings scheint die siebenfache Mutter karrierefixiert und sich dem häuslichen Teil der Symbiose zu entziehen: Kochen kann »Super Woman« nach eigenen Aussagen schon mal nicht.[45] Und wie oft bekommen ihre Kinder Deutschlands neue »Inge Meisel« zu Gesicht? Pressemeldungen zufolge, mit viel Glück ein- bis zweimal die Woche. Achtung! Hier werden ungeachtet politischer Leistungen

inhaltsfreie Superlativen bemüht. • Christdemokrat Wolfgang Schäuble wurde im Jahre 2000 für seine Partei aufgrund tiefer Verstrickungen im CDU-Spendensumpf untragbar. Eine dubiose 100.000-Mark-Briefkuvert-Spende (etwa 50.000 Euro) von Waffenhändler Karlheinz Schreiber zwang den damaligen Partei- und Fraktionsvorsitzenden zum Rücktritt. Fehltritte, die für den Normalbürger Haft bedeuten, machen Berufspolitiker zu Helden: Schäuble wurde nach einer »Volksvergessszeit« (Fachjargon: Polit-Reha) von fünf Jahren Bundesinnenminister. Und wer in der Lage ist, straffrei wie sachkundig mit dem Bimbes eines Waffenhändlers zu hantieren, hat unweigerlich höhere Geldweihen erlangt. Der Resozialisierte wurde Bundesfinanzminister. Wie die ausgewählten Begebenheiten dokumentieren, ereignet sich inflationär Sonderbares am Standort Deutschland. Horst Seehofer wurde einmal gefragt: »Haben Sie den Eindruck, dass die Bevölkerung oder die Menschen noch verstehen, was die Politik macht?« Antwort: »Nee, ich treffe auch niemand, der das alles noch versteht.«[46] So kommt es, dass zwei Fragen die Bürger beschäftigen: Soll das unsere Elite sein? Warum kommen nicht die Richtigen in staatliche Positionen? *Vorerst nur so viel*: Das Parteiensystem mit seinen Strukturen und Entscheidungsprozessen verhindert eine Positivauslese. Parteien sind Clubs nur für Mitglieder und Kartelle zur Erringung von Ämtern, ungeachtet der Qualifikation oder Kompetenz. Handfester formuliert: Es ist eine Lotterie für Versorgungsposten und zugleich Brutstätte für meinungslose Zustimmer. Beides denkbar ungünstige Faktoren für mutige und engagierte Visionäre, die unsere Bürgergesellschaft dringend bräuchte.

Neoliberale Verluderung der Sitten – der kollektive Wahn

Im September 1982 legte der einige Jahre später überführte und verurteilte Mehrfach-Steuerhinterzieher Otto Graf Lambsdorff (FDP-Ehrenvorsitzender (!) bis zu seinem Tod 2009) einen Plan vor: »Konzept für eine Politik zur Überwindung der Wachstumsschwäche und zur Bekämpfung der Arbeitslosigkeit.« Das sogenannte Lambsdorff-Papier. Die damalige Scheinnotlage mit etwas über 1 Million Erwerbslosen mutet heute geradezu skurril an. Der Gesellschaftsskandal »Massenarbeitslosigkeit« griff erst danach um sich. Ein Umstand, der die Lambsdorff-Thesen als grundfalsch entlarvt. Sie lösten aus, was der damalige FDP-Bundesminister für Wirtschaft zu bekämpfen vorgab. Auch wenn das Papier nie Regierungsprogramm war, die Wirkung bestand in seiner Initialzündung: Schluss mit der einzigartigen Erfolgsstory der Sozialen Marktwirtschaft. Freie Fahrt für neoliberale Geisterfahrer. Die

Denke und den Irrwitz brachte der Deutsche Bank-Chef Josef Ackermann Jahre später auf den Punkt: »Wäre es nicht an der Zeit, nach fünfzig erfolgreichen Jahren Bundesrepublik die Strukturen neu zu entwerfen?«[47]

Schleichend begann in den Achtzigerjahren die Epoche der neoliberalen Untugend. Parteien, Publizisten, Regierungen gleich welcher Couleur berauschten sich an der neuen Wunderdroge: Privatisieren! Arbeitsmarkt flexibilisieren! Unternehmens-Steuern runter! Löhne runter! Gewinne hoch! Da Drogenkuriere immer mit der Wirkung ihrer Ware werben, wurde eine boomende Wirtschaft samt Arbeitsplätzen in Hülle und Fülle versprochen. Allen sollte es besser gehen. Die seinerzeit verschwindend geringen Erwerbslosen bekamen »Arbeit für alle«, also Vollbeschäftigung prophezeit. »Setzen, sechs!«, würde ein Schüler zu hören bekommen, denn ein Viertel Jahrhundert später war die Lage auf dem Arbeitsmarkt zur nationalen Schande entartet: Die Zahl der Erwerbslosen stieg von 1 Million auf inoffizielle 7 Millionen. Trotz konstanter Misserfolge florierten die neoliberalen Versprechungen und Rezepte von anno dazumal unverändert weiter. Man könnte es kaum treffender sagen als der Mathematiker und Ökonom Helmar Nahr († 1990): »Tatsachen stehen in der Politik oft nicht hoch im Kurs. Selbst hartnäckige Misserfolge gelten noch als Beweis für die Richtigkeit der Theorie.« Immerhin ein Politiker wehrte sich gegen den Dauermeineid. Jürgen Rüttgers aus der Union nannte die Thesen »Lebenslügen«. Reaktion: Massive Anfeindungen, vor allem aus der eigenen Partei.

Jeder Modetrend verlangt nach einer griffigen Parole, die hier lautet: »Wir müssen uns von allem Altgewohnten verabschieden.« Nichts anderes als der Aufruf zum Verfassungsbruch. Im Grundgesetz ist nachzulesen: Deutschland ist ein »sozialer Bundesstaat«. Doch genau darauf bezog sich von Anfang an der »Abschied«. Abriss des Sozialstaates! Proforma spricht man seit Gründung der Linkspartei und der weltweiten Finanz- und Wirtschaftskrise wieder über soziale Optionen, gehandelt wird danach nicht. Breitgemacht und verfestigt haben sich die ungeschriebenen Gesetze in der Logik eines enthemmten Kapitalismus: »Der Mensch ist ein lästiger Kostenfaktor« und »Jede soziale Errungenschaft und Sicherheit ist infrage zu stellen, wenn möglich zu beseitigen.« Alle in diesem Sinne erfolgten Attacken begrüßten unsere »Volksvertreter« mit weitergehenden Forderungen nach »sozialen Grausamkeiten«. Persönlich ist man schließlich kategorisch davon ausgenommen. *Folge in den Unternehmen*: Marktradikalismus mit ausufernden Gewinnen und Wildwestmanieren. *Folge für die Beschäftigten*: Entlassungen. Lohndumping. Arbeitszeitverlängerung. Streichen oder Kürzen von Urlaub,

Urlaubsgeld, Weihnachtsgeld und Feiertagen. *Folge für Deutschland*: Immer mehr Ungerechtigkeit. Immer mehr Ausbeutung. Immer mehr bittere Armut. Immer größer die Kluft zwischen oben und unten. Konstant wie das Debakel ruft es seine Gewinner auf den Plan: Alles müsse nur viel schlimmer kommen, damit alles besser wird. Ein wissentlicher Irrtum der Profiteure. Seit jeher behaupten sie so inbrünstig wie erfolglos, die Volkswirtschaft wächst, wenn es dem Volk schlecht geht. Vergleichbar mit einem Kripobeamten, der dem Ausgeraubten das Verbrechen zu seinem Vorteil auslegt. Im Polizeidienst könnte dieses Verhalten zu einem Disziplinarverfahren gereichen. Im politischen Dienst dürfen unsere Staatsangestellten die Menschen mit ständig weitergehenden Forderungen malträtieren: Ladenschluss weg! Mitbestimmung weg! Kündigungsschutz weg! Es liegt übrigens eine erdrückende Beweislage vor, dass der Kündigungsschutz oder das sogenannte »Freisetzen« von Arbeitnehmern kein Problem darstellt: die fast täglichen Massenentlassungen und das Millionenheer von Arbeitslosen.

Das zweite Standbein des neoliberalen Rausches ist die Demontage der Sozialsysteme. Hinter deren Zerschlagung stecken handfeste Wirtschaftsinteressen. Nachzulesen an Litfasssäulen, auf Werbebroschüren oder in Zeitungsannoncen der Banken und Versicherungskonzerne. Ein gigantischer und profitträchtiger Zukunftsmarkt lässt grüßen und vermüllt unsere Briefkästen. Auch pro Ökonomie wurde eine politische Begriffsverwirrung erdacht: »Freiheit und Eigenverantwortung.« Klingt hübsch, ist aber das Faustrecht des Wirtschaftsstarken oder: »Schau, wie du selbst zurechtkommst.« In den USA war 2005 die vielgepriesene Freiheit zu besichtigen. Als der Hurrikan »Katrina« New Orleans verwüstete, fuhren die gut Situierten mit dem Auto davon, die anderen ertranken samt ihrer Tiere. Auch 2008 fing das US-System die wahren Opfer der weltweiten Finanzkrise nicht auf. Viele, die ihre Häuser verloren, wurden obdachlos und landeten in kleinen, billigen Iglu-Zelten oder Feldlagern – Endstation Campingstädte. Englands Version der Eigenverantwortung ist keinen Deut besser: Wer älter als 80 Jahre ist, bekommt keine Bypass-Operation, kein künstliches Hüftgelenk, das Dialysegerät wird abgeschaltet. Weiterleben oder schmerzfreies Weiterleben nur gegen genügend Privat-Cash. Credo: Bloß Reiche können sich einen armen Staat leisten! Im neoliberalen Gedöns wird auch dem »Versorgungsstaat« jede denkbare Schuld zugewiesen. Gemeint sind die Arbeitslosen, die Kranken und die Rentner. Es ist eine Gespensterdiskussion, denn die madig gemachte »Wohlfahrt« existiert nicht. Alle fraglichen Menschen haben in die Arbeitslosen-, Kranken- und Rentenversicherung Beiträge entrichtet und damit *legale Ansprüche* erworben. Wer den Blick auf eine

Lohnabrechnung wirft, kann sogar eine überaus kostspielige Eigenvorsorge besichtigen. Musterbeispiel Stand 2007: Gesetzlich Versicherte mit einem Bruttoverdienst von 3.500 Euro bezahlten inklusive Arbeitgeberanteil Monat für Monat ansehnliche 1.351 Euro (für Umrechner: 2.642 DM) an Sozialbeiträgen.[48] Von einem staatlichen Almosen kann wahrlich keine Rede sein. Im Gegenteil: Es ist eine überaus kostspielige Angelegenheit. Wenn besagte Sozialkassen an notorischem Geldmangel leiden, verbergen sich wenigstens zwei politische »Kapitalverbrechen« dahinter. Erstens: Verschwendungssucht und Strukturchaos innerhalb der Systeme! Zweitens: Falsche Einnahmefinanzierung! Bezogen auf den letzten Punkt leistet sich Deutschland einen einzigartigen Standortnachteil unter den Industrieländern: Die Rente, die Gesundheit, die Wiedervereinigung und die Zuwanderung in die Sozialsysteme tragen allein die lohnabhängig Beschäftigten. Überdies sind diese Arbeitsverhältnisse fast kontinuierlich rückläufig. So werden immer weniger Menschen zu gesetzlichen »Zahltrotteln« des gesamten Sozialstaates. Konkret: Derzeit finanzieren 27 Millionen Berufstätige das Wohl und Wehe von 82 Millionen Menschen. Das heißt, die große Mehrheit (abzüglich Kinder) entkommt der »Solidarität«. Nimmt man die politische Klasse aus, leuchtet jedem normal begabten Menschen eines ein: Ein derartiges Konzept muss kollabieren. Wie auf dem Präsentierteller lägen zwei bewährte Lösungsmodelle: Die Skandinavier finanzieren die Sozialsysteme über die Steuer. Unser Nachbarland Schweiz hat eine Bürgerversicherung. Kurz zur sympathischen Version der Eidgenossen: Jede Einkunftsart wird herangezogen. »Alle zahlen von jedem für alle.« Der Millionär von seinen Erträgen. Hausbesitzer von den Mieteinnahmen. Politiker aus Diäten. Arbeitnehmer und Beamte vom Lohn. Manager aus Gehältern. Spekulanten von Kapitaleinnahmen. Ein System, das die Sozialversicherungen auf eine breite und solidarische Grundlage stellt und die Lohnnebenkosten erheblich reduziert.

Nun zum Wirtschaftsteil der neoliberalen Denkschule. Die zentrale Lobby ist der Bundesverband der Deutschen Industrie (BDI). Das Kartell brüstete sich damit, seine eigene Sichtweise zu 99,9 Prozent zur gesellschaftlichen gemacht zu haben. Unter dieser Prämisse zahlt heute der übervorteilte Facharbeiter wie die geprellte Angestellte den Spitzensteuersatz. Gleichzeitig fiel die Körperschaftssteuer der Konzerne auf das Niveau der Hundesteuer. Politik nach dem Matthäus-Prinzip: Wer hat, dem wird gegeben. Und wer wenig hat, dem wird noch was genommen. Seit Beginn des neuen Zeitgeistes wurden Bargeldgeschenke en masse der gut situierten Oberschicht zugeteilt: Spitzensteuersatz runter. Einkommenssteuer runter. Amnestie für

Steuerbetrüger. 1.800 Euro Erziehungsgeld für Spitzenverdiener, die es nicht bräuchten. Dazu tausend Ausnahmetatbestände zur ganz legalen Zechprellerei für Superreiche – das berühmte Armrechnen gegenüber dem Finanzamt. Dies nur einige Stichpunkte von vielen, mit einer Gemeinsamkeit: Ausblendung der Gerechtigkeitsfrage! Ausgerechnet ein sozialdemokratischer Kanzler betrieb die Umverteilung von unten nach oben exzessiv. Schröder und seine rot-grüne Koalition verschenkten in wenigen Jahren allein an Körperschaftssteuer weit über 100 Milliarden Euro. Teils rückwirkend gab es »Kohle« auch für Konzerne ohne Ambitionen im Bergbau. Kommunen trieb die verfehlte Politik in die faktische Pleite. Arbeitgeber haben seither gut lachen. Anlässlich der Matinee »Jeder für sich – oder wer für alle?« äußerte sich der Unternehmer und ehemalige Deutsche-Bahn-Chef Heinz Dürr folgendermaßen: »Natürlich hat die rot-grüne Koalition ein paar Steuergesetze gemacht, nach denen einige überhaupt keine Steuern mehr bezahlen. Überhaupt keine mehr! Da muss ich Ihnen als Unternehmer sagen, das haben wir gar nicht erwartet.«[49] Schallendes Gelächter auf dem Podium. Schallendes Gelächter im Publikum.

FC-Bayern-Macher Ulli Hoeneß, beruflich von gutsituierten Fußballmillionaros umgeben und nicht gerade als Sozialist verschrieen, schlug in eine andere Kerbe. In Maybrit Illners »Berlin Mitte« erboste er sich über Deutschlands Gesetzgebung: Nullsteuer für Millionäre durch Abschreibungsmodelle! Hoeneß appellierte: Es müssen »wenigstens die Reichen alle 25 oder von mir aus 35 Prozent zahlen«. Ein anderes Beispiel bietet der Hamburger Reedermillionär Peter Krämer. Er ging an die Öffentlichkeit und forderte: »Ich meine, dass wir Vermögenden mehr leisten sollten, um die Löcher im Staatshaushalt zu stopfen. Wir sollten die Vermögenssteuer wieder einführen und wir sollten die Erbschaftssteuer erhöhen, statt die Arbeitnehmer, die Rentner und die Arbeitslosen zu belasten.« Er sprach sogar bei Kanzler Schröder vor und bat darum, wenigstens die, wie er sagte, »absurde« Steuerfreiheit für Managementgebühren seiner Schiffe abzuschaffen. Vergebene Liebesmühe des aufrechten Herrn Krämer. Was bleibt, ist der verspätete Aufruf zum Kaufboykott der Buchkategorie Science Fiction & Fantasy: Gerhard Schröders geschönte und zurechtgebogene Memoiren.

Reichtum muss sich wieder lohnen und bei den Schwachen den starken Mann markieren ist seit Jahrzehnten das parteiübergreifende Grundsatzprogramm. Eine heimliche Satzung, die sich belegen lässt: Rekordgewinne der Konzerne oder periodisch bedingte Aufschwungphasen kommen beim Bürger nicht mehr an. Die Menschen lesen lediglich in der Zeitung davon.

Eine Gesetzmäßigkeit, die unser Land immer weiter nach unten zieht. Auch Schröders Nachfolgerin Angela Merkel blieb diesem Prinzip treu: bloß keine Korrekturen an den geradezu obszönen Subventionen und Steuerprivilegien für Deutschlands Finanzelite. Im Gegenteil! Zuallererst stand die Schonwieder-Absenkung der Unternehmenssteuer und des Spitzensteuersatzes auf der Agenda. Wohltaten müssen gegenfinanziert sein. Deshalb wurde der Rotstift eilends bei den »kleinen Leuten« angesetzt. Die ersten Amtshandlungen von Regierungschefin Merkel und ihren Großkoalitionären waren herbe Einschnitte für Kleinsparer, Häuslebauer und Pendler. Letzteres da grundgesetzwidrig vom Bundesverfassungsgericht »kassiert«. Auch die zweite Amtsperiode der Kanzlerin mit schwarz-gelber Wunschmehrheit brachte keine Änderung des Umverteilungsprinzips. Die ersten Schritte hießen: Steuern großer Erbschaften runter. Spitzensteuersatz senken. Steuergeschenke an Hoteliers. Ende der solidarisch-paritätisch finanzierten Sozialsysteme zugunsten der Arbeitgeber. Und das folgende Sparpaket? Hier wurden vor allem die »einfachen« oder gar armen Bürger belastet.

Jede Diskussion um eine angemessene Besteuerung von Gutverdienern oder Unternehmen erstickt das einflussreiche Lager der Gewinnler mit immergleichen Floskeln: »Kapital ist scheu wie ein Reh« oder »Geld ist viel zu klug und mobil«, um es dingfest zu machen. Wer sich dieser Rhetorik bedient, muss wegen gleicher Voraussetzungen für straffreie Überfälle auf Sparkassen plädieren: Auch Bankräuber gelten gemeinhin als scheu wie ein Reh und teils recht klug. Wichtigste Waffe im Arbeitgeberlager ist allerdings eine neue Erpressungskultur. Stichwort: »Arbeitsplatzabbau« oder »Auslandsverlagerung«. Mit diesen allgegenwärtigen Drohszenarien gelang es, sich beinahe jeglicher Verantwortung zu entziehen. Speziell Kapitalgesellschaften und Großverdiener sind am Gemeinwesen der Republik nur mehr marginal beteiligt. Wer daran Kritik übt, landet im Topf »fast Kommunist« oder wenigstens »Sozialist«. Wer Hemmungen vor solch dumpfen Parolen hat, drischt mit dem Totschlagargument »Neiddebatte« auf jeden Zweifler ein. Der typisch deutsche Neid-Demagoge ist freilich unter Spitzenverdienern oder Gehaltsmillionären zu finden. Landläufig rekrutiert sich hieraus das Nörglermilieu, das dem Hartz-IV-Empfänger seine »arbeitslosen« 359 Euro im Monat missgönnt und sich für Kürzungen ausspricht. Das ist Neid! Ansonsten diskutiert Deutschland sein exorbitantes Gerechtigkeitsproblem.

Kollateralschäden spalten und entsolidarisieren die Gesellschaft

Es ist Zeit, Bilanz zu ziehen. Was brachte die neoliberale Theologie? War es richtig, über Jahrzehnte schwache Einkommensbezieher zu belasten und starke zu entlasten? Nein, es war extrem schädlich und regelwidrig. Diese Methode versucht, wirtschaftspolitisches Elementarwissen ins Gegenteil zu drehen. Trygve Haavelmo beispielsweise erhielt den Nobelpreis für folgenden Nachweis: Die Wachstumsreserven einer Volkswirtschaft stecken im untersten Einkommensdrittel. Jeder Euro, der in diesen Sektor fließt, regt den Konsum und den Wirtschaftskreislauf unmittelbar an. Einkommenszuflüsse in die beiden oberen Drittel wandern hingegen in Spekulation, auf Bankkonten oder in den Luxuskonsum ab.

So kam, was kommen musste. Deutschland wurde von der Lokomotive zum »kranken Mann Europas«. Trotz des Abkommens von Lissabon (im Jahre 2000 verabschiedet) schloss sich im EU-Raum niemand ähnlichen Dummheiten an wie die Bundesrepublik. Insider-Kenntnis aus dem Munde des CDU-Politikers Jürgen Rüttgers: »Ich weiß nicht, ob Sie wissen, wie europäische Vorschriften entstehen? Die entstehen wie folgt: Die Italiener haben eine Idee, die Franzosen formulieren sie und wir halten sie ein.«[50] Kurz zur Lissabon-Strategie: Größenwahn pur! Koste es, was es wolle, soll der europäische Raum zum konkurrenzfähigsten der Welt gepeitscht werden. Diese marktradikale Abmachung wurde von den Staats- und Regierungschefs der Europäischen Union ausgeheckt. Es ist der Versuch, die negativen Dinge der USA zu kopieren. Möglicherweise wird man damit tatsächlich reicher als andere Länder. Doch es ist ein Zwei-Klassen-Wachstum für wenige. Die große Masse verliert. Dies zeichnet sich nicht nur ab – es ist heute schon Fakt. Aus Ludwig Ehrhards »Wohlstand für alle« wurde ein »Wohlstand für wenige«.

Der französische Staatspräsident Nicolas Sarkozy setzte in seinem Land auf den »Schutz der Bürger« statt auf den »unverfälschten freien Wettbewerb«. Deutschlands Ziele klingen seit Jahrzehnten entschieden unfreundlicher: Sozialleistungen senken! Löhne senken! Hire-and-fire statt geschützte Arbeitsverhältnisse! Letzte Forderung wurde stets als verschlüsselte Botschaft ausgegeben: »Arbeitsmarkt deregulieren.« Selbstzweifel am falschen Kurs? Die kamen nicht einmal auf, als unser Land von 25 europäischen Mitgliedstaaten im Wirtschaftswachstum auf den allerletzten Platz absackte. Ein Jurist würde vom Anfangsverdacht sprechen, um Ermittlungen einzuleiten, was denn die anderen 24 Nationen besser machen. Nicht so unsere politische Klasse.

Ähnlich rätselhaft, wie sich ein weiterer Mainstream ausbreiten konnte: »Deutschland ist nicht wettbewerbsfähig.« Eine Ente, die zur fixen Idee wurde. Während die neoliberal hochgelobten Amerikaner und Briten riesige Handelsdefizite einfuhren, erwirtschaftete unsere kleine Nation laufend weltmeisterliche Leistungsbilanzüberschüsse. Wie nie zuvor florierende Auslandsgeschäfte! Deutschland top-konkurrenzfähig! Lorbeeren, die ausschließlich auf das Konto der leistungsstarken und hervorragend arbeitenden Menschen gehen. Die Bundesrepublik, eine führende Wirtschaftsnation nicht wegen, sondern trotz ihrer politischen »Elite«. 2006 veröffentlichte das international tätige Unternehmen Ernst & Young eine Studie. Unter 1.019 befragten Unternehmen ging unser Land als attraktivster Standort Europas hervor.[51] Ein Spitzenplatz, der sich auch in den nachfolgenden Jahren bestätigte. Der Mangel an Wettbewerbsfähigkeit existierte nie. »Made in Germany« – ein durchgängig stabiles Gütesiegel und exzellenter Produktname. Deshalb zur wahrhaften Krankengeschichte: *Deutschland verarmt sich selbst.*

Zum Prozedere der eigenverordneten Abwärtsspirale: Die edelmütigen Steuergeschenke »nach oben« entziehen der Staatskasse Tag für Tag, was dem Gemeinwesen allerorten fehlt: Geld. Auf gleiche Weise schmilzt die negative Lohnentwicklung die Habenseite des Fiskus ab. Obendrauf kommt das soziale Streichkonzert an Kranken, Arbeitslosen, Rentnern und Behinderten. Alles addiert lähmt das Konsumverhalten und schwächt die Binnennachfrage. Das Ende vom Lied: ein gewaltiges Finanzloch! Die Öffentliche Hand kann viele Aufgaben, vor allem Zukunftsaufgaben, nicht mehr wahrnehmen. Der Staat als größter Arbeitgeber und Investor liegt danieder. Geschlossene Schwimmbäder. Schlechte Straßen. Bröckelnde Brücken. Marode Schulen und der Verkauf des »Tafelsilbers« – Privatisierung genannt – sind die stummen Zeugen einer falschen Staatsführung. Um die hausgemachte Krise zu mildern, kommt eine verantwortungslose Schuldenpolitik hinzu. Oft vernimmt der geneigte Zuhörer: »Deutschland lebt vom Export.« Leider stimmen politische Behauptungen nur selten. Je nach Rechenart liegt der Anteil der Auslandsgeschäfte gerade mal zwischen 20 bis maximal 30 Prozent aller produzierten Güter. Folglich ist die alles entscheidende Größe der Inlandsmarkt, sprich die Binnenwirtschaft. Jim O'Neill, Chefvolkswirt der US-Investmentbank Goldman Sachs, riet Deutschland schon mehrmals, was zu tun sei. Nämlich die Einnahmesituation der Bürger zu verbessern. Doch wer annimmt, die parlamentarischen Hardliner würden Derartiges als ultimativen Weckruf verstehen, der irrt. Man blieb standhaft und glaubt allen Ernstes, der Weg in die Zukunft führt über ein verarmtes Volk. Immerhin, dieser verwegene Plan ist außergewöhnlich erfolgreich! In der Bundesrepublik, einem der nach wie vor reichsten Länder der Erde, nimmt die Kluft zwischen Arm und Reich atemberaubend zu. Zahlreiche Studien wie die des Deutschen Instituts für Wirtschaftsforschung (DIW) belegen das Szenario: Gerade mal zehn Prozent der Bevölkerung gehören schon fast zwei Drittel des gesamten Volksvermögens.[52] Je nachdem, wie Kapital erlangt wird, ist Reichtum nichts Ehrenrühriges. Muss es aber wirklich sein, dass jeder der beiden Aldi-Brüder ein Vermögen von mehr als 16 Milliarden Euro besitzt? Sollten nicht auch lumpige 5 bis 8 Milliarden zur Sicherung des Lebensstandards über viele Generationen hinweg genügen? Modellrechnungen besagen: Würde die Geld-Elite mit bescheidenen fünf Prozent besteuert, hätte der Staat jährliche Mehreinnahmen von weit über 100 Milliarden Euro. Viele der akuten Finanzprobleme wären sofort gelöst! Doch unsere Volksvertreter entscheiden vorzugsweise gegen das Volk. Schließlich ist eine persönliche Haftung ausgeschlossen. Für Fehler bluten die wehrlosen Gläubiger – Deutschlands Allgemeinheit.

Ein Klima der Angst hat sich breitgemacht, denn der neoliberale Virus – eine Art ideologische Schweinegrippe – ist ein gesamtübergreifender Werteverfall. Die Denkschule, dem ökonomischen Erfolg – dem Gewinn – alles unterzuordnen, fördert den Egoismus und höhlt den Solidargedanken aus. Was sich früher soziale Verantwortung nannte, heißt heute gemäß einem alten Kalauer: »Wenn sich jeder selbst hilft, ist auch allen geholfen.« Würde tatsächlich jeder nur an sich denken und verhielte sich auch so, könnte eine Gesellschaft nicht funktionieren. Und das tut sie auch nicht mehr. Kahlschlag in den ehemals vorbildlichen Sozialversicherungen, um die uns die Welt beneidete. Vorbei! Heute werden die Jungen gegen die Alten gehetzt. Die Gesunden gegen die Kranken. Eltern gegen Kinderlose. Dünne gegen Dicke. Starke gegen Schwache. Kurz: jeder gegen jeden. Zweit- bis drittklassige Konzernbosse orientieren sich an amerikanischen Spitzeneinkommen. Erstklassigen Arbeitnehmern werden chinesische Hungerlöhne vorgehalten. Aus allem resultiert tiefe Verunsicherung mit einer fahrlässig verkannten Wirkung: In breiten Bevölkerungsteilen bis hinein in die gut verdienende Mittelschicht grassiert die Angst. Das Schreckgespenst vom gesellschaftlichen Absturz geht um. Durchgereicht in die Unterschicht. Eine berechtigte Furcht. Arbeitslosigkeit, Krankheit, Kinder, Alter sind Hauptrisikofaktoren der neuen Armutsfalle. Es ist der Einstieg in ein Leben auf dem untersten Sozialhilfe-Niveau. Dabei handelt es sich nicht um »relative Armut«, wie dies selbst höchste Gerichte der Öffentlichkeit vorgaukeln.[53] Bis zu 10 Millionen betroffene Menschen kennen die Wahrheit und wissen um deren Lüge. Ohne Existenzsicherung führen sie im Keller der Gesellschaft ein hoffnungsloses Dasein in bitterster Armut. Dazu gleich mehr.

Wo der Profit das Maß aller Dinge ist, bilden auch immer weniger Firmen aus. Mit anderen Worten: Jung sein ist höchst gefährlich. Es birgt das Risiko der lebenslangen Verarmung ohne Perspektive. Wie alle selbstverpflichtenden Instrumente ist auch der »Ausbildungspakt« ein von Abgeordneten und Wirtschaftsbossen gemeinsam bewohntes Wolkenkuckucksheim. Entgegen anderslautender Meldungen bleibt jedes Jahr ein Überschuss zwischen 30.000 und 40.000 Schulabgängern, die keinen Arbeitsplatz finden.[54] Die Jugendlichen werden in Warteschleifen von einem Pseudolehrgang in den anderen geschickt oder von Firmen als Gratis-Arbeitskräfte ausgebeutet. Die sogenannte »Generation Praktikum« mit bescheidenen Aussichten auf einen echten Job. Für das Signal »wir brauchen euch nicht« wird Deutschland noch teuer bezahlen. Eine harmlose Folgeerscheinung wäre die lebenslange Alimentation. Die unangenehmere Variante ist die Entladung in blutigen Krawallen. Jugendbanden, Fußball-Hooligans, Gewalt an Schulen bis hin zu Amokläufen – nach amerikanischem Muster – könnten erste dahingehende Alarmzeichen sein.

Zur weiteren Veranschaulichung noch eine Illustration aus dem »Kessel Buntes« der Umverteilungspolitik. Frankfurts Großbanken Commerzbank, Dresdner Bank und Deutsche Bank frohlockten in der Presse: Kein Cent Gewerbe- und Ertragssteuer mehr an die Staatskasse! Parallel zur fragwürdigen Erfolgsmeldung eine andere Kunde: »Regierung streicht Behinderten-Zuschüsse.« Gemeint waren die Rentenbeiträge für Beschäftigte in Behindertenwerkstätten. Die Schwächsten der Schwachen bluten für Konzerne mit alljährlichen Milliardengewinnen. Selbst im Bundesverfassungsgericht scheint der Neoliberalismus fröhliche Urstände zu feiern. Am Rande der Volksverhetzung beschimpfte Richter Steiner die Deutschen als »gleichheitskrank«. Zeitgleich erschien der »Zweite Armuts- und Reichtumsbericht« der Bundesregierung. Inhaltlich eine dramatische Analyse über das Auseinanderdriften von Arm und Reich nebst gesellschaftlicher Ausgrenzung. Resümee: Die Nation steht vor den Scherben einer wirtschaftlichen und sozialen Verwahrlosung. Schlagworte des Niedergangs: Kinderarmut. Altersarmut. Arbeitslosigkeit. Armut trotz Arbeit durch Hungerlöhne, »working poor« genannt. Für all diese Gesellschaftsgruppen gilt die Diagnose »neue Unterschicht«. Wissenschaftler kreierten dafür den Begriff »abgehängtes Prekariat« (von prekär abgeleitet). Dieses unwortverdächtige Pseudonym für Elend wird von mannigfaltigen Formen der Bedürftigkeit begleitet: Obdachlosigkeit, Zwangsversteigerungen, boomende Pfandhäuser, knurrende Kindermägen, Suppenküchen und Essenstafeln, die wie Pilze aus dem Boden schießen. Deutschlands Spuren einer langsam verarmenden Wohlstandsgesellschaft.

Abstieg in die absolute Armut

Fleißige können schon morgen in soziale Not geraten. Begabte werden in diesen Minuten nutzlos. Bescheidenen fehlt das Allernötigste. Hoch Motivierte und gut Ausgebildete sind perspektivlose Almosenempfänger. Deutschlands schöne neue Welt Anfang des dritten Jahrtausends. US-Journalist Don F. Jordan zum deutschtypischen Verfall: »Es ist traurig zuzugucken, (...) wie dieses Land durch die Übernahme schlechter amerikanischer Eigenschaften und provinzielles Denken sich so heruntergewirtschaftet.«[55]

Selbst vom weltweiten Finanzdesaster unbeeindruckt, gießen die marktradikalen Totengräber unverzagt Öl ins lodernde Feuer. Und ihr parlamentarischer Arm ist lang. Häufig stehen sie in tiefer Seelenverwandtschaft zur Freien Demokratischen Partei (FDP). Immer ihre stupide und religionsähnliche Leier: Mehr Hollywood-Kapitalismus like USA, der würde schon alles richten. Eines ignorieren die Rufer: Die Rezeptur ist längst größtmöglichst gescheitert. Je mehr die Bundesrepublik Angelsächsisches kopierte, desto schlechter wurde die gesellschaftliche Situation. Für jene, die das amerikanische Modell glorifizieren, einige Denkanstöße mit Blick in die Vereinigten Staaten: Bis zur Dekadenz überlagert der Dollar *alle* Wertvorstellungen. Kostprobe gefällig? Männer oder Frauen können gegen genügend Money Haustiere heiraten.[56] Jetzt aber zu den Kernpunkten der gesellschaftlichen Verwerfungen: Ein Viertel der Amerikaner sind Analphabeten. Eingeschränkte Sicherheit aufgrund hoher Kriminalität. Zehnmal so viele Straftäter wie hierzulande sitzen in proppenvollen Gefängnissen ein. Viele Staaten geben für Haftanstalten mehr Geld aus als für alle anderen Investitionen zusammen. Ein Drittel der Bevölkerung ist bettelarm. Filmregisseur Wim Wenders, der schon in verschiedenen Städten der USA lebte und sich beruflich in Amerika niederließ, berichtet: »Den Leuten geht es so schlecht. Die Armut in Amerika ist so herzzerreißend. 40 Millionen Menschen leben unter der Grenze, die als menschenwürdig angesehen wird. Das ist ein Pulverfass.« Und er glaubt: Amerika wird »implodieren wie ein riesiger Ballon«.[57] Soll das allen Ernstes der deutsche Sonderweg in die Zukunft sein? Doch der Harakiri-Kurs ist schon eingeschlagen:

US-Import Armut: Rhetorisch gesehen existiert in Deutschland keine Armut. Unsere Meinungsführer reden über Menschen, »die von Armut bedroht« seien, die ein »Armutsrisiko« hätten oder an der »Armutsgrenze« lebten. Handfeste Verarmung Fehlanzeige! Rein kleine Menschen wären von diesem Virus befallen, das gesteht man zumindest ein. Denn ohne etwas dagegen zu tun haben unsere Politiker *Kinderarmut* als Modethema entdeckt. Geredet wird von jedem vierten Kind, das betroffen sei. Naive Frage: Leiden denn die Eltern der Kleinen oder Jugendlichen nicht zwangsläufig unter gleicher Mittellosigkeit? Ist nicht Kinderarmut gleich Elternarmut? Nein, nicht für das politische Establishment. Bedürftigkeit unter Erwachsenen eine Art nationale Bewusstseinsstörung. Eines wird rundweg bestritten: Auf deutschem Boden gibt es keine »absolute Armut«. Da schauen wir genauer hin. Diesen Begriff definieren internationale Organisationen wie die Vereinten Nationen so: Wer mit einem verfügbaren Einkommen bis 1 Dollar (knapp 1 Euro) pro Kopf und Tag auskommen muss, ist absolut arm. Eine Rechnungsgröße, die auf Entwicklungsländer mit niedrigen Aufwendungen für das tägliche Brot gemünzt ist. Folglich kann dieser Maßstab nicht für Industrieländer wie Deutschland mit ungleich höheren Lebenshaltungskosten gelten. In China beispielsweise lässt sich mit 100 Euro im Monat gut existieren. Durchschnitts-Inder kommen mit 1–2 Euro am Tag aus. In der ägyptischen Metropole Kairo kann eine ganze Familie mit umgerechnet 50 Euro im Monat passabel leben. In Shanghai könnten wir alle für 1 Euro exzellent essen. Eines besagen die Unterschiede: Die Messlatte »1 Dollar pro Tag« müsste entsprechend der geringen Kaufkraft für Deutschland um ein Vielfaches angehoben sein. Deshalb gilt: Millionen Bundesbürger leben entgegen korrumpierender Falschmeldungen in absoluter Armut. Seit den Neunzigerjahren wurde die Massenverelendung planmäßig forciert. Es ist kein Symptom mangelnder Wettbewerbsfähigkeit. Auch die vielgeschmähte Globalisierung ist frei von Sünde. Wir haben es mit den bitteren Früchten des neoliberalen Herdentriebes zu tun. Eine nationale Fehlentwicklung geistiger Natur. Doch werfen wir Punkt für Punkt ein Licht auf die Ärmsten im Lande:

Für den Abstieg in die Inhumanität sind zuallererst drei Sozialsysteme verantwortlich: Grundsicherung! Sozialhilfe! Arbeitslosengeld II! Zur Vereinfachung könnten alle Positionen zusammengeführt und ehrlicherweise in »Elend statt Hilfe« umetikettiert werden. Eine Gemeinsamkeit verbindet alle: Die Eckregelsätze sind um 359 Euro nahezu identisch. Alles auf Höhe der Sozialhilfe auch Sozialgeld genannt. Im Vorfeld der Zusammenlegung von Arbeitslosenhilfe und Sozialhilfe wurde das deutsche Volk mit Beruhigungspillen vollgepumpt. Involvierte Politiker versicherten hoch und heilig: Das neue Arbeitslosengeld II (besser unter Hartz IV bekannt) würde erheblich über dem Sozialhilfesatz liegen. Aus dem Wahlprogramm der SPD: »Im Rahmen der Reform der Arbeitslosen- und Sozialhilfe wird es keine Absenkung der zukünftigen Leistung auf Sozialhilfeniveau geben.«[58] Versprechen gebrochen! Die heutigen Arbeitslosen finden sich nach Ablauf von Arbeitslosengeld I auf der Stufe von Sozialhilfeempfängern wieder. So ist auch die beliebte Behauptung falsch, Hartz IV hätte Millionen Menschen aus dem Dunkel der Sozialhilfe geholt. Es ist genau umgekehrt: Alle, die länger als ein bis zwei Jahre arbeitslos sind, stößt man per Gesetz ins Dunkel der Sozialhilfeempfänger. Ein Dasein auf der Sprosse der Unterschicht, genau wie jene, die nie gearbeitet, nie etwas in die Arbeitslosenversicherung bezahlt haben. Obendrein wurden die Ansprüche mittels Umrechnungstricks früherer Einmalleistungen abgesenkt. Infam: Deutschlands Politiker werden nicht müde, diese Kürzungen als eine Besserstellung zu verkaufen. »Die Zeit« nannte es »eine Meisterleistung an Desinformation«. Der Paritätische Wohlfahrtsverband (DPWV) sprach bei den Sätzen von »manipulativ« und errechnete: Würden die Leistungen lediglich auf dem schon früher zu niedrigen Sozialhilfeniveau liegen, wären das 420 Euro.[59] Der Sockelbetrag für Grundsicherung, Arbeitslosengeld II oder Sozialhilfe liegt aber bestenfalls bei besagten 359 Euro. Bestenfalls! Für Kinder oder Lebenspartner gibt es deutlich weniger. Dabei ist noch außen vor, dass alle Sozialsysteme mit Einführung des Euro und der damit verbundenen Kostenexplosion *keine* entsprechende Anpassung erfuhren. Wohl absichtlich übersieht die Diskussion auch die berechnete Armutsgrenze aus europäischen Statistiken: Alleinlebende mit weniger als 913 Euro netto im Monat gelten in Deutschland als arm.[60]

Was müssen die ins Bodenlose getriebenen Menschen aus dem monatlichen Höchstregelsatz von 359 Euro bestreiten? Bekleidung, Schuhe, Arzt- und pharmazeutische Zuzahlungen, Sehhilfen, Telefon, Friseur, öffentliche Verkehrsmittel, Hausrat, Kontoführungsgebühren und Möbel. Dazu Reparaturen oder Neuanschaffungen von Elektrogeräten, Strom, Wasser und Lebensmittel. Einfach alles, was Monat für Monat im Haushalt und für den täglichen Bedarf anfällt. Aus dem Bundesarbeitsministerium stammt eine detaillierte Aufschlüsselung, wie viel letztlich für »Nahrungsmittel, Getränke, Tabakwaren« zur Verfügung steht: Ganze 132,71 Euro.[61] Anders formuliert: Drogenabhängige bekommen seit 2009 Heroin auf staatlich bewilligtes Rezept. Ein schuldlos verarmter Raucher, der täglich eine Packung Zigaretten konsumiert, muss sich das Essen abgewöhnen. Aber auch Nichtraucher sind vor eine höchst rätselhafte Aufgabe gestellt. Mit 4,35 Euro am Tag sollen sie sich Frühstück, Mittagessen und Abendbrot samt Getränke beschaffen. Im Vergleich zu Entwicklungsländern, in denen sich mit umgerechnet sechs Dollar gut bis feudal leben ließe, bedeutet es in der Bundesrepublik absolute Armut und nichts anderes! Die Hartz-IV-Regelleistung entspricht etwa dem monatlichen Bedarf eines Hundes im Tierheim. Aber es gibt noch einen breiten Kreis unterhalb dieser tragischen Grenzlinie. Wer plötzlich arbeitslos wurde, ein Haustier besitzt, Abzahlungen, Versicherungen oder sonstige Verpflichtungen hat – alles nichts Ungewöhnliches –, endet im Nichts. Eine dreiköpfige Magdeburger Familie wandte sich an die Öffentlichkeit und rechnete anhand von Belegen vor: Pro Tag und Person verbleiben ihnen 83 Cent Haushaltsgeld![62] Keine Seltenheit im reichen, aber politisch armseligen Deutschland. Nichts wird diese Situation entscheidend verändern. Kein Bundesverfassungsgericht, das die Hartz-IV-Regelsätze für verfassungswidrig erklärte. Auch kein »Solidarisches Bürgergeld« oder ähnlich angelegte Bauerntricks. *Alles nur Hartz IV im neuen Gewand.* Keim des Bösen: Unsere Entscheidungsträger betreiben seit Jahrzehnten das Spiel mit der Angst. Es ist politisch gewollt, Menschen ohne Arbeit bettelarm zu halten, um auch die, die noch einen Job haben, gefügig zu machen. Im Namen der Wirtschaft.

Die absolute Verarmungsschwelle ist längst eine flächendeckende Erscheinung. Ein nationaler Notstand, der da heißt: Kinderarmut, Altersarmut oder Armut trotz Arbeit. Letzter Punkt eine Epidemie, die besonders in Ostdeutschland grassiert. Hier leistet sich die politische Klasse Hand in Hand mit Justitia eine Extra-Schande: drei, vier, fünf Euro Stundenlohn, auch Prekärlöhne genannt. Bei Vollzeit ein Verdienst zwischen 500 und 800 Euro. Brutto! Man denke nur an herkömmliche Miet- und Nebenkosten. Wie will ein Mensch davon existieren? Auch vonseiten der Gerichte ist keine Leidenschaft erkennbar, gesetzwidrige Löhne zu stoppen. Nach gängiger Rechtsprechung verstößt eine Arbeit dann gegen die guten Sitten, sobald das gezahlte Einkommen, bei gleicher Tätigkeit, rund ein Drittel unterhalb des Ortsüblichen liegt. Nachbarländer wie Frankreich, Großbritannien, Belgien und Holland brauchen keine Gerichte. Sie haben es vernünftig gelöst. Den Bürgern werden Mindestlöhne garantiert. »Nebenbei« führte die dortige Lohnbindung zu positiven Effekten auf dem Arbeitsmarkt. Das glatte Gegenteil würde hierzulande passieren, behaupten Deutschlands Betonkopfpolitiker. Selbige Volksvertreter haben sich allerdings ihr eigenes Gehalt wohlweislich abgesichert. Wenn man so will, sind Diäten ein Tarif- oder Mindestlohn. Stellen wir uns einmal vor, diese Festlegung bestünde nicht und billige polnische Fremdabgeordnete würden die Parlamente überschwemmen. Das Übel wäre über Nacht abgestellt.

Kommen wir zum Bereich der versteckten Armut: Viele der eigentlich Hilfeberechtigten scheuen aus Angst oder Scham den Gang zur Sozialbehörde. Die Furcht, ihre Kinder würden herangezogen oder staatliche Leistungen wären an den Verkauf ihres kleinen Eigenheimes nebst sonstigem Besitz verknüpft, verstärkt diese Haltung. Auch unter chronisch Kranken wütet die Verelendung. Schuld sind die missglückten Gesundheitsreformen, deren Markenzeichen es ist, nächtlich (!) verabredet zu werden. Nebenwirkungen sind weder dem Arzt, Apotheker noch der Pharmaindustrie angedacht. Ausschließlich Patienten sind die Dummen! Was sich Reform nennt, ist ein ausgedünnter Leistungskatalog, der für Erkrankte bei schlechterer Versorgung heißt: Zahlen! Zahlen! Zahlen! Und wer nicht kann? Der Verein »Armut und Gesundheit in Deutschland« gab bekannt: Einkommensschwache mit weniger als 1.000 Euro gehen seltener zum Arzt und sterben im Schnitt sieben Jahre früher. Zu guter Letzt ein vorläufig flüchtiger Blick auf Deutschlands Rentner. Mit steigender Tendenz muss ein Drittel – derzeit 6,4 Millionen – mit weniger als 600 Euro auskommen.[63] Das ist also die heutige Rentner-Generation, »der es so gut geht wie nie zuvor«. Zumindest verkündet dies die herrschende Klasse in arglistiger Geschlossenheit.

Die bundesrepublikanische Realität heute: Ob alt, ob jung, immer mehr Menschen sind ohne funktionstüchtigen Fernseher, Staubsauger, Kühlschrank, Elektroherd, Waschmaschine oder gleich ohne Strom. Ihr Geld reicht nie bis zum Monatsende. Ein Telefonanschluss und die dringend benötigte Brille sind illusorisch. Barometer der Not sind die Tierheime: Futter, Steuer, Impfungen oder ärztliche Behandlungen können sich Betroffene für ihre Vierbeiner nicht mehr leisten. Hartz IV und geistesverwandte »Sozialsysteme« zwingen viele, ihre geliebten Tiere abzugeben. Menschliche und tierische Tragödien inbegriffen. Wen wundert's? Deutschlands Schattenwirtschaft blüht wie nie zuvor, ohne dass es Schwarzarbeit wäre – es ist Notwehr, um zu überleben. Ladendiebstähle häufen sich, die wieder Mundraub heißen müssten. Laut Bundesjustizministerium ist die Zahl der Haftstrafen »infolge veränderter sozialer und wirtschaftlicher Verhältnisse, insbesondere Arbeitslosigkeit, beträchtlich gestiegen«.[64] US-Verhältnisse lassen grüßen und die Wirtschaftslobby fordert eine Fortsetzung der Radikalkur: Sozialleistungen kürzen! Lohnverzicht! Längere Arbeitszeiten! Weniger Urlaub! Kündigungsschutz weg! Die Liste nimmt kein Ende. Aber wo bleibt der Aufschrei der Zivilgesellschaft? Warum werden immer noch genau jene Parteien gewählt, die unsere Gesellschaft willentlich in die Verarmung treiben? Wo bleibt die Einheitsfront der Gewerkschaften und Sozialverbände? Warum wehrt sich kaum einer? Ob Konjunkturkrise oder boomende Wirtschaft, in ehrfürchtiger Ruhe setzt sich die heimliche Talfahrt Deutschlands fort.

Globalisierung, der märchenhafte Bluff

Wir wissen jetzt, die Bundesrepublik gönnt sich eigenverschuldet ihre innere Dauerkrise. Zur Verdunkelung und Rechtfertigung der selbst erzeugten Notlage dient im Allgemeinen das magische Wort »Globalisierung«. Eine praktische Begebenheit soll die Situation veranschaulichen: Schleswig-Holsteins Ministerpräsident Peter Harry Carstensen beschwerte sich über eine Arbeitslosenquote von 18 Prozent in der dänischen Grenzregion seines Landes. Zur selben Zeit lag ganze vier Kilometer weiter – in Dänemark – die Erwerbslosigkeit bei genau 2,8 Prozent. Noch Fragen bezüglich der Globalisierung?
Die weltweite Verknüpfung der Märkte soll ähnlich einer Invasion aus dem All über unsere armen, unwissenden Politiker hereingebrochen sein. Keiner und niemand konnte irgendetwas davon ahnen. Jetzt – so sagt die politische Klasse – ist »alles neu«. Dem geschäftigen Treiben könne man nur mehr ohnmächtig zusehen. Faselei! Globalisierung ist weder ein gottgegebenes Phänomen noch von dunklen Mächten gesteuert. Der Prozess ist von Menschenhand gemacht. Hinter allem und jedem stehen Entscheidungen der nationalen Regierungen. Folglich könnten die Nationalstaaten Korrekturen vornehmen, wenn sie denn wollten. Wir reden also lediglich von den ureigensten Aufgaben der herrschenden Klasse. Zahlreiche Publikationen befassen sich mit dem Sündenpfuhl »Globalisierte Welt«, deshalb bedarf es an dieser Stelle keiner Vertiefung. Als Essenz lässt sich eine entscheidende Mangelerscheinung herausfiltern: Es fehlt an einer weltweiten Wirtschaftsordnung mit fairen Spielregeln! Was Deutschland derzeit erlebt, sind jedoch nur geringfügige Effekte hieraus. Zeugnis: Germany, der nahezu ewige Exportweltmeister. Damit ist die Bundesrepublik ein Gewinner der Situation. Der wirkliche Skandal vollzieht sich in den Dritte-Welt-Ländern. Dort hungern und verhungern die Verlierer. Im liberalisierten Welthandel haben diese Völker gegen die mächtigen Industriestaaten keine Chance: Sie verarmen zusehends. Hungerrevolten und Massenflucht nach Europa sind Auswirkungen der unehrlich ausgewiesenen »Globalisierung«. In Wirklichkeit verbirgt sich hinter dem allgegenwärtigen Modewort eine invasive Wirtschaftpolitik der Industrienationen. Volkstümlicher ausgedrückt: Geld regiert die Welt und verdirbt den Charakter, falls man einen hat, sind wieder zwei hochaktuelle Redensarten – nur diesmal in jedem Winkel der Welt gültig. Wie gesagt, die Folgekosten der vielbeschworenen Globalisierung sind für unsere Republik überschaubar. Allerdings sitzt die deutsche Bevölkerung auf einem anderen Feld allein gelassen im Verliererboot:
Wahnsinn Osterweiterung! Mit der Ausdehnung Europas auf die ehemals

kommunistischen Staaten wurde ein einheitlicher Wirtschafsraum geschaffen. In selbstherrlicher Gönnerrolle, »wir, der reiche Westen«, wurde es versäumt, einigermaßen gleiche, sprich faire Bedingungen herzustellen. Gerade Deutschland hätte daran ein essenzielles Interesse haben müssen: Keine andere Nation des »alten Europa« ist mit einer vergleichbar ausgedehnten und direkten Grenzlinie zu den Ostländern konfrontiert. Doch Deutschlands Protagonisten setzten einmal mehr auf Politik fatal, dem ungeregelten Lauf der Dinge. Heute leidet unsere Gesellschaft, aufgrund der geografischen Lage, wie keine andere Nation: Subventionierte Betriebsauslagerungen in den ehemaligen Ostblock sind eine der Fehlentwicklungen! Billigkräfte und Billigdienstleister aus den neuen EU-Staaten die andere! Europäer wie Portugiesen oder Spanier brauchen die östliche Konkurrenz kaum fürchten. Für Heizungsbauer, Bäckereien, Friseurbetriebe, Tankstellen oder sonstige Dienstleister ist der weite Weg das Hindernis. Für deutsche Betriebe hingegen bedeutet die enge Nachbarschaft den sicheren Ruin. Besonders in grenznahen Gebieten lässt sich die Misere mit zwei Worten kennzeichnen: lautloses Gewerbesterben! Gleich zum nächsten Staatscoup: In verschiedenen Ländern wie Polen oder Estland wurden Sonderwirtschaftszonen errichtet. Die Losung, um Westfirmen anzulocken: *»Keine oder kaum Steuern.«* Dazu ein Extra-Köder: Deutsche Betriebe, die sich in diesen steuerbefreiten Regionen niederlassen, werden aus europäischen Geldtöpfen aufgebaut. Im Klartext: Deutschland stemmt mit weit über 22 Milliarden den Löwenanteil dieser Mittel, die bei jeder Erweiterung ansteigen. Mit einem Saldo von etwa 7 Milliarden sind wir größter Netto-Geldgeber, auch »Zahlmeister« genannt.[65] Und als ob der geschröpfte Steuerzahler immer noch nicht genug hätte, lassen sich die Umzugskosten von Auslagerungen beim deutschen Finanzamt geltend machen. Auf diese Weise finanziert ein Arbeitnehmer, der durch die Betriebsumsiedelung arbeitslos wurde, mit seinen in der Vergangenheit entrichteten Steuern die eigene Arbeitslosigkeit. »Fairer« Wettbewerb aus dem Fokus umnebelter Politiker. Kommentar von Heiner Geißler, CDU, der sich genau wegen dieses Irrsinns erregte: »Das muss einem erst einmal einfallen. Ein solcher Blödsinn.«[66]

Ähnlich kopflos ist die gesamte europäische Massenerweiterung zu einem gemeinsamen Markt. Wohlgemerkt, es ist ein Markt (!), alles andere wurde vergessen. Von einst bescheidenen 6 auf momentan 27 Mitgliedstaaten wucherte das Projekt. Expansionsformel: Masse statt Klasse! Maßgeblich beteiligt an der unnatürlichen Aufblähung und Überdehnung der jüngsten Vergangenheit war ein Deutscher, Erweiterungskommissar Günter Verheugen. Der SPD-Parteibuch-Inhaber stand offenbar dem Größenwahn und der Großmannssucht näher als der Vernunft. Seine demaskierenden Worte: »Europa muss eine Weltmacht werden.«[67] Bevor überhaupt ein einziges Neumitglied hätte aufgenommen werden dürfen, wäre die Anpassung und Modernisierung der Spielregeln, der Zuständigkeiten, der Kompetenzen aller EU-Organe nötig gewesen. Ebenso eine Harmonisierung der Sozial- und Umweltstandards unter Berücksichtigung von Währungs- und Kaufkraftunterschieden. Doch statt einen Ordnungsrahmen zu schaffen, wurde die übereilte und unüberlegte Expansion mit unredlichen Maßstäben betrieben. Jetzt ist es zu spät! Gerade Nationen, die von der Situation profitieren, blockieren nötige Änderungen. Zur entglittenen Situation der weltweit geschätzte Altkanzler Helmut Schmidt: Heute haben wir »einen Ministerrat mit 25 (inzwischen 27) Ministern und eine Kommission in Brüssel mit 25 gleichberechtigten Mitgliedern. [Schmidt lacht] Stellen Sie sich mal den Vorstand Ihrer Gesellschaft mit 25 gleichberechtigten Vorstandsmitgliedern vor. Und jeder von ihnen außerdem mit einem Vetorecht ausgestattet. Dass das nicht gut funktionieren kann, das liegt für einen Blinden auf der Hand. Man muss wirklich Politiker sein, um sich zu wundern«.[68]

Wundern sollte sich der staunende Zaungast bezüglich der unprofessionellen Versagenspolitik weniger. Lange galt in den Parteizentralen der Spruch: »Hast du einen Opa, schick ihn nach Europa.« Einblicke von Deutschlands Lichtgestalt Franz Beckenbauer gegenüber Focus Money: »In Brüssel sitzen nur gescheiterte Existenzen, die von ihren Regierungen davongejagt wurden. Der größte Nietenverein Europas.«[69] Des Fußball-Kaisers Schelte ist sachlich korrekt. Noch heute werden unbrauchbare, gestrandete oder nicht-loslassen-wollende Politiker bei exzellenter Bezahlung in parteinahen Stiftungen oder gleich im Europaparlament »entsorgt«. Brüssel gewissermaßen als politisches Endlager. Dabei muss weniger von abgeschoben denn von finanziell »hochgehoben« geredet werden. So verbinden die einen Europa mit Luxusdiäten, die anderen mit einer spärlich angerichteten Magerdiät. Für die Masse aller Deutschen bringt die Osterweiterung erfahrbare Nachteile: Niedrigere Löhne! Niedrigere Sozialstandards! Insgesamt einen ruinösen Dumping-Wettbewerb und ungleichen Kampf um Märkte. Zeitgleich produziert die zügellose Erweiterung ihre Gewinner, sonst wäre sie längst gestoppt. Großkonzerne gehören dazu und Superreiche, die sich beispielsweise einen Fußballclub zum Zeitvertreib kaufen. So machen sich nicht nur Ängste, sondern gleichermaßen Wut über die Europäische Union breit. Und die Wut wächst. Zum Schutze der Bürger regeln »die in Brüssel« nichts, gegen die Bürger alles. Die Staatengemeinschaft wird mit Vorschriften malträtiert und die Freiheit unaufhaltsam demontiert. Stichworte: Überreglementierung und Paragrafendschungel! In diesen bürokratischen Rauschzustand gehört auch die sogenannte »Harmonisierung«. Sie beseitigt interessante regionale Unterschiede durch Gleichmacherei. Dabei wird beinahe jede vorstellbare Bürgerschikane durchgeboxt. Von der berühmten Bananenkrümmung über das festgelegte »Gassi-Gehen« von Bio-Kühen, eine 52-seitige Schnullerketten-Verordnung (nur für die Konstruktion der Schnur)[70] bis hin zum Seilbahngesetz für Berlin. Wie bitte? Seilbahngesetz für Berlin? Weshalb wissen deutsche EU-Beamte nicht, dass in ihrer Regierungshauptstadt lediglich ein gigantischer Schuldenberg existiert? Darüber hinaus gibt es tausend weitere Gründe, sich auf allen Ebenen der Europäischen Union berechtigt zu empören.

Eines lässt sich verlässlich sagen: Je mehr Politiker über »Globalisierung« reden, desto provinzieller arbeiten sie. Wenigstens gilt diese Faustregel für Deutschland. Für alle in Regierungskreisen verursachten Fehler und Krisen muss die »globalisierte« Ausrede gerade stehen. Ein politischer Kampfbegriff! Er soll Fremdverschulden aus einer fernen Welt suggerieren. Er soll politische Grausamkeiten rechtfertigen. Er soll dem Bürger signalisieren: Du musst auf alles und jedes verzichten und obendrein Ungerechtigkeit und Zynismus verständnisvoll ertragen. Und es funktioniert. Gemessen daran, dass in der Welt des Bürgers nichts mehr stimmt, verhält sich der Deutsche erstaunlich ruhig. Geradezu demütig schauen die Menschen zu, wie ihnen auch noch das Letzte genommen wird. In dieser deutsch-typischen Eigenschaft scheint sich die herrschende Klasse auszuleben. Nehmen wir Abschied von dieser schädlichen Wesensart. Wenigstens mit einem schallenden Gelächter sollten wir Fabeln entgegentreten, wie der des Sozialdemokraten Sigmar Gabriel: Deutschland hätte es mit einer »völlig veränderten weltwirtschaftlichen Lage« zu tun.[71] Ist wirklich alles neu? Globalisierung ist ein uralter Hut. Ein geradezu peinlicher Ladenhüter. Der Waren- und Kapitalaustausch ist ein jahrhundertlanger Prozess. Spätestens seit Erfindung der Telefonie, der Eisenbahn, des Automobils, der Schiff- oder Luftfahrt wurde das Wirtschaftsleben fundamental verändert. Besser gesagt immer weiter ausgebaut. Der Philosoph und Kulturwissenschaftler Peter Sloterdijk sieht den Ausgangspunkt der Globalisierung bereits in der Seefahrt und mit der Entdeckung Amerikas. Man höre und staune: Sloterdijk hält die weltweiten Umwälzungen bereits seit über 60 Jahren für abgeschlossen. Genau seit dem Augenblick, als jeder Punkt der Erde mit einem Jet erreichbar war. Herrn Gabriel samt schlaftrunkener Politgefolgschaft standen demnach Jahrhunderte, wenigstens aber die Zeit seit 1949 mit Gründung der Bundesrepublik für weichenstellende Überlegungen zur Verfügung.

Betrugsfall Euro

Neben der gerade besprochenen »globalen« Desinformationskampagne erleben wir eine Vielzahl ähnlicher Fälle der gesteuerten Legendenbildung. Als besonders dreist sticht eine hervor, die jeder kennt. Die politisch geleugnete Inflation seit Einführung des Euro im Januar 2002. Alle amtlichen Statistiken wollen uns eines weismachen: Der Raubzug gegen die Bürger habe nie stattgefunden. In dieser Tradition gab das Statistische Bundesamt in einer Pressekonferenz Verblüffendes bekannt: In der Zeit der Währungsumstellung von Dezember 2001 auf Januar 2002 seien 90 Prozent der Preise *herabgesetzt* worden.[72] Nochmals: *Herabgesetzt worden!* Tatsächlich weist der offizielle Verbraucherpreisindex im ersten Jahr der Währungsunion einen Preisrückgang von 0,6 Prozent aus. Das Statistische Bundesamt konnte – versteht sich auf eigene Erhebungen gestützt – verbreiten, »dass die Euro-Einführung auf die Lebenshaltungskosten insgesamt keinen wesentlichen Einfluss gehabt hat«.[73] Solche und ähnliche Aussagen lassen jeden Bürger rotsehen. Der Verbraucher ein Verblendeter? Ein gefühlter Trottel, der nicht weiß, was er in seiner Geldbörse herumträgt? Ein Mathematik-Schwächling, der den Euro nicht »mal zwei« rechnen kann? Sollte eine komplette Nation vom Hirngespinst »Teuro« befallen sein?

Jenseits der statistischen Datenfälscherszene weiß jedermann und -frau: Mit der Euro-Bargeldeinführung explodierten die Kosten für den täglichen Bedarf. Wer nicht unmittelbar mit der Währungsumstellung seine Preise anhob, tat es leicht verspätet mit der Ausrede: »Die anderen haben ja auch erhöht.« Unabhängige Studien und gewissenhafte Menschen, die oft seit Jahrzehnten Haushaltsbücher führen, können die Preistreiberei belegen.[74] An der Spitze stehen die Dienstleister: von Handwerks- und Friseurbetrieben über die Chemische Reinigung bis zum Hotel- und Gastronomiegewerbe. Nicht selten kam es gerade hier zu den betrügerischen Eins-zu-eins-Umstellungen. Ein »Phänomen«, das auch Konzert-Tickets, Bücher und die Kleidung befiel. Preiserhöhungen auf breiter Front. Ein und dasselbe bei Frischem vom Bäcker und mit nur wenigen Ausnahmen für alle anderen Lebensmittel. Ein ähnliches Bild bieten Energieprodukte wie Benzin, Heizöl, Strom, Gas. Mehrbelastungen auch für Kindergärten, Gesundheit oder Gebrauchtfahrzeuge. Letztlich explodierten die Neuvermietungen und die Wohnnebenkosten zur zweiten Miete.

Von alledem und vielem mehr wollen staatliche Quellen absolut nichts bemerkt haben. Die Landesämter in Zusammenarbeit mit dem Statistischen

Bundesamt meldeten »alles nur gefühlt« oder »der Euro ist kein Teuro«.[75] Konsequent wie ihr Leugnen, genauso standhaft die veröffentlichten Zahlen. So als wäre nichts geschehen, zeigten amtliche Erhebungen keinerlei Auffälligkeiten. Nach der Währungsunion ähnlich geringe Inflationsraten wie zu harten D-Mark-Zeiten. Keine noch so krasse Euro-Abzocke konnte den höchst dubiosen »Warenkorb« der Statistiker beeinflussen. Nicht »Luigis« Pizza, die der freundliche Italiener zu D-Mark-Zeiten für 14,67 Mark (heute 7,50 Euro) hätte selbst essen müssen. Noch sein Glas Wein für 7,80 Mark (heute 4 Euro), das seinerzeit zu saurem Essig vergoren wäre. An dieser Stelle die Worte eines Mannes mit einschlägiger Erfahrung im Bezug auf Datenfälschungen. Es ist Walter Krämer, Professor für Wirtschafts- und Sozialstatistik sowie Autor des Buches »So lügt man mit Statistik«. Er sagt: »Jeder weiß es: Mit Zahlen wird manipuliert, geschummelt, betrogen. Abteilungsleiter frisieren ihre Quartalsbilanz und die Bundesregierung rechnet unser Land schön.«[76] Aufgrund der ewigen Bedrohung durch Fakten »haben Datenfälscher kein leichtes Leben«[77], schreibt Krämer weiter. So kommt es, dass den Statistikern der berühmte Mensch auf der Straße kein Sterbenswörtchen glaubt. Warum auch? Mit Einführung des neuen Bargelds hat sich das Einkommen der Deutschen numerisch halbiert. Preisanpassungen folgten dieser Gesetzmäßigkeit nicht. Entsprechend stark sank die Kaufkraft und damit der Lebensstandard der Menschen. Für viele ist der Euro der Tiefschlag ihres Lebens. Sie kommen mit dem Geld nicht mehr aus! Existieren im Preisschock! Wer früher Geld auf die »hohe Kante« legen konnte, greift heute nach dem Ersparten. Nur zwei Gesellschaftsgruppen kennen keinen Teuro: Besserverdiener und solche, die nie einkaufen gehen. Damit wäre die politische Klasse angesprochen. Sie hat alles getan, um den Preisschub bei der Euroumstellung zu ermöglichen. Warum keine doppelte Auszeichnung wie in anderen Ländern? Warum auf Selbstregulierung setzen? Ein Instrument, das regelmäßig »brutalstmöglichst« scheitert. Deshalb ist es eine »Waffe«, nach der Wirtschaftskreise geradezu lechzen, um dieses Entgegenkommen freudig erregt zu missbrauchen. Entgegen allen Statistiken räumte Schröder bereits nach einem Jahr Euro naiv wie ein kleines Kind ein: »... das ist ausgenutzt worden.«[78] Ach was, möchte man hinzufügen. Immerhin versetzte der Kanzler den Datenschiebern einen sanften Tiefschlag, sie sprachen schließlich vom genauen Gegenteil. Damit wären wir wieder beim schweren Leben der statistischen Falschmünzer. Wie sollten sie entgegen der täglichen Kaufwirklichkeit jeden zum Schwindeln verpflichten? So kam es, dass sich regelmäßig »Abweichler« zu Wort meldeten: Der damalige Präsident der Europäischen Zentralbank (EZB) Wim Duisenberg: »Wir hätten da einfach ehrlicher sein sollen.«[79] Das Oberlandesgericht Hamm hob den Grenzbetrag für Mundraub von 50 Mark auf 50 Euro an. Begründung der Eins-zu-eins-Umstellung: die allgemeine Preis- und Kostensteigerung. War der Richter, wie wir alle, ein Teuro-Verblendeter? Bundesfinanzminister Eichel warf vor allem der Gastronomie und den Dienstleistern vor, sie hätten »ziemlich zugelangt«. Rainer Brüderle (FDP) redete von »Euro-Abzocke«. Peter Gauweiler murmelte in seinen Oberlippenbart: »Euro ist Teuro.« Der CSU-Bundestagsabgeordnete fügte noch hinzu: »Jeder weiß es, und mir ist unbegreiflich, wieso die Politik immer noch das Gegenteil behauptet.«[80]

Denken wir das Undenkbare: Regierungskreise würden bei Straffreiheit ein umfangreiches Geständnis über die gefälschten Statistiken ablegen. In der Folge müssten Löhne, Gehälter, Arbeitslosengeld, Sozialleistungen, Renten, Pensionen entsprechend dem Kaufkraftverlust angepasst, sprich kräftig erhöht werden. Wie gesagt, wir denken das Undenkbare. Also, bleibt es bei dem, was es ist: *Volksbetrug Geldentwertung*! So lebt Deutschland mit dem Tabu einer vertuschten Inflation. Von heute auf morgen bekamen die Verbraucher auf breiter Front weniger für ihr sauer verdientes Geld. Vom Konsum-Boykott ist die Rede, doch in Wahrheit sind die Haushalte von der Teuerung überfordert. Die Konsumenten haben nichts mehr übrig, um es auszugeben. Fachleute bewerten den Euro als Job- und Konjunkturkiller. Damit nicht genug. Speziell für die Bundesrepublik leiten sich vielfältige Negativfolgen aus der europäischen Gemeinschaftswährung ab: Laut Wirtschaftsökonomen war der Umstellungskurs für die Deutschen opulente 30 Prozent zu hoch berechnet. Im Vergleich zu anderen Ländern beraubte der Euro die Bundesrepublik auch um den Vorteil der niedrigen Zinsen. Weitere Tiefschläge folgten mit der Griechenland-Hilfe und dem Euro-Rettungspaket: Mit angeblich »alternativlosen« Krediten und Bürgschaften von insgesamt 160 Milliarden Euro – auch Geld ohne Wiederkehr genannt – blutete der deutsche Steuerzahler für Sünden anderer Staaten. Peter Bohley, ein Schweizer Finanzwissenschaftler, packte die Negativbilanz schon fünf Jahre vor den epochalen Systemkrisen 2010 in einem Satz zusammen: »Die Einführung des Euro muss als eine der größten wirtschaftspolitischen Fehlentscheidungen in Deutschland nach 1945 angesehen werden.«[81]

Bundestag und Bundesrat, die suboptimalen Reformhäuser

Eine Reform jagt die andere. Mit jeder Reform, laut Duden »Verbesserung des Bestehenden«, verschlechtert sich die Lage. Die schon im Vorwort erwähnte Rechtschreibreform, das Paradebeispiel für Deutschlands fehlgeleiteten Veränderungseifer. Es war einmal eine akzeptierte, klare und bewährte Schreibweise. Am Ende eines zehnjährigen Kasperle-Theaters stand der unreparable Murks. Wenngleich zigfache Korrekturen der Reform eine Rücknahme besonders grotesker Regelungen brachten, die Befriedung ist trügerisch. Der Sowohl-als-auch-Sprachsalat wurde vertieft und verfestigt. Die heutige Ordnung: Verhunzt. Verkompliziert. Unsinnig. Unverbindlich. »Falsch ist Richtig« nennt der wichtigste deutsche Sprachwissenschaftler Theodor Ickler seinen Leitfaden durch die Abgründe der Schlechtschreibreform. Dem Buchtitel wäre nichts hinzuzufügen. Dem Standpunkt der Deutschen auch nicht: *Die Masse lehnt die Neuregelung ab.* Verunsichert und im Sprachempfinden verletzt, wendet sich der Bürger mit Grausen ab. Operation gelungen, Patient tot. Beteiligt an der Zerschlagung des einstigen Rechtschreibfriedens: Arbeitskreise, Kommissionen, Orthografiekonferenzen. Doch das entscheidende Ideologie-Süppchen kochten unsere Volksvertreter. Für diesen Zweck missbrauchten sie »ihr« föderales Länder-Instrument, die Kultusministerkonferenz (KMK). So wurde eine ursprüngliche Schreiberleichterung zum Schildbürgerstreich. Mag das Dilemma wie in diesem Fall »schwarz auf weiß« nachzulesen sein, geben darf es dies nicht. Folglich werfen die Reformer mit Nebelkerzen: »Schüler schreiben jetzt besser«, wird regelmäßig publiziert. Gelogen! Die Forschungsgruppe Deutsche Sprache fand das genaue Gegenteil heraus: Fehlerquoten in Aufsätzen und Diktaten haben sich im Vergleich zu früheren Jahrgängen drastisch erhöht. Falsch geschriebene Wörter in Aufsätzen bis zu 80 Prozent. In Diktaten bis zu 110 Prozent. Bei Abituraufsätzen sogar um 120 Prozent. Eine Langzeitstudie der Leipziger Universität kam zu ähnlichen Ergebnissen. Der damit befasste Forscher Harald Marx bezichtigte die Kultusminister-Konferenz dessen, was sie in eigener Sache betreibt: »Meinungsmache«.[82]

Sind Reformprojekte Gegenstand politischer Bemühungen, greifen unsere Mandatsträger zielstrebig daneben. Sie lieben Mogelkompromisse. Sie lieben das Verkomplizieren. Sie lieben ein rückwärtsgewandtes Wischiwaschi. Der Kabarettist Urban Priol zieht einen anschaulichen Vergleich: »Wir werden so regiert, wie Heide Simonis getanzt hat.« Somit wären wir bei der »Mutter aller Reformen«, der Föderalismusreform. Groß angekündigt! Groß gefeiert! Großer Kuhhandel! Die Länder gaben Rechte ab, haben aber in anderen Bereichen mehr zu sagen als je zuvor. Einfacher ausgedrückt: ein Reförmchen, das keinen Pfifferling wert ist. Der Wirrwarr zwischen Bund und Ländern darf weiterblühen.

Die Verkaufsstrategie »Föderalismus« wird mit Antithesen geführt. Man spricht von der Vielfalt und vom fruchtbaren Wettbewerb zwischen den Bundesländern. In der Realität herrscht ein heilloses Gegeneinander. Deutschlands Föderalismus ist die Tummelwiese der Kleinstaaterei. Ungehemmt toben sich in diesem Parteienbiotop Possentum und provinzielles Denken aus. Allein die Geschichte der Rechtschreibreform belegt eine Reihe genannter Vorbehalte. Auch sonst klappt nichts: Milliarden werden bei Verkehrsprojekten »vergraben«. Jedes Bundesland oder jeder noch so kleine Stadtstaat plant egoistisch und unkoordiniert vor sich hin. Weder ein gemeinsamer Ladenschluss noch ein abgesprochenes Rauchverbot funktioniert. Wie sollten dann die wirklichen Aufgaben abgearbeitet werden? Etwa Deutschlands Bildungsmisere? Die Homogenisierung von 16 unterschiedlichen Schulsystemen? Aussichtslos! Föderalismusreformer waren unter anderem angetreten, um den Bundesrat und Bundestag zu entflechten. Doch lediglich der fromme Wunsch war hier Vater des Gedankens. Ein derart schönes Kampfinstrument ließ sich die Parlamentarische Gesellschaft nicht aus der Hand nehmen. Seit den Neunzigerjahren ist der Bundesrat das wichtigste Blockadeinstrument der etablierten Parteien. Häufig Kulisse und Drehort absurden Staatstheaters. Der Grund: Viele Bundesgesetze bedürfen der Zustimmung dieser Ländervertretung. Offenbar ein unwiderstehliches Medium, um dem politischen Gegner eins auszuwischen. Ergebnis: Stillstand und Lähmung des ganzen Landes. Fundamentale Auswüchse verlangen nach fundamentalen Herangehensweisen. Als Sofortmaßnahme könnte ohne erkennbare Nachteile die Auflösung des Bundesrates stehen. Weg mit der Kleinstaaterei! Weg mit dem Flickenteppich der Ideologie! Weg mit dem Standortnachteil, über den sich andere Nationen lustig machen! Benötigt ein so kleines Flächenland wie Deutschland wirklich 16 Bundesländer? *In Worten: sechzehn!* Neben dem Bundestag 16 komplette Parlamente. 16 Landesfürsten. 16 Minister *jeder* Fachrichtung einschließlich monströsen Ministerien: Dienstwagen-Flotten, Bodyguards, Tausende Abgeordnete und Beamte, die sich auf Lebenszeit fürstlich überversorgt haben. Ineffizienz, die die Bürger nebst der nervlichen Belastung zig Milliarden kostet. Vorstellbar wäre, die bestehenden Bundesländer weiterzuführen. Die Abschaffung der Landtage ist aber eine zentrale Zukunftsaufgabe. Als abgespeckte Variante böte sich die Neugliederung der Länder an. Gerade noch vier Parlamentsregionen: Nord, Süd, Ost, Mitte. Dazu das ersatzlose Streichen des bundespolitischen Blockademittels »Veto-Recht«.

Weit davon entfernt, wichtige gesellschaftliche Fragen anzupacken, taumelt Deutschland von einer kopflosen Reform in die nächste. Die politische

Kaste lebt in der kuriosen Vorstellung, Veränderungen müssten »richtig wehtun«. Je mehr die »Reformen« das Volk traktieren, umso besser seien sie für das Volk, glauben unsere Machthaber. Begleitet wird diese pathologische Gedankenwelt durch endloses TV-Gequatsche, mitsamt dem Hü-und-hott der Parteien. Kurzum: Politik zum Verzweifeln! Allein das Wort Reform löst in der Bevölkerung bereits allergische Reaktionen aus. Ein Schimpfwort! Dieses schlechte Ansehen wurde rechtschaffen erworben, denn deutsche Reformprozesse vereint ein hoher Wiedererkennungswert: Es sind reine Finanzreformen zugunsten der Oberschicht und Wirtschaft. Für den normalen Bürger bedeuten sie durchweg Schmerzliches. Fachleute wissen, erforderlich wären strukturelle Zukunftsreformen. Die meisten davon wären kostenneutral zu haben. Gleichwohl könnten sie enorme Einsparpotenziale entfalten. Stichwort Bürokratieabbau. Die Eindämmung der Regelwut. Das Zurückfahren von Verordnungen. Schwammige Gesetze straffen und klipp und klar formulieren. Eine radikale und vereinfachte Steuerreform ohne Ausnahmetatbestände. Verbot von Parteispenden *(das übernächste Kapitel beschäftigt sich damit)*. Bildungsumbau durch das Abschaffen der gescheiterten Hauptschulen, auch Restschulen genannt. Einführung eines einzigen modernen Schulsystems, plus Entrümpelung der Lehr- und Unterrichtsmethoden. Doppelte Ministerien in Bonn und Berlin stoppen. Abbau von jährlich 156 Milliarden (!) Euro Subventionen, denen der Ruf vorauseilt, überall anzukommen, nur nicht da, wo man sie braucht. Ausschnitte aus dieser teils dubiosen »Staatsfürsorge«: Die Flut von Agrarsubventionen gehört dazu, die statt bei kleinen Bauern bei großen Lebensmittelkonzernen landen. Ein Millionensegen für die Nehmer, ohne dass sie arm wären. Das Villen- und Nobelviertel Grünwald bei München schüttet monatlich 100 Euro »Kinderprämie« extra aus (Hartz-IV-Empfänger ausgenommen). Wohltaten in einer der reichsten Gemeinden Bayerns mit einer Arbeitslosenquote von rund einem Prozent an jene, die es nicht bräuchten. Mehr als 80 Prozent »Stütze« legt die Bevölkerung für jedes bundesweit verkaufte Theater-Ticket obendrauf. Auch der Bayreuther Promitreff »Richard-Wagner-Festspiele« greift dem Steuerzahler ins Portemonnaie. Selbst Wagners Urenkelin ist darüber »not amused«. Nike Wagner gegenüber dem Politmagazin Cicero: »... Dass dieses auf Jahre hinaus überbuchte und risikofrei arbeitende Haus weiterhin Millionen öffentliche Gelder erhält«[83], sei schwerlich einzusehen. Ähnlich abwegig sind milliardenschwere Steuersparmodelle für Hollywoods reiche Filmindustrie. Überall lauern sie, die deutschen Subventionen. In Schnittblumen, in Pornoheften bis hin zum bitter benötigten Schnaps. Sigmar Gabriel, SPD, der etwas hätte ändern können, aber es nicht tat: »Wir geben Geld aus, für unmögliche Dinge.«[84] Wirkliche Reformen mit positiven Wirkungen auf die Menschen scheut die politische Klasse wie der Teufel das Weihwasser. Offen zur Schau getragen in den sozialen Sicherungssystemen: Gesundheit! Rente! Arbeit! Der Historiker der UNI Potsdam Manfred Görtemaker: »Man kann nicht sagen, dass die Reformen wirklich gegriffen haben, wenn man überhaupt davon sprechen kann, dass es Reformen gab.«[85] So läuft alles seinen gewohnten Trott: Unverzagt und ohne Murren finanziert Deutschlands gesellschaftliche Minderheit – die abhängig Beschäftigten – den kompletten Sozialstaat. Nichts wird getan, um die Systeme auf breite, solidarische und damit zukunftsfähige Füße zu stellen. Wie schon gesagt, das Schweizer Modell »Bürgerversicherung«, in das wirklich alle einbezahlen, drängt sich förmlich auf. Andere Vorschläge, wie eine Wertschöpfungsabgabe, scheint auf Regierungsebene bereits als Denkversuch strafbar. Allein deshalb eine erwägenswerte Variante, denn deutsche Parlamentarier lehnen gute Neuvorschläge einer alten Gewohnheit folgend immer erst mal ab. Wieso eine Wertschöpfungsabgabe? Mit kontinuierlich weniger Arbeitnehmern produzieren und erwirtschaften die Betriebe dank Automatisierung und Qualifikation ihrer Mitarbeiter immer mehr. Die Idee einer Wertschöpfungsabgabe ist, die Sozialabgaben von den Beschäftigten auf die ständig wachsende Produktivität zu verlagern. Weg mit den hohen, arbeitsplatzschädlichen Lohnnebenkosten. So gibt es eine Reihe interessanter, aber ideologisch »verbotener« Konzepte der Erneuerung. Mit der derzeitigen Zerschlagung der Sozialsysteme durch immer mehr Privatisierung ist der amerikanische Weg beschritten. Und der ist fundamental falsch – zu besichtigen in den USA.

Wie würde ein Mensch bei klarem Verstand reagieren, wenn sein Wassereimer ein Loch hätte? Gewiss, er würde versuchen, das Leck zu stopfen. Deutschlands Reformer haben sich im übertragenen Sinne auf eine andere Technik verständigt: Sie suchen laufend nach neuem Wasser. Tagtäglich wird »frisches Geld« der Versicherten in die maroden Sozialsysteme gepumpt. Das Prinzip: Beiträge hoch! Leistungen runter! Sozialabbau, vorzugsweise auf Kosten der Schwächsten. Entsprechende Mogelreformen durchlaufen das immer gleiche Muster: Zuallererst wird eine Kommission eingesetzt. Politische Akteure sprechen vom »Heranziehen externen Sachverstandes«. Was den beunruhigenden Umkehrschluss zulässt – selbst hat man keinen. Doch primär ist die grassierende Kommissionitis ein simpler »Dreh«. Dort werden soziale Kahlschläge vorbereitet, die man selbst nicht wagen würde vorzuschlagen. Wer Politikern diese Tücke nicht zutraut, den könnte ein Mann umstimmen, der es wissen muss. Bert Rürup, Chef der Wirtschaftsweisen und Vorsitzender einer nach ihm benannten Kommission, die knapp 1 Million Euro verschlang: »Normalerweise sind Kommissionen immer dazu da – jetzt müssen die Politiker mal weghören –, um Zeit zu kaufen, um unangenehme Wahrheiten auszusprechen.«[86] Welcher Chef einer Kommission als Namensgeber auch Pate stand, Herzog, Rürup, Hartz & Co, eine Gemeinsamkeit einte alle Expertentreffen: Arbeitslose, Hilfeempfänger, Rentner, Berufstätige, Patienten oder andere, die es betraf, waren von derlei Beratungen ausgeschlossen. Alle bisherigen Gremien bestanden durchweg aus interessengeleiteten und bestverdienenden Wissenschaftlern und Berufspolitikern. Leute jedenfalls, die nie von den sozialen Folgen ihrer Vorschläge oder gar Armut bedroht sein könnten. Folglich wird Wasser gepredigt, während man selbst bei höchster Dotierung ein abgesichertes und überversorgtes Leben bis ins Grab führt. Vor diesem Hintergrund kommt Prof. Friedhelm Hengsbach von der Philosophisch-Theologischen Hochschule Sankt Georgen zur Erkenntnis: »... sie haben eine andere Welt im Blick.« Und das hat Folgen:

Master of Desaster – Tatort Arbeitsmarkt

In welcher Welt Deutschlands Reform-Sachverständige leben, wird nirgendwo deutlicher als in der Person von Peter Hartz. Der Ex-VW-Personalvorstand und Erfinder der Hartz-Reformen war Auslöser des Overkills auf dem Arbeitsmarkt. Während er Millionen Menschen samt ihrer Familien in die absolute Armut trieb, lebte der knallharte Reformer in Saus und Braus. Er widmete sich Luxusreisen, schlürfte Champagner, ließ sich Edelhuren in Fünf- oder Sechs-Sterne-Hotels zuführen und kaufte sich für knapp 2 Millionen Euro den VW-Betriebsratvorsitzenden. Alles aus der Firmenkasse! Gesamtschaden für den Volkswagenkonzern: 2,6 Millionen Euro. Der Wunderheiler des Arbeitsmarktes war auch anderweitig psychisch auffällig. Gegenüber der Wochenzeitung »Die Zeit« schwärmte er von seiner Träumerei als »Alleinherrscher, wie ihn die Weltgeschichte noch nicht gekannt hat«.[87] Ähnlich bizarr gedachte Peter Hartz, Einzelheiten über seinen Lustgewinn mit einer brasilianischen Hure zu unterdrücken. Joselia R., eine Prostituierte, ließ er in teure Hotels nach Lissabon und Paris einfliegen. »Bild« bekam Wind davon und machte mit dem Titel auf: »Hartz und das Liebesmädchen.« Am Vortag der Veröffentlichung soll der Sozialreformer ernsthaft erwogen haben, die gesamte Zeitungsauflage aufzukaufen und einzustampfen.[88] Unter der Führung eines Traumtänzers wurde also die Arbeitsmarktreform konzipiert und die Angst erfunden! Noch ein Blick auf das Persönlichkeitsprofil von Hartz. Obwohl eine Dirne, genannt »Nina«, beinahe dreifaches Honorar für den Liebesdienst an Peter Hartz bekam, sagte sie hinterher zu ihren Kolleginnen: »Mit dem nicht mehr, will ich nicht mehr.«[89] Bei einem finanziell derart potenten Freier heißt das nichts anderes als ein selten unangenehmer Kunde, sprich Mensch. Und dieser Mensch ist heute Symbolfigur für ein obszönes Unternehmertum. Für obszöne Politik. Und für eine verkommene Justiz, in der sich Reiche – der Untreue in 44 Fällen überführt – mit Geld weit unterhalb des angerichteten Schadens freikaufen können. So darf »Peter der Große« seine vor Gericht erdealte Bewährungsstrafe bei monatlich 25.718 Euro Luxusrente plus Millionenvermögen abfeiern.[90]

Wenn nicht Hartz selbst, so lassen sich dank seiner Konzepte andere wie Kriminelle behandeln. Menschen, die arbeitslos wurden und, je nach Alter, innerhalb von ein bis zwei Jahren keinen neuen Job finden. Auf sie wartet Deutschlands Höchststrafe, die Hartz-IV-Gesetzgebung. Die radikalste Sozialkürzung seit 1949. Zur Erinnerung: Den »Kunden« der Arbeitsagentur stehen im günstigsten Fall täglich 4,35 Euro für Nahrungsmittel, Getränke und Tabakwaren zur Verfügung. Damit ist der Arbeitslosengeld-II-Empfänger schlechter gestellt als jeder miese Verbrecher hinter Gittern. Immerhin geben Haftanstalten bekanntermaßen gutes Essen aus. Ob unverschuldet arbeitslos. Ob 30 oder mehr Jahre Steuern und Sozialbeiträge entrichtet. Ob Kinder großgezogen. Alle landen auf der untersten Sprosse der Sozialleiter. Sie sind Unterschicht! Im selben Topf mit Trinkern, Taugenichtsen oder Terroristen (viele entlassene RAF-Häftlinge leben heute von Hartz IV). Gleichbehandlung, so als hätten sie nie Solidarbeiträge oder sonstige Leistungen für die Gesellschaft erbracht. Heiner Geißler (CDU): »Diese Menschen werden nach einem erfüllten Arbeitsleben in ihrer Würde zerstört.«[91] Und für diesen Irrweg wird die Arbeitsagentur missbraucht, die früher zutreffend Bundesanstalt hieß. Bevor Erwerbslose überhaupt einen Cent Arbeitslosengeld II gemäß Hartz IV bekommen, blüht ihnen zunächst ein schikanöser Antrag. Je nach Familiensituation etwa 24 Seiten! Der nächste Schritt heißt, nahezu alles zu versilbern, was sich der jeweilige »Bittsteller« ein Leben lang erarbeitet und aufgebaut hat: Ersparnisse bis auf einen geringen Selbstbehalt. Der Verkauf des Autos steht an. Neuere Fahrzeuge sind direkt verboten, Altwagen zwar erlaubt, aber nicht mehr finanzierbar. Auch ein Haus oder anderweitiges Eigentum sind zu verramschen. Kurz und bündig: Enteignung in den persönlichen Ruin! Wer zur Miete wohnt, bekommt im Zweifelsfall Besuch von einer jungen Job-Agentin, die im Auftrag der Bundesagentur die Wohnung inspiziert und ausmisst. Zehn Quadratmeter zu viel? 50 Euro höhere Mietkosten als die lebensfern niedrigen Richtlinien? Beides führt zum Zwangsauszug. Ab in schäbigste Billigwohnungen, nebst dem Verlust des sozialen Umfeldes. Wer in Gemeinschaft mit anderen Person lebt, für den heißt es: »Hosen runter.« Handelt es sich um eine sexuelle oder platonische Beziehung? Die Regelsätze für »eheähnliche« Bedarfsgemeinschaften machen hier den schlüpfrigen Unterschied. Spielte beim »Entwickeln« der Intimverhöre der Dirnen-Kopfsalat von Peter Hartz verrückt?

Die gesamte Reformkonzeption des vorbestraften Hartz (ein Duzfreund von Gerhard Schröder und »Sozialdemokrat«) ist ein militanter Anschlag auf das Gemeinwohl und den sozialen Frieden. Trotz methodischer Falschmeldungen gilt jeder der Bausteine als gescheitert: • Erfolglos die Personal-Service-Agenturen (PSA), das staatlich subventionierte Leiharbeitergeschäft mit Arbeitslosen. • Gefloppt der Job-Floater – eine Kreditvergabe an Unternehmen, die Arbeitslose einstellen. • Missglückt und wieder eingestampft die Ich-AGs. • Ein-Euro-Jobs vernichten reguläre Arbeitsplätze samt öffentlicher Gelder und haben keine Brückenfunktion in den ersten Arbeitsmarkt. • Kontraproduktiv die Arbeitsbeschaffungsmaßnahmen (ABM), die laut Studie die Chancen auf dem Arbeitsmarkt sogar verschlechtern. • Zu guter Letzt der grandiose Schiffbruch mit dem Herzstück von Hartz IV: die gelobhudelte Zusammenlegung von Arbeitslosenhilfe und Sozialhilfe. Projektüberschrift: »Wir können uns den Sozialstaat nicht mehr leisten.« Reformergebnis: Millionen Erwerbslose und ihre Familien wurden der Menschenwürde beraubt und in bitterste Armut geschickt. Achtung! *Bei gleichzeitig 10 Milliarden Euro jährlichen Mehrausgaben.*[92] Eine Meisterleistung der Mathematik und der gelebten Menschenverachtung.

Warum kommt dem Steuerzahler das politische Verarmungsprogramm derart teuer zu stehen?
Block eins der Mehrausgaben: Trotz nimmermüder Eide »Bürokratieabbau« war Hartz IV der Startschuss, die Bundesagentur für Arbeit (BA) weiter aufzublähen. Eine voluminöse Kosten- und Personallawine allein für die neu errichteten Arbeitsgemeinschaften. Es sind Vor-Ort-Kooperativen zwischen Kommunen und der Bundesarbeitsagentur, auch ARGE genannt. Als ruchbar wurde, dass die neuen »Job-Center« ineffizient arbeiten, wurden Kontrolleure zur Überwachung eingestellt. Erfolglos! Also wurde die Zahl der Jobvermittler um 20 Prozent erhöht – der berühmte Behörden-Wasserkopf. Ein Amt mutiert in eigener Regie, treibt die Kosten hoch und beschäftigt sich überwiegend mit sich selbst. Dazu Internes: Pro Arbeitssuchenden werden *monatlich* 158 Datensätze plus etwa zehn zusätzliche Berichte erstellt.[93] Und wie steht es mit der eigentlichen Profession? Arbeitsvermittler,

...end zu »Fallmanagern« umgestylt, schaffen im Monat durchschnitt... Vermittlungen in ungeförderte Beschäftigungsverhältnisse.[94] Ein ...rstück, knapp oberhalb der Nachweisgrenze.

... *zwei der Mehrausgaben*: Neben peinlichen Rechenfehlern setzt die Hartz-IV-Arbeitsmarktpolitik irrwitzige Anreize. Es erzeugt Nutznießer, an die nicht im Entferntesten gedacht war: Gesetz wurde, dass Jugendliche bei den Eltern ausziehen können. Der Staat garantierte (inzwischen rückreformiert) Gratiswohnung, Umlagen und den Lebensunterhalt. Ein Lockmittel, das in der nachpubertären Sturm-und-Drang-Zeit zur Massenflucht aus den Elternhäusern führte. Ähnlich kontraproduktive Anreize bei Paaren: Wer zusammen lebt, bekommt nur einen reduzierten Regelsatz. Ist ein Partner berufstätig und normalverdienend, entfällt die Unterstützung ganz. Klar, die Leute verhalten sich marktwirtschaftlich richtig und leben heute in getrennten Wohnungen. Für den Staat oftmals doppelte Haushaltsführung mit entsprechenden Mehrkosten. Gesetzlich provoziert, auch das Massenphänomen der Aufstocker: Ärzte, Rechtsanwälte, Unternehmer und Selbstständige aller Lager, die man nie zuvor in den heiligen Hallen der Arbeitsämter sah, tummeln sich plötzlich dort. Sogar Töchter reicher Vorstandsmitglieder sollen schon in ihrem offenen BMW vor Bundesagenturen gesichtet worden sein. Mit fingierten Bilanzen geben sie vor, kein Geld zu verdienen. Viele wollen nur das eine: kostenlos sozialversichert sein! Auch Betriebe, die Hungerlöhne zahlen, profitieren von der Situation. Fragliche Arbeitgeber zahlen vier oder fünf Euro Stundenlohn, auch weniger, und lassen sich den Gehaltsfrevel staatlich belohnen, sprich aufstocken. Eine neue Form unternehmerischen Sozialschmarotzertums. Nirgendwo wird dieser kapitale Unsinn deutlicher als beim Fastfood-Giganten McDonalds. Ganze Belegschaften werden von der jeweiligen Filialleitung zur Arbeitsagentur geschickt. Dort sollen sich die Mitarbeiter ihre schlecht bezahlte Arbeit »aufstocken« lassen. Staatliche Subventionen für einen Welt-Mega-Konzern statt verpflichtend ordentliche Löhne. Auf diese Weise füttert Hartz IV viele Menschen durch, die es weder brauchen noch arbeitslos sind. Geld, das dort fehlt, wo die Armut groß ist – bei den wirklich Arbeitslosen und Sozialbedürftigen. Was bleibt, ist eine einzige Forderung: Weg mit dem grandiosen Hartz-Pfusch!

Die politische Klasse hängt einer naiven Frömmigkeit hinterher. Das Problem der Unterbeschäftigung sei ein »Vermittlungsproblem«. Sicher mag vieles hineinspielen, genau das aber nicht. Nur Magiern ist es vorbehalten, in Stellen zu vermitteln, die es nicht gibt. Zur geltenden Irrmeinung gehört auch, fehlende Arbeitsplätze würden auf dem Arbeitsmarkt entstehen. In Wahrheit werden sie auf dem Finanz-, Waren- und Dienstleistungssektor geschaffen.

Deshalb ist die Bundesagentur für Arbeit bereits vom Strukturansatz ein schiffbrüchiges Modell. Erfolglosigkeit vorprogrammiert! Natürlich hungert jeder Mensch, wie jede Behörde, nach Erfolgserlebnissen. Also haben die Agenturen ihre Arbeit auf Sanktionen verlagert. Präziser ausgedrückt: *Man drangsaliert Arbeitslose.* Profiteure der Situation: zuallererst Deutschlands florierende Arbeitslosenindustrie. Mindestens 10 Milliarden Euro gehen pro Jahr in sogenannte Trainings- oder Weiterbildungsmaßnahmen.[95] Auch die berüchtigten Umschulungen von der Arbeitslosigkeit in die Arbeitslosigkeit gehören in diesen Topf. Meist Zwangsveranstaltungen für die amtssprachlich verhöhnten »Kunden« der Arbeitsagentur, von denen sich keiner als König fühlt. Letztlich sitzen dann in EDV-Kursen genötigte Teilnehmer, die Arbeit suchen, sich aber weder für Textverarbeitung noch Excel-Tabellen interessieren. Ob jemand dem Unterricht folgen kann, scheint belanglos. Deutschkenntnisse? Lesen und Schreiben? Oft Fehlanzeige bei Teilnehmern mit Migrationshintergrund. Eine beliebte Schikane, um das morgendliche Aufstehen zu üben, ist das Bewerbungstraining. Dort lernt der Arbeitsuchende, wohin mit der Briefmarke auf dem Versandumschlag. Oder dass er beim Vorstellungsgespräch gewaschene Haare, saubere Fingernägel und keine Nasenhaare zu haben hat. Es tut sich so allerlei unter dem Stichwort Steuergeldverschwendung in zweistelliger Milliardenhöhe. Echte Gewinner der Situation gibt es zwangsläufig auch: die unkontrollierten Bildungsträger! Dazu Ex-Superminister Wolfgang Clement, bekannt für seine Schnellschlucktechnik als Biertrinker: »Es gibt keine Volkswirtschaft, die so viel Geld gegen die Arbeitslosigkeit einsetzt wie wir. Und keine ist so erfolglos wie wir.«[96] Misserfolge, die allein Politiker verwundern. Was sollte auch passieren, wenn Geld falsch verwandt wird?
Thema Ein-Euro-Jobs. Sie werden als Eingliederungsinstrument und Brücke in den ersten Arbeitsmarkt propagiert. Unehrlich ausgepreist! Der engagierte Landrat des Main-Kinzig-Kreises, Erich Pipa, sprach in »Berlin Mitte« über den wahren Zweck: »Der Ein-Euro-Job ist kein Job, es ist eine Trainingsmaßnahme.« So sehen die Übungen aus: Zwangsverpflichtete kehren mit Handbesen anstatt mit Kehrmaschinen. Sie machen Abbrucharbeiten, die der Bagger schweißlos und schneller erledigen könnte. Verkürzt: Drecksarbeit mit primitiven Werkzeugen oder unsinnige Arbeit gegen Hungerlohn. Pure Schikane! Zusätzlich werden Ein-Euro-Jobber in Konkurrenz zu Normalbeschäftigten eingesetzt. Löhne drücken ist schließlich ein politisches Ziel, um »international konkurrenzfähig zu sein«. Ganz im Sinne der Wirtschaft werden auch reguläre Arbeitsverhältnisse durch staatliche Billig-Löhner ersetzt. An der UNI Hamburg hat sich ein anderes Modell etabliert. Ausgebildete Wissenschaftler müssen auf Ein-Euro-Basis arbeiten. Forschung fast zum Nulltarif.[97]

Mit Hartz IV kam die Philosophie des »Förderns und Forderns«. Aber einzig das Fordern funktioniert. Seit der Systemumstellung werden Arbeitslose bekämpft, nicht die Arbeitslosigkeit. Dabei scheinen moralische Grundsätze völlig aufgehoben. Eine brave und geschockte Bäckersfrau versuchte die Arbeitsagentur, an einen Nacktfotografen zu verhökern. Wolfgang Tiefensee (SPD) wollte Langzeitarbeitslose im Anti-Terror-Kampf einsetzen. Sein Parteigenosse Wolfgang Clement plante, Arbeitsuchende als Wachmänner ins irakische Kriegsgebiet zu schicken. Unter dem sozialdemokratischen Bundesarbeitsminister Olaf Scholz sollten Hartz-IV-Bezieher observiert werden. Hessens CDU-Justizminister Christian Wagner forderte Fußfesseln für Langzeitarbeitslose. Zunächst helle Empörung allerorten gegen letzteren Vorschlag. Kollektives Schweigen bei der heimlichen Umsetzung und dabei wurden die Fußfesseln noch eingespart: Seit der Verabschiedung des »Fortentwicklungsgesetzes« müssen alle ALG-II-Bezieher Tag und Nacht erreichbar sein. Überwacht durch Außendienstkontrollen und Telefonabfragen. Wenigstens im sachsen-anhaltinischen Aschersleben leistete eine Erwerbslosen-Initiative zivilen Ungehorsam gegen diese unsäglichen Praktiken der neu definierten Leibeigenschaft. Betroffene schlugen ein unangemeldetes Zeltcamp vor der örtlichen Arbeitsagentur auf. Wie gefordert wollten sie Tag und Nacht verfügbar sein, um wörtlich »die vielen Jobangebote entgegenzunehmen«.[98] Jetzt noch schnell zur allerletzten Dreistigkeit der Gesetzgebung: Für die bitterarmen Hartz-IV-Kinder ist ein Freibetrag von 50 Euro *im Jahr* für Geld- oder Sachleistungen festgesetzt. Auf darüber hinausgehende Geschenke wie ein Fahrrad oder Bares zur Konfirmation greift der Staat durch entsprechende Kürzungen beim Regelsatz zu. Die Lage ließe sich kaum treffender beschreiben, als dies der erfolgreiche Chef der dm-Drogeriemarktkette Götz Werner tat: »Wenn Sie heute Hartz-IV-Bezieher sind, dann sind Sie schon fast im offenen Strafvollzug.«[99]

Eine Arbeitsbehörde außer Rand und Band und Hort der Verschwendung. Pro Jahr verschwinden allein 20 Milliarden Euro in »arbeitsmarktpolitische Maßnahmen«, die sich größtenteils gegen Arbeitslose richten. Mit statistischer Fälschung wird die eigene Arbeit geschönt, das fand der Bundesrechnungshof heraus. Rund 70 Prozent der angeblichen Vermittlungen waren keine. Die mit viel Pathos allmonatlich verkündeten Statistiken sind ebenfalls kein Spiegel der Wirklichkeit. Vorsicht bei rückläufigen Arbeitslosenquoten! Unter der Überschrift »Neudefinition der Arbeitslosigkeit« werden laufend neue Tatbestände erfunden, um sie herauszurechnen. Wer alles aus der Statistik fällt im Einzelnen: Menschen in Ein-Euro-Jobs. Wer umschult oder sich weiterbildet. Geringfügige Hinzuverdiener. Kranke und Gesperrte. Jugendliche in Warteschleifen. Leute, die Rücklagen oder Vermögen aufbrauchen müssen. Jene, die an private Vermittler »ausgegliedert« sind. Arbeitssuchende die einen Partner mit ausreichendem Einkommen haben. Hilfsbedürftige unter 25 Jahren, die bei ihren Eltern wohnen. Ältere, denen innerhalb eines Jahres kein konkretes Job-Angebot gemacht wurde. Zwangsverrentete ab dem 58. Lebensjahr und viele, viele mehr. *Auf diese Weise wird die Zahl der »amtlich« Arbeitsuchenden nahezu halbiert.* Speziell unter der Großen Koalition wurde dieser Akt der Wählertäuschung perfektioniert. Verkauft wurden die künstlich heruntergedrehten Arbeitslosenzahlen indes als Erfolg der Agenda 2010. Schönfärberei, die das Institut für Arbeitsmarkt- und Berufsforschung (IAB) anprangerte und das Bundesarbeitsministerium auf kleine Anfrage der FDP bestätigte.[100] Unweigerlich stellen sich Fragen: Brauchen wir die größte und teuerste Sanktions- und Mogelbehörde der Welt, die uns jeden Monat falsche Zahlen vorliest? Sind Arbeitgeber überhaupt auf staatliche Unterstützung angewiesen, um freie Stellen zu besetzen? Nein, warum? Firmen können sich ihr Personal selbst suchen. Die breite Masse tut es auch. Eine Studie des Instituts für Arbeitsmarkt- und Berufsforschung (IAB) ergab: Allein 40 Prozent der Jobs werden über persönliche Kontakte besetzt. Chefs fragen bei ihren Angestellten nach, ob sie jemand Passenden kennen, oder erinnern sich an frühere Mitarbeiter. Dazu kommen Ausschreibungen bei privaten Arbeitsvermittlern, Jobbörsen oder über die altbewährte Zeitungsanzeige. Eine veröffentlichte Suchofferte, schon liegen Hunderte von Bewerbungen auf dem Tisch. Keine Stelle bliebe unbesetzt, wäre das »Projekt Arbeitsamt« morgen eingestellt. Lediglich eine kleine Versicherungsagentur ist vonnöten, die nichts anderes macht als Lohnersatzleistungen auszahlen. Den miserablen Zustand der Bundesarbeitsagentur beglaubigen zwei bekannte Persönlichkeiten aus den eigenen Reihen: Dirk Niebel (FDP), ehemals Arbeitsvermittler beim Arbeitsamt Heidelberg: »Da wird das Geld fremder Leute rausgeschmissen.« Und er glaubt »schlicht nicht reformierbar«. Seine Konsequenz: »Auflösung der Behörde.«[101] In einem ähnlich kritischen Geiste äußerte sich Florian Gerster, Ex-Vorstandschef der Bundesagentur für Arbeit, über die ihm einst unterstellte Mammutbehörde: »Nicht reformierbar.«[102]

Legenden und Rentenlotterie statt Alterssicherung

Achten Sie einmal darauf, jedem Reformeinschnitt ist eine zweckorientierte Kampagne vorgeschaltet: Diffamierung der jeweils betroffenen Gesellschaftsgruppe. In der Planungsphase von Hartz IV preschte Kanzler Gerhard Schröder in seiner suboptimalen Eigenart an die Öffentlichkeit: »Es gibt kein Recht auf Faulheit« und meinte damit die Arbeitslosen. Deutschlands Prekärpolitiker Edmund Stoiber legte mit der »Faulenzer«-Debatte nach. Schröders rot-grüne Bundesregierung wollte die Hartzgesetze durchboxen und die »christliche« Opposition das Skandalwerk eines Kriminellen verschärfen. Beides gelang.

Gleiche Systematik auf dem Rentensektor. Immer wieder werden junge Polit-Hooligans vorgeschickt, um den »Generationenkrieg« anzuheizen. Ein Schlachtfeld, das zum Glück nur in den Querköpfen der Parteifunktionäre existiert. Wohl kaum haben sich die Christdemokraten Philipp Mißfelder und Katherina Reiche nach ihrer Geburt selbst gefüttert. Sie besuchten Kindergärten, Schulen, Universitäten, die sie erbaut und finanziert vorfanden. Beide sind auch Nutznießer von Deutschlands hervorragender Infrastruktur. Im Gegensatz zu ihren Vorfahren leben sie, ohne einen Tropfen Schweiß vergossen zu haben, in hochmodernen Wohnungen. Womöglich bekommt das Politduo sogar ohne geringste Eigenleistung ein fix und fertiges Eigenheim geschenkt. Wer aber sind die Mäzene dieser bedauernswerten »Generation Erbe«? Ausgerechnet jene, denen sie heute das künstliche Hüftgelenk verweigern wollen. Zynismus gegen die Altersgruppe der Eltern- und Großeltern, die laut Studie der Dresdner Bank zwischen 2005 und 2015 gut 2,3 Billionen Euro an ihre Nachkommen weitergeben.[103] Ein gigantisches Vermögen für nichts! Jan Dittrich, Vorsitzender der FDP-Nachwuchsorganisation Junge Liberale (Julis), ist einer aus der reichsten Erbengeneration aller Zeiten. Auch er verwechselte politische Profilierung mit Geschmacklosigkeit: »Alte, gebt den Löffel ab«, war seine Forderung. Begünstigt und begleitet werden diese und ähnliche Pöbeleien von den Medien. Einem latenten Altersrassisten wie Bernd W. Klöckner wird immer wieder ein Forum geboten, um Sätze abzusondern wie: »Die Alten bestehlen die Jungen.« Ausgerechnet aus dem Munde eines Finanzberaters! Typisch auch der TV-Titel »Generation Rock'n Roll – geht es den Alten zu gut?« Charakteristisch der Vorspann dieser ARD-Sendung: »Nirgendwo geht es den Rentnern so gut wie in Deutschland, deshalb ist Mallorca ständig ausgebucht.«[104] Gerade die Öffentlich-Rechtlichen (dort haben Parteien das Sagen) schmieden am Klischee der Rentengeneration »Highlife«. Urlaub reiht sich an Urlaub. Kaffeehäuser gewissermaßen als Heimatfront der Senioren. Pausenloses Sahnetörtchenschlappern. Wellness. Flotte Autos. Kurz: Ungetrübte Partylaune – ein Leben in Saus und Braus. Womöglich mag es Ruheständler dieser Kategorie geben. Man denke an Ärzte, Immobilenmakler oder Investmentmanager, die im besten Alter Mallorca oder Ibiza bevölkern. Ebenso die reiche Oberschicht unseres Landes, die ja bekanntlich immer größer wird. Aber die Rentnerjahrgänge der gesetzlich Versicherten? Gewiss nicht! Schon aus formalen Gründen ist ihnen Holiday als Dauerzustand versagt: Die staatliche Rente ist auf etwa 2.100 Euro begrenzt. Und diese Höchstrente bekommen gerade mal 2.000 von über 20 Millionen deutschen Rentenempfängern.[105] Vermutlich mag diese 0,01-Prozent-Kleinstgruppe hierzulande ganz nett leben. Aber in Saus und Braus? Sicher ist, selbst für diese privilegierte Minischicht ist das gemeldete Rund-um-die-Uhr-Partyleben an den sündhaft teuren Meilen der Touristikinseln utopisches Kino.

Öffentliche Märchenerzähler blenden stoisch Aspekte des realen Seniorenlebens aus. Loki Schmidt, Ehefrau des früheren Bundeskanzlers Helmut Schmidt, sprach bewegend ehrlich über das Alter. »Für mich ist es nur Mühsal – mühsam und umständlich.« Warum reden Mandatsträger nie über die unausweichlichen Schattenseiten des Älterwerdens? Einsamkeit, Armut, Krankheit. Abgeschoben in ein Pflegeheim und dort der Profitgier ausgeliefert. Letzteres kann bedeuten, unter Drogen gesetzt dahinzuvegetieren und bei lebendigem Leibe zu verfaulen *(der Thematik widmet sich ein Kapitel im zweiten Teil des Buches)*. Selbst die spärlichen Höchstrentner verwandelt eine simple Pflegeeinrichtung in »arme Schlucker«. Der dortige Aufenthalt ist erst ab 3.000 Euro aufwärts zu haben. Schon ist die Altersversorgung null und nichtig. Wie Schlechtergestellte dieser Heime werden auch sie zum Sozialfall mit Anspruch auf 86 Euro Taschengeld. Jüngster Trend: Davon wird eine dreist hohe Verwaltungsgebühr (bis zu 80 Euro!) einbehalten. Von den verbleibenden »Peanuts« ist alles zu bestreiten, was über die reine Unterbringung hinausgeht: Friseur, Telefon, Kleidung, Schuhe, Toilettenartikel, Praxisgebühr, Medikamentenzuzahlungen und mehr. Das ist Deutschlands feudale Seniorenwelt.

Medien und Politik berichten gezielt über Ruhestandsgruppen, die es nicht gibt. Folgende Überschrift im seriösen Münchner Merkur: »Rentner haben im Schnitt 1.953 Euro im Monat.«[106] Jeder Leser, vor allem Menschen im Arbeitsleben mit weniger Netto im Portemonnaie, mussten denken, hier wäre die gesetzliche Rente abgebildet. Irrtum! Wohl der Proteste wegen wurde der Artikel am nächsten Tag »erläutert«. *Rechentrick Nummer eins*: Rentner und Pensionäre wurden einfach zusammengeworfen. Hintergrund: Beamte zahlen keinen Cent in die Pensionskasse, kassieren aber zirka doppelt so hohe Altersbezüge wie gesetzliche Rentner. So trieb der ohne gesellschaftlichen Aufschrei ertragene Skandal den Schnitt schon mal deftig in die Höhe. *Rechentrick Nummer zwei*: Rentenansprüche von Ehepaaren wurden addiert. So wurde aus zwei Personen mit einer kleinen Rente eine große Rente.

Rechentrick Nummer drei: Sämtliche Einkünfte »aller im Haushalt lebenden Personen« wurden hineingerechnet: Mieteinnahmen, private Altersvorsorge, Zinsen aus Sparguthaben, Lebensversicherungen, Nebentätigkeiten wie Minijobs. Was um Himmels willen haben diese Einnahmen mit Rentenbezügen zu tun? Alles summiert ergab die manipulative Rente von 1.953 Euro und wurde wohl zum allgemeinen Ärgernis Berufstätiger. Bravo, wieder mal einen Keil zwischen Jung und Alt getrieben.

Ähnliche Gauklertricks schwirren tagtäglich durch den Medienwald. Apropos: Auch der schon erwähnte Altersrassist und Autor des Buches »Die gierige Generation«, Bernd W. Klöckner, arbeitet auf dieser Basis. Bevorzugt stützt sich sein Zahlenwerk auf entsprechend gesteuerte »Altenberichte der Bundesregierung«. Aufgepasst! Geschönte Durchschnittsrenten erkennt das geübte Auge sofort. Ist vom »Einkommen der Haushalte« oder vom »Eckrentner« (virtuelle 45 Beitragsjahre, die kaum noch jemand erreicht) die Rede, heißt das Motiv der Veröffentlichung: Verschleierung oder Generationenhetze. Wie im Fall »Münchner Merkur« sind dann Dinge vermengt, die mit leibhaftigen Rentenzahlungen nichts gemein haben.

Nun aber hinein in die reale Seniorenwelt: Entgegen der symptomatischen Aussage des Unionspolitikers Volker Kauder, »Bei uns ist kein Rentner wirklich arm!«[107], leben in der Quersumme *alle deutschen Rentner* unter der Armutsgrenze von derzeit 913 Euro. Durchschnittlich beträgt die Nettorente 720 Euro für alle Wohn- und Lebenshaltungskosten.[108] Tendenz fallend! Neurentner ab 2006 erreichen nach Zahlen der Deutschen Rentenversicherung nur mehr um 680 Euro monatlich.[109] Dabei treiben die langen Erwerbsbiografien im Osten die Regelsätze noch in die Höhe. Westdeutsche Männer über 65 Jahren bezogen 2005 im Schnitt eine Monatsrente von 781 Euro. Westdeutsche Frauen himmelschreiende 352 Euro. Ein Drittel der über 20 Millionen Rentner muss heute schon mit weniger als 600 Euro auskommen. Absolute Armut! Ein Münchner Blatt berichtete und titelte über einen völlig abgemagerten Ruheständler: »Kein Geld für Lebensmittel: 69-Jähriger fast verhungert«.[110] Die Tageszeitung mit den vier großen Buchstaben schrieb in einer Serie über das Elend: »Sie klagen nicht, sie leiden still: Rentner und Rentnerinnen nach einem langen Arbeitsleben völlig verarmt.« Die reichste Gesellschaft aller Zeiten leistet sich die ärmsten Eltern und Großeltern, die es je gab. Deutschland in der Rentenformel das Schlusslicht von 30 Industrienationen, sprich das Armenhaus für Senioren. Franziskaner Bruder Antonius, der in Berlin Suppenküchen betreut: »Zu uns kommen immer mehr ältere Menschen, die sich kein Essen mehr leisten können.«[111] Endstation Armenküche.

Sprüche der politischen Klasse wie »Den heutigen Rentnern geht es so gut wie nie zuvor« sind bodenloser Sarkasmus. Bert Rürup, Vorsitzender der gleichnamigen Kommission und Rentenreformer, kennt das Kleingedruckte. Beispielsweise wann die Altersbezüge der Bundesrepublik wirklich hoch waren, und das ist verdammt lang her. Der Sozialexperte: »Wir hatten 1972 das generöseste Rentensystem.«[112] Doch von da an ging es bergab. Rürup über weitere Insiderdetails: Nach 1992 wurde richtig hingelangt. Ständige Korrekturen am Rentenrecht und damit an der Berechnungsformel ließen die Leistungen um sagenhafte *40 Prozent* schrumpfen.[113] Seiner Ansicht nach hatte die Regierung Kohl und Schröder den Umfang der Rentenkürzungen »absichtlich verschwiegen«. Wie der Rotstift angesetzt wurde, erklärt uns sein Kollege Bernd Raffelhüschen, ebenfalls Rentexperte und Mitglied der Rürup-Kommission: »Wir haben in den letzten Jahren alle möglichen netten Labels gefunden. Wie ›Rente mit 67‹ oder ›Nachhaltigkeitsfaktor‹ oder ›modifizierte Bruttolohnanpassung‹ und vieles mehr. Der Punkt ist allerdings der, sobald Sie irgendetwas nicht verstehen sollten, vermuten Sie einfach eine Rentenkürzung dahinter – dann haben Sie recht.«[114] Die Weichen in die Zukunft sind auch schon gestellt: mit Vollgas in die Altersarmut. Flächendeckend! Raffelhüschen prognostiziert wegen des neu eingebauten »Nachholfaktors« für die nächsten 30 Jahre Nullrunden. Bestenfalls noch Mini-Rentenerhöhungen. Übrigens, auch Nullrunden sind keine Nullrunden, sondern Kürzungen beim Einkommen. Schließlich schmälert die unaufhaltsame Inflation Jahr für Jahr die Kaufkraft des Geldes. Nicht zu vergessen die vertuschte Kostenexplosion seit Einführung des Euro. Auch die unrealistische Anhebung des Renteneintrittsalters auf 67 ist eine lupenreine Rentenkürzung. Wer mutmaßt, nur jene seien betroffen, die vorzeitig in Rente gehen, liegt falsch. Es ist eine Kürzung für alle, um exakt 7,2 Prozent! Die Zauberformel: Wer bis 67 arbeitet, bekommt zwar keinen Abschlag, zahlt aber dafür zwei Jahre länger in das Rentensystem ein und empfängt zwei Jahre kürzer Leistungen. Das Rentenniveau sinkt und sinkt. Die Gründe finden sich in den schier unerschöpflichen Berechnungstricks. Einer davon ist der Versicherungsbeitrag für Krankengeld, obwohl Rentenbezieher keinen Anspruch auf Krankengeld haben. Um den Klageweg auszuhebeln, wurde die Prämie in »Zusätzlicher Krankenversicherungsbeitrag« umbenannt. Neben der gesetzlichen Verschleierung treibt auch die verbale Desinformation ihre Blüten. Weshalb das hochtrabende Gerede vom »Generationenvertrag«? Es gibt ihn nicht! Nahtlos knüpfte Angela Merkel mit ihren Koalitionären an den Methoden der Vorgängerregierungen an. Vizekanzler Franz Müntefering Anfang 2007 vor der Akademie Europa: »Wir haben in Deutschland die Rentenhöhe seit 50 Jahren an die Entwicklung der Löhne und Gehälter gekoppelt. Rentnerinnen und Rentner nehmen teil am gesellschaftlichen Wohlstand insgesamt.«[115] Genau dieses Luxusmärchen hat sich in den Köpfen der Menschen festgesetzt. Es ist derart ausgeprägt, dass nicht einmal mehr Interessenvereinigungen wie der Sozialverband VdK Deutschland sich wagen, zumindest Rentenanpassungen an die Inflationsrate zu verlangen. Mehr als tausend Worte sagt ein flüchtiger Blick über die südlichen Grenzen unseres Landes:

Schweiz – Das dortige Modell wurde von der internationalen Organisation OECD und der Weltbank mit dem Lob »exzellent« ausgezeichnet. Die Ruhebezüge speisen sich aus drei festen Säulen: der staatlichen Rentenversicherung, der betrieblichen Pensionskasse, der privaten Vorsorge. Bereits 2003 erzielten eidgenössische Bürger im Schnitt traumhafte 3.100 Euro monatliches Alterseinkommen.[116]

Österreich – Hier erfreut sich die ältere Generation kontinuierlicher Rentenanpassungen, aber im positiven Sinne. »Schlagobers«, also das Sahnehäubchen, ist für hiesige Verhältnisse sensationell: Eine 13. und 14. Standardrente pro Jahr.[117] Sollten Sie aus politischem Munde wieder mal das hartnäckige Gerücht vernehmen, die deutschen Renten seien im internationalen Vergleich hoch oder gar die höchsten, bitte reagieren Sie: Eine Ohrfeige auf dem Wahlzettel ist adäquat, obwohl eine echte angemessen wäre.

Suche nach Wahrheiten: Die Kriegs- und Nachkriegsgeneration, die Deutschland aufbaute, befindet sich oder geht in Ruhestand. Sie haben ihr Leben lang hart gearbeitet. Sie sind die Mütter und Väter des Wirtschaftswunders. Sie füllten die Rentenkasse und setzten genügend Kinder in die Welt. Aber weshalb ist plötzlich kein Geld mehr für sie da? Die zunehmende Lebenserwartung und die niedrige Geburtenrate scheiden aus. Beide Faktoren, auch demografischer Wandel genannt, sind völlig identisch mit der Situation in Österreich, der Schweiz, mit ganz Europa. Zumal die eigentliche Entwicklung noch aussteht: Nach wie vor finanzieren Deutschlands geburtenstarke Jahrgänge den Sozialstaat. Insofern ist das Problem nicht dort aufzuspüren, wo es politisch hinterlegt ist. Unions-Familienexperte Johannes Singhammer vermutete sogar Defizite im sexuellen Bereich: »Die Deutschen müssen wieder mehr im Bett daran arbeiten.«[118] Fast regt sich bei solchen Worten der Wunsch nach einem Verbot der Meinungsfreiheit. Na gut, der Mann ist Politiker. Aber, wo ist es nun, das schwarze Loch in der Kasse? Gibt es staatliche Langfinger? Unter dringendem Tatverdacht steht die herrschende Klasse.

Ermittlungsergebnis eins: Die Talfahrt der Löhne ist auch eine Talfahrt der Rente (davon später mehr). Hinzu kommen die boomenden und politisch arrangierten Minijobs oder Midijobs, die die Rentenkasse plündern. Hier zahlen die Arbeitgeber zum Teil nur reduzierte oder bei haushaltsnahen Dienstleistungen kaum Rentenbeiträge. Arbeitnehmer sind sogar gänzlich von Sozialabgaben befreit und leisten folglich keinen Beitrag. Verschärft wird das Problem vonseiten der Unternehmer. Sie vernichten massenhaft reguläre Vollzeitstellen durch Splitten in geringfügige und schlecht entlohnte Beschäftigungen. Minijobs und niedrige Löhne schädigen aber nicht nur die Rentenkasse, sondern im gleichen Maße alle anderen Sicherungssysteme.

Ermittlungsergebnis zwei: Totgeschwiegen wird die Zuwanderung direkt an die Sozialtöpfe. Etwa 5 Millionen Spätaussiedler ragen als überprivilegierte Migrantengruppe heraus. Alle werden im Rentenalter so behandelt, als hätten sie immer hier gearbeitet und Sozialbeiträge entrichtet. Wohlgemerkt, ohne im Zweifelsfall je einen Cent in die Systeme geleistet zu haben. Die sogenannten »Fremdrentner«. Leistungen ohne Beiträge, der todsichere Ruin jedes noch so gut geführten Versicherungsunternehmens. Ein Jurist versteht darunter den besonders schweren Fall eines betrügerisch herbeigeführten Bankrotts. Im Strafgesetzbuch mit bis zu zehn Jahren Freiheitsstrafe bedroht.

Ermittlungsergebnis drei: Wirtschaftsfunktionäre als größtes Quenglerkartell gegen die Rentnergeneration (»Die Lohnnebenkosten sind zu hoch«) sanieren sich munter auf deren Rücken. Altersteilzeit und Vorruhestandsregelungen sind pure Renten-Plünderungsprogramme. Das Ausmaß verdeutlicht folgende Meldung: Die Hälfe aller deutschen Betriebe beschäftigt niemand mehr über 50 Jahre.

Ermittlungsergebnis vier: Bei voller Leistung wurden von heute auf morgen 4 Millionen DDR-Rentner in das gesetzliche System aufgenommen. Klar, die Menschen konnten keine Beiträge entrichten. Dennoch ist die Finanzierung der Wiedervereinigung aus der Rentenkasse falsch. Gänzlich unvermittelbar hingegen die Spendierlaune für Altersbezüge an alte DDR-Kader in Milliardenhöhe. Tätersold für die, die Schießbefehl und großes Leid über ostdeutsche Bürger brachten. Unter ihnen SED-Größen wie das ZK- und Politbüromitglied Günter Schabowski oder Ex-Spionagechef Markus Wolf. Paradebeispiel ist die gefürchtete und verhasste Margot Honecker. Statt »lebenslänglich« erhält sie lebenslänglich 1.500 Euro Rente plus einer »Zusatzversorgung« in die chilenische Republik nachgeschickt. Was hat der redliche Rentner mit derartigen Polit-Eskapaden zu tun?

Anklageschrift: Sofortstopp der Kassenplünderung. Eine erdrückende Beweislast über Versicherungsfremdes liegt dem Verfahren zugrunde. Identifiziert ist ein politisch gewolltes Sammelsurium undurchschaubarer Geldentnahmen. Über die Punkte des Ermittlungsergebnisses hinaus gibt es zahllose Nebendelikte der finanziellen Fremdverwertung. Sie reichen von Kriegsfolgelasten bis hin zu Familienleistungen. Dafür waren Rentenbeiträge nie gedacht! Jeder weitere Zugriff ist unverzüglich einzustellen! Ausgaben wie die Wiedervereinigungskosten sind nationale Aufgaben. Deshalb ist es zu untersagen, sie nur einer Bevölkerungsgruppe, wie den gesetzlichen Rentnern, anzulasten. Gesellschaftliche Pflichten sind Sache aller, folglich aus Steuermitteln zu finanzieren. Aufgrund einer jahrzehntelangen Veruntreuung der Rentenkasse, in Tateinheit mit unberechtigten Kürzungen, wird beantragt: Rückgabe aller rechtswidrig entnommenen Gelder. Nachholende Rentenanhebung – der wahre Nachholfaktor – für alle gesetzlich Versicherten. Rückkehr zur lebensstandardsichernden Rente. Armutssicherheit für niedrige Altersbezüge.

Es schwingt ein weiterer Komplex in der Rentenproblematik mit. Mehrfach angesprochen, doch man kann nicht oft genug an diesen Kardinalfehler erinnern: Alle deutschen Sozialkassen, so auch die Rente, sind notorisch unterfinanziert. Das Budget wird lediglich von der zwangsversicherten Bevölkerungsminderheit erbracht. Eine Todsünde! In einem solchen System potenziert sich speziell der Faktor Arbeitslosigkeit. Millionen der bereits zu geringen Beitragszahler fallen zusätzlich aus. Mit der Schweizer »Bürgerversicherung«, in die wirklich *alle* einzahlen, läge die Lösung auf dem Präsentierteller. Kernsatz der eidgenössischen Variante: »Der Millionär braucht die Rentenversicherung nicht, aber die Rentenversicherung den Millionär.« Doch anstatt die Einnahmeseite auf eine breitere Grundlage zu stellen, laufen ausschließlich Bestrebungen, die solidarische Umlagerente schlechtzureden. Günstiger Nebeneffekt: Es lenkt vom eigenen Fehlverhalten ab! So lässt sich alles und jedes auf das nicht mehr »zeitgemäße System« abwälzen. Aber wohin mit den Hausaufgaben? Deutschland neoliberalisiert. Unverschlüsselt ist darunter die Privatisierung unter dem Einfluss der Versicherungslobby zu verstehen. So spricht die politische Klasse von »Eigenverantwortung« und meint »Jeder sorgt für sich selbst«. Ganz so toll scheint das Gottvertrauen in die eigenen Worte nicht zu sein. Ohne jede Eigenleistung, auch Eigenverantwortung genannt, hat man sich selbst eine exorbitante Alterssicherung verordnet. Ein Privileg, das die Parlamentarische Gesellschaft mit Zähnen und Klauen verteidigt. Nun aber weg vom Premium-Bürger hin zu uns Normal-Sterblichen. Sind die Privatversicherer tatsächlich der Weisheit letzter Schluss? Nein, und das gilt nicht nur für die Rente, sondern für alle Sozialsysteme. Die sogenannte Kapitaldeckung und Ökonomisierung lässt mehr Antworten offen, als sie gibt. Was ist bei einem Börsen- oder Bankencrash? Was ist mit der heutigen

Rentnergeneration oder mit den über 50-Jährigen, die nicht mehr vorsorgen können? Wohin mit den Schwächeren der Gesellschaft? Den Kranken, den Behinderten, den Alten, den Erwerbslosen oder den Geringverdienern? Genau hier selektiert das System, das keine Solidarität kennt. Wer nicht prämiensolvent ist, muss leider draußen bleiben. Gern wird so getan, als wären private Versicherungen kostenfreie Wohlfahrtseinrichtungen. Deshalb eilends zur rauen Wirklichkeit: Frau Mustermann (35) mit einem Bruttogehalt von 2.000 Euro zahlt nach heutigem Stand um 400 Euro in die gesetzliche Rentenversicherung. Möchte sie eine private Zusatzrente über 600 Euro abschließen, muss die Dame dafür monatlich etwa 200 Euro zusätzlich aufbringen. Insgesamt zahlt Frau Mustermann künftig 600 Euro laufende Beiträge. Das entspricht der schier unglaublichen Beitragssteigerung von 50 Prozent. Vorsicht! Die monatlichen Prämien sind bis zum 65., demnächst 67. Lebensjahr terminiert. Von Lebensversicherungen weiß man, dass 70 Prozent der Leute ihre Beiträge nicht durchhalten. Stolpersteine sind: Arbeitsplatzverlust, Lohnkürzung, Überschuldung, Krankheit, Scheidung und mehr. Es gibt also eine Reihe von Unwägbarkeiten, wie auch folgende: Wir alle kennen es aus dem privaten Versicherungswesen. Große Versprechen bei Vertragsabschluss. Tritt der Schadensfall ein, treten auch alle erdenklichen Tricks ein, um sich der Zahlung zu entziehen. Nicht anders bei Zusatzrenten. Zum faulen Zauber gehören verdeckte Zusatzkosten und Provisionen. Auch Renditeversprechen für die nächsten 30 Jahre sind reiner Bluff. Kein Mensch kann über diesen Zeitraum Vorhersagen treffen. Auch mit den vereinbarten Auszahlungen ist es so eine Sache. Oft werden sie nur ein Jahr eingehalten, dann folgen deftige Abschläge bis hin zur Halbierung der Summe. Die »Privaten« sorgen weder für mehr Geburten noch für mildtätige Geldgeschenke. Eher im Gegenteil! Es sind profitorientierte Konzerne, die ihre Drückerkolonnen, Mitarbeiterprämien, repräsentativen Glaspaläste, Vorstandsgehälter, Werbeetats und vieles mehr von den Beiträgen abzwacken. Ihre Verwaltungskosten liegen zwischen 15 und 25 Prozent. Bei der staatlichen Rentenversicherung um 1,5 Prozent. Überdies lauern essenzielle Gefahren. Abschreckendes Beispiel aus den Vereinigten Staaten und das viele Jahre vor der weltweiten Finanz- und Bankenkatastrophe: Bilanzfälschungen! Pleiten! Menschen brachen heulend zusammen, als sie vom Verlust ihrer privaten Alterssicherung erfuhren. Von 112.000 amerikanischen Pensionsfonds überlebten 31.000. Einbußen statt Gewinne nicht nur in den USA. Öffentlich kaum thematisiert, flossen seinerzeit auch schon bundesdeutsche Tränen. Die Mega-Pleite der Göttinger Gruppe. Für 250.000 Anleger endete der vollmundige Werbespot einer »sicheren Altersvorsorge nach Maß« im insolventen Totalschaden. Unwiederbringlich verschwand das Geld der Sparer in dunklen Kanälen. Die Barmittel waren zwar nicht fort, nur haben sie heute andere. Der »Graue Kapitalmarkt« galt schon immer als unsicheres und skrupelloses Pulverfass. Bestätigung fand dies im globalen Bankendrama, das 2008 seinen Anfang nahm. Aber schon viele Jahre zuvor hätten alle Alarmglocken schrillen müssen. Ulla Schmidt (SPD) vor dem Bundestag: »Im Jahre 2002 beliefen sich die Verluste der Pensionsfonds weltweit auf 1.400 Milliarden Dollar.«[119] Schon aus prinzipiellen Überlegungen sollten alle, die in Lohn und Brot stehen, Pensionsfonds meiden. Es sind jene, die die Unternehmenskultur zerstören. Nur das Eine zählt: der kurzfristige Profit. Hopping von einem Betrieb zum nächsten, ohne Affinität zu realen Gütern: Entlassen! Fusionieren! Verkaufen! ... und die Heuschrecken ziehen weiter. Ein doppelter Pechvogel ist, wer hinterher mit einem nicht mehr bezahlbaren Rentenfond in der Hand auf der Straße steht.

Verbraucherschützer raten gewöhnlich zur Riester-Rente, einer staatlich gesicherten und geförderten Altersvorsorge. Eine durchaus legitime Empfehlung, wäre da nicht ein Wermutstropfen: »Riestern« ist ein Anschlag auf das gesetzliche Rentensystem. Gegenwärtig fließen 13 Milliarden Euro aus dem Staatshaushalt hinein. Viel Geld, das in der Rentenkasse besser angelegt wäre. Dann hätten alle etwas davon und nicht nur die, die es sich leisten können. Seit 120 Jahren hat sich das Umlageverfahren »die einen zahlen, die anderen erhalten« bewährt. Kein System ist klüger und sicherer. Dazu gehört der gesetzliche Schutz, die sogenannte »Bundesgarantie«. Pleite ausgeschlossen! Keine der feilgebotenen kapitalgedeckten Renten kann Ähnliches vorweisen. Doch die neoliberale Epidemie »Privat ist immer besser als staatlich« hat die gesetzliche Rente zum Auslaufmodell entwertet. Unterstützt und getrieben von den Milliarden-Interessen der Versicherungswirtschaft. Ein weltweit geschätztes Prinzip wird systematisch schlechtgeredet, deformiert und künstlich verarmt.

Wie immer man das Unwort des Jahres 1996, »Rentnerschwemme«, dreht oder wendet. Ein Mehr an Leistungsempfängern kann kein Nullsummenspiel sein. Schon ein dürftig geordneter Verstand genügt, um wenigstens eine Konsequenz zu erahnen: Verbreiterung der Einnahmeseite! Das Gegenteil wird politisch getan: Sachfremde Plünderung der Pflichtversichertenkasse. Dazu der Verzicht auf Beitragszahler durch die einseitige Belastung der Arbeitseinkommen. Vereint führt dies zum sicheren K.o. jeder Versicherung. Kehrtwende zwingend! Genauso unerlässlich sind wirkliche Reformen, wie die Trennung der Sozialsysteme von den Lohnkosten. Deutschlands Beschäftigte steigern durch technischen und wissenschaftlichen Fortschritt stetig den gesellschaftlichen Reichtum, Produktivität genannt. Hier sitzt der Hebel für die Zukunft. Eine Wertschöpfungsabgabe, mitunter auch als »Maschinensteuer« bezeichnet, könnte die Finanzierung der Sozialkosten ablösen. Ein Konzept mit vielfachen Vorteilen. Wie immer die Ausgestaltung aussehen mag, dahinter verbirgt sich die Antwort für jüngere Generationen. Ein Instrument, das deren Überforderung zurückführen und eine solide Basisrente gewährleisten kann. Doch das politische Establishment rast gegenwärtig kopflos in nur eine Richtung: Rentenkürzung! Damit ist die Krux der staatlichen Alterssicherung lokalisiert: Solange Wählerinnen und Wähler die Rentenkürzungsparteien CDU, CSU, FDP, SPD und GRÜNE wählen, so lange werden die Renten gekürzt. Erwarten Sie etwas anderes?

Bittere Pille, das chronisch kranke Gesundheitswesen

Wie auf breiter Front der Sozialsysteme, brennt es auch in der Gesundheitspolitik an allen Ecken und Enden. Wenngleich die Ausgaben, laut Weltgesundheitsorganisation (WHO), »im Einklang mit dem Bruttoinlandsprodukt gewachsen« seien[120], reicht das Geld vorne und hinten nicht. Eine bedenkliche Fehlsteuerung, denn die Mittel entfernen sich immer mehr von ihrer angedachten Bestimmung – den Patienten! Wieder greift Deutschlands ökonomischer und sozialer Kardinalfehler: Genutzt wird das Gesundheitssystem von *allen*, doch nur Zwangsversicherte bluten für die »solidarische« Zeche. Bei den Kassenbeiträgen spielt sich alles noch im Klein-Klein ab. Der neoliberalen Gehirnwäsche folgend, heißt es, Umverteilung von unten nach oben. Für Arbeitnehmer ein paar zehntel Prozentpunkte hoch. Entsprechend runter aufseiten der Arbeitgeber. Richtig regressiv arbeiten unsere Parlamentarier auf der gesetzlichen Leistungsseite. Das einst hervorragende Gesundheitswesen wird methodisch in sämtliche Bestandteile zerdeppert. Der Abriss und das Herumdoktern ist unüberschaubar, der rote Faden hingegen augenfällig: Staatsdirigismus! Von der Budgetierung bis zur ärztlichen Punkteabrechnung, praktiziert wird die reine Lehre der zentralen Planwirtschaft. Spätestens Deutschlands erste »Ostkanzlerin« Angela Merkel hätte es besser wissen müssen: Diese Art des Wirtschaftens funktionierte noch nirgendwo. Ausgetragen werden die krankmachenden und stets gescheiterten Planerfüllungsversuche auf dem Rücken der gesetzlich Versicherten. Empirisch überprüfbar in den Arztpraxen: Was gesundheitlich gut und erforderlich wäre, wird nicht mehr übernommen. Hinzu kommen Medikamentenzuschüsse in schwindelerregender Höhe. Der Patient zahlt sich krank und das beginnt schon mit dem Eintrittsgeld, als Praxisgebühr getarnt. Erinnern Sie sich? Fragliche »Maut« ins Wartezimmer wurde mit einem heiligen Versprechen eingeführt: »Die Kassenbeiträge werden sinken.« Sie stiegen! Wie geschreddert und rationiert der Leistungskatalog ist, merken gesetzliche Patienten schon bei kleinsten Wehwehchen oder Beschwerden. Beim Zahnarzt kann die Mangelwirtschaft bereits ein unerschwingliches Unglück annehmen. Auf Chroniker, ältere Menschen und ernsthaft Erkrankte lauert schon die tödliche Gefahr. Geräuschlos und politisch heftig bestritten, gehört es längst zum Alltag, Medikamente oder Behandlungsmethoden aus Kostengründen zu verweigern. Betroffene, die noch Kraft zu kämpfen haben, laufen von Pontius zu Pilatus. Sie betteln und flehen um Hilfe bei ihrer zuständigen Krankenkasse, bei Gutachtern oder beim Medizinischen Dienst. Sogar über den Rechtsweg versuchen Verzweifelte ihr Glück. Meist erfolglos. Jedem politischen Entscheidungsträger müsste die erschütternde ARD-Dokumentation »Todkrank und abgeschrieben« zwangsverordnet werden. TV-Macher filmten, wie Deutschlands Krankenkassen medizinische Notwendigkeiten ablehnen.[121] Faktische Todesurteile! Selbst junge Menschen lässt der Gesetzgeber buchstäblich »verrecken« (Originalton einer Betroffenen, die nach den Dreharbeiten verstarb). Neuökonomische Euthanasie! Ulrike Mandelartz vom Patientenschutzbund klagt an: »Das System der gesetzlichen Krankenversicherung bedeutet für den Patienten nicht nur, Patient zweiter Klasse zu sein, sondern ihm werden einfach Therapien vorenthalten. Und zwar im schlimmsten Fall Therapien, die sein Leben erhalten oder verlängern.«[122] So behandelt die politische Klasse »ihre« Kassenpatienten, die in der Hauptsache das Gesundheitswesen tragen. Ganz anders unsere Volksvertreter selbst: Mit Privatpatientenstatus können sie das gleiche System in heimeliger Schwarzwaldklinik-Atmosphäre nutzen. Damit wären wir beim Thema Wohlfahrt. Niemand wirft Politikern parasitäres Verhalten vor, obwohl alle Merkmale dafür vorlägen. Gesetzlich Versicherte, als maßgebliche Geldgeber des Gesundheitssystems, trifft dieser Vorwurf ständig. Gerade vonseiten der politischen Klasse werden Kassenpatienten allzu gerne ins Zwielicht von Gesundheitssaugern gerückt. In Vollkasko-Mentalität würden sie alles und jede medizinische Segnung an sich raffen und dafür nichts bezahlen wollen. Private Krankenversicherungen werben sogar auf der Basis dieser Meinungsmache: »Ist Ihnen Ihre Gesundheit denn nichts wert?«, fragen Kapitalkonzerne auf Hochglanzprospekten. Natürlich, eine Menge, wäre dem entgegenzuhalten. Der Zwangsversicherte mit einem Brutto von 3.000 Euro legt zusammen mit seinem Arbeitgeber jährlich etwa 5.220 Euro (für Umrechner: 10.209 DM) in den Geldschrank seiner Versicherung. Bei Krankheit kommen vielfältige Zuzahlungen obendrauf. Ist das etwa nichts? Da fragt sich der Bürger eher: Wo bleibt das viele schöne Geld?

Jährlich fließen sage und schreibe mehr als 250 Milliarden Euro in die Pflege der Krankheitsindustrie. Zum Vergleich: Die Summe entspricht etwa dem gesamten Bundeshaushalt aus dem Jahre 2005 mit Ausgaben von 254 Milliarden Euro. Wo derart viel Geld vagabundiert, sind Goldgräberstimmung und organisierte Kriminalität nicht weit. Die Korruptionsexperten von »Transparency International« beziffern die Schäden durch Bestechlichkeit und Betrug auf bis zu 24 Milliarden Euro jährlich. Eine noch moderate Einschätzung! Hessens Staatsanwalt Alexander Badle, der in Sachen Ärzte ermittelt, redet vom »strukturellen Betrug« und über den »Tatort Gesundheitsmarkt«.[123] Damit widerspricht ein öffentlicher Ankläger der politisch beliebten Einzelfalltheorie. Bezogen auf die staatsanwaltschaftlichen Erkenntnisse und die regelmäßigen Skandale liest sich Deutschlands Krankheitsalltag so: Abrechnungsbetrug. Schwindelei mit fiktiven Rezepten. Einflussnahme der Pharmaindustrie. Forscher, die gegen Bezahlung Studien fälschen. Scheininnovationen von Medikamenten. Gauner, die im großen Stil mit Versichertenkarten und Arzneimitteln handeln. Einfach alles, was sich der Bürger vorstellen kann oder gar nicht vorstellen mag. Besonders beliebt sind erfundene Behandlungen oder Beratungen. Therapierte »Erektionsstörungen« von älteren Damen oder »Impfungen« an Verstorbenen gehören zum Dreistesten auf der Betrugsliste.[124] Die Masse an kriminellem Zauber wäre einfach abzustellen: eine verpflichtende Arztquittung für Patienten – abgefasst in deutscher Sprache, nicht in Latein. Ein Modell, das in der privaten Krankenversicherung problemlos funktioniert. Nur mysteriös oder schon Bestechlichkeit? Gegen den Wunsch der Allgemeinheit und gegen die befürwortende Expertenmeinung weigern sich unsere Entscheidungsträger seit Jahrzehnten, den Weg der Patientenrechnung zu gehen. Deutschlands Mediziner bis auf Weiteres wohl der weltweit einzige Berufsstand, der unkontrolliert abrechnen darf. Einladung zum Betrug und Lizenz zum Gelddrucken! Jene boykottierte Quittung böte weitergehende Transparenzvorteile: Behandelte würden endlich erfahren, was alles kostet, und könnten dadurch ein Bewusstsein für Preise entwickeln. Gleichzeitig müsste das Bürokratiemonster »Gebührenordnung« vereinfacht werden, damit Arzt und Patient sie verstehen. Begleitend wären die Wasserköpfe der Kassenärztlichen Vereinigungen (KVen) samt Vorstandsgehältern von 250.000 Euro und darüber »entsorgt«. Eine Patientenquittung wäre nämlich geeignet, um direkt mit der Krankenkasse abzurechnen. Warum überhaupt anders? Michael Hüther, Direktor des Instituts der deutschen Wirtschaft, meint: Die Volksparteien sind im Gesundheitswesen »grundsätzlich auf dem falschen Dampfer unterwegs«.[125] Infolgedessen wurde ein zusätzlicher Überwasserkopf installiert: der umstrittene Gesundheitsfonds, den viele

Parlamentarier schon vor Einführung schlicht »Murks« bezeichneten. Doch damit nicht genug. Mit der unsolidarischen Kopfpauschale droht weiteres Ungemach. Deutschlands Welt der Politik: ein Fall für die gesetzlich finanzierte Couch?

Ungebremst rast der Gesundheitskarren in den berühmten Dreck. Nicht mal simpelste Einsparmöglichkeiten werden ergriffen. Nehmen wir den CDU-Politiker Christoph Böhr, der sich über Milliardenschäden durch das Weitergeben von Chipkarten an Nichtversicherte mokierte. Speziell im Bereich illegaler Zuwanderung grassiert diese Form ärztlicher Leistungserschleichung. Wären Patientinnen und Patienten verpflichtet, zur Versichertenkarte einen banalen Ausweis vorzulegen, schon wäre der Missbrauch eingedämmt. Doch der Gesetzgeber blockiert Lösungen.

Wurden Sie schon mal von Arzt zu Arzt gereicht? Gewiss, dann kennen Sie das Prozedere: Jeder der Mediziner erklärt die Befunde und Röntgenaufnahmen seines Vorgängers für unbrauchbar. Alle Untersuchungen noch mal und deshalb doppelt so teuer. Falls Sie aufgrund der berüchtigten Falschdiagnosen ins Laufrad einer Ärzte-Odyssee geraten, dann eben fünf- oder zehnmal das Ganze. Ein zweifelhafter Titel bestätigt diese Misswirtschaft: Deutschland Weltmeister im Röntgen! Tödlicher Nebeneffekt: Jährlich löst die Strahlenbelastung 2.000 Krebsfälle zusätzlich aus. Der tiefere Sinn dieser krankmachenden »Fürsorge« ist durchsichtig und schnell erklärt. Christian Zimmermann, Präsident des Allgemeinen Patienten-Verbandes: »Wir machen täglich die Erfahrung, dass Ärzte jeden verfügbaren Patienten durch ihre Apparate schleusen, damit sie die Kosten für ihre technische Ausstattung wieder hereinbekommen.«[126] Abhilfe soll die elektronische Gesundheitskarte schaffen. Ein darauf befindlicher Chip könnte Arztbriefe, Befunde und Röntgenbilder speichern. Derzeit laufen Ärzte gemeinsam mit der partizipierenden Gesundheits-Industrie Sturm gegen diese »E-Card«. Kommen wird sie wohl, aber ähnlich sicher eine abgespeckte und löchrige Datenversion. Unter dem Deckmäntelchen »Persönlichkeitsschutz« wird der Missbrauch weitergehen dürfen. Warum dieser Pessimismus? Der Gesetzgeber blockiert Lösungen.

Wie erklärt sich die politisch durchgängige Ächtung besserer Einsichten? Die Eindämmung der Betrugsmöglichkeiten würde letztlich die Pfründe der Arztpraxen, Apotheken und Pharmakonzerne schmälern. Gegen die Macht der Einflussreichen setzen unsere Volksvertreter weder vernünftige Lösungen noch Neuerungen durch. Der staatliche Offenbarungseid! In Deutschland bestimmen Wirtschaftsfunktionäre und ihre Verbände das Geschehen. Politiker wie Horst Seehofer (CSU) machen daraus längst keinen Hehl mehr. Der Ex-Bundesgesundheitsminister auf die Frage, ob der Druck der Lobby auf dem Gesundheitssektor zu groß sei: »Ja, das ist so, seit 30 Jahren, bis zur Stunde, dass sinnvolle strukturelle Veränderungen auch im Sinne von mehr sozialer Marktwirtschaft im deutschen Gesundheitswesen nicht möglich sind. Wegen des Widerstandes der Lobbyverbände.«[127] Weicheibekenntnis oder Korruption? Wohl beides.

Blickpunkt Praxis: Das deutsche Gesundheitssystem gehört zu den teuersten der Welt. Unter anderem deshalb, da wir uns in der Breite schlechte Mediziner leisten. Prominente Sportler reisen mit komplizierten Beschwerden in die USA, Schweiz oder sonstwohin. Für den »einfachen Bürger« beinhaltet der Arztbesuch, laut übereinstimmender Studien, ein erhebliches Risiko. Allein 17.000 Klinik-Tote aufgrund von Schlamperei, falscher Behandlung, mangelnder Sorgfalt und fehlender Hygiene.[128] 300.000 »äußerst bedenkliche« Rezepte werden jährlich ausgestellt[129], mit allen denkbaren Folgen und Dauerschäden. Fast 60.000 Menschen sterben wegen falscher Präparate oder Dosierungsfehler aus der Hand unwissender Mediziner.[130] Tendenz steigend. Bis zu 80 Prozent aller Beurteilungen der niedergelassenen Ärzte sind falsch oder überflüssig. Bittere Konsequenz: Diagnose- und Therapiefehler die häufigsten Krankheits- und Todesursachen. Intimkenner des Heilbetriebs, Kurt G. Blüchel, spricht von einem »miserablen Gesundheitssystem«, das »immer mehr Kranke produziert«. Aufsehenerregend sein Report *»Heilen verboten – töten erlaubt. Die organisierte Kriminalität im Gesundheitswesen«.* Der Wissenschafts- und Medizinjournalist kommt zu erstaunlichen Ergebnissen. Eines davon: Die höchsten Todesraten gibt es dort, wo die meisten Ärzte praktizieren. Beklemmend.

Monetik statt Ethik in Kurzübersicht: • Neben den schon bezifferten Korruptionsschäden verschlingen Deutschlands derzeit 169 (!) Krankenkassen mehr als 8 Milliarden Euro an jährlichen Verwaltungskosten.[131] • Sonstige Verschwendung: Die AOK trat als größter Sponsor beim Sommerfest des Bundespräsidenten Horst Köhler im Park von Schloss Bellevue auf. Eine andere Facette: Kliniken erstatteten ihren mehr als 60.000 Pflegekräften, Ärzten und Klinikdirektoren die Anreise zur Demonstration in Berlin. • Das Gesundheitsministerium geht davon aus, dass die Kassen ein Viertel ihres Finanzhaushalts (rund 40 Milliarden Euro) allein für unnötige Leistungen und schlechte Qualität verpulvern.[132] • Der ehemalige Assistenzarzt und Autor »Das Ärztehasserbuch« beschreibt seine Ex-Kollegen als zynisch, unsensibel, geldgeil und ahnungslos. Wenigstens gegen die kostspielige Ahnungslosigkeit wäre ein Kraut gewachsen. In Deutschland ist die ärztliche Weiterbildung freiwillig. England macht es vor: Wie beim TÜV müssen die dortigen Doktoren zu regelmäßigen Tests. • Jammern verboten. In der Einkommenspyramide sind Mediziner weiterhin ganz oben. Nach Abzug sämtlicher Praxiskosten verdienen sie durchschnittlich 10.500 Euro im Monat.[133] • Kein Scherz, seit April 2007 gelten »Geiz-ist-geil-Indikationen«. Unsere Halbgötter in Weiß beziehen Prämien, sobald sie Billig-Medikamente verschreiben. Umverteilung paradox: Was am Patienten gespart wird, bekommt der Arzt. • 14 Milliarden Euro Gesundheitskosten für beitragsfrei versicherte Kinder wälzen Deutschlands Eltern auf das System ab. Präziser formuliert: Politiker kaufen sich mit dem Geld der Versicherten Wählerstimmen aus der familiären Zielgruppe. • Pillendreher erlösen in der Bundesrepublik Traumpreise für künstlich verteuerte Medikamente. Exakt gleiche Arzneien sind in EU-Staaten oft ein Drittel bis zur Hälfte billiger. • Die Pharmaindustrie überschwemmt mit Scheininnovationen, sogenannten Me-too-Präparaten, den Markt. Medikamente mit neuem Namen, aber mit gleichen Substanzen und gleicher Wirkung wie das Vorgängerprodukt. Einziger Unterschied: 300 oder mehr Prozent teurer. • Für *jedes* rezeptpflichtige Arzneimittel (Stand 2010) kassieren Apotheken neben der prozentualen Beteiligung ein »Beratungshonorar« von 8,10 Euro. Auch dann, wenn die Packung 3 Euro kostet! Satter Obolus im Minutentakt, obwohl bei ärztlichen Verordnungen keine Beratung anfällt. • Gesundheitspolitiker behaupten, in der Medizin müsse wegen des technischen Fortschritts alles teurer werden. Seltsam, im wirklichen Leben ist es genau umgekehrt. Ob bei Haushaltsgeräten, Computern oder in der Kommunikationselektronik, überall bedeutet Fortschritt irgendwann Kostensenkung. Daraus lässt sich ein Rückschluss ziehen: Im Gesundheitswesen sind aus nicht medizinischen Gründen Blutsauger unterwegs.

Moloch und Milliardengrab Gesundheit – Mittendrin statt nur dabei praktizieren viel zu viele Glücksritter, deren Profit das Ziel ist. Ein »Mordsgeschäft« und heidnischer Tanz ums goldene Kalb, mit sichtbaren Nebenwirkungen: An jeder Straßenecke eine oder mehrere lohnende Apotheken und immer neue kommen hinzu. Noble Ärztekomplexe sprießen wie Pilze aus dem Boden. Pharmakonzerne registrieren Rekordgewinne, obwohl immer weniger Medikamente verschrieben werden. Die wundersame Vermehrung von Fachärzten, deren Erlöse sich ähnlich wundersam vermehren. Daneben hört der Bürger die Dauerklage von zu wenig Geld. Kein Mitleid! Jammern ist der Gruß der Maßlosen, es ist ihre Gier nach mehr. Mit jährlich weit über 250 Milliarden

Euro fließt nicht zu wenig, sondern zu viel Kapital in die maroden und korrupten Strukturen. An einer einzigen Stelle besteht tatsächlich großer Mangel: beim Patienten! Da sich alle am Gesundheitswesen bedienen, fehlen die Mittel zur Hilfe und Heilung der Kranken. Für sie ist nichts mehr da. Konkretes aus den »Reformwerken« der jüngsten Vergangenheit: Das Medikamentenbudget ist pro Patient und Quartal auf zirka 8 Euro begrenzt.[134] Zur Behandlung darf ein Kassenarzt den Quartalsfall – je nach Fachgebiet – mit maximal 41 Euro abrechnen. Laut der weltweit größten Detect-Verlaufstudie nimmt sich ein deutscher Hausarzt für einen Patienten drei Minuten Zeit. Die Kapitulation vor der ursprünglichen Aufgabe! Wo aber bleibt das viele Geld aus den hohen Versicherungsbeiträgen? Im Wikipedia, dem meistgenutzten Lexikon der Welt, steht eine verblüffende Definition des Begriffes »Korruption«. Eine Auslegung, als hätte die Gesundheitssituation der Bundesrepublik Pate gestanden: »Generell führt Korruption dazu, dass die Leistungen von Organisationen in ihrem Umfang abnehmen oder qualitativ schlechter werden, die dafür zu entrichtenden Beiträge aber steigen.« Volltreffer! Alle genannten Phänomene erfahren Deutschlands Pflichtversicherte im tuberkulösen Tollhaus namens »Gesundheitsmarkt«. Betonung auf Markt.

Demografischer Wandel – Mythos oder Big-Bang?

Für politische Großsünden erfand die Parlamentarische Gesellschaft durchweg peppige Mottoshows, um den Schwarzen Peter weiterzureichen. Wir erinnern uns der hausgemachten Massenarbeitslosigkeit, sie wurde »globalisiert«. Gewissermaßen über Nacht sei eine »ganz neue Situation« entstanden, erfuhr die staunende Nation. Ein identisches Verhaltensmuster, als alle heiligen Eide wie »Die Rente ist sicher« nicht mehr genügten, um die tiefroten Zahlenlöcher in der veruntreuten Rentenkasse wegzureden. In diesem Falle wurden die Probleme »demografisiert«. Mit weit über 20 Millionen Wählern ist das Thema Rente »hypersensibel«, wie politische Vertreter zu sagen pflegen. Da sollte es schon etwas mehr sein als eine popelige Allerweltskatastrophe. Also, gleich in die Vollen: Der demografische »Super-Tsunami« war geboren. Ein Mega-Gau, der unsere Republik überrollt, »und hinterher sind wir alle mausetot«[135], spöttelte der Mannheimer Ökonom Axel Börsch-Supan. Niemand wird überleben! Niemand kann das Unglück noch stoppen! Natürlich mussten angemessene Worte für den Transport der Negativbotschaft gefunden werden: Also faselte man von »Überalterung«, von »Vergreisung« bis hin zur Ultima ratio: »Wir sterben aus.« Nichts soll von uns mehr bleiben, lediglich ein »Raum ohne Volk«, wie »Spiegel Online« schrieb. Unausweichlich üben derart apokalyptische Sterbefantasien eine magische Anziehungskraft auf die Medienwelt aus. Mit Beginn der Berichterstattung spülte es bis dato nie gehörte Experten an die Oberfläche. Endlich fragte sie jemand. Endlich konnten ihre Familien sie auf der Mattscheibe bewundern. Raus aus dem Schattendasein, hin zur gut dotierten Koryphäe. So griffen zahllose »Fachgrößen« und Journalisten die Panikmache auf und peitschten die Agitation unkritisch nach vorne. Kostprobe gefällig? »Der Letzte macht das Licht aus – Kaum noch Kinder, sterbende Landschaften, Senioren-Reservate«[136], so der Sendetitel des Bayerischen Rundfunks. Was aber ist Wahrheit und Dichtung, wenn vom demografischen Wandel die Rede ist? Zunächst beinhaltet der Begriff zwei elementare Schuldzuweisungen: Die Jüngeren »liefern« zu wenig Nachwuchs! Die Älteren haben zwar das geforderte Kindersoll erfüllt, ziehen aber ihr Leben mutwillig in die Länge! Damit tragen *alle Deutschen* – generationsübergreifend – eine Art Kollektivschuld. Dem Schrecken müssen notwendigerweise ganz profane Folgen nachgesagt werden, schließlich ist alles dafür gemacht: Bevor es mit dem letzten Deutschen zu Ende geht, macht die »Überalterung« unsere Sozialsysteme unbezahlbar. Nur durch den Abbau staatlicher Leistungen, was vorab schon mal umgesetzt wurde, wäre das Problem noch zu beherrschen. Aufrichtige Fachleute schütteln über solch aufgeregte Propaganda nur den Kopf. Deshalb ohne Umschweife zu den Fakten: Für die Gegenwart taugt die Stimmungsmache schon mal nicht. Reiner Klingholz vom Berlin-Institut für Weltbevölkerung und globale Entwicklung: »Die Rentenkassen sind geplündert, obwohl der demografische Faktor noch gar keine Rolle spielt.«[137] Konkreter: Noch zahlt die Kinderschar der Babyboomer in die Sozialkassen.

Ist Deutschland wenigstens ein »sterbendes Volk«, da wir den täglichen Wasserstandsmeldungen zufolge immer weniger Kinder zur Welt bringen? Sie werden es kaum glauben, aber die Geburtenrate ist amtlichen Quellen zufolge seit 30 Jahren nahezu konstant. Sie liegt um 1,4 geborenen Kindern pro Frau. Das heißt, seit 1975 wird die Geburtenrate von 2,1 unterboten, die sich die Statistikmacher zur »Bestandshaltung« der Elterngeneration ausdachten. Demnach müsste unsere Republik todgeweiht in den allerletzten Atemzügen liegen. Schon etwas bemerkt? Auf den überfüllten Autobahnen? In den verkehrsinfarktgefährdeten Innenstädten? Erschlägt Sie ein Wohnungsüberangebot? Bitte nicht nach therapeutischer Hilfe rufen, Sie unterliegen keiner Wahrnehmungsstörung. Lediglich in der politischen Logik heutiger Debatten müsste unser Land dem Exodus entgegensiechen. Die Lebenswirklichkeit ist eine andere. Innerhalb fraglichen Zeitraums von drei

Jahrzehnten nahm die Zahl der Menschen in der Bundesrepublik kontinuierlich zu.[138] Erst seit 2005 zeichnet sich ein bedeutungsloser Bevölkerungsrückgang ab, der aber auch in der Vergangenheit als Kurzzeitphänomen auftrat. Schuld an der jüngsten Entwicklung sind aber keineswegs die ungeborenen Babys, sondern die geborenen und frustrierten Erwachsenen. Volkstümlich ausgedrückt: Sie haben »die Schnauze voll« von Deutschland. Das »Manager Magazin« berichtete über einen Rekord von 250.000 Ausgewanderten im Jahre 2005. Überwiegend junge, hoch qualifizierte und hoch motivierte Arbeitskräfte haben sich verabschiedet. Und der Trend hält an: Laut einer 2009 veröffentlichten Allensbach-Umfrage im Auftrag der Postbank wollten schon knapp 25 Prozent der Berufstätigen die Bundesrepublik verlassen. Ist Flucht die richtige Antwort auf eine perspektivlose und provokante Verdummungspolitik? Ja! Wer kann, sollte sein Bündel schnüren und sich mit »Goodbye Deutschland« verabschieden.

Während die Welt unter der Schlagzeile »Bevölkungsexplosion« aus allen Nähten platzt und über eine damit eng verknüpfte Klimakatastrophe stöhnt, sprach ein Mann wie Franz Müntefering (SPD) über seltsame Dinge. Gegenüber einer chinesischen Delegation beklagte er Deutschlands schrumpfende Gesellschaft, die in 30 oder 40 Jahren um 8 Millionen Menschen weniger sein würde. Der angesprochene Vertreter aus dem Land der aufgehenden Sonne konterte: »Was haben Sie für ein Problem? Wir werden 300 Millionen mehr sein.«[139] In Müntefferings Gedankenwelt fällt etwas auf. Er stützte sich mit dem Bevölkerungsdefizit ganz offensichtlich auf den Höhepunkt des »Sterbedramas« im Jahre 2050. Mittlere Statistikwerte prognostizieren nämlich mit diesem Datum den Gipfel des Bevölkerungsrückgangs. In Zahlen: Von gegenwärtig 82,5 Millionen hätte Deutschland dann nur mehr 75 Millionen Menschen. *Knapp 8 Millionen oder neun Prozent weniger als heute.* Eine solche Bagatelle wird in der dicht besiedelten Bundesrepublik als Symptom des nationalen Ablebens diskutiert. Eine dreiste Polemik! Würde es entgegen allen Erfahrungswerten der jüngsten Geschichte tatsächlich zu diesem belanglosen Rückgang kommen, hätte Deutschland mehr oder teils gleich viele Bürger wie in der Zeit von 1950 bis 1964. Damals war unser Land alles andere als eine menschenleere Einöde, sondern die große Zeit des Wirtschaftswunders. Womöglich würde uns eine Verschlankung sogar überaus gut bekommen. Wäre es nicht ein Politikum, ließe sich das Schrumpfen der Bevölkerung genauso gut aus dem Blickwinkel »Glücksfall« diskutieren. Von der Entlastung der Ökosysteme, einer besseren Lebens- und Wohnqualität bis hin zur Vollbeschäftigung. In der Vergangenheit wurden diese Chancen durch das künstliche Hochhalten der Bevölkerung über

Zuwanderung vertan. Ohne auch nur ein Gesellschaftsproblem gelöst zu haben, hat die Immigrations-Methode neue, sogar besorgniserregende geschaffen. Eine ähnlich falsche Weichenstellung zeichnet sich auch jetzt wieder ab. Denn unsere Meinungsführer sind auf Wachstum, also auf »mehr« getrimmt. Vielleicht sollten unsere Volksrepräsentanten eine informelle Reise in den Vatikan unternehmen, um zu erkunden, wie das Überleben in Luxus und Prunk bei offiziell niedrigen Geburtenzahlen möglich ist.

Es ist schon erstaunlich, wenn Parlamentarier, die nur kurzfristig denken und Politik allenfalls über Monate hinbekommen, auf dem demografischen Sektor Entwicklungen eines halben Jahrhunderts hellsehen wollen. Was sind überhaupt 50-Jahres-Prognosen wert? Sind sie seriös? Statistik-Professor Gerd Bosbach nennt entsprechende Modellannahmen »moderne Kaffeesatzleserei«.[140] Versetzen wir uns einmal in das Jahr 1950 zurück, um die Bevölkerungsdichte im Jahr 2000 zu schätzen: Wir hätten keine Ahnung von der Antibabypille und dem Pillenknick. Übersehen müssten wir den millionenfachen Zuzug ausländischer Familien. Wir wüssten nichts von der Wiedervereinigung oder Osterweiterung. Nichts von 5 Millionen Spätaussiedlern. Nichts vom Trend der Groß- zur Kleinfamilie. Nichts von der gesellschaftlichen Ausrichtung zum Single-Dasein und Diversem mehr. Für unsere schnelllebige Zeit wird künftig sogar ein Mehr an Strukturbrüchen erwartet. Dazu gehören Dinge, die wir heute nicht für möglich halten, und einiges schon erkennbar: Der Wunsch von Paaren geht wieder hin zu mehr Kindern. Nach der vollständigen Freizügigkeit für EU-Arbeitnehmer prophezeien namhafte Experten eine starke Armutswanderung aus Beitrittsländern – vor allem aus Osteuropa. Immer mehr Klimaflüchtlinge und Migrantenströme aus Afrika werden erwartet. Würde die Türkei in die Europäische Union aufgenommen, hätte es einen kaum kalkulierbaren Einfluss auf den Bevölkerungsstand. Ungeahnt auch die Folgen, falls Forscher, die dem Alters-Gen auf den Fersen sind, die Pille für das biblische Alter entwickeln. Genauso gut könnte es zu dezimierenden Ausschlägen kommen: Pandemien. Weiteres Voranschreiten von Krebserkrankungen. Atomare Kriegshandlungen oder Terroranschläge. Möglicherweise erleben wir in 50 Jahren Massenumzüge in schöne neue Welten auf den Mars oder Mond. Gewiss, gegenwärtig noch eine Vision, die zum Schmunzeln anregt, aber die Vereinigten Staaten investieren schon eine Unmenge Geld in derlei Projekte.

Der Bevölkerungsrückgang ist Plan *eins* der geschürten Übertreibung. Nun zu Plan *zwei* im Alarmismus: »Wir sind eine vergreisende Gesellschaft.«

Wahr oder unwahr? Das Statistische Bundesamt rechnet in den nächsten 50 Jahren damit, dass wir durchschnittlich bescheidene *sechs* Jahre älter werden. Ein Blick zurück: In den vergangenen 100 Jahren hat sich unser Lebensalter beinahe *verdoppelt.* Zu Beginn des 19. Jahrhunderts lag die Lebenserwartung einer deutschen Frau bei 45 Jahren. Heute wird sie im Schnitt 82. Das heißt, den größten Teil der Alterung haben wir klammheimlich und unbemerkt hinter uns gebracht. Aber wo blieb der Wohlstandsverfall, den die Katastrophisten solchen Brüchen nachsagen? Er wurde durch enorme Produktivitätssteigerung wettgemacht! Mit zunehmender Automatisierung erzeugten immer weniger Leute immer mehr Güter und Dienstleistungen. Beispiel: Im Jahre 1900 ernährte ein Landwirt 3 Bürger. Heute versorgt er 88. Diese Entwicklung wird auch künftig fortschreiten. Nochmals Professor Bosbach: »Die Leistungssteigerung wird nicht mehr so stark sein, muss sie auch nicht, weil die Alterung nicht mehr so stark ist.«[141] Damit ist gleich eine weitere Antwort gegeben: Die Renten bleiben bezahlbar und überfordern die Jungen nicht, wenn sie denn den Produktivitätsfortschritt widerspiegeln.

Es existiert noch eine Nebenkomponente der Hysterie. Angeheizt aus einflussreichen Wirtschaftskreisen. Die angebliche Vergreisung, verknüpft mit dem angeblichen Geburtenstreik, würde im totalen Arbeitskräftemangel enden. Die Angst scheint übermächtig, das hoch effiziente und profitable Druckmittel »Arbeitslosigkeit« einzubüßen. So vernimmt der verdutzte Bürger in Zeiten von Unterbeschäftigung den Ruf nach mehr Zuwanderung. Der Reflex »Fachkräftemangel« ist nicht fremd. Sobald im Sog der Weltkonjunktur geringste Erleichterungen für Erwerbslose eintreten, ertönt dieses Gezeter. Ein Treppenwitz, denn synchron zur Immigrations-Bettelei eliminieren die Unternehmen immer fitter werdende Ältere radikal aus ihren Betrieben. Millionen Jugendliche, die nicht in den Arbeitsmarkt kommen, lassen sie vor den Toren stehen. Ein Heer von Stützeempfängern samt den verdeckten Arbeitslosen wird abgewiesen. Millionen nicht erwerbslos gemeldeter Frauen, die dennoch einen Job suchen, will man auch nicht haben. Liebe Leser, nicht kirremachen lassen – von Arbeitskräftemangel keine Spur. Riesige Potenziale stehen zur Verfügung. Leider ungenutzt. Deshalb der Appell an die verwaiste soziale Verantwortung der Arbeitgeber: Erst auf die schier unerschöpflichen Ressourcen zurückgreifen, dann nach »mehr« schreien. Bitte nicht umgekehrt.

Politiker aller Schattierungen verkünden mit sorgenvoller Miene die »demografische Zeitenwende«. Sozialdemokrat Ludwig Stiegler sah gar eine »andere Welt« auf uns zukommen. Das Warum sagen sie uns freilich nicht.

Ist die Apokalypse auch nicht begründbar, die Hauptschuldigen sind schon gefunden: die Kinderlosen! In den EU-Mitgliedstaaten (Osteuropa inbegriffen) liegen die Geburtenraten etwa auf dem Niveau Deutschlands und sogar darunter. Doch nirgendwo stehen die »Reproduktionsunwilligen« derart im Kreuzfeuer der Kritik wie hierzulande. Aufgebaut zu Sündenböcken für alles Erdenkliche. Im Besonderen angefeindet als Parasiten der Rentenkasse. Frech und provokativ fragte die Partei »Die Grauen« auf ihrem Wahlplakat: »Poppen für 'ne sichere Rente?« Zur Klärung muss noch mal Rentenexperte Bernd Raffelhüschen herhalten. Zitat: »Wir haben eine Versicherung, in die zahlt man ein. Und je länger man einzahlt, desto mehr kriegt man raus. Und wenn man wenig einzahlt, kriegt man wenig raus. Und wenn man viel einzahlt, bekommt man viel raus.«[142] Und was hat dieses Versicherungssystem mit Geburtenzahlen zu tun? Nichts!

Die Hatz auf Kinderlose ist der erfolgreiche Plan, am politischen Unvermögen vorbeizureden. Durchgehen darf das nicht. Zumindest hier nicht. *Wer keine Kinder hat, lebt nicht auf Kosten von Familien, sondern subventioniert sie*: Aufwendige 150 Milliarden Euro gehen jährlich in die Familienförderung: Elterngeld, Kindergeld, Steuerfreibeträge. Dazu Einrichtungen wie Horte, Krippen, Kindergärten, Schulen, Hochschulen und, und, und. Berufstätige »ohne Anhang« nehmen nichts davon in Anspruch, tragen aber in der höchsten Steuerklasse überproportional zur Finanzierung bei. Laut OECD-Studie sind Alleinstehende die Spitzensteuerzahler der Nation. Von 100 Euro bleiben ihnen derzeit gerade noch 47,50 Euro. Ähnliches gilt in der Krankenversicherung. Gesetzlich Versicherte ohne Kinder bestreiten mit ihren Beiträgen die Hauptlast der kostenfreien Mitversicherung für nicht erwerbstätige Familienmitglieder. Klassischer Fall: Der Ehemann geht arbeiten, die restliche Familie, Frau und alle Kinder, sind unentgeltlich mitversichert. Ein jährliches 14-Milliarden-Geschenk an verheiratete Paare. Die Vorstellung, Kinder zu gebären, damit sie in ferner Zukunft unsere Renten bezahlen, ist abwegig. Eine Milchmädchenrechnung, die das Wichtigste ausblendet: Auch Einzahler werden Rentenbezieher, die im Alter versorgt werden müssen. Die ehrliche Rechnung lautet daher: Weniger Kinder = später weniger Rentner. Es gibt insofern keine sachliche Rechtfertigung, Menschen, die keine Kinder haben, an den Pranger zu stellen. Solidarität ist keine Einbahnstraße. Kinderlose fördern ihr ganzes Berufsleben Kinderhabende. Hieraus leitet sich ein Anrecht auf Unterstützung im Alter ab, zumal sich Rentenansprüche einzig und allein aus erbrachten Beitragszahlungen bemessen. Doch die Debatte ist auf Bestrafung ausgerichtet. »Halbe Rente« oder »Sonderbeiträge« stehen als Sanktionen für Nachwuchslose im Raum.

In der Pflegeversicherung bereits umgesetzt. Aber, was ist mit jenen Paaren (15 Prozent – Tendenz steigend), die aus medizinischen Gründen unfreiwillig ohne Kinder sind? Oder mit Eltern, deren Nachwuchs einmal keine Arbeit findet oder sich als Beamte, Politiker, Selbstständige, Freiberufler den Lebensunterhalt verdingen? Sie alle zahlen keinen Cent in die Rentenkasse! Offene Fragen, die zeigen, wie abenteuerlich die Diskussion ist.

Parallel zum Missbrauch der Demografie wurde in der Logik »des Aussterbens« das kinderverhätschelnde Deutschland zum kinderfeindlichen Terrain erklärt. Zusammen mit dieser unsäglichen Selbstverleumdungskampagne – im Ausland als »deutscher Sonderweg« verhöhnt – wurde ein irrealer Kinderkult entwickelt. Ausdruck fand diese Bewegung in der Ernennung von Ursula von der Leyen als CDU-Bundesfamilienministerin. Die siebenfache Mutter wurde zur Botschafterin einer neuen Ideologie der dauergebärenden Frauen. Dazu Sprechblasen wie »Kinder sind Zukunft«, die »Wohlstand und Renten« sichern. All dem ist heftig zu widersprechen. Hier werden Fakten ins Gegenteil konstruiert: Würde das »Modell von der Leyen« Schule machen, kollabierte die Republik an Übervölkerung. Bräuchten wir Babys der Altersbezüge wegen, hätten wir das falsche Rentensystem. Stünde der Reichtum eines Landes mit der Kinderzahl in Kausalität, müssten geburtenstarke Dritte-Welt-Länder im Überfluss leben. Doch gerade wegen des Kindersegens herrschen dort Unterernährung, Hungertod und unbeschreibliche Armut. *Fazit: Kinder lösen keine sozialen Probleme.* Im Gegenteil. Führen Nachkommen zu Überbevölkerung, können sie im Erwachsenenalter nicht hinreichend produktiv sein oder haben mal keine Arbeit, werden sie zur Belastung. Grundwahrheiten, die auch in der Bundesrepublik Deutschland Gültigkeit haben.

Abschließendes zu demografischen Erhebungen: Kursierende Rechenmodelle stützen sich gewöhnlich auf Daten des Statistischen Bundesamtes. Eine politische Institution im »Geschäftsbereich des Bundesministeriums des Inneren«. Frei nach der alten Volksweisheit: »Wessen Brot ich ess, dessen Lied ich sing«, handelt es sich um gleichnamige Erhebungsbehörde, die keinen Teuro kennt. Oder, in einem anderen Fall, Familien mit Kindern im Schnitt mehr als 3.700 Euro monatliches Einkommen andichtet.[143] Netto! Wir haben es also mit Zahlenlieferanten zu tun, die nichts unterlassen, um die sprichwörtliche Steigerungsform der Unwahrheit zu bestätigen: Lüge – Betrug – Statistik. Ein höchst fragwürdiges Amt, das sich offenkundig den Wünschen der Mächtigen verschrieb. Der britische Demograf David Eversley berichtet aus der Geschichte von Bevölkerungsprognosen, dass diese normalerweise immer auch einen politischen Zweck verfolgen. Deshalb, so Eversley, »... *muss immer gefragt werden, warum wurde die Prognose aufgestellt, was bezweckte der Autor wirklich.*«[144] So wird der Demografiezauber enden, wie das Wochenblatt »Die Zeit« einen Artikel überschrieb: »Aussterben abgesagt«.

Mega-Profite, Minilöhne, Marktgeschehen

Wie Mehltau befällt eine neue Ego-AG unsere ehemals hervorragende und erfolgreiche Unternehmenskultur. Götzen der neuen Profitreligion sind Wirtschaftsbosse, denen man keinen Gebrauchtwagen abkaufen würde. Mit denen man nicht essen gehen möchte. Für deren Kinder man instinktiv Mitleid empfindet. Klaus Schweinsberg, Chefredakteur des Wirtschaftsmagazins Capital, kennt Charaktereigenschaften Industrieller aus dem Reisealltag: »Von Manieren ganz zu schweigen, da müssen Sie nur einmal in der Business Class in Deutschland fliegen, um zu sehen, wie die Leute sich da reindrücken. Da kann eine Mutter mit zwei Kindern an der Gangway lange stehen mit ihrem Buggy, da wird ihr keiner helfen.«[145] Neue deutsche Rücksichtslosigkeit! Neue deutsche Unternehmerklasse! So empört es schon niemanden mehr, wenn ein Egomane wie Klaus Kocks, ehemals VW-Vorständler, durch Talkshows tingelt und verkündet: »Ich bin als Chef ein Schwein.«[146] Anstatt Ächtung suchte der selbsternannte Widerling bis dato ein halbes Dutzend Unternehmen heim oder erteilte »gute« Ratschläge als PR-Berater. Wen wundern dann noch Buchtitel wie »Nieten in Nadelstreifen«. Oder wenn der Verband »Creditreform« 70 Prozent aller Pleiten auf unternehmerisches Versagen zurückführt. Schöne neue Unternehmerklasse! Wenn es auch an fachlicher und menschlicher Kompetenz mangelt, das Geschäft mit der Angst versteht diese vergötterte Gesellschaftsminorität wie keine andere. Mit Beginn der Massenarbeitslosigkeit und diesem Druckmittel haben Unternehmer zusammen mit ihren Verbänden die gesicherte Lage arbeitender Menschen zielstrebig zugrunde gerichtet. Anstatt Kollegialität säten sie Feindschaft zwischen ihnen und ihren Arbeitnehmern. Beinahe jede Errungenschaft und Sicherheit, die sich Beschäftigte mit den Gewerkschaften im vergangenen Jahrhundert erkämpften, wurde zurückgedreht. Entsprechend mies die Stimmung in den Betrieben. Und das nicht nur – wie politisch behauptet – in den Großkonzernen. Die Welle der Ausbeutung mit kriegsähnlichen Zuständen ist längst über den Mittelstand in die Familienbetriebe geschwappt. Eines der Symptome sind die fristlosen Kündigungen aufgrund von Nichtigkeiten oder Cent-Beträgen: eine mitgenommene Klopapierrolle, zwei belanglose Pfandbons, ein Kinderbett aus dem Sperrmüll, Maultaschen aus Essensresten, ein Bienenstich oder mal vom Brotaufstrich genascht. Auszüge aus dem Repertoire, um Mitarbeiter zu feuern! Zweckdienlich dazu erschien ein Ratgeber mit dem Titel »Kündigung von ›Unkündbaren‹«. Der Autor und Entlassungsspezialist wirbt damit, zu wissen, wie man trickreich langjährig Beschäftigte, Betriebsräte, Langzeitkranke oder Menschen mit Behinderungen loswird. Eine beispiellose Irrfahrt! Und da die marktradikale Welle jedes Mittel heiligt, wird gelogen, dass sich die Balken biegen. Notwendigerweise bedarf es der einen oder anderen Richtigstellung:

Im Diktat der Wirtschaft plappern unsere gleichgeschalteten Politiker von den höchsten Löhnen der Welt. Wohlgemerkt in unserem Land! Wer noch daran glaubt, dem sei die mehrfach ausgezeichnete Fernsehdokumentation »Die Trottel der Nation« von Günter Ederer nahegelegt: Beschäftigte einer heimischen Schraubenfabrik werden unter absolut konformen Bedingungen mit Werktätigen in den USA und Japan verglichen. Bilanz: Arbeiten in Deutschland lohnt sich nicht mehr! Unsere Arbeitnehmer sind durch hohe Steuern und niedriges Einkommen gegenüber den Kollegen dieser Nationen in jeder Hinsicht benachteiligt. Ähnliches gilt für Skandinavien. Deutsche Handwerker werden gegenwärtig mit Stundenlöhnen um 20 Euro bei 30 Prozent Abzügen nach Norwegen gelockt. Ein Schreiner, der Küchen einbaut, kann bei sehr gutem Lebensstandard umgerechnet 1.000 Euro monatlich sparen. Stress ist im Land der Mitternachtssonne eher ein Fremdwort. Während sich der deutsche Facharbeiter bei einer Zeitvorgabe von einem Tag im Akkord abhetzen darf, kann der norwegische Kollege den gleichen Kücheneinbau entspannt in drei Tagen erledigen. Bedingungen, von denen hiesige Facharbeiter nur träumen können. Eine weitere Wahrheit aus unmittelbarer Nachbarschaft: Deutsche Köche, die im Schnitt mit lausigen 1.300 Euro brutto abgespeist werden, können ihr Gehalt verdoppeln, wenn sie in der Schweiz arbeiten. So viel in aller Kürze zum Thema »Hochlohnland« Deutschland.

Zu den organisierten Falschmeldungen gehört auch, es würde nirgendwo so wenig gearbeitet wie hierzulande. Eine Studie der EU-Agentur »Eurofound« in Dublin stellt klar: Deutsche arbeiten länger als die meisten EU-Nachbarn! Eine Nation, die man weltweit als verlässlich, pünktlich und fleißig bewundert, wird daheim als faules Volk beschimpft. Abgesehen davon, dass in Ländern wie Frankreich die 35-Stunden-Woche existiert, unterscheiden sich in Deutschland die publizierten von den realen Arbeitszeiten erheblich. Für viele Berufstätige ist die 50-Stunden-Woche nichts Ungewöhnliches. Oft sind Extra-Stunden notwendig, um überhaupt den Lebensunterhalt zu sichern.

Zirka 1,5 Milliarden bezahlte Überstunden werden pro Jahr geleistet.[147] Mehrarbeit, die umgerechnet einer Million Vollzeitstellen entspricht. Hinzu kommt die epidemieartige Ausbreitung besonders dreister Arbeitgeberpraktiken. Eine Umfrage im Online-Job-Portal »Monster.de« deckte auf: Die meisten deutschen Arbeitnehmer (54 Prozent) machen Überstunden aus »bloßer Nächstenliebe«. Ohne jeglichen Finanz- oder Freizeitausgleich. Nannte man das früher nicht Ausbeutung? Wo bleibt das »bürgerliche Lager« mit der Umsetzung ihrer beliebten Sprechblase »Arbeit muss sich wieder lohnen!«?

Ertragreich immerhin eine Übersetzungsfibel zur Aufhellung der marktradikalen und allgegenwärtigen Sprachverwirrung: • »*Die Rahmenbedingungen müssen stimmen*« – heißt Lohn-, Renten- und Sozialkürzungen. • »*Freiwillige Selbstverpflichtung*« – ist der politische Schmusekurs gegenüber Unternehmern, die bislang *keine* Vereinbarung einhielten. • »*Lohnmindersteigerungen*« – sind immer geringer werdende Löhne. • »*Sozialverträgliche Entlassungen*« – für Arbeitgeber sozialverträglich, die Arbeitnehmer stehen auf der Straße. • »*Produktionskosten senken*« – der Sammelbegriff für Leute rausschmeißen. • »*Flexibilität und Kreativität*« – bedeutet Kündigungsschutz weg, dafür befristete Arbeits-, Zeit- oder Leihverträge. Ziel: eine Jobnomaden- und Tagelöhnergesellschaft, um Beschäftigte untertariflich entlohnen, erpressen und jederzeit feuern zu können. Werbeplakat einer Leihfirma am Hamburger Flughafen: »Zeitarbeit macht Sie flexibel – Fliegen und fliegen lassen«. • »*Outsourcing*« – steht für mehr arbeiten für weniger Geld. Beispiel Telekom: Teil eines Unternehmens in Service-Gesellschaften ausgliedern. Anschließend gleiche Leute bei gleicher Arbeit, aber geringerem Lohn und längerer Arbeitszeit einstellen. • »*Just in Time*« – Verkehrsinfarktformel für billige Lkw-Lagerhaltung auf Deutschlands Autobahnen. • »*Der Sozialstaat ist zu üppig.*« Sicher! Aber nicht für die üblich Verdächtigen, sondern für Manager, Aufsichtsräte und Vorstandsmitglieder.

Altkanzler Helmut Schmidt auf die Frage, ob man Managern Geld wegnehmen sollte: »Ja, jedenfalls sind diese Vorstandsmitglieder zum größten Teil das Geld nicht wert, was sie sich verschaffen. Diese Habgier, die sich da breitgemacht hat im Laufe der letzten Jahre, herübergeschwappt aus Amerika nach Deutschland, die ist unerfreulich.«[148] Das war 2002. Danach stopften sich die Führungsriegen der Konzerne erst richtig die Taschen voll. Der Deutsche-Bank-Chef Josef Ackermann besorgte sich regelmäßig ein Wuchergehalt von knapp 14.000.000 Euro. Jeder seiner Mitarbeiter hätte für nur einen *Monatssold* wenigstens 300 Jahre arbeiten müssen. So sammelte Ackermann exzessiven Reichtum an, den er eigenen Worten zufolge nicht ausgeben kann. Ähnliches bei den 30 deutschen Dax-Unternehmen. Leistungsunabhängig kennen Vorstandsgehälter nur eine Richtung: steil nach oben! Nur die weltweite Finanz- und Wirtschaftskrise sorgte für einen Zwischenstopp. Ein paar Leute in den Führungsetagen tun einfach so, als hätten sie die Gewinne allein erwirtschaftet. Doch die Leistungsträger sind nicht Banken- und Konzernmanager, sondern ihre Mitarbeiter, die die Arbeit machen. Das ist die wahre Unternehmenssubstanz und Wertschöpfungsbasis. Gleichwohl, ob Top- oder Flop-Manager, Abkassieren ist ihr Hauptgeschäft. Ex-DaimlerChrysler-Chef Jürgen Schrempp gilt als der teuerste Betriebsunfall der Geschichte. Mit dem Kauf des US-Autoherstellers Chrysler und Sprüchen von einer »Welt-AG« setzte er unvorstellbare 100 Milliarden Euro in den Sand. Ein Lehrstück des Größenwahns. Nichtsdestotrotz kassierte »Visionär« Schrempp mit seiner Vorliebe für dicke Zigarren, teuren Rotweinen und politischen Einfluss geschätzte 80 Millionen Euro. Deutschlands neue Kultur legalen Stehlens ist verwirklicht! Alles eine Folge mangelnder Kontrolle im Klüngel der Vorstände und Aufsichtsräte. Ein weiterer Systemfehler: Kapitalgesellschaften fehlt die Rechtsgrundlage der Familienbetriebe: persönliche Haftung! Das Wirtschaftsleben braucht wieder Regeln. Doch anstatt zu handeln fällt den staatlichen Diskutanten gerade mal ein, den Zustand zu beklagen. Volker Kauder (CDU): »Viele sind zu maßlos geworden.«[149] Sein Parteikollege und Bundestagspräsident Norbert Lammert: »Wenn wir keine Lösung finden, fliegt uns das System um die Ohren.«[150] Nur wenige Monate später flog den untätigen Herren schon mal das gierige Finanzsystem um die Ohren – die epochale Bankenkrise nahm 2008 ihren Anfang.

Getreu dem Motto »Ist der Ruf erst ruiniert, lebt sich gänzlich ungeniert« kündigen Unternehmen selbst bei vollen Auftragsbüchern und geradezu obszönen Rekordgewinnen gleichzeitig Massenentlassungen an. Der dümmste aller Wege – Mitarbeiter vor die Tür setzen – wird dann zur »intelligenten Lösung« erhoben. Unmoralisch und von der eigenen Bedeutung zu Tränen gerührt, ist jede Grundtugend der rücksichtslosen Gangway-Szene dahin. Und wo Ethik keine Rolle mehr spielt, ist Kriminalität nicht fern. Erfahrungen aus dem Munde des Korruptionsjägers Oberstaatsanwalt Wolfgang Schaupensteiner: »Werte wie Loyalität, Pflichtbewusstsein, Ehrlichkeit und Rechtstreue sind nicht mehr selbstverständlicher Bestandteil unternehmerischen Handelns. In dem Maße, wie dieses ethische Gerüst wegbricht, greift Korruption um sich.«[151] Wohl deshalb machen einstige Vorzeigeunternehmen wie die Landesbanken, Porsche oder Siemens weniger durch innovative Produkte denn durch staatsanwaltschaftliche Großrazzien von sich Reden. Im Visier der Justiz werden Schlagzeilen aus dem Ganovenmilieu geschrieben:

»Bestechung«, »Schmiergelder«, »gekaufte Betriebsräte«, »Untreue«, »Mitarbeiter abgehört und bespitzelt«, »Dirnendienste auf Firmenkosten«. Alles Indizien einer enthemmten Wirtschaftselite.

Seit Mitte der Achtzigerjahre lebt ein Plan: Shareholder Value! Übersetzt bedeutet dieses Unternehmensprinzip nichts anderes als »Aktionärswert«. Das Maß aller Dinge ist die kurzfristige Steigerung des Börsenkurses. Die Interessen der Beschäftigten und das Gemeinwohl spielen dabei keine Rolle. Einfacher gesagt: Manager, Unternehmer, Großaktionäre kassieren – Arbeitnehmer verlieren. Auch dann, wenn Konzerngewinne uferlos explodieren. Beispiel Bertelsmann 2006: Nettogewinn gegenüber dem Vorjahr 133 Prozent gesteigert. Prima Klima in den Chefetagen, aber anderswo Heulen und Zähneklappern. Der dänische Gewerkschaftschef Jens Peter Bostrup klagt an: »In Deutschland herrschen Wildwest-Zustände, dort zahlen sie Hungerlöhne.«[152] Unsere Nachbarn sind allmählich mächtig sauer auf uns. Wir sind in Europa die Volkswirtschaft der Lohndumperei. Zwischen 1995 und 2007 stiegen im EU-Raum die Löhne um 20 bis 30 Prozent. In derselben Zeitspanne gaben sich deutsche Arbeitnehmer samt Gewerkschaften mit Reallohnverlusten zufrieden. Eine Fehlentwicklung mit bitteren Kollateralschäden. Sicher, die Bundesrepublik verschaffte sich vorübergehend einen Kostenvorteil. Beleg dafür sind die enormen Exportüberschüsse. Gleichzeitig wurden aber andere Länder zum Handeln genötigt. Man muss kein Prophet sein, um die Konsequenz zu erahnen: eine Lohnspirale nach unten! Es ist wie im Kino oder Fußballstadion: Steht einer auf, um besser zu sehen, mag er auf Kosten anderer zunächst Erfolg haben. Notgedrungen werden sich aber die hinter ihm Sitzenden ebenfalls erheben und letztlich stehen alle. Keiner sieht mehr als vorher, aber die Situation hat sich für alle verschlechtert, da jeder stehen muss. Weiter zu den irreversiblen Schädigungen des 12-jährigen Lohnverzichts (Ende der Bescheidenheit nicht absehbar). Arbeitnehmer hätten dazu nicht schweigen dürfen. Schon gar nicht angesichts der dramatisch gestiegenen Lebenshaltungskosten aufgrund des Teuro-Betrugs. Mit gerade mal dürftigen 2 Prozent effektiv jährlich durchgesetzten Lohnsteigerungen hätte heute jeder 24 Prozent mehr in der Tasche. Monat für Monat! Jahr für Jahr! Lebenslang! Selbst im Rentenalter, denn die Berechnungsformel der staatlichen Altersvorsorge ist an die Löhne gekoppelt. Zugegeben – wie schon ausgeführt – mit trickreichen Abstrichen«. Noch etwas: Auch die Sozialkassen hätten mit 24 Prozent partizipiert. Wenn auch nicht die strukturellen, so aber die drängendsten finanziellen Probleme wären damit gelöst.

Der bürgerliche Friede auf die stagnierenden Löhne brachte erst mal die Binnennachfrage zum Erlahmen. Daneben setzte die falsche Harmonie in vielen Bereichen bodenloses Lohndumping in Gang. Nach der Devise »mit denen kann man's machen« und »hurra, zurück ins Mittelalter« wurde Deutschland zum Billiglohnparadies. Besonders krass im Dienstleistungsbereich: Hungerlöhne für Menüboten, Floristen, in der boomenden Sicherheitsbranche, der Gastronomie, im Reinigungs- oder Frisörgewerbe. Stundensalär zwischen drei und fünf Euro, teils gewerkschaftlich abgesegnet. Niedrigster bekannt gewordener Tariflohn 3,06 Euro. Provokation statt Entlohnung! Unlängst wurde der Fall eines Hamburger Nobelhotels publik. Eine Nacht in der dortigen Suite ist für 2.175 Euro zu haben. Die Reinemachefrau des Etablissements verdient 1,92 Euro die Stunde. Schlimmste Ausbeutung! Soll der Abstieg auf das Dritte-Welt-Niveau unsere Zukunftsperspektive sein? Ein anderer Hotelinhaber, in dessen Gemächern Fußballstars logieren, machte in der WDR-Reportage »Billiglohnarbeiter – Leben ohne Mindestlohn« eine seltsame Rechnung auf: Würde er sein Reinigungspersonal einigermaßen bezahlen, müsste das Zimmer die Nacht um *zwei* Euro teurer werden.[153] Seine Gäste (wie die Kickermillionäre) würden das nicht akzeptieren. Grotesk! Wer küsst unsere Bundestagsabgeordneten für eine menschenwürdige Wirtschaftsordnung wach? Ach ja, »ihr« Reichstag wird von Reinigungsfrauen zu Dumpinglöhnen geputzt, berichtete die Gewerkschaft IG Bau. Für 5,50 Euro die Stunde.[154]

Alle in diesem Kontext heraufbeschworenen Probleme sind politisch angestiftet. Drei Sünden stechen hervor: Erst wurde im Zuge der Osterweiterung die Bevölkerung ungeschützt dem unfairen Wettbewerb der ehemals kommunistischen Staaten überlassen. Dann wurden die Sozialsysteme demoliert. »Nebenbei« schoss man die Flächentarifverträge – die ursprünglichen Mindestlöhne – sturmreif. Wenn Sie dieses Buch in Händen halten, könnte es sein, dass sich zwischenzeitlich das CDU/CSU-Modell »Kombilohn« oder die SPD-Gegenvariante »Mindestlohn« durchgesetzt hat. Was ist davon zu halten?
Kombilohn – der große Pfusch: Diese Variante macht hart arbeitende Menschen zu Almosenempfängern. Unternehmen zahlen Armutslöhne und der Steuerzahler legt sein sauer verdientes Geld dazu. Diese Art der Bezahlung aus öffentlicher Hand würde a) skrupellose Betriebe stützen, b) schlecht geführte und unwirtschaftliche Betriebe ohne Daseinsberechtigung erhalten. Vorbildliche und erfolgreiche Firmen stünden im Wettbewerb mit der subventionierten Billig-Konkurrenz. Erneut eine Lohnrutsche nach unten. Alle Alarmglocken sollten schrillen, wenn einer wie Arbeitgeber-Präsident

Dieter Hundt Folgendes sagt: »Ich bin generell gegen eine Subvention aller Arbeitsplätze, dies führt lediglich zu Mitnahme-Effekten durch die Arbeitgeber.«[155] Danke für diesen lichten Moment an Ehrlichkeit und gesellschaftlicher Mitverantwortung.

Mindestlohn – der kleine Pfusch: Vorab, auch Mindestlöhne sind Niedriglöhne, die kein anständiges Leben sichern. Parlamentariern ist etwas zu eigen: Wagen sie etwas halbwegs Vernünftiges, wird die Idee bis zur Unkenntlichkeit durch den Kompromisswolf gedreht. Gerade hier eine vorprogrammierte Methodik! Flächendeckende Mindestlöhne der Niederlande, Frankreich, Großbritannien oder Belgien sind derzeit bei acht Euro. Läge der deutsche – wie diskutiert – darunter, könnte man gut und gerne darauf verzichten, denn die Betroffenen blieben arm. Sollte der Mindestlohn nur für einzelne Berufszweige kommen, nützt er nur wenigen, ist kaum kontrollierbar und deshalb in jeder Hinsicht ungerecht. Bleibt noch die Möglichkeit, beide Komponenten, den zu niedrigen Mindestlohn mit dem Branchen-Flickenteppich, zu vermengen. Fertig ist die gewünschte Luftnummer! Warum gewünscht? In unserem Land ist die Wirtschaft der Souverän. Über die Geschicke der Menschen wird in Vorstandsetagen entschieden und dort will man nun mal Hungergehälter zahlen. Die SPD besetzt solche und ähnliche Themen lediglich, um beim Wähler zu punkten, nicht aber um danach zu handeln. Diese Behauptung ist erwiesen: Im März 2007 stellte die »Die Linke« im Bundestag einen Antrag: Mindestlohn auf dem Niveau vergleichbarer europäischer Länder.[156] Die Sozialdemokraten schmetterten ab! Parteitaktische Spielchen, auf Kosten der Menschen, die sich in Deutschland arm arbeiten.

Lohndumping mausert sich immer mehr zum Gesellschaftsskandal Nummer eins. Prekär die Situation in Ostdeutschland. Der Sachverständigenrat und neoliberale Kräfte behaupten nimmermüde, niedrige Löhne würden neue Arbeitsplätze geradezu herbeizaubern. Wäre das wahr, könnte sich der Osten vor Jobs kaum retten. Doch nirgendwo ist der Stellenmangel derart groß wie dort. Wenigstens in Ländern wie Bangladesch mit Zehn-Cent-Stundenlöhnen müsste diese Theorie doch für Vollbeschäftigung sorgen. Nein, auch dort Massenarbeitslosigkeit um 35 Prozent. Niedriglohn ist kein Jobmotor, sondern ein Jobvernichter. Menschen zu verarmen mag einigen nützen, nicht aber der Gesellschaft. Das hat auch der ehemalige Porsche-Chef Wendelin Wiedeking erkannt: »Wir verarmen, wenn wir asiatisch werden wollen.«[157]

Die Bundesrepublik ist, gemessen an der gesamtwirtschaftlichen Leistung, reich wie nie zuvor. Das Problem ist »nur« die Verteilungs- und Beteiligungsgerechtigkeit. Verschiedene Studien, wie eine britische, prophezeien nichts Gutes: Im nächsten Jahrzehnt wird Deutschland unter allen Industrienationen die meisten Reichen produzieren. Immer dann, wenn sich soziale Bedingungen fehlentwickeln, sind die Schwächsten der Gesellschaft die Hauptbetroffenen. Einer der Effekte sind die Elendseinkommen mit schwerwiegenden gesellschaftlichen Verwerfungen: *Hungerlöhne* schädigen die Sozialkassen wegen der kaum fühlbaren Abgaben und müssen obendrein aus dem Steuertopf »aufgestockt« werden. *Hungerlöhne,* die bei Vollzeit nicht den Lebensunterhalt sichern, sind menschenunwürdig. *Hungerlöhne* führen im Arbeitgeberlager zum unkalkulierbaren Negativwettbewerb. Hintergrund: Tariftreue Unternehmen können nicht mit Firmen konkurrieren, die Armutslöhne zahlen. Derjenige, der das billigste Angebot abgibt, bekommt gewöhnlich den Zuschlag. Bei staatlichen Aufträgen ist es sogar Gesetz. Anbieter, die auf Qualität achten und die Leistung ihrer Leute fair honorieren, haben das Nachsehen. Lohndumping verkehrt die Wettbewerbskriterien der Marktwirtschaft ins Gegenteil: Nicht wer die besten Waren produziert, sondern wer die geringsten Löhne zahlt, ist im Vorteil. Gute Firmen gehen pleite, schlechte überleben. Lohnunterbietungswettbewerb! DVD-Rohlinge als kleines rundes Anschauungsmaterial: Sie werden immer billiger und die Qualität immer schlechter. Tests ergaben durchschnittlich dreimal höhere Fehlerraten als früher. Billigramsch produziert für die Restmülltonne der betrogenen Kunden. Lohndumping verdirbt den Charakter, die Qualität und ist für Arbeitnehmer wie Arbeitgeber letztlich ruinös.

Die herrschende Klasse verteidigt Prekärlöhne in erster Linie mit zwei Argumenten:
Part eins – Die Produktivität der Menschen wäre halt nicht höher als die paar lausigen Euros, die sie bekommen. Meist werden die Betroffenen noch zu Geringqualifizierten abgestempelt. Stimmt nicht! Zwei Drittel der Niedriglöhner haben eine abgeschlossene Berufsausbildung und zehn Prozent einen akademischen Abschluss. Die Frage aller Fragen ist aber eine andere: Wie misst sich Produktivität? Was erzielt ein Dax-Manager, der nichts produziert, sondern fusioniert und Mitarbeiter feuert? Was ist die Produktivität unserer Volksvertreter, die fast alle brisanten Aufgaben vor sich herschieben? Welcher Maßstab gilt? Die Wertschöpfung eines Discounters lässt sich errechnen. Nicht aber der Anteil der Marktleitung. Nicht der individuelle Nutzen des Kassenpersonals. Nicht der Wert der Beschäftigten, die die Regale füllen. Alle zusammen sind das Unternehmen und erzielen einen Umsatz. Ohne die Schaffenskraft jedes Einzelnen ginge es nicht. Nur wenn Menschen eine Ware oder Dienstleistung völlig allein erwirtschaften – eher

selten –, misst sich der Lohn mühelos. Bei Lichte betrachtet ist die vielbemühte »Produktivität« eine willkürliche Größe. So hat es sich eingeschliffen, monotone, dreckige und körperlich schwere Arbeit schlecht zu bezahlen. Schlüssig und gerecht ist das nicht. Gerade anstrengende und meist gesundheitsschädigende Knochenjobs müssten gut bezahlt sein. Übrigens: Dann werden sie auch gemacht! Das ewige Beispiel der Friseure beweist, dass sich Hungerlöhne einen Teufel um »Qualifikation« oder »Produktivität« scheren. Es wird die Not der hohen Arbeitslosigkeit vor allem in Ostdeutschland schamlos ausgenutzt. Gerade das haarige Ausbildungshandwerk wäre prädestiniert, der Wertschöpfung entsprechend entlohnt zu werden. Schneiden, Waschen, Fönen oder eine andere stylistische Leistung wird schließlich von einer Person zu einem festen Preis verrichtet. Friseure erwirtschaften stündlich zwischen 50 und 100 Euro. Oft auch mehr. Warum sollten sie aus diesem erklecklichen Kuchen lediglich zwei bis fünf Euro bekommen? Oder einen schäbigen Mindestlohn von acht Euro? Das hat nichts, aber auch gar nichts mit Qualifikation oder Produktivität zu tun. Es herrschen Wildwestmanieren, bevorzugt von Friseurketten praktiziert. Ein anderes Beispiel aus dem Bereich der Altenpflege: Eine Stunde Morgentoilette durch den mobilen Pflegedienst kostet monatlich etwa 1.300 Euro. Mitarbeiter, die die Arbeit im Akkord verrichten, bekommen circa acht Euro die Stunde oder im Monat 240 Euro. So verschwindet der größte Batzen des Geldes bei Leuten, die nichts dafür tun. In solchen Fällen sollten wir nicht von *Produktivität* reden, sondern von Menschen, die höhere Löhne verdient hätten, sie aber aufgrund der Machtverhältnisse nicht bekommen.

Part zwei – Die Globalisierung als inflationäre Universalausrede muss auch für den Niedriglohnsektor herhalten. Und die Wahrheit? Sie ist so nah: Schweden ging – trotz Globalisierung – einen ganz anderen Weg. Ausgerechnet den, den die Bundesrepublik drei Jahrzehnte mit großartigen Erfolgen praktizierte und genauso erfolgreich demontierte: *die Soziale Marktwirtschaft*. Mit Neid muss jeder vernünftige Mensch auf das größte skandinavische Land blicken: Keine Armutslöhne. Keine Mindestlöhne. Kein Peter Hartz, der wohl mit seinen abnormen Ideen auf das ewige Eis verbannt worden wäre. Dazu ein hervorragendes soziales Sicherungsnetz. Flächentarifverträge, wie wir sie früher kannten, aber heute in Deutschland polit-talk-wörtlich »des Teufels sind«.[158] Die Arbeitnehmer sind fast zu 100 Prozent gewerkschaftlich organisiert und entsprechend mächtig. Keine Schere zwischen Arm und Reich. Kaum Einkommensunterschiede. Die breite Masse verdient auf hohem Niveau etwa gleich. Führungskräfte kommen auf das Doppelte. 300-fache Verdienstmöglichkeiten deutscher Manager schlicht undenkbar. Glückliches Schweden. Einer von ihnen, Tomas Lundin, Journalist der Zeitung »Svenska Dagbladet«, über die Philosophie seines Landes: »Niedriglöhne haben bei uns nichts zu suchen. Ein Unternehmen, das nur existieren kann, wenn es Hungerlöhne zahlt, hat keine Zukunft.«[159] Danke, Herr Lundin! Auch die Bundesrepublik braucht keine unwirtschaftlichen Betriebe. Ab in die Insolvenz! Eine Marktwirtschaft zeichnet sich dadurch aus, dass in frei werdende Produktions- oder Verkaufslücken andere stoßen. Eine Chance für rentable Unternehmen, die auch ordentliche Löhne zahlen. Veränderungen, die hierzulande zur Katastrophe geschwätzt werden, nennt Schweden einen gewünschten Strukturwandel. Deutschland auf dem Holzweg.

Was Arbeitnehmer wissen sollten: Die Phase der »Lohnzurückhaltung« seit den Neunzigerjahren war keine freiwillige. Es war die grandiose Erfolgsgeschichte eines einzigen Wortes: »Standortverlagerung«. Bei jeder sich bietenden Gelegenheit drohten Wirtschaftsbosse unter dem donnernden Applaus der Parlamentarischen Gesellschaft: »Weniger Lohn, länger arbeiten, oder wir gehen ins Ausland.« Leserinnen und Leser, die sich im Strafrecht ein wenig auskennen, wissen: Wer jemandem ein Übel androht, um sich zum Nachteil des Genötigten zu bereichern, erfüllt den Straftatbestand der Erpressung. Allein der Versuch ist strafbar! Halten Sie es für eine Übertreibung, dass Mandatsträger eine strafrechtlich relevante Strategie umjubeln und unterstützen könnten? Es ist die Beschreibung einer weit skandalträchtigeren Gegenwart: In Zeiten hoher Unterbeschäftigung werden Firmen gelockt, ihre Arbeitsplätze ins Ausland zu verlagern. Mit staatlichen Zuschüssen! Passende Worte fand der schon mal zitierte Ex-Porsche-Chef Wendelin Wiedeking. Er nannte den subventionierten Job-Export vor baden-württembergischen Landtagsabgeordneten den »Gipfel des Unsinns«.[160]

Da sich die erfolgsverwöhnte Erzwingungswaffe »Arbeitsplatzverlagerung« im permanenten »Kriegseinsatz« befindet, bedarf das Geschehen einer präzisen Analyse: Arbeitsplatzverlust mit dem möglichen Absturz in die Niederungen von Hartz IV wirkt zunächst wie ein übermächtiges Schreckgespenst – darum so erfolgreich. Wirklichkeitsnäher wäre allerdings der Vergleich mit einer klassischen Geisterbahn: viel Rummel, viel Pappmaschee, aber wenig Gruseliges. Schauen wir genauer hin: Im Dienstleistungsbereich greifen die erpresserischen Künste schon mal nicht. Würden Reinigungskräfte am Düsseldorfer Flughafen ordentlich bezahlt, dürften die Manager den Airport wohl kaum nach Bulgarien oder Armenien verlagern. Auch ein Bäckereifachbetrieb, Friseursalon oder die Chemische

Reinigung geht nicht nach Aserbaidschan oder Litauen, wenn die Belegschaft mehr Gehalt will. In anderen Produktionsbereichen spielen Lohnkosten schon keine Rolle mehr: bei hochwertigen Waren, im Maschinenbau oder auf dem Energiesektor. Trotz gegenteiliger Meinungsmache passieren Auslandsverlagerungen selten der Löhne wegen, sondern um neue Märkte zu erobern. Ewig lockt das gewaltige Reich der einstmals sozialistischen Staaten. Dazu die asiatischen Milliardenvölker Indien und China. Wer langfristig wo auch immer Fuß fassen will, muss sein, wo die Kunden sind. Da könnten deutsche Löhne auf null sinken, es wäre lediglich ein schönes Mitnahmegeschenk. Sofern sie nicht schon vor Ort sind, werden alle Konzerne in die wichtigen Regionen der Welt expandieren. Bitte keine Panik, denn auch im Umkehrschluss wird ein Schuh daraus. Für jedes Unternehmen ist es die pure Notwendigkeit, am Standort Germany präsent zu sein oder zu bleiben. Nach den USA und Japan sind wir die drittgrößte Volkswirtschaft der Welt. Seien Sie versichert, ein solch lukratives Geschäft lässt sich die Profit-Community nicht entgehen. Die adäquate Antwort auf den nächsten Erpressungsversuch wäre daher: »Reisende soll man nicht aufhalten.«

Für alles Erdenkliche existieren in Deutschland Statistiken. Immer dann, wenn es spannend wird – Fehlanzeige. So auch bei der Zahl der ausgelagerten Arbeitsplätze. Fachleute widersprechen dem ständigen Gerede von Jobs, die angeblich massenhaft im Nirwana des Auslands verschwinden. Sollte es schlimm gewesen sein, werden für den Zeitraum 1990 bis 2005 in absoluten Zahlen eine halbe Million »ausgewanderter« Stellen geschätzt. Eine für die deutsche Volkswirtschaft vergleichsweise geringfügige Größe. Der Schadenfreude wegen gleich noch die positive Nachricht hinterher: Mehr als die Hälfte der kleinen und mittleren Unternehmen, die aus »Kostengründen« ins Ausland gingen, kamen aus tatsächlichen Kostengründen zurück. Das sagt Anja Schulz, wissenschaftliche Mitarbeiterin am Lehrstuhl für Unternehmensführung der UNI Dortmund.[161] Voraussetzung der Heimkehr: sofern ihnen das Abenteuer nicht gänzlich das Genick brach. Es reicht halt nicht, nur blauäugig einer Mode nachzutrotten. Erst in der Ferne lernen viele den Wert der heimischen Produktionsstätte zu schätzen. Das hat das Fraunhofer-Institut in Karlsruhe von Rückkehrern erfragt.[162] Die gängigsten Auslandserfahrungen bei Jobverlagerung: niedrige Produktivität, Qualitätsmängel, fehlende Zuverlässigkeit und Flexibilität, hohe Investitionen in Maschinen und Anlagen. Dazu versteckte Ausgaben: Reisekosten, Transportkosten, Kosten für Dolmetscher, unerlässliche Schmier- und Bestechungsgelder (!) und das Fehlen des heimischen Netzwerkes aus seriösen Zulieferern, Beratern und Fachanwälten.

Was das pralle Leben für Glücksritter bietet, die dem Herdentrieb »Auslandsverlagerung« verfallen, zeigt eine Episode mit hohem Unterhaltungswert: Die Vietz GmbH, ein Maschinenbauunternehmen, ging 2004 nach China. Zumindest an Erfahrungen reicher kehrte man bereits ein Jahr später reumütig zurück.[163] Was war passiert? Die chinesischen Angestellten gingen nach Feierabend einer Nebentätigkeit nach. Knapp zehn Kilometer weiter stand plötzlich die gleiche Halle, samt eins zu eins nachgebauter Produktionsstätte. Dazu kopierte ein von der chinesischen Regierung vermittelter Ingenieur alle nötigen Unterlagen aus dem Firmencomputer. Der staatliche Betriebsspion flog auf und wurde fristlos entlassen. Wochen später fuhr er mit einem Lkw auf dem Firmengelände vor und klaute den Hauptrechner, inklusive Tresor und allen Unterlagen. Fertig war die perfekte Produkt- und Betriebspiraterie. Andere Länder, andere Existenzgründungen.

Es ist schon eine Bosheit besonderer Art, uns ausgerechnet China oder Indien als hochgelobte Wachstums-Idole vorzuhalten. Staaten, an die Deutschland millionenschwere Entwicklungshilfe leistet. Staaten, auf die man noch vor wenigen Jahren mit Igitt-Fingern zeigte und sich zu Recht mit Grausen abwandte:

»Musterknabe« China – Volk eines diktatorischen Einparteienregimes. Ideologische Totalausbeutung von Mensch und Umwelt. Smog verdunkelt die Großstädte, vergiftete Böden, verdurstende Wälder, versiegende Gewässer. 650.000 sterben jährlich allein an den Folgen der Luftverschmutzung. 60.000 an verseuchtem Trinkwasser. Kein Arbeitsschutz, so kamen 2005 allein auf Pekings Baustellen 5.000 Menschen um. Fast 3.000 Kumpel werden Jahr für Jahr in den Bergwerksgruben getötet. Abseits der Metropolen ein Leben und Arbeiten unter Bedingungen wie im vorletzten Jahrhundert, einschließlich Kinder- und Sklavenarbeit. Nur ein Drittel der Bevölkerung hat elektrischen Strom. Die Zahl der Analphabeten stieg unlängst auf 116 Millionen. Wanderarbeiter. Politische Umerziehungslager. Exzessive Hinrichtungen, so viele wie in der übrigen Welt zusammen. Obendrein ein blühender Handel mit den Organen der Delinquenten. Diese chinesische Hölle für Menschenrechte wird begleitet von heftigen sozialen Unruhen, über die unsere Politiker kein Sterbenswörtchen über die Lippen kriegen (2007 rund 80.000 Protestaktionen). Nicht zu vergessen die abscheuliche Kultur der Tierquälerei. Katzen bei lebendigem Leibe kochen gehört dazu. Ein rückständiger Schurkenstaat als bundesrepublikanisches Vorbild? Perfide!

»Musterknabe« Indien – Volk bitterster Armut. Dauernd ist zu hören, Indien sei die große Gefahr für deutsche Arbeitsplätze. Gerade mal 350.000 arbeiten dort in der elektronischen Industrie. Das ist nichts! Vor hoch qualifizierten IT-Fachleuten soll es nur so wimmeln. So, so! Jeder Zweite kann weder lesen noch schreiben. 600 Millionen haben keinen Stromanschluss. Das Gros derer, die mit Computern umgehen können, sind auch nicht die viel gepriesenen Programmierer, sondern Minderqualifizierte, die in Callcentern arbeiten. Durchschnitts-Inder müssen mit ein bis zwei Euro am Tag auskommen. Organ- und Leihmütterhandel sichert vielen das Überleben. Frauen rechtlos und unterdrückt. Gesellschaftlich geduldet ist die Praxis, Ehefrauen mit Benzin zu übergießen und bei lebendigem Leib zu verbrennen oder zu verstümmeln. Rund 70-80 Millionen Minderjährige verrichten Kinderarbeit, ohne eine Schule zu besuchen. Ein heillos rückständiger und unbeschreiblich verarmter Staat als bundesrepublikanisches Vorbild? Deutsche Realsatire!

Die Erpressungskultur der Lohndrückerei muss gebrochen werden. In Wahrheit halten die Brunnenvergifter außer falschen Siegerwahrheiten nichts in Händen. Der unchristliche Slogan der christlichen Parteien »Sozial ist, was Arbeit schafft« kommt einer Kriegserklärung allen Arbeitnehmern gleich. Hungerlöhne und jede menschenunwürdige Arbeit sind damit legitimiert. Im Ernstfall sogar Sklaverei oder Kinderarbeit wie in Indien. Die deutsche Diskussion lässt Immaterielles völlig außer Acht: Löhne sind Wertschätzung! Anerkennung! Würde! Leistungsanreiz! Schlechte Bezahlung ist ein Demotivationsprogramm mit Nachwehen. Es bremst die Leistungsbereitschaft, das Wachstum, schädigt die Volkswirtschaft und zieht eine ganze Nation nach unten. Kurz: Ohne Wertschätzung keine Wertschöpfung. Die Zeit ist reif, sich selbstbewusst zu wehren. Stopp der nicht enden wollenden Demütigung von berufstätigen Menschen. Respekt verschaffen für harte und gute Arbeit. Geld hat keine Macht, wenn die zusammenstehen, die keines haben. *Rote Karte* der Ökonomisierung des gesamten Lebens. *Rote Karte* den Billigjobs durch strikten Verzicht. *Rote Karte* für betriebliche Bündnisse. Das Abhängigkeitsverhältnis der Beschäftigten von ihren Arbeitgebern schließt Lohnverhandlungen auf gleicher Augenhöhe aus. Arbeitnehmer sind generell unterlegen, stellte schon das Bundesverfassungsgericht fest. *Rote Karte* den Investivlöhnen. Vorsicht! Nepper, Schlepper, Bauernfänger. Das ultra-marktradikale Münchener ifo-Institut um Hans-Werner Sinn (der Papst des Neoliberalismus) befürwortet diese Art der »Vermögensbildung«. Insofern höchste Alarmstufe für Erwerbstätige! Der Haken an der Sache: Das Gewinnbeteiligungs-Modell (Merkel: »Lohnumwandlung«) schließt nennenswerte Gehaltssteigerungen für die Zukunft aus. Ein weiterer Tiefschlag für die falsch finanzierten Sozialkassen und für die eigene Rente. Nicht zu vergessen, die große Mehrheit der Berufstätigen benötigt jeden Cent, um über die Runden zu kommen. Immer höhere Aufwendungen für Alter, Gesundheit und das tägliche Leben. Dazu überteuerte und ständig steigende Miet- und Betriebskosten. Normalverdiener können sich keinen Lohnverzicht leisten, um Anleger zu spielen. Warum sollten sie in schwieriger Lage Risikokapital in Firmen investieren und womöglich alles verlieren? Bei einer staatlich ungesicherten Beteiligung kein abwegiges Szenario. Das Desaster könnte eintreten, falls sich Ihr Boss verzockt oder wie »Topmanager« Klaus Kocks ein selbst erklärtes Schwein ist.

Es braucht neue Formen der Solidarität und des Widerstands. Ziviler Ungehorsam gewissermaßen als gesellschaftliches Grundnahrungsmittel! Anlässlich der Fußball-WM 2006 waren Millionen auf den Straßen. 2008 strömten mehr als 250.000 zur Berliner Rede des US-Präsidentschaftsbewerbers Barack Obama. Obwohl Deutschlands Verfassung in denkbar schlechter Verfassung ist und man dieses Regelwerk tagtäglich mit Füßen tritt *(spätere Kapitel beschäftigen sich damit)*, feierten 2009 unglaubliche 600.000 Menschen am Brandenburger Tor genau dieses Grundgesetz und dessen 60. Geburtstag. Auch Karnevalsumzüge bringen Jahr für Jahr Zigmillionen Menschen auf die Beine. Warum gehen wir nicht auf die Straße, wenn es um unsere ureigenen Interessen und existenziellen Belange geht? Etwa die Bestätigung für das Klischee »deutsch sein heißt feig sein«? Oder sollen wir uns weiter Mutlosigkeit und der Obrigkeit unterwürfig als Volkskrankheit nachsagen lassen? Kapuzinermönch Bruder Paulus Terwitte, Moderator der Sendung »Um Gottes Willen – N24 Ethik«: »Die Menschen müssen wieder das Heft in die Hand nehmen.« Und: »Ihr braucht euch nur zusammenzutun. Wenn ihr mal auf die Straße geht und mal sagt, was ihr denkt, und nicht nur an euch denkt, dann wird sich die Sache verändern.«[164]

Deutschland – ein System versagt

Bislang hat dieses Kapitel nur einige schlagzeilenträchtige Schwerpunkte behandelt. Die Hitliste des Staatsversagens ist aber nahezu unerschöpflich. Sobald der Bürger genauer hinsieht oder aus Betroffenheit hinsehen muss, öffnet sich der Blick auf ein tiefschwarzes Loch. Eine Themenauswahl, die dieses Buch aus Platzgründen nicht gebührend behandeln kann:
• Wir sind Weltmeister im Abfalltrennen: Gelber Sack, Restmüll, Kompost, Papier, Alu, Glas, Metall, Korken und vieles mehr. Verstärkt bewaffnen sich

Städte mit Müll-Sheriffs, die mit Fotoapparaten und Kameras in unseren Abfalltonnen wühlen. Bei Strafe, wer falsch trennt! Ein kostspieliger wie überflüssiger Sortierwahn. Moderne Technik kann es längst billiger und besser als der Mensch. Aber warum trennen wir Müll, obwohl es ökologisch und ökonomisch blanker Unsinn ist und vieles sogar gemeinsam verbrannt wird? Die einstige rheinland-pfälzische SPD-Umweltministerin Klaudia Martini beantwortet uns die Frage: »Weil wir ja lang genug erzählt haben, wie wichtig es ist zu trennen und zu sortieren.«[165] Polit-Logik auf Deutsch. • »Die Jägerei ist eine Nebenform menschlicher Geisteskrankheit«, sagte einst der erste deutsche Bundespräsident Theodor Heuss. Gestoppt sind die Lusttöter bis heute nicht. Geschätzte 400.000 Katzen und 65.000 Hunde fallen Jahr für Jahr schießwütigen Weidfrauen oder Weidmännern zum Opfer.[166] Menschliche Dramen liebender Haustierbesitzer mit eingeschlossen. Übrigens: Wölfe dürfen nicht geschossen werden. • Auch Tierquäler und Tieraussetzer genießen in Deutschland Schutzrechte. Sie brauchen keine ernsthafte Verfolgung oder Bestrafung zu fürchten, da entsprechende Delikte juristisch maximal eine »Sache« beschädigen. In Scheidungsverfahren wird ein Haustier gar als »Hausrat« behandelt. Ebenso überfällig ein Zuchtverbot, solange Tierheime hoffnungslos überfüllt sind. • Volksvertreter rühmen unsere Wissensgesellschaft, doch Pisa brachte die Wahrheit ans Tageslicht: Das deutsche Bildungssystem macht Schüler doof und selektiert wie kein anderes in den OECD-Ländern. UN-Gesandter Vernor Munoz testete unser Unterrichtswesen: durchgefallen! Beinahe 200.000 Schulabgänger sind Jahr für Jahr ohne Abschluss oder nicht ausbildungsfähig. Jürgen Rüttgers anlässlich einer Veranstaltung in Essen: »Ich will, dass alle Absolventen nordrhein-westfälischer Schulen wieder rechnen, schreiben und lesen können, meine Damen und Herren.«[167] Tosender Beifall für den CDU-Ministerpräsidenten! Ist damit alles über den Bildungsnotstand der Bundesrepublik gesagt? Nein, eine neue Studie belegt: Wer ein schlechtes Abi hat, wird Lehrer.[168] So kommt es, dass das politische Establishment seine eigenen Kinder bevorzugt auf private Schulen schickt und die eigenhändig organisierte staatliche Bildung meidet. • Chronisch ist von Bürokratieabbau die Rede, doch der Amtsschimmel wiehert lauter denn je. Vorschriften, Verordnungen, Gesetze im Steuerrecht, Baurecht, Umweltrecht oder auf sonstigen Feldern. Entgegen anders lautenden Beteuerungen wird der Gesetzesdschungel unvermindert ausgebaut. Ähnliches vollzieht sich im Straßenverkehr. Hier grassiert der Schilderwald, den keiner mehr wahrnimmt. Milliardeninvestitionen zur Bürgergängelei. Jüngste schwindelerregende Hobbyseuche deutscher Provinzpolitiker: Kreisverkehre bauen. • Die Masse der Bevölkerung lehnt Genfood ab. Doch ohne ein ernährungspolitisches Erfordernis sind bundesweit schon über 27 Quadratkilometer der Äcker kontaminiert.[169] Ein Kniefall vor der Gentech-Lobby! Ob wir wollen oder nicht, greifen wir schleichend zu verunreinigten Lebensmitteln. Zwangsernährte Konsumenten als unfreiwillige Probanden. Da die Risiken der Freisetzung unabsehbar sind, wollen weder die Genbauern noch die Saatguthersteller haften. Mit Bundesmitteln, sprich mit dem Geld der Allgemeinheit, die diese Produkte nicht haben will, ist ein Haftungsfonds geplant. • Meist jahrelang behördlich vertuscht, jagt ein Lebensmittel-Skandal den anderen: Von BSE bis Gammelfleisch herrscht Daueralarm in der Fleischverarbeitung. Hinzu kommen dunkle Geschäfte mit tonnenweise Tiermehl, Schlachtabfällen und hormonverseuchten Futtermitteln. Was uns in deutschen Landen sonst noch aufgetischt wird: Salmonellen in der Schokolade. Killer-Käse. Antibiotika in Shrimps und Hähnchen. Maden im Fisch. Vergammelte Eier. Dioxin in Fischkonserven. Krebserzeugendes Acrylamid in Pommes, Chips und Pizza. Hohe Dosen Pflanzenschutzmittel in konventionell angebautem Obst und Gemüse. Arsen und Uran in Mineralwasser. Eine Gift- und Skandalspur zieht sich durch Deutschland, denn das Verbraucherschutzministerium schützt alles, nur nicht die Verbraucher. • Auf die Versagensliste gehört auch die deutsche Einheit. Klartext kommt aus dem Munde eines Ex-Politikers. Altkanzler Helmut Schmidt spricht vom deutschen Handikap, »dass wir die wirtschaftliche Vereinigung der beiden deutschen Nachkriegsstaaten dilettantisch angefasst haben«.[170] • Auch die Vergangenheitsbewältigung der DDR funktioniert nicht. Aber nicht die ostdeutsche, sondern die westdeutsche. Mindestens 20.000 unentdeckte Westspione, davon nicht weniger als 43 Bundestagsabgeordnete, hatten, wie es scheint Stasi-Kontakte. Noch heute müssten sie zittern, wäre da nicht ein Verfahren, das in korrupten Ländern eben üblich ist: Enthüllende Datensätze wurden »versehentlich« gelöscht, andere vernichtet, und die zuständige Forschungsgruppe samt Büro aufgelöst. • »Der Spiegel« titelte »Die Schmiergeld-Republik«. Bundestagspräsident Wolfgang Thierse (SPD) beruhigte rohrkrepierend: »Abgeordnete sind nicht generell korrupt.«[171] Schön, offenbar einige nicht! Auch in der Wirtschaft läuft alles wie geschmiert. Laut dem Korruptionsindex von Transparency International geht es bei uns schon käuflicher zu als in Hongkong oder Singapur. Und das risikofrei! Kriminologin Britta Bannenberg: »Es ist so, dass in Deutschland im Grunde ein so geringer Verfolgungsdruck im Bereich Wirtschaftskriminalität allgemein oder (...) bei Korruption im großen Stil besteht, dass wirklich niemand damit rechnen muss, strafverfolgt zu werden.«[172] Das soll auch so bleiben. Die UN-Konvention gegen Korruption trat 2005 in Kraft. Zusammen mit mittlerweile 140 Staaten unterzeichnete die Bundesrepublik das Abkommen. Andere Länder ratifizierten und setzten es in nationales Recht um – Deutschland nicht. • Superreiche Bundesbürger wie Milliardär Michael Schumacher, Dopingradler Jan Ullrich oder die Tennis-Legende Boris Becker sind »Schweizer«. Der urbayerische Werbekaiser Franz Beckenbauer ist vor dem Fiskus ein Österreicher. Unsere ehrenwerten Besten als ganz legale Steuerflüchtlinge. Sportliche Erfolge werden unter deutscher Fahne und mit deutscher Hymne gefeiert – gezahlt wird im jeweiligen Steuerparadies. Lösung: wie in den USA unabhängig vom Wohnort eine Steuerpflicht. Oder, wie die Deutsche Steuergewerkschaft fordert: Pass entziehen und ausbürgern. • Politiker können nicht mit Geld umgehen. Über Jahrzehnte häuften alle bisherigen Regierungen mehr als 1,7 Billionen Euro Staatsschulden an. Politische Unvernunft, die alljährlich über alle staatlichen Ebenen hinweg mehr als 70 Milliarden Euro an Zinsen ohne Gegenwert verschlingt. Trotz dieser kaum fassbaren Dimension wird das Geld der Bürger auch andernorts mit vollen Händen aus dem Fenster geworfen. Konservativ geschätzte 30 Milliarden Euro jährliche Vergeudung allein in öffentlichen Projekten. Wie Weltrekord um Weltrekord im Vernichten von Steuern gebrochen wird, dokumentierte einmal mehr der Fernsehproduzent Günter Ederer. Seine Reportage »Planlos in die Zukunft« macht fassungslos. Regelmäßig prangern auch die Rechnungshöfe und das »Schwarzbuch« des Steuerzahlerbundes die haarsträubendsten Fälle öffentlicher Verschwendung an. Nichts geschieht! Dr. Karl Heinz Däke, Präsident des Bundes der Steuerzahler, spricht vom »System der kollektiven Unverantwortlichkeit«. Nimmermüde fordert der versierte Volkswirt auch den Straftatbestand der Amtsuntreue und eines Amtsanklägers. Doch wir erleben ein kollektives Verschließen der parlamentarischen Gehörgänge. Trotz Alibi »Schuldenbremse« wird weiterhin genüsslich das Geld fremder Leute verpulvert. • Der freie Markt ist wichtig. Bei der Daseinsvorsorge elementarer Güter erwiesenermaßen falsch: Das Abschöpfen von Gewinnen privater Investoren in den ehemals staatlichen Bereichen hat großes Übel gebracht: Den Ausbau der Zwei-Klassen-Medizin bis hin zur Viel-Klassen-Medizin. Patientenfeindlichen Kommerz in Krankenhäusern und Arztpraxen. Das Desaster in der Altenpflege. Zusammen mit den explodierenden Müll- und Energiepreisen hat sich »privatisieren gleich billiger« oder »privat gut, staatlich schlecht« als Erfindung erwiesen. Glauben Sie, die Portogebühren sinken, wenn das Briefmonopol der Deutschen Post fällt? Damit wäre die Unmöglichkeit der Quadratur des Kreises überwunden. Wie sollten sich die Kosten reduzieren, wenn täglich statt einer bis zu fünf Postzusteller Ihre Wohnung anfahren? Den Gesichtspunkt Klimawandel und überforderte Hofhunde einmal ganz vernachlässigt. Wieder eine Torheit am Gemeinwesen. Wieder wird ignoriert, dass die Schäden der Liberalisierung und Privatisierung in der Regel höher sind als ihr Nutzen. • Gesetze werden für die Ewigkeit gemacht, mögen sie auch noch so sinnlos erscheinen. Beweis die Sommerzeit: 1980 eingeführt, um weniger Energie zu verbrauchen. Sicher, der Spargedanke war ein löblicher, stellte sich aber als Irrtum heraus. Nun drehen wir seit über einem viertel Jahrhundert zweimal im Jahr am Rad unserer Uhren, am Tagesablauf und am Biorhythmus. Einfach so! Mensch und Tier leiden unter der Umstellung und manche Kuh ist verwirrt. Zu den Opfern zählen auch viele Eltern, die große Probleme mit ihren Kindern haben. Doch »the show must go on«. Wie lange geht uns die staatliche »Elite« noch auf den Wecker, bis die ganzjährige Sommerzeit oder ganzjährige Normalzeit kommt? • Der doping-vergiftete Radsport wird in Nachbarländern scharf sanktioniert. Die Bundesrepublik lehnt eine strafrechtliche Verfolgung im Betrugsfall »eilige Arzneimittel auf Rädern« ab. An entscheidender Stelle wieder ein politischer Blockierer: der ehemalige SPD-Kanzlerkandidat Rudolf Scharping, Chef des Bundes Deutscher Radfahrer. • Gegen den Willen der Bevölkerung zieht uns die Staatsmacht sehenden Auges in ein Kriegsdesaster und in den islamischen Terror. Stichwort Afghanistan. Der Kampfruf *»Deutschland wird am Hindukusch verteidigt«* genügte, um die völkerrechtswidrige Bombendiplomatie zu legitimieren. Vergessen war der Schwur »Von deutschem Boden darf nie wieder Krieg ausgehen«. Neutralität würde gerade der Bundesrepublik gut zu Ges(ch)ichte stehen. Falsch ist das Gerücht von einer internationalen »Isolation« bei Nichteinmischung. Die Schweizer leben hervorragend mit diesem Status. Ein selbstbewusstes »Nein« zu weltweiten Kriegseinsätzen würde uns mehr Ehre eintragen als ein williges »Ja«. Siehe Irakkrieg! Fazit: Die beste Verteidigungspolitik wäre keine »Verteidigungspolitik«.

Wir erleben ein Generalversagen auf allen wichtigen Feldern der staatlichen Führung. Eine Kombination aus Untätigkeit und dem permanenten Herumtrampeln auf dem Gerechtigkeitsgefühl der Bürger: Wozu brauchen Besserverdienende und Multimillionäre Eltern-, Erziehungs- und Kindergeld? Wo bleibt das Kartellamt bei augenscheinlich illegalen Preisabsprachen für Energie, Arzneimittel oder bei marktbeherrschenden Fusionen? Wo ist das ewig angekündigte einfache und gerechte Steuersystem? Weshalb stoppt niemand die unvorstellbare Quälerei in der Massentierhaltung? Wann löst ein Werbe- und Verkaufsverbot von »Killerspielen« das philosophische Gequatsche ab, ob diese gefährlich seien oder nicht? Wer tritt bei Kaffeefahrten auf das Bremspedal, um den organisierten Nepp an älteren Menschen zu vereiteln? Erleben wir noch ein Verbot der »Stand-by«-Funktionen bei Elektrogeräten, um die Energie von *zwei* Atomkraftwerken einzusparen? Wann werden endlich die Privilegien des öffentlichen Dienstes und der Beamten auf ein erträgliches Maß gestutzt? Etwa nie? Jüngstes Gerichtsurteil: »In bestimmten Fällen« muss die Allgemeinheit Beamten die Kosten für potenzsteigernde Mittel wie Viagra zahlen.[173]

Ob wirtschaftlich gute oder schlechte Rahmendaten, das Volk fühlt sich nicht mehr vertreten und wird auch nicht mehr vertreten. Die herrschende Klasse lässt die Menschen mit ihren Sorgen allein. In dieser Logik eine alarmierende ARD-Umfrage aus 2006. Trotz »Aufschwung« im betreffenden Jahr wurde mit dem niedrigsten jemals gemessenen Wert der gesellschaftliche Tiefpunkt erreicht: »Jeder Zweite zweifelt an Demokratie.«[174] Wer an eine temporäre Befindlichkeitsstörung glaubte, den belehrt heute ein gesellschaftlicher Dauerzustand. Und was meinen unsere Politiker dazu? Sie berufen sich auf das schwerfällige demokratische Prinzip. Alles sei so schwierig. In langwierigen Prozessen müssten sie halt immer Kompromisse schließen. Warum sich solche Regierungsübereinkünfte gemeinhin gegen die Mehrheit des Volkes richten müssen, darauf geben sie keine Antwort. Die parlamentarische Demokratie als vermeintlicher Prügelknabe ist genauso falsch wie die viel bemühte Globalisierung. Den Beweis liefert das demokratische und globalisierte Dänemark: Auf der Weltkarte des Glücks sind unsere nördlichen Nachbarn Weltmeister. Zwei Drittel der Dänen sind mit ihrem Leben »sehr zufrieden«.[175] In Deutschland gerade mal 25 Prozent. Positivwerte melden auch alle skandinavischen Nationen. Laut Untersuchung ist eine der wichtigsten Schlüsselfaktoren »das Vertrauen in staatliche Institutionen«. Woran liegt es also, dass mit den Mächtigen unseres Landes kein Staat zu machen ist? Warum werden wir so schlecht und unter Wert regiert? Antworten und Einsichten geben die nächsten Kapitel.

Im Wahrheitsstau und jeden Kredit verspielt

»Wenn Politiker reden, wissen 60 Millionen, dass sie lügen«, sagte Hugo Egon Balder, TV-Moderator und Erfinder der preisgekrönten Sendung »Genial daneben«. Die Gefühlslage der Menschen gibt diese Meinung sehr anschaulich wieder. Der Durchschnittsdeutsche erträgt die politische Klasse nur mehr unter Bauchschmerzen. Eine brisante Vertrauenskrise, die schon der Kabarettist Matthias Beltz auf den Punkt brachte: »Wer in den Puff geht, muss sich nicht wundern, wenn er Huren trifft. Und wer in die Politik geht, muss sich auch nicht wundern.«[176] Hans-Olaf Henkel, Ex-Chef des Bundesverbandes der Deutschen Industrie (BDI), sieht die Stimmung ebenso am Nullpunkt: »Die Bürger sind es satt, mit eleganten, aber falschen Formulierungen, mit optimistischen, aber geschönten Zahlen weiter an der Nase herumgeführt zu werden.«[177] Nach prominenten Stimmen fehlen noch kritische Worte aus der Machtszene selbst. Die stammen vom grünen Bundestagsabgeordneten Hans-Christian Ströbele: »Viele Politiker haben ein gestörtes Verhältnis zur Wahrheit.« Sein Klagelied: »Wir stimmen für Gesetze, obwohl wir das einzelne Gesetz nicht richtig finden, sondern wir stimmen dafür, weil die Koalition zusammenstehen muss. Oder andere stimmen gegen Gesetze, obwohl sie die richtig finden, weil man in der Opposition ist und dagegen stimmen muss. (...) Das sehen viele Menschen, und deshalb vertrauen sie der Politik nicht und ich kann ihnen nur recht geben. Ich kann auch nur uns alle auffordern, das zu verändern. Es ernster zu nehmen, was wir sagen, und mit dem, was wir tun.«[178]

Was ist los mit Deutschlands Parlamentariern? Warum sind sie so, wie sie sind? Vorab: Auf Schleichpfaden marschieren sie durch die Instanzen und setzen sich an zentralen Schaltstellen der Macht fest. Einmal in diese Regionen vorgerückt, hausen sie selbstbezogen unter ihresgleichen. Viel wird geredet, wenig gesagt und eine eigene Sprache gepflegt. Politik ist ihr einziger Lebensinhalt. Sie träumen nachts Politik, stehen morgens mit Politik auf und ihr Mittagessen ist ein Arbeitsessen. Fanatiker! Betriebsblind rankt sich ihr tägliches Denken um »linke« und »rechte« Strategien, obwohl sich nur Parteigänger dafür interessieren. Sie beschäftigen sich mit Machtfragen »der Mitte« oder wollen ihr Profil schärfen. Eines haben sie vergessen: Die Bürger wollen bloß die Probleme des Landes gelöst haben. Die Ausbildung der Akteure besteht aus einem Buch – dem Parteibuch. Ein weiteres Erkennungsmerkmal ist das bürgerferne Herrschen in abgeschirmten

Regierungs-Ghettos. Typische Politiker lesen morgens den Pressespiegel. Sie wollen wissen, was andere gesagt, oder noch beliebter, was andere über sie gesagt haben. Hinterher reagieren sie darauf und suchen die nächsten Tage nach Reaktionen auf ihre Reaktion. So lebt die politische Kaste in ihrer »eigenen medial gefilterten Welt«, wie sich Linkspolitiker Lothar Bisky ausdrückte. Dies alles spielt sich im Milieu einer geschützten und überversorgten Dynastie ab, die von Egozentrik, Exzentrik und Monetik geprägt ist.

Irrwege in die Unglaubwürdigkeit

Bundespräsident a. D. Richard von Weizsäcker resümierte über seine Polit-Kollegen: Sie könnten über alles reden, würden fast nichts wirklich genau wissen, außer, »wie man politische Gegner bekämpft«.[179] Roland Koch (CDU) bestätigt die Worte in einer Laudatio an seinen SPD-Kontrahenten Peer Steinbrück: »Er legt einen nicht rein, das ist in der Politik schon das Maximum.«[180] Wohl deshalb wollte der ehemalige CDU-Ministerpräsident Lothar Späth nur mehr gegen Schmutzzulage in die Politik zurückkehren. Es gehört auch zum guten Ton, sich gegenseitig anzupöbeln, zu beschimpfen und zu beleidigen. Der Ausspruch von Joschka Fischer im Plenum des Bundestages ein Klassiker: »Mit Verlaub, Herr Präsident, Sie sind ein Arschloch.« Der Straftatbestand der Beleidigung ist wohlweislich in den hohen Häusern des Landes aufgehoben. Damit ist das Lahmlegen der Gerichte durch wechselseitige Klagen unserer »Volksvertreter« verhindert. Die Anrede »Hohes Haus« in den Parlamenten ist antiquiert und grotesk. Der Titel impliziert ein überragendes Ansehen und größten Respekt in der Bevölkerung vor seinen Repräsentanten. Doch dieses Ansehen existiert nicht mehr. Folglich sollte dieser Begriff in politischen Reden ersatzlos wegbleiben, da er einen schon überstrapazierten Sprachmissbrauch symbolisiert.

Zur nächsten Etappe des Vertrauensschwundes. Wir erleben Parlamentarier als ständige Neinsager. Sozusagen das »Modell Kindergarten«. Immer mit Igitt-Fingern auf den anderen zeigen. Opponieren, um zu widersprechen, mit dem Ziel, dem Konkurrenten zu schaden. Guido Westerwelle erläuterte diese lähmende Destruktivität aus freidemokratischer Sicht: »Es gibt in Deutschland so eine Art Schema. Etwas schlägt die Regierung vor und in jedem Fall muss die Opposition dagegen sein. Wenn etwas von einer Partei kommt, müssen die anderen Parteien dagegen sein.«[181] Westerwelle, bekannt geworden als Spaßvogel im Guidomobil, beklagte freilich jenes Szenario, das er selbst in Vollendung beherrscht und praktiziert. Wer soll eigentlich glauben, dass die einen alles falsch machen und die anderen alles richtig? Kann sich alles Gute dieser Erde auf der einen und alles Schlechte auf der anderen Seite vereinen? Schulbeispiel »wir gegen die« im Phoenix-Talk »Unter den Linden«. Anwesend waren die Generalsekretäre der sogenannten Volksparteien. Beide sichtbar, also leibhaftig im gleichen Fernsehstudio, doch deutlich in verschiedenen Welten lebend. Sozialdemokrat Klaus Uwe Benneter, gern als »68er Wendehals« gehänselt, redete über Erfolge seiner Regierung. Selbstvermarktung, die von einem guten Wirtschaftswachstum bis hin zu vielversprechenden Zeichen auf dem Beschäftigungssektor reichte. Darunter auch die Prophezeiung von mehreren Hunderttausend neuen Arbeitsplätzen für das darauffolgende Jahr. Benneter beschrieb ausschließlich positive Effekte und untermauerte alles mit imaginären Zahlen. Nun sein Kontrahent, der oppositionelle Laurenz Meyer, seines Zeichens »Wadenbeißer« und Dauer-Stänkerer der Union: Ohne geringste Berührungspunkte widersprach er seinem Gegenüber in *jedem* Punkt. Meyer redete von der höchsten Arbeitslosigkeit der Nachkriegsgeschichte und beschrieb eine unternehmerische Pleitenserie ohnegleichen. Für das folgende Jahr weissagte er allein im Einzelhandel einen Verlust von 35.000 Arbeitsplätzen. Und auch er stützte sich auf imaginäres Zahlenmaterial. Im Studiopublikum erkennbare Unruhe und abschätzige Gesten. Der Moderator wollte den Zuschauern das Unerträgliche wohl nicht weiter zumuten: »Meine Herren, wir erleben an dieser Stelle eine Sache, die ich eigentlich gar nicht vorhatte zu diskutieren, aber die wir vielleicht doch bereden müssen. Es ist ja immer wieder im Zusammenhang mit den Entwicklungen bei Wahlen von Glaubwürdigkeitsproblemen der Politiker die Rede. (...) Sie sitzen beide da, der eine sagt ›Nein‹, es geht aufwärts, und begründet es mit Zahlen. Der andere begründet es ebenfalls mit Zahlen und sagt ›Nein‹, es geht ständig abwärts. Liegt da nicht ein Problem, gerade für Menschen die politikinteressiert sind, dass sie sich unter Umständen ein bisschen an der Nase herumgeführt fühlen?«[182] Ohne Erkenntnisverlust kann auf die Niederschrift der Beantwortung dieser Frage verzichtet werden. Die vorpubertäre Palaverrunde wurde stilecht fortgeführt. Leider ließ der Moderator die »Generäle« gewähren, ohne sie vorzeitig zu verabschieden. Einer der Herren, nämlich Laurenz Meyer, wurde wenig später tatsächlich gegangen – aber aus dem Amt. Er bezog aus drei Quellen insgesamt monatlich rund 26.000 Euro. Einmal für die Tätigkeit als CDU-Generalsekretär, dann als Landtagsabgeordneter und obendrauf »arbeitsloses Einkommen«. Letzteres waren Gehaltszahlungen und billiger Strom ohne ersichtliche Gegenleistung vom Energiekonzern RWE. Für »Party-Meyer«, so der Spitzname des Begünstigten, ging auch amtsenthoben die Sause weiter. Sein Rücktritt wurde aus der CDU-Parteikasse mit rund 52.000 Euro »entschädigt«.[183] RWE legte 400.000 Euro als »Abfindung« dazu und schon ward ein gutgelaunter »Feier-Meyer« tanzend auf dem Deutschen Opernball gesehen.

Vollkasko-Mentalität, Gier, Diäten und pralle Pensionen

Die Diskrepanz zwischen der politischen Klasse und dem »einfachen Bürger« stößt mehr und mehr auf Ablehnung. Ein Punkt von vielen im Niedergang des Ansehens. So alt wie die Bundesrepublik, so alt ist die Diskussion um ein Übel: Abgeordnete entscheiden selbst über ihre Bezüge! Sprechen Mandatsträger von »wir müssen sparen« oder »wir müssen den Gürtel enger schnallen«, dann ist eine Spezies gesichert ausgenommen: man selbst! Die herrschende Klasse ist nicht bereit, auch nur geringste Lasten oder Einschränkungen ihrer verfehlten Politik mitzutragen. Das allgemein gültige Verursacherprinzip ist auf den Kopf gestellt. Ausschließlich der Geschädigte, das heißt der Bürger, hat für den Schaden aufzukommen. Entscheidendes haben Deutschlands Repräsentanten aus ihrer Gedankenwelt verbannt: Ihr Big Boss und Arbeitgeber ist der Wähler.

Es gibt wohl kaum einen Begriff, der irreführender ist, als der, der »Diäten«. Er suggeriert Enthaltsamkeit, zum Abspecken gedacht und trotzdem gesund. Doch nichts davon trifft zu. Die monatlichen Bezüge eines Bundestagsabgeordneten betragen aktuell 7.668 Euro. Nebst Sachleistungen und einer Mitarbeiterpauschale von 14.312 Euro erhalten Mandatsträger noch eine steuerfreie Aufwandsentschädigung über 3.868 Euro. Letzteres das Sahnehäubchen! Im Unterschied zu Rentnern, Arbeitslosen, Arbeitnehmern und sonstigen Gesellschaftsgruppen wird dieses »Präsent« automatisiert den Lebenshaltungskosten angepasst. Gedacht sind diese Ansprüche für Aufwendungen im Wahlkreis und zur »Unterkunft und Verpflegung« in Berlin. Von der »kargen« Politikerbesoldung scheint Essen aus eigenen Mitteln unerschwinglich. Da nicht, wie bei Normalbürgern, Belege erbracht werden müssen, bestehen diese Ausgaben häufig nur auf dem Papier. Ein weiteres Leckerli: Unbegrenztes Hinzuverdienen ist erlaubt, deshalb werden vielfältige Posten und Pöstchen gehortet. Auch das noch nicht genug für parlamentarische Staatssekretäre oder Bundesminister, die gleichzeitig Abgeordnete sind. Jährlich nehmen sie zusätzlich noch mal rund 100.000 Euro mit. Zahlungen, die gut und gerne unter dem Gesichtspunkt Geschenk verbucht werden können. Ursache: Sie haben keine Zeit, um das entlohnte Abgeordneten-Mandat auszuüben. Gutes Steuergeld ohne reale Gegenleistung! Beinahe komplette

Ministerriegen der Vergangenheit und in der Gegenwart profitieren davon. Im Kabinett Schröder waren unter ihnen Renate Künast, Joschka Fischer und Jürgen Trittin. Allesamt der grünen Partei angehörend, aus der es seit jeher tönt: »Ministeramt und Abgeordnetenmandat sind unvereinbar.« Was sagte der eingangs zitierte bündnisgrüne Ströbele: »Wir sollten es ernster nehmen, was wir sagen, und mit dem, was wir tun.«

Da wir gerade über Geschenke reden: Die Weihnachtszeit steht für Spitzenpolitiker unter einem besonders günstigen Stern. Ob Bundespräsident, Kanzler oder Kanzlerin, ob Minister oder parlamentarische Staatssekretäre – alle partizipieren von einem reduzierten, dennoch prallen 13. Monatsgehalt. Es rieselt die Tausender nur so von den Weihnachtsbäumen. Mit enthalten für jedes Staatsdienerkind eine anscheinend dringend benötige »Weihnachtsbeihilfe«. Die Geburt Jesu bescherte im Millenniumsjahr Hans Eichel – er wird uns auf den nächsten Seiten noch einige Male als »Musterpolitiker« beschäftigen – ein Dezember-Gehalt von über 22.000 Euro (exakt: 44.724 Mark).[184] Der Sozialdemokrat, als »Sparminister« angekündigt, trat als bis dahin größter Schuldenmacher der Nation ab. Nicht verwunderlich, angesichts solch satter Eigengratifikationen! Auch für ehemalige Spitzenpolitiker steht das Fest der Freude unter einem wenig christlichen Motto: »Süßer die Kassen nie klingeln.« Alle Ex-Bundespräsidenten, alle Altkanzler, jeder abgedankte, abgewählte, geschasste oder zurückgetretene Minister kassiert lebenslang mit. Eine schöne Bescherung für den Steuerzahler! Apropos Bescherung. Vorweihnachtszeit 2009 – Deutschland in der größten Wirtschafts- und Finanzkrise seit 1929. Hunderte von Milliarden Stützungsgelder für Banken und Konjunkturprogramme trieben die Staatsverschuldung in astronomische Höhen. Die EU eröffnet ein Strafverfahren gegen Deutschland aufgrund der Defizite. Ausgerechnet jetzt entwickelten unsere Bundestagsabgeordneten den Hang zu edlem Schreibgerät. Für knapp 70.000 Euro orderten 115 Parlamentarier goldene Füllfederhalter. Unter ihnen viele, bei denen klar war, dass sie in Kürze aus dem Bundestag ausscheiden würden. Jetzt aber weg von politischen Feiertagen hin zum Gipfel der Selbstbedienung. Bei moderaten Abzügen sacken viele der Repräsentanten mehrfach ein. In langwierigen Politiker-Karrieren kann jemand Bürgermeister, Staatssekretär, später Landtags- oder Bundestagsabgeordneter, Minister oder letztlich Bundeskanzler gewesen sein. Für alle Tätigkeiten werden »Betroffene« aus unterschiedlichen Kassen *gleichzeitig* entlohnt. Im Einzelfall: Jeder kennt das Enfant Terrible der deutschen Comedy-Szene Ingo Appelt. Doch wer kannte Ingo Wolf, den FDP-Bundestagsabgeordneten, der 2002 den Reichstag verließ? Immerhin wurde zum Abschied seine Vierfach-Versorgung unter dem

Spottnamen »Florida-Wolf« öffentlich: Dem damaligen FDP-Fraktionschef in Nordrhein-Westfalen flossen 9.444 Euro aus der Fraktionskasse zu. Für das Landtagsmandat gab es 2.350 Euro gekürzte Diäten. Dazu rund 1.200 Euro steuerfreie Kostenpauschale. Als Ex-Oberkreisdirektor von Euskirchen wurden dem 47-jährigen Nichtpensionär circa 4.500 Euro »Ruhegehalt« überwiesen. Sein Bundestagsmandat brachte zwar keine Diäten, aber stolze 3.417 Euro Kostenpauschale. Macht ohne sonstige Nebentätigkeiten summa summarum rund 21.000 Euro im Monat.[185] Ein Fall von vielen. Der Bundestag ist zwar häufig gähnend leer, dennoch voller Mehrfachverdiener.

Der Selbstversorgungswahn beschränkt sich nicht nur auf den Bund. Ein und dieselbe Cash-and-carry-Gesinnung in den 16 Länderparlamenten der Republik. Versteht sich, inklusive eines undurchschaubaren Wirrwarrs von Vergünstigungen. Erstattet werden: *Mitarbeiter, Hilfskräfte, Büroräume samt Mobiliar, Büroleiter und laufende Betriebskosten, Zweitwohnung, Aufwandsentschädigungen. Dazu preiswertes (subventioniertes) Essen in den Parlamenten oder Nobelrestaurants. Sonderflüge, die Nutzung von Bundeswehrhubschraubern als »Lufttaxis«, Freiflüge, Traum- und Spaßreisen, Handy, Laptop, Steuerfreibeträge, Erste-Klasse-Netzkarte der Bahn, Kilometergeld, Fahrbereitschaft zum Einkaufen, Dienstwagen mit Chauffeur und, und, und ...*

Ja, wir sind Weltspitze! Unter Berücksichtigung verdeckter Leistungen in den Disziplinen »Diäten & Zubrot«. Topverdiener so weit das Auge reicht, vom »kleinen Abgeordneten« bis hin zum Kanzlerjob, der momentan mit rund 262.000 Euro im Jahr vergütet wird. Trotz der internationalen Vormachtstellung jammert die herrschende Klasse unaufhörlich. »Viele Politiker fühlen sich unterbezahlt«, das ergab eine Forsa-Umfrage für die Zeitschrift Impulse. Auch die Medien sind sich erstaunlich einig – die Diäten seien eher zu niedrig als zu hoch. Uns wird laufend eingeredet, die Voraussetzung für bessere Politik wäre ein maßloser Verdienst. Man müsse gewissermaßen nur die Finanzelite in den Bundestag locken, schon würde alles gut werden. Falsch! Politik ist kein Brotberuf. Genauso wenig hat Reichtum mit Klugheit zu tun. Und ein Zusammenhang zwischen viel Geld und besserer Politik besteht auch nicht. Weit plausibler wäre die Verknüpfung zwischen Extremverdienern und Skrupellosen – und die brauchen wir gewiss nicht in den Parlamenten.

Nochmals zurück zur schon eingangs angesprochenen Extrawurst. Politiker können anrechnungsfrei *uneingeschränkt* hinzuverdienen. Und das tun die meisten mit Sammelleidenschaft. Da kann es wie beim Bundestagsabgeordneten Dr. Rolf Bietmann (CDU) durchaus passieren, dass sich 22 Nebentätigkeiten anhäufen. Zu Neudeutsch: Multitasking extrem! Obwohl Abgeordnete, in Anbetracht der Probleme unseres Landes, keine Zeit haben sollten, lieben sie Nebenjobs über alles: Beraterverträge, Geld aus Rednertätigkeiten, Publikationen, Beteiligungen an Kapital- oder privaten Gesellschaften. Genauso gerne sitzen sie in Beiräten, Stiftungen, Vorständen, Verwaltungs- oder Aufsichtsräten. Kaum ein Großkonzern, der sich keine Abgeordneten hält. Allein für den Chemieriesen BASF arbeiten derzeit 235 Mitarbeiter mit einem politischen Mandat.[186] Schon ein einziges Zusatzeinkommen kann die Höhe der Staatsbezüge erreichen oder sogar übersteigen. Hans Herbert von Arnim, Autor und Verwaltungsrechtler, meint: »Viele Abgeordnete finden gar nichts dabei, sich noch von einem Unternehmen bezahlen zu lassen. Auch wenn sie dadurch natürlich ihre Unabhängigkeit verkaufen. Das ist eine moralische Perversion und liegt daran, dass viele Abgeordnete offenbar das Gefühl dafür verloren haben, was sie sollten und was sie nicht sollten.«[187] Klare Worte! Trotzdem legal! In der Bundesrepublik ist es erlaubt, politischen Einfluss zu versilbern. So dienen Deutschlands Volksvertreter mehreren Herren. Dem steuerzahlenden Bürger, der sie gemäß dem Grundgesetz »zur Sicherung ihrer Unabhängigkeit« mit üppigen Geldern aushält. Sowie solventen Wirtschaftsunternehmen, auf deren Lohnlisten sie stehen. Unser politisches Personal wird auf höchster Ebene bis in die Kommunen »angefüttert«, wie Lobbyisten zu sagen pflegen. Genau diese Verflechtung ist Grundlage unzähliger Spenden- und Korruptionsskandale. Weiterer Effekt: Politiker reden den Wirtschaftsbossen in höriger Weise nach dem Mund. So kommt es, dass der Bürger bei jedem neuen Gesetz die strenge Hand der Wirtschaft spürt. Stichwort: Demontage der Solidarkassen! Plünderung von Arbeitnehmerrechten! Jetzt noch ein Blick auf weitere Facetten der staatlichen Entlohnung für Amtsinhaber.

Übergangs- und Ruhegelder. Im Polit-Hopping ist es üblich geworden, ohne Unterbrechung von einem lukrativen Posten in den anderen zu wechseln. Veränderungen, für die der Steuerzahler mit sogenannten Übergangsgeldern blutet. Eine Art Abfindung für Politiker. Hinterbänkler, die nach zwei Jahrzehnten Bundestag besonders durch Abwesenheit brillierten, nehmen etwa 180.000 Euro für ihr Ausscheiden mit. Ein Minister kann schon nach zwei, drei Amtsjahren mit 100.000 bis 250.000 Euro rechnen. Mit dem Abschied und dem Übergangsgeld folgt das lebenslange Ruhegeld. Zugleich sind diese Zahlungen ein Lockmittel für politische »Freunde«, die man loswerden will. Wie heißt es so nett? »Ruhegeld, damit er (oder sie) Ruhe hält.«

Schon wären wir bei Politikern, die wegen Unfähigkeit, einem Skandal oder aus purer Wollust in den einstweiligen Ruhestand versetzt sind. Der »goldene Handschlag« für Bundesminister, Staatssekretäre und artverwandte Berufsgruppen. Erst eine Übergangszahlung, dann Ruhegeld bis ans Ende aller Tage. Episoden aus besagtem Futtertrog:

• Schlagkräftige Argumente gegen diesen Zweig der Überversorgung kommen aus dem baden-württembergischen Ländle. Der dortige Staatsminister Christoph Palmer (CDU) beschimpfte seinen Parteifreund und Bundestagsabgeordneten Joachim Pfeiffer »du Drecksau« und ohrfeigte ihn. Der Prügelminister musste zurücktreten, worauf er nun sinnbildlich auf den Steuerzahler einschlug. Palmers süßer Abschied, trotz schuldhaftem Verhalten: Drei Monate gab es nach Angaben des Bundes der Steuerzahler monatlich 11.017,14 Euro Übergangsgeld. Danach bis zum Ausscheiden aus dem Landtag eine Luxuspension plus Diäten von zusammen 9.050 Euro im Monat. Sobald den zur Tatzeit 42-Jährigen (!) die Lust am arbeitslosen Leben befällt und er sich endgültig aus der Politik verabschiedet, entsteht ein lebenslanger Anspruch auf satte 6.334 Euro Ruhegeld. Gerade mal bis zu seinem 65. Geburtstag veranschlagt, könnte Herr Palmer den Steuerzahler bis zu 1,7 Millionen Euro kosten. So mancher Berufsboxer dürfte angesichts der »Gage« vor Neid erblassen.

• Staatssekretäre, zynisch Frühstücksdirektoren genannt, können ohne Angabe von Gründen in den »einstweiligen Ruhestand« versetzt werden. Scheiden sie nach einigen Jahren aus, läuft zunächst für drei Monate ihr volles Gehalt weiter. In der mittleren Besoldungsstufe ist das ein Monatsbrutto von derzeit 10.815 Euro. Anschließend greifen 7.687 Euro »Abfindung« pro Monat über die gleiche Dauer wie die der Amtszeit. Auf gerade mal zwei Jahre hochgerechnet sind das 184.488 Euro. Dem folgt eine lebenslange Pension von mindestens 3.785 Euro monatlich.[188] Entlassungen sind übrigens keine Seltenheit: Altkanzler Helmut Kohl verschliss in seiner Ära 25 Staatssekretäre. Auch Angela Merkel ist Spitze. Ihr Verkehrsminister Wolfgang Tiefensee (SPD) »verbrauchte« in drei Amtsjahren sechs der hohen Beamten. Und kaum war Merkels zweite Amtszeit unter schwarz-gelber Regierung eingeläutet, kam das Aus für 13 Staatssekretäre und 15 Abteilungsleiter (letztere Spezies auch mit luxuriösen Pensionsansprüchen). Kurz: Posten und anstrengungslosen Wohlstand für Parteigenossen schaffen ohne Waffen. Wusste Guido Westerwelle doch, wovon er redete, als er vor »spätrömischer Dekadenz« warnte?

• Peer Steinbrück (SPD) hält einen anders gelagerten Rekord: Er feuerte seine Staatssekretärin Jutta Köhn in Nordrhein-Westfalen wegen Querelen schon nach vier Monaten. Aufgrund des Kurzauftritts begrenzte sich die Versorgungszeit auf »nur« knapp elf Jahre: erst drei Monate 9.540 Euro, dann sechs Monate 7.155 Euro, für weitere zehn Jahre 4.200 Euro im Monat. »Stalinova«, wie die Dame wegen ihrer rüden Art genannt wurde, kassiert insgesamt 650.000 Euro.[189] Wohlgemerkt, für vier Monate Arbeit! Derartige Zahlungen sind nicht nur unanständig, sondern sittenwidrig, daher kriminell. Ein Fall für die Staatsanwaltschaft, wäre das Organ der Rechtspflege tatsächlich unabhängig und müssten die Ermittler nicht um ihre Karriere fürchten *(mehr über die staatliche Anklagebehörde im übernächsten Kapitel).*

Selbst kleine politische Beamte profitieren von der Versorgungsekstase. Nehmen wir an, Frau Ministerin stellt einen Büroleiter oder persönlichen Referenten ein. Einer alten Gewohnheit folgend wird betreffende Person verbeamtet, ist aber lediglich zwei Jahre für die Politikerin tätig. Es könnte Auffassungsunterschiede geben. Beide könnten sich nicht mögen. Sie könnte abgewählt oder anderweitig abberufen werden. Egal, warum der Mitarbeiter nicht mehr gebraucht wird, er bezieht Übergangsgeld mit anschließendem Ruhegehalt. Und da man diese Ämter nicht auf Zeit vergibt, sondern des Bürgers Mittel so richtig impertinent verplempert, heißt es: Jede politische Kurzkraft, egal wie alt, kann für ein paar Jahre Arbeit den Rest des Lebens sorgenfrei spazieren gehen. Noch etwas Einmaliges: Wer nicht ruht, sondern sich bei vollem Verdienst beruflich weiter betätigt, bekommt trotzdem »Ruhegehalt«.

Luxuspensionen – das Modell Abendsonne. Staatsrechtler Hans Herbert von Arnim bringt das Thema kurz und prägnant auf den Punkt: Politiker erwerben ihren Altersversorgungsanspruch »zu schnell, zu früh und zu hoch.«[190] Beginnen wir beim höchsten Staatsamt – dem Bundespräsidenten. Nach Ende der Amtszeit erhalten alle Ehemaligen fast ohne Abstriche das volle Gehalt ein Leben lang weiter. Mit steigendem Kurswert liegt der sogenannte »Ehrensold« gegenwärtig bei monatlich rund 18.000 Euro. Dazu Bodyguards, Dienstlimousine mit Fahrer, Büro mit drei Mitarbeitern. Aus rätselhaften Gründen kommt die tollste Parkscheibe der Welt hinzu: eine rot-weiße Kelle mit der »gefälschten« Aufschrift: *»Halt Polizei!«* Quer aufs Armaturenbrett gelegt, traut sich keine noch so aufsässige Politesse ans Knöllchenschreiben. Alle Annehmlichkeiten bleiben im Besitz der pensionierten Staatsoberhäupter, solange der Wunsch danach vorhanden ist. Mit solch attraktiven Privilegien lassen es sich derzeit vier Alt-Bundespräsidenten in wohliger Atmosphäre gut gehen. Unter ihnen Roman Herzog, der den Älteren vorwarf, die Jüngeren zu plündern. Eine klassische Projektion, die sich an den eigenen Feudalbezügen orientiert. Wen wundert's: Der lukrative

Posten ist begehrt, die Anwärter zahlreich und der Streit bei jeder Neubesetzung erbittert.

Gerade die Altersversorgung ist ein Brennpunkt extremer Missstände. Politiker verschaffen sich ohne jedes Zutun größtmögliche Vorteile. Null Euro zahlen sie in die Renten- oder Pensionskassen ein, erwerben aber maximale Leistungen. Oswald Metzger, ehemals grüner Haushaltsexperte, findet seine eigene Altersrente nach acht Jahren Bundestag »obszön viel«. Metzger weiter: »Es gibt keinen Beruf in dieser Republik, wo Sie in ähnlich kurzer Zeit ohne eigenes Geld so hohe Ansprüche verdienen können wie als Abgeordneter in Parlamenten dieser Republik oder gar noch als Staatssekretär und Minister.«[191] Den tiefen Griff in die Staatskasse dokumentieren drei authentische Politiker-Pensionen im Vergleich zu durchschnittlichen Arbeitnehmern:
- Den Vogel schießt ausgerechnet der ehemalige SPD-Bundesfinanzminister Hans Eichel ab. Unser »Musterpolitiker« verabschiedete sich mit Tränen aus dem Amt. Es dürften Freudentränen gewesen sein, denn die monatlichen Altersbezüge beliefen sich mit seinem politischen Rückzug auf 11.635 Euro.[192] Hans im Glück! Ein Durchschnittsverdiener müsste dafür 445 Jahre in die gesetzliche Rentenversicherung einbezahlen.
- Joschka Fischers Abschied aus der Politik liest sich so: Mit den Pfründen eines deutschen Politikers reiste er als Gastprofessor an die US-Elite-Universität Princeton. Im Gepäck des Ex-Bundesaußenministers eine monatliche Pension von 10.700 Euro.[193] Normalrentner müssten sich dafür 409 Jahre abmühen und Beiträge entrichten.
- Ein Blick in die Länderparlamente: Die grüne Bärbel Höhn hat seit ihrer Abwahl als Umweltministerin in Düsseldorf einen Anspruch auf monatlich 9.411 Euro Ruhegehalt.[194] Luxus bis ans Lebensende nach zehn Jahren Amtszeit! Ein unsterblicher Arbeitnehmer müsste dafür 360 Jahre arbeiten.

Hohe Altersbezüge kommen auf identische Weise zustande wie die prallen Verdienstmöglichkeiten während der aktiven Zeit: Mehrere Ansprüche lassen sich anhäufen! Der Wechsel vom politischen Beamten zum Staatssekretär, Abgeordneten, Minister oder Ministerpräsidenten ist von einer Formel begleitet: Je mehr Jobs, umso mehr Geld. Und je nachdem, wie lange der Staatsdiener dient, darf er schon ab 57 in den ungekürzten Ruhestand. Wieso keine Pension mit 67 und damit Gleichstellung mit Deutschlands Rentnern? Vorschläge kursieren, ob sie sich durchsetzen, bedarf des Abwartens. Egal wie es ausgehen mag, das Arbeitsprinzip »Wasser predigen und Wein trinken« wird weiterexistieren, was heißt: Während die gesetzliche Rente sinkt und sinkt, steigen und steigen die Politiker-Pensionen.

Reformwille Fehlanzeige. Wann und wer auch immer einzelne Politiker auf ihre Überversorgung anspricht, die Antworten gleichen sich. Ein Teil leugnet den Luxus und redet von »Neidgesellschaft«. Andere versprechen hoch und heilig, für Änderungen einzutreten. Zur Kategorie der Sprücheklopfer gehört Dieter Wiefelspütz. In Funktion des innenpolitischen Sprechers der SPD-Bundestagsfraktion wettete er vor laufenden Kameras um zwei seiner Monatsdiäten, sprich um 14.018 Euro. Plattform hierfür war die Talkshow »Hart aber fair«.[195] Sein Versprechen: Innerhalb eines Jahres sollten die Luxuspensionen abgeschafft sein und im Gesetzblatt stehen. Ergebnis: Einsatz verspielt und obendrein Krach mit der Ehefrau. In schöner Regelmäßigkeit bringt die eine oder andere Fraktion Alibi-Anträge in den Bundestag ein. Genauso verlässlich werden die Eingaben abgeschmettert. CSU-Bundestagsabgeordneter Peter Ramsauer: »Über die Gesamtalimentierung von Abgeordneten müsste man reden – dazu sind die meisten schon nicht mehr bereit.«[196] Deshalb sind fragliche Anträge, genau wie eingesetzte Ausschüsse und Kommissionen, ein Scheingefecht zur Rechtfertigung der Edelbezüge. Etwa das Gremium »zur Überprüfung des Abgeordnetenrechts«. Erkenntnis der hofkommissarischen Arbeitsbeschaffungsmaßnahme: »... dass die Abgeordneten kein überdurchschnittliches Einkommen beziehen.«[197] Eines darf dem Ausschuss nicht vorgeworfen werden: Humorlosigkeit! Zurück auf den Boden der Tatsachen: Anstatt Kürzungen, werden kontinuierlich neue Versuche gestartet, um die überzogene Alimentierung auszubauen. Mal will man sich an die höheren Bezüge der Bundesrichter angleichen. Mal Pensionskürzungen mit deftigen Gehältererhöhungen überkompensieren. Der Gipfel aller Verwegenheit ist die Idee, selbst für sein Alter vorzusorgen, aber im Gegenzug die Diäten wie in Nordrhein-Westfalen annähernd zu *verdoppeln*. Momentan sind diese und ähnliche Taschenspielertricks im Bund nicht durchsetzbar. Zu befürchten ist, dass uns bei einem günstigeren Klima genau diese Neuregelung heimsucht. Vorläufig wird anderweitig getrickst: Die Altersbezüge wurden Ende 2007 marginal auf der einen Seite gekürzt, an anderer Stelle erhöht oder ausgebaut. Bestenfalls ein Nullsummenspiel! Anderswo war die »Beißhemmung« geringer. Die Diäten erhöhte man sich in Rekordzeit von einer Woche um 9,4 Prozent. Mögen Politiker auch über alles Erdenkliche streiten, bei jeder Diätenerhöhung herrscht parteiübergreifende Einigkeit.

Eine alte Weisheit sagt: Wer den Sumpf trocken legen will, darf sich keine Hilfe von den Fröschen erwarten. So ist von politischer Seite keine Bereitschaft erkennbar, den Missstände abzuhelfen. Genau dieser Hintergrund war Ansporn für die Unternehmensberatung »Tower Perrin«. Diese Spezialisten für moderne betriebliche Versorgungssysteme legten eine Studie mit dem Arbeitstitel *»Zeit für Taten«* vor. Die Konzeption stützt sich darauf, was Politiker den Menschen als neue Tugenden gebetsmühlenartig abfordern: Risikobereitschaft! Einschränkung! Eigenvorsorge! Leistungsbereitschaft! Die Idee: Alle Pensionsprivilegien weg, dafür eine bilanzorientierte Bezahlung. Spitzengehälter nur für erfolgreiche Politik. Ob die Arbeit gut oder schlecht war, misst ein Computer-Modell anhand von vier Faktoren: *Wirtschaftswachstum, Inflation, Neuverschuldung, Arbeitslosenquote.* In der Vergangenheit hätte dieser Entwurf zu deutlichen Gehaltseinbußen geführt. Die Unternehmensberater verteilten ihre gut gemeinte Anregung an Parteien, an politische Gremien und an die Presse. Die Reaktionen entsprachen den üblichen Gepflogenheiten, wenn staatliche Entscheidungsträger nicht wollen: Sachlich gespieltes Interesse hier. Polemik dort. Und Schimpfanrufe bei Verlagen, die dieses Konzept veröffentlichten. *»Die Glaubwürdigkeit der Politiker beginnt bereits da wegzuschmelzen, wo Politiker selbst nicht leben, was sie von anderen öffentlich fordern«*, sagte Kardinal Meisner in einem Interview.[198] Der Erzbischof von Köln glaubt, dass sich unsere Volksrepräsentanten eigenhändig demontieren und nicht mehr vorbildtauglich sind. Wahrhaftig.

Abkassieren aus dem Jenseits

Die Rundumversorgung unserer Politiker hat bizarrste Formen angenommen. Um Gesundheitskosten einzusparen, bekommt das normale Kassenmitglied nur noch Billigpillen. Politischen Beteuerungen zufolge sollen die preisgünstigen Arzneien genauso gut sein wie die teuren. Der Glaube an das eigene Versprechen scheint gering. »Vorsichtshalber« hat man sich selbst die teuren Medikamente verordnet. Beispiel Schweinegrippe: Die Bundesregierung abonnierte für Politiker und Spitzenbeamte einen relativ nebenwirkungsfreien Luxusimpfstoff. Dem Rest der Bevölkerung war ein unverträglicheres Serum mit quecksilberhaltigen Konservierungs- und Wirkverstärkern angedacht. Auch für den Fall, sollten herkömmliche Arzneimittel nicht mehr weiterhelfen, haben Parlamentarier Vorkehrungen getroffen. Während das Sterbegeld für Kassenverblichene gestrichen wurde, langen Bundestagsabgeordnete selbst nach ihrem Ableben noch kräftig aus dem Jenseits zu. Vordergründig ist das frühere Sterbegeld ebenso beseitigt. Doch durch die Hintertür »Überbrückungsgeld« beziehen ihre Familienangehörigen zwischen 5.959 und 9.463,50 Euro. Sicheres Geld, so sicher wie das Ende des eigenen Daseins. Dazu der Kommentar von Karl

Heinz Däke, Präsident Bund der Steuerzahler: »Die Politik verkauft die Bürger mal wieder für dumm.«[199]

Schon wären wir bei der »Hinterbliebenen-Versorgung« und einer allgegenwärtigen Gewohnheit: Minister und Abgeordnete beschließen Regelungen oder Gesetze, die für sie keine Folgen haben – zumindest keine negativen. Im Zuge der Rentenreform wurden die Zuwendungen für Witwen geändert. Wir alle wissen, »Reform« heißt Kürzung, deshalb gibt es im Todesfall für »Normalsterbliche« weniger Geld für die Angehörigen. Einkünfte wie Lebensversicherungen werden zudem angerechnet. Das Versorgungsrecht setzt überhaupt erst nach fünf Jahren Beitragszahlungen ein. So wurde die durchschnittliche Witwenrente »kleiner Leute« auf unter 500 Euro gedrückt. So weit, so schlecht! Ganz anders für Angehörige »eines im Amt verstorbenen« Bundestagsabgeordneten. Deren Situation ist feudal. Mit Amtsantritt besteht ein *Sofortanspruch* von rund 1.500 Euro Mindestversorgung. Keine Anrechnung sonstiger Einkünfte. Ohne je einen Cent Beitrag geleistet zu haben. Auch hier Privilegien auf Kosten der Staatskasse, von denen aber niemand etwas wissen will. Freches Leugnen und ironische Kommentare von Reichstagsabgeordneten auf Nachfrage, warum die Regelung so ist, wie sie ist:[200]

- *Heinz Schmitt (SPD)*: »Das ist mir nicht bekannt, dass man mit einem Tag Abgeordnetentätigkeit die Hinterbliebenen-Rente erwirbt. Das stimmt gar nicht, da haben Sie sich nicht gut informiert.«
- *Klaus Kinkel (FDP)*, Außenminister a. D. wimmelt freundlich ab und läuft genauso freundlich davon.
- *Hans-Georg Wagner (SPD)*: »Meine Frau freut sich schon sicherlich, wenn das so ist.«
- *Winfried Hermann (B'90/Die Grünen)*: »Quatsch, das stimmt doch nicht.«
- *Rainer Brinkmann (SPD)*: »Mich interessiert es ja auch nicht, weil wenn ich sterbe, bin ich tot.«
- *Wolfgang Bötsch (CDU), Ex-Postminister hoch aggressiv*: »Sie haben mit Ihrer Frage gezeigt, dass Sie sich zu dem Thema, zu dem Sie gefragt haben, nicht beschäftigt haben.«

Wie bei jedem anderen Versorgungsanspruch, müssten unsere »Volksvertreter« eigenhändig die nötigen Kürzungen in Sachen Bundestags-Witwenrenten beschließen. Unter anderem jene Leute, die sich gerade mit unangemessenen Antworten hervortaten. Es gibt aber noch eine andere Sorte Mandatsträger. Die, die mit vorgetäuschtem Willen zu glänzen versuchen, wie Frau Prof. Dr. Erika Schuchardt (CDU). Eine freundliche Journalistin hinterfragte ihr angebliches Engagement zum Abbau der überproportionierten Hinterbliebenenversorgung: »Haben Sie denn einen Antrag, eine Einlassung gemacht im Bundestag? Jeder Abgeordnete kann ja eine Einlassung machen.« Antwort: »Ja das ist gemacht worden – selbstverständlich. Und die Frauengruppe hat es insbesondere getan ... sie haben es getan.«[201] Plump in die Kamera gelogen – der angebliche Antrag hat den Bundestag nie erreicht.

Wie viele Menschen, projizieren auch Deutschlands Staatslenker gerne eigenes Verhalten und Denken auf andere. Insofern wird regelmäßig die »Mitnahme-Mentalität« der Bevölkerung kritisiert. »Diese Haltung kann sich auf Dauer kein Sozialstaat leisten«, tadelte einst Gerhard Schröder sein Volk. Hätte er nur vorab schon mal das Abkassieren der politischen Klasse beseitigt oder sein Kindergeld gestrichen. Ebenso wäre in seiner Amtszeit der Bezug von »Stütze« für Nie-und-nimmer-Bedürftige zu verhindern gewesen. Die Ehefrau des zweithöchsten Mannes im Staate bezog offenbar schamfrei rund 800 Euro Arbeitslosenunterstützung.[202] Der Gatte der »Mittellosen« war Deutschlands Bundestagspräsident Wolfgang Thierse (SPD). Sein Salär ohne Nebenjobs: rund 17.500 Euro.

Arbeitsprinzip – versuchte Volksverdummung

Wir wissen heute: Norbert Blüm mit seinem legendären Ausspruch »Die Rente ist sicher« konnte nur seine eigene gemeint haben. Der ehemalige CDU-Bundesarbeitsminister ist seit seinem Ausscheiden aus der Politik laut Bund der Steuerzahler mit 9.540 Euro gut versorgt. Sind deutsche Spitzenpolitiker schlecht beraten? Was ist los in der Kommunikations-Branche? Zwischen 1998 und 2007 erhöhte sich die Zahl der Öffentlichkeitsarbeiter allein in den Bundesministerien um 250 Prozent. Ein Job-Wunder! Doch obwohl die Summe der PR-Dienstleister nach oben schnellte, änderte sich seit Jahrzehnten nichts an der Desinformationspolitik. Sicher dürfen Parlamentarier straffrei lügen und die Bevölkerung an der Nase herumführen. Doch warum klären ihre Berater sie nicht darüber auf, dass sie dabei jeden Respekt verlieren?

Die langjährige Geschichte typischer Verhaltensreflexe:
• 26. April 1986 – nördlich von Kiew im ukrainischen Kernkraftwerk Tschernobyl geschah das politisch für unmöglich Erklärte: der Supergau eines Reaktors! Die radioaktive Wolke von damals verseuchte weite Teile Europas. Aufgrund des Ostwindes war auch Deutschland betroffen, beson-

ders Bayern. *Das eine* war, die Folgen zu verharmlosen, so wie die Christdemokratin Rita Süssmuth. Wir schreiben den Zeitpunkt, als jeder vernünftige Mensch seine Fenster geschlossen hielt und möglichst nicht auf die Straße ging. Demonstrativ und öffentlichkeitswirksam zeigte sich die prominente Politikerin beim Gemüseeinkauf auf einem Bonner Markt. *Das andere*: Über verstrahltes Futter nahmen Kühe Radioaktivität auf, die sich in der Milch anreicherte. Molkepulver, ein Restprodukt bei der Käseherstellung, war in hohen Dosen verseucht. Tonnenweise wurde das mit bis zu 8.000 Becquerel Cäsium 137 kontaminierte Pulver in Hallen gelagert. Später in 100 (!) randvollen Eisenbahn-Waggons quer durch die Republik gekarrt. Niemand wusste, wie und wo es entsorgt werden sollte. Deshalb immer wieder politische Versuche, das ungeliebte Pulver in klingendes Pulver umzuwandeln. Mal als Futtermittel. Mal sollte es dem Verbraucher in Lebensmitteln untergepanscht werden. Doch zum Glück gab es in der Bevölkerung einen breiten Widerstand gegen derlei Ansinnen. Also wurde die »Unbedenklichkeit« fraglichen Atommülls demonstriert. Bayerns Umweltminister Alfred Dick († 2005) inszenierte eine Pressekonferenz. Er hatte zwei Töpfe vor sich stehen: einen mit hoch verstrahlter Molke, einen mit unverstrahlter Molke. Der Mann löffelte tatsächlich aus beiden Näpfen mit dem Kommentar, es gebe keinen Unterscheid, alles würde gleich gut schmecken. Kein Wunder, schließlich ist Radioaktivität geschmacklos, so wie damals Herr Dick. Der gleiche Minister wurde drei Jahre später mit der »Bayerischen Umweltmedaille« ausgezeichnet. Galt die Ehrung der Vernichtung eines Löffels verseuchten Molkepulvers? Tatsächlich gestaltete sich die restliche Entsorgung mehr als schwierig. Erst 14 Jahre nach Tschernobyl wurde das Strahlenpulver im stillgelegten Atomkraftwerk Lingen endgültig entsorgt. Aktueller Bezug: Ohne den Albtraum des Atommülls gelöst zu haben (ein Endlager müsste 1 Million Jahre sicher sein), droht uns unter dem Etikettenschwindel »Brückentechnologie« und »Klimaschutz« der Ausstieg vom Ausstieg. Die Reanimationshelfer einer verantwortungslosen und nicht beherrschbaren Gefahr sind das »bürgerliche Lager«. Deutschlands Atomsekten Union und die Liberalen. Achtung! Durchschnittlich kommt es alle zwei Tage in *jedem* der 17 deutschen Kernkraftwerke zu einem Störfall. Ein einziges Unglück mit Kernschmelze genügt, um Deutschland den Rest zu geben. Das sogenannte Restrisiko.

• Wenige Monate nach dem Unglück in der Ukraine folgte das »Tschernobyl des Rheins«. Ausgelöst von einer Brandkatastrophe im Baseler Chemiewerk Sandoz. Es flossen große Mengen Chemikalien in den Rhein. Eine Umweltkatastrophe bis dahin nie gekannten Ausmaßes. In der giftigen Flussbrühe starben auf einer Länge von 400 Kilometern fast alle Fische und sonstigen Wassertiere. Zwei Jahre später galt der Fluss noch immer als »mausetot«. Doch für den amtierenden Bundesumweltminister Klaus Töpfer (CDU) schien die Zeit reif für Taten. Zu Hause ein kleiner Fisch, »meine Frau hat immer recht«[203], draußen ein ganz Großer. Zur »Meinungsbildung« des Volkes wollte er die Sauberkeit des Rheins und den Erfolg seiner Umweltpolitik demonstrieren. Gesundheitsschäden beugte Töpfer allerdings akribisch vor: Eingemummt in einen Ganzkörper-Schutzanzug und Flossen durchschwamm er den Strom. Versteht sich, begleitet von einem riesigen Medientamtam. Auch hier: Grober Unfug scheint politische Auszeichnungen nach sich zu ziehen. Der Rheinschwimmer bekam den Deutschen Umweltpreis und später die höchste Umweltauszeichnung Europas verliehen. Auch beruflich scheint sich Volkstäuschung förderlich auszuwirken: Klaus Töpfer stieg zum ranghöchsten Deutschen bei den Vereinten Nationen auf. Seine Zuständigkeit: Umweltpolitik.

• Eine geheimnisvolle Affäre. Ausgangspunkt waren Ermittlungen gegen eine ukrainische Schleuserbande. Ihr Geschäftsmodell: Drogen! Prostitution! Menschenhandel! Spezialisten des Bundesgrenzschutzes (BGS) hörten Telefone und Handys dieses Syndikats ab. Dabei geriet ein ganz spezieller Kunde ins Netz: Michel Friedman, damaliger Vizepräsident des Zentralrates der Juden in Deutschland, zugleich Star-Moderator und CDU-Mitglied. Der Ertappte zeigte sich hinsichtlich Drogenkonsum und Prostituiertenbesuchen reumütig. Letztlich wurde er wegen Kokainbesitzes zu einer Geldstrafe verurteilt. »Michu« Friedman entschuldigte sich aufsehenerregend vor laufender Kamera bei seiner Lebensgefährtin, der TV-Moderatorin Bärbel Schäfer. So weit, so gut, fehlerfreie Menschen gibt es nicht. Doch war Friedman nur die Spitze des Eisbergs? Wurde der eigentliche Skandal vertuscht? Alle Fakten sprechen dafür! 18 Aktenorder mit Abhörprotokollen um Edelprostitution, Rauschgift und Menschenhandel soll es gegeben haben. Darin verstrickt: Prominente aus Wirtschaft, Kultur, Medien und Politik. Unter ihnen auch Bundestagsabgeordnete – so wurde es kolportiert. Eine ominöse Ermittlungsliste mit Mandatsträgern versetzte das »Hohe Haus« in allerhöchste Aufregung und hektische Betriebsamkeit. Der Ältestenrat des Bundestages verlangte in einer nie gekannten Dreistigkeit – nämlich öffentlich – von der »unabhängigen« Staatsanwaltschaft die Herausgabe der Sünder-Liste. Bedrängte Ermittler wandten sich aufgewühlt an die Presse und berichteten von einem »ungeheuren Druck«, der auf sie ausgeübt werde. Sie sagten voraus, dass in diesem Verfahren nichts mehr unvorstellbar sei. So war es dann auch. *Berlin – Grenzschutzpräsidium Ost*: Fahnder der

Sonderermittlungsgruppe trafen sich zu einer angeblichen Besprechung in der Sache. Wie es der »dumme Zufall« so wollte, ließ man sämtliche Ermittlungsakten und Notebook im Auto liegen. Irgendwelche Bösewichte konnten diese »Schlamperei« intuitiv vorhersehen, brachen den Wagen auf und verschwanden mit allen brisanten Dokumenten inklusive Computer. Dem Hergang zufolge handelte es sich also um eine an den Unterlagen interessierte Tätergruppe, die zugleich in der Lage war, die »Vergesslichkeit« prophetisch vorherzusehen. Für derartige Übermenschen sind naturgemäß auch Schranken zur Sicherung des Parkplatzes kein Problem. Folglich wurden sie unbemerkt und mühelos überwunden. Und was war mit den Kameras, die jeden Winkel des Geländes überwachten? Sie zeichneten nicht auf! Damit steht zumindest ein präzises Täterprofil fest: Es waren Hellseher, die mittels telepathischer Kräfte die Videoüberwachung außer Gefecht setzen konnten und es zudem verstanden, mit ihrem Auto über Schranken zu springen. Es ist ärgerlich, dass wir uns diese Staatskriminalität gefallen lassen müssen.

- Über Jahre manipulierten Politiker wissenschaftliche Ergebnisse oder hielten sie zurück, um BSE zu vertuschen. Eine in London veröffentlichte Studie, die auf Deutschlands Rinderseuche hinwies, wurde postwendend als »barer Unsinn« zurückgewiesen. Im Gegenzug wurde die Bundesrepublik BSE-frei und deutsches Rindfleisch für sicher erklärt. Als der Schwindel aufflog und die Seuche auf dem Höhepunkt brodelte, wieder das beliebte Spiel der visuellen Verdummung. Eine der Varianten inszenierte Frankfurts FDP-Chef Franz Zimmermann in Zusammenarbeit mit »Bild«. Er machte sich zum Hansdampf der Fleischindustrie und verschlang mit gierigem Blick heimische und möglicherweise verseuchte Rindswürste.[204] Ob es dafür einen Risikoausgleich in Form von Geld gab und der Mann heute BSE-frei ist, ist unbekannt.

- Die menschliche Variante des Rinderwahns ist die Creutzfeldt-Jakob-Krankheit. Diese Form der Demenz weicht das menschliche Gehirn löchrig-schwammig auf und endet mit Höllenqualen tödlich. In allen europäischen Staaten stellt niemand ernsthaft infrage, dass das unheilbare Siechtum vom Verzehr BSE-kranker Rinder ausgelöst wird. Eine Erkenntnis ohne deutsche Beteiligung! England, Frankreich oder Irland dokumentieren und veröffentlichen ihre Todesfälle. Schon bei uns davon gehört? Nein! Sollte sich eine Seuche mit gleichen Erregern »frisch auf den Tisch aus deutschen Landen« etwa anders auswirken als anderswo auf der Welt? Kaum anzunehmen. Vermutlich leben wir erneut in Zeiten einer wirtschaftspolitischen Vertuschungsaktion. Treffender Titel in Focus Online zu diesem Thema: »Die trügerische Ruhe«.[205]

• Vor Urnengängen das Blaue vom Himmel zu geloben ist eine Plage. Sich das Getue und Optimisteln anhören zu müssen, als sei die Wahl bereits gewonnen, eine Qual. Doch die Nachwahl-Rituale geraten vollends zu Stimmungskillern. Stets erklären sich die Beteiligten zu Siegern, mögen ihre eingefahrenen Verluste auch noch so groß sein. 2005 war »SPD-Superminister« Wolfgang Clement wegen eines bedeutsamen Misserfolgs im Siegestaumel. »Es ist eine grandiose Leistung des Bundeskanzlers.«[206] Gerade war die Bundestagswahl verloren und sein »Chef« Gerhard Schröder abgewählt. Eine Beleidigung des mündigen Bürgers! Erdrutschartig die CSU-Schlappe bei der Bayern-Wahl 2008, die auch die SPD erfasste. Die Sozialdemokraten landeten im Freistaat auf dem historischen Nachkriegstief von 18,6 Prozent. Statt einer Portion Demut vor der saftigen »Watschen« des Souveräns frohlockte und lachte sich Spitzenkandidat Franz Maget über die Verluste des politischen Gegners halb schlapp. Sein Parteigenosse und Kanzlerkandidat Frank-Walter Steinmeier wollte dem in nichts nachstehen. Auch er präsentierte sich in ungetrübter Partylaune und überreichte dem Verlierer einen Blumenstrauß. Steinmeier am nächsten Tag: »Das war ein schöner Wahlabend gestern.«[207] Letzter Präzedenzfall: Wir schreiben den Wahlabend der Bundestagswahl 2009. SPD-Kanzlerkandidat Frank-Walter Steinmeier und Franz Müntefering treten in der Parteizentrale vor ihre »Fans«. Minutenlanger, frenetischer Beifall und Jubelstürme verhinderten, dass sie das Wort ergreifen konnten. Aber weshalb Ovationen? Das Wahlergebnis war desaströs. Die Sozialdemokraten verloren ein Drittel ihrer Wähler und sanken mit 23,0 Prozent auf den schlechtesten Wert nach dem Krieg.

So sehen in Deutschland Verlierer aus und die Liste ähnlicher Rituale ließe sich beliebig fortführen. Jetzt noch einige Episoden zum Thema »Warum verkaufen uns Politiker für dumm?«: Viele staatliche Repräsentanten sind Raucher, doch sie vernebeln ihre Qualmerei. Verletzen sie sich, wie einst unser »Musterpolitiker« und früherer Finanzminister Hans Eichel, beim Einsteigen ins Dienstfahrzeug, wird daraus ein Putzunfall konstruiert. Motto: Seht her, ich gönne mir nicht einmal eine Reinigungshilfe. Deutschland ist der größte EU-Nettozahler, trotzdem tönt es im Gleichklang: »Europa bringt mehr, als es kostet.« Jahrzehnte wurde das deutsche Schulsystem als führendes der Welt verherrlicht. So lange, bis uns die unabhängige PISA-Studie über das Epizentrum der Bildung aufklärte: Von 31 überprüften Ländern befand sich die Bundesrepublik im Feld der schlechtesten. Ähnliches lässt sich über das Weltwirtschaftsdesaster berichten. Innerhalb der traditionellen Parteien hieß es durchgängig: »Wir sind die Besten in der Krise!« Da sollten wir uns doch bei einem Hochkaräter eine zweite Meinung einholen. Es ist Prof. Dr. Henrik Enderlein, er arbeitete für die Europäische Zentralbank und lehrt an der *Hertie School of Governance* Wirtschaftswissenschaften, Wirtschaftspolitik und Politische Ökonomie. Seine Darstellung: »Wir liegen im OECD-Vergleich, also im Vergleich der Industrieländer ganz hinten. Mit minus sechs Prozent ist nur noch Japan schlechter. Frankreich zum Beispiel wird dieses Jahr [Anmerkung: 2009] nur um ein Prozent schrumpfen. Das sind Welten.«[208] Lügengeschichten haben Hochkonjunktur. Im Staats-Business wird der Begriff »Lüge« allerdings gemieden, es sei denn, der politische Gegner soll mal richtig diskreditiert werden. Erwischte Polit-Schwindler haben bestenfalls »einen Fehler gemacht«, »die Sachlage verkannt« oder wie Roland Koch (CDU) »eine Dummheit begangen«. Als der hessische Ministerpräsident im Spendenskandal der ersten Lüge überführt war, nannte man es eine »Dummheit«. Nachdem weitere Lügen bekannt wurden, hieß es: »Die Dummheit, die Herr Koch machte, wurde fortgesetzt.« Ähnlich beschönigende Floskeln finden sich zuhauf. Die Frankfurter Allgemeine Zeitung, eines der wichtigsten Blätter Deutschlands, titelte: *»Wie die Regierung uns belügt und wie wir uns alles gefallen lassen«*.[209]

Hauptsache die Show stimmt

Ein Bild ging durch die Medien. Kanzler Gerhard Schröder – noch in Amt und Würden – stand mit einer unverpackten Kinderpuppe, wie bestellt und nicht abgeholt, vor einem Spielwarengeschäft. Was hatte dieser Schnappschuss mit Hartz IV zu tun? In fraglicher Zeit »das« strittige Thema. Der Medienberater Andreas Fritzenkötter erklärt: »Auf den ersten Blick gar nichts, auf den zweiten eine ganze Menge. Schauen Sie, Gerhard Schröder ist durch die Diskussion um die sogenannten Hartz-IV-Reformen in erhebliche Imageprobleme geraten. Er galt auf einmal als hart, er war der Kanzler, der keinen Sinn mehr hatte für die Nöte der kleinen Menschen. Viele haben gesagt, das ist unsozial, und dann erschien auf einmal dieses Foto. Es zeigt den Kanzler als besorgten und liebevollen Vater.« Auf den Einwand, das Bild würde wie ein Paparazzi-Foto wirken, meint Fritzenkötter: »Jeder von uns, der schon mal in einem Spielwaren- oder sonstigem Geschäft war, weiß, dass die Ware, die man dort kauft, in der Regel eingepackt wird. Er hat die Puppe in der Hand, hält sie vor sich und steht dort. Üblicherweise wartet auf den Kanzler eine gepanzerte Limousine, wenn er irgendwo rauskommt. Er steht dort, als ob er auf den Bus warten würde, natürlich damit der Fotograf Zeit genug hat, das Foto zu machen und das entsprechende Image und Bild eines liebevollen, besorgten und emotionalen Menschen zu vermitteln.«[210]

Schröder »arbeitete«, wie man weiß, besonders gern mit dieser Art Fotos und den Medien. Seine Nachfolgerin Angela Merkel machte in dieser Hinsicht ihre ersten Gehversuche in einem Berliner Supermarkt. Deutschlands Kanzlerin war einkaufen und reihte sich brav wartend in der Schlange vor einer Kasse ein. Die CDU-Chefin hatte sich mal schnell lebenswichtige Orangen und Zitronen besorgt. Sicherheitsleute überwachten das Szenario einer »ganz normalen und einfachen Frau«. Ein sympathisches Foto der »volksnahen« Kanzlerin, die gerade ihr Wechselgeld entgegennimmt, ging durch die Presse. Wie es nämlich der verflixte Zufall so wollte, war ein Bild-Leser-Reporter vor Ort.

Merkels Familienministerin Ursula von der Leyen betrieb das Politmarketing auf höherem, sogar auf allerhöchstem Niveau: Von der Leyens »Elterngeld« war zunächst viel gescholten, dann hochgelobt. Kein zufälliger Stimmungswandel! Die Ministerin betraute eine PR-Agentur zum Zwecke der Werbung »pro Elterngeld« und um den Feldzug zu koordinieren. Reklameplakate, Zeitungsartikel und sendefertige Hörfunkberichte wurden entwickelt. Aber nicht im Stile einer Werbebotschaft, sondern als unabhängige journalistische Arbeit getarnt. Zeitungen, Radio und Fernsehen sprangen auf den recherchefreien und damit billigen Zug auf. Allein 300-mal wurden die vorgefertigten PR-Beiträge von Rundfunkstationen gesendet und damit rund 55 Millionen Hörer erreicht. Michael Konken, Chef des Deutschen Journalisten-Verbandes: »Das ist Propaganda in bester Form, was da gemacht worden ist.«[211] Politische Schleichwerbung im Auftrage der Bundesregierung. Die Bürger werden getäuscht und zahlen am Ende noch die Zeche dafür.

Ohne ein verfügbares Antibiotikum breitet sich der Einfluss von PR- und Medienberatern wie eine Seuche aus. »Sich geschickt über die Presselandschaft inszenieren«, heißt es beifallspendend aus Kreisen der Journalie. Seltsam, wenn Anerkennung ausgerechnet vonseiten derer kommt, die dafür missbraucht werden. Achtung und nicht mitmachen wären die angebrachten Reaktionen auf politische Propaganda. Trugbilder für die Öffentlichkeit entwerfen ist keine staatliche Aufgabe und hat genauso wenig mit Leistung oder politischer Qualität zu tun. Das weiß die Bevölkerung und so sinkt die Duldungsschwelle für diese Art der Inszenierung kontinuierlich. Die Menschen möchten ernst genommen werden und sehen, dass aufrichtige und bemühte Parlamentarier ihren gut dotierten Job tun. Beratungsdienstleister sind noch auf einem anderen Feld aktiv. Sie organisieren den hart umkämpften Markt der Talkshows. Dieses Metier, das wirkungsvollste aller Staatsbühnen, liefert zugleich ein ansehnliches Zubrot für politische Hochkaräter. Ihre Marketingspezialisten müssen die Fernsehpopularität organisieren und entsprechende Sendungen selektieren. Oberstes Auswahlkriterium: so wenig wie möglich kritische Fragerei. Außerordentlich beliebt die Formate der »leichten Unterhaltung« mit Homestorys und netten Geschichten aus dem Leben ihrer Klienten. Sendungen zur Steigerung der Sympathiewerte.

Reden leicht gemacht

Gegenwärtig gibt es unter Politikerinnen und Politikern wohl niemand, der sich ohne Rhetorikkurs an die Öffentlichkeit wagt. Zur Standard-Disziplin gehört auch die Arbeit mit Videorekordern oder digitalen Bildträgern. Feilen am »Auftritt«, um beim Volk gut rüberzukommen. Inhalte vermitteln solche Trainingslager freilich nicht. Immer wieder irritieren den Bürger die wohltönenden und unbestimmten Wortkombinationen der Parlamentarier. Ein altgedienter SPD-Politiker erklärt uns diese Art der Sprache: Sie sei beliebt geworden, meint Erhard Eppler, um sich nicht festlegen zu müssen. Zwar nichts Neues, aber es werde immer mehr perfektioniert. Der sozialdemokratische Vordenker sieht darin den Versuch, sich der Verantwortung zu entziehen, und wörtlich: »Man sagt nicht mehr *die Versorgung*, sondern *die Versorgungslage*. Für Versorgung ist jemand zuständig, für die Versorgungslage ist eigentlich niemand zuständig.«
Ein weiteres Sprachproblem: Aussagen deutscher Politiker bestehen größtenteils aus Phrasen. Gelegentlich eindrucksvoll, doch stets vage formuliert. Vorteil: Floskel-Rhetorik lässt sich auf die jeweilige Zuhörerschaft oder auf die jeweilige Thematik durch den Austausch weniger Textbausteine anpassen. Oft tritt auch eine beträchtliche Diskrepanz zwischen spontanen Äußerungen und einer vorbereiteten Rede zutage. Bayerns Ex-Ministerpräsident Edmund Stoiber »der« Paradefall. In Interviews fiel er regelmäßig durch eine mehr oder minder unerträgliche Stammelei auf. In Reden, wie anlässlich des Passauer Aschermittwochs, begeisterte er hingegen im flüssigen Deutsch seine Anhänger. Was macht den kleinen Unterschied? Politiker haben Redenschreiber, auch Ghostwriter genannt. Diese Wortkünstler, sofern gut, sind so selten wie teuer und müssen mit einem ganz persönlichen Fluch leben: Niemand kennt sie, ein Dasein im Verborgenen und obendrein schmücken sich andere mit ihrer Arbeit – die staatliche »Elite«.

Einen Tag nach dem Anschlag auf New Yorks »Twin Towers« sprach Kanzler Gerhard Schröder vor dem Deutschen Bundestag: »Noch heute sind wir fassungslos, angesichts eines nie da gewesenen Terroranschlags auf das, was unsere Welt im Innersten zusammenhält.«[212] Wer dachte es nicht? Worte aus der Gefühlswelt eines tief erschütterten Kanzlers. Doch es war »nur« von routinierten Redenschreiberlingen ausgetüftelt und zudem abgekupfert. »Was die Welt im Innersten zusammenhält« ist ein Zitat aus Goethes Faust. Schröder präsentierte sich in der Rolle als Staatsmann von Welt. Der damalige Oppositionsredner der christlichen Parteien Friedrich Merz ließ sich eine menschlich-religiöse Geste vorschreiben: »Wir beten für die Opfer, für ihre Angehörigen und für das ganze amerikanische Volk. Jeder parteipolitische Streit hat in unserem Land jetzt zurückzustehen.«[213] Schön gesagt! Wenige Wochen später tobte das Gezänke beider Lager über die Konsequenzen des Anschlags. Thema: Ja oder Nein zur Beteiligung am Krieg der USA gegen das irakische Volk. Glück für Deutschland, die Unions-Parteien waren nicht in Regierungsverantwortung. Ausgerechnet sie, die »Christlichen«, präsentierten sich als Willige für George W. Bushs verbrecherischen Feldzug.

Zurück zur Sprache der Polit-Profis. Sie ist häufig geschliffen und flüssig, mit Klugheit oder der Eignung, unser Land nach vorne zu bringen, hat dies nichts zu tun. Abgesehen davon, dass sich das rhetorische Urheberrecht dem Zuhörer nicht erschließt, klaffen zwischen Worten und Taten Welten. Dies nährt den Verdacht, dass sprachlich Gewandte nach oben kommen, nicht aber die, die etwas leisten. Gerade in unserer Medien-Demokratie, sollten wir Bürger besonders wachsam sein. Bloß nicht Opfer ausgetüftelter Sprüche oder wohlfeiler PR-Aktionen werden. Unwichtig ist, was jemand sagt oder zu welcher Inszenierung er fähig ist. Einziger Maßstab ist sein Tun.

Ob uns die derzeit amtierenden Politfiguren weiterhelfen? Sie reden viel, tun wenig, sind macht- und karrierebesessene Menschen. Ein Verdacht drängt sich auf: Möglicherweise bräuchte unser Land völlig andere »Typinnen« und »Typen«. Etwa farblose, ganz Bescheidene, ohne Nebenjobs, parteilos, redeungewandt und von einer Kamera-Allergie befallen. Ersatzweise vom unbändigen Willen beseelt, im stillen Kämmerlein emsig und fleißig an einer gerechten und solidarischen Erneuerung Deutschlands zu arbeiten. Gedeckt ist diese Wunschvorstellung durch eine überall zu besichtigende »Erfahrungswissenschaft«: Fast nie sind jene die wahren Leistungsträger, denen man eine »große Klappe« nachsagt. Auch die parlamentarische Praxis bestätigt das Verlangen nach neuen »Politikarbeitern«. In einem Mediengespräch stand die Frage im Raum, ob der heutige Politiker noch am Schreibtisch sitzt, dort an Problemen arbeitet und sich neue Visionen ausdenkt. Erwin Teufel, ehemaliger baden-württembergischer CDU-Landeschef, widersprach einer solchen Vorstellung: »Er sitzt gar nicht am Schreibtisch, sondern er sitzt überhaupt nur in Sitzungen oder am Besprechungstisch. Das ist ja das Unglück! Am meisten kommt heraus fürs Land, wenn ich mal an *einem Tag* am Schreibtisch sitze und nachdenke.«[214] Fazit: Politik denkt zu wenig und hat sich von den eigentlichen Aufgaben abgekehrt. Nichts als ein Zirkus, der sich um sich selbst dreht.

Faul oder überarbeitet – was sind Vorurteile?

Die Fahrbereitschaft des Bundestages ist kostspielig und die vielen teuren Limousinen schön und bequem. Ähnlich kostspielig und bequem unsere Parlamentarier, die den gebührenfreien Service gerne überstrapazieren. Die mehr als 600 Abgeordneten des Reichstages können diese Annehmlichkeit beispielsweise für den Einkauf quer durch Berlin nutzen. Ein Großteil dieser Fahrten wäre geradezu prädestiniert, sich zur Entlastung der Staatskasse die Würdenträger-Füße zu vertreten. Ex-Bundestagspräsidentin Rita Süssmuth (CDU) wurde von Journalisten angesprochen, als sie sich in ein 50 Meter entferntes Café kutschieren ließ. Die Ertappte war äußerst genervt, wie es jemand wagen konnte, kritisch nachzufragen. Ähnliche Allüren bei Claudia Roth, dem Schrecken aller Talkshows. Auch sie mit einer ausgeprägten Schwäche für »Kurzsonderfahrten« und deshalb mit ähnlichen Fragen konfrontiert. Die Grüne, deren Partei den Autofahrern das Autofahren am liebsten verboten hätte, reagierte ungehalten. Am Ende standen Beschimpfungen gegen das um Aufklärung bemühte RTL-Reporterteam: »Eine Unverschämtheit, was Sie machen!«[215] Beide Damen verkannten offensichtlich die Sachlage: Sie waren es, die die Umwelt samt Staatskasse schädigten.

Was ist dran am Gerücht, Politiker hätten einen 14- bis 18-Stundentag? Mag für den einen oder anderen stimmen, doch gewiss nicht, um die Interessen der Bürger zu vertreten. Die Liste artfremder Mühen ist lang. Das übliche Parteiengezänk nimmt ähnlich viel Raum ein wie interne Machtspiele und Machtkämpfe. Politik, sagt man, wäre eine Ausprägung von Feindschaften. Laut einer Redensart sei die Steigerung von Todfeind sogar Parteifreund. Viel Zeit raubt auch die Aufarbeitung regelmäßiger Polit-Skandale. Unsinnige Untersuchungsausschüsse zur Aufklärung eigenen Fehlverhaltens kommen hinzu. Ausnahmslos Beschäftigungen mit sich selbst! Dazu Deutschlands Dauerwahlkampf: einmal für Europa, dann im Bund, permanent in einem der 16 Länder und zwischendurch auf kommunaler Ebene. Devise: Nach der Wahl ist vor der Wahl. Begleitet wird alles von der allgegenwärtigen

Medien-Tingelei: Pressekonferenzen, Interviews für Zeitungen, Rundfunk, TV, Home-Storys und das Bedienen der Yellow Press. Eine Einweihung hier. Eine Grundsteinlegung dort. Regelmäßige Essen allenthalben. Durchweg Aktivitäten zur Parteienvermarktung und Selbstdarstellung. Ein weiterer Wirkungskreis: Fußball ist Volkssport. Deshalb profilieren und sonnen sich unsere »Volkspolitiker« besonders gern im Lichte der Stars. Auch dann, wenn sie persönlich lieber Golf spielen. Weniger aus sportlichem Interesse sitzen sie in VIP-Logen, sondern verstärkt in vereinsinterner Funktion. Vorreiter war Gerhard Mayer-Vorfelder (CDU). Seine Person stets skandalumwittert und als Kultus- und Finanzminister von Baden-Württemberg eine relativ missglückte Personalie. Lange Zeit war »MV« Minister und gleichzeitig Präsident des Bundesligaklubs VfB Stuttgart. Um es abzukürzen, heute gibt es kaum noch Fußballclubs ohne Politiker in den eigenen Reihen. Bezeichnend: Selbst der Deutsche Fußball-Bund (DFB) ist an der Spitze komplett von einer politischen Altherrenriege »unterwandert«.

Zur Betriebsamkeit im privaten »Nebenher« addieren sich die schon eingangs erwähnten Bakschisch-Jobs in solventen Wirtschaftsunternehmen. Greifen wir uns den ehemaligen Bundesminister für Forschung und Technologie Heinz Riesenhuber (CDU) heraus. Stand 2009: Neben der Beteiligung an *einer* Unternehmensberatung *neun* weitere Tätigkeiten in anderen Betrieben. Gleichzeitig saß er *siebenmal* im Aufsichtsrat, *dreimal* im Beirat, *zweimal* im Verwaltungsrat und *dreimal* in Vereinen, Verbänden und Stiftungen.[216] Macht 25 Funktionen neben seinem Mandat für den zu diesem Zeitpunkt 73-Jährigen. Vielleicht nicht durchgängig so umfangreich, aber ähnlich sieht es bei den meisten Abgeordneten des Deutschen Bundestages aus. Fachleute haben eine klare Meinung über das Beschäftigungsprogramm »Riesenhuber« oder das von gleichgesinnten Abgeordneten: Allein die außerparlamentarischen Fremdtätigkeiten sind in einem Jahr kaum oder gar nicht zu schaffen. Das heißt, für viele Zusatzeinkommen wird eine geringe oder keine Gegenleistung in Form von Arbeit erwartet. Politiker dienen als Lobbyvertretung in den gesetzgebenden Verfahren. Legale Korruption! Bei Geldgebern, die tatsächlich Leistung verlangen, lässt sich das verbleibende Zeitbudget für den Fulltimejob »politisches Mandat« erahnen: wohl kaum mehr als für ein belangloses Hobby. Die Richtigkeit dieser Rechnung bestätigt der bündnisgrüne Volker Beck gegenüber Financial Times Deutschland: »Für manche Abgeordnete im Deutschen Bundestag ist das Mandat die Nebenbeschäftigung.«[217] Konsequenz: Transparenz hilft nicht weiter. Verbot statt Offenlegung von Nebenjobs.

Berauscht fürs Vaterland

Überlastung, woher sie auch kommen mag, gelegentlich tut Entspannung not. Regiert deshalb die Staatsdroge Nummer eins auch in den bundesrepublikanischen Parlamenten mit? Joschka Fischer über den Deutschen Bundestag: »*Eine unglaubliche Alkoholiker-Versammlung, die teilweise ganz ordinär nach Schnaps stinkt.*«[218] Wie viele Abgeordnete letztlich kein Problem mit Alkohol haben – aber ohne –, lässt sich nur schwer quantifizieren. Unerheblich ist die Frage nicht. Jürgen Leinemann, ausgewiesener Kenner der Machtszenerie, beschreibt in seinem Buch »Höhenrausch« die Verhältnisse recht detailliert. Beruhigend sind seine Erlebnisschilderungen keineswegs. Denken Sie, nun ja, unsere »Volksvertreter« trinken halt wie der schluckende Normalbürger auch. Mag sein, aber Politiker entscheiden über unser Land.

Was halten Sie davon, wenn Parlamentarier wie Michael Glos sich in aller Herrgottsfrühe einen hinter die Binde gießen, bevor sie die morgendliche Bundestagsdebatte eröffnen? Eine Flasche Sekt köpfte der Wirtschaftsminister, dem böse Zungen nachsagen, man müsse ihn nicht parodieren, sondern könne direkt lachen. Zu angriffslustig und aufgedreht wirkte der CSU-Politiker bei seiner Rede und wurde dadurch auffällig. »Ich hab zum Frühstück zwei Gläser getrunken«[219], bekannte Glos. Gut, kein dramatischer Fall, sollte es auch die ganze Flasche gewesen sein. Aber dafür wird es jetzt umso skurriler: Die Abgeordneten im Rechtsausschuss des Bundestages bemühten sich, unter hohem persönlichen Einsatz »rein dienstlich« neue Alkohol-Messgeräte zu testen. »Zum Wohle des Volkes« wollte man sich ganz offiziell betrinken. Die Eigenversuchsabsichten eskalierten gar in einen handfesten parlamentarischen Streit. Selbst über ein Verbot versuchten sich die Ausschussmitglieder hinwegzusetzen. Erst in allerletzter Minute konnte der fidele Umtrunk gestoppt werden. Die späte Einsicht: »Der Test schadet dem Ansehen des Bundestages.«[220] Leider kommen Politiker nicht auf die Idee, anderweitige Beschlüsse an sich zu erproben: zum Beispiel den Abbau des Kündigungsschutzes. Die Kürzung der Lohnfortzahlung. Abschläge in der Altersversorgung und Ähnliches. Süffisant wäre auch das Experiment einer Green Card für den Import tüchtiger Politiker aus dem Ausland.

Unvergesslich sind die Auftritte des FDP-Bundestagsabgeordneten Detlef Kleinert. Der Hannoversche Schluckspecht schämte sich seiner Alkoholexzesse nicht, sondern ging »offensiv« damit um. In schöner Regelmäßigkeit wankte er volltrunken durch den Bundestag. Anstatt unserem Land die Blamage zu ersparen, wurde dem Trinker immer wieder

Redezeit eingeräumt. Kleinert im »randvollen« Zustand, ein Garant für brodelnde Karnevalsstimmung im Bundestag. *Einer seiner Auftritte*: Der Abgeordnete war nur mit Müh und Not in der Lage, sich am Rednerpult des Plenarsaales auf den Beinen zu halten. Wegen der auf Papier schwer darstellbaren Aussprache hier im lallbereinigten Originalton: »Im Hinblick darauf, dass die Aufnahmefähigkeit (grölendes Gelächter und Applaus) eines Teils der Mitglieder des Hauses offenbar nachhaltig eingeschränkt ist (grölendes Gelächter), bin ich durchaus der Meinung, dass wir eine Unterhaltung über die rechts- und innenpolitischen Fragen, die hier entschieden werden müssen, bei nächster Gelegenheit in einer etwas verständlicheren Atmosphäre fortsetzen sollten (grölendes Gelächter).«[221] Bombenstimmung im Parlament, nur leider völlig unangebracht. Jedem Bürger muss angst und bange werden, wenn aus einem solch berauschten Dunstkreis heraus über rechts- und innenpolitischen Fragen entschieden wird.

Kaum weniger blamabel Angelika Beer in der Rolle als Grünen-Chefin. Der Fernsehtalk unter ihrer Beteiligung geriet beim Nachrichtensender N-TV zur medialen Peinlichkeit. Die Parteivorsitzende konnte Zunge, Gedanken und Bewegungen nur mühsam koordinieren. Die Grüne war blau! Zeugenberichten zufolge spülte Beer nach der Sendung den mehr als unangenehmen Auftritt mit Weißwein nach und entzog sich geflissentlich den Fragen der Presse. Der N-TV-Geschäftsführer Helmut Brandstätter etwas ratlos: »Wir können doch keine Alkoholtests machen. Jeder ist für sich selbst verantwortlich.«[222] Vielleicht hätte sich die Vorsitzende der Bündnisgrünen ein ungeprüftes Alkohol-Messgerät des Rechtsausschusses borgen sollen. Doch Mitgefühl und sozialen Beistand benötigt Angelika Beer nicht: Wie eben üblich, wurde sie ins Europa-Parlament abgeschoben, sprich finanziell »hochgehoben«.

Wer unserer Mandatsträger in die Liga der Hardcore-Zecher gehört, lässt sich nur schwer ermitteln. Wie alle Trinker wissen auch Polit-Profis ihren Alkoholkonsum gut zu verstecken. Der seit über drei Jahrzehnten aktive Bundestagswirt Osvaldo Cempellin, von allen »Ossi« genannt, wüsste sicherlich mehr. So wie andere Tresensteher auch, hört und erlebt er mehr, als der innovativste Journalist je in Erfahrung bringen könnte. Doch »Ossi« ist ein Vertrauter. Er schweigt! Und wer sich derart zurückhaltend fürs Vaterland einsetzt, hat eine hohe Auszeichnung verdient. Dem Barkeeper wurde 2003 das Bundesverdienstkreuz verliehen. Der mündige Wahlbürger hat sicher »vollstes« Verständnis für die Parlamentarische Gesellschaft. In diesem Sinne – Nastrovje Deutschland!

Wurzeln der Unfähigkeit

Tagtäglich liefert die herrschende Klasse den anschaulichen Beweis: Wir bekommen einfach nicht die Politiker, die wir bräuchten. »Volksvertreter« aller etablierten Parteien demonstrieren uns eines: Sie können es nicht! Selbst einfachste Dinge, die bereits Erstklässler hinbekommen, werden zum unlösbaren Staatsproblem. Ab 1969 und damit seit geschlagenen 40 Jahren geben die Gewählten der Bundesrepublik Jahr für Jahr mehr Geld aus, als sie einnehmen. Hemmungslos in den Hochschuldenstaat! Erst nach fast vier Jahrzehnten kehrte insoweit Vernunft ein, dass ein ausgeglichener Haushalt *thematisiert* ist. Über die Tilgung des angehäuften Billionendefizits ist aber nach wie vor kein Sterbenswörtchen zu hören. Deutschland in der Schuldenfalle! Wieder eine Finanzblase, die mit lautem Knall zerplatzt?

Beinahe scheint es so, als befördere das politische System bevorzugt Unfähige an die Spitze des Gemeinwesens. Mit Blick auf die zentrale Folgerung aus dem sogenannten »Peter-Prinzip« scheint dieses Muster durchaus schlüssig: *»In einer Hierarchie neigt jeder Beschäftigte dazu, bis zu seiner Stufe der Unfähigkeit aufzusteigen.«*[223] Diese These ist nach seinem Erfinder Laurence J. Peter benannt. Seine Betrachtung ist eine analytische Diagnose über Gesetzmäßigkeiten der Unfähigkeit im öffentlichen Leben und im Beruf. Inkompetenz zeigt sich nach seinen Beobachtungen besonders ausgeprägt in hierarchischen Organisationen mit genügend Aufstiegsmöglichkeiten (Peter nennt sie Rangstufen). Die dafür »gedeihlichen« Strukturen finden wir in Parteien und im gesamten politischen Gefüge geradezu in Reinkultur. Mit eigenen Worten und verkürzt dargestellt zwei der wichtigsten Phänomene, die Peter beschreibt: Wer eine Position qualifiziert ausfüllt, ist befähigt zum Aufstieg in die nächsthöhere Stellung. Auf dieser Grundlage wird der vermeintlich Tüchtige befördert. Dieses Ritual vollzieht sich so lange, bis jemand zwangsläufig eine Position erreicht, die ihn überfordert. Im Status der Überlastung scheidet ein weiterer Aufstieg aus. »Betroffene« verharren nun in Tätigkeiten, denen sie eigentlich nicht gewachsen sind. Peter folgert daraus: »Nach einer gewissen Zeit wird jede Position von einer Person besetzt, die unfähig ist, ihre Aufgaben zu erfüllen.« Die sogenannte »Stufe der Inkompetenz« ist erreicht. Peter nennt einfache Beispiele aus der Praxis: »Derjenige, der in einer Abteilung seine sachbezogenen Aufgaben bestens erfüllt, wird zum Abteilungsleiter befördert. Er versagt dort, weil er nicht in der Lage ist, Menschen zu führen.« Oder: »Ein Lehrer wird befördert, weil er ein besonders guter Pädagoge ist. Eines Tages wird er Schulrat. Hier versagt er, weil er zwar der gute Pädagoge, nicht aber der gute Verwaltungsmann ist.«

Eingebettet in dieses Verhaltensmuster, vollzieht sich in der untersten Keimzelle der Politik eine spezifische Misere. Solange das Wahlrecht nicht fundamental verändert wird, bestimmen Deutschlands Parteien in Alleinherrschaft über die Rekrutierung staatlicher »Eliten«. Leistungs- und Qualifikationskriterien spielen im Auswahlverfahren keine Rolle. Im Gegenteil, es findet eine Negativ-Auslese statt. Der Weg eines karrierewilligen Jungpolitikers beginnt mit der berüchtigten »Ochsentour« in den Ortsvereinen. Gelebte Konfrontation mit nahezu allen gängigen Klischees: Plakate kleben. Flugblätter verteilen. Unendliches Gerede in verrauchten Hinterzimmern mit reichlich Alkohol. Wahlkämpfe am Info-Stand und sich dabei die Füße platttreten. Im Regen vor Supermärkten herumlungern. Menschen auf der Straße anquatschen, die nicht zuhören wollen. Kindern Luftballons aufblasen. Erwachsenen Freibier ausschenken. Mit wenigen Ausnahmen verläuft das Leben künftiger Spitzenpolitiker für etwa ein Jahrzehnt innerhalb dieser Rahmenbedingungen. Der sogenannte »Schweinezyklus«. Diese lokale Ebene ist die Grundausbildung für gefügige Parteisoldaten mit persönlichkeitsbeugendem Charakter. Wer weiterkommen will, darf gerne eine eigene Meinung haben, sollte sie aber tunlichst nicht äußern. Oberste Maxime: sagen, was die kommunalen Funktionärsfürsten hören wollen und die Parteilinie vorgibt. Noch einmal Laurence J. Peter. In seiner »Umkehrung« beschreibt er eine vergleichbare Konstellation: »Arbeitet der Mitarbeiter korrekt, gehorcht immer und entscheidet nie, so gilt er als befähigt, weil die Zusammenarbeit mit ihm klappt, unabhängig davon, ob er effektiv etwas leistet.«[224] Peter nennt es auch »Inversion«, da sich das Verhältnis zwischen Mittel und Zweck umkehrt. Dieser Mechanismus lässt sich überall dort beobachten, wo nicht Außenstehende (hier: die Wähler), sondern Vorgesetzte (hier: die Parteioberen) über das berufliche Weiterkommen entscheiden. Die »Ochsentour« als politischer Einstieg trennt von Beginn an die Spreu vom Weizen. Allerdings im denkbar ungünstigsten Sinne. Zeitreiche und immobile (ortsgebundene) Ja-Sager haben im geschlossenen Parteienclub beste Chancen. Merkmale, die nicht unbedingt für kreative, leistungsfähige und weltoffene junge Leute stehen. Welcher strebsame Berufseinsteiger verfügt schon über Luxusfreizeit, um sich nebenher für eine Partei auf geforderte Weise abzuplacken? Welcher intelligente Mensch mit Rückgrat lässt sich in seiner Meinung verbiegen und zum Abnicker umerziehen? Anspruchsvolle Anwärter schreckt der Ausleseprozess genauso ab wie Leistungs- und verantwortungsbewusste Menschen mit Ideen, Idealen und Visionen. Wie verquast die Parlamentarische Gesellschaft ist, bewies schon der spöttelnde Altkanzler Helmut Schmidt mit seinem legendären Satz: »Wer Visionen hat, soll zum Arzt gehen.« Umkehrschluss: Fantasielose treffen sich in der Politik. Deutschland fehlen heute dringend »Typen« mit Schmidts verschmähter Eigenschaft. Von Quereinsteigern könnten solche Impulse ausgehen. Doch die politische Clique schottet sich hermetisch von Ungelernten ohne Stallgeruch ab. Die Gründe sind so einfach wie nachvollziehbar: Seiteneinsteiger nehmen Posten weg, die man selbst anstrebt. Deshalb ist und bleibt die Ochsentour mit dem Aufbau von parteiinternen Verbindungen und Seilschaften das A und O politischer Karrieren. Persönliche Nahtstellen und Netzwerke entscheiden darüber, wer für ein kommunales Mandat aufgestellt wird oder nicht. Beiläufig lernen die Jungakteure, sich mit dem ökonomischen Einfluss von Unternehmen und Verbänden zu arrangieren. Bereits auf den untersten Polit-Ebenen heißt eine der wichtigsten Lektionen: Firmenvertreter statt Volksvertreter! Gelehrige »Schüler« wissen schnell, wie der Hase im System läuft: Devote Mitmacher können mit ganz persönlichen Vorteilen innerhalb und außerhalb der Partei rechnen.

Sucht statt Bürgerwohl – die bizarre Welt »da oben«

Viele Menschen reiben sich verdutzt die Augen: Weshalb sind sich Politiker parteiübergreifend so ähnlich? Fast immer setzen sich die geschmeidigen, angepassten Biederfrauen und Biedermänner durch. Etablierte Parteien spülen genau »diese Sorte« der glatt gebügelten und fraktionsdisziplinierten Politiker nach oben. Eine seltsame Mischung aus Lebensferne, mit der Neigung, rückwärtsgewandt die einfachsten Dinge zu verkomplizieren. Noch einmal aus dem Buch »Höhenrausch« von Jürgen Leinemann: »Politiker tun sich schwer im richtigen Leben. Nicht nur haben sie Schwierigkeiten es zu bewältigen, es macht ihnen schon Mühe, es überhaupt zu erkennen.«[225] Doch wehe diese Konformisten bekommen Macht in die Hände. Unversehens mutieren sie zu selbstverliebten Bescheidwissern und Wichtigtuern mit einem ausgeprägten Hang zum Größenwahn. Für Bildungshungrige ist Berlin in dieser Hinsicht eine Reise wert. Inmitten der Hauptstadt lässt sich der Inbegriff politischer Selbstüberschätzung besichtigen: mehr als 500 Mitarbeiter, 370 Büros mit Salons und Konferenzsälen, 13 Wintergärten, alles auf 12.000 Quadratmetern. Die winzige Bundesrepublik leistet sich den größten Regierungssitz der Welt![226] Protziger als die Residenz der Weltmacht USA, Frankreich und England zusammen. Dieses gigantische Kanzleramt steht im krassen Gegensatz zu den Leistungen innerhalb des Anwesens.

Seit geraumer Zeit macht sich eine neue Fraktion auf staatlichen Bühnen breit: Es zieht die Falschen in die Parlamente! Jene, die der hohen Bezüge wegen den Volksvertreterjob als Möglichkeit begreifen, finanziell in gehobene Sphären vorzustoßen. Karrieretyp Berufspolitiker! Eine Spezies, die möglichst auf Dauer gut davon existieren will. Der Einzug in den Bundestag gewissermaßen als Hauptgewinn und Jackpot des Lebens. Für die »New Generation« ist es normal, sich allmorgendlich eigenartige Fragen zu stellen: Stehe ich in der Zeitung? Wie komme ich ins Fernsehen? Menschen neigen generell dazu, sich gerne auf der Mattscheibe zu sehen. Auf Politiker übt dieses Medium eine besondere Anziehungskraft aus. Wer den Sprung in die schöne TV-Welt schafft, ist prominent und kann sich politisch ganz nach vorne katapultieren. Schuld an dieser Entwicklung ist der irreal erzeugte Hype um Spitzenpolitiker. Viel Wind um fast nichts, doch wenigstens auf dem Status von Popstars. Dieser Kult ist ein kolossaler Anreiz für selbstverliebte Karrieristen. Ohne als Leistungsträger aufzufallen, überwiegt in ihnen die Sehnsucht nach Schlagzeilen. Bestes Beispiel sind die bereits im vorherigen Kapitel angesprochenen Philipp Mißfelder und Katherina Reiche. Zur Tatzeit zwei unbekannte »Milchgesichter« der Union. Hand in Hand kritisierten sie die »Spitzenversorgung der Alten«. Ziel ihrer Kriegsführung: Deutschlands Eltern und Großeltern mögen tunlichst auf ein künstliches Hüftgelenk verzichten. Beide Rüpelpolitiker genießen seither hohen Bekanntheitsgrad. Für sie zog Altersrassismus gepaart mit einer Portion Menschenverachtung eine handfeste Belohnung nach sich. Reiche wurde zur stellvertretenden Vorsitzenden der CDU/CSU-Fraktion befördert. Mißfelder in den Bundestag gehievt und seither kaum mehr aus der Talkshow-Szene wegzudenken. Und da der Erfolg jedes Mittel heiligt, pöbelte sich Mißfelder weiter in die Schlagzeilen. »Die Erhöhung von Hartz IV [monatlich sechs Euro] war ein Anschub für die Tabak- und Spirituosenindustrie«[227], sonderte der Wiederholungstäter ausgerechnet im Rahmen eines *Frühschoppens (!)* ab. Das ist das Holz, aus dem die »neuen Politiker« geschnitzt sind. Leitdenken: Egal wie, ran an die Macht. Sollten die Jungpolitiker Reiche und Mißfelder keine größeren Fehler begehen, werden sie es wohl weit bringen. Leider! Außer wir Bürger wehren uns, soweit wir können.

Für viele berufliche »Am-Volk-Verdiener« gerät der politische Betrieb zum einzigen Lebensinhalt – einschließlich Freundeskreis. Kontakte nur mehr im inzestuösen Untereinander. Ohne je mit der eigenen Hände Arbeit Geld erwirtschaftet zu haben, führt ihr Weg direkt in die glitzernde Promi-Scheinwelt. Paradebeispiel ist der eben genannte Herr Mißfelder: bis 28 Jahre Student, dann Bundestag. Unter »normalen« Umständen wird er ein Leben lang nichts anderes mehr machen als Politik. Emporkömmlinge ohne Umschweife vom Kindergarten in die Parlamente. Kenntnisse über Lebensmittelpreise sind in der kinohaften VIP-Gesellschaft nicht mehr erforderlich. Kritiker sagen, viele seien zu keiner anderen Tätigkeit (mehr) fähig. Heide Simonis, SPD, bestätigte diese These: »Ich konnte ja nur Politikerin werden. Was hätte ich denn werden sollen? Es gab ja nur ein Betätigungsfeld auf Gottes Welt, auf dem man öffentlich streiten darf. Wo Aggressivität als eine Tugend betrachtet wird.«[228] Immerhin genügte Frau Simonis die Qualifikation Streitlust, um zwölf Jahre Ministerpräsidentin von Schleswig-Holstein zu sein. Glückwunsch! Ohne Perspektive das Beste draus gemacht. Symptomatisch ihr Abgang inklusive Selbstdemontage. Die »Ratsherrin von Kiel« krallte sich bis zum politisch allerletzten Atemzug an ihren Regierungsjob. Ein Verhalten, das der Beamtentochter den »Künstlernamen« Pattex-Heide einbrachte. In einem Interview sprach Simonis davon, dass sie depressiv reagiere, falls sie »auf fünf Schritte keiner erkennt«. Ein weiterer Punkt im klebrigen Kampf um die Macht ist der »*Reiz der Droge Politik*«, wie sie es formulierte. Kein unbekanntes Phänomen. Politiker ziehen suchtähnliche Glücksgefühle aus der Gruppe, aus ihrer Arbeit. Und wer von Sucht redet, spricht im gleichen Atemzug von Realitätsverlust. Wie aus dem »Lehrbuch« lesen sich die gängigen Beteuerungen unserer Machthaber: Sie könnten jederzeit von ihren Ämtern lassen, ohne Probleme aufhören und was anderes tun. Da sie aber so gut wie nie danach handeln, legen sie das altbekannte Verhalten Suchtkranker an den Tag. Auch sie bilden sich ein, jederzeit ohne Alkohol, ohne Zigaretten oder sonstigen Drogen auskommen zu können. Wie man weiß – Selbstbetrug. Der politische »Drogentrend« hat sich Szeneninformationen zufolge gerade in den letzten Jahren deutlich verschärft. Damit ist die allerorts verbreitete Zähigkeit erklärt, sich an Posten und Macht zu klammern, bis man aus dem Amt getragen wird.

Im gesamten politischen Geschäft ist eine weitere Schwachstelle allgegenwärtig: Es fehlt an Übereinstimmung von Denken, Reden und Handeln. Diese Diskrepanz tritt etwa in parlamentarischen Abstimmungsverfahren zutage. Wer nicht »pariert«, sondern seinem Gewissen folgt, wird als »Abweichler« stigmatisiert und muss mit dem Verlust seines Mandats rechnen. Offener Verfassungsbruch gegen Artikel 38 des Grundgesetzes, der da lautet: Bundestagsabgeordnete sind »Vertreter des ganzen Volkes, an Aufträge und Weisungen nicht gebunden und nur ihrem Gewissen unterworfen«. Wer seinen Amtseid dem Gruppenzwang opfert, steht parteiintern prima da! Der Verfassungstreue schlecht! Rechtsstaatlichkeit auf den Kopf gestellt und mit einer Demokratie unvereinbar. Dieser Bereich ist nur ein Puzzle aus vielen im Vertrauensschwund und in der Entfremdung des Parlamentarismus. Ein anderer Punkt ist die permanent gespielte Selbstsicherheit politischer

Meinungsführer. Nicol Ljubic, der in die SPD eintrat und darüber ein Buch schrieb: »Ich bin zu dem Schluss gekommen, dass Politiker all das nicht verkörpern, was mir wichtig ist an Menschen, die ich mag: Unsicherheiten, Ängste, manchmal Zweifel zu haben – das macht mir Menschen sympathisch. Und ich glaube, das können Spitzenpolitiker nicht, wollen es nicht.«[229]

Aus allem addiert sich eine tiefe Beziehungskrise zwischen den Bürgern und ihren Vertretern. Eine gefährliche Gemengelage und explosives Gemisch. Die politische Klasse glaubt immer noch, es ginge um Machtkonstellationen und Vorteile für die eine oder andere Partei. Eine überlebte Romantik! Längst lehnt eine schweigende Mehrheit die jetzige Form der Demokratie ab. Politiker- und Demokratieverdrossenheit ist der Ausdruck einer breiten Opposition gegen das traditionelle Parteiengefüge. Die Menschen erleben tagtäglich ein System, das ihre Anliegen und Bedürfnisse nicht mehr berücksichtigt und sie politisch entmündigt. Laut einer aktuellen Forsa-Umfrage glauben 82 Prozent der Gesamtbevölkerung, dass »auf die Interessen des Volkes keine Rücksicht« genommen wird.[230] In Ostdeutschland sogar 90 Prozent. **Politischer Totalschaden!**

Parteien – Gift der Demokratie

Ein Blick in die Geschichtsbücher lehrt: Hitler und seine Parteischergen der Nationalsozialistischen Deutschen Arbeiterpartei (NSDAP) ließen sich fleißig von der Industrie unterstützen. Auf diese Weise bemächtigten sie sich Stück für Stück des damaligen Deutschlands. Aus den schlechten Erfahrungen der Vergangenheit versuchten die Verfassungsgeber unserer heutigen Republik zu lernen. Sie verpflichteten die Parteien zur Auskunft darüber, woher sie ihre Gelder bekommen. Natürlich konnte niemand ahnen, dass es einmal einen Bundeskanzler Helmut Kohl geben sollte, der, im Spendensumpf verstrickt, selbst diese Auskunft folgenlos verweigern würde. Ansonsten ging man arglos davon aus, dass sich Parteien selbst finanzieren – schließlich sollten sie vom Staat unabhängig sein. »Verschwitzt« wurde, dieses Wunschdenken in bindende Gesetze zu gießen. So konnten Deutschlands düstere Geschichte und die gut gemeinten Vorsätze schnell ad acta gelegt werden. Von einer Selbstfinanzierung der Parteien kann heute keine Rede mehr sein. Schier unerschöpfliche staatliche Subventionen sind das eine Standbein. Sprudelnde Spenden sowie Kapital- und Vermögenswerte das andere. Alles addiert, macht Deutschlands Parteien zu den reichsten der Welt! In der Kombination aus finanzieller und politischer Macht fielen obendrein alle wichtigen Schlüsselressorts der Republik in die Hände der Polit-Verbände. Hildegard Hamm-Brücher, angesehene »Grande Dame« der Politik, die nach über 50 Jahren Mitgliedschaft aus der FDP austrat, beschuldigte die Parteien der Machtbesessenheit. Sie spricht davon, dass in der Bundesrepublik die Staatsgewalt nicht, wie im Grundgesetz vorgeschrieben, vom Volke ausgehe, sondern von den Parteien. Außerdem wirft sie den Vereinigungen wörtlich vor, »... den Staat und das Volk als ihr Eigentum zu betrachten«.[231] Nochmals ein kurzer Blick zurück in die Welt unserer Verfassungsmacher von 1949. Seinerzeit konnte niemand eine Vorstellung von der heutigen Medienlandschaft haben. Das Kommunikations- und Informationsmittel Internet hielten nicht mal kühnste Visionäre für denkbar. Fernsehapparate gab es nur in Form abenteuerlicher Prototypen, die wohl eher als »des Teufels« betrachtet wurden. Folglich schrieben die Verfasser ins Grundgesetz Artikel 21: »Die Parteien wirken bei der politischen Willensbildung des Volkes mit.« Aus damaliger Sicht gut gemeint. Doch heute, im dritten Jahrtausend, bildet sich der emanzipierte Bürger seine Meinung über die Flut der Massenmedien lieber selbst. Zumal Parteien ganz besonders schlecht beurteilt werden. Parteienverdrossenheit hat Hochkonjunktur! Sogar der Begriff von den »bestgehassten Schädlingen« unserer Demokratie ist existent. Wusste Graf Otto von Bismarck, Gründer und erster Kanzler des Deutschen Reiches, bereits 1884 mehr, als wir heute wahrhaben wollen? Zitat: »Die politischen Parteien sind der Verderb unserer Verfassung und der Verderb unserer Zukunft.«[232]

Money, Money, Money

Im Stil von Hijackern haben sich vornehmlich unsere »Volksparteien« den Staat zur Beute gemacht. Wie schon bei Diäten und anderweitigen Politikerbezügen, beschließen sie auch in der Parteienfinanzierung höchstpersönlich darüber, wie viel sie bekommen. Der Bund der Steuerzahler beziffert die versteckten Subventionen – etwa an parteinahe Stiftungen – zusammen mit der direkten Staatsfinanzierung auf sage und schreibe 850 Millionen Euro pro Jahr.[233] Zwischendurch wird bei Europa-Wahlen mit mehr als 100 Millionen Euro kräftig Kasse gemacht. Die Parteien verfügen über ein immenses Kapitalvermögen. Letztlich dienen diese Mittel dem Zweck, sich im Staat breit zu machen. Geldverschwendung ist eine andere Konsequenz: Anlässlich Freiburger Kommunalwahlen konnte man weiße Plakate bestaunen, auf denen lediglich zu lesen stand: »Dies ist ein Wahlplakat.« Geld vergeuden allerorten: Das Thomas-Dehler-Haus der FDP wurde für 13 Millionen Euro in Bonn gebaut und gleichzeitig der Berlin-Umzug beschlossen. Doch mit dem tiefen Griff in des Bürgers Staatssäckel geben sich die Parteien und ihre Mitglieder keineswegs zufrieden. Wo der Bürger Landesbeteiligungen antrifft, dort auch profitable Nebenjobs: bei Messen, Banken, Krankenhäusern, Genossenschaften, Flughäfen oder Wohnbaugesellschaften. Überall haben Politiker ihre geldklebrigen Finger im Spiel. Eine in Hessen beliebte Versorgungsanstalt ist die Lotto-Verwaltung. Seit Jahrzehnten finden hier, vor allem SPD-Mitglieder, lukrative Jobs. Ähnliche Strukturen sind in der unionsnahen Konrad-Adenauer-Stiftung und der sozialdemokratischen Friedrich-Ebert-Stiftung anzutreffen. Einträchtig erfüllen diese Institutionen *zwei* Grundfunktionen: großzügige steuerliche Vorteile für Staats- und Spendengelder abkassieren und missliebig gewordene Politiker abfinden. Fällt ein Politiker in Ungnade, »kann dieser immer noch sicher sein, dass er zumindest Regionalbeauftragter einer Stiftung im hinteren Anatolien wird«[234], sagte der erfahrene Politikwissenschaftler Wilhelm Hennis.

Land im Würgegriff der Parteien

Es gibt kaum noch eine attraktive Anstellung im öffentlichen Dienst, die Geld oder Einfluss verspricht, ohne dass im Vergabeverfahren die Parteien mitwirken. Beispielsweise die kommunalen Schulausschüsse. Überall in Deutschland finden regelmäßige Zusammenkünfte statt. Zweck der Treffen: die Nominierung von Kandidaten für Führungspositionen in Gymnasien, Grund-, Haupt- und Realschulen. Aus einer westfälischen Stadt outete sich ein Ausschussmitglied öffentlich: »Ich weiß von Bewerbern, dass sie angesprochen wurden, ob sie nicht der SPD oder CDU beitreten wollten, weil das die Entscheidung der jeweiligen Politiker einfacher machen würde. Und da gibt es durchaus diejenigen, die in die Partei – die gerade aktuell war – eingetreten sind, obwohl sie vorher nie einer Partei angehörten. Die haben dann auch den Posten bekommen.« Frage eines Journalisten: »Erinnern Sie sich an Fälle im Vergabeverfahren, wo das Parteibuch keinerlei Rolle spielte?« »Keinerlei Rolle, das kann man so nicht sagen, weil alle Schulleiterposten fast ausschließlich an die beiden großen Parteien vergeben werden.«[235] Übertragbar ist dieses Herrschaftsmodell letztlich auf alle deutschen Städte.

Ein anderes Beschaffungsmuster aus Aachen: Wer dort das Licht anmachte, verzückte den Chef der Stadtwerke – ein SPD-Mitglied. Wer seinen Müll vor die Tür stellte, begegnete indirekt dem Chef der Müllabfuhr und dem Chef der Müllverbrennung – beide SPDler. Jeder, der mit dem Bus zur Arbeit fuhr, betrat ein Genossenvehikel – der Chef des öffentlichen Nahverkehrs war ein SPD-Patriot. Wer in Aachen unschuldig verhaftet wurde, hatte es dem SPD-Polizeipräsidenten zu verdanken. Doch der Wind hat sich gedreht. Bei den Kommunalwahlen 2009 wurde die CDU stärkste Partei. Das wird sich in den nächsten Jahren »auszahlen«. So fallen auch in anderen Städten lohnende Tätigkeiten mehrheitlich der CDU, woanders der SPD und in Bayern der CSU zu. Auf diese Weise haben sich die »Volksparteien« unser Land in aller Brüderlichkeit geteilt.

Öffentlich-rechtliche Rundfunkanstalten wurden ursprünglich gegründet, um Staatsferne zu garantieren. Sie sollten unabhängig, unbeeinflusst und politisch nicht regulierbar sein. Der ehemalige Journalist und Fernsehmoderator Erich Böhme, ein alter Fuchs im Mediengeschäft, beschreibt den wirklichen Alltag: »Der Intendant muss von der SPD sein, dann ist der Programmdirektor von der CDU. Dann ist der Chef-Redakteur natürlich von der SPD. Und dann kommt irgendein Abteilungsleiter, na ja, dann müssen wir einen von der FDP nehmen. Dann geht es wieder von vorne los.«[236]

Die politische Clique bedient sich sozusagen eines Reißverschlusssystems. Einer von hier, dann einer von dort, anschließend wieder einer von hier und wieder einer von dort. Im Normalfall geschieht alles im Verborgenen, fern der Öffentlichkeit. Aufgrund der Bedeutung einer neu zu besetzenden Stelle wurde eine derartige Kungelei einmal vor den Augen des Publikums ausgetragen. Beinahe ein geschlagenes Jahr dauerte das Geschacher um die Nachfolge des ZDF-Chefs Dieter Stolte. »Der Spiegel« überschrieb einen Artikel, der sich damit befasste, mit »Der Intendanten-Stadl«.[237] Es ging hoch her in der »staatsfreien« Anstalt. Vor allem Freundeskreise der Parteien nahmen unverblümt Einfluss auf die Geschehnisse. Groteske Wahlgänge, kombiniert mit einem bizarren Kandidaten-Roulette. Besonders dreist »Sozi« Wolfgang Clement, damals Ministerpräsident von Nordrhein-Westfalen. Er drohte tatsächlich mit Kündigung des ZDF-Staatsvertrages, falls die Kandidatenkür nicht nach seinen Vorstellungen verlaufe![238] Wer derart wild entschlossen politischen Einfluss ausübt, macht es kaum aus purer Sinneslust. Der Selbstzweck liegt auf der Hand: Mitbestimmung oder, weniger freundlich ausgedrückt, Interessenprogramme als Endziel. Offen spricht man heute davon, dass Fernsehen und Rundfunk fest in der Hand von Regierungen und Parteien sind. Nikolaus Brender, der Nachfolger von Dieter Stolte als ZDF-Chefredakteur, bestätigte derlei Interna. Nach seinen Worten halten sich die großen Parteien in einem Sender wie dem Zweiten Deutschen Fernsehen »inoffizielle Mitarbeiter, wirklich vergleichbar mit den IM der DDR«.[239] Credo: Auch das öffentlich-rechtliche System eine Beute der Parteien! An dieser Stelle meine persönliche Erfahrung als Veranstalter einer Demonstration. Der Protest richtete sich gegen skandalöse Zustände in deutschen Jugendämtern *(ein späteres Kapitel befasst sich damit)*. Vor Ort ein Kamerateam des ARD-Magazins »Report«. Der geplante Sendetermin und die Thematik standen fest und waren bereits in Programmzeitschriften ausgedruckt. Doch der Jugendamtsbericht wurde kurzfristig abgesetzt. Auf Nachfrage teilte die Redaktion mit: Der Beitrag sei »politisch nicht durchsetzbar«.

Die Journalistin und Autorin Gabriele Krone-Schmalz spricht von einer »Tyrannei der Parteien«. Die erfolgreichste deutsche Auslandskorrespondentin mit dem optischen Markenzeichen »Mecki-Haarschnitt« begründet dies unter anderem damit: »Wenn wir sie [die Parteien] so weiter behalten, wie sie zur Zeit sind, dann halte ich das für eine Gefahr für unsere Demokratie. Denn wir brechen täglich unser Grundgesetz. In Artikel 33 steht, dass öffentliche Ämter nach Eignung, Befähigung und fachlicher Leistung zu vergeben sind. Von Parteienproporz steht da nichts, gar nichts!« Weiter sagte Frau Krone-Schmalz: »Nach meinen Informationen sind drei Prozent der wahlberechtigten Bürger Parteimitglieder, das macht unterm Strich etwa 2 Millionen. Aber wenn Sie sich die Posten in mittleren und höheren Ebenen, in der Verwaltung und im öffentlichen Dienst ansehen, dann sind es schätzungsweise 98 Prozent.«[240] Die Macht der Parteien geht aber noch weit über die beschriebenen Bereiche hinaus. In der Spitze der Gewerkschaften sitzen etwa 90 Prozent SPD-Mitglieder. Unternehmerverbände werden von den Freidemokraten und Unionsparteien dominiert. Printmedien, Kultur, Sport, kirchliche Gremien, Universitäten und nicht zuletzt alle Bereiche des Rechts stehen unter massivem Einfluss der »Volksparteien«. *Mit den weitreichenden Folgen innerhalb der Justiz befasst sich das gleich anschließende Kapitel.* Christdemokrat Jürgen Rüttgers: »Ich glaube nicht, dass Parteien in allen gesellschaftlichen Bereichen ihre Finger drin haben müssen. In den letzten Jahren, Jahrzehnten, seit den siebziger Jahren, ist da was eingerissen, da waren wir alle daran beteiligt.«[241] Wie man hört, Selbsterkenntnis durchaus vorhanden, nur gibt es nicht den geringsten Hinweis auf Besserung. Im Gegenteil, die Pfründe werden stetig ausgebaut.

Volksschäden durch Günstlingswirtschaft

Es gibt den allgemeinen Tenor, zu wenige würden aus der Wirtschaft in die Politik wechseln. Bloß nicht! Der Unternehmenseinfluss ist schon viel zu groß. Ihr Gewicht muss zurückgedrängt, nicht ausgebaut werden. Doch wir erleben augenblicklich etwas anderes: eine Strömung von staatlichen Positionen in Wirtschaftsunternehmen oder in öffentliche Ämter. Geschasste oder gescheiterte Politiker werden für ihr Versagen bei bester Anstellung »entschädigt«. Versorgt und entsorgt in privaten Firmen oder im öffentlichen Dienst. Die sogenannte »Ämterpatronage« von höchsten Regierungspositionen bis in die Niederungen der Kommunalpolitik. Stellenbesetzungen erfolgen nicht nach Eignung und Fähigkeit der jeweiligen Person, sondern nach Parteibuch. Aber was ist, wenn in Führungspositionen Menschen sitzen, die nicht auf der Grundlage von Intelligenz, Qualifikation und Leistung berufen sind? Die Antwort ist so einfach wie logisch: Sie liefern häufig schlechte Arbeit ab. Anders formuliert, sie versagen und richten dabei größte volkswirtschaftliche Schäden an. Prominentes Anschauungsmodell die Weltausstellung Expo 2000 in Hannover. Am Ende blieb das gigantische Defizit von etwa 1,2 Milliarden Euro. Birgit Breuel (CDU), die den Job als Chefin der Weltausstellung zugeschustert bekam, übernahm für das Desaster »volle Verantwortung«, wie sie sich ausdrückte. Schön gesagt, denn die Dame war sich eines gewiss: Politiker handeln ohne persönliche Haftung – Konsequenzen keine! Für die irrsinnige Milliarden-Zeche hatte der Steuerzahler geradezustehen. Verbrannte Erde hinterließ auch Ingrid Matthäus-Maier (SPD) in der staatseigenen Förderbank (KfW). Ähnlich wie ihre Parteikollegin Heide Simonis als Unicef-Chefin Deutschland. Leider existiert keine Aufstellung derjenigen Unternehmen, die von Ex-Politikern aus Unfähigkeit geschädigt wurden. Doch als gesichert ist eines anzunehmen: ein Milliardengrab in Verantwortung der Parteien.

Zusätzlich hat die Parteibuchwirtschaft in allen Zweigen politischer Spitzenpositionen und in der öffentlichen Verwaltung zu einer monströsen Aufblähung der Stäbe geführt. Prinzip: »Der Staat gehört uns.« Überall, wo Parteien Zugriff haben, bringen sie ihre Parteifreunde in einträgliche Jobs. Stehen keine entsprechenden Posten zur verfügen, werden sie »geschaffen«. Merkels Große Koalition demonstrierte die Funktionsweise einer derartigen Maßnahme. Man gönnte sich bei Halbzeit der Legislaturperiode 76 neue Spitzenpositionen. Brüderlich geteilt, versteht sich! Die schwarze und die rote Regierungsfraktion durften je 38 hochkarätige Stellen besetzen.[242]
Heute im Vergleich zu damals: Der erste Kanzler der Bundesrepublik Konrad Adenauer kam zu Beginn seiner Regierungszeit mit 14 Staatssekretären und 16 Ministerialdirektoren aus. Gegenwärtig sind es schon mehr als 150. Das, obwohl es weit weniger zu tun gibt als zu Gründungs- und Nachkriegszeiten Deutschlands. Ein weiterer Präzedenzfall: Der Bundestag hatte in seiner ersten Legislaturperiode mit Wilhelm Hennis einen *einzigen* wissenschaftlichen Mitarbeiter. Heute verfügen allein die Fraktionen über mindestens *eintausend*. Darüber hinaus erhalten einzelne Abgeordnete, wuchernde Ausschüsse und Kommissionen nochmals »externen Sachverstand«. Das Resultat dieser zweifelhaften Unkultur kannte schon Georges Pompidou († 1974), ein französischer Politiker: »Ein Ruin kann drei Ursachen haben: Frauen, Wetten oder die Befragung von Fachleuten.« Seine klare Meinung lässt sich auch hierzulande anhand regelmäßiger Misserfolge ablesen: Je mehr sogenannte Experten an der Gesetzgebung beteiligt wurden, umso schlechter und verpfuschter wurde die gesellschaftliche Situation. Statt querdenkende Wissenschaftler oder Professoren wären Mandatsträger mit Grundwissen und einem gesunden Menschenverstand vonnöten. Auch ohne Studium lässt sich Richtiges von Falschem und Wahres von Unwahrem trennen. Milliardenverschwendung zulasten der Allgemeinheit und obendrein stimmt nichts mehr in unserem Land.

Parlamente, Spiegel der Gesellschaft?

Immer wieder hören wir, die Abgeordnetenhäuser seien ein Abbild unserer Gesellschaft. Im Gegensatz zu solchen Behauptungen fühlen sich die Menschen »draußen im Lande« aber nicht mehr vertreten. Zu Recht! Trotz Deutschlands repräsentativer Demokratie hat sich eine Minderheitenvertretung etabliert. Zwei Berufsgruppen bestimmen unsere Parlamente:

Juristen – deren Arbeitsmarktlage als Anwälte, Richter und Staatsanwälte ist schlecht bis miserabel. Der Weg in die Politik ein lukrativer Ausweg. Gemunkelt wird, dass gerade wenig Couragierte, die sich auf dem Juristenmarkt nicht durchsetzen, den politischen Karriereweg wählen.

Beamte – Kategorie zwei der überrepräsentierten Abgeordneten. »Das Parlament ist mal voller und mal leerer, aber immer voller Lehrer«, sagt ein alter Kalauer. Man kann diesen Spruch kaum noch hören, doch er ist objektiv richtig. Der Bundestag mit etwa 40 Prozent und viele Länderparlamente sind mit mehr als 50 Prozent verbeamtet. Haupttummelplatz für Beschäftigte des öffentlichen Dienstes! Eine Entwicklung, die in der Hauptsache zwei Ursachen hat: Im Gegensatz zu Privatpersonen ist eine Polit-Karriere in der Beamtenschaft ohne persönliches Risiko. Sie haben einen Rückkehr-Anspruch in ihren Behörden-Job. Zudem können sie sich die zeitraubende »Ochsentour« innerhalb der Parteien besonders gut leisten. Obwohl es ein offenes Staatsgeheimnis ist, wird eine andere Ursache gerne bestritten: Alle Karrierebewussten des öffentlichen Dienstes, also jene, die vorwärtskommen wollen, wissen, dass sie in eine etablierte Partei eintreten müssen. Egal in welche! Ohne Parteibuch geht nichts! So kommt es, dass neben den Juristen die Beamten mehrheitlich Deutschlands Abgeordnetenhäuser belagern. Sicher mag es nichts Schlimmes sein, aber sie repräsentieren eben nicht unsere Gesellschaft. Folgen gibt es auch: Für Deutschland entscheiden heute überwiegend Menschen über Bereiche und Probleme unseres Lebens, die sie nur vom Hörensagen kennen. Ferner führen fehlende Unabhängigkeit und Distanz gegenüber Behördenstrukturen dazu, dass dringend nötige Verwaltungsreformen nicht durchsetzbar sind. Die Lehrerschwemme in den Parlamenten wirkt ähnlich. Selbst nach vielen Jahren der katastrophalen PISA-Studie bleiben durchgreifende Neuerungen an Deutschlands Schulen aus. Auch ein generelles und für jeden sichtbares Manko hinterlässt die parlamentarische Fehlbesetzung: Beamtentum und Kreativität treten höchst selten als gemeinsames Wesensmerkmal auf. Juristen sagt man mehrheitlich ein konservatives und entsprechend geringes innovatives Denken nach. Beides zusammen ergibt eine der Wurzeln für mutlose Politik »made in Germany«.

Wählen durch Wahlen? Oder Stimmvieh für XY unbekannt?

Die parlamentarische Demokratie ist heute auf allen Gebieten ein Selbstbedienungsladen der Parteienkartelle. Sicher ein hartes Resümee, doch es gilt selbst für das Elementarste eines demokratischen Rechtsstaates – *für Wahlen*. Die politische Klasse hat ihre Berufspolitiker von der Bevölkerung abgeschottet und gegen eine Abwahl »immunisiert«. Der Souverän kalt seines Wahlrechts enteignet! Benötigt wird der Bürger gerade noch, um den Willen der politischen »Elite« brav und diszipliniert abzusegnen. Angenehmer Nebeneffekt: Jede Wählerstimme spült derzeit 85 Cent »Staatsknete« in die jeweilige Parteikasse.[243] Doch ob Landtags- oder Bundestagswahlen, kein Bürger weiß, wem er in Wahrheit seine Stimme gibt. Eine Regel, die die Ausnahme bestätigt: In manchen Bundesländern ist es möglich, Kandidaten unterschiedlicher Parteien zu wählen – das Panaschieren. Oder mehrere Stimmen auf einen Kandidaten zu vereinen – das Kumulieren. Damit werden Listen flexibel und vom Wähler beeinflussbar. Nun aber zur gängigen Praxis: Üblicherweise finden wir auf Wahlzetteln einige bekannte Namen und »Andere«. Wer »Andere« sein könnten, lässt sogar den durchschnittlichen Parteisoldaten ratlos zurück. Die Parteioberen sind es, die solche Aufstellungen in geheimer Mission ausbaldowern. Nur Willfährige kommen in den Genuss »sicherer« Plätze. Eine Methode, die Heiner Geißler, der unbequeme CDU-Querdenker, aus autobiografischem Erleben beschreibt und tadelt: »Wir müssen die Landeslisten abschaffen. Die Landeslisten sind eine der größten Hindernisse für einen selbstständigen, wirklich mutigen und selbstbewussten Abgeordneten. Die Hälfte der Abgeordneten ist für ihre weitere parlamentarische Existenz davon abhängig, dass irgendwelche Landesvorstände in vier Jahren oder in drei Jahren sie auf den richtigen Platz der Landesliste setzen. Kein Abgeordneter, der nur über die Landesliste gewählt werden kann, wird in dieser Legislaturperiode auch nur den Mund aufmachen, um eine eigenständige Meinung zu vertreten.«[244] Im Klartext: Wer nicht auf Parteilinie schwimmt, verliert den sicheren Listenplatz, sprich seinen Beruf. Ein System, das im wahrsten Sinne des Wortes nichtssagende Politiker befördert und jeden Ideenfunken eliminiert. Kreative und Unkonventionelle fallen als »Querulanten« durch das uniformierte Gedankensieb der Parteien. Herbert Wehner sagte einmal einen verräterischen Satz an die Adresse seiner SPD-Parteigenossen: »Wenn Sie nach Ihrem Gewissen handeln wollen, dann lassen Sie sich das nächste Mal von Ihrem Gewissen aufstellen.«

Stimmvergabe bei Bundestagswahlen – Für den Reichstag wählt der Bürger mittels *Zweitstimme* seine favorisierte Partei. Es ist das Kreuz mit dem Kreuz, denn jeder, der abstimmt, segnet unfreiwillig die »geheime Liste« ab. Mit der *Erststimme* votiert der Bürger für den Direktkandidaten seines Wahlkreises. Meist duellieren sich Vertreter der großen »Volksparteien«. Grund zur Beunruhigung besteht für die Kontrahenten nur selten. Alles ein Scheingefecht! Wer unterliegt, ist häufig über einen Listenplatz abgesichert und kommt trotzdem in den Bundestag. Gewählt ist gewählt, ohne dass der Souverän es wollte oder wusste. Welch ein demokratisches Staatsverständnis! So sehen wir über Jahrzehnte die immergleichen Gesichter in den Parlamenten. Mal in Regierungsverantwortung, mal in der Rolle der Opposition. Was aber, wenn die Wähler den einen oder anderen Abgeordneten aufgrund eines Skandals oder wegen Unvermögens nicht mehr haben wollen? Sorry, nicht möglich! Frei wählen beschränkt sich in der Bundesrepublik auf den Einkauf im Supermarkt. Der Ex-BDI-Chef Hans-Olaf Henkel: »In unserem Staat wird seit Langem die Entmündigung der Bürger betrieben. In keiner anderen Demokratie haben die Bürger so wenig zu sagen wie bei uns.«[245]
Deutschland braucht grundlegende Verfassungsänderungen. Ein Wahlrecht, das die Menschen über die politischen Akteure des Staates wirklich abstimmen lässt. Auch die Direktwahl des Bundespräsidenten oder einer überfälligen Bundespräsidentin gehört in diesen »Warenkorb«. Das höchste Staatsamt muss weg vom Kampf und Krampf der Parteien. Übliches Prozedere: Jeden beliebigen Politiker könnten Sie spät nachts wecken, um nach Deutschlands Staatsoberhaupt zu fragen. Wie aus der Pistole käme es geschossen: »Das ist das höchste Amt im Staate, das darf nicht beschädigt werden.« Hehre wie leere Worte! Bei jeder Neuwahl bekommt das Volk das glatte Gegenteil zelebriert: schamloses Geschacher der Parteien um Schloss Bellevue und das Präsidialamt. Stets erfüllen die Vorgänge den bösen Anschein, wie sich Klein-Moritz eine Intrige vorstellt. Achten Sie bei der nächsten Wahl darauf.
Aufbegehren durch Volksbegehren – Wir Bürger brauchen endlich die Möglichkeit, per Referendum auf Sachentscheidungen Einfluss nehmen zu können. Gerade die Instrumente »Volksentscheid« oder »Volksabstimmung« wären ultimative Drohungen, um unsere laschen Politiker auf Trab zu bringen. Sozusagen der erhobene Zeigefinger des Volkes: Wenn ihr nicht zu Potte kommt, entscheiden und bestimmen wir, was gemacht wird! Solche direktdemokratischen Bausteine – auch plebiszitäre Elemente genannt – klingen in Politikerohren wohl eher wie »kriminelle Elemente«. Das Volk könnte damit »Schreckliches« anrichten: beispielsweise mit der Parteienfinanzierung Schluss machen. Der Bürger könnte sich der Diäten-,

Ruhe- und Übergangsgelder annehmen und vieles, vieles mehr. Folglich werden sich die Parteien bis zum allerletzten Blutstropfen gegen diese überfälligen Reformen wehren. Es wäre der Anfang vom Ende der parlamentarischen Selbstbedienung. Wie so oft, wird auch hier Politik gegen die überwältigende Mehrheit des Volkes gemacht. Laut Forsa-Umfrage wollen 80 Prozent der Deutschen direkte Volksentscheide.[246]

Alles läuft wie geschmiert – Parteispenden im Zwielicht

Freiwillige Zuwendungen erfüllen in unserer Gesellschaft eine wichtige Aufgabe. Man denke an Spenden für Umweltschutzorganisationen, Hilfsorganisationen oder humanitäre Einrichtungen. Aber warum benötigen Parteien Hilfe? Genauso abstrus der Glaube, profitorientierte Wirtschaftsunternehmen würden aus reinem Edelmut Gelder in Millionenhöhe verschenken. Jeder, der Augen hat, um zu sehen, erkennt das Spiel um Macht, Geld und Einfluss. *Parteispenden sind nichts anderes als eine legale Form der Dauerkorruption.* So erschüttern auch in schöner Regelmäßigkeit entsprechende Skandale die Nation. Ohne die Staatsaffären der Vergangenheit aufarbeiten zu wollen, lässt sich Übereinstimmendes festhalten: Nichts und nirgendwo wurde ernsthaft aufgeklärt. Untersuchungsausschüsse und Ermittlungsverfahren boten dem Volk Klamauk statt »brutalstmögliche Aufklärung«. Alle verstrickten Politiker blieben von strafrechtlichen Konsequenzen verschont. Trotz Bruch der Verfassung! Trotz Bruch des Parteiengesetzes! Trotz gefälschter Dokumente und Rechenschaftsberichte! Trotz verschleierter Spenden als »jüdische Vermächtnisse«! Trotz »Tarngelübde« an angebliche Kohl-Ehrenspender! Überall wurde gelogen, dass sich die berühmten Balken biegen. Jeder miese Taschenspielertrick kam gerade recht, um die Herkunft von Spenden zu verschleiern und »nebenbei« Steuergelder zu erschwindeln. In diesem Zusammenhang sollten Sie Folgendes wissen: Die Parteien beziehen für quittierte »Geldgeschenke« Zuschüsse aus der Staatskasse. Der Griff in unser aller Portemonnaie in Zahlen: Spendet eine Person 3.000 Euro, legt der Fiskus, also wir Bürger, derzeit 1.140 Euro dazu. Ein weiteres Privileg: Parteien sind von Steuerzahlungen befreit. Wer die Macht hat, hat in Deutschland das Recht auf Selbstbedienung. Der aufmerksame Staatsbürger hat etwas gelernt. Es gibt *zwei* Gesetzmäßigkeiten: »Die da oben« und »wir da unten«. Spendenaffären mit falschen Rechenschaftsberichten des finanziellen Vorteils wegen sind eine Form der Bilanzfälschung. Für jeden normalen Steuerbürger und für jedes kleine Wirtschaftsunternehmen ein Delikt, das übel ausgeht. Wenn wir »da unten« Staatsgelder erschwindeln oder etwas klauen, werden wir bestraft. Gleiches Recht für alle? Nicht für die politische Klasse! Überall in unserer Gesellschaft breiten sich mafiöse Strukturen und systematische Korruption aus. Mittendrin die Parteien. Aus den Wurzeln der Vergangenheit keimt noch heute eine schier unverwüstliche Mentalität: *mangelndes Unrechtsbewusstsein*. Bis 1998 waren kostenneutrale Schmiergeldzahlungen von deutschem Boden aus möglich. Erst aufgrund europäischen Drucks wurde diese Praxis mit dem EU-Bestechungsgesetz gekappt.[247] Kaum zu glauben: Bestechungsgelder waren bis dahin steuerabzugsfähig und konnten beim Finanzamt geltend gemacht werden. Der redlich Beschäftigte im Büro oder am Fließband als unfreiwilliger Sponsor für Käuflichkeit.

Es gibt einen relativ unspektakulären Fall, der sich gleichwohl als Lehrstück eignet, um aufzuzeigen, wie sich der Filz in unsere Demokratie gräbt. Im Zwielicht der Geschehnisse Frankfurts PR-Manager und Lobbyist Moritz Hunzinger. Über ihn stürzten reihenweise Politiker aus unterschiedlichsten politischen Lagern. Seine prominentesten »Opfer«: der damalige Shooting Star der Bundesgrünen Cem Özdemir, SPD-Verteidigungsminister Rudolf Scharping und Baden-Württembergs FDP-Wirtschaftsminister Walter Döring. Hunzinger rühmte sich seit jeher, interessierte Wirtschaftskreise wie Rüstungslobbyisten mit Spitzenpolitikern »zusammenzuführen«. Übrigens: Die Rüstungsindustrie gilt laut den Korruptions-Experten von »Transparency Deutschland« nach der Bauwirtschaft als die korrupteste Branche. Jedenfalls tummelte sich bei »Partnervermittler« Hunzinger und im Aufsichtsrat seiner Holding AG aus Politik und Wirtschaft so ziemlich alles, was Rang und Namen hatte. Derart vereint wurden natürlich beste Beziehungen gepflegt. Speziell für politische Entscheidungsträger gab es Geschenke, die bekanntlich nicht nur die Freundschaft erhalten. Unsere offenbar verarmten Spitzenpolitiker nahmen Kredite, Nobelbekleidung und dubiose Spenden an. Angenehmer Nebeneffekt für die Geber: Die staatlichen Adressaten wurden zu Abhängigen, verbunden mit dem stillen Erwartungsdruck zur Gegenleistung.

Ein weiterer Fall: Reichlich Sonderbares geschah beim bundesweiten Verkauf der Eisenbahnerwohnungen – ein Milliardengeschäft. Einer der vielen dunklen Punkte: Den Zuschlag über 31.000 Wohnungen erhielt die WCM-Immobilienholding des Großunternehmers Karl Ehlerding. Das, obwohl ein Konkurrent eine halbe Milliarde Euro mehr bot. Nachdem der Deal perfekt war, erging eine rund 3 Millionen Euro Großspende von Herrn Ehlerding und seiner Gattin an die CDU.[248] Zufällig war es jene Partei, die den Billigkauf ermöglichte. Das Ehepaar war übrigens nie zuvor als Spender in Erscheinung getreten. Gelungener Scherz am Rande: Ein Zusammenhang von der exorbitanten Spende und dem Zuschlag war amtlichen Verlautbarungen zufolge nicht erkennbar.

Glasklare Schmiergeld-Skandale auf immer gleiche Weise ungeklärt. Doch nichts und niemanden scheint es wachzurütteln. Nach anfänglicher Empörung verläuft alles im Sande. Erinnern Sie sich an das aufgeflogene »System Kohl«? Bis heute ignoriert der Altkanzler jenes Parteiengesetz, das er selbst unterzeichnete. Wer erregt sich heute noch darüber? Einträchtig auch die Duldungsstarre innerhalb der Parteien. Klar, sie könnten etwas verändern, doch wer selbst im Parteienglashaus sitzt, wirft nicht mit Steinen. So geht alles seinen gewohnten Gang. »Landschaftspflege« so weit das Auge reicht. Angefangen von den Großunternehmen BMW, Deutsche Bank, DaimlerChrysler bis »hinunter« zu den Mittelständischen. Je nach politischer Vorliebe und Nähe werden üppige Gelder verteilt. Unter anderem profitierten die CSU und FDP von der Spendierfreude der Hotelier- und Milliardärsfamilie von Finck. Bis wenige Monate vor der Bundestagswahl 2009 gingen bei den Freidemokraten insgesamt 1,1 Millionen Euro ein. Die zu diesem Zeitpunkt höchste »Zuwendung« seit vielen Jahren für die Partei. Und siehe da, kaum waren die Liberalen zusammen mit den ebenfalls bedachten Christsozialen in Regierungsverantwortung, schon senkten sie – zum Unverständnis aller – den Mehrwertsteuersatz für Hotelübernachtungen von 19 auf 7 Prozent. Gerade vor Wahlen ist es so, dass nicht, wie man meinen könnte, die Unternehmen auf die Parteien zugehen. Nein, die Industriellen können sich getrost in den Chefsesseln wippend zurücklehnen. Die Schatzmeister und Kassenwarte der politischen Organisationen kommen unaufgefordert betteln und tragen ihre »Wünsche« vor. Man nennt das Prozedere »Klinken putzen« und wer vermag sich nicht auszumalen, was die Bittsteller bei solchen Anlässen versprechen? Politische Prostitution und Kniefall vor dem Kapital.

Das Primat der Politik gegenüber der Ökonomie ist aufgegeben. Deutschlands Volksvertreter nur mehr Marionetten wirtschaftlicher Interessen. Hans See von der Bürger- und Menschenrechtsorganisation »Business Crime Control« drückt seine Erfahrungen so aus: *»Die Politiker, die sich am gefügigsten erweisen, natürlich das meiste Geld kriegen.«*[249] Böse Zungen behaupten sogar, die großen Konzerne würden deshalb kaum mehr Steuern bezahlen, da sie lieber die Parteien sponsern. Eines ist sicher: Die Spendenpraxis bedarf der Radikalkur! Die Verflechtung von Wirtschaft und Politik muss rigoros gekappt werden. Sie ist die Grundlage aller deutsch-typischen Probleme.

Muss heißen, ein generelles Verbot von Spenden an Parteien! Unterstützt wird diese Forderung von einem gänzlich Unverdächtigen, der den parteipolitischen Akteuren sehr nahesteht. Hans-Werner Sinn, der sogenannte Volkswirtschaftsprofessor, plädierte im interaktiven Talk »busch@n-tv« dafür, Parteispenden zu verbieten.[250] Erkenntnisprobleme gibt es also keine, denn die Auswüchse liegen klar auf der Hand: Jede Zuwendung verpflichtet und ist eine Einladung zur Korruption. Gegenleistungen werden geradezu provoziert. Millionen »verschenken« ist, was es ist: Bestechung! Selbst Kleinspenden müssen gestoppt werden, denn das Aufteilen großer Geldbeträge auf mehrere parteinahe Personen ist kaum überprüfbar und schon heute ein praktizierter Dreh. Aufgrund aller Machenschaften und Skandale der Vergangenheit kann es nur ein Urteil geben: *Die Parteien haben das Recht auf Spenden verwirkt.*

Noch kurz zu einem Nebenschauplatz und weiteren Einfallstor der Korruption. Ein Problemfeld, das sich vornehmlich auf Behörden und dortige Entscheidungsträger fokussiert. Auch aus diesem Bereich fließen »Spenden der Dankbarkeit« an Parteien. In der Bundesrepublik liegt die Staatsquote um 50 Prozent. Das heißt, jeder zweite Euro, den wir erarbeiten, wird durch den Staat eingenommen, umverteilt und wieder ausgegeben. Immense Gelder sind im Spiel und genau das ist der Knackpunkt. Länder, Ministerien, Städte, Kommunen und andere öffentliche Einrichtungen sind die größten Auftraggeber der Republik. Folglich ist hier die größte Versuchung, Leute zu bestechen und damit Entscheidungen zu manipulieren. Das Bundeskriminalamt stellte fest: Korruption ist dort am stärksten, wo die Schnittstelle von Staat und Wirtschaft liegt. Somit besteht auch hier kein Erkenntnisproblem, sondern ein Umsetzungsproblem. Kriminologen sagen, Deutschland bräuchte Korruptionsjäger nach italienischem Muster. Doch effiziente Gegenmaßnahmen bleiben aus.

Menschen achten vielfach nur dann Regeln, wenn sie eine Ächtung oder Strafe fürchten müssen. Diese wichtige Abschreckungswaffe fehlt bei Korruptions- und Spendenskandalen gänzlich. Das Risiko, bei bestechlichen Handlungen ertappt zu werden, ist denkbar gering. Falls doch, schützt ein enges Verflechtungssystem von Politik und Behörden, das sich untereinander abschottet und deckt. Mafiöse Strukturen, die nur durch Transparenz und mit der vollen Härte des Gesetzes, also mit dem Strafrecht, gebrochen werden können. Abgeordnete, die man etwa beim Abgeben falscher Rechenschaftsberichte erwischt, müssen, wie in der Französischen Nationalversammlung, ihr Mandat verlieren. Wie bei jedem Normalbürger auch, müssen dem strafrechtliche Konsequenzen folgen. Zwar sieht das überarbeitete Parteiengesetz von 2002 Haft- und Geldstrafen vor, doch es ist derart geschickt abgefasst, dass wir wohl noch lange auf den Anblick leibhaftiger Polit-Täter hinter Gefängnismauern verzichten müssen. Fragliches Gesetzesnetz knüpften unsere gesellschaftlichen »Gestalter« auffällig gestalterisch löchrig: Kaum Kontrollen durch unabhängige Wirtschaftsprüfer und weiterhin ist *nicht* strafbar, was Parteienforscher Dr. Jörn Ipsen monierte: Barspenden ab 1.000 Euro in schwarzen Koffern! Kommt es mal knüppeldick, kann sich jeder Täter durch Selbstanzeige der Strafverfolgung entziehen. Ein Gesetz, das ist, was es sein soll: ein Possenspiel zur Beruhigung der Volksseele. Don F. Jordan, freier US-Journalist, der die deutschen Verhältnisse bestens kennt: »Von der Müllabfuhr bis zu Gott weiß wohin, haben die Parteien das Sagen mit ihren Interessenvertretungen. Und sie werden das nie bereinigt bekommen, bis sie nicht die Korruption mit Kriminalität gleichstellen.« In der Bundesrepublik gilt sogar das Gegenteil einer Ächtung und dazu nochmals Don F. Jordan: »Wenn sie in Deutschland erwischt werden, dann halten sie ihre Hand auf und kriegen eine Pension oder eine Abfindung und gehen. Und die Arbeitsgerichte unterstützen das noch.«[251]

Nach jedem Spendenskandal erklingen zahllose Reformvorschläge, auch aus den Parteien heraus. Natürlich halbherzig, um sie dann umso ganzherziger zu verwerfen. Die Bereitschaft zur Veränderung ist von politischer Seite gleich null. Oberste Priorität haben die Bewahrung der Besitzstände und das Abblocken strafrechtlicher Mechanismen, denen man selbst zum Opfer fallen könnte. Die Akteure wissen nur zu gut, welche Leichen in ihren Kellern lagern. Würde man von den Parteikartellen erwarten, eigene Missstände zu beseitigen, wäre das so, als würde man von einem Hund verlangen, sich einen Wurstvorrat anzulegen. Beleg dafür ist die kuriose Interpretation von Peter Struck (SPD), der sich gegen eine strikte Bestrafung bei Spendenbetrug wie folgt aussprach: »Wenn jemand Gesetze brechen will, dann hilft ein noch so scharfes Sanktionssystem nichts.«[252] Aufruf zur Anarchie! Würde man dieser schrägen Logik folgen, wäre das Strafrecht abzuschaffen, da unverbesserliche Schurken ihre Taten so oder so begehen. An Absurdität ist diese Argumentation wohl kaum zu überbieten. Doch immerhin ermöglicht es einen kleinen Einblick in die Gedankenwelt deutscher Politiker. Zu Lebzeiten noch ein Nachruf bezogen auf die Sinnkrise der deutschen Parteienherrschaft: Bürgerrechtsbewegungen wie Greenpeace, Zivil Courage, Foodwatch, Attac oder anderen außerparlamentarischen Nichtregierungsorganisationen gehört die Zukunft. Polit-Verbände sind, ohne dass sie es bemerkt hätten, Relikte der Vergangenheit.

Eine funktionierende Demokratie kann es künftig nur noch ohne das Modell Parteien und deren Einfluss geben.

Roben, Chaos und Parteilichkeit – Krebsgeschwür Justiz

»Und weil heute das Gesetz nicht mehr auf der Seite des Rechts steht, sondern dem Verbrechen dient, das die Welt regiert, entzieht sich der Rechtsanwalt dem Lügengebäude der Justiz und wird Kellner.« Urheber dieses Satzes der überraschend verstorbene Matthias Beltz. Der Adolf-Grimme-Preis-Träger studierte Jura, wurde zwar nicht Kellner, wechselte aber in das Fach Kabarett. Stets meldete er sich mit beißender Kritik zu politischen Themen. Sein Spezialgebiet »Justitia«, die Göttin der Gerechtigkeit. Mag seine Scharfzüngigkeit zunächst wie überzogene Satire klingen, bei genauerem Hinsehen liefert dieses Zitat eine durchaus realistische Zustandsbeschreibung: *Deutschlands Rechtsprechung ist konkursreif.*

Verschrobenheit, Selbstherrlichkeit, fehlendes Rechtsgefühl und Entscheidungen, die mit gesundem Menschenverstand nicht vereinbar sind. Tendenzen, die sich an ganz profanen Dingen festmachen lassen: »Im Namen des Volkes« ist nicht im Namen des Volkes. Lebenslange Haftstrafen sind keine lebenslangen Haftstrafen. Zehn Jahre Freiheitsentzug bedeuten bestenfalls zwei Drittel davon. Gesetzestreue Zeugen werden vor Gericht belehrt, für eine falsche Aussage womöglich den Wohnsitz in eine Gefängniszelle verlagern zu müssen. Gleichzeitig schlagen dem angeklagten Mörder hohe Toleranz und komfortabler »Täterschutz« entgegen. Er darf beispielsweise sanktionsfrei lügen und womöglich das Leben unschuldiger Menschen zerstören. *»Ein Angeklagter darf sich grundsätzlich damit verteidigen, dass er einem anderen die Schuld an der Tat zuschiebt«*[253], stellte das Oberlandesgericht in Koblenz »richtungsweisend« fest. Eine freundliche Aufforderung zu Straftaten im Gerichtssaal! Humor ist, wer trotzdem lacht, und damit gleich zu Skurrilem: Mehr als eineinhalb Jahrzehnte trieb Angelika F. beim Frankfurter Arbeitsgericht ihr richterliches Unwesen. Mündlich ausgesprochene Urteile blieben aufgrund augenscheinlicher Null-Bock-Mentalität schriftlich unbegründet. Mag zunächst wenig dramatisch klingen, doch für Prozessbeteiligte eine folgenschwere Faulheit. Ohne schriftliche Urteilsbegründung ist kein Richterspruch umsetzbar, etwa eine Geldforderung einzutreiben. Ebenso bleiben Klägern und Beklagten Rechtsmittel verwehrt, denn beide können keine Berufungsinstanz anrufen. Das heißt, mit dieser Richterin war so oder so kein Recht zu bekommen. Niemandem nutzte es, wenn die Dame gegenüber ihrem Gerichtsdirektor immer wieder beteuerte: »Ja, das ist eine Schlamperei, aber ich bessere mich.« Behördenüblich blieben über Jahre aufgelaufene Dienstaufsichtsbeschwerden sinn- und fruchtlos. Der Versuch einer monatelangen beruflichen Freistellung, um Urteilsbegründungen nachzuschreiben, scheiterte: Außer Spesen für den »zusätzlichen Urlaub« nichts gewesen. Der Einsatz eines Amtsarztes endete für alle Beobachter überraschend: »Kein Krankheitsbefund.« Letztlich erwies sich auch das Richtergesetz mit seinen 126 Paragrafen als ungeeignet, um die gut bezahlte Richterin zur Arbeit zu bewegen oder aus dem Dienst zu entfernen. Wie so häufig in der Gesetzgebung – sieht man genauer hin, entpuppt sich das Regelwerk als illusionäre Luftnummer. Der Präsident des Landesarbeitsgerichts Hilgar Keil zur damaligen Situation: »Nach dem Deutschen Richtergesetz können wir sie nicht suspendieren. Bis es so weit kommt, muss ein Richter schon Mord oder Totschlag verüben.« In diesem Sinne konnte sich die Amtsrichterin der Dienstpflicht und ihrer Verantwortung entziehen. Angelika F. erklärte ihr Verhalten gegenüber der Frankfurter Rundschau so: »Bis zur mündlichen Urteilsverkündung geht bei mir alles seinen normalen Gang und dann kommt die Blockierung.« Jahrelange Mahnungen und Verweise seien ihr geläufig, habe sie aber immer »verdrängt«. Die Richterin kündigte eine Psychotherapie an, »da wohl bei mir etwas dahintersteckt, was ich nicht weiß«.[254] Der Dame könnte geholfen werden, denn was hinter dem Gerichtsklamauk steckt, ist augenfällig: Selbst bei himmelschreiender Willkür besteht keine Eingriffsmöglichkeit. Anders gesagt: Narrenfreiheit für Deutschlands Richterschaft! Die Justiz, nach Parlament und Regierung in der verfassungsrechtlichen Theorie »Dritte Gewalt« der Republik, steht außerhalb der Rechtsordnung und hat sich jeder Kontrolle entzogen. Ein Staat im Staate und in antidemokratischen Strukturen sich selbst überlassen. *Rückblick in das 18. Jahrhundert*: Noch heute leben deutsche Gerichte in dieser grauen Vorzeit. Aufbau und Funktionsweise werden immer noch maßgeblich durch das Gerichtsverfassungsgesetz (GVG) aus dem Jahre 1877 (!) bestimmt. Und so haben wir einen Justizapparat nach dem Bild des preußischen Obrigkeitsstaates – hierarchisch gegliedert und autoritär geführt. Sozusagen eine könig-kaiserliche Insel-Monarchie inmitten unserer real existierenden »Demokratie«. Bester Nährboden für wuchernde Missstände in einer weitgehend unkritisch und selbstzweifelfreien Behörde. Erstaunlicherweise lässt die Öffentlichkeit unser Rechtswesen fast unbehelligt dahinwursteln. Trotzdem ist Bemerkenswertes gelungen: Die Justiz hat sich in einer »stillen Revolution« das Vertrauen der Menschen ruiniert.

Bürger erwarten Hilfe, wenn ihnen Unrecht geschieht. Dieses Recht existiert nur mehr als Ausnahme, nicht als Regelfall. Also fühlen sich die Menschen im Stich gelassen. Eine breite Bevölkerungsmehrheit hat hautnah oder im

Umfeld den Lotteriecharakter der Rechtsprechung erfahren. Kaum jemand, der sich nicht wenigstens mit einem Urteil konfrontiert sieht, das niemand mehr versteht. Autoritäres, selbstgefälliges Gehabe in Kombination mit der Arroganz vieler Staatsanwälte oder ihrer halbgöttlichen Kollegen in Robe tun ein Übriges: Rechtsuchende verzweifeln am Rechtsstaat! Ich selbst hätte mehrfach die ordnende »Dienstleistung« unserer Justiz benötigt. In *allen* Fällen wurden meine Rechte gebeugt, obsiegt hat das Unrecht. Und so wächst kontinuierlich der gesellschaftliche Unmut. Couragierte Menschen organisieren sich verstärkt in Initiativen wie im »Verein gegen Rechtsmissbrauch e. V.«. Allerdings kann das autoritär-konservative Rechtssystem mit Kritik nur schwerlich oder überhaupt nicht umgehen. Was mögen Monarchen schon unter einem Tadel verstehen? Natürlich Majestätsbeleidigung! Daher werden hartnäckige Meckerer – denen meist großes Unrecht widerfuhr – gern vor den »betriebseigenen« Kadi gezerrt. Buchstäblich Mode ist es geworden, Kritik als strafrechtlich verfolgbare »Beleidigung« auszulegen und jenseits der Gewaltenteilung in den eigenen Reihen abzuurteilen. Oberste Maxime: unzufriedene Menschen einschüchtern statt sich ihren Beschwerden stellen. Eines will die Juristerei partout nicht wahrhaben: In einer Demokratie hat niemand das letzte Wort.

Wo immer Gerichte öffentlich beanstandet werden, muss das Grundgesetz als Allzweckwaffe zur Verteidigung herhalten: »Die Richter sind unabhängig und nur dem Gesetz unterworfen.«[255] Dabei kommt es zu einer entscheidenden Verwechslung: Richterliche Unabhängigkeit ist kein Recht des Richters, sondern eine Pflicht gegenüber dem Bürger. Mit der Methode »Unabhängigkeit« wird tagtäglich das Grundrecht missbraucht, um sich negative Diskussionen und kritische Menschen vom Leib zu halten. Von Kreisen, die wirklich rechtsfremden Einfluss auf die Geschehnisse ausüben, davor distanziert sich die wenig tugendhafte Dame Justitia keineswegs.

Ermittlungsbehörden und die Sage der Unabhängigkeit

Parteien machen bei der feindlichen Übernahme unserer Republik selbst vor Justizbehörden keinen Halt. Schließlich handelt es sich um Deutschlands wichtigstes Schlüssel-Ressort. Zunächst ein Blick auf die obersten Ermittler und Ankläger der Nation, die Staatsanwältinnen und Staatsanwälte. Sie gelten gelegentlich als gemein, aber gemeinhin als unabhängig und nur dem Recht und der Wahrheit verpflichtet. So zumindest der fromme Wunsch des Bürgers. Was kaum ans Licht der Öffentlichkeit dringt: Staatsanwälte sind

Beamte, dem Generalstaatsanwalt und Justizministerium unterstellt. Beide übergeordnete Institutionen können Weisungen erteilen und beide sind partei-politisches Beutegut. Sogar der Generalbundesanwalt ist ein politischer Beamter. Kurzum: Nichts geht ohne Parteibuch! Und nichts erinnert an Unabhängigkeit!

Auf dem 18. Deutschen Richter- und Staatsanwalttag wagte sich ein Mutiger zumindest intern aus der Deckung. Es war der Vorsitzende des Deutschen Richterbundes Wolfgang Arenhövel. Er plädierte für eine umfassende Justizreform und forderte, das politische Weisungsrecht abzuschaffen, denn es »gefährdet die Erfüllung des gesetzlichen Ermittlungsauftrages der Staatsanwaltschaften«. Weiter: »Allein seine Existenz begründet den bösen Anschein fachfremder politisch motivierter Einflussnahme.«[256] Klare Worte, ohne auf den Punkt zu kommen. Deshalb gleich die handfeste Realitätsbeschreibung der deutschen Rechtspflege nachgereicht. Wann immer es politisch nützt, werden Ermittlungen behindert und Staatsanwälte abgemahnt. Sie werden versetzt, bekommen einen Maulkorb verpasst oder müssen zum Rapport ins Ministerium. Parteipolitischer Druck, um ermittelnde Beamte oder deren Vorgesetzte auf Linie zu trimmen, gehört zum politischen Tagesgeschäft. Und so ereignen sich immer und überall wundersame Dinge. Stichwort CDU-Schwarzgeld-Affäre in Hessen. Vorspiel: Zwischen 1983 und 1984 transferierten der damalige Generalsekretär Manfred Kanther, sein Landesschatzmeister Casimir Prinz zu Sayn-Wittgenstein und Finanzberater Horst Weyrauch – alle CDU – mehr als 10 Millionen Euro auf Schweizer »Schwarzkonten«. Um die wahre Herkunft der Spender-Millionen zu verschleiern, wurden Schreiben rückdatiert und als »jüdische Vermächtnisse« getarnt. Mal in schwarzen Koffern, mal in kleinen Scheinen wurden die Gelder im Bedarfsfall nach Hessen zurückgeschleust. Unter anderem für den Landtagswahlkampf eingesetzt, den der CDU-Chef Roland Koch damit finanzierte und gewann. Im Jahre 2000 flog die Geldwäsche im unverwechselbaren Stil der Drogenmafia auf. Jedem war klar, »der Fisch beginnt am Kopf zu stinken«. Folglich mussten alle führenden Köpfe der Hessen-CDU um die Vorgänge gewusst haben. Ministerpräsident Roland Koch mimte den Ahnungslosen und ernannte sich selbst zum »brutalstmöglichen Aufklärer«. Brutal schnell war er dann auch überführt, aber ohne sein Zutun. Koch belog die Öffentlichkeit und unterzeichnete wissentlich einen gefälschten Rechenschaftsbericht, um staatliche Gelder für seine Partei zu erschleichen. Hessens Ministerpräsident war mehrfach ertappt, doch die Staatsanwaltschaft lehnte die Einleitung eines Verfahrens ausdrücklich ab. Verwunderlich? Zu Beginn der Spendenaffäre wurden Wiesbadener Staatsanwälte in die

Staatskanzlei gerufen, um sich »abzustimmen«[257], wie es hieß. Na dann! So endete politische Kriminalität im Nirwana der Rechtsfreiheit. Letztlich hatte sich niemand im hessischen Jahrhundert-Skandal ernsthaft zu verantworten. Jeder kann es beobachten, nach dem gleichen Muster verlaufen *alle* deutschen Polit-Skandale. Zur Beruhigung der Allgemeinheit allenfalls portokassengerechte Geldzahlungen. Doch meistens heißt es nach monatelangem Gerangel: »Das Verfahren wird eingestellt.« Sieger der Machenschaften die Politik! Einige Anekdoten:
• Freibiermentalität während der 16-jährigen Regierungszeit unter Helmut Kohl. Schwarze Kassen! Gefälschte Rechenschaftsberichte! Geheime Tresore! Ein dicht gesponnenes Geldwäschenetz um zwielichtige Waffenhändler und anonyme Spender. Das »System Kohl« ein kaum durchschaubarer Sumpf, der die Nation zutiefst erschütterte. Störrisch nannte der »Oggersheimer Pate« keine Spendernamen, obwohl ihn das Parteiengesetz und Grundgesetz[258] dazu verpflichtet hätten. Offener Rechtsbruch ohne die für solche Fälle vorgesehene Beugehaft und ohne strafrechtliche Konsequenzen.
• Nochmals Altkanzler Kohl: Er entging im gleichen Zusammenhang auf denkwürdige Weise einer Hausdurchsuchung. Die Presse wurde vorab über den staatsanwaltschaftlichen »Überraschungs-Coup« informiert. »Der Spiegel« berichtete von der geplanten Polizeiaktion. Razzia abgeblasen, schließlich seien keine Erkenntnisse mehr zu erwarten, so die offizielle Verlautbarung. Den ermittelnden Staatsanwalt Dieter Irsfeld trieb wohl der Schalk im Nacken zu folgender Aussage: »Die Staatsanwaltschaft in Deutschland hat den Anspruch, die objektivste Behörde der Welt zu sein.«[259]
• Aufgrund konträrer Aussagen ist eines gewiss: Wolfgang Schäuble *oder* die ehemalige CDU-Schatzmeisterin Brigitte Baumeister hatten bezüglich einer dubiosen 100.000-Mark-Spende (circa 50.000 Euro) vor dem Untersuchungsausschuss entscheidend gelogen. Ermittlungen eingestellt!
• Strafverfahren gegen SPD-Bundestagspräsident Wolfgang Thierse wegen des Verdachts der Steuerhinterziehung. Ermittlungen eingestellt!
• Max Strauß, Sprössling des früheren bayerischen Ministerpräsidenten Franz-Josef Strauß († 1988), wurde vor einer Hausdurchsuchung gewarnt. Bei der staatsanwaltschaftlichen »Überrumpelung« wurden die Computer-Festplatte und Datensicherungsbänder beschlagnahmt. Beides mögliche Beweismittel und beides verschwand dann im Zuge der Ermittlungen auch noch unauffindbar.
• Hanaus Oberbürgermeisterin Margret Härtel, hämisch »Queen Margret« genannt, gönnte sich auf Staatskosten manche Extras: Familienessen, Restaurantbesuche, ein Hochzeitsgeschenk oder den Dienstwagen mit Chauffeur für private Besorgungen. Darunter Trips mit der Familie in

den Freizeitpark und nach Warschau zum Schönheitschirurgen. Weitere Reiseziele: Mehrmalige Fahrten zum Promi-Arzt des FC Bayern München, Dr. Müller-Wohlfahrt, bei feinster Übernachtung im Grand-Hotel Bayerischer Hof. Alles abgerechnet mit gefälschten Belegen. Der Scheinprozess: Verfahren nach *sechs Minuten* eingestellt.

• Baden-Württembergs größter Bestechungsskandal: Vorstand und Manager des Anlagen-Konzerns ABB zahlten Millionen Schmiergelder, um an Aufträge der öffentlichen Hand zu kommen. Obwohl Geständnisse vorlagen, wurden die Ermittlungen der Mannheimer Staatsanwaltschaft bis zur absoluten Verjährung verschleppt.

So frisst sich wuchernder Filz und Korruption ins Land, oder wie es Peter-Alexis Albrecht, Professor für Strafrecht, artikulierte: »Wir haben heute im Bereich des staatsanwaltschaftlichen Handelns im Grunde völlig willkürliches Handeln. Ein Staatsanwalt kann in diesen Verfahren machen, was er will. Wir nennen das die Erosion, den Niedergang des Rechtsstaates.«[260]

Richter und die Sage der Unabhängigkeit

Nach dem Ausflug hinter die Kulissen der Staatsanwaltschaften, Bühne frei mit Blick auf die Kaste der deutschen Richterschaft. Sie sind auf Lebenszeit berufen, unabsetzbar, nicht versetzbar und keiner Weisung unterworfen. *Macht für immer, ohne öffentliche Aufsicht.* Ob ein Richter befangen ist oder Rechtsbeugung begeht – im juristischen Sinne ein Verbrechen –, entscheidet der nette Kollege. Ein Gesetz nahezu anwendungsfrei, deshalb auch »totes Recht« genannt. Deutschlands Robenträger inthronisiert und perfekt abgeschirmt vor normal-sterblichen Erdenbürgern. Wie in anderen gesellschaftlichen Bereichen auch, wurde es »verschwitzt«, Vorsichtsmaßnahmen gegenüber den wirklichen Gefahrenquellen des Lebens zu treffen: Wenn Richter anderen Herren dienen! Wenn Richter versagen! Wenn die Krake Politik nach den Richtern greift!

Zunächst zu privaten Verquickungen, von denen keiner weiß. Wie unsere Politiker, so lieben auch viele Richterinnen und Richter Nebentätigkeiten und können deshalb nicht ihre ganze Schaffenskraft dem Beruf widmen. Eine nicht ungewichtige Erklärung für endlos lange Verfahren und Justizpfusch. Gleichzeitig widerlegt es die alte Leier der hoffnungslosen Überlastung. Es ist nun mal so, unsere Rechthaber jobben gern. Als Treuhänder bei Banken, in Versicherungen, als Schlichter oder Richter für Sportgerichte. Sie lehren an Fachhochschulen, Akademien, Universitäten oder fungieren als

Vortragsredner. Auch schreibt die Richterschaft gerne Fachbücher und erstellt lukrative Gutachten, etwa für die Industrie. Letzteres mit Dotierungen ab 60.000 Euro aufwärts. Zwangsläufig kommt es dabei zu Interessenkollisionen, wie in folgendem Fall: Ein Berliner Verbraucherschutzverein klagte gegen mehrere Banken wegen überhöhter Gebühren. Abgewiesen! Was der Verein nicht wusste: Der zuständige Richter stand als Treuhänder – eine Art Kontrolleur – auf der Honorarliste einer beklagten Bank.[261]

Welcher Wust an Nebentätigkeiten sich anhäufen kann und was sich hinter den Kulissen abspielt, enthüllen Skandalgeschichten, die hin und wieder das Licht der Welt erblicken: der Fall Horst Henrichs, Präsident des Frankfurter Oberlandesgerichts. Er saß während seiner Amtszeit im Verwaltungsrat des Hessischen Rundfunks, bei der Leipziger Lebensversicherung und der Frankfurter Hypobank. Jeder Nebenjob brachte rund 10.000 Euro zum Gehalt von etwa 75.000 Euro. Aber das reichte offensichtlich nur für das Allernötigste. Henrichs wurde außerdem für die Gewerkschaftszentrale der IG Metall tätig. Er erstellte ein Honorar-Gutachten für schlappe 1.342.602 Deutsche Mark (etwa die Hälfte in Euro).[262] Seine Vorzimmer-Damen am Oberlandesgericht mussten die Millionen-Expertise während der Dienstzeit tippen. Daneben leistete sich der umtriebige Richter privates Liebesgeflüster auf Staatskosten. 5.500 Euro vertelefonierte er mit seiner Freundin, einer israelischen Richterin. Dies nur ein kleiner Einblick in die Szene der Machthaber ohne Fehl und Tadel. Ach ja, in aller Stille wurde der Raffke-Richter mit über 5.000 Euro monatlich in den goldenen Ruhestand »strafversetzt«. Wohlgemerkt Steuergelder bis an sein Lebensende. Insofern war die Sühne den Bürgern auferlegt.

Weg von der privaten hin zur politischen Einflussnahme, die über die Richterauswahl und Richterbeförderung ausgeübt wird. Präsidenten der Gerichte und die Chefpräsidenten der Obergerichte werden »per Order de Mufti« fast durchweg vom Justizministerium, also von Politikern der jeweiligen Landesregierungen eingesetzt. Wer beispielsweise Präsident am Oberlandesgericht wird, das bestimmt der Justizminister. Welch ein Zufall, meist entstammt die oder der Auserwählte den eigenen Reihen. Politische Gleichgesinnung sollte schon sein! Von der viel gepriesenen Gewaltenteilung auch hier keine Rede. In Wahrheit heißt es, ohne Parteizugehörigkeit oder sympathisierende Geisteshaltung keine leitende Position. Die hierarchischen Justizstrukturen vergangener Jahrhunderte mit beamtenähnlichen Vorgesetzten- und Untergebenenbeziehungen erledigen mit vielfältigen Abhängigkeiten den Rest. Das System gibt seine Ausrichtung von oben nach unten weiter. Eine wichtige Funktionsweise nennt der ehemalige Bundesvorsitzende der Neuen Richtervereinigung e. V. Horst Häuser. Er spricht vom »sattsam bekannten vorauseilenden und hinterherhastenden Gehorsam«. Und: »Richter sind nicht wirklich unabhängig.«[263]

Geheimnisse höchster Gerichte

März 2003. Wieder einmal versammelten sich die »Richtermacher« zu ihren beliebten Kungelrunden im sogenannten Richterwahlausschuss. Justizminister der Länder und die gleiche Anzahl Bundestagsvertreter – allesamt Politprofis – hecken etwas aus. Für die obersten Gerichtshöfe des Bundes waren 19 Richterstellen zu besetzen, aber viermal so viel Bewerber vorhanden. Schnell war man sich einig. Einer der fraglichen Kandidaten ist zwar ungeeignet, wird aber genommen. Warum? Selbst für höchste Gerichte zählt nicht die Qualifikation, sondern die richtige Partei-Konnexion. Diese Tatsache brachte den Vorsitzenden des Deutschen Richterbundes, Geert Mackenroth, mächtig in Rage. So sehr, dass er sich sogar öffentlich wie folgt äußerte: »Diese Einigung bedingt, dass man sich auf bestimmte Pakete verständigt. Das geht nach dem Motto: zwei links, zwei rechts, einen fallen lassen. Nimmst du deinen, nehme ich meinen. Entscheidendes tut sich dann in einem Dreier-Gremium, zwischen der Bundesjustizministerin und den beiden Obleuten der Parteien. Die betrachten sich die Kandidaten. Dann sagt der eine vielleicht: Diesen mag ich nicht. Der andere sagt: Parteipolitisch ist der nicht haltbar. Dann sagen möglicherweise beide: Fachlich geht das auf gar keinen Fall. So wird geschachert und getrickst und manche sagen, wie auf einem asiatischen Viehmarkt miteinander gehandelt.«[264] Einer der Aussortierten wagte zu klagen. Das vernichtende Urteil des Gerichts zum Wahlgeschehen: »Mit dem verfassungsrechtlichen Ziel (...) ist ein derartiges Verfahren nicht vereinbar.«[265] Doch die Kungelrunden um Posten und Einfluss toben unvermindert weiter. Parteien bringen bei theoretisch freien Wahlen ihre Kandidaten durch und sichern sich auf Jahre Einfluss in der Rechtsprechung. Demokratische Prinzipien und der Rechtsstaat gehen dabei leer aus.

Zu guter Letzt eine Reise ins baden-württembergische Karlsruhe. Schauplatz ist Deutschlands höchstes Staatsorgan – das Bundesverfassungsgericht (BVG). Die dortigen Richter umgibt eine Aura der Unfehlbarkeit. Sie gelten als unabhängige Wächter der Macht und des Grundgesetzes. Das vom schönen Schein. Bereits die Richterauswahl ähnelt verblüffend den Mechanismen der Gerichtshöfe. Acht Richter des Ersten und die acht Richter des Zweiten

Senats werden je zur Hälfte von Bundestag und Bundesrat gewählt. Da eine Zweidrittelmehrheit vonnöten ist, müssen dem Vorschlag einer Partei auch andere Parteien zustimmen. Folglich spielt sich auch hier unter Ausschluss der Öffentlichkeit ein »gefühlter Kuhhandel« ab. Die altbekannte Spielregel: Nimmst du meinen, nehme ich deinen ...! Als beispielsweise für den verstorbenen Verfassungsrichter Klaus Winter und den ruhestandswilligen Jürgen Kühling Nachfolger gesucht wurden, hieß es »die Parteien« hätten sich auf zwei neue Richter geeinigt.[266] Bis dato wusste ich nicht, dass den Parteien das Bundesverfassungsgericht gehört. Doch faktisch ist keine andere Interpretation zulässig. Tatsächlich hatten sich die damalige Justizministerin Herta Däubler-Gmelin (SPD) und Rupert Scholz (CDU) in irgendeinem Hinterzimmer »ihre« roten Robenträger ausgefeilscht.

Vorgänge, die mich wachrüttelten, zumal ich seit geraumer Zeit Seltsames beobachtete: Wir schreiben das Jahr 1998. Es ist die Periode nach dem Regierungswechsel von Helmut Kohl zu Gerhard Schröder. Schwarz-Gelb war abgewählt und Rot-Grün installiert. Mit dieser Wende brach bei den Karlsruher Richtern eine Welle der Emsigkeit aus. Wie am Fließband wurde über Klagen entschieden, die nicht nur Jahre, sondern bis zu einem Jahrzehnt brachlagen. Verfassungswidrige Gesetze der alten Regierung kamen der neuen Koalition teuer zu stehen: *Die Benachteiligung der Familien. Die Schlechterstellung freiwillig versicherter Rentner. Die Nichtberücksichtung von Weihnachts- und Urlaubsgeld bei der Berechnung von Sozialleistungen. Und verschiedenes mehr.* Jede Position riss milliardenschwere Löcher in den Haushalt der neuen Regierung. Ist diese sonderbare Häufung erklärbar? Durchaus! Im Karlsruher Gericht herrschte nach wie vor das politische Kräfteverhältnis zugunsten der alten Koalition. Ein »Regierungswechsel« im BVG kann sich erst über viele Jahre manifestieren. Nämlich dann, wenn verschiedene Verfassungsrichter neu zu »wählen« sind. Etwas flapsig formuliert, dürfte sich folgendes Szenario ereignet haben: Früher wurden die Klagen zurückgehalten und jetzt bot sich eine günstige Gelegenheit, sie dem politischen Gegner um die Ohren zu hauen.

Ich wollte es einmal ganz genau wissen. Welche politischen Mehrheiten »regieren« das Bundesverfassungsgericht? Brieflich bat ich »Karlsruhe« um eine bescheidene Auskunft: Wer der 16 Richterinnen und Richter gehört welcher Partei an? Die Antwort: »Über eine Parteizugehörigkeit der RichterInnen gibt es beim Bundesverfassungsgericht keine Auflistungen.« Daran soll es nicht scheitern, dachte ich, und erstellte das angeblich fehlende Verzeichnis mit allen Richternamen. Es bedurfte jetzt nur mehr der Ergänzung der jeweiligen Parteizugehörigkeit. Ab damit zum BVG. Diesmal direkt an die damalige Präsidentin Jutta Limbach (übrigens SPD). Nun wurde es skurril! Genau sechs Tage später wurde meine persönliche Verfassungsbeschwerde abgewiesen. Der Hintergrund: Ich war Mitverfasser eines Flugblatts, das sich gegen skandalöse Justiz-Missstände in Gießen richtete. Obwohl darin »nichts als die Wahrheit« geschrieben stand, wurden etwa 1.000 Exemplare anlässlich einer Demonstration beschlagnahmt. Die kritisierte Richterschaft veranlasste die Einziehung handstreichartig und hebelte mit öffentlicher Gewalt die Presse- und Meinungsfreiheit aus. Ein klarer Grundrechtsverstoß! Dies war Gegenstand meiner Verfassungsbeschwerde, die bereits geschlagene fünf Jahre (!) vor sich hin dümpelte. Ein derart langer Zeitraum schließt Zufälligkeiten aus. Das Gericht schlug aufgrund meiner Recherche postwendend sach- und rechtsfremd zurück. Auch die »Ärger-Liste« erreichte mich unverrichteter Dinge mit folgendem Vermerk: Unter Bezugnahme auf Ihr Schreiben »kann nur nochmals betont werden, dass es eine Auflistung über eine Parteizugehörigkeit der Richter/innen beim Bundesverfassungsgericht nicht gibt«. Da deutsche Behörden gemeinhin nur über Anträge reagieren, überstellte ich meine ungeliebte Liste erneut dem BVG. Diesmal als formeller Antrag auf Auskunft. Falsch gelebte Demokratie im höchsten Verfassungsorgan: »Ihre gewünschte Information könnten Sie eventuell bei einer der großen deutschen Tageszeitungen erlangen«, ließ man mich wissen. Nach einem weiteren Hin und Her war klar: In der »Residenz des Rechts«, wie Karlsruhe auch genannt wird, ist kein Weiterkommen. Jetzt mein Versuch über den Bundesrat, schließlich ist man dort an der sogenannten Wahl der Verfassungsrichter beteiligt. Auch hier scheint Geheimhaltung gegenüber dem Souverän oberste Volksvertreterpflicht: »Daher kann ich Ihrer Bitte nicht entsprechen und schicke Ihnen Ihre Liste als Anlage zurück«, war der Kommentar zu meinem Anliegen. Versuche über verschiedene Parteien scheiterten ebenso. Selbst die damalige PDS »mauerte«. Gut, es mag wohl die Macht der Gewohnheit gewesen sein. Am Ende noch eine Eingabe beim Petitionsausschuss des Deutschen Bundestages, der mich freundlich abwimmelte: »Ich bedauere, Ihnen diesbezüglich nicht behilflich sein zu können.«[267]

Das Bundesverfassungsgericht genießt gesellschaftlich hohes Ansehen und Vertrauen. Zu Unrecht! Der Hauptgrund dürfte darin liegen, dass nur ein verschwindend geringer Teil der Bevölkerung auf persönliche Erfahrungen zurückgreifen kann. Erst wenn alle innerstaatlichen Instanzen erfolglos durchklagt sind, wird der Weg zum BVG frei. Das bedeutet: Großer Zeitaufwand! Hohe Rechtsanwalts- und Verfahrenskosten! Für viele Bürger zu aufwendig und unerschwinglich! Obwohl die Grundrechte in Deutschland massenhaft verletzt werden, finden jährlich nur etwa 5.000 Beschwerden den Weg nach Karlsruhe. Nahezu *alle* dieser meist verzweifelten und hoffenden Menschen werden bitter enttäuscht. Nur etwa zwei Prozent der Eingaben sind erfolgreich. Aufgrund meines früheren Engagements in Bürgerinitiativen kenne ich viele berechtigte Verfassungsbeschwerden und die dahinterstehenden Schicksale. Abgewiesen! Immer häufiger wird dazu übergegangen, legitime Beschwerden erst gar nicht anzunehmen. Der Grund: Die Ablehnung muss nicht begründet werden. Damit ist der Willkür Tür und Tor geöffnet und die Kläger (Beschwerdeführer genannt) ohne Angabe von Gründen um ihr gutes Recht gebracht. Das zumindest die höchstrichterliche Arbeitsweise für die Belange des Normalbürgers. Ganz anders bei Verfahren für politische Zwecke. Nahezu jedes Parteiengezänk wird angenommen und verhandelt. Hoffnung und Rechtsbehelf für jedermann? So war es gedacht, doch heute ist es ein Organ »im Namen der Politik«.[268]

Schwerstpflegefall Justitia

Zwei »unglückliche« Faktoren addieren sich im deutschen Rechtssystem: Wie gerade geschildert, der politische Zugriff auf *alle* Justizbereiche. Daneben der zweckentfremdete Komplex der »Unabhängigkeit«. Zu Letzterem: Wie schon angesprochen, dient dieser Begriff zur Abschottung der juristischen Gesellschaft. Man entzieht sich damit der Kontrolle und wehrt Beschwerden ab. Kritische Presse und Schelte unerwünscht, ja verpönt. Der Durchschnittsbürger profitiert von der Schein-Unabhängigkeit nicht. Für ihn leiten sich lediglich bizarre und skandalöse Entscheidungen ab, die er schutzlos zu ertragen hat. Beide Komponenten, der Einfluss der Mächtigen und die grenzenlose Macht der Juristen, bewirken methodisches Unrecht, das in der zivilisierten Welt seinesgleichen sucht. Folge: Verrücktheiten! Selbstherrlichkeit! Allmacht! Willkür!

Niemand sollte sich über das Chaos in der deutschen Rechtsprechung wundern. Gerade in einer Demokratie braucht Staatsgewalt Kontrolle. Dieser elementare Kodex wird konterkariert von der Auffassung, »nur seinem Gewissen verpflichtet zu sein«. Im Klartext: Die Verfassung und der gesamte Gesetzgebungswust ließen sich ohne Rechtsnachteile auf einen Paragrafen reduzieren: »Die Richterschaft kann tun und lassen, was sie will.« Faktisch haben wir diesen Basta-Zustand, den der ehemalige Bundesverfassungsrichter Prof. Willi Geiger lobenswert aufrichtig beschrieben: »In Deutschland kann man, statt einen Prozess zu führen, ebenso gut würfeln.«[269] Richter wie

Staatsanwälte sind Inhaber totaler Macht. Uneingeschränkte Freiheit gegenüber dem Bürger, die das Beugen von Gesetzen und Rechten beinhaltet. Gewissermaßen ein Rundum-Blankoscheck für berufliches Unrecht auf Lebenszeit ohne Angst vor Konsequenzen. In einem derart anarchischen Milieu tanzen die Mäuse auf den Tischen. Es herrscht ganzjährige Narretei in den heiligen Hallen der Gerichtsbarkeit. Menschen zerbrechen an der Rechtsprechung, am Rechtsstaat, am grenzenlosen Unrecht – produziert durch grenzenlose Unabhängigkeit.

»Das hätte ich in unserem Rechtsstaat nicht für möglich gehalten«

Haben Sie diesen Satz schon mal gehört? Es ist der gängige Ausspruch von Menschen, die erstmals mit unserer Justiz in Berührung kamen. In nahezu allen nachfolgenden Kapiteln dieses Buches versagt an entscheidender Stelle die Judikative, also die rechtsprechende Gewalt. Grundlage nicht nur für das kleine Unrecht zwischendurch, sondern bis hin zu schwersten Menschenrechtsverletzungen. Dabei geschieht vieles nicht nur unter den regungslosen Augen der Justiz, sondern mittels deren Beihilfe. Kein Grund also für hochtrabende Sonntagsreden unserer Parlamentarier, denn es ist Deutschlands rechtsstaatliche Bankrotterklärung.

Justitia ist verantwortlich, wenn hierzulande politische Kriminalität nicht verfolgt wird. Auf ähnliche Weise macht sie sich an den gravierendsten Missständen unserer Gesellschaft wenigstens mitschuldig. Die volkswirtschaftlichen Schäden sind nicht bezifferbar, doch kolossal. Egal welches zivile oder politische Unrecht geschehen mag, vor den Toren des Rechts muss dem Einhalt geboten werden. Es ist kein neues Phänomen, wenn eine Institution mit Monopolstellung ohne Beaufsichtigung aus den Fugen gerät. Deshalb sollten die Zerfallserscheinungen niemand überraschen. Der degenerative Prozess lässt sich beinahe an allen spektakulären Kriminalfällen ablesen: *Juristische Fehler und schlampige Ermittlungen lautet das gängige Klagelied.* Die Allgemeinheit erfährt aber so gut wie nie etwas über das Justizunrecht des einfachen Bürgers. Wie tief das Problem sitzt, lässt sich deshalb besonders gut an Prominenten festmachen. Menschen des öffentlichen Lebens, die ins Fadenkreuz der Justizorgane gerieten. Fast generell beschweren sie sich bitterlich über das Rechtsverständnis und Rechtsgebaren der Bundesrepublik:

- Wütende Worte während der Beisetzung von Klaus Löwitsch († 66). Die Witwe des TV-Stars »Peter Strohm« erhob schwere Vorwürfe gegen die Justiz: »Gestorben ist mein Mann an Krebs, doch erkrankt ist er an Leib und Seele. Es war das Unrecht des Prozesses in Berlin, das man ihm angetan hat.«[270] Löwitsch wurde vor ein Berliner Gericht gezerrt und der sexuellen Nötigung bezichtigt. Eine Intrige, wie er sagte. Das Verfahren endete mit seiner Verurteilung wegen eines Vollrausches. 5,15 Promille soll sein Blutalkohol zur »Tatzeit« betragen haben. Ein Wert, der menschliches Leben nahezu ausschließt und sexuelle Belästigung allemal.
- Fußballstar Stefan »Effe« Effenberg war stinksauer auf die Staatsanwaltschaft. Der Anlass: ein Ermittlungsverfahren gegen ihn und seine damalige Frau Martina. Unter anderem wurden zahlreiche Entlastungszeugen nicht gehört. Jürgen Vitz, Sprecher der Staatsanwaltschaft, in der typisch arroganten Wir-dürfen-alles-Manier: »Jedem Staatsanwalt bleibt es überlassen, wen er vorlädt.«[271] Genau das ist eines der Probleme unserer Justiz, Herr Vitz!
- Dem letzten DDR-Staats- und Parteichef Egon Krenz sind der Sturz von Erich Honecker und der friedliche Verlauf der Wiedervereinigung zu verdanken. Wegen der Mauertoten wurde er zu sechseinhalb Jahren Haft verurteilt. Honecker, der Unverbesserliche und Hauptverantwortliche, wurde »First Class« samt Frau Margot nach Chile ausgeflogen und mit Rentenzahlungen beglückt. Krenz prangerte Siegerjustiz an. Nicht nur das. Es widerspricht jedem Gerechtigkeitsgefühl und macht wütend.
- Günter Lamprecht, ehemaliger »ARD-Tatort-Kommissar«, und seine Lebensgefährtin wurden Opfer eines Amokläufers. Von zahlreichen Kugeln getroffen, erlitten beide schwerste Verletzungen. Lamprecht wurde dadurch zu 40 Prozent erwerbsunfähig. Um an seine kärgliche Opferrente von etwa 150 Euro zu gelangen, musste er sich einem unwürdigen Gerangel aussetzen und zeitraubende Verfahren anstrengen. Hohe Aufwendungen für Gerichte und Rechtsanwälte inbegriffen. »Ein normaler Rentner kann das finanziell gar nicht durchstehen«, ist sich Lamprecht sicher. Seinen Frust über das Gerichtswesen drückte der Schauspieler so aus: »Als Opfer ist man in diesem Land schlecht dran.«[272]
- Stefanie »Steffi« Graf, die siebenmalige Tennis-Wimbledonsiegerin, kam mehrmals unbegründet ins Visier der Ermittler. Die Brühlerin erhob jedes Mal schwere Anschuldigungen gegen die Staatsanwaltschaft und Steuerfahndung. Steffi war »frustriert über die Justiz« und »enttäuscht über das deutsche Rechtssystem«. Sie sprach von »einem schlechten Traum« und »seifenopernartigen Zuständen«.
- Empörung löste der Fall Jan Simak aus. Der ehemalige Top-Fußballer des Bundesligisten Hannover 96 war mit seinem Auto etwas zu schnell gefahren. Wegen 61,36 Euro rückte die Kripo beim Training mit Haftbefehl an.[273]

- Auch der Fast-Fußball-Bundestrainer Christoph Daum schäumte vor Wut. Er sprach von »Kumpanei zwischen Richtern und Staatsanwälten«. Ein gigantischer Prozess wurde angezettelt, um dem Fußballlehrer in zwölf Fällen Kokain-Besitz für den Eigenverbrauch (!) nachzuweisen. Unglaubliche 30 Verhandlungstage endeten mit 10.000 Euro Geldbuße. Die Anwalts- und Verfahrenskosten bezifferte Daum auf mehr als 1 Million Euro. Sollte das einem Normalverdiener widerfahren, ist sein Leben ruiniert.
Der Fall Daum eignet sich, um etwas tiefgründiger hinzusehen. Der Abgeurteilte schädigte durch Drogenkonsum ausschließlich seine eigene Gesundheit. Zeitgleich zum Verfahren des Fußballlehrers – und das ist noch heute gängige Praxis – wurden und werden in Städten wie Hamburg ausländische Großdealer nach ihrer Verhaftung am nächsten Tag auf freien Fuß gesetzt. Aus dem hessischen Hanau eine andere Variante: Dort mussten zwei Großdealer freigelassen werden, da die Richter angeblich keine Zeit hatten. Diese Gegenüberstellung macht eines sichtbar: Der Grundpfeiler jeder demokratischen Gesellschaft – die Gleichbehandlung vor dem Gesetz – ist in unserem Land weggebrochen. Das Promi-Geschimpfe könnte übrigens beliebig fortgeführt werden. Vom Fußball-Weltmeister Andy Brehme bis zum Ex-Box-Weltmeister Graciano »Rocky« Rocchigiani. Letztgenannter wollte sogar aus Zorn die Bundesrepublik verlassen. Nahezu alle mit persönlichen Justiz-Erfahrungen beklagen realitätsferne Entscheidungen, verbunden mit dem rechtskulturellen Verlust von objektiven Maßstäben und Gerechtigkeit. Nachfolgend weitere Geschichten juristischer Launenhaftigkeit, die schon morgen oder übermorgen jeden von uns heimsuchen kann. Gleichzeitig ein Beitrag zur Diskussion: Ist die Justiz überlastet?

Hier werden Sie geholfen – Gerichtspossen

Breisach (Baden-Württemberg) – »Verbrecherin« Karin D. verlässt als freier Mensch das Amtsgericht. Aufgewühlt, aber erleichtert über ihren Freispruch. Es war der bisher schwerste Tag im Leben der 59-jährigen Dortmunderin, die erstmals vor einem Richter stand. Für die Frau ging es um alles: Womöglich Gefängnis inmitten Schwerkrimineller? Eine »Sammelleidenschaft« wurde der westfälischen Urlauberin zum Verhängnis. Das nur, da sie nicht sehen konnte, wie Walnüsse am Rande einer Landstraße herrenlos vor sich hin faulten. Beim Spaziergang las sie 17 Nüsse auf und bückte sich gerade nach der nächsten, da schnappte die Falle zu: Eine dienstbeflissige Polizeistreife konnte dank ihres beherzten Zugriffs den Nusszugriff der »Erntetäterin« vereiteln. Obwohl der Besitzerin des Walnussbaumes alles

»völlig wurscht« war, kam es zur Anklage wegen der Handvoll Früchte. Anwälte, Staatsanwälte, Richter, Zeugen und die verzweifelte »Sünderin« waren fast ein Jahr beschäftigt, um die harte Nuss zu knacken. Fazit: Wenn der Volksmund den verbotenen Schalenfrüchten die Wirkung einer Gehirnnahrung zuschreibt, sollten sie zur Pflichtverköstigung involvierter Justizbeamter werden.

Wiesbaden – Bernhard G., besser bekannt unter dem Namen »Richter Schlaflos«, hielt jahrelang seine Berufskollegen auf Trab. Der Jurist, selbst in Amt und Würden, klagte gern wegen anstößiger Lichtquellen. Im ersten Prozess bekämpfte er eine handelsübliche 40-Watt-Haustürlampe am Nachbarhaus. Ein fahler Lichtschimmer drang direkt in sein Schlafgemach. Berufskollegen sorgten in einem langwierigen Rechtsstreit für Abhilfe: Das schmiedeeiserne »Corpus Delicti« musste abmontiert werden. Dem erfolgreichen Kläger reichte es aber nicht, seine Nachbarn im Finstern ins Haus stolpern zu sehen. Nun verlangte er die Zubereitung und Einnahme des Abendbrots im Dunkeln. Bernhard G. störte das Küchenlicht. Der Lampenbesitzer sollte dafür sogar ins Gefängnis. Kein Witz! Bernhard G. beantragte Ordnungshaft, würde noch einmal fragliche Beleuchtung angeknipst. Ortstermin. Eine Richterkollegin hatte zu prüfen, ob die düstere Funzel wirklich stört. Ergebnis: Bei voller Konzentration und Einbildungskraft könnte ein feiner Lichtstreif erkennbar sein, der womöglich des Klägers Rollladen berührt. Wie immer das zweite Verfahren ausgehen mag, für die Anwohner wurde der Fall zum Spektakel. Das Publikum staunte, für welchen Blödsinn die Justiz Zeit hat, und eine erboste Anwohnerin stellt die Frage aller Fragen: »Was macht er, wenn der Mond scheint?«[274]

Garmisch-Partenkirchen – Stadt inmitten eines friedvollen, aber trügerischen Gebirgspanoramas, am Fuße des höchsten deutschen Bergmassivs, der Zugspitze. Ist vom örtlichen Amtsgericht die Rede, spricht man vom Gipfel ganz anderer Art. Über Jahrzehnte herrschten hier die Extrem-Alpinisten des Rechts: Strafrichter Dieter Klarmann und sein Direktor Gernot Körner. Berühmt geworden als die bayerischen »Rabaukenrichter«. In einem ungewöhnlichen Verzweiflungsakt schlossen sich einheimische Anwälte zusammen, um publik zu machen, was ansonsten verborgen geblieben wäre: Ausländer wurden als »Rindviecher« bezeichnet, Angeklagte als »saudumm« angeschrien und Anwälte als »schwachsinnig« beschimpft. Ob Mandant oder Verteidigung, alle mussten sich wie Untermenschen behandeln lassen. Zeugen einschüchtern und beleidigen stand genauso auf der Tagesordnung wie Beugehaft, falls ihnen irgendwelche Aussagen nicht glaubhaft erschienen. Kritische Journalisten wurden mit »Hausverbot« belegt und auch das Allerschlimmste geschah: Der 55-jährige Hotelkaufmann Dieter C. erschien wegen ein paar Hundert Euro Schulden nicht zur Verhandlung. Richter Körner ließ ihn kurzerhand einsperren. Spät am Abend und außerhalb der Dienstzeit tauchte der Gerichtsdirektor höchstpersönlich im Knast auf. Nicht alleine, im Schlepptau seine 16-jährige Tochter und deren gleichaltrige Freundin. Er drohte dem Lapidarschuldner für die nächsten Monate gesiebte Luft an. Der verzweifelte Mann verfasste einen Abschiedsbrief und nahm sich in der Zelle das Leben. Quälten den Juristen Gewissensbisse oder so etwas wie Unrechtsbewusstsein? Sein Statement: »Ich glaube, ich habe ihn genau nach Recht und Gesetz behandelt. Ich hab ihn aber auch so behandelt, wie es angemessen war.«[275] Nichts und niemand konnte das gottähnliche Justizgespann bremsen. Letztlich brachte Richter Klarmann Ende 2008 nur sein Pensionsalter zur Räson, das ihn aus dem Verkehr zog. Die Altersregelung schaffte, was vorher keine Dienstaufsichtsbeschwerde vermochte, keine Beschwerde beim Justizminister, keine Schlagzeile in der Presse und keine Strafanzeige (eingestellt – wie in Amigostrukturen üblich). Das juristische Absurdistan nahm sogar immer groteskere Formen an: Anwälte gingen dazu über, ihren Klienten, die an diese Richter gerieten, Folgendes zu empfehlen: Schweigen, die Verhandlung über sich ergehen lassen, um eventuell in der nächsten Instanz in München Recht zu bekommen und menschlicher behandelt zu werden. Auswüchse grenzenloser »Unabhängigkeit«.

Politische Justiz, Krankheit unserer Zeit

Ist von miserablen Richtern oder vom Versagen eines Gerichts die Rede, ist meist Korruption das realitätsnähere Thema. Der übermächtige Polit-Filz hat alle Bereiche der Rechtsprechung infiziert. Viele Leser mögen denken: Das tangiert mich nicht, was hab ich schon mit Politik zu tun? Leider falsch! Bitte nicht vergessen, unsere Parteien haben die Republik eingenommen. Sie bestimmen, wer in Behörden sitzt. Sie bestimmen, wer sich in Aufsichtsräten oder Vorständen großer und kleinerer Firmen tummelt. Und sie »regeln« – wie schon geschildert – das personelle Geschehen von den untersten Instanzen bis zu den höchsten Gerichten. Selbst Schöffen, die richterlichen Laienbeisitzer, sind bevorzugt »linientreue« Parteibuchinhaber, die in der Regel von Kreis- und Ortsparlamenten vorgeschlagen werden. Summasummarum: Einflussfreie Zonen nahezu ausgeschlossen! So urteilen Deutschlands Richterinnen und Richter zugunsten der Behörden und Mächtigen im Lande, ohne dass es Unvermögen oder Zufall wäre:

Woltersdorf (Nähe Berlin) – Das Gericht behauptet, der Brandeinsatz Nummer 117 der Feuerwehr erfolgte sachgerecht und effektiv. Haarscharf, aber gezielt an der Wahrheit vorbei! Hausbesitzer Wolfgang K., dessen Anwesen ein Raub der Flammen wurde, erlebte die Situation so: Nachdem ein kleiner Brand im Keller seines Hofes ausbrach, alarmierte er die Feuerwehr. Nach vier Minuten, also in ungewöhnlich kurzer Zeit, traf der Löschzug ein. Aktiv wurden die Feuerwehrmänner allerdings nicht. Mit Zigaretten im Mundwinkel amüsierten sie sich genüsslich, wie die Flammen um sich griffen. Aus Verzweiflung versuchte der Besitzer, in Eigeninitiative die Wasserschläuche zu verlegen. Ein Polizist, ebenfalls vor Ort, forderte mehrfach vergebens: »Jungs, jetzt löscht doch mal!«[276] Mutmaßliches Motiv der Tatenlosigkeit: Rache! Wolfgang K. verbrannte Jahre vor diesem Ereignis verbotenerweise Sperrmüll und löste dadurch den Einsatz der gleichen Feuerwache aus. Mit Mann und Maus stürmte man seinerzeit das Grundstück, bevor der Fehlalarm bemerkt wurde. Zurück zum wirklichen Brand: Der Fall landete vor dem Landgericht Frankfurt/Oder und eines funktionierte perfekt: der Behördenfilz! Der Richter glaubte ausschließlich dem Hauptverantwortlichen der Geschehnisse – dem Einsatzleiter des Löschzugs. Der Polizist brachte kein kritisches Wort gegenüber seinen »Kollegen« der Feuerwehr über die Lippen. An Entscheidendes konnte er sich nicht mehr erinnern. Sozusagen ein Kumpanei-Blackout. Den Geschädigten ließ man der Einfachheit halber nicht zu Wort kommen. Auf eine notwendige Ortsbesichtigung wurde verzichtet und gesicherte Beweise des Brandgutachters ignoriert. Das eindeutige Ergebnis des Sachverständigen: Die Feuerwehr löschte zu spät, dadurch verzehnfachte sich der Schaden. Seine Existenz und alles, was sich der ehemalige DDR-Bürger nach der Wende aufbaute, war weg. Eine Berufungsverhandlung konnte sich Wolfgang K. nicht mehr leisten.

Bremen – Überraschende Vorladung für Traute K. in das Stadtparlament. Dort erfuhr die damals 69-Jährige Befremdliches: Sie sollte sich *sofort* schriftlich einverstanden erklären, ihren großen, wunderschönen Landbesitz herzugeben. Die Eigentümerin im Schockzustand wollte verständlicherweise die Situation erst überdenken und mit allen Familienangehörigen bereden. Doch ultimativ wurde eine Entscheidung verlangt. Sie verneinte. Der Stadtstaat betrieb postwendend die Enteignung »zum Wohle der Allgemeinheit«. Ein Wohngebiet sollte entstehen, für das es keinen Bedarf gab: Ein direkt angrenzendes Neubaugebiet, für 300 Häuser ausgewiesen, stand mit 30 Neubauten nahezu leer. Unfreiwillig wurde der Kampf gegen die Willkür zum wichtigsten Lebensinhalt der Familie. Nächtelanges Studieren von Gutachten und Statistiken. Dazu Rechtsanwälte konsultieren und Gerichtstermine wahrnehmen. Der städtische Klüngel mit seinen Mechanismen offenbarte sich schnell: Die Verwaltung kreierte Lügen und die politischen Ebenen einschließlich Justiz übernahmen prüfungslos! Ebenso wurde für die Betroffenen nach und nach eines klar: Sie sind Opfer städtischer Spekulationsgeschäfte, die mit ihrem Nein durchkreuzt wurden. Alle Klagen der Familie gerieten zum Desaster. Letztinstanzlich übernahm auch das Oberverwaltungsgericht (OVG) mit Richter Günter P. die Argumentation der Stadt. Kein Wunder! Der Mann war zu diesem Zeitpunkt bereits 30 Jahre SPD-Mitglied und in der lokalen Presse durch Äußerungen aufgefallen, dass er sich als »politischer Mitgestalter« verstehe. In diesem Sinne wurde seinen »Genossen« im Stadtparlament ein passendes Urteil zum Enteignen präsentiert. Sensationell, hier stoppte einmal das Bundesverfassungsgericht die Machenschaften und verwies das Urteil an das OVG zurück. Nach sechs Jahren Kampf, Krampf und Prozessen wurden die Karten neu gemischt. Ausgang offen! Abschließend noch Worte der Betroffenen: »Wir haben uns sehr oft gefragt, was macht jemand in unserer Lage, der nicht die Zeit, die Nerven und auch das Geld hat, so eine Sache durchzuziehen. Die sind einfach ihr Land los.«[277] So ist es!

Eschede – Am 3. Juni 1998 rast der ICE »Wilhelm Röntgen« mit Tempo 200 in einen Brückenpfeiler. Die größte Katastrophe der Deutschen Bahn forderte 101 Tote und 105 Verletzte. Grund des Unglücks war ein gebrochener Radreifen, der den Zug zum Entgleisen brachte. Was die Hinterbliebenen anschließend erlebten, ist mit dem Wort Menschenverachtung noch moderat beschrieben. Die Deutsche Bahn AG »entschädigte« nach einem ekelhaften und unwürdigen Hickhack die meisten Angehörigen mit 15.000 Euro je Toten. Ein Menschenleben kaum mehr Wert als die Bestattungskosten. Für den Hohn sorgte also die Bahn, für den Spott die Rechtsprechung. Auf der Anklagebank saßen drei Ingenieure, die nach einhelliger Expertenmeinung die Falschen waren. Heinrich Löwen, Gründer der Selbsthilfegruppe Eschede: »Das war das erste große Versagen der Justiz, dass man sich nur Bauernopfer gesucht hat auf der mittleren Ebene. Es ist ganz klar herausgekommen, dass der Bahnvorstand letztlich die Entscheidung getroffen hat für die Einführung dieses unerprobten Radreifens (...). Der Vorstand hat diese Entscheidung getroffen und massiv Druck auf diese mittlere technische Ebene ausgeübt, damit diese dem auch zugestimmt hat. Und ein weiterer Punkt kommt dazu: In der Überwachung und Überprüfung der Sicherheitstechnik im laufenden Betrieb wurde massivst geschlampt. Es ist alles dokumentiert und nachgewiesen. Diese Ebene hat man völlig ausgeklammert. Auch dort wären Leute gewesen, die hätten unbedingt auf die Anklagebank gemusst. In diesem Verfahren, was wir sehr beklagen, sind diese nicht einmal als Zeugen vernommen worden. Sie sind völlig außen vor geblieben. Es ist absolut unverständlich.«[278] *Ein repräsentatives deutsches Verfahrensmuster.* Ganz augenscheinlich sollten die Vorstandsetage und die wahren Verantwortlichen verschont bleiben. Das Kalkül, die Falschen auf die Anklagebank zu setzen, um dann nach Bahnmanier die Verfahren »planmäßig« einzustellen, ging auf. So wurden die Toten, Hinterbliebenen, Schwerverletzten und Verletzten nicht nur Opfer einer Katastrophe, sondern auch der Justiz. Nach dem Mainstream »Gerichtsurteile kritisiert man nicht« schwieg die veröffentlichte Meinung nahezu geschlossen zu Vorgängen einer Bananenrepublik.

Unrecht zugunsten der Mächtigen hat in Deutschland System. Das erfuhren genauso die Angehörigen im Eishallenprozess von Bad Reichenhall. Große Mängel bei Planung und Bau. Der jahrzehntelang behördenbekannt desolate Zustand der Eislaufhalle führte letztlich zum Einsturz. 15 Menschen starben unter der tonnenschweren Trümmerlast. Daneben wurde die Eishalle 30 Jahre lang »praktisch als Schwarzbau« ohne die nötigen Unterlagen und Prüfungen betrieben[279], so der involvierte Strafverteidiger Dr. Andreas Kastenbauer. Auch hier saßen die Falschen auf der Anklagebank. Kein Vertreter der Stadt Bad Reichenhall. Keiner der hohen Beamten, die über Jahre hinweg zusahen, wie die Eishalle verkam. Hinterbliebene, die auf »ein faires« Verfahren gehofft hatten, brachen nach der Urteilsverkündung in Tränen aus: nur Freisprüche und ein Bauingenieur als »bewährungsbestraftes« Bauernopfer. Der Münchner Merkur schrieb: »Verbeamtete Unschuld.« Und nochmals der Strafverteidiger Dr. Andreas Kastenbauer: »Man wollte offensichtlich die Verantwortlichen der Stadt nicht auf der Anklagebank sehen.«

Infolgedessen erging es den Ramstein-Opfern und deren Angehörigen nicht anders. Rückblick: Am 28. August 1988 stießen drei Maschinen während einer militärischen Kunstflugshow zusammen und stürzten ab. Ein Flugzeug der italienischen Staffel »Frecce Tricolori« raste brennend in die Zuschauermenge. 70 Menschen starben im Inferno. 379 Zuschauer erlitten teils schwerste Verbrennungen. Unzählige wurden verletzt. Opfer und Angehörige kämpften teils nach zwei Jahrzehnten immer noch um Schadenersatz und Schmerzensgeld. Die Schande: Sogar eine Gedenktafel an der Unfallstätte wurde verweigert. Letztendlich mussten das »Grundstück« für diesen Stein die Hinterbliebenen kaufen, um am Ort des Geschehens ihrer Toten gedenken zu können.
Alle geschilderten Begebenheiten menschlicher Dramen und Tragödien

stehen beispielhaft für unzählige kleine und große Justiz-Affären. Den Nachweis hierfür lieferte das »Stadtgespräch« im hessischen Fernsehen zum Thema »Deutsches Recht kennt keinen Schmerz«[280]: Während der Sendung konnten sich das Studiopublikum direkt und die Zuschauer über Telefon oder E-Mail zu Wort melden. Die Resonanz war gewaltig und verdeutlichte, welch flächendeckender Massenmissbrauch dahintersteht. Grundtenor der Wortmeldungen: Wut und Enttäuschung über unseren Rechtsstaat und immer wieder war von mafiaähnlichen Methoden der Justiz die Rede. Wir sprechen folglich nicht von Einzelfällen, sondern von bundesweit Hunderttausenden, mit deren Rechten Schindluder getrieben wird. *Jetzt zu einem weiteren Komplex aus der Welt des Rechtsverrats.*

Wer den Schaden hat, kann sich seinen Ruin erklagen

Immobilienbetrug, Handwerkspfusch, Ärztepfusch, Berufserkrankungen, Unfall- und Chemikalienopfer. Alles Begriffe aus dem Metier des Faustrechts. Hier gilt nicht das Gleichheitsprinzip, sondern das Diktat des Stärkeren. Gesetze zum Schutze der Verbraucher existieren, doch wer sie durchsetzen will, erlebt sein blaues Wunder. Schadenersatzklagen gegen Konzerne, Firmen oder Versicherungen gleichen sich wie abgesprochen. Anders als in der Bibel siegt vor Gericht regelmäßig der Riese Goliath. Der Justizapparat stellt sich in die Pflicht der politischen Obrigkeit und der damit eng verknüpften Industriekartelle. Kläger müssen mit einer Verfahrensdauer von weit über einem Jahrzehnt (!) rechnen[281] – siehe Ramstein-Opfer. Diese indiskutable und unfaire Zeitspanne ist ganz offensichtlich Teil eines beabsichtigten Zermürbungskriegs. Zumindest ist keine andere Erklärung plausibel. Prozesse entpuppen sich für Geschädigte als einseitiger Existenzkampf mit unüberschaubaren Kosten. Über mehrere Instanzen und je nach Forderungshöhe können sich für Anwälte, Gerichte, Gutachten, Gegengutachten sogar Hunderttausende summieren. Das heißt, wer sich nicht dem Unrecht beugt oder naiv an den Rechtsstaat glaubt, wird systematisch in den psychischen und finanziellen Ruin getrieben. Die peinigende Ohnmacht dieser Willkürverfahren macht viele Menschen krank und die finanziellen Belastungen erledigen den Rest: Die einen geben aus gesundheitlichen Gründen auf, andere werden zum Sozialfall und viele zwingt beides zur Aufgabe. Das Opfer einer sogenannten Schlechtleistung (Baupfusch) sprach aus, was immer wieder zu hören ist: »Ich versteh' inzwischen, wie jemand ohne Ankündigung einen anderen umbringen kann.« Klassenjustiz macht Lust auf Selbstjustiz.

Beispiele sagen mehr als tausend Worte. Deshalb ein Vorkommnis herausgegriffen, das die gerade geschilderten Mechanismen aufweist. Verfeinert mit einer äußerst aufschlussreichen Kommentierung eines ehemaligen Staatsanwalts:

Für Familie S. sollte der Hausbau im Bergischen Land die Erfüllung eines lang gehegten Traumes werden. Gesunde Luft inklusive, denn mit dem Bauträger wurde schriftlich vereinbart, »*... ausschließlich umweltfreundliche und mit dem Blauen Engel versehene Materialien*« zu verwenden. Nach dem Einzug stellte sich bei *allen* Familienmitgliedern ein rapider körperlicher Verfall ein: Schwäche, Heiserkeit, Atemstörungen, Abfall der Muskelkraft und Depressionen. Blutproben und Fettgewebe wurden in einem Labor analysiert. Gefunden wurden besorgniserregende Werte der Schadstoffe PCP und Lindan. Gifte, die in Holzschutzmitteln Verwendung finden. Mediziner und Gutachter rieten dazu, das Haus sofort zu verlassen, bis die Schäden behoben sind. Die Familie mietete eine kleine Wohnung an, wie man glaubte, für wenige Wochen. Vor dem Landgericht Wuppertal wurde Klage eingereicht und die Betroffenen errangen den ersten und einzigen Pyrrhus-Sieg: Die Baufirma sollte für alle Schäden an Körper und Haus aufkommen. Eigentlich prima! *Zehn Jahre später*: Die Familie lebte noch immer in der Notbehausung inmitten ihrer Umzugskisten. Der Irrsinn war inzwischen ihre einzige Beschäftigung geworden und Eckhard S. völlig am Ende. Der gebrochene Mann: »Wir sind in jeder Hinsicht ruiniert und haben auch keine Lebenskraft mehr, die ist uns vollkommen genommen worden. Dieser aufreibende Prozess hat unser Leben zerstört.«[282] Menschen mürbe gemacht durch Tatenlosigkeit und sinnlos verstrichene Zeit. Obwohl es nach dem erstinstanzlichen Sieg nur mehr darum ging, die Höhe des Schadens festzustellen, dauerte es sechs Jahre (!), bis gerade mal ein ärztlicher Gutachter vom Gericht bestellt wurde. Anschließend dümpelte das Verfahren weitere drei Jahre vor sich hin. Fast ein Jahrzehnt wurden die Geschädigten hingehalten, verbunden mit enormen Kosten: Anwälte, Gutachter, der Kredit des leerstehenden Hauses und die Miete ihrer »vorübergehenden« Wohnung verschlangen ein Vermögen. Dann endlich die heißersehnte Verhandlung. Doch der Gerichtsgutachter zerstörte alle Hoffnungen, denn er wollte keinen Zusammenhang von Erkrankung und Schadstoffbelastung des Hauses erkennen. Die Farce vollendete der Richter: Ohne das erstinstanzliche Urteil zu würdigen, ohne die Kläger persönlich gesehen zu haben, folgte er der dreisten Gutachterlüge – die Klage wurde kostenpflichtig abgewiesen. Der ganz normale Wahnsinn deutscher Justizbürokratie. Prof. Erich Schöndorf, ein Kenner der »Szene« und ehemals leitender Staatsanwalt im Frankfurter Holzschutzmittelprozess, bezeichnet diesen Fall als typisch. Er spricht von

»Unrechtsprechung mit System«[283], da noch *nie* ein solcher Prozess zu einer angemessenen Entschädigung führte. Richter, »die sich auch nicht stören am Schicksal von Tausenden von Menschen«, resümiert der Ex-Staatsanwalt. Schöndorf quittierte seinen Dienst, er resignierte an den Zuständen der Justiz.

Gutachter, Deutschlands heimliche Richter

Zu einem wichtigen Element im Versagen des Rechts gehört das Unwesen der Sachverständigen. Die Situation erinnert stark an die »Kommissionitis« und »Berateritis« unserer Parlamentarier. Wo gesunder Menschenverstand, eine Ortsbegehung, eine Anhörung oder die Aktenlage zur Klärung hinreichend wäre, entscheiden hoch belohnte »Sachkundige«. Redensarten von »Raubrittern unserer Zeit« oder den »Prostituierten im Gerichtssaal« machen die Runde. Das starke Gewicht dieses Gewerbes erscheint besonders waghalsig, wenn man weiß, dass sich die Masse im Selbstversuch in den Berufsstand hievt. *Zwei Drittel* sind ungeprüfte »Fachleute«[284], falls in solchen Fällen überhaupt von Fachleuten geredet werden darf. Ein Türschild mit dem Titel »Sachverständiger«, dazu passendes Briefpapier reichen, um gewissermaßen über Nacht einer der 50.000 Bewertungskünstler zu sein. Kurz: Gutachter kann jeder werden! So viel zum fachlichen Hintergrund.

Wie werden Gutachten gemacht?
Variante eins – Institute für Serienexpertisen. Dort erstellte »Produkte« werden mit Computerhilfe aus vorgefertigten Textbausteinen zusammengesetzt. Diese obskuren Fabriken sind beliebt, denn sie liefern wie am Fließband, was sich ihre Auftraggeber erwarten. Oft sind es ein paar schlecht qualifizierte Leute, die jährlich bis zu 10.000 Gutachten produzieren. Man könnte sagen, es sind bestellte Gutachten, deren Ergebnis von vornherein feststeht.
Variante zwei – lobbynahe Herstellung. Wirtschaftsunternehmen, Berufsgenossenschaften, Versicherungen und ähnliche Interessenvertretungen sind Jahr für Jahr mit Milliarden Schadens- und Schmerzensgeldforderungen konfrontiert. Für diesen Zweck werden Gutachter oder wissenschaftliche Einrichtungen »angefüttert«. Mittel der Wahl sind Spenden, Forschungsgelder oder bis zu jährlich eintausend Auftragsgarantien. Ein warmer Geldsegen in Millionenhöhe ergießt sich über *jeden* Empfänger und sichert eine sorgenfreie Existenz. Die Folgen liegen auf der Hand: Wissenschaftskriminalität nach dem Motto »Wessen Brot ich ess, dessen Lied ich sing«.
Variante drei – Fachgutachten bei Ärzte- oder Handwerkspfusch. Hier fällt auf, dass Gerichte fast immer örtliche Experten heranziehen. Oft stellt sich

heraus, der Sachverständige entstammt ausgerechnet der Innung des handwerklichen Stümpers. Oder der Beauftragte zur Prüfung einer ärztlichen Fehlleistung ist der duzende Kollege mit besten persönlichen Kontakten. Gutachter außerhalb dieses regionalen Netzwerkes halten Gerichte zielgerichtet heraus. »Bösachten« sind auf diesem Sektor insofern kein Zufall, sondern eine gewollte Gemeinheit.

Variante vier – Glaubwürdigkeitsgutachten. Einsatzbereiche sind die familien- und strafrechtlichen Verfahren. Wird wenigstens auf diesem Spezialgebiet eine Ausbildung verlangt? Nein, keine besonderen Kenntnisse erforderlich! Der anerkannte forensische Psychologe Max Steller wurde gefragt, wie man Gerichtsgutachter wird. Antwort: »Indem man von einem Gericht beauftragt wird.«[285] Bekanntschaften mit Richtern nennen Branchenkenner als wesentlichstes Kriterium. Kumpanei statt Qualifikation, so unerhört einfach kommen »Sachverständige« ins Geschäft. Der Münchner Anwalt Hugo Lanz spricht von »betrügerischen Gerichtsgutachtern«, die in einer »mafiösen Struktur« den Alltag in Deutschland bestimmen.[286] Und noch einmal der Ex-Staatsanwalt Erich Schöndorf: »Unwahrheit gegen Cash.«

Recht und Unrecht ist immer ganz konkret und in den Fakten zu suchen. Deshalb direkt zur Beschreibung eines »ganz normalen« Gutachter-Skandals: Rund 100.000 Patienten werden jährlich Opfer schwerwiegender ärztlicher Fehler. Die Münchnerin Petra Kern (Name geändert) gehört dazu. Alles begann mit einem Stechen im Knie und der undramatischen Diagnose Innenmeniskus-Läsion. Mittels Arthroskopie – einem harmlosen Routineeingriff – wurde die Patientin behandelt. Als Frau Kern aus der Narkose erwachte, verspürte sie extreme Schmerzen. Ein Pfleger, darauf angesprochen, war der Meinung, sie möge sich nicht so anstellen. Auf Anweisung der Ärzte wurde ihr ein starkes Schlafmittel verabreicht, das die frisch Operierte vor sich hindösen ließ. Erst als die Patientin ihr Bein nicht mehr spürte, wurde sie viel zu spät in eine Spezialklinik gebracht. Diagnose: Der Chirurg hatte beim Eingriff das Hauptblutgefäß im Bein durchrissen. Das Muskelgewebe wurde von der Blutzufuhr abgeschnitten und dadurch zerstört. 13 Operationen folgten, um zu retten, was noch zu retten war. Die Betroffene entging dabei zweimal nur äußerst knapp dem Tod. Schließlich mussten die Ärzte kapitulieren und die Frau vor eine schreckliche Wahl stellen: Bein oder Weiterleben? Der Albtraum endete mit der Amputation des Unterschenkels. Seit über fünf Jahren kämpft Petra Kern um Schmerzensgeld und Schadenersatz. Ein Gutachten jagt das andere und die Ärztekammer der Schlichtungsstelle legte einen strafbaren Befund vor: »... keine Anhaltspunkte für einen ärztlichen Behandlungsfehler.« Die

Geschädigte, seit ihrer Operation berufsunfähig und völlig am Ende, drückte ihre Situation so aus: »Ich habe langsam keine Kraft mehr.«[287] Dieser Fall dokumentiert gutachterliche Schwerstkriminalität. Wir brauchen keine Richter, die ihre Urteile auf Straftaten stützen und sich nicht in der Lage sehen, einen derart eindeutigen Fall selbst zu entscheiden. Auch Schlichtungsstellen, dafür verschrien, Hilfesuchende zum Zwecke der Verjährung hinzuhalten und zu verhöhnen, haben keinerlei Existenzberechtigung. Weg damit!
Die Situation im deutschen Begutachtungswesen ist katastrophal. Ausdrücklich zu betonen wäre, dass auch unabhängige und fachlich hervorragende Sachverständige tätig sind. An der einen oder anderen Stelle dieses Buches sind nach bestem Wissen und Gewissen *wirkliche Gutachter* zitiert. Als Normalbürger an sie zu geraten kommt allerdings dem Glück gleich, die legendäre Nadel im Heuhaufen zu finden. Häufig lässt sich beobachten, dass Gerichte alles versuchen, um qualifizierte Experten aus den Verfahren herauszuhalten. Richter wollen möglichst zügig und komplikationsfrei ihre Urteile auf »Schlechtachter« stützen. Der »Sachverstand von außen« heiligt schließlich noch ein anderes Mittel: Es ist die Seife, um die richterlichen Hände in Unschuld zu waschen. Die Rede ist von 95 Prozent aller Gutachten, die Gerichte kritiklos übernehmen und auf deren Grundlage sie entsprechende Urteile fällen.[288] Deutschlands Juristen, verstrickt im Geflecht von Filz und Macht und intensiv bemüht, der Rechtsordnung den Todesstoß zu versetzen.

Hilfe, ich bin unschuldig, holt mich hier raus ...!

Kein neues Format einer Gefängnis-Show, sondern bittere Realität. Auch der Fachbereich »Strafrecht« reiht sich nahtlos in das trübe Bild anderer Justizbereiche ein. Gerichtsinsider tuscheln über Fehlurteile von bis zu 20 Prozent. »Vollstreckung gegen Unschuldige« nennt das die schwulstige Gesetzessprache. Demnach sitzen in dieser Größenordnung Unschuldige hinter Gittern. Ein Aspekt für die zum Bersten überfüllten Vollzugsanstalten! Wer sich die Arbeitsweise der Gerichte vor Augen hält, den sollten diese Art der »Kollateralschäden« kaum überraschen. Die Breite dieses völlig tabuisierten Problems wurde mir aufgrund einer zufälligen Begebenheit ins Bewusstsein gerufen. SAT.1 strahlte in einer Sendung die Kontaktadresse jener Selbsthilfegruppe aus, der ich als Schriftführer vorstand. Allerdings mit dem irrtümlichen Hinweis, die Initiative sei Anlaufstelle für zu Unrecht Verurteilte. Eine gewaltige Zuschriftenflut verzweifelter Menschen quer durch deutsche Haftanstalten oder von deren Angehörigen erreichte mich.

Einige Schicksale sah ich mir genauer an. Ich las Akten, sprach mit Verurteilten oder ihren Angehörigen. Bilanz: Zur falschen Zeit am falschen Ort! Verleumdet! Anonym beschuldigt! Eine entfernte Ähnlichkeit mit einem Kriminellen! Jedes Merkmal genügt, um härter bestraft zu werden als ein erbarmungsloser Killer mit angeblich schwerer Kindheit oder zur Tatzeit unter Alkoholeinfluss. Die Rechtsprechung benachteiligt Unschuldige folgenschwer. Ein Tatbekenntnis scheidet aus und damit entfallen die unbillig hohen Strafrabatte für Geständige. Deshalb trifft Unschuldige im Gegensatz zu wirklichen Tätern die volle Härte des Gesetzes, am obersten Rand des Strafmaßes. Als Beobachter verfolgte ich Prozesse von Menschen, deren Geschichte ich nun kannte und an deren Unschuld ich keine vernünftigen Zweifel hatte. Die Verhandlungen verliefen nach immer gleichem Muster: Zu Beginn waren die Angeklagten voller Zuversicht und glaubten, alles würde sich schnell aufklären. Schon in der ersten Gerichtspause hätten sich einige beinahe übergeben, andere mussten gestützt werden. Desinteressierte Richter, schläfrige Schöffen und unwissenschaftliche Gutachter konstruierten eine ausweglose Lage. Belastendes wurde nicht hinterfragt und Entlastendes nicht zugelassen. Niemand schien an der Wahrheit interessiert. Die Urteile standen erkennbar fest! Bei einigen Protagonisten glaubte ich sogar eine Art »Lust am Unrecht« zu spüren. Um kurzen Prozess zu machen, wurden »goldene Brücken« gebaut, wie man in Justizkreisen zu sagen pflegt. Soll heißen: Gestehe, damit wir keine Arbeit mehr haben, oder du atmest dreimal so lang gesiebte Luft ein! Wie gesagt, in aussichtsloser Situation, nervlich am Ende, wurden sichtlich Verzweifelte etwa vor folgende Wahl gestellt: Mit Geständnis ein bis zwei Jahre. Ohne Geständnis sechs und mehr Jahre. Deals, die den Gerichtssaal zum Basar verwandeln! Es ist nicht nur ein »unmoralisches« Angebot, sondern eine handfeste Erpressung. Nicht wenige geben dem Druck nach und gestehen »etwas«. Das sogenannte Teilgeständnis, meist sogar vom eigenen Anwalt formuliert und verlesen. Dieses Verhalten mögen Außenstehende schwer nachvollziehen können, doch selbstunsichere und labile Persönlichkeiten neigen in aussichtslosen Konfliktsituationen zu derartigen »Lösungen«. Die psychologisch-psychiatrische und juristische Literatur ist voll von dokumentierten Falschgeständnissen, selbst bei Kapitalverbrechen. *Beispiel Mord*: Michael M. aus Baden-Württemberg gestand bereits gegenüber Polizeibeamten. Er saß jahrelang gottverlassen im Gefängnis, ohne fragliche Bluttat begangen zu haben. Warum er ein frei erfundenes Geständnis ablegte, kann er sich aus heutiger Sicht kaum erklären: »Ich denke einfach, ich war dem Druck nicht gewachsen. (...) irgendwie habe ich mich in Widersprüche verwickelt, aus denen ich einfach nicht mehr herauskam.« Seine realitätsfremde Vorstellung: »Ich dachte, ich kann erzählen, was ich will. Es wird schon herauskommen, dass ich es nicht gewesen bin, und hab eine Geschichte erfunden.«[289] Das Geständnis wurde größtenteils von Beamten diktiert und das Gericht interessierte sich später weder für Widersprüche noch für seinen Widerruf.

Wer einmal unschuldig inhaftiert ist, ist fast chancenlos. Selbst Hafterleichterungen und die vorzeitige Entlassung nach einer Zweidrittel- oder Halbstrafe entfallen: Beides setzt ein Tatbekenntnis samt Reue und Therapie voraus. Aber was sollten Unschuldige gestehen? Welche Therapie sollte ihnen helfen? Was könnten sie bereuen? Das Wiederaufnahmerecht ist ebenfalls tot. Um es in Gang zu setzen, sind fünf- bis sechsstellige Summen nötig. Häufig genügt nicht einmal das Geständnis eines wirklichen Täters oder Verleumders. *Deutschlands Justiz irrt nicht.* Entlastendes wischt die Community der Unfehlbaren bevorzugt mit dem Stempel »unglaubwürdig« vom Tisch. Es gibt viele Gründe, unschuldig seine Freiheit einzubüßen, doch eine Gemeinsamkeit verbindet diese schlimmste Form der Justizgewalt: Ohne Jura studiert zu haben, erkennt schon der Laie, wie in diesen Prozessen drei elementarste Prinzipien der Rechtsordnung verletzt werden:

- **Das Recht auf ein faires Verfahren**
- **Im Zweifel für den Angeklagten (lateinisch: »In dubio pro reo«)**
- **Besser einen Schuldigen freisprechen, als einen Unschuldigen zu bestrafen**

Neben all dem ist das Zwei-Klassen-Recht verwirklicht: Zivilrechtliche Prozesse sind nur mehr für Wohlhabende oder Besserverdienende erschwinglich. Auch im Strafrecht geht ohne genügend Bakschisch kaum noch was. Wer in der Lage ist, eine gute Verteidigung zu finanzieren, ist relativ gut geschützt, der wenig Eloquente schlecht. In dieser Verbindung bleibt uns allen der Deutsche-Bank-Chef Josef Ackermann im Gedächtnis. Er zeigte als Angeklagter schon bei Prozessbeginn im Gerichtssaal das Victory-Zeichen für »Sieg«. So kam es dann auch!
In den Strafkammern greift ebenso die Misere der Sachverständigen: Steht Aussage gegen Aussage, stützen sich Urteile auf die berüchtigten Glaubwürdigkeitsgutachten. Mehr oder minder wird nach Gutdünken einer Seite geglaubt. Viel Unrecht wäre beseitigt, würden objektive Lügendetektoren, die in Talk-Shows Verblüffendes leisten, die subjektiven Psycho-Spezialisten ersetzen. Wer Urteile als Schuldbeweis ansieht, denkt falsch. Wir alle sollten sehr viel kritischer die Handlungsweise der Gerichte hinterfragen. Vor allem dann, wenn Verurteilte ganz vehement ihre Unschuld

beteuern. Einmal drei große Kriminalfälle herausgefiltert, bei denen schwere Justizirrtümer förmlich mit Händen zu greifen sind: Die inzwischen verstorbene Vera Brühne als angebliche Doppelmörderin. Monika Böttcher – geschiedene Weimar – verurteilt als Mörderin ihrer beiden Töchter. Monika Haas, die an der Entführung der Lufthansa-Maschine »Landshut« aktiv teilgenommen haben soll. Ohne hier auf die Fälle näher eingehen zu können, standen aus verschiedenen Gründen die Urteile von vornherein fest. Verurteilt wider alle Fakten. Der seit über 50 Jahren arbeitende Starverteidiger Rolf Bossi reichte im Bundeskanzleramt Vorschläge zur Verhinderung von Justizunrecht ein. Sein Wunsch: »Damit wir vom Unrechtsstaat in den Rechtsstaat zurückfinden.«[290]

Dem Rechtsstaat ist der Krieg erklärt

Der nationale Angriff geht von Justizbehörden aus, deren Aufgabe es ist, die Rechtsordnung der Bundesrepublik zu schützen und zu garantieren. Unter der allgemeinen Erkenntnis »unkontrollierte Macht korrumpiert« hat sich Justitia in eine Welt geflüchtet, die der Realität und dem natürlichen Rechtsempfinden der Bürger feindselig gegenübersteht. Ausdruck findet diese Entwicklung in einer breiten gesellschaftlichen Verbitterung. In schöner Regelmäßigkeit bringt Deutschlands größte Tageszeitung »Bild« die Seelenlage der Nation mit wenigen dicken Buchstaben auf den Punkt: »Saustall Justiz« – »Justiz-Irrsinn« – »Gaga-Justiz«, das nur einige der Schlagzeilen des Boulevardblatts. Verfahren können hierzulande mehr als ein Jahrzehnt dauern, obwohl Juristen dem »Rechtsschutz in angemessener Zeit« verpflichtet sind. Genau aus diesem Grunde verurteilte der Europäische Gerichtshof in Straßburg die Bundesrepublik schon zigfach wegen Menschenrechtsverletzungen.[291] Ein Fall von vielen: Mehr als 30 Jahre stritt ein Mann um eine Baugenehmigung und wurde damit in den geschäftlichen Bankrott getrieben. »Die Gerichtssprache ist deutsch«, sagt das Gerichtsverfassungsgesetz. Doch Urteile sind in einem Kauderwelsch verfasst, dass der Rechtsuchende auf Anhieb kaum erkennt, ob er den Prozess gewonnen oder verloren hat. In Deutschland gilt auch Täter-, nicht Opferschutz. Persönlichkeit, Biografie und die Fähigkeiten des Straffälligen sind relevanter als der Schaden des Opfers. Gewaltdelikte fördern dieses Faktum besonders spürbar zutage. Eindeutig Überführte oder Geständige trifft die volle Härte der *Fürsorge*. Im Prozess steht deren Befindlichkeit im Mittelpunkt. Man macht sich viele psychologisch-einfühlsame Gedanken. Besonders darüber, wie beschwerlich die Kindheit gewesen sein soll. Konträr dazu dient das

Leid der Opfer lediglich als »Beweismittel«. Dann und wann haben erbarmungslose Killer Besseres zu tun als sich der »lästigen« Anklageerhebung auszusetzen. Geschehen im Fall Magnus Gäfgen, dem heimtückischen Entführer und grausamen Mörder des Frankfurter Bankierssohns Jakob von Metzler († 11). Während im Gericht seine Anklage verlesen wurde, konnte der Jura-Student (!) nur 100 Meter weiter die mündliche Prüfung für sein Erstes Staatsexamen absolvieren. Sicherlich erwarb sich die Justiz mit dieser »Freistellung« größtes Vertrauen in der Bevölkerung.

Nun zu Geschichten, woraus schlechte Träume ehrlicher Steuerzahler gemacht sind: Zu sehen ist eine Eingangshalle mit wunderschönem Springbrunnen und Designer-Garten unter einer riesigen Glaskuppel. Meterhohe Bambusbüsche wiegen sich im Wind und sorgen für eine angenehme exotische Atmosphäre. Dazu ein teuer ausgestattetes Fitness-Center, tolle Schwimmhalle und ein hauseigenes Theater. Weitere Freizeitangebote: verschiedene Sportmöglichkeiten, Veranstaltungen, Tischfußball, Billard, Sprachkurse und Fernseher auf den »Zimmern«. Glauben Sie, hier handle es sich um den Werbetext eines Luxushotels? Nein, es ist die Beschreibung der hessischen Justizvollzugsanstalt Weiterstadt. Aufwendungen pro Einzelzelle rund 350.000 Euro, ohne die jährlichen Betriebskosten für Wachpersonal, Verpflegung und ärztliche Versorgung.

»Strafe muss Buße sein« und der abstoßende Effekt einer Inhaftierung ist abgeschafft. Durchgesetzt hat sich der latent vorhandene Grundtenor, *Strafe sei ohne abschreckende Wirkung*. Ist das wirklich so? Was meinen Sie, was in Deutschland los wäre, dürften wir ungesühnt rote Ampeln überfahren? Was geschähe, wenn Bankraub nicht unter Strafe stünde? Jede Sparkasse der Republik könnte sich darauf einrichten, wenigstens hundertmal am Tag überfallen zu werden. Doch unter dem Eindruck der realitätsfernen These wurde klammheimlich und ohne öffentliche Diskussion die therapeutische Wirkung der Abschreckung aufgegeben und der Verwöhn- und Hotelvollzug eingeführt. Drogenmädchen Andrea (19), das die Republik beschäftigte, wusste solch wohlige Atmosphäre zu schätzen. Sie wurde in der Türkei mit sechs Kilo Heroin geschnappt und ihr drohten 30 Jahre Haft. Letztlich kam sie mit sechs Jahren und drei Monaten davon. Nach einiger Zeit wurde die Drogenschmugglerin in geheimer Mission in ein Berliner Gefängnis überstellt. Andrea schwärmte: »Alles hell, sauber, richtig dufte. Es gibt ein Gewächshaus, einen Fitness-Raum, man kann Klavier spielen lernen oder einen Malkurs machen.«[292] Ich denke, wir alle freuen uns zusammen mit dem Heroin-Girl. Überhaupt schlägt in Deutschlands Gefängnissen das Herz für Drogenabhängige. In aufgestellten Automaten können benutzte Spritzen gegen neue ausgetauscht werden. Natürlich alles anonym! »Mustergültige« Sicherheit für die, die sich harte Drogen einschleusen lassen. Je nachdem, was jeder daraus macht, ist auch für guten Sex gesorgt. Vollzugseinrichtungen bieten für diesen Zweck gefällige »Kontaktzimmer« an. Erotische Behaglichkeit im Stile von Bordellen und Stundenhotels. Sollten Häftlinge partout mit ihrem attraktiven Quartier unzufrieden sein, besteht die Alternative eines Ausbruchs. Diese spezielle Form der Tatkraft ist ein folgenloses Kavaliersdelikt. Klaus L., Vize-Chef der JVA Lübeck, auf einen mehrfachen Ausbrecher angesprochen: »Er hat sich durch die Flucht nicht strafbar gemacht.«[293] So viel zum Thema »schöner und gegebenenfalls woanders wohnen«.

Der gesamte Bereich der Resozialisierung und Psychologisierung ist kläglich gescheitert. Dazu gehören Freigang, Urlaub, Weihnachtsamnestien, offener Vollzug, Maßregelvollzug, Therapie, Segelkurse, Skiurlaub und sonstige Erlebnispädagogik für Straftäter. Erfolg der Kuscheleinheiten: Entgegen anderslautender Propaganda werden zwei von drei Häftlingen rückfällig![294] Ganz handfest und für jeden sichtbar ist die Wirkungslosigkeit der Maßnahmen bei Sexualdelikten. Auf diesem Gebiet beschäftigt sich die Justiz im großen Umfang mit sich selbst: mit Rückfälligen! Arbeit wegen eigener Fehler ist ein generelles Problemfeld der »Dritten Gewalt«. Man denke nur an die Schlechturteile auf allen Ebenen der Rechtsprechung. Kläger oder Beklagte, die in erster Instanz ein Fehlurteil bekommen, rufen aus verständlichen Gründen die nächste Instanz an. Erfahren sie dort wieder Unrecht, geht es wieder in die nächste und so weiter und so fort. Auf diese Weise beansprucht ein Fall drei, vier und mehr Gerichte und das über ein oder sogar mehrere Jahrzehnte hinweg. Zumindest ist das so, wenn Betroffene nicht vorher resignieren oder aus finanziellen Gründen aufgeben müssen.

Amtsgerichte sind von besonders schlechter Qualität. Gewissermaßen das Prekariat der Juristerei. Es gibt kaum komplexere Fälle, die dieses Organ der Rechtsprechung in erster Instanz ordentlich regelt. Auch Familiengerichte gehören in diesen Abenteuerbereich. Hohe Fehlerraten auch deshalb, da es sich um das ausgewiesene Versuchsfeld angehender Juristen handelt! Heikel, wenn man bedenkt, dass dort lebensrelevante Entscheidungen für Paare, Eltern und vor allem Kinder getroffen werden. Der gesamte Gerichtsstand ist außerdem bestens geeignet und wird auch dazu missbraucht, um lokale Behördenwillkür »abzuwickeln«. Vor Ort bestehen hervorragende Direktkontakte von Behörde zu Behörde. Empfehlung: Amtsgerichte abschaffen! Kein Verlust, sondern ein Gerechtigkeitsgewinn.

Gelegentlich bedarf es gar allerhöchster Gerichte, um richterliche Schlafgewohnheiten während der Arbeit zu regeln. Urteilsbegründung des Bundesverwaltungsgerichts: »Ein tiefer Schlaf führt dazu, dass der betroffene Richter der Verhandlung nicht mehr folgen kann. Jedoch sind selbst Zeichen großer Ermüdung, Neigung zum Schlaf und das Kämpfen mit dem Schlaf noch kein hinreichendes Anzeichen dafür, dass der betroffene Richter die Vorgänge in der mündlichen Verhandlung nicht mehr wahrnehmen kann. Auch das Schließen der Augen allein, selbst wenn es sich nicht nur auf wenige Minuten beschränkt, beweist noch nicht, dass der Richter schläft; diese Haltung kann vielmehr auch zur geistigen Entspannung oder zwecks besonderer Konzentration eingenommen werden. Unter diesen Umständen kann erst dann davon ausgegangen werden, dass ein Richter schläft oder in anderer Weise ›abwesend‹ ist, wenn andere, sichtbare Anzeichen hinzukommen, wie etwa tiefes, hörbares und gleichmäßiges Atmen oder gar Schnarchen, ruckartiges Aufrichten mit Anzeichen von fehlender Orientierung u. Ä.«[295] Noch offene Fragen?

Angesichts des gesamten Erscheinungsbildes der Rechtsprechung sollte eines niemand verwundern: Das Ansehen der Justiz war noch nie so schlecht wie heute. Die »geschlossene Gesellschaft der Heiligen« stellt sich nur notgedrungen und mit allergrößtem Widerwillen der Kritik. Dann und wann die immer gleich lautende Litanei von Erklärungsversuchen: *Schlechte Arbeitsbedingungen! Überarbeitung!* Beides wenig plausibel und nichts davon rechtfertigt den Ist-Zustand. Wir wissen heute: Ein Richteramt und uneingeschränkte Machtfülle sind unvereinbar. In der Konsequenz müssen Justizstrukturen und Richterwahlverfahren transparent und demokratisiert werden. Dazu die tatsächliche Einführung der Gewaltenteilung durch strikte Aussperrung politischer Einflussnahme. Vorstellbar wäre das Prinzip der Selbstverwaltung, wie vom Deutschen Richterbund gefordert. Selbstverständlich plus einer unabhängigen Kontrolle, wie vom Richterfachverband *nicht* gefordert. Begleitend müssten dem umfassende Reformen folgen, wie glasklare Gesetze. Im Steuerrecht hat sich das Bewusstsein durchgesetzt: Ausnahmeregelungen garantieren nicht Gerechtigkeit, sondern Unrecht. Übertragbar ist diese Einsicht auf das Justizwesen. Selten sind Paragrafen eindeutig formuliert. Überwiegend eine schwammige Modelliermasse, die sich als Spielball der Beliebigkeit eignet. Von diesen Interpretations- und Ermessensspielräumen sollten unsere Robenträger weitgehend befreit werden. Genau dahinter verbirgt sich der Grundstein für Entscheidungswillkür. Eine Überlegung wäre, überall, wo es möglich ist, Gesetze ähnlich einem Bußgeldkatalog abzufassen. Nehmen wir das Delikt Totschlag. Derzeit ist dafür die riesige Spanne zwischen fünf Jahren und lebenslänglich vorgesehen. Was wäre der Erfolg, wenn jeder, der dieser Tat überführt ist, ohne jeden Spielraum einen Freiheitsentzug von sagen wir zehn Jahren zu erwarten hätte? Das Strafmaß wäre unabhängig von der Qualität der Anwälte. Es wäre unabhängig von angeblichen Kindheitserlebnissen und unabhängig von richterlicher Willkür. Insgesamt: mehr Rechtssicherheit mit einer dramatisch verkürzten Prozessdauer. Es gibt noch eine Reihe sinnvoller Vorschläge, um die schlimmsten Fehler innerhalb der Judikative zu beseitigen: beispielsweise ein Verbot von Richter-Nebentätigkeiten. Manche wünschen sich auch eine Art »Rechnungshof für Gerichte«. Dort könnten Einzelfälle angeprangert und Gerichte auf Willkür und Machtmissbrauch überprüft werden. Der bereits angesprochene Münchner Star-Anwalt Rolf Bossi forderte einen »Bundesbeauftragten zur Verhinderung von Justizunrecht«.[296] Zuletzt noch eine besonders schöne Idee: Jedes Jahr die zehn besten und die zehn schlechtesten Richter von den Medien küren zu lassen.

Stichwort Medien. Warum ist die Presse als gegenwärtig einziges Korrektiv in Anbetracht des Ausmaßes der Missstände und des Massenunrechts so zurückhaltend? Was muss eigentlich noch geschehen? Warten alle darauf, bis Juristen Amok laufen? Gilt bis in alle Ewigkeit das eingebürgerte Gesetz »Richterschelte schickt sich nicht«? Anton-Andreas Guha, Journalist und Autor, hat eine andere Erklärung: »Journalismus fährt meist auf Tagesaktualität ab, auf ereignisaktuelle Themen. Das hier ist ein zustandsaktuelles Thema, ein chronisch aktuelles Thema.«[297] Ähnlich äußerte sich Dr. Egon Schneider, ehemaliger OLG-Richter: »Die Medien interessieren sich nur für spektakuläre Fälle des Versagens der Justiz, aber das hundertfache, tägliche Unrecht in den deutschen Gerichtssälen, die alltägliche Willkür der Justizorgane, der alltägliche Machtmissbrauch, das alles wird durch die Medien nicht wahrgenommen.«[298]

Und so schweigen alle und niemand macht Justitia, der straffälligen Dame mit der Waage, den Prozess.

Teil 2

Der Skandal schlechthin – Massenmord aus Profitgier

Dieses Kapitel rollt eine politische Altlast auf, die unter dem Begriff »größte Arzneimittel-Katastrophe« deutscher Geschichte geführt wird. Schon der Begriff Katastrophe ist irreführend, denn er verleitet dazu, an »höhere Gewalt« und damit an das Unvermeidliche zu glauben. Nein, hier wurde das Geschehen von Menschenhand gemacht und zu dem gelenkt, was es ist: das größte Verbrechen gegen die Menschlichkeit in Deutschlands zivilisierter Nachkriegsgesellschaft. Angeblich zivilisiert! Wir haben es mit einem Komplott aus politischen und kommerziellen Interessen zu tun, das in seiner Qualität die Terroranschläge vom 11. September in New York in vielerlei Hinsicht übertrifft. Bereits das Ausmaß macht es deutlich: In den USA sind 2.819 Opfer zu beklagen. Der hier geschilderte humanitäre Anschlag hinterließ mehr als 5.000 Todesopfer[299] und weit über 10.000 irreversibel Geschädigte. Ein Ende des Sterbens unabsehbar und das unermessliche Leiden der Betroffenen und ihren Angehörigen grenzenlos. Möglich wurden die Tragödie und die Ruhe um diese »Angelegenheit« durch eine große Koalition der Vertuschung. Die Mitwirkenden: *Politik, Gesundheitsbehörden, Justiz, Versicherungen, Krankenkassen, Ärzte und die Pharma-Industrie.* Nun aber der Reihe nach.

In Deutschland leiden viele Menschen, fast ausschließlich Männer, an einer angeborenen und vererbbaren Erkrankung. Bei ihnen ist die Gerinnungsfähigkeit des Blutes mehr oder minder stark herabgesetzt. Ursache ist ein genetischer Defekt. Die Betroffenen werden Bluter, ihre Krankheit Hämophilie genannt. Kleinste innere oder äußere Verletzungen bergen bereits eine tödliche Gefahr: Blutungen kommen auf natürliche Weise nicht zum Stillstand. Besonders gefürchtet sind Spontan-Blutungen an Gelenken, Muskulatur und Organen, die schwerste Schäden anrichten können. Frauen sind kaum von dieser Krankheit betroffen, können sie aber weitergeben. Seit Mitte der Sechzigerjahre sind hämophile Patienten durch die regelmäßige Injektion eines Blutgerinnungsmittels gut behandelbar und können dadurch ein ganz normales Leben führen. Entsprechende Präparate werden aus Blut von Spendern gewonnen.

1980 wurden in den Vereinigten Staaten die ersten Fälle einer Erkrankung bekannt, die man später Aids und die Viren HIV nannte. Da sich anfangs das neue Krankheitsbild überwiegend bei homosexuellen Männern zeigte, wurde es auch »Schwulenkrebs« oder »Schwulenpest« genannt. Ausgerechnet

Amerika war Hauptumschlagplatz für Blutplasma und größter Exporteur in die Bundesrepublik. Obwohl man zu diesem Zeitpunkt noch sehr wenig über die Infektion wusste, eines war rasch klar: *Von Blutpräparaten ging eine erhebliche Gefahr aus.* Vorkehrungen in Deutschland? Politische Fürsorgepflicht gegenüber der Bevölkerung? Weit gefehlt! Der Import einer tödlichen Erkrankung wurde zugelassen und ab sofort konnte sich jeder damit infizieren. Nicht nur Bluter waren gefährdet, die das Hauptrisiko trugen, sondern alle, die sich einem chirurgischen Eingriff unterzogen. Die Ursache: Mittel zur Blutgerinnung werden auch bei operativ bedingten Nachblutungen verabreicht. Besonders häufig bei Herzoperationen, jedoch genauso bei harmlosen Eingriffen, beispielsweise einer Blinddarmoperation. Im Nachhinein kann ich selbst von Glück reden, denn in dieser Zeit hatte ich aus purer Feigheit eine Leisten-OP etwa fünf Jahre hinausgezögert. Möglicherweise war meine Angst eine lebensrettende Maßnahme.

Wir schreiben den Zeitraum zwischen 1980 und 1983. In dieser Periode brach Aids aus und wurde mittels Blutprodukten vervielfältigt und weitergegeben. Fragliche Phase könnte man mit medizinischer Unwissenheit, politischer Gleichgültigkeit und wirtschaftlichem Desinteresse charakterisieren. Die Apathie der Pharma-Industrie war allerdings von einem profanen Motiv geprägt: Profit! Spenderblut aus den USA war billig und wirksame Verfahren zur Abtötung von Viren sollten eingespart werden. Kapitalismus mit seiner schrecklichsten Fratze! Wusste man damals auch nur wenig über Aids, das Risiko, Hepatitis C an Empfänger von Blutpräparaten zu übertragen, war bekannt. *Wegen besserer Lesbarkeit wird nachfolgend auf das »C« verzichtet und diese chronische Erkrankung nur mehr Hepatitis genannt.* Es ist eine unheilbare Leberentzündung und was viele nicht wissen, mit HIV vergleichbar. Bei einem Prozent der Infizierten kommt es zu einem akuten Leberversagen mit Todesfolge. In zwanzig Prozent aller Fälle entwickelt sich über einen längeren Zeitraum ebenso Tödliches: Leberzirrhose oder Leberkrebs. Die hierfür verantwortlichen Hepatitis-Viren konnten schon damals mit einer simplen Erhitzung des Präparats auf 60 Grad unschädlich gemacht werden.[300] Doch wie gesagt, aus Kostengründen wurde auf die Sterilisationsmethode verzichtet. Fatal! Ohne fragliche Hitzebehandlung übertrug man die gefürchtete Hepatitis. Und noch etwas zeigten spätere Forschungsergebnisse. Ein weiteres Unglück hätte vermieden werden können. Auch Aids-Bakterien sind nicht hitzeresistent und wären gleichermaßen abgetötet worden. Gesichert lässt sich eines sagen: In Deutschland hätte sich ab 1980 niemand durch Blutpräparate infiziert, wäre da nicht die Gewinnsucht der Konzerne gewesen. Von dieser kriminellen Gewissenlosigkeit waren auch Krankenkassen befallen. Sie lehnten es ab, geringfügig höhere Kosten für hitzesterilisierte und damit sichere Gerinnungspräparate zu übernehmen.[301] So wurde mit Arzneimitteln nicht geheilt, sondern Seuchen auf Rezept übertragen. Tödliches Roulette für Bluter und ahnungslose Patienten in deutschen Krankenhäusern.

Alle wussten vom Tod aus der Spritze

Politisch trug in der Anfangsphase Heiner Geißler als CDU-Bundesminister für Gesundheit die Verantwortung in Sachen Unterlassung. Wie in Katastrophen- und Skandalfällen üblich, zelebrierte das deutsche Polit-Business sein gängiges Repertoire: Abwiegeln! Warnungen bagatellisieren! Kritiker verächtlich machen! Alles schien nur einem Ziel untergeordnet: Überfällige Gegenmaßnahmen der mächtigen Pharma-Lobby im wahrsten Sinne zu »ersparen«. Wer Ende 1983 immer noch nicht an die ungeheure Gefahr glaubte, handelte vorsätzlich und wollte es nicht besser wissen. Lückenlose Fakten lagen auf dem Tisch, die lauthals nach Konsequenzen schrien. Verschiedene wissenschaftliche Berichte aus den Vereinigten Staaten wiesen *gesichert* nach, dass sich Patienten durch Blutgerinnungsmittel mit Aids infizierten. Sogar Statistiken mit konkreten Fallzahlen waren zu diesem Zeitpunkt schon veröffentlicht. Auch der Informationsdienst für Ärzte und Apotheker, das deutsche »Arznei-Telegramm«, warnte vor Blutplasma-Importen aus den USA, wortwörtlich: »... da dadurch Aids in die Bundesrepublik gelange.«[302] Ähnlich das Berliner Robert-Koch-Institut, das Bundesinstitut für Infektionskrankheiten. Deren wissenschaftliche Direktorin Dr. Johanna Lage-Stehr forderte in einem Referat, »eine mögliche weitere Ausbreitung des Erregers auch durch Blut und Blutprodukte zu verhindern«.[303] Das Bundesgesundheitsamt (BGA) gab gar empfohlene Vorsichtsmaßnahmen an die deutsche Ärzteschaft weiter und warnte im Amtsblatt: Bluter seien potenzielle Opfer des Aids-Virus! Doch alle Warnungen verpufften wie Schall und Rauch. Die verseuchten »Arzneimittel« wurden nicht vom Markt genommen. Ähnlich ignorant verhielt sich das Ministerkollegium des Europarats. Mit der gewichtigen *Stimme der Deutschen* wurde empfohlen, die Plasma-Importe aus den USA zu stoppen. Gestoppt wurde nichts und eine Rückrufaktion der Präparate nicht mal angedacht. Inzwischen hatte sich die furchtbare Gefahr schon in den Redaktionsräumen führender Magazine herumgesprochen. »Der Spiegel« warnte eindringlich in seiner Titelgeschichte »Aids – eine Epidemie, die erst beginnt«.[304] Die Reaktion auf die Publikation war erstaunlich: Zorn und regelrechter Hass schlugen dem Magazin entgegen. Kaum zu glauben, aus welcher Ecke sich der Widerstand gegen die Aufklärungsversuche formierte: Deutschlands führende Spezialisten für Hämophilie protestierten! Da erweiterten wohl die Geldtöpfe der Pharmakonzerne das virologische Bewusstsein sehr nachhaltig. Aufgrund der geschilderten Mahnungen, Warnungen und den bereits vorliegenden Todeszahlen aus den USA kam es am 25. Oktober 1983 im Bundesgesundheitsministerium zu einer Krisensitzung. Das unfassbare Ergebnis: Die Gefahr einer Übertragung der tödlichen Immunschwäche durch Bluttransfusionen und Gerinnungspräparate aus Blut erscheine praktisch so gering, *»dass kein Anlass zu Befürchtungen besteht«*.[305] Ein Importverbot für Blutplasma wurde ausdrücklich verworfen! Nun handelte also auch das für die Gesundheit der Deutschen zuständige Ministerium gegen besseres Wissen. Die Bombe für Deutschland war endgültig gelegt! Alle verantwortlichen Entscheidungsträger sollten Jahre später entsprechende Vorwürfe in geschlossener Eintracht zurückweisen und ihre Tatenlosigkeit frech leugnen. Rita Süssmuth (CDU) beispielsweise, die ab 1985 Heiner Geißlers Gesundheitsministerium übernahm, sagte, das Bundesgesundheitsamt habe »frühzeitig und den jeweiligen wissenschaftlichen Erkenntnissen entsprechend gehandelt«.[306] Auch wurde die Polit-Abwieglerin während ihrer Amtszeit von beunruhigten Vertretern der Bluter um ein Gespräch gebeten. Vergeblich! Die christliche Frau Süssmuth hatte keine Zeit. Anders ihr Parteifreund Peter Gauweiler aus der Münchner CSU-Schwesterpartei. Er äußerte von Anfang an heftige Kritik an der Verfahrensweise: »Gefährliches Verharmlosen und schwerste Versäumnisse« sah er im politischen Verhalten und nannte es schlicht ein »Verbrechen«. Gauweiler prophezeite: »Das wird, weil die Infektionsketten gerade erst beginnen, Tausenden von Menschen Gesundheit und das Leben kosten.«[307] Damit hatte er leider recht.

Die Tragödie war perfekt

Ungehindert und unter den Augen der Bundesregierung wurden zwischen 1980 und 1987 Seuchen verbreitet. Bluter – darunter viele Kinder –, die sich ein normales Leben von den verabreichten Medikamenten erhofften, waren die Opfer. Eine andere Geschädigten-Kategorie waren Patienten, die womöglich Angst vor einer bevorstehenden Operation hatten, aber nicht im Entferntesten an eines dachten: dass eine Bluttransfusion oder Spritze zur Blutgerinnung ihr Todesurteil bedeuten könnte. Schnell war die Hälfte aller deutschen Bluter, etwa 3.000 Menschen, »durchseucht«. Zur gesundheitlichen Problematik dieser Patienten kamen jetzt auch noch HIV oder Hepatitis. Oft wurden sie sogar mit beiden Erreger-Typen infiziert. Das gesamte Ausmaß mit konkreten Opferzahlen ist überaus schwer zu ermitteln. Viele der Aids-Infizierten schwiegen und starben in völliger Isolation. Die Scham der Opfer verquickt mit der journalistischen Panikmache waren die besten Verbündeten der Sprachlosigkeit. Erkrankte wurden damals erbarmungslos geächtet und gesellschaftlich ausgegrenzt (dazu gleich mehr). Viele empfanden es schon als Glück, wenn es gelang, ihr Siechtum vor der Nachbarschaft zu verbergen. Zusätzlich standen die betroffenen Menschen in ständiger Konfrontation mit den Symptomen ihrer tödlich verlaufenden Krankheit. Verständlich, dass in ihrer ausweglosen Lage die Kraft und Motivation fehlten, um einer Schuldfrage nachzugehen oder den Behörden die Erkrankung zu melden. Ein anderer Punkt ist das politische »Desinteresse« an genauen Erfassungsdaten. Fast jede Kinderei wird in Deutschland statistisch gesammelt. Doch wie an diversen Stellen dieses Buches angesprochen, fehlt es ausgerechnet immer dann an konkretem Zahlenwerk, sobald eine von zwei Voraussetzungen erfüllt ist: Wenn Parlamentarier versagen! Wenn Parlamentarier Schuld auf sich geladen haben! Schwarze Löcher in Statistiken sind untrügliche Indizien für politische Skandale. Trotz aller widrigen Umstände lassen sich in diesem Medikamenten-Kriminalfall aufgrund vielschichtiger Faktoren Minimum-Zahlen festlegen. Wie gesagt, es sind stark untertriebene Zahlen mit einer nach oben offenen Richterskala: Weit über 3.000 wurden zunächst mit HIV und mindestens 10.000 mit Hepatitis infiziert![308] Letztere Zahl immerhin »fast« offiziell (wahrscheinlich geschönt), denn der Petitionsausschuss des Deutschen Bundestages stützt sich intern auf diese Größenordnung. Zu den genannten Mindestzahlen müssen noch sonstige Opfer der in Gang gesetzten Epidemie addiert werden:

- **Nichtbluter, die die tödlichen Erreger auf allen denkbaren Infektionswegen und über Blutpräparate erwarben.**
- **Frauen und Männer, die sich bei nichtsahnenden Partnern ansteckten.**
- **Kinder und Jugendliche, die sich bei ihren Eltern infizierten.**
- **Babys, deren Mütter das tödliche Virus an sie weitergaben.**

Selbst viele der heutigen Neuinfektionen, die in aller Heimlichkeit auf dem Vormarsch sind, haben ihren Ursprung im politischen Damals. Eine Spirale des Todes! Resümee: Statt »Arzneien«, die Menschen helfen sollten, wurde Gift geliefert. Auf diese Weise wurde Hepatitis flächendeckend verbreitet und Aids nach Deutschland importiert. Eine Apokalypse historischen Ausmaßes.

Unvorstellbare Dramen

Ohne das Schicksal von Hepatitis-Infektionen bagatellisieren zu wollen, sei daran erinnert, unter welch beispiellosen Bedingungen Aids-Kranke der Achtzigerjahre zu leben und leiden hatten. Es war der Höhepunkt einer unbeschreiblichen Hysterie, hauptsächlich von den Gazetten geschürt. Abgesehen von Blutpräparaten und sexuellen Kontakten lagen die Übertragungswege von HIV im Dunklen. Die damalige Situation ließe sich am besten so beschreiben: *Wenig gewusst, aber alles vermutet*. Medizinisch gab es viele Fragen, aber kaum gesicherte Antworten: Reichen bereits wenige Viren für eine Ansteckung? Sterben Erreger sofort ab, wenn sie mit Sauerstoff, also mit Luft in Berührung kommen? – Eines der vielen Gerüchte. Alle Körperflüssigkeiten galten als Infektionsträger. Wenn dem so ist, muss ich mich vor der Träne eines Kindes in Acht nehmen? Welche Gefahr geht vom Schweiß eines Infizierten beispielsweise beim Sport aus? Darf ich einem Positiven bedenkenlos die Hand reichen? Besteht ein Risiko, wenn ich versehentlich aus dem gleichen Glas trinke? Ich kann mich deshalb besonders gut an die Zeit und ihre Fragen erinnern, da in meinem Bekanntenkreis ein Aids-Fall auftrat. Von Anfang an war ich fest entschlossen, mit Heiner, so hieß der junge Mann, ganz normal umzugehen und ihn keinesfalls auszugrenzen. Das zum gedanklichen Vorsatz. Die Praxis gestaltete sich dann ungleich schwieriger. Sollte ich Heiners Kaffeetasse zusammen mit dem restlichen Geschirr spülen? Das Kleinkind meiner Lebenspartnerin wurde von ihm gern mit einem Kuss auf die Wange begrüßt. Kann da was passieren? Was ist, wenn sich das Kind anschließend mit der Hand über die Backe wischt und dann die Finger in den Mund steckt? Eines muss ich gestehen: Obwohl ich mich möglichst gut informierte, so waren die Besuchskontakte dennoch mit einem beklemmenden Gefühl verbunden. Heute kann ich nur hoffen, dass es mir nicht anzumerken war. Die damalige Ungewissheit vergiftete die Atmosphäre und bereitete den Medizinopfern die Hölle auf Erden. Ein Horrortrip gepaart mit einer erbarmungslosen Treibjagd. Beispielhaft für die Stimmung im Lande eine damalige Meldung der Bild-Zeitung: »In einem vollbesetzten Bus ist gestern ein Aids-Kranker durch Hamburg gefahren. Bleich, zusammengesunken saß er zwischen 30 Fahrgästen. Schließlich holten Polizisten den 22-jährigen Michael K. raus. Jetzt herrscht Angst in Hamburg: Hat sich jemand mit der tödlichen Seuche infiziert?«[309] Auch Schlagzeilen wie diese waren tagtäglich zu lesen: »Aids-Helmut vom Spielplatz gejagt.« »Zu Hause sind Küssen und Hautkontakt verboten.« »Mutter bespuckt.« Der ganz normale Wahnsinn konnte jeden treffen. In Hamburg erschien ein Feuerwehrmann am Einsatzort. Eine Mutter mit ihrem blau angelaufenen Kind kam ihm entgegengelaufen. Er riss den Jungen an sich und versuchte, ihn durch Mund-zu-Mund-Beatmung ins Leben zurückzuholen. Vergeblich! Erst jetzt erfuhr der Helfer: Das Kind war durch eine Herzoperation mit Aids infiziert. Den Feuerwehrmann plagte über Monate die schlimme Ungewissheit, bis endlich feststand – er hatte sich nicht angesteckt. Kaum vorstellbare Tragödien spielten sich ab: Pflegeeltern gaben infizierte Bluterkinder zurück, da sie mit der gesellschaftlichen Stigmatisierung nicht mehr fertig wurden. Welch eine herzlose »Strafe« für diese Kinder! Ähnlich erging es Babys, die in Krankenhäusern von an Aids leidenden Müttern zurückgelassen wurden. Panisch liefen auch Freundinnen infizierter Teenager auf und davon. Kurzum: Erkrankte lebten und starben unter erbärmlichen Bedingungen. Und siehe da, unsere verantwortungslosen Politiker wurden aktiv. Leider in einem falsch verstandenen Amtseifer: Sie taten sich als Speerspitze der Hatz hervor! Vorzugsweise in bayerischen Provinzen wollten Landräte ihren Kreis »sauber halten«. Infizierte Kinder wurden wie Aussätzige behandelt und ihnen sogar der Zugang zu Kindergärten, Schulen, Spielplätzen verwehrt. HIV-positiven Frauen und Männern kündigte man den Arbeitsplatz in öffentlichen Einrichtungen. Eine gespenstische Stimmung wurde erzeugt. Selbst Wohnhäuser mussten sich Todkranke mit »Haut ab, ihr Aids-Schweine« beschmieren lassen. Isolation und Schmähungen waren das Eine. Der tödliche Leidensweg das Eigentliche: Lymphknotenschwellungen, Fieber, Nachtschweiß, anhaltende Durchfälle sind nur der Beginn einer ausbrechenden Aids-Erkrankung. Jeder unter normalen Umständen belanglose Infekt muss mit Antibiotika bekämpft werden. Resistenzen gegen die verabreichten Arzneien sind eine weitere Bedrohung. Welches Mittel wirkt noch? Ist das Krankheitsbild voll entwickelt und damit das Immunsystem zusammengebrochen, bedeutet es nicht weniger als die alltägliche Konfrontation mit dem Tod. Ein aussichtsloser, zermürbender Kampf mit laufend neuen, aber immer drastischen Krankheitsbildern: Lungenentzündung oder schwere infektiöse Erkrankungen. Herpes mit schwersten Verlaufsformen. Pilzerkrankungen häufig in der Speiseröhre oder in den Ohren. Alle nur möglichen Tumorerkrankungen und virenbedingte Krebsarten. Irgendwann ist der ungleiche Kampf für jeden verloren, denn der Gegner ist noch immer unbezwingbar.

Ich komme nochmals auf den Infizierten aus meinem Bekanntenkreis zurück. Es soll die Verzweiflung und Dramatik beschreiben, die sich hinter *jedem* einzelnen Schicksal verbirgt: Ging Heiner außer Haus, war sein ständiger Begleiter ein Einkaufsbeutel. Randvoll mit Tabletten, Tropfen und sonstigen Medikamenten. Er war gezwungen, Unmengen Arzneien einzunehmen, um

»über die Runden zu kommen«, wie er sich ausdrückte. Die geballte Dosis dieser »Drogen« brachte Nebenwirkungen mit sich, die allein genommen das Leben schon unerträglich machten. Und noch etwas kam hinzu: Den größten Teil seiner verbliebenen Lebenszeit verbrachte er bei Ärzten oder in Krankenhäusern. Nach einem jahrelangen dramatischen Kampf gegen alle nur denkbaren gesundheitlichen Katastrophen war Heiner vom Schicksal zerrieben, gezeichnet und grenzenlos verzweifelt. Derart am Ende, dass er das Stromkabel aus dem Kühlschrank riss und die Enden in die Hand nahm, um sich zu töten. Seine »Hinrichtung« scheiterte, es reichte nur für eine kurze Bewusstlosigkeit. Monate später ein erneuter Versuch mit einer Überdosis Insulin, das er sich besorgte. Diesmal kam die »Rettung« durch einen dummen Zufall. Wieder verstrich ein dreiviertel Jahr mit Qualen, Operationen und Schmerzen. Heiners Körper war inzwischen ausgezehrt, fast auf das Skelett abgemagert und von Geschwüren übersät. Erst jetzt ging sein immer wieder geäußerter und fast flehentlicher Wunsch in Erfüllung: Er schlief für immer ein.

Dieses Buch kann das Unglück deutscher Politik- und Medizinopfer nur unzureichend streifen. Allein der Leidensweg jedes Einzelnen wäre geeignet, um ganze Bände zu füllen. Sofern Sie über einen Internetzugang verfügen und mehr darüber erfahren wollen, verweise ich auf Betroffenenbriefe unter dem Webportal *www.bluter-info.de*. Fragen Sie sich, warum ich gerade die Krankheitssymptome am Beispiel Heiner derart detailliert beschreibe? Sollte sich diese Publikation nicht mit politischem Versagen beschäftigen? Genau deshalb! Deutschen Parlamentariern sollte zumindest ansatzweise vor Augen geführt sein, welch unvorstellbare, nein barbarische Schuld sie zigtausendfach auf sich geladen haben.

Zu spät und doch nicht gestoppt

Fünf lange Jahre wurde mit verblüffender Konsequenz verhindert, dass sich auf dem Blutproduktemarkt irgendetwas ändert. Den interessengeleiteten Beteiligten war keine Täuschung und keine Unmenschlichkeit zu schade, um das Desaster zu vertuschen. Bekannt ist von Hämophilie-Ärzten, dass sie Todkranken einredeten, sie seien lediglich »von der Idee beeinflusst, an Aids zu leiden«. In die gleiche Kerbe schlug Rita Süssmuth, die bereits erwähnte Gesundheitsministerin. Sie versuchte in einer Kampagne, HIV-Opfer sogar in die Nähe von »Geistesgestörten« zu rücken. Die Ministerin propagierte Aids als »psychosoziales Problem«.[310] Frühjahr 1985: Obwohl schon entsprechende HIV-Tests zur Verfügung standen, wurden Blutpräparate nicht untersucht. Zur Strategie gehörte auch, Infizierten ihre positive Diagnose zu verheimlichen. Für Bluter gab es sogar eine dahingehende Absprache, damit keine Panik ausbricht. Dass damit Unwissende ihre Partnerin oder den Partner anstecken würden, war ein geduldeter Umstand. Erst nach immensem öffentlichen Druck wurde ab Oktober 1985 der Blut- und Plasma-Industrie die obligatorische Untersuchung auf HIV-Antikörper, der sogenannte »Elisa-Test«, vorgeschrieben. Wohlgemerkt, ein äußerst *unsicheres* Verfahren. Auf die verlässliche Technik der Hitzebehandlung wurde nach wie vor verzichtet. Hätte denn nicht alles getan werden müssen, um Neuinfektionen zu verhindern? Sicher, aber hinter den Kulissen liefen die Hersteller aus Kostengründen dagegen Sturm und machten ihren politischen Einfluss geltend. Die Parlamentarische Gesellschaft einmal mehr Befehlsempfänger der Industrie. Wieder verging wertvolle Zeit, jeder Tag brachte Krankheit und Tod über unschuldige Menschen. Plötzlich tat sich Sonderbares: Nach und nach stellten die Pharma-Konzerne »freiwillig« auf das jahrelang bekämpfte Hitzeverfahren um. Beschränkt wurde die Maßnahme allerdings auf Medikamente für Bluterkranke. Das Motiv der Strategieänderung lag nicht, wie man meinen könnte, in der Sorge um die gefährdeten Patienten. Weit gefehlt, es waren ausschließlich wirtschaftliche Überlegungen. Was war geschehen? Die Angst vor Schadenersatzansprüchen grassierte, denn die ersten Opfer stellten entsprechende Forderungen. Ein weiterer Grund: Im hart umkämpften Blut-Milliardengeschäft wollte man mit »sicheren Produkten« Marktanteile gegenüber dem Konkurrenten erobern. Jetzt tauchte ein neues Problem in der Branche auf: Riesige nicht hitzebehandelte Restbestände waren plötzlich auf dem Markt unverkäuflich. Was jetzt? Einige Firmen deklarierten ihre lebensgefährlichen Erzeugnisse als »sicher« um. Andere verscherbelten die unveräußerliche Ware zu Niedrigstpreisen auf dem asiatischen Markt. Irgendwie wurde wohl jeder Blutstropfen verhökert, denn von einer Vernichtung wurde nichts bekannt. Geschlagene sieben Jahre zogen ohne geeignete Maßnahmen ins Land. Erst jetzt wurde zu jenem politischen Mittel ergriffen, das von Anfang an das erforderliche gewesen wäre: Seit Juli 1987 durften nur mehr sichere, sogenannte »inaktivierte« Konzentrate in den Handel gebracht werden. Obwohl seit diesem Stichtag »eigentlich« alle Medikamente hätten virenfrei sein müssen, gingen die Infizierungen weiter. Die Ursache war ein weiterer Skandal. Weder nach Einführung des »Elisa-Tests« noch nach dem Einsatz hitzesterilisierter Produkte kam es zu einer amtlichen Rückrufaktion der riskanten Blutpräparate. Patienten, die sich selbst behandelten, ließ man im guten Glauben weiterspritzen. Großhändler, Kliniken und Apotheken waren mit Vorräten bis zu zwei Jahren ausgestattet. Lagerbestände, die sie ungehindert aufbrauchen durften. Auch spritzten viele Arztpraxen bis zum bitteren Ende ihre alten »Ladenhüter«. Jetzt werden Sie sich fragen, ob nach dem tödlichen Ausverkauf der Wahnsinn endgültig gestoppt war. Nein! Die vorgeschriebenen Verfahren und Tests waren gemessen am Erlös einer Blutkonserve relativ teuer – also wurde kaltschnäuzig weitergetrickst. 1990 erwischte man eine Firma bei Frankfurt, die ihre Präparate der billigen, aber nutzlosen »Kaltsterilisierung« unterzog. 1993 der Haemoplas-Skandal. Es kam heraus, dass dieser Betrieb nur 13 Prozent seiner Produkte testete. Wieder und immer wieder bedeutete die Geldgier der Pharma-Industrie für Bluter und Frischoperierte den Tod. Und die Blutschande ging weiter.

Almosen und Häme für die Opfer

Als der medizinische Super-Gau nicht mehr zu leugnen war, nannten ihn die Täter »Serienunfall«. Gleichzeitig versprach die politische Klasse eine großzügige und unbürokratische Hilfe. Wie immer bei solchen Versprechen: reiner Bluff! Bei der sogenannten Schadensabwicklung wurde von Anfang an mit der geringen Lebenserwartung, also mit dem Tod der Aids-Infizierten kalkuliert. Devise: Mögen die Betroffenen den Tag der Auszahlung nicht mehr erleben. In diesem Zusammenhang fiel der schreckliche Begriff von »wirtschaftlicher Euthanasie«. So zogen sich Industrie, Versicherer, Politikerinnen und Politiker bis zum heutigen Tag »billigst« aus der eigenen Affäre. Ihre Methode: Verzögern! Hinhalten! Erpressen! Tricksen! Hinter verschlossenen Türen waren sich auch die Krankenkassen und Bluthändler schnell einig: *Ruhe und nochmals Ruhe. Keine öffentlichen Schuldzuweisungen.* Pharma-Vertreter sollen für das Anti-Öffentlichkeitsagreement sogar mit einem widerlichen Argument geworben haben: Krankenkassen würden schließlich eine Menge Geld sparen, da infizierte Bluter durch die verkürzte Lebenserwartung weniger Medikamente bräuchten.[311] Tod als Haushaltsargument und Lockmittel für einen Schweigepakt! Nun zu den Versicherungen der Blutprodukthersteller, wie die Münchner Allianz, der Gerling-Konzern, die Colonia AG und andere. Übereinstimmend stuften deren Funktionäre das Leben eines Menschen nahezu wertlos ein. Sie dachten nur an einen »Ersatz für die Kosten der Heilung und des Vermögensnachteils«. Vergleichsweise geringfügige Summen, aus Sicht der Versicherer Peanuts. Vor allem ließ sich mit dieser Auslegung ein mieser juristischer Trick anwenden: Aids ist nicht heilbar, daher kein Geld für die »Kosten der Heilung«. Genauso sollten HIV-infizierte Studenten, Kinder, Hausfrauen und Arbeitslose leer ausgehen. Aufgrund ihrer Einkommenssituation wurde ein »Vermögensnachteil« bestritten. Mit einer makabren Ausnahme: *Vorschuss auf die eigenen Beerdigungskosten.* Schmerzensgeld, das Krankheit, Siechtum, Todeserwartung »entschädigen« und Genugtuung bringen soll, wurde kategorisch abgelehnt. Begründung: Es würde ein schuldhaftes Verhalten der Arzneimittel-Hersteller voraussetzen, doch genau dies wäre nicht erkennbar. Wie bitte? Kein Verschulden? Wer hat denn die unsterilisierten Blutpräparate produziert und in Umlauf gebracht? Nichts von Produkthaftung gehört? Jeder Pizzabäcker muss für seinen belegten Hefeteig gerade stehen und hier soll alles anders ein? Selbst vorsätzliches Handeln der Konzerne ließe sich mühelos nachweisen: In Pools wurden bis zu 30.000 Spenden vermischt. Damit sollte verhindert werden, dass die Herkunft infizierten Blutes zurückverfolgt werden kann. Diese Panscherei hatte eine verheerende Nebenwirkung: Erreger wurden besonders »effektiv« verteilt. Eine einzige kontaminierte Blutspende verseuchte ganze Bottiche. Weiter aus der unverfrorenen Argumentation zur Verweigerung von Schmerzensgeld. Den Vogel schoss eine verbale Absonderung aus den Reihen der Colonia Versicherung ab. Vorstandsmitglied Elmo Freiherr von Schorlemer bezweifelte, ob »Infizierungen überhaupt Grundlage einer Schmerzensgeldforderung« sein könnten, und fragte: »Wo liegen denn hier, ich sag' mal untechnisch, Schmerzen vor?«[312] Natürlich war es auch gängige Praxis, Blutern eine Eigeninfizierung durch sexuelle Kontakte zu unterstellen. Die Tricks der Versicherer waren vielseitig, ihre Absichten klar: Demoralisieren! Abwimmeln! Hinhalten! Die Sterblichkeit der HIV-Infizierten bedeutete jeden Tag bares Geld. Außerdem war diese Handlungsweise vom juristischen Wissen geprägt, dass geltendes Recht für Geschädigte nur eine Möglichkeit offen ließ: Klagen gegen die übermächtigen Pharmakonzerne. Genau dies war aus rationalen Gründen für die Opfer undenkbar: Zu Zeiten der Aids-Hysterie hätte ein derartiger Prozess lüsternes Medieninteresse entfacht. Es hätte bedeutet, sich im grellen Schein der Öffentlichkeit »positiv« zu outen. Neben dem Entzug der Anonymität konnten sich Infizierte ausrechnen, von Staranwälten der Industrie wie sexsüchtige Betrüger vorgeführt zu werden. So als wollten sie sich mit ihrem fiktiven Laster auch noch Geld erschwindeln. Ein weiteres Hindernis war der im vorherigen Kapitel behandelte Filz zwischen Wirtschaft, Politik und Justiz, den jede Anwaltskanzlei kennt. Zu alldem kam noch das allgegenwärtige Gutachter-Unwesen in deutschen Gerichten. Mit nahezu hundertprozentiger Sicherheit wären pharmanahe »Sachverständige« berufen worden, die den Tatbestand mühelos auf den Kopf gestellt hätten. Klagen dieser Art führen in der Regel auch über alle Instanzen. Das heißt zehn und mehr Jahre, verbunden mit ruinösen und unabsehbaren Kosten. Für Aids-Kranke zu lang, zu spät, zu teuer, zu aussichtslos und vor allem gesundheitlich nicht durchzustehen. Kaum verwunderlich, die Strategie war ungemein erfolgreich. Niemand der zigtausend Betroffenen wagte eine Klageerhebung. Gemunkelt wird von einigen wenigen, die gerichtliche Schritte eingeleitet haben sollen, doch urplötzlich von der Bildfläche verschwanden. Wurden sie von Pharma-Konzernen gekauft? Kenner der Situation gehen fest davon aus und vermuten ungewöhnlich hohe Zahlungen für den juristischen Rückzug. Öffentlichkeit und Präzedenzfälle durfte es nicht geben.

Nun noch einige Anekdoten zu den Versicherungen der Pharma-Unternehmen. Ihnen stand eine Art Feuerwehrfonds für medizinische Katastrophenfälle zur Verfügung. Gespeist aus Beiträgen der Industrie mit einem Volumen von fast 180 Millionen Euro. Davon herausgeben wollte man nichts. Erst als das Bundeskartellamt im Rahmen der Missbrauchsaufsicht ein Verfahren einleitete und den Versicherern »schlechte Karten« prophezeite, lenkten die Manager ein. Die Zeit, um Ansprüche geltend machen zu können, wurde allerdings bis zum 31. Dezember 1988 befristet. Wer noch dazu in der Lage war, konnte sich bis zu diesem Datum »endgültig und vollständig« abfinden lassen. Später Infizierte gingen leer aus. Genauso Menschen, die über ihren nichts ahnenden Partner angesteckt wurden. Seit dieser Zeit wissen wir: Ein verlorenes Leben mit Begleiterscheinungen, wie sie nicht schlimmer hätten sein können, ist in Deutschland nichts oder knapp 30.000 Euro wert.[313] So hoch war – falls überhaupt eine Zahlung erfolgte – die durchschnittliche Abfindungssumme. Jeder Fall wurde, wie man sagte, »individuell behandelt«. Dazu ein Beispiel aus Bayern: Thomas D., einem 20-jährigen Mann, mit Hepatitis und Aids infiziert, wurden über einen Anwalt der Versicherer 34.000 Euro angeboten. Als Druckmittel musste er die Summe innerhalb von zwei Wochen akzeptieren. Die Höhe des Betrages war nicht verhandelbar. Ultimativ stand ein Ja oder Nein zur Auswahl. Der Advokat brachte noch ein Jetzt oder Nie ins Spiel. Damit ließ er durchblicken, dass jenseits dieser Zustimmung keine Aussicht auf eine anderweitige Abfindung bestünde. Was hätte der Erpresste und juristisch Chancenlose mit einer damals prognostizierten Lebenserwartung von maximal sechs Jahren tun sollen? Er nahm das unmoralische Angebot an. Gipfel der Geschmacklosigkeit: Vom Auszahlungsbetrag wurden 3.750 Euro für seine Bestattung einbehalten.

So etwa sollten Sie sich die Abwicklung der meisten Fälle vorstellen. Viele Geschädigte gaben sich auch mit weit weniger zufrieden. Je nach sozialem Status waren 8.000 bis 10.000 Euro für ihr Todesurteil keine Seltenheit. Einem guten Schüler wurden einige Tausender mehr gegeben als einem schlechten. Begründung: wegen besserer Berufsaussichten. Welche Berufsaussichten bei einer tödlich verlaufenden Krankheit? Es wurde gefeilscht, gepokert und erpresst. Dank dieser Praktiken kamen die Versicherer mit finanziellen Ausgleichszahlungen in einer geradezu lächerlichen Größenordnung von 50, höchstens 60 Millionen Euro davon.[314] Ein Betrag, den in den USA *eine* Frau bekommt, wenn sie angeblich von einem prominenten Mann begrapscht wurde. Auch in Deutschland sind weitaus höhere Zahlungen für nahezu nichts möglich. Vorausgesetzt es besteht *keine* politische oder behördliche Verstrickung. Beispielsweise erhielt Boris Becker 80.000 Euro »Schmerzensgeld«, da er ungefragt für Sekunden in einem Werbespot zu sehen war. Die Prozess-Weltmeisterin für »Schmerzen« Caroline von Monaco kassierte für Abbildungen in deutschen Illustrierten ebenfalls beträchtlich ab. Sie war nur so abgedruckt, wie sie es nicht haben wollte, und bekam dafür 100.000 Euro, in einem anderen Fall 90.000 Euro. Zurück zur Blutschande. Erneut wurden unsere Volksvertreter an falscher Stelle hellwach. Das Bundesfinanzministerium gelangte zur Auffassung: Der Fiskus soll an den schäbigen Abfindungen mitverdienen – sie müssen versteuert werden.[315] Erst nach einem langen Hin und Her und hoher öffentlicher Erregung ließ man davon ab. Im gesamten Skandal lässt sich Übereinstimmendes feststellen: Fand staatliche Einmischung statt, dann für die falschen Ziele, sprich zum Nachteil der Opfer. Zum würdelosen Trauerspiel nun weitere Begebenheiten: Folgende Gedenkseite sollte im Jahre 2000 in der Münchner Tageszeitung »tz« erscheinen:

Wir trauern um unsere Toten,

die unschuldig so früh sterben mussten. Wann stellen sich die Verursacher dieses verheerenden Blutskandals, dem schon so viele Bluter mit HIV- und HCV-Infektionen zum Opfer fielen, endlich ihrer Verantwortung?

Wie viele unserer Lieben müssen noch unschuldig sterben,

sterben vor dem Leben,

bis uns endlich Gerechtigkeit widerfährt.
Hiermit fordere ich alle Politiker und Pharma-Konzerne auf, endlich zu handeln. Von diesem unendlichen Leid tief betroffen: Alice und Thomas D'Angelo sowie die vielen Betroffenen, die sich diesem Schicksal ebenso unterwerfen mussten.

Es trug sich Sonderbares zu: Zunächst verweigerte die Redaktion eine Veröffentlichung der Annonce. Zu guter Letzt prüften sogar die Polizei und Kriminalpolizei, ob sich hinter der Anzeige »*eine verbrecherische Absicht*« verbirgt. Erst nach einem menschenverachtenden Hickhack wurde die Gedenkseite publiziert.[316] Da hatte wohl wieder die politische Klasse ihre schmutzigen Hände im Spiel. Schließlich hat sie sich überall in den Presseorganen eingenistet. Bloß keine Öffentlichkeit für eigene Fehler! Bloß keine Öffentlichkeit dem unsäglichen Leid, das man anrichtete! Auch der sogenannte Aids-Untersuchungsausschuss war bestenfalls eine Arbeitsbeschaffungsmaßnahme für gelangweilte Hinterbänkler. Er legte 1994 einen öffentlichkeitswirksamen Bericht vor. Inhalt: Verharmlosung durch geschönte Opferzahlen! Eine Darstellung, auf die sich die Politik noch heute beruft. Pharma-Konzerne, Ärzte und Behörden wurden im Abschlussbericht zwar gerügt, das Wichtigste aber »vergessen«: Konsequenzen! Und Selbstkritik? Nicht die Spur! Wenige Monate später die politische Sensation. Ein bislang einmaliger Vorgang in Deutschland. Fast eineinhalb Jahrzehnte zu spät, doch auf den ersten Blick anerkennenswert. Bundesgesundheitsminister Horst Seehofer (CSU) entschuldigt sich: »Für die Fehleinschätzungen der Bundesbehörden möchte ich die Betroffenen im Namen der Bundesregierung um Verzeihung bitten.«[317] Gleichzeitig sicherte er den Opfern finanzielle Entschädigung über einen »Humanitären Hilfefonds« zu. Große Worte, große Geste, kleine Taten. Übrigens das Markenzeichen von Horst Seehofer, der einmal meinte: »Vertrauen schafft man nicht durch Reden, sondern Handeln.«[318] Es blieb freilich beim Reden, denn die Bundesbehörden stahlen sich trotz eingestandener Schuld aus der Verantwortung. Statt großzügiger Entschädigungen gingen 1995 erstmals Billigrenten an die Überlebenden. Für HIV-Infizierte klägliche 750 Euro monatlich. An schon Erkrankte das Doppelte. Von dieser dürftigen Unterstützung – geringfügig über dem Hartz-IV-Satz, den auch jeder Berufstrinker bekommt – müssen oft ganze Familien leben. Viele Empfänger sind aus gesundheitlichen Gründen nicht mehr in der Lage, einer Beschäftigung nachzugehen. Beschämend für unser wohlhabendes Land. Beschämend für Politikerinnen und Politiker, die sich bei der Bewilligung eigener Pensionen großherzig und spendabel zeigen. Übrigens, es geht auch ganz anders: dann, wenn Geschädigte deutscher Politik keine Deutschen sind. Die Gewaltexperten der Bundeswehr töteten im Afghanistankrieg drei Zivilisten. Sofort entschuldigte sich die Bundesregierung bei den Angehörigen und zahlte innerhalb weniger Tage eine hohe »Wiedergutmachung«.[319] Jetzt noch internationale Vergleiche, wie andere Staaten ihre Bürger behandeln: Im Lande des dienstältesten Schurken Gaddafi wurden mehr als 400 Kinder aufgrund katastrophaler Zustände im

Krankenhaus mit HIV-Viren infiziert. Der libysche Staatschef richtete einen Fond ein, aus dem *jede* betroffene Familie 1 Million Dollar erhielt.[320] Jetzt noch zu den Verletzten und Hinterbliebenen des Terroranschlages vom 11. September in den USA. Schon nach einem dreiviertel Jahr begann dort die Auszahlung mehrerer *milliardenschwerer* Opferfonds. Zudem wurde den Geschädigten eine riesige Anteilnahme und Solidarität zuteil. Hierzulande gilt das glatte Gegenteil: Hohn, Spott und Ignoranz schlagen den verzweifelten Opfern noch zusätzlich entgegen. Wundern Sie sich, warum von Hepatitis-Infizierten keine Rede mehr ist? Die mehr als 10.000 Menschen sind die Vergessenen der Tragödie. In der Chronik schreiben wir zwischenzeitlich das Jahr 2008. Seit zig Jahren sind auch ihnen – den Lebergeschädigten – monatliche Renten von 750 Euro versprochen. Doch Wortbruch gehört zum politischen Geschäft: Kein Hepatitis-Opfer hat je einen Cent gesehen. Alle Musterklagen von Infizierten gegen die Bundesrepublik Deutschland wurden regelmäßig abgewiesen.[321] Der Beweis: Politische Justiz funktioniert so gut wie nirgendwo. Auch um die Armutsrenten der HIV-Infizierten gibt es Befremdliches zu berichten. Der Hilfsfonds, aus dem die geleisteten Zahlungen stammen, sollte ursprünglich 2007 aufgebracht sein. Bis dahin hätte gestorben sein müssen! Doch der Topf war aus zwei Gründen schon 2004 leer: Neue Arzneimittel haben das Leben Aids-Kranker erheblich verlängert. Das war nicht geplant oder im Galgenhumor Infizierter ausgedrückt: Politik »unterschätzte unsere Halbwertszeit«.[322] Zudem soll aus dem humanitären Hilfsfonds die Kleinigkeit von 28 Millionen Euro verschwunden sein. Da drängt sich doch die Frage auf: Wo ist das viele Geld geblieben? Wer hat sich womöglich auf Kosten Todkranker bereichert? Genau das wollten Betroffene und ihre Angehörigen wissen. Doch entsprechende Anfragen blieben von den politisch Verantwortlichen unbeantwortet. Ähnlich verhielt es sich mit einem Geschädigten-Rundbrief. Um nicht zu allem Unheil in finanzieller Not sterben zu müssen, wurden sage und schreibe 653 Parlamentarier mit der Bitte um Hilfe angeschrieben. Gerade mal ein halbes Dutzend gab Antwort. Und sie, mit ausschließlich mehr oder minder schönen Worten, ohne Hilfszusage. Das SPD-geführte Entwicklungsministerium von Heidemarie Wieczorek-Zeul zeigte sich sogar pikiert. Man empfand es als »Belästigung« und »übertriebene Öffentlichkeitsarbeit«. Ein dortiger Referent warf den Infizierten vor, »keine Ahnung von Aids zu haben«, und dass sie »endlich lernen sollten, mit einem Schicksal umzugehen«. Bodenlos! Und solche Leute muss der deutsche Steuerzahler fürstlich entlohnen, ob er es will oder nicht.

Alle Blutspuren verrinnen in den Amtsstuben der Justiz

Was ist ein Rechtsstaat wert, der die tausendfache »pharmazeutische Hinrichtung« unschuldiger Menschen nicht ahndet? Wie tief ist ein Rechtsstaat gesunken, der bei schwerster Körperverletzung in mehr als 10.000 Fällen wegsieht? Was ist es für ein Rechtssystem, in dem gesetzliche Schadensersatzansprüche gegen skrupellose Blut-Geschäftemacher nicht durchsetzbar sind? Was ist von einem Staat zu halten, dessen Politiker ein öffentliches Schuldbekenntnis zum größten »bakteriologischen Terroranschlag« ablegen, aber sich keine Staatsanwaltschaft dafür interessiert? Hier sei an die Entschuldigung von Herrn Minister Seehofer erinnert. Mag seine Geste auch ehrenwert gewesen sein, im juristischen Sinne kam es einer Selbstanzeige gleich. Denken Sie mal darüber nach: Was würde geschehen, wenn Sie oder andere Normalbürger sich dazu bekennen würden, am Tod Tausender schuldhaft beteiligt gewesen zu sein?
Bundesweit versuchten Infizierte, die involvierten Pharma-Unternehmen, Ärzte, Gesundheitsbehörden, Politiker oder Beamte auch im strafrechtlichen Sinne zu belangen. Es kam zu Ermittlungsverfahren und vereinzelten Anklagen. In der Gerichtssprache lauteten die Delikte: Mord aus Habgier. Tausendfacher Mordversuch. Fahrlässige Tötung. Körperverletzung. Betrug und Verstoß gegen das Arzneimittelgesetz. *Alle* Verfahren wurden eingestellt und endeten somit straffrei.[323] Mehr als 10.000 wissentlich in den Tod oder in Krankheit getriebene Menschen sind für Deutschlands Richterschaft ohne Belang. So wird der verheerendste zivile »Schadensfall« der Bundesrepublik für immer ungesühnt bleiben. Ohne Verurteilung! Ohne rechtliche Konsequenz! Ohne Staatshaftung! Ohne Genugtuung für die Opfer! Deutschlands Justiz sendet damit ein verheerendes Signal. Ein Infizierter drückte es so aus: *»Industrielle und Politiker dürfen aus wirtschaftlichen Gründen töten.«* Wenn, wie hier geschehen, bundesweit ohne Ausnahme jedes Strafverfahren im Sande verläuft, ist der Nachweis erbracht: Hinter dem Unrecht steckt System. Die Gewaltenteilung ist nicht mehr existent. Es stützt die These dieses Buches: Deutschland ist unter den demokratischen Staaten führend in Sachen Korruption. In mafiaähnlichen Strukturen sind Wirtschaft, Politik und Justiz verbandelt und verstrickt. Mit in dieses Netzwerk gehören Behörden, die das Unrecht in bekannt deutschperfekter Manier verwalten. Nur so war alles möglich. Nur so konnte alles vertuscht und ohne einen Aufschrei des Entsetzens abgewickelt werden. An die Adresse jener, die sich schuldig machten, Worte eines Bluterkranken, der sich mit Aids und Hepatitis anstecken lassen musste: *»Wissen Sie eigentlich was es heißt, mit 17 Jahren sein Todesurteil zu erfahren?«*

Nachwort zum Kapitel

Zahlreiche Verquickungen, finanzielle Verflechtungen, politische Skrupellosigkeit und kaum fassbare Geschehnisse in den Pharma-Konzernen, Krankenkassen und unter Ärzten konnten hier nur angedeutet werden. Die unrühmliche Rolle des Deutschen Roten Kreuzes und des weltweit größten Hämophilie-Zentrums in Bonn blieb ebenso unerwähnt wie so vieles mehr. Schweizer Nummernkonten, Schmieren, Bestechen gehörte für das Blut-Kartell genauso zum guten Ton, wie unsere gesetzlichen Krankenkassen zu plündern. Falls Sie mehr über die Machenschaften erfahren möchten, gilt der Verweis auf die Publikation »Böses Blut«. Ist die Bestellung dieses Buches nicht möglich, könnte es den Schuldigen einmal mehr gelungen sein, die Auslieferung zu stoppen. Versuchen Sie es später! Eine weitere Peinlichkeit für unsere Justiz: Parteinahme gegen die Meinungsfreiheit und Schutz der Täter vor ungeliebter Öffentlichkeit.

Der Exzess – eine Nation im Jodrausch

Gerade hat uns der Einfluss der Pharma-Industrie beschäftigt, mit Folgen, wie sie kaum verheerender sein könnten. Jeder vernünftige Mensch würde unseren politischen Vertretern unterstellen, dass sie aus dem Desaster gelernt hätten. Irgendetwas! Wenigstens eine Kleinigkeit! Nein, sie haben sich ohne Not sofort am nächsten gesundheitlichen Drama versucht. Und wieder haben die, die unser *aller* Interessen zu vertreten hätten, sich einseitig dem Diktat der Wirtschaft unterworfen. Das deutsche Kernproblem! Nur trifft es diesmal keine Minderheiten. Wir alle sind betroffen und niemand kann dem entrinnen. Es geht um ein politisches Massenexperiment, sprich um die künstliche Jodierung unserer Lebensmittel. Als ich erstmals davon hörte, dachte ich: Na und? Jod ist gesund. Wir leben doch in einem Jodmangelland. Prophylaxe kann nicht schaden. Sollten Ihnen ähnliche Gedanken kommen, sind Sie, genau wie ich, der Propaganda aufgesessen. Wenig verwunderlich, denn die Jodkampagne gilt als die erfolgreichste Werbemaßnahme der letzten Jahrzehnte. Mit Schlagworten »Deutschland ein Jodmangelgebiet« und »Nichts ist überflüssiger als ein Kropf« wurde der ökonomische Feldzug geführt. Wie so oft bei Reklamefloskeln, der Wahrheitsgehalt liegt nahe null. Selbst Wellensittiche bleiben, mit den vielgerühmten Jod-S11-Körnchen gefüttert, nicht wirklich schilddrüsengesund. Seit Jahrzehnten kennen Züchter das wahre Erfolgsrezept: Aufzucht mit Fischfutter! Ganz besonders interessant in diesem Zusammenhang: Freilebende Wellensittiche in einem Jodmangelgebiet Australiens sollen am gesündesten sein.[324]

Bevor wir den Sachverhalt vertiefen, soll Ihnen ein Vorkommnis den Heißhunger auf Jod verderben. Im September 2000 schlug am Stuttgarter Flughafen im Rahmen einer Strahlenschutzübung der Geigerzähler aus. Der Grund war ein verlorenes Päckchen Jodtabletten.[325] Dieser radioaktiv verseuchte Medikamentenfund förderte Bemerkenswertes zutage. Künstlich erzeugte Jodprodukte werden zum Teil aus hochgiftigen Industrieabfällen hergestellt: verarbeitet aus Druckfarben, Katalysatoren, Desinfektionsresten von Krankenhäusern, radioaktiven Röntgenkontrastmitteln, Tierfutter und anderem Sondermüll. Statt entsorgt, wird teuer verkauft. Monopolist und weltweit führend ist das deutsche Recycling-Unternehmen Metall-Chemie Goerring (MCG). Unter anderem mit dem Endprodukt »Jodsalz«. Kinder würden sagen: igitt!

Die Verquickung von Politik mit immer raffgierigeren Wirtschaftsunternehmen geht regelmäßig zulasten der Allgemeinheit. Auch hier haben sich die Bundesbehörden für unsere Gesundheit mit Nahestehenden der Jodindustrie verbündet. Eine große Allianz gegen die Verbraucher! »Hand in Hand« wurde Mitte der Neunzigerjahre die totale Jodierung der Bundesrepublik durchgesetzt. Seither wird mit Kanonen auf Spatzen geschossen. Bekämpft werden soll der geradezu »läppische« Kropf, auch Struma genannt. Eigentlich kaum problematisch, eher ein Schönheitsfehler und oft nicht mal das. Ich weiß, worüber ich schreibe, denn von Geburt an »leide« ich an einer dreifach vergrößerten Schilddrüse. Als Kind hatte ich äußerlich einen leicht verdickten Hals. Heute sieht er nahezu normal aus, obwohl sich an seiner inneren Größe nichts änderte. Zeitlebens hatte ich damit keinerlei Probleme, nie Medikamente genommen, denn die Funktion meines »abnormen« Organs war stets normal. Eigenartig! Beinahe jeder Arzt, mit dem ich in Berührung kam, vor allem Chirurgen schienen buchstäblich von der Idee besessen, mir mit dem Skalpell an die Kehle gehen zu wollen. Wie schon gesagt: Obgleich meine vergrößerte Schilddrüse problemfrei arbeitet, wurde mir ständig eine Operation als schier unaufschiebbar angeraten. Solange ich zurückdenken kann, musste ich mich gegen eine operative Behandlung zur Wehr setzen. Die uns allen zwangsverordnete Jodierung soll genau jene Kropf-Operationen einsparen helfen, die mir paradoxerweise bei jeder Gelegenheit eingeredet wurde. Überflüssige Eingriffe zu reduzieren, auf diese simple Idee kommen Gesundheitsexperten wohl deshalb nicht, da diese Methode auf der Habenseite ihres Kontos nichts bewegt. Meine Erfahrungen und Recherchen lehren auch, dass ich nicht für den vielbemühten Einzelfall, sondern für ein ganz typisches Geschehen stehe. Es gibt zwei Fraktionen, die Opfer einer Schilddrüsen-OP sind: Auf der einen Seite Patienten ohne Kropf, aber mit irgendwelchen Beschwerden, die Ärzte als Schilddrüsenstörung deuten und invasiv eingreifen lassen. Ergebnis: Nach der Operation bestehen ursächliche Probleme weiter. Diagnose: Fehldiagnose. Auf der anderen Seite Menschen, die wie ich beschwerdefrei mit einer vergrößerten Schilddrüse zurechtkommen, aber sich im Gegensatz zu mir eine chirurgische Entfernung aufhalsen lassen. Beide Gruppen haben hinterher eine Gemeinsamkeit: massive gesundheitliche Probleme, die vorher nicht bestanden. Wenig verwunderlich, denn der komplexe menschliche Stoffwechsel muss nach einem operativen Eingriff mit künstlichen Hormonpräparaten geregelt werden. Lebenslänglich! Entgegen ärztlicher und pharmazeutischer Beteuerung nur schwer möglich. Die Idee, wichtige Lebensbausteine auf Dauer »einfach« künstlich ersetzen zu wollen, entstammt dem medizinischen Wissen von vorgestern. Eine Fehleinschätzung mit hohen Folgebelastungen für das Gesundheitssystem.

Die andere Seite der Medaille ist das Bombengeschäft der Pharma-Sparte. Schilddrüsenpräparate sind in Deutschland die mit Abstand am häufigsten verschriebenen Medikamente.[326] Unter der absurden Logik, Kosten zu dämpfen, werden Menschen mit Euro-Milliarden aus dem Gesundheitssystem krank behandelt. Vorschlag: Ärzte richtig ausbilden, ständig weiterschulen und ihnen den Profit aus nutzlos entfernten Schilddrüsen entziehen. So viel zu Deutschlands Weltrekord mit jährlich 100.000 wohl in der Mehrheit leichtfertigen Operationen. Obendrein enden davon ein bis zwei Prozent mit einer schwerwiegenden Stimmbandverletzung.

Lügen für das Jodprojekt

Meine Schilddrüse widerlegt eine weitere Irreführung. Der Kropf sei Folge eines Jodmangels in der Nahrung. Wie wollen die Botschafter dieser Kunde erklären, dass ich mit dreifach vergrößerter Schilddrüse zur Welt kam? Schon rein äußerlich war mein Hals von Geburt an identisch mit dem meiner Mutter. Sie hat ebenfalls eine vergrößerte Schilddrüse. Es bedarf hier keiner wissenschaftlichen Kenntnisse, um sich eine erbliche Veranlagung, also genetische Aspekte vorzustellen. Weitere Hinweise: Obwohl die Nachbarskinder gleiches Wasser tranken, Essen aus gleichen Geschäften bezogen, sich annähernd gleich ernährten, blieben sie vom Kropf verschont. Auch der Buchautor und Spezialist für Schilddrüsenkrankheiten Prof. Dr. med. Peter Pfannenstiel bestätigt meine Erfahrung: »Mythos ist, dass jede Schilddrüsenvergrößerung Folge eines Jodmangels in der Nahrung ist.«[327] Auch die zuständigen Ebenen der Politik sind genauestens im Bilde. Eigens für sie erstellte Studien lassen nur eine Konsequenz zu: *Stopp der flächendeckenden Jodierung.* Bereits 1994 ist im Jahresbericht des Bundesumweltamtes nachzulesen, dass in Gegenden mit vermehrter Kropfbildung »keineswegs ein Jodmangel vorliegt«. Und wenn die Jodversorgung verbessert wird, dies die »Struma nicht zum Verschwinden bringt«.[328] Außerdem werden am Beispiel ehemaliger DDR-Bezirke interessante Vergleiche angestellt. In Gegenden mit häufiger Kropfbildung enthält der Boden einen *hohen* Jodgehalt. Gebiete mit geringem Jodvorkommen weisen *weniger* Schilddrüsenvergrößerungen auf. Befunde, die auf etwas hindeuten: Die Struma hängt nicht von Jod, sondern anderen Dingen ab. Und genau dies bestätigen das Umweltbundesamt und das Bundesgesundheitsamt höchstpersönlich: Schilddrüsenstörungen und Kröpfe sind in aller Regel Umweltgiften zuzuschreiben. Bereits an Mensch und Tier nachgewiesen. Vor allem überhöhtes Nitrat und Huminsäuren werden dafür verantwortlich gemacht. Beides gelangt über Industriebetriebe und landwirtschaftliche Intensivdüngung in den Boden und das Trinkwasser, somit in die Nahrungskette. Identische Auffassungen vertreten anerkannte Experten des Landes. Unter ihnen Udo Pollmer, der wissenschaftliche Leiter des Europäischen Institutes für Lebensmittel- und Ernährungswissenschaften.[329] Warum aber ist die politische Handlungsweise konträr zum fachlichen Wissen? Wäre Korruption eine plausible Erklärung? Gibt es überhaupt eine andere Deutung? Landesweite Bestechungs- und Parteispendenskandale zusammen mit dem legalen Schmiermittel »Nebentätigkeiten« zeigen eines immer wieder: Die Käuflichkeit unserer Parlamentarier hat sich zur Normalität entwickelt. Zumal sich im zugrunde liegenden Fall die Verstrickungen förmlich mit Händen greifen lassen. Dazu später.

Zur eigentlichen Frage: Wie steht es in Wahrheit um die Jodversorgung unseres Landes? Die Bundesrepublik ist bekannt für seine rund 650 Mineral- und etwa 70 Heilwässer.[330] Einige Städte herausgegriffen: Bad Tölz, Bad Kissingen, Vaihingen, Bad Wildungen, Bad Vilbel, Selters, Warburg, Fachingen oder Bad Überkingen. Bei einem so reichhaltigen Vorkommen jodhaltiger Quellen kann es dann derart schlecht um den nationalen Jodhaushalt bestellt sein? Deutschland ein Jodmangelgebiet? Natürlich nicht! Daneben enthält Gemüse, zum Beispiel Bohnen, Brokkoli, Möhren, Paprika, Zwiebel, Salat bis Sauerkraut, natürliches Jod. Genauso Kartoffeln, Reis, Getreide, Pilze, Obst, Fische, Rotwein, Trinkwasser und vieles mehr. Der Gang durch jeden beliebigen Einkaufsmarkt führt uns noch etwas anderes vor Augen: Obst und Gemüse werden beinahe aus der ganzen Welt importiert. Selbst wenn Deutschland den behaupteten Jodmangel aufzuweisen hätte, gäbe es durch den Lebensmitteltransfer genügend Ausgleich. Fazit: Jeder, der sich nur einigermaßen ausgewogen ernährt, könnte sich auf ganz natürliche Weise versorgt fühlen. Jod ist ein Spurenelement, das der menschliche Körper lediglich in absolut geringen Mengen benötigt. Erhöht sich der Anteil nur unwesentlich, wirkt das Halogen toxisch. Zwei Gramm des Elementes Jod können bereits tödlich sein.[331] Kurzformel: Die Dosis macht das Gift. Und Gift hat in unserer Nahrung nichts, aber auch gar nichts zu suchen.

Heimlich verseuchte Nahrungsmittel

Was die Wissenschaft unter »prekär« einstuft, das betreiben Regierungskreise mit Vorsatz: *Deutschlands Zwangsjodierung*. Seit Mitte der Neunzigerjahre werden Tiere durch hochjodiertes Mineralfuttergemisch als »Medikamententräger« missbraucht. Ungeniert verbreitet die Bundesforschungsanstalt für Landwirtschaft in der Zeitschrift »Verbraucherdienst« wenig Beruhigendes: Die gesetzlich erlaubte Jodbeigabe überschreite das Hundert- bis Tausendfache dessen, was Tiere bräuchten.[332] So gelangen in unsere Milch, Sahne, Joghurt, Butter, Schokolade, Käse, sprich in alle Milchprodukte große Mengen Jod. Verschärft wird diese Problematik durch die unsachgemäße Handhabung jodhaltiger Euter-Desinfektionsmittel. Zu guter Letzt kommen noch Präparate hinzu, die Kühen verabreicht werden. Alles vereint erhöht die Konzentration in unserer Milch bedenklich. Dadurch vollzieht sich ein äußerst aufschlussreicher, wenngleich unfreiwilliger Tierversuch. Obwohl unsere Mitgeschöpfe in bäuerlichen Betrieben nur ein kurzes Dasein fristen, hinterlässt die Jodierung schwerwiegende Nebenwirkungen: Stoffwechselstörungen, Tumorbildungen, Fehlgeburten, Unruhe, nervöses Tippeln, aggressives Verhalten, Wasseransammlungen in den Gelenken bis zu kinderkopfgroßen Geschwülsten an den Knien. Allein diese Erkrankungen widerlegen die Vorstellung, Jod sei harmlos. Ferner dürfte sich eine andere Frage beantworten: Inwieweit bedeutet der chemisch aufbereitete Jodzusatz im Laufe eines langen Menschenlebens ein Gesundheitsrisiko? Sicher kein unerhebliches, denn mit der Mehrfach- und Massenmedikamentierung ist nicht zu spaßen.

Das kollektive Jodunwesen setzt sich bei der Aufzucht von Fischen, Pferden und im Bereich der Schweine-, Bullen- und Geflügelmast fort. Selbst Deutschlands Bio-Hühner müssen sich mit jodhaltigem Muschelkalk anfreunden. Das heißt, fast *alle* Eier und *alle* Fleischprodukte sind mit dem Medikament Jod versetzt. Über tierische Fette lagert sich das »Kunstjod« noch in Seifen, Zahnpasten, Sonnencremes, Kosmetik und tausend anderen Produkten ein. Fehlen zur Perfektion noch die Obst- und Gemüseplantagen. Sie werden tonnenweise mit jodhaltigen Düngemitteln übergossen. Das, obwohl die Produkte natürliches Jod enthalten. Den Überfluss rundet dann noch die Ärzteschaft ab, die Schwangeren Jodtabletten verordnet. *Klingt das nicht völlig überzogen, wenn man an die Zufuhr eines Spurenelements denkt?* Kompliment, da scheint das Jodsyndikat ganze Arbeit geleistet zu haben. Doch der ganz große Coup ist mit dem Erzeugnis »Jodsalz« gelungen. Etabliert in beinahe allen Metzgereien, Bäckereien und bei Lebensmittelherstellern gleich welcher Art, bis in die privaten Haushalte. Kaum einer, der es in Deutschland noch wagt, ohne jodiertes Kochsalz zu würzen. Ob Hausfrau oder Hausmann, sie alle greifen automatisch zum »gesunden« Jodsalz. Warum auch nicht? Wir alle kennen doch das Siegel des Bundesministeriums für Gesundheit – »Gesünder mit Jodsalz«. Die Notwendigkeit der Anwendung wird bei jeder Gelegenheit angepriesen.

Aber wer informiert über Risiken und Nebenwirkungen? Niemand! Weder Arzt, Apotheker noch unsere Lebensmittelhändler des Vertrauens.

Welche Mengen Jod benötigt unser Körper wirklich? Zur Veranschaulichung einige Fakten: Eine *einzige* Brezel, mit Jodsalz hergestellt, deckt bereits unseren täglichen Bedarf.[333] Dabei ist das »große Geheimnis« nicht einmal berücksichtigt: Aufsteigendes Jod aus dem Meer wird über die Atmosphäre verteilt und kommt mit Regen oder Schnee auf die Erde zurück. Luft und Wasser sind dadurch so gehaltvoll, dass wir uns ausreichend versorgt betrachten könnten. Wäre da nicht der Club der Unvernünftigen – die politische Klasse. Sicher haben Sie schon erkannt, das eigentliche Thema ist nicht, dem Körper etwas Jod zu gönnen. Das Problem ist die Summe der wilden und vor allem künstlichen Mehrfachjodierung. Beinahe jede Kleinigkeit, die wir essen, ist zusätzlich angereichert. Wir simulieren einmal »Jodbomben frisch auf den Tisch« und dabei sei folgender Tagesablauf unterstellt:
Sie stehen morgens auf und trinken Milch (*jodiert*) oder Kaffee mit Kaffeesahne (*jodiert*), dazu ein Brötchen (*zweifach jodiert*: Getreidedünger plus Jodsalz im Teig) oder Brot (*zweifach jodiert*: Getreidedünger plus Jodsalz im Teig). Darauf Butter (*jodiert*) und Wurst (*zweifach jodiert*: Mineralfutter bei der Tieraufzucht plus Jodsalz bei der Wurstherstellung). Eventuell genehmigen Sie sich noch ein Ei (*jodiert*), das Sie mit Salz (*jodiert*) bestreuen. Um den Magen zu schließen, noch ein Stück Käse (*jodiert*). Zu Mittag greifen Sie zum beliebten Schnitzel (*zweifach jodiert*: Mineralfutter bei der Tieraufzucht plus Jodsalz bei der Zubereitung), dazu Pommes (*zweifach jodiert*: mineralgedüngte Kartoffeln plus Jodsalz bei der Zubereitung) und Salat (*dreifach jodiert*: mineralgedüngt plus Sahne plus Jodsalz bei der Zubereitung). Oder statt Salat entscheiden Sie sich für leckeres Gemüse (*dreifach jodiert*: mineralgedüngt plus Butter plus Jodsalz bei der Zubereitung). Auf Kaffee, Kuchen und Abendessen verzichten wir zumindest hier, denn Sie ahnen sicher, wie sich der Jodkonsum addiert. Jeder kann sich vorstellen, welche Mengen im Verlauf eines Tages aufgenommen werden. Vor allem Menschen mit einem gesegneten Appetit können sich bequem ausrechnen, wie sie sich schmatzend vergiften. Jod wird vom Körper nur sehr langsam ausgeschieden. Selbst nach drei bis vier Monaten soll es nur teilweise abgebaut sein. Klare Erkenntnisse fehlen. Unstrittig ist eines: Im Laufe der Zeit summiert sich Beträchtliches. Wie gesagt, unser Organismus braucht das Spurenelement nicht in Massen, sondern entsprechend der Namensgebung eben in Spuren. Jod, das zur Familie der Halogene gehört, ist im Millionstelgramm-Bereich notwendig und verträglich. Und man kann nicht oft genug daran erinnern, es wirkt in geringfügig höherer Dosis toxisch und in größeren Mengen wie ein gefährliches Gift.

Folgen der Maßlosigkeit

Experten gehen von 10 bis 15 Prozent der gesamten Bevölkerung aus, die unter der »Hochjodierung zu leiden haben«. So äußerte sich beispielsweise der Berliner Professor Jürgen Hengstmann gegenüber ARD »Brisant«.[334] Konkret bedeutet dies: Nicht weniger als 8 bis 12 Millionen ursprünglich gesunder Bürger macht der Gesetzgeber zu Patienten. *Damit ist Jod Deutschlands Krankmacher Nummer eins.* Opfer der Gesundheitspolitik – die korrekt Krankheitspolitik heißen müsste – sind in drei Gruppen einzuordnen:

- Jene, die für die politischen Eskapaden mit dem Tod bezahlen.
- Jene, die mit schwer erträglichen Auswirkungen zu kämpfen haben.
- Jene, die noch geringfügige gesundheitliche Probleme haben, aber wahrscheinlich nie deren Ursache erfahren.

Wieder aufgrund ganz persönlicher Erfahrungen will ich mit der Beschreibung letzter Kategorie beginnen. Als ich mit der Arbeit an diesem Buch begann, wurde ich eher zufällig auf das Thema »Jod« aufmerksam. Bis dahin ahnte ich nicht, dass dieses klitzekleine Spurenelement ein gesellschaftliches Problem sein könnte. Also fand ich die Angelegenheit zunächst nicht sonderlich prickelnd. Mein Interesse wurde geweckt, als ich Kontakt zu Betroffenen erhielt. Es war Ute Aurin, die engagierte Gründerin einer Selbsthilfegruppe für Jodallergiker und Schilddrüsenpatienten, inzwischen Autorin des empfehlenswerten Buches »Risiko Jod: Die unterschätzte Gefahr«. Frau Aurin stellte mir umfangreiches Infomaterial zur Verfügung. Beim Durchsehen der Unterlagen kam es zu einem unerwarteten Aha-Effekt. Immer wieder war von Herzklopfen, Unruhe und Herzrhythmusstörungen als Begleiterscheinung einer Überjodierung die Rede. Genau solche Probleme begleiteten mich seit einigen Jahren. Ärztliche Untersuchungen brachten bestenfalls einen beruhigenden Effekt. Mir wurde regelmäßig eine blühende Gesundheit bescheinigt. Je mehr Wissen ich mir über die Zwangsjodierung aneignete, umso mehr verfestigte sich ein Gedanke: Sollte ich etwa Geschädigter des Medizin- und Politkartells sein? Nachdem ich noch die Publikation *»Jod-Krank. Der Jahrhundert-Irrtum«* gelesen hatte, stand für mich fest: Ich werde versuchsweise mein Essverhalten ändern, sprich Jodsalz und jodierte Lebensmittel aus dem Speiseplan verbannen. So einfach der Vorsatz, so schwierig die Umsetzung. Wie auf jodierte Nahrung verzichten, wenn es nur mehr solche gibt? Mein Einkaufszettel schrumpfte auf nahe null. Essen fast unmöglich. Da ich Speisen nicht gerade bescheiden salze und deshalb zusätzliche Dosen

Jod konsumierte, stellte ich größere Umstände erst einmal zurück. Auf Probe wollte ich mich darauf beschränken, mein Jodsalz gegen ein ganz gewöhnliches Speisesalz auszutauschen. Schon beim Einkauf machte ich eine erstaunliche Entdeckung: Beinahe im militärischen Befehlston sprang mir auf den wenigen jodfreien Salzen folgender Text entgegen: *»Deutschland ist ein Jodmangelgebiet. Zur Verbesserung der Jodversorgung empfehlen Wissenschaftler die ausschließliche Verwendung von Jodsalz.«* Zu Hause musterte ich mein »altes« jodiertes Salz. Gab es darauf eine ähnliche Warnung, die mir all die Jahre entgangen war? Etwa Folgendes: *»Achtung! Millionen Bürger und Bürgerinnen der Bundesrepublik erkranken auf dieses möglicherweise radioaktiv verseuchte und künstliche Jodprodukt. Achten Sie auf sich und andere beim Einkauf.«* Doch Warnungen auf Jodsalzpackungen – Fehlanzeige! Noch verblüffender verlief die Wirkung meiner »Ernährungsumstellung«. Die jahrelangen fast täglichen Herzrhythmusstörungen, welche mir Angst, gelegentlich Todesangst einflößten, waren innerhalb weniger Wochen völlig verschwunden. Dem ist nichts hinzuzufügen! Vielleicht sollte man noch an die von mir konsultierten Mediziner erinnern. Niemand von ihnen zog Jod in Betracht. Ein entsprechender Hinweis meinerseits hätte wohl bestenfalls höhnisches Gelächter in der jeweiligen Arztpraxis ausgelöst.

Die enthemmte und flächendeckende Jodierung bedeutet nichts weniger als eine staatlich verordnete Dauerbehandlung für alle. Ohne Rücksicht auf Gesunde! Ohne Rücksicht auf Menschen, die mit Nebenwirkungen reagieren! Ohne Rücksicht auf die krank machende Hochdosierung! Und so schwillt die Zahl der Jodkranken stetig an.[335] Den letzten Beweis für die Sinnlosigkeit der Zwangsjodierung liefert eine Studie des Bundesgesundheitsministeriums selbst: Seit Einführung der Mineralzufuhr stiegen die jährlichen Schilddrüsenoperationen um 10.000 an.[336] Nicht berücksichtigt sind jene Menschen, die vor einem Rätsel stehen, warum Ärzte ihre »seltsamen« Krankheitssymptome nicht in den Griff bekommen. Leiden Sie etwa unter ominösen Angst- und Panikattacken? An unvermitteltem Haarausfall, an geschwollenen Augenlidern, Schweißausbrüchen, Bluthochdruck, Asthma, Herzrhythmusstörungen, Vorhofflimmern, Schlafstörungen, Depressionen oder Rastlosigkeit? Glückwunsch! Sie gehören womöglich nur zu den relativ harmlos Betroffenen. In diesem Fall sollte Ihnen Ihre Gesundheit ein Experiment wert sein: Jodabstinenz! Es würde hier zu weit führen, Ernährungstipps und Bezugsquellen für unjodierte Nahrungsmittel aufzulisten. Bitte holen Sie sich bei Bedarf Informationen unter der Web-Adresse *www.jodkrank.de*. Eine andere Möglichkeit, sich kundig zu machen, wäre das bereits angesprochene Buch »*Jod-Krank. Der Jahrhundert-Irrtum*«. Ebenso zu empfehlen ist das einzigartige Lexikon der Jodkrankheiten »*Die Jod-Lüge. Das Märchen vom gesunden Jod*«.

Nun zur Kategorie der schwerwiegenden Jodschädigungen. Um Sie nicht unnötig zu strapazieren, beschränkt sich das Stichwortverzeichnis auf nur wenige Erkrankungen: Lichtallergie (prominenteste Patientin Hannelore Kohl, die Ehefrau von Altkanzler Helmut Kohl), Schilddrüsenüberfunktion, »kalte« und »heiße« Knoten, Morbus Basedow, Morbus Hashimoto, Morbus Addison, Jodschock, Jodakne, Jodallergie, Herzinfarkt und Krebs. Mit einigen Krankheitsbildern beschäftigen wir uns eingehender, denn es wirft auch ein Schlaglicht auf das Jodgeschäft:

Schilddrüsenkrebs nimmt in dem Maße zu, wie sich die Jodzufuhr im menschlichen Körper erhöht. Mit anderen Worten: *Weniger Jod, weniger Tod*. Beleg dafür sind verschiedene Studien, etwa aus dem Hause des sächsischen Gesundheitsministeriums.[337] Ernährungswissenschaftler wie Dr. D. Lathia und D. Kloep kommen zu einer ähnlichen Schlussfolgerung: Für eine erfolgreiche Krebsvorbeugung ist es erforderlich, auf übermäßigen Verzehr jodhaltiger Nahrungsmittel zu *verzichten*.[338] Für Krebspatienten gilt sogar als oberste Verhaltensregel: *Keine künstlichen Jodzusätze*. Hält man sich den Wissensstand »Jod ist krebsauslösend« vor Augen, ist es schon eine spezielle Skrupellosigkeit, die gesamte Bevölkerung diesem Risiko auszusetzen. Wie schon im Aids- und Hepatitis-C-Skandal werden aus wirtschaftlichen Gründen Krankheiten gemacht. Der kleine Unterschied: Dem Jod-Business dient ein inszenierter Mangel als Vorwand.

Jod-Akne betrifft mit steigender Tendenz jeden zehnten Aknepatienten – das haben sensibilisierte Hautärzte festgestellt. Da das Jodproblem fast generell geleugnet wird, werden die meisten falsch behandelt. Folge: ein demoralisierender und zermürbender Leidensweg. Statt einem strikten Jodstopp wird über konsumierte Lebensmittel der Krankheit beinahe stündlich neue »Nahrung« geliefert. Mag Akne wenig dramatisch klingen, im Zusammenhang mit einer Jodunverträglichkeit ist sie es. Das Krankheitsbild bestimmen großflächige Ausschläge. Eitrige und äußerst schmerzhafte Furunkel auf dem Rücken, am Hals, an den Ohren, Oberarmen, Unterschenkeln oder im Gesicht. In Extremfällen kann fast der ganze Körper befallen sein. Die Qualen sind oft so groß, dass es selbst extrem Schmerztoleranten Tränen in die Augen treibt. Die »Pickel« hinterlassen tiefe, lebenslang sichtbare Narben. Das Gesicht kann derartig entstellt sein, dass sich Betroffene kaum mehr aus dem Haus wagen. Damit sind auch schwere psychische Störungen erklärt, die das Krankheitsbild begleiten. Für Patienten gibt es nur den einen Ausweg: jeden noch so geringen Jodkontakt meiden. Aber wie?

Jodallergie zeigt sich bei den Leidtragenden unmittelbar nach einer inneren oder äußeren Jodaufnahme. Herzrasen mit hohem Puls, Atemnot, Ohnmachtsanfälle, Muskelrheuma, zitternde Hände, Sehstörungen, Angstzustände bis zu Halluzinationen. Das sind nur einige Auswirkungen, die Erkrankte als eine Art »Jodrausch« beschreiben. Die schwerste Form der Jodallergie ist der anaphylaktische Schock. Hier liegt die Todesrate bei 98 Prozent.[339] Auch hier das alleinige Gegenmittel: strikte Jodabstinenz. Aber wie?

Morbus Basedow ist eine Autoimmunerkrankung. Dabei richtet sich die körpereigene Abwehr gegen die Schilddrüse. In der Folge kommt es zu einer Überfunktion und einer Vielzahl schwerwiegender Beschwerden. Das bekannteste und gleichzeitig gefürchtetste Symptom ist das Hervortreten der Augäpfel. Apropos: Schlagersänger Heino trägt aus diesem Grunde seine Kult gewordene Sonnenbrille. Zum Krankheitsbild gehört auch eine starke Schädigung des Sehvermögens. Außerdem klagen Patienten über einen Kräfteschwund. Arbeiten oder Einkaufen oft nur noch unter größten Mühen möglich. Das Zittern der Hände ist ein weiteres Merkmal. Häufig so stark, dass schon das Trinken aus einer Tasse zur Strapaze wird. Schluckbeschwerden stellen sich durch die Vergrößerung der Schilddrüse ein. Im Hals ein Gefühl des Zusammenschnürens mit Angst, Brechreiz, Puls- und Herzrasen. Auch eine Hormonvergiftung kann sich entwickeln. Wer in dieser Situation nicht schnell genug einen Arzt konsultiert, den kann im günstigsten Fall eine Ohnmacht, im schlimmsten Fall der Tod ereilen. Bundesweit schätzt man 800.000 Betroffene und in vielen schlummert diese Krankheit.[340] Ein hoher Prozentsatz wäre nie krank geworden oder würde künftig nicht erkranken, gäbe es keine Zwangsjodierung. Erfahrungen besagen: *Jede* Jodeinnahme heizt Morbus Basedow an und lässt die Zahl der Opfer ansteigen. Auch für diese Patienten gilt: absolutes Jodverbot. Aber wie?

Ein Leben ohne Gesundheitskiller

Alle genannten Krankheiten werden gefördert oder ausgelöst durch künstlich zugesetztes Jod. Ein Spurenelement, das wir massenhaft »verordnet« bekommen. Schon nach dem Frühstück ist der Durchschnittsdeutsche überjodiert. Jeder von uns kann schon morgen nicht nur krank, sondern sterbenskrank sein. *Spätestens dann gilt ein ultimativer Jodstopp.* Spezielle Nebenwirkungen mit inbegriffen: vollkommene Ernährungs- und gesellschaftliche Ausgrenzung! Keine spontanen Ausflüge mehr. Vorbei sind gesellige Mahlzeiten. Undenkbar ein fröhliches Geburtstagsessen. Passé das Speisen beim Italiener oder an der Imbissbude. Hier und dort eine verführerische Leckerei sind gedankliche Überbleibsel aus besseren Tagen. Kaffee gibt es ab sofort nur mehr »ganz in Schwarz«. Und sich an einem Stück Kuchen zu erfreuen, beschränkt sich darauf zuzusehen, wie andere genüsslich die Augen verdrehen. Einladungen sollte man besser nicht mehr annehmen. Wer sich hin und wieder überreden lässt, sitzt ausgegrenzt vor einem leeren Gedeck. Weitsichtige Ernährungsopfer packen mitgebrachte Brote aus, jodfrei versteht sich. Niemand ahnt, welch aberwitzige Anstrengungen für den kleinen Happen nötig waren: Ein Supermarkt nach dem anderen musste nach Irischer Butter abgeklappert werden. Viele Stunden Fahrt oder Geld kostete es, um Milchprodukte aus Polen oder Frankreich zu besorgen. Damit ist »das Glück« der Geschädigten angesprochen: *Viele Länder machen den deutschen Jodunsinn nicht mit.* Wo aber Jodfreies besorgen? Das ist die alles überlagernde Frage. Selten bleibt es Erkrankten erspart, mit dem privaten Bäckerhandwerk zu beginnen. Welcher Betrieb lässt sich schon darauf ein, außer der Reihe ein paar Erzeugnisse ohne Jodsalz herzustellen? Wer es nicht schafft, zu alldem noch auf Wurst und Fleisch zu verzichten, versucht, an Auslandsprodukte zu gelangen. Ein Leben weitgehend darauf reduziert: »Wie bringe ich Essbares auf den Tisch?« Politisch gesehen sind das allerdings dunkelste Machenschaften verworrener Verbraucher. Das Problem wird rundweg geleugnet! Eines der vielen Propagandabeispiele im »Ratgeber aus Ihrer Apotheke«: »Eine Allergie gegen Jodsalz gibt es nicht«[341], hieß es dort. Das Kundenblatt bezog sich auf Angaben aus dem »Bundesinstitut für gesundheitlichen Verbraucherschutz und Veterinärmedizin«. Warum dieses Haus ein Motiv zum Lügen hat, erklärt sich am Schluss dieses Kapitels. Gleiches Verhalten in den Gesundheitsministerien. Protestschreiben von zigtausend Jodgeschädigten werden stoisch ignoriert. Unter dem Deckmantel der Volksgesundheit macht man Zehntausenden das Leben zur Hölle und Millionen werden ihrer Gesundheit beraubt. Wahrlich kein Schildbürgerstreich mehr! Man weiß inzwischen, die Zwangsjodierung wirkt sich außerhalb wirtschaftlicher Interessen nur in einem *einzigen* Fall positiv aus: bei einer Schilddrüsenunterfunktion. Die politische Klasse überschüttet mehr als 80 Millionen Bundesbürger mit unkontrolliertem Jod, um einer kleinen Gruppe Gutes zu tun. Jeden Verbraucher zwangsmedikamentieren, nur weil manche unter Jodmangel leiden? Gelebter Wahnsinn! Die richtige

Lösung wäre: Hilfe für Patienten einer Unterfunktion durch die schlichte Verschreibung von Jodtabletten. Wer will daran glauben, dass medizinisch nicht möglich sei, was in anderen Ländern mit Augenmaß geschieht: Salz ausschließlich für den Haushalt mit Jod anzureichern. Schon wäre die Mehrfachjodierung verhindert. Jeder hätte es selbst in der Hand, sich am Einkaufsregal für oder gegen Gelb-Verpacktes zu entscheiden. Kein Bürger wäre zum »Arzneimittel« Salz und zu schlimmsten Krankheiten verdammt.

Was hinter der wilden Jodiererei und Sektiererei steckt, macht eine Episode klar: Seit Jahrtausenden ernähren sich unsere Wildtiere instinktiv richtig. Sie mögen in ihrer Existenz von Jägern gefährdet sein, doch bestimmt nicht aufgrund eines Jodmangels. Trotzdem wurden mit hohem Werbeaufwand Forstämter und Waldbedienstete dahingehend manipuliert. Gegen deftigen Aufpreis sollte von normalen auf jodierte Salzlecksteine umgestiegen werden. Doch das Wild war schlauer und gesundheitsbewusster als Deutschlands Mandatsträger samt Jodbefürworter. Unsere Waldbewohner akzeptierten das neue Salz nicht und verzichteten lieber darauf. Seither werden wieder traditionelle Salzlecksteine verwendet.[342] Nach dem Ausflug ins Tierreich zurück in das wenig menschliche Hier und Jetzt. Die gesundheitspolitische Verrücktheit der Jodierung wird aller Voraussicht nach nicht gestoppt. *Wir erinnern uns: Deutschlands politische Klasse revidiert keine Fehler.* Zu befürchten ist das Gegenteil. Pharma-Unternehmen sind einem neuen Milliarden-Deal hinterher. Das Jodieren unseres Trinkwassers. Eine Garantie für noch mehr Joderkrankungen! Und wer krank ist, braucht auch Medikamente. So schließt sich der Kreis mit dem Pharmanetzwerk. Wie in den Chefetagen der Konzerne auch gedacht werden mag, es wäre das hundertprozentige Desaster für Menschen, die jeden Jodkontakt vermeiden müssen. Sie könnten sich in Deutschland nicht einmal mehr waschen. Einzige Alternative: Wasser im Ausland besorgen oder dort ein Bad nehmen. Ob unsere Politikerinnen und Politiker erneut den Profitinteressen gehorchen, bedarf des Abwartens. Würde es passieren, wäre das Kind endgültig in den jodierten Brunnen gefallen.

Die pharmanahen Versager waren am Werk

Heimliche Arzneien in Deutschlands Kochtöpfen machen Menschen krank. Ein Medikament ohne Rezept nötigt Menschen »von Staats wegen«, nichts mehr essen zu dürfen. Menschenverachtend und inhuman werden demokratische Grundsätze und rechtsstaatliche Anforderungen ignoriert. Die

Artikel des Grundgesetzes »Recht auf körperliche Unversehrtheit« und die Garantie auf »freie Selbstbestimmung« sind nicht das Papier wert, auf dem sie stehen. Tote Paragrafen und deshalb vom Bürger nicht einklagbar. Auch der Straftatbestand der »Körperverletzung« ist außer Kraft gesetzt. Beweis: Zahlreiche Anzeigen von Jodgeschädigten wurden ausnahmslos mit unplausiblen Argumenten der Staatsanwaltschaften abgeschmettert.[343] Politische Justiz! Wieder einmal ist der bürgerliche Kläger ohne Richter und der Rechtsstaat überführt: Er funktioniert nicht mehr! Deutschland auf allen Ebenen aus dem Lot geraten. Der Schutz der Bevölkerung als geltende Rechtsnorm ist dem Faustrecht des ökonomisch Stärkeren geopfert. Damit ist der Hintergrund des Jodwahns angesprochen. Dieses Kapitel bezog sich eingangs auf den Massenmord im Blut- und Virenskandal. Eine Feststellung war, dass die politische »Elite« aus dem Drama nichts, aber auch gar nichts gelernt hätte. Stattdessen versuchte man sich »ohne Not sofort am nächsten gesundheitlichen Drama«. Diese Aussage bedarf der angekündigten Konkretisierung: Die Untätigkeit des damaligen Berliner Bundesgesundheitsamtes im Blutkonservenskandal war begleitet von herber öffentlicher Kritik. Darunter auch Korruptionsvorwürfe. Zahllose industrielle Verquickungen und der Einfluss der Pharma-Lobby waren allgegenwärtig und offensichtlich. Genau wegen dieser unrühmlichen und dubiosen Rolle wurde die Behörde Ende 1993 »aufgelöst«. Wie im politischen Postengeschacher üblich, kommt es selbst bei Schließung einer öffentlichen Einrichtung nie zu einem radikalen Stellenabbau. Im Gegenteil, die Stäbe werden aufgebläht. So wurden die Reste der Behörde unter anderem zum »Bundesinstitut für gesundheitlichen Verbraucherschutz und Veterinärmedizin« umfunktioniert. An der Spitze Prof. Dr. Rolf Großklaus. Kaum war dieser Tierheilkundler im Amt, schon scharte er Deutschlands Jodscharfmacher und gleichgesinnte Interessenverbände um sich. Ziel seiner Hyperaktivität: das Einschwören auf eine flächendeckende Jodkampagne. Bereits 1995 – gerade ein Jahr nach Amtsantritt – war die Leidenschaft von Herrn Großklaus umgesetzt. Zum Schaden des Volkes! Seither bekommt der Bürger auf dem deutschen Markt so gut wie *kein* Nahrungsmittel mehr ohne künstlichen Jodzusatz. Aus dem Humus der pharmanahen Versager im Blutkonservenskandal wurde ein weiteres Unglück angestiftet, und wer erneut begünstigt? Deutschlands Pharma-Unternehmen! Frei nach »Berliner Schnauze« und passend zum Standort der fragwürdigen Behörde eine Redewendung, die die Situation adäquat wiedergibt: »Nachtigall, ick hör dir trapsen.«

Multikulti, Kopftücher und Feindliches gegen Einheimische

In der Zeitschrift »TNT« schrieb der Präsident der Islamischen Gemeinschaft in Deutschland, Ibrahim El-Zayat: »Dieses Land ist unser Land und es ist unsere Pflicht, es positiv zu verändern. Mit der Hilfe Allahs werden wir es zu unserem Paradies auf Erden machen, um es der islamischen Ummah (Weltgemeinschaft) und der Menschheit insgesamt zur Verfügung zu stellen. (...) Durch die Gnade Allahs leben wir in einem der reichsten Länder dieser Erde. Das ist eine große Barmherzigkeit von Allah uns gegenüber ...«[344] Da bedarf es Herrn El-Zayat etwas zu korrigieren: Nicht Allah gebührt seine Huldigung, sondern unseren naiven Politikern. Sie sind es, die nun schon über 40 Jahre eine verantwortungslose Einwanderungspolitik auf dem Rücken der Bevölkerung organisieren. Der Wille der Deutschen spielt einmal mehr keine Rolle. Zahlreiche demoskopische Umfragen, unter anderem durch das Bundesinstitut für Bevölkerungsforschung, sind eindeutig: Mehr als zwei Drittel der Bundesbürger lehnen die Zuwanderung als »zu stark« ab.[345]

Im Zusammenhang mit Immigrationsfragen gibt es viele unbequeme Wahrheiten, die nicht ausgesprochen werden dürfen. Diskussion unerwünscht! Verharmlosen oder nicht darüber reden ist Teil des Problems. Wo immer sich kritisch Denkende zu Wort melden, sind Demagogen reflexartig zur Stelle: »Rechtes Gedankengut«, »Rassismus« – die immer gleichen Totschlagargumente. Gewissermaßen eine Art Generalbremse für jeden vernünftigen Debattenansatz. In diese Kategorie gehört auch die Verleumdung, »Ressentiments schüren zu wollen.« Doch nur im Umkehrschluss wird ein Schuh daraus: Wer die augenscheinlichen Schwierigkeiten nicht thematisiert, stiftet in der Bevölkerung Hass und Ablehnung. Und dieser Zustand ist seit Langem erreicht! Bassam Tibi, Publizist und Professor für internationale Beziehungen an der UNI Göttingen: »Die Lage ist bedrohlich, weil keine Bereitschaft besteht, die Probleme zur Kenntnis zu nehmen und über die Probleme miteinander zu sprechen.«[346] Zur deutschen Wirklichkeitsverweigerung gehört auch die geradezu putzige Vorstellung: Menschen aus islamisch geprägten Regionen würden unsere Demokratie und die freie Gesellschaft schon toll finden. Einer der großen Irrtümer, denen auch der amerikanische Präsident Georg W. Bush im Irak und Afghanistan aufsaß. Und noch ein historischer Denkfehler: die Glorifizierung der Multikultur als wunderschöner, kunterbunter Schmelztiegel. Gutmenschen haben sich das alles hübsch ausgedacht, nur – wie Gutmenschen eben so sind – gänzlich lebensfern: Es gibt dafür weltweit kein gelungenes Modell. Ethnisch-religiöse Bürgerkriege im Libanon und auf dem Balkan zeigen uns beispielhaft, wohin das führt. Nicht zu vergessen, gerade Deutschland die Verkörperung der totalen Katastrophe.

Dieses Kapitel will nichts und niemanden unter Generalverdacht stellen. Ebenfalls eine Modefloskel, um Kritiker mundzutöten. Wir reden auch nicht über Migranten, die, ohne ihre eigene Identität aufzugeben, sich beruflich engagieren, die ausreichend deutsch sprechen, die die Gesetze achten und um Integration bemüht sind. Ebenso wenig beschäftigt uns »rechte« oder »linke« Politik. Das Volk wird einmal mehr mit *schlechter* Politik traktiert. Hauptdefizit: Regieren ohne Selbstwertgefühl! Das Resultat ist vernichtend: Eine immer größer werdende Gemeinde von Menschen mit Migrationshintergrund (ein schreckliches Wort) hat für die deutsche Kultur und für uns Deutsche gerade noch Verachtung übrig. In diesen Topf gehören auch der Missbrauch und das Ausnutzen unserer Gastfreundschaft. Kurzum: Wir reden über die Kranken, nicht über die Gesunden.

Blick zurück in die Sechzigerjahre – Zeit der Vollbeschäftigung. Über ein Anwerbeabkommen zwischen Deutschland und der Türkei wurden Menschen geholt, um uns bei der Arbeit zu helfen. Parteiübergreifend wurde geglaubt, Arbeitskräfte im Rotationsprinzip anwerben zu können, um sie nach ein, zwei Jahren wieder nach Hause zu schicken. Nun ist es aber so, wer 20- bis 30-jährige ledige Männer als Arbeitskräfte holt, sollte damit rechnen, dass ledige, männliche Arbeitskräfte Frauen haben und Familien gründen wollen. Jedenfalls spricht jede menschliche und historische Erfahrung für dieses soziologisch geläufige Modell. Doch für unsere Sozialpolitiker kam mal wieder alles völlig überraschend. Und so geschah, was geschehen musste: Deutschlands »Gastarbeiter« dachten gar nicht daran, ein Single-Dasein zu führen. Auch nach dem Anwerbestopp 1973 wollten sie nicht in ihre Heimat zurück. Im Gegenteil. Sie heirateten, holten Familien nach und heute sind die sogenannten Arbeitsmigranten »urplötzlich« 40 Jahre in Deutschland. Dazu gehören auch deren hier geborenen Kinder, Enkel, Urenkel mit der verständlichen Absicht, für immer zu bleiben. Integrative Probleme? Kulturelle Konflikte? Über Derartiges wurde kein Gedanke verschwendet. Und erneut zur Überraschung unserer Parlamentarier sind jetzt Millionen türkische Bürgerinnen und Bürger im Lande, begleitet von genau den vorhersehbaren Schwierigkeiten.

Die bundesrepublikanische Zuzugspolitik wäre treffender mit dem Wort »Invasion« charakterisiert. Über Jahrzehnte hatte Deutschland mehr Zuwanderungen pro Jahr als Geburten. Laut Chef des Bundesamts für Migration, Albert Schmid, kamen in der Zeit von 1952 bis 2002 sage und schreibe 35 Millionen Menschen zu uns.[347] Versteht sich, nicht alle blieben im Lande. *Einfallstore der Masseneinwanderung*: Wohlstandsmigration. Rechtsanspruch auf Asyl. Kriegs- und Bürgerkriegsgründe. Deutsche und jüdische Spätaussiedler aus der früheren Sowjetunion. Heiratsmigration – allein aus der Türkei kommen alljährlich 16.000 Frauen, nur um zu heiraten. Aus allen Kategorien ist der Familiennachzug hinzuzuaddieren. Obendrein Illegale und jene, die über Jahre fast unkontrolliert aus Osteuropa einreisen konnten: Deutsche Botschaften vergaben jährlich fast eine halbe Million Schengen-Visa gegen gültiges EU-Recht. Der Skandal um den sogenannten Fischer-Volmer Erlass. Bevorzugt genutzt wurde diese rot-grün verklärte »Einreisefreiheit« speziell von Kriminellen: Schleuserbanden! Frauenhandel! Zwangsprostitution! Sklaverei inmitten unserer Gesellschaft und Deutschlands Abgeordnete die empörungsfreien Unterstützer.

Ein weiterer Höhepunkt politischer Regentschaft: Nach dem endgültigen Wegfall aller Übergangsbeschränkungen werden Millionen Wohlstandsflüchtlinge erwartet. Ein Reflex auf die unkontrollierte Osterweiterung! Selbst arbeitslose EU-Bürger erhalten dann das Recht auf eine dauerhafte Aufenthaltsgenehmigung in der Bundesrepublik. Verheerend für den Arbeitsmarkt! Verheerend aufgrund erwarteter Haushaltsbelastungen in Milliardenhöhe! Der Präsident des ifo-Instituts Prof. Hans-Werner Sinn prophezeit katastrophale Auswirkungen für die bereits maroden Sozialsysteme: »Deutschland wird auf Jahre das Ziel Nummer eins für die Armen des Ostens sein.«[348] Was geht bei solchen Weichenstellungen in den Köpfen unserer »Elite« vor? Wohl wenig! In der gesamten Zuwanderungspraxis ist das Ursprungsprinzip auf den Kopf gestellt: »Mit der eigenen Hände Arbeit sich eine bessere Zukunft zu erschaffen. Wenn schon nicht für sich selbst, dann wenigstens für die eigenen Kinder.« Diese Beschreibung stammt von Giovanni di Lorenzo, Chefredakteur »Die Zeit«. Und er spricht von »einer Pervertierung des Systems«.[349] Der Grund: *Einwanderung ereignet sich größtenteils in die sozialen Netze.* Alle Verästelungen der Migration vereint eine Gemeinsamkeit: Nationale Interessen sind auf dem Altar deutscher Leisetreterei geopfert. Unangenehme Wahrheiten auszusprechen, das wagen gerade noch Politiker außer Dienst. Also immer dann, wenn sie nichts mehr zu verlieren haben, aber auch keinen Einfluss mehr nehmen können. Der verstorbene Bundespräsident Johannes Rau gehörte dazu. Er warnte vor »falscher Ausländer-Freundlichkeit«. Ähnlich Altbundeskanzler Helmut Schmidt in einer seiner Publikationen: »Wir haben viel zu viele Ausländer hereingeholt.« Beide Herren haben allerdings – wie so oft bei Politikern – während aktiver Zeiten nicht verhindert, worüber sie sich inaktiv echauffierten.

In unserem Land regiert der fatale Hang zur überzogenen Fremdenliebe. Diese Haltung lässt sich vorwiegend in Künstler- und akademischen Kreisen beobachten. Ähnlich bei jenen, die sich selbst für »fortschrittlich« halten. Man bemüht sich auf exzentrische Weise, das Andersartige kritiklos anzuhimmeln und zu umarmen. Eine geradezu masochistische Form der Unterwerfung. Selbst die Unterdrückung der Frau und politisch-religiöser Fanatismus werden beschwichtigend akzeptiert. Es ist bestimmt kein Zufall, wenn Terroristen unser Land als Ruhe- und Vorbereitungsraum favorisieren.[350] Die Anschläge vom 11. September 2001 auf das World Trade Center und das Verteidigungsministerium »Pentagon« haben es zutage gefördert: Drei der vier Terrorpiloten sowie mindestens sechs Unterstützer gehörten der »Hamburger Zelle« an. Unten ihnen der Anführer Mohammed Atta. Zynisch zu Ende gedacht, hätten die USA nicht in den Irak, sondern in Deutschland, »der Achse des Bösen«, einfallen müssen.

Die Menschen dürsten nach Wahrheiten – speziell in Ausländerfragen. Eine Sehnsucht nach Volksvertretern, die hoch erhobenen Hauptes *alle* damit verbundenen Probleme aussprechen. Ungeschönt! Glasklar! Warum ist das nicht möglich? Wann ist Schluss mit gebeugtem Gang aufgrund der Erfahrungen des Dritten Reiches? Das sind Fragen, die sich die heutigen Generationen stellen. Jahrgänge, die nichts mit dem damaligen Grauen zu tun haben. Kein Staat dieser Welt sieht Kollektivhaftung und Buße für Menschen vor, die Verbrechen ausschließlich vom Hörensagen kennen. Schuld auf Erbschein gibt es nicht. Genauso wenig einen Zusammenhang des Holocausts mit Themen der Gegenwart. Deutschland muss seine Minderwertigkeitskomplexe schleunigst ablegen. Wir brauchen eine nationale Emanzipation, denn es geht um fundamentale Bereiche der Zukunft. Selbstbewusst und couragiert ist zu fragen: Brauchen wir Zuwanderung, wenn der ursprüngliche Grund »Vollbeschäftigung« durch ein Heer von Arbeitslosen ersetzt ist? Was sind die wirklichen Kosten des Zuzugs? Welche Kriminalität hat sich etabliert und wie soll sie bekämpft werden? Löst Migration gesellschaftliche Probleme oder werden Probleme importiert? Sind die Grundlagen für den ungewollten Kampf der Kulturen auf deutschem Boden schon gelegt? Fangen wir an.

Die Bundesrepublik im weltweiten Vergleich

Deutschland, ein kleines überbevölkertes Land – ähnlich winzig wie Texas (USA), schlägt alle Rekorde in Sachen Zuwanderung. Der durchschnittliche Ausländeranteil in der Europäischen Union beträgt um fünf Prozent.[351] Mit zwölf Prozent legen wir mühelos das Doppelte vor. Selbst mit dieser noch nach unten *geschönten* Statistik – dazu später mehr – sorgt die Bundesrepublik weltweit für Furore. Klassische Einwanderungsländer, wie die Vereinigten Staaten mit kärglichen neun Prozent, verweisen wir auf die Plätze. Von den großflächigen und wirklichen Zuzugsstaaten Kanada, Australien und den besagten USA wäre politisch eine Menge zu lernen. Im Gegensatz zur Bundesrepublik wird dort eine »Wildwanderung« durch Steuerung verhindert. Quoten und Kontingentregelungen bestimmen, wie viele Aufnahmewillige genommen werden. Alle Einwanderungsgesetze sind nicht am Interesse der Immigranten ausgerichtet, sondern daran, welchen *positiven* Beitrag jeder Neubürger in den aufnehmenden Ländern leisten kann. Niemand wandert dort in die Sozialsysteme ein! Es gibt für die hoch verschuldete Bundesrepublik mit dem maroden Sozialwesen kein Alibi mehr, auf ähnliche Rechte gönnerhaft zu verzichten. Die jahrzehntelange Zuwanderungspraxis muss gestoppt werden! Es ist völlig legitim und normal, sich Menschen auszusuchen, die man aufnehmen will. Machen wir das nicht im Privatleben genauso?

Allen neurotischen Selbstbezichtigungen zum Trotz. Deutschland ist ein tolerantes, weltoffenes und gastfreundliches Land. Eindrucksvoll demonstriert während der Herren-Fußball-WM 2006. Auch außerhalb sportlicher Events sind Gäste aus aller Welt herzlich willkommen. Niemand lehnt persönliche, wissenschaftliche und wirtschaftliche Kontakte ab. Gerne werden Menschen aufgenommen, die uns nutzen und nicht ausnutzen. Wo immer sich auf unserem Globus Hunger- oder sonstige Katastrophen ereignen, die deutsche Bevölkerung zeichnet eine enorme Opferbereitschaft und Solidarität aus. Blicken wir zurück auf die Erdbeben 1999 in der Türkei oder 2003 im Iran. Halten wir uns Ostasiens Tsunami-Flutkatastrophe im Jahre 2004 oder das Erdbeben auf Haiti 2010 vor Augen. Überall wurde mit Sachleistungen, Geldspenden und persönliches Engagement auf einzigartige Weise Hilfsbereitschaft demonstriert. Gleiches gilt für Kriegsflüchtlinge. Die Bundesrepublik nahm aus dem früheren Jugoslawien ohne Murren mehr Menschen auf als alle europäischen Länder zusammen. Auch das Asylrecht gilt weltweit als ausnehmend großzügig und luxuriös. Damit wären wir allerdings beim ersten Problemfall:

»Wer politisch verfolgt ist, genießt Asyl.«

So stand es früher kurz verständlich und prägnant im Grundgesetz. Heute findet sich an gleicher Stelle ein undurchsichtiger Bestimmungswust mit unzähligen Ausnahmeregelungen. Ähnlich verworren die Wege des Asylwesens: Professionelle Schlepperorganisationen bieten in Osteuropa oder in Ländern der Dritten Welt ihre Dienste an. Tickets in den Wohlstand für teuer Geld. Wie in Reisebüros können Auswanderungswillige aus verschiedenen Angeboten wählen. Die »Tarife« richten sich nach der Attraktivität des gewünschten Landes und nach dem Schwierigkeitsgrad bei der Einreise. Kontaktadressen und ein Verhaltenskodex für das »Gastland« gehören genauso zum Service wie exzellent gefälschte Personalpapiere. Selbstverständlich zählt dazu auch ein heiß gehandelter Tipp: *sich seiner Identität zu entledigen*. Gleich wird ein Minister dazu Stellung beziehen, der es wissen muss. Jedenfalls kann bei alldem von politischer Verfolgung keine Rede mehr sein. Die Bundesrepublik ist heute das Eldorado für Asylbewerber. Wie ein Lauffeuer verbreitete sich in aller Herren Länder die Kunde: »Good old Germany« ist besonders unproblematisch und spendabel. Mit Unbehagen traf diese Feststellung auch das UN-Hochkommissariat.[352] Zumindest erfüllen wir in diesem Bereich das Traumbild vom Land der unbegrenzten Möglichkeiten: Geld, Wohnung und alle sozialen Errungenschaften werden ohne Eigenbemühungen und ohne Arbeit bereitgestellt. Konsequenz: Ob Afghanen oder kurdische Flüchtlinge, auch wenn sie am untersten Stiefel von Italien stranden, ihr Ziel ist meist das gleiche: Deutschland.

Der gesamte Asylkomplex ist außer Kontrolle geraten, inklusive dem Versagen der zuständigen Behörden. Von den Aufnahmesuchenden berufen sich derzeit fast 90 Prozent missbräuchlich auf das Asylrecht.[353] Geschlagene zehn Jahre (!!) können die nachfolgenden Verwaltungs- und Gerichtsverfahren in jedem einzelnen Fall dauern. Unzumutbar für die Antragsteller! Unzumutbar für den Steuerzahler! Die jährlichen Asyl-Grundkosten werden auf etwa 13 Milliarden Euro beziffert. Ohne Nebengeräusche, versteht sich. Beispielsweise für vielfältige Aufwendungen zur Integration, Kriminalitätsbekämpfung oder eine Reihe von Verrücktheiten. Eine davon bekrittelte Otto Schily, zum Zeitpunkt seiner Aussage SPD-Bundesinnenminister: »Wir haben heute über 500.000 Menschen im Lande, die sind rechtskräftig ausgewiesen, haben eine Abschiebungsanordnung, wir bekommen sie aber nicht außer Landes.«[354] Weshalb diese Weichei-Erklärung? Ausgewiesene verschleiern ihre Herkunft, indem sie einfach die Pässe wegwerfen. 80 Prozent aller Asylbewerber bedienen sich dieser Methode und unser »Rechtsstaat« gibt sich damit zufrieden. So wird jede Akzeptanz in der Bevölkerung verspielt und niemand sollte sich über eine insgesamt kritische Haltung wundern. Trotz aller Widrigkeiten dürfte eine breite Bevölkerungsmehrheit das Asylrecht im Kern erhalten wollen. Als humanitäre Verpflichtung und Schutz für Menschen, die um Leib und Leben fürchten müssen. *Allerdings nur für sie.* Bei allen anderen Arten der Zuwanderung muss umgedacht werden. Wenn überhaupt, klare Quoten und Regelungen im Interesse der Bundesrepublik. Auch das 2005 in Kraft getretene Zuwanderungsgesetz leistet keine »Steuerung und Begrenzung der Zuwanderung«, wie politisch beteuert. Es ist, was es ist: eine der vielen Mogelpackungen im Kompromiss der »Volksparteien«. Davon wird in diesem Kapitel noch einige Male die Rede sein.

Deutschland Asylland, aber kein Einwanderungsland

Jeder Staat der Welt verträgt nur ein begrenztes Maß an Zuzug. Gegen dieses Gebot verstoßen deutsche Regierungen seit Jahrzehnten. Nochmals die Stimme von Altkanzler Helmut Schmidt: »Wir haben uns heute schon überfordert. Alle politische Vernunft spricht gegen diesen Weg.«[355] In den letzten 30 Jahren musste jährlich eine Stadt wie Nürnberg oder Dortmund integriert werden. Alle zwölf Monate zwischen 750.000 und 800.000 Menschen. Eine stolze Zahl! Sollte ein zartes »Bing« ertönen und eine Fee erschiene, um mir einen Wunsch zu erfüllen, dann würde Berlin im Chaos versinken. Ich würde mir die annähernd 7 Millionen Arbeitslosen (auch die aus der Statistik herausgerechneten) in die Hauptstadt wünschen. Vor dieser unvorstellbaren Menschenmenge dürften dann alle politischen Koryphäen ihre Ausländerpolitik erläutern. Viele der anwesenden Bürger hätten sicher ein gesteigertes Interesse an plausiblen Argumenten, warum Deutschland Zuwanderung braucht. Die Veranstaltung könnte noch mit Rentnern und Kranken ergänzt werden. Also mit jenen lobbyfreien Gruppen, die seit Jahren geschröpft und diffamiert werden. Regelmäßig wird ihnen der Kollaps der Sozialsysteme angelastet, da einer der wirklichen Gründe politisch unaussprechbar ist: *zügellose Einwanderung.* Beweis: Die Zahl der sozialversicherungspflichtig beschäftigten Ausländer belief sich nach Inkrafttreten des Anwerbestopps 1973 auf etwa 2,6 Millionen. Mehr als 35 Jahre später lebt ein Zigfaches an Immigranten in Deutschland, aber die Zahl der Sozialversicherungspflichtigen hat sich nicht erhöht. Sogar auf 1,9 Millionen reduziert![356] Daraus resultiert eine bittere Wahrheit: Zuwanderung findet nicht in den Arbeitsmarkt, sondern in die Sozialsysteme statt. Deutschlands gängige Ausländerkarriere: Arbeitsamt – Sozialamt – Rentenkasse! Nicht nur, dass dieses Desaster verschwiegen wird, man verkehrt die Situation ins Gegenteil und behauptet: Einwanderung würde die Sozialsysteme sichern! Gewiss haben Sie schon mal die Forderung vernommen, es müssten Menschen geholt werden, damit die Renten bezahlbar bleiben. Obwohl, wie gesagt, ein Großteil der Immigranten keine Beiträge leistet, sondern Transfers empfängt. Generell ist es so: Gesellschaftliche Probleme über Einwanderung kompensieren zu wollen mag keine Denkarbeit abverlangen, ist aber wohl deshalb auch die dümmste aller Lösungen. *Erstes Argument*: Bevölkerungswissenschaftler aus Freiburg haben errechnet: Beließen wir das Rentensystem, wie es ist, und wollten die Fehlbeträge nur durch Zuwanderung lösen, müssten in den nächsten 30 Jahren 154 Millionen Menschen nach Deutschland einwandern. *Zweites Argument*: Hätten wir vor, das Verhältnis zwischen Erwerbstätigen und Rentnern auf dem heutigen Niveau zu halten, hat die UNO das extremste aller Szenarien entworfen: Die Bundesrepublik müsste bis 2050 unvorstellbare 188,5 Millionen Einwanderer aufnehmen.[357] *Drittes Argument*: Arbeitgeberverbände bejammern schon heute, wovon nur Gaukler wissen: einen dramatischen Arbeitskräftemangel in fernen Jahrzehnten. Für den Fall, solche Prophezeiungen träfen ein und man wollte das Arbeitskräftepotenzial (den Fantasiebedarf) bis zum Jahr 2050 konstant halten, wäre ein Zuzug von rund 25 Millionen erforderlich. Man nennt das Bestandserhaltungsmigration. Welche Vorhersagen auch eintreffen mögen, eines machen die Annahmen deutlich: Das Rezept »Einwanderung« ist in jedem Fall das falsche. Wären Schritte in ferner Zukunft tatsächlich vonnöten, hieße das Mittel der Wahl: Mut zum kreativen Gesundschrumpfungs-Prozess für unser dicht besiedeltes Land.

Gefahr für den inneren Frieden

Die Grenze der Aufnahmefähigkeit unserer Republik ist überschritten und »Multikulti« kläglich gescheitert. Man denke an Gettos in den Problembezirken Berlin-Kreuzberg, Neukölln oder Duisburg-Marxloh. Fremdländische Inseln auf deutschem Boden, die in jeder größeren Stadt zu finden sind. Menschen können in diesen Bezirken geboren werden und sterben, ohne jemals ein Wort deutsch gesprochen zu haben. Ein Leben in Parallelgesellschaften und in gewollter Isolation. Selbstgettoisierung, die sich weitgehend in Sozialhilfe, Grundsicherung und Arbeitslosengeld II abspielt. Staatlich finanzierter Gesellschaftsausschluss! Es ist eine komplette soziale und wirtschaftliche Infrastruktur entstanden: Kultur, Geschäfte, Sprache, Zeitungen, Schulen, TV- und Rundfunksender etc. Gefährlich ist aber eine andere Entwicklung: In diesen Vierteln herrschen nicht mehr die Gesetze und die Verfassung der Bundesrepublik. Hier regiert ein Codex mit eigenen Werten, Überzeugungen und Regeln. Zum Alltag gehören das Tragen von Waffen, Gewalt, Erpressung, Drogenhandel sowie die Nichtanerkennung der Schulpflicht. Dazu Vorstellungen aus fernen Jahrhunderten: Mädchen und Jungen verstümmeln durch Beschneidungsrituale. Lynchjustiz rücksichtsvoll »Ehrenmord« genannt und in der medialen Sprachregelung mit »Ehedrama« oder »Eifersuchtsdrama« verschleiert. Zwangsverheiratung und arrangierte Ehen mit einem Leben in häuslicher Leibeigenschaft. Männer die sich gezielt Importbräute aus der Heimat holen, denn sie sollen nicht so aufgewachsen sein wie deutsche Frauen. Typ unterwürfig, um sie wie Haustiere behandeln zu können. Da wundert sich die Parlamentarische Gesellschaft über Integrationsschwierigkeiten. Weckruf: Es gibt keine Integration ohne die von der Verfassung verlangte Gleichstellung der Frau.

Parallelgesellschaften wären an sich keine Tragödie. Wer durch Großstädte dieser Welt wie Paris, London, Tokio fährt, erlebt spannende Kolonien mit koreanischen, vietnamesischen oder persischen Einwohnern. In den USA weisen Richtungsschilder nach »Little Ethiopia«, »Little Armenia«, »Thai Town« und »Little Tokio«. Weltweit haben sich Österreicher, Deutsche, Polen, Italiener oder sonstige Nationalitäten in Volksgemeinschaften zusammengefunden. Jetzt aber der entscheidende Unterschied: Die Menschen sind in diese Länder gekommen, um sich mit der Hände Arbeit ein besseres Leben aufzubauen. Sie achten die Gesetze und verachten nicht die aufnehmende Gesellschaft.[358] Ganz anders in deutschen Auslandsbezirken: Wie gesagt, viele stützen das Leben auf »Stütze« und ihr Weltbild auf fundamental-islamische Regeln. Christen und christliche Werte zu verachten ist Teil der Glaubenslehre. Auszug aus einer türkischen Freitagspredigt in der Neuköllner Mevlana-Moschee: »Es gibt Deutsche, die auch gut sind. Aber sie sind und bleiben doch Atheisten. Wozu nutzen sie also? Haben wir jemals einen Nutzen von ihnen gehabt? Auf der ganzen Welt noch nicht! Weil Gott mit ihnen Mitleid hatte, gab er ihnen Freuden im Diesseits. Aber im Jenseits kann der Deutsche wegen seiner Ungläubigkeit nur das Höllenfeuer erwarten.«[359] Gerne wird behauptet, solche und verwandte Aussagen seien nicht Mehrheitsmeinung der Muslime. Dem widerspricht die Realität! Niemand der Moschee-Besucher hat dagegen protestiert oder gesagt »das möchte ich nicht«. Der gleiche Redner pries anlässlich einer öffentlichen Kundgebung islamische Selbstmordattentäter in Jerusalem und im Irak an. Widerspruch auch hier Fehlanzeige! Logische Schlussfolgerung: Die Masse sympathisiert mit dieser Hetze.

Immer wieder ist eine soziologisch abgehobene Diskussion und Unterstellung zu hören: Ausländerfeindlichkeit in der Gesellschaft leite sich aus dunklen, abstrusen Ängsten vor dem Fremdartigen ab. Bestenfalls eine hobby-psychologische Sichtweise! Deutsche reisen massenhaft und liebend gern in fremde Länder. Würde die Angstthese stimmen, gäbe es dafür *keine* Erklärung. Zumal unsere Landsleute dort von »Ausländern« geradezu umzingelt sind. Nein, alles ist relativ einfach. Die Zuwandererklientel und die Verhältnismäßigkeit stimmen nicht mehr. Hinzu kommt, dass die Bevölkerung nie in der wichtigen Angelegenheit der Immigration gefragt wurde. Und noch etwas: Für viele Menschen gehört es zur alltäglichen Erfahrung, als Inländer benachteiligt zu sein. Ein einziger Punkt herausgriffen: Vergabe von Sozialwohnungen. Die Lage ist mit einer einzigen Frage umrissen: Haben Sie je einen obdachlosen Zuwanderer getroffen? So hört man weder selten noch unberechtigt den Seufzer: »Ausländer müsste man sein.« Die Leute sind es leid, für schrankenlosen Zuzug immer mehr Schmälerungen hinzunehmen. Weshalb sollten Eltern in einen Freudentaumel verfallen, wenn in Schulklassen gerade noch ein, zwei deutsch sprechende Kinder sitzen? Sollte Begeisterung aufkommen, wenn das Lern-Niveau ihrer Kleinen auf den untersten Pisa-Level sinkt? Weshalb sollten Rentner Leistungskürzungen beklatschen, wenn sie den Status russlanddeutscher Familien vor Augen haben? Einreisende dieser Zuwanderungsgruppe leisteten nie Beiträge in die Sozialsysteme, bekommen aber besonders attraktive Wohnungen zugewiesen. Jeder Einzelne von ihnen bezieht zudem eine Altersversorgung wie jemand, der immer hier gearbeitet hat. Gleiches gilt für Kranke, die zunehmend verzweifeln, wenn sie bei steigendem Eigenanteil immer schlechter behandelt werden. Grund ist die Plünderung der Sozialkassen. Weshalb sollte das Millionenheer der Arbeitssuchenden Akzeptanz für weitere Zuwanderung aufbringen? Wer schüttelt nicht den Kopf, wenn Kriegsflüchtlinge aus Ex-Jugoslawien nach Ende des Konflikts nicht in ihre Heimat zurückkehren? Warum auch, deutsche Helfer und die Bundeswehr erledigen für sie den Wiederaufbau. Es gibt vielfältige Gründe des Unbehagens. Auch die, dass sich viele im eigenen Land fremd und durch Kriminalität bedroht fühlen. Sorgen jedenfalls, die die politische Klasse kategorisch ignoriert. Auch wenn das Gros der Menschen nicht auf statistisches Wissen zugreifen kann, sie spüren und können sich an fünf Fingern abzählen: Sie sind es, die die Zeche für die Masseneinwanderung zahlen. Wer auch sonst?

Märchen aus Tausend und einer Nacht

Nicht unsere Gesellschaft ruft nach Einwanderung, sondern die Wirtschaft. Politiker dienen der ihnen nahestehenden Interessengilde mittels Untätigkeit. Das heißt, der Zustrom unkontrollierter Zuwanderung bleibt seit Jahrzehnten unversperrt. Fakten schaffen durch Nichtstun. Mit der gesetzgebenden Neuregelung 2005 wird eine Begrenzung der Zuwanderung behauptet. So weit die Außendarstellung. Tatsächlich bedeutet es den Einstieg in eine *aktive* Einwanderungspolitik. Arbeitskräften ausländischer Herkunft ist jetzt »der rote Teppich ausgerollt, ich hoffe, dass viele ihn beschreiten werden«.[360] Originalton Otto Schily vor dem Bundestag. Weiter in einer seiner aussagekräftigen Reden: »Sofortiges Daueraufenthaltsrecht, Eheleute und Kindernachzug alles unproblematisch für Menschen, die die Wirtschaft braucht.« Das Interesse der Industrieverbände an Zuwanderung ist vielfältig. In jedem Fall aber rein marktwirtschaftlich, also egoistischer Natur: Für die ökonomischen Fürsprecher kommen schlicht und einfach Konsumenten. Egal, auch wenn der Umsatz überwiegend aus staatlichen Transferleistungen resultiert. Zudem gelten Ausländer als billige und willige Arbeitskräfte. Und noch ein Vorteil: Erhöht sich das Angebot (Arbeitssuchende), reduzieren sich die Preise (Löhne). Genau diese Entwicklung vollzieht sich unter dem Stichwort Lohndumping. Sicher mag es für die Bilanz einzelner Firmen gut sein, nicht aber für unser Land. Denn mit den Integrations- und sozialen Folgekosten will die Industrie nichts zu tun haben. Für Unangenehmes darf die Allgemeinheit geradestehen. Weiterer Negativeffekt: Besonders große Unternehmen bilden immer weniger aus. Sie holen sich zum Nulltarif Qualifizierte aus der ganzen Welt. Ein Irrweg! Zum einen stehen Deutschlands Jugendliche ohne Ausbildung da. Einer der größten Anschläge auf die Zukunft unseres Landes. Zum anderen werden gerade Hochqualifizierte aus armen Ländern abgeworben. Schäbig! Diese Menschen würden in ihrer Heimat dringend gebraucht. Anstatt rückständigen Ländern zu helfen, werden sie durch den Abzug ihrer geistigen Spitzenkräfte geschwächt. Meinhard Miegel, Autor des Buches »Die deformierte Gesellschaft« und Arbeitsmarktexperte, hält es sogar für eine perfide Form von Neokolonialismus: »Früher haben wir das Land gebraucht, dann haben wir Land besetzt. Dann haben wir Rohstoffquellen benutzt, dann haben wir die Rohstoffquellen ausgebeutet. Und jetzt brauchen wir Menschen, dann gehen wir in diese Länder und holen die Menschen ab.«[361] Ungesühnt geschieht das alles nicht. Da sich die Gebiete der Abgeworbenen nicht entwickeln können, wird unfreiwillig Armutswanderung in die Bundesrepublik gefördert.

Immerhin: Gedankenlose Lösungen gut verkauft unter die Leute zu bringen, dabei liefern Deutschlands Politiker stets Spitzenleistungen ab. Beispiel »Green Card« für Computer-Spezialisten. Angepriesen als »*die Jobmaschine*« des neuen Jahrtausends. Großspurig tönte der SPD-Mann Dieter Wiefelspütz im November 2000: »... wenn die kommen, die sind so kreativ, mit jedem Mann oder jeder Frau, die zu uns kommt, entstehen zwei, drei Arbeitsplätze kraft ihrer Intelligenz.«[362] Kraft politisch geringfügiger Intelligenz war bereits zwei Jahre später alles vorbei. Auf dem Neuen Markt verloren viele Bürger ihr Hab und Gut und die IT-Branche wurde zum Mega-Flop. Und Herr Wiefelspütz? Von ihm war diesbezüglich nichts mehr zu hören. Speziell dann nicht mehr, als sich die ersten sogenannten Computer-Inder arbeitslos meldeten. Schließlich soll »so was« unter der Decke bleiben und blieb es auch. Deshalb großes Staunen in der Mitgliederversammlung einer Sozialen Wohnbaugesellschaft im bayerischen Starnberg. Weit weg vom fernen Berlin wurden die Teilnehmer darauf vorbereitet, dass der Ausländeranteil in den Wohnanwesen anwachsen wird. Der genannte Grund: Green-Card-Inhaber! Wie gesagt, an der Beteiligung derartiger Folgekosten zeigt die Wirtschaft keinerlei Interesse.

Da uns gerade Finanzen beschäftigen, sollten wir die Frage beleuchten, ob, wie so oft zu hören ist, »Zuwanderung den Wohlstand Deutschlands sichert«. Das lässt sich klar verneinen! Die Wahrheit verbirgt sich im Gegenteil: Generell ist es so, dass nur eine kleine Minderheit der Bevölkerung mehr erwirtschaftet, als sie konsumiert. Sieht man vom privaten Soll ab, ist momentan *jeder* Bürger durchschnittlich mit mehr als 20.000 Euro staatsverschuldet.[363] Wir alle sind sozusagen ein schlechtes Geschäft für unser Land. Bei Immigranten kommt erschwerend hinzu, dass sie überproportional die Sozialsysteme belasten. Ende 2001 brachte eine Studie des ifo-Instituts München, im Auftrag des damaligen Bundesarbeitsministers Riester, ein bemerkenswertes Ergebnis: Unterm Strich kostet uns *ein* Zuwanderer in den ersten zehn Jahren rund 23.000 Euro.[364] Da regierungsbeauftragt und bezahlt, ist diese Bilanz noch höchst moderat. Professor Herwig Birg, Direktor des renommierten Instituts für Bevölkerungsforschung und Sozialpolitik (IBS) der UNI Bielefeld: »Es findet eine finanzielle Umverteilung von Einheimischen auf die Ausländer statt.«[365] Und nochmals Meinhard Miegel, der Arbeitsmarktexperte: »Zuwanderer zu integrieren ist teurer, als eigene Kinder großzuziehen.« Fazit: Zuzug entpuppt sich bei genauem Hinsehen nicht als Bereicherung, sondern als Belastung. Die Wohlstandslegende vertuscht in Wirklichkeit den finanziellen Negativaspekt einer falschen Einwanderungspolitik.

Zu spät ausgesiedelt und integrationsunwillig

Fast 5 Millionen »Spätaussiedler«, vor allem aus der ehemaligen Sowjetunion, leben heute in Deutschland. Der Ansturm hat sich abgeschwächt, ein Ende ist aber nicht in Sicht. Es handelt sich um eine privilegierte Zuwanderungsgruppe, die sich unser Staat eine Menge kosten lässt. Frei nach der Devise: Nicht kleckern, sondern mal richtig den reichen Onkel aus dem Westen spielen. Der noble Verwandte ist zwar längst nicht mehr reich, leistet sich aber gern Luxus auf Pump. Es gibt Opferentschädigungen, Eingliederungshilfen, Wohnungen, Sozialbetreuung, großzügigste Ausbildungshilfen, zinslose Kredite mit maximal einer Verwaltungsgebühr von einem Prozent. Volle Kranken- und Rentenansprüche, auch wenn kein Cent in die Systeme geleistet wurde. Dazu erhält jedermann und jedefrau bei der Einreise die begehrte deutsche Staatsbürgerschaft. Hier wäre etwas Wichtiges einzuflechten: Aufgrund der sofortigen Einbürgerung tauchen Russlanddeutsche in keiner Ausländerstatistik auf. Gleiches gilt für Millionen Immigranten, die mit »Doppelpässen« versorgt werden und somit über mehrere Staatsbürgerschaften verfügen. Einbürgerungen – ursprünglich als Ausnahmeregelung erdacht – sind zum billigen Ramschladen mit Regelfallcharakter entartet. Maria Böhmer (CDU), die Integrations-Beauftragte der großen Merkel-Koalition, bot das Deutschsein gar wie Sauerbier an: *»Werden Sie Deutsche, werden Sie Deutscher, Deutschland braucht Sie!«*[366] Eigentlich war die Vergabe nationaler »Heimatrechte« erst am Ende einer gelungenen Integration vorgesehen. Sollpunkte: Sprache! Arbeit! Rechtstreue! Doch diese Minimalziele werden selten erreicht. Heute ist der Tausch der Nationalität auf dem Level wie sein T-Shirt zu wechseln. Verantwortungslose Einwanderungspolitik, die mit Zahlenschwindel korrigiert wird: Offizielle Quellen über den Ausländeranteil in der Bevölkerung sind fiktiv. Eingebürgerte, Spätaussiedler, Doppelpässler bleiben unberücksichtigt, obwohl sie hinzuaddiert werden müssten. Das heißt, mehr als ein hundertprozentiger Aufschlag behördlicher Angaben kommt der Realität und damit dem Stadtbild weit näher. Beispiel Frankfurt am Main: 50 Prozent der dort lebenden Menschen haben laut der Stadtverordneten Jutta Ditfurth einen Immigranten-Hintergrund. Offizielle Statistik zur Zeit der Aussage: 25,5 Prozent.[367]

Damit wären wir einmal mehr beim Thema politische Redlichkeit: Es heißt, Russlanddeutsche sprechen unsere Sprache, leben unsere Kultur und gliedern sich unproblematisch ein. Weit gefehlt! In Wirklichkeit sind es keine Deutschen. 80 Prozent der Neuankömmlinge haben geringfügige oder keinerlei Sprachkenntnisse.[368] Deutscher Abstammung ist meist gerade noch eine Person, der Rest der Familienverbände, Oma, Opa, Cousinen, Cousins, Kinder und Kindeskinder, ziehen mit. Alles kommt, was noch laufen und reisen kann und für den sich ein Verwandtschaftsgrad konstruieren lässt. Genauso wenig kann von einer »unkomplizierten« Eingliederung die Rede sein. Auch hier ist das Gegenteil richtig! Sie grenzen sich bewusst ab, leben in Parallelwelten, haben ganze Stadtteile gekauft oder bebaut und gettoisiert. Selbst in Diskotheken will man nicht auf Einheimische treffen. Folglich werden sogenannte »Russen-Diskos« betrieben. Man könnte sie »als Wirtschaftsflüchtlinge bezeichnen, die aber mit Deutschland wenig am Hut haben«[369], sagt Udo Thurau, Polizeidirektor in Cloppenburg. Die Aussiedlerquote der niedersächsischen 30.000-Einwohner-Stadt beträgt 20 Prozent. Berüchtigt die dortige »Gorbatschow-Siedlung«. Eine klare Situation muss klar benannt werden: Seit geraumer Zeit beschränkt sich das Interesse der Ostblock-Migranten weitgehendst auf die Zahlungsfähigkeit unseres Landes. Mit der integrativen Verweigerungshaltung ist das ursprüngliche Einwanderungsziel vollends verfehlt. *Auch dieser Zweig der Zuwanderung gescheitert.* Betrachten lässt sich das Desaster anhand der amtlichen Kriminalitätsstatistik oder im Strafvollzug. Nochmals Cloppenburgs Polizeidirektor: »Die Entwicklung bei den Drogendelikten kann man wirklich als dramatisch betrachten. 45 Prozent aller Tatverdächtigen im Bereich der Drogenkriminalität sind Spätaussiedler. Ganz dramatisch ist die Entwicklung bei den Hartdrogen. Dort ist die Entwicklung so, dass 87 Prozent aller Tatverdächtigen Spätaussiedler sind.«[370] Selbst in Haftanstalten bleiben die Osteuropäer eine isolierte Gruppe. Sie schotten sich ab, haben eigene Regeln, eigene Gesetze, eigene Chefs, mafiöse Strukturen und fallen durch enorme Brutalität auf.

»Weil die Deutschen das Untolerierbare tolerieren«

So und ähnlich lauten immer wieder Schlagzeilen in den Vereinigten Staaten. Das berichtete anlässlich der »11. Landauer Gespräche« der bereits eingangs zitierte Nahost-Experte Bassam Tibi. Der bekennende Islamist beschreibt seine Erfahrungen hierzulande mit folgendem Satz: *»Sie erlauben uns alles!«* Damit sind Themen angesprochen, wovon jedes einzelne buchfüllend wäre, aber nur stichpunktartig abgehandelt werden kann. Vorbemerkung: Wer immer auf unserem Globus in ein fremdes Land einwandert, hat unmittelbar zwei Dinge umzusetzen: schnellstmöglich die Sprache des Aufnahmelandes zu erlernen und sich an bestehende Gesetze zu halten. Beides sind nicht diskutable Grundelemente der Integration. Gewissermaßen die Bringschuld aller Um- und Übersiedler für ein funktionierendes Zusammenleben – weltweit. Nicht gültig in Deutschland! Immigranten sind häufig nicht bereit, sich mit unserer Sprache ausreichend zu beschäftigen und sich gesetzestreu zu verhalten. Europäische Traditionen, hieraus gewachsene humanistische Wertvorstellungen und das darauf basierende Rechtssystem werden weder akzeptiert noch respektiert. Ausgerechnet die Gerichte, im Besonderen das Bundesverfassungsgericht, geben zunehmend unsere westliche Werteordnung auf:

Deutschland billigt Sprachlosigkeit – Selbst ausländische Mitbürger erregt die Gleichgültigkeit ihrer hier lebenden Landsleute. Nebenbei widerlegt diese Kurzgeschichte die Mär latenter Ausländerfeindlichkeit in der deutschen Bevölkerung. Prof. Faruk Durbin der UNI Berlin, vor Jahrzehnten in die Bundesrepublik immigriert, wird von einer Journalistin gefragt: »Sie fühlen sich als Türke in Deutschland oder in Berlin nicht fremd?« »Nein! Dieses Gefühl habe ich nie gehabt. Wenn Sie die Sprache sprechen, die Deutschen sind sehr nett. Aber wenn Sie nicht die Sprache sprechen, die verstehen Sie nicht. Über was sollen sie sich unterhalten? Deswegen habe ich meinen Landsleuten immer gesagt, sie müssen die deutsche Sprache lernen, um sich mit den Deutschen zu unterhalten. Leider haben das viele nicht gemacht. Das ist der Knackpunkt.«[371] Ins gleiche Horn stößt der türkische Vater von Asli Sevindim, einer WDR-Moderatorin: »Wenn man sich abkapselt beziehungsweise nicht versucht, die Sprache zu lernen, dann klappt natürlich nichts. Mit Zeichensprache kommt man nicht weit.«[372] Quintessenz: Keine Sprachkenntnisse, keine Integration.

Deutschland billigt und importiert neue Einwanderungskriminalität – Auftragsmord. Töten um ein paar Euro willen. Gewaltdelikte in bisher nicht gekannter Brutalität und Skrupellosigkeit. Betroffen nicht nur der erdrosselte Modeschöpfer Rudolph »Mosi« Moshammer († 64), sondern alle Felder des Verbrechens. Medien unterschlagen häufig die Nationalität von Auslandskriminellen, schließlich soll kein Unmut in der Bevölkerung aufkommen. Auch Serientäter mit 100 und mehr Straftaten leben unbehelligt unter uns. Über ihre Abschiebung wird politisch gestritten, gehandelt aber nicht. Comedy-Star Jochen Busse (»7 Tage – 7 Köpfe«) ist Opfer der staatlichen Toleranz. Vor einem Elektromarkt schlug ihn ein wildfremder Mann brutal zusammen. Der Täter war der Serbe Ali E., ein polizeibekannter Krimineller. Unaufgeklärtheit und manisches Machotum verbergen sich hinter Schlagzeilen wie diesen: »Weil sie enge Pullis trug, Türke erstach seine Frau«. Oder: »Dein Lächeln gönne ich keinem anderen Mann. Dann zerschnitt er ihr Gesicht mit einem Teppichmesser«. Auf dem Kiez ist nahezu alles in der Hand internationaler Banden. Jugoslawen, Albaner, Türken, Afrikaner, Kolumbianer sowie diverse »Ost-Paten« organisieren das Milieu. Mit Prostitution, Drogen- und Menschenhandel wird republikweit abkassiert. Abgerundet wird der multikriminelle Sondermüll durch mehr als 200 mafiöse Verbrechersyndikate aus den GUS-Staaten. Eine besonders berüchtigte Gruppe mit extrem niedriger Gewaltschwelle und der Fähigkeit, sich verdeckt in Wirtschafts- und Gesellschaftskreise einzuflechten. Mit Schlips, Kragen und dreistelligen Milliardenbeträgen kauft sich die östliche Unterwelt in seriöse deutsche Unternehmen ein.[373] Politische Antwort: Kuschelpolitik! Die Justiz fasst Auslandskriminelle mit Samthandschuhen an und dennoch herrscht in Gefängnissen bereits die Übermacht der Zugewanderten. Sie diktieren das Knastgeschehen und die Zeche zahlt die Allgemeinheit: monatliche Kosten je Haftplatz um 2.500 Euro. Damit wird ungefähr das Gleiche aufgewendet wie für unsere pflegebedürftigen Senioren in Altenheimen. »Ein Gefängnis mit Fernsehen und Freizeitsport ist natürlich für Täter aus Usbekistan oder aus Tschetschenien eine herrliche Sache ...«[374] So beschreibt der Mafia-Experte und Journalist Dagobert Lindlau die Situation. Strafvollzug »light« bleibt ohne jeden Abschreckungseffekt. Im Gegenteil: In Kurdistan oder im Kosovo werden Drogenkuriere mit Filmen angeworben. Gezeigt wird der Komfort deutscher Haftanstalten. Über allem Schlamassel ist ein Gentleman-Agreement verhängt, das der ehemalige Generalbundesanwalt Alexander von Stahl wie folgt beschreibt: »Die Ausländerkriminalität in Deutschland wird totgeschwiegen. Ausländerkriminalität ist nach meiner Auffassung jedenfalls der Punkt, wo die innere Sicherheit am meisten in Gefahr ist. Wir müssen davon ausgehen, dass ungefähr zwischen 30 und 40 Prozent der Schwerkriminalität in Deutschland von Ausländern, aber auch Aussiedlern begangen wird. Gleichzeitig haben alle Innenminister und alle Justizminister und die Presse, um nicht in den Geruch der Ausländerfeindlichkeit zu kommen, sich verabredet, über Ausländer-Straftaten wird nicht geredet.«[375] Zitat Ende. Und wer sich wie Roman Reusch nicht an besagte Verabredung hält, für den folgt die Strafe auf dem Fuße: »Deutschlands mutigster Oberstaatsanwalt«, wie ihn die Presse nannte, sagte Anfang 2008 mit klaren Worten die Wahrheit über kriminelle Ausländer. Er wurde postwendendend »strafversetzt«.

Deutschland billigt und fördert Jugendkriminalität – Eine »Karriere«, die für viele steht und über Jahre die Öffentlichkeit erregte: die Affäre Muhlis Ari. Besser bekannt unter dem Pseudonym »Mehmet«, wie ihn deutsche

Behörden zartfühlend nannten. Raubüberfall, Erpressung, Diebstahl, Körperverletzung, insgesamt mehr als 60 teils brutale Straftaten gingen auf das Konto des Jünglings. Über Jahre beschäftigte der »prominente« Intensivtäter ein Heer von Psychologen, Pädagogen, Sozialarbeitern, Privatlehrern, Rechtsanwälten, Gutachtern, Staatsanwälten und Richtern. Viele Opfer seiner Gewaltattacken mussten in Krankenhäusern behandelt werden. Laut Innenministerium eine sechsstellige Schadenssumme, zuzüglich dem Leid der Betroffenen. Ari wurde nach einem unbegreiflichen politischen Hickhack in die Türkei abgeschoben. Doch über alle Instanzen klagte sich der Bengel in die Bundesrepublik zurück. Berappt wurden sein teurer Anwalt sowie alle Prozess- und Reisekosten aus des Bürgers öffentlicher Hand. Seine Rückkehr war, wie es sich für einen »Prominenten« geziemt, bestens vorbereitet: Sozialpädagogische Rundumbetreuung bei schöner Sozialwohnung und einem unermüdlich für ihn kämpfenden Rechtsanwalt. Schnell feierte man den Berufskriminellen in einem Spiegel-Artikel als geläutert. Da sich Personen mit ausländischem Hintergrund angewöhnt haben, ohne Gegenleistung nur Forderungen an die Gesellschaft zu stellen, war der Jubel verfrüht. Nur wenige Tage nach Erscheinen des Magazins diese Schlagzeile: »Mehmet mit Marihuana erwischt.« Anschließend folgte wieder Straftat auf Straftat. Es bestand die ernsthafte Gefahr, Muhlis A. würde sich über unseren Rechtsstaat totlachen. Gesetzt diesen Fall, dann hätten seine versagenden Eltern die Bundesrepublik wegen »Totschlag« verklagen können und höchstwahrscheinlich noch Recht bekommen.

Deutschland billigt Terrorverherrlichung mit Kindern – Per Gerichtsbeschluss wurde dem Vater Reda S. erlaubt, sein Kind Dschihad – also »Heiliger Krieg« – zu nennen. Das Gericht argumentierte, es sei ein geläufiger arabischer Vorname. Stimmt! Nur Reda S. lebt in Deutschland und das zum fraglichen Zeitpunkt von Sozialhilfe, Kindergeld und Hartz IV mit insgesamt 2.000 Euro im Monat.
Die Kulisse für einen anderen Fall bot ausgerechnet eine Anti-Israel-Demo auf deutschem Boden. In Berlin verkleidete ein Asylbewerber seine 6-jährige Tochter als Selbstmordattentäterin. Er band dem kleinen Mädchen eine Dynamit-Bombenattrappe um den Bauch und präsentierte sie während der Kundgebung auf den Schultern. Jedem deutschen Vater wäre sofort sein Kind weggenommen worden. Doch für den gewaltberauschten Mohammad Al-R. blieb der Missbrauch seiner Tochter folgenlos. Das Asylverfahren wurde nicht gestoppt und auch die Staatsknete für seine Familie sprudelte weiter: monatlich 1.200 Euro Wohnheimkosten plus 746 Euro für den Lebensunterhalt.

Deutschland billigt Erziehung zu Klau-Kindern – Fußgängerzonen sind das neue Kriminalitätsfeld für Immigrantenfamilien. Auf der Zeil, einer bekannten Einkaufsmeile im hessischen Frankfurt, vollführte ein Straßenkünstler außergewöhnliche Darbietungen. Vor ihm eine Schüssel mit dem bislang verdienten Geld. Plötzlich erschienen auf der Bildfläche zwei kleine Kinder im Alter von etwa zehn Jahren. Beide fingen an, um den Mann herumzutänzeln. Ein Kind lenkte den Künstler ab, das andere Mädchen leerte blitzschnell die Schüssel mit den gesammelten Münzen. Der Bestohlene versuchte, eines der Mädchen festzuhalten, doch es riss sich los. Zusammen mit einer älteren Frau lief das Gaunertrio weg. Polizeisprecher Jürgen Linker: »Es sind in diesen Fällen immer Kinder ethnischer Minderheiten, die solche Diebstähle begehen. Sie werden von den Erwachsenen ausgebildet, weil sie wissen, dass die Kinder erst ab 14 Jahren zur Verantwortung gezogen werden können.«[376] Warum diese Lascho-Erklärung? Weshalb wird nicht alles getan, um die verkommenen Eltern zur Rechenschaft zu ziehen? Der Polizeisprecher rief nicht einmal Zeugen auf, sich zu melden. Pures Desinteresse, trotz exzellenter Fotos über den gesamten Hergang. Kein Einzelfall, wenn Kinder und Jugendliche zu Gaunertum oder Ladendieben erzogen werden, da sie nicht strafmündig sind. Der Gesetzgeber schaut weg und lässt kriminelle Migranteneltern gewähren.

Deutschland billigt grausame Unkultur höchstrichterlich – 2002 löste eine Entscheidung in weiten Teilen der Gesellschaft helle Empörung aus: faktische Freigabe des Schächtens! Eine barbarische Schlachtmethode ohne Betäubung, die Muslime gern mit der alttestamentarischen Aussage aus dem Buch Mose rechtfertigen: »Nur vor einem hüte dich, dass du das Blut nicht issest. Denn ihr Blut gilt für ihre Seele. Darum darfst du seine Seele nicht mit dem Fleische essen.« Wissenschaftlich fundierte Untersuchungen belegen: Fleisch eines unbetäubt geschächteten Tieres enthält gleiche Mengen Restblut wie das eines betäubten. Zudem findet sich weder in Heiligen Schriften noch im Islam oder Judentum die Weisung, nur Fleisch von unbetäubten Tieren zu essen. Nirgendwo ist diese qualvolle Tötungszeremonie vorgeschrieben. Was geschieht beim Schächten? Je nach Ritus und Schlachttier, Rind, Schaf, Lamm oder Ziege, gibt es verschiedene Varianten, mit zunächst einer Gemeinsamkeit: Das Schächtopfer wird in panischer Gegenwehr zu Boden geworfen und mit Brachialgewalt in Rücken- oder Seitlage festgehalten oder gefesselt. Unter maximalem Kraftaufwand wird der Hals überstreckt. Mit einem Messer beginnt bei vollem Bewusstsein und Schmerzempfinden das blutige Gemetzel: Bei manchen Tieren wird »nur« die Halsschlagader durchschnitten. Bei anderen querverlaufend die

Kehle bis zur Wirbelsäule. *Tierquälerei im Detail*: Die vordere Halshaut, Halsmuskeln und die besonders schmerzempfindliche Luft- und Speiseröhre werden durchtrennt. Dann der sensible Kehlkopf und die Halsschlagadern. Jeder Schnitt spaltet Nervenbahnen mit unerträglichen Schmerzen. Hinzu kommt ein Blutbad ohnegleichen. Das gepeinigte Tier reißt in Todesangst seine Augen auf, gerät in Atemnot, Blut und Mageninhalt schießen in die Lungen und lösen Erstickungsanfälle aus. Ein entsetzlicher Todeskampf beginnt, der bis zu 30 Minuten dauern kann, ehe das Opfer röchelnd ausblutet. Wer behauptet, so müsse der religiöse Umgang mit Gottes Geschöpfen aussehen, der muss sich fragen lassen, um welch irrigen Glauben es sich handelt. Doch Religionsausübung ist nur der Vorwand für die »dummen Deutschen«. So werden wir regelmäßig im Unterschichts-TV am frühen Nachmittag von »netten« ausländischen Mitbürgern bezeichnet. Nein! Es geht keineswegs um eine Glaubensfrage, sondern um eine mittelalterlich rückständige Grausamkeit. Der Amtsarzt Michael P. konnte sich in Göppingen unerkannt in ein islamisches Opferfest mischen. Er berichtete von einem wahnartigen Ritus mit bizarren Szenen. Sein Resümee: *»Die waren wie im Rausch.«*[377] Und für diese blutrünstigen Exzesse auf deutschem Boden haben »Im Namen tiefster Unzivilisiertheit« folgende Richterinnen und Richter des Bundesverfassungsgerichts die Messer gewetzt: Renate Jaeger, Evelyn Haas, Christine Hohmann-Dennhardt, Hans-Jürgen Papier, Dieter Hömig, Udo Steiner, Wolfgang Hoffmann-Riem, Brun-Otto Bryde.

Deutschland billigt und investiert in Brutstätten der Gewalt – Wie Pilze schießen sogenannte »Stützpunkte islamischer Eroberung« aus dem Boden. Bereits mehr als 3.000 Moscheen existieren bundesweit. Finanziert oder teilfinanziert von deutschen Steuerzahlern. In diese Projekte fließen staatliche Zuschüsse, oft kostenlose Grundstücke in bester Lage und EU-Gelder in Millionenhöhe. Längst ist bekannt, dass in solchen Einrichtungen anlässlich von Freitagsgebeten der Aufruf »Tod allen Ungläubigen, Tod allen Christen« zum keineswegs unüblichen Prozedere gehört. Im Sommer 2003 war erstmals ein TV-Team mit versteckter Kamera in der sogenannten »König-Fahd-Akademie«. O-Ton der Sendung »Panorama«: »Die Moschee ist gut gefüllt, vor allem mit Eltern und ihren Kindern. Schnell wird klar, friedvolle Besinnung steht hier nicht auf dem Programm. Der Imam [Vorbeter] fordert stattdessen ganz unverblümt eine radikal-islamische Erziehung. Er predigt Hass, Hass gegen den Westen. Am Ende ruft er sogar auf zum Heiligen Krieg gegen die Ungläubigen.«[378] Vom Medienbericht wachgerüttelt, untersuchten Behörden Religionsbücher dieser Moschee. Das Ergebnis war bestürzend: »Hass auf Ungläubige ist selbstverständliches Erziehungsziel«, war zu lesen.

Und weiter: »Das Töten steht nicht unter Tabu, wird sogar, wenn es um den Glauben geht, für notwendig gehalten.«[379] Mitten in Deutschland hetzen Moslems gegen westliche Grundwerte und Demokratie inklusive Kriegserklärung samt Mordaufruf. Großartig!

Deutschland billigt religiösen Extremismus – Der sogenannte »Kalif von Köln« galt als einer der gefährlichsten islamistischen Ketzer Deutschlands. Metin Kaplan, so sein bürgerlicher Name, predigte Hass, Terror und rief unter anderem öffentlich zum Mord auf. Sein fundamental-islamischer Verband »Kalifatstaat« wurde im Dezember 2001 verboten. Wohlgemerkt nach einem politischen Hickhack ohnegleichen. Schließlich hatte die Vereinigung »lediglich« das Ziel, unsere freiheitlich-demokratische Grundordnung zu beseitigen. Parteiübergreifend verteidigte die Politikerklasse diesen Radikalgläubigen lange Zeit mit Mann und Maus. So entschieden, wie sich Inländer dies für ihre Belange stets vergeblich erhoffen. Den Rest an Parteilichkeit erledigten skandalöse Gerichtsentscheidungen. Jahrelang verhinderten Juristen, den militanten Extremisten außer Landes zu schaffen. Während dieser langen Verfahrensprozedur kassierte Kaplan circa 170.000 Euro Sozialhilfe. Die staatliche Gönnerlaune hielt an, bis Fahnder 1 Million Euro Bargeld in seinem Schlafzimmer fanden. Erst nach massivem öffentlichen Druck wurde der Promifanatiker und Sozialbetrüger 2004 in einem kostspieligen Learjet (!) in die Türkei abgeschoben. Doch was ist mit den über 30.000 islamistischen Extremisten, die laut Verfassungsschutz nach wie vor in Deutschland leben und nicht im Rampenlicht stehen? Sie fühlen sich in der Bundesrepublik pudelwohl! Fast zeitgleich zur Ausweisung Kaplans erhielt der Marokkaner Abdelghani Mzoudi durch Gerichtsbeschluss die Zulassung für sein Studium in Hamburg. Staatliche Wohltaten statt Ausweisung für den Freund von Mohammed Atta, dem Todespiloten auf das World Trade Center in New York. Mzoudi, der das Testament des El-Kaida-Terroristen unterschrieb, konnte auf Steuerzahlerkosten studieren. Er tat es so lange, bis er zum Glück freiwillig und ohne ein entführtes Flugzeug nach Marokko zurückkehrte.

Deutschland billigt religiösen Fanatismus an Schulen – Auch hier unsere Karlsruher Verfassungsrichter als die treibenden Kräfte. Per Urteilsverkündung wurde das Kruzifix, ein christliches Symbol, aus deutschen Klassenzimmern verbannt. Im Widerspruch dazu wurde das Kopftuch, die politische Flagge radikal-islamischer Staaten, am Grundgesetz vorbeigewunken. Freie Fahrt für das Sinnbild von Unfreiheit und Unterdrückung der Frau. Das höchste deutsche Gericht konnte nicht verstehen, dass eine

Kopfbedeckung im Schulunterricht eben mehr als ein Stück Stoff ist. Weltweit verhüllt sich nur eine kleine Minderheit der Muslima, denn es ist kein zwingender Ausdruck von Glauben und Religion. Auch im Koran fehlt ein entsprechendes Gebot. Nur innerhalb radikal-islamischer Gottesstaaten wird dieses »Kleidungsstück« vorgeschrieben. Es dient als *politisches Bekenntnis* zu diesen Regimen und steht für die Akzeptanz der Scharia. Die Scharia ist islamisches Recht, das religiös-fundamentale Länder zur Grundlage ihrer Gesetzgebung machten. Uns Europäern besser bekannt durch das Ausrufen des Heiligen Krieges »Dschihad« oder aufgrund drakonischer und unmenschlicher Strafen: Auspeitschen! Dieben Hände abhacken! Ehebrecherinnen steinigen! Wenn auch unsere Verfassungsrichter dem Kopftuch eine religionsausübende Handlung andichten, stimmen muss es deshalb nicht. Der höchstrichterliche Irrtum: *Religiosität spielt sich im und nicht auf dem Kopf ab.* Die Bedeckung des weiblichen Hauptes hat im Islam neben der politischen zugleich eine äußerst triviale Bedeutung: Ohren, Hals und Frauenhaare werden verhüllt, denn davon sollen sexuelle Reizsignale an Männer ausgehen. An dieser Stelle möchte ich mich – da männlichen Geschlechts – scharf gegen derart subtile Unterstellungen verwahren. Vom bloßen Anblick offener Haupthaare, Hals oder Ohren gerate ich weder in Rage noch falle ich Frauen an. Liebe Islamisten, wir sind in Deutschland zum Glück zivilisatorisch ein gehöriges Stück weiter. Sollte aber in islamgeprägten Kulturkreisen maskuline Triebhaftigkeit nicht händelbar sein, wäre es stimmiger, den Männern Handschellen statt Frauen das Kopftuch zu verordnen. Und da wir schon dabei sind: Wie steht es mit dem Bedecken identischer Körperstellen bei Männern? Um keine Missverständnisse aufkommen zu lassen. Muslima können und sollen im Alltag jede beliebige Kleidung tragen. Selbst wenn es mehr der Provokation und Abgrenzung denn der Integration dient. Anders im schulischen Bereich! Pädagoginnen, die sich in Klassenräumen in politische Bekenntnisse hüllen und damit kleine Kinder unterrichten, sind inakzeptabel. Auch mit Blick auf ihre Vorbildfunktion. Lehrer sind verbeamtet und damit Teil des Staates, sie repräsentieren ihn und sind der Neutralität verpflichtet. Es kann nicht sein, Schüler unter Symbolen fanatischer Religionsausübung, Intoleranz und Unterdrückung heranzubilden. Die systematische Unterwerfung der Frau ist kein schulisches Lehrfach. Kaum zu glauben! Die Bundesrepublik könnte ausgerechnet von einer Nation mit fast ausschließlich islamischer Bevölkerung lernen. Der Türkei! Staat und Religion sind dort strikt getrennt. Deshalb ist das Tragen eines Kopftuches verpönt und an allen öffentlichen Einrichtungen untersagt. Auch an Schulen und Universitäten. Das Verbot gilt für *alle*, einschließlich der Dozenten und Schüler. Vergleichbare Regeln wären für Deutschland ein Segen. Die von moslemischen Eltern verordnete Verschleierung wäre endlich unterbunden und die Benachteiligung junger Mädchen beendet. Meist wird diese übersteigerte Darstellung von Religion auch noch mit dem Verbot »keinen Kontakt zu Ungläubigen« überfrachtet. Das bedeutet, Mädchen bleiben ohne freundschaftliche Bindung zu gleichaltrigen Deutschen. Nicht zu vergessen, wenn muslimische Eltern ihren Kindern untersagen, an bestimmten Unterrichtseinheiten teilzunehmen. Beispielsweise Klassenfahrten, Sexualkunde, Schwimm- und Sportunterricht. Unter solchen Voraussetzungen brauchen wir kein einziges Wort über den politischen Modebegriff »Integration« verlieren. So sind betroffene Kinder wirklich fremd, isoliert und ausgegrenzt. Zu allem Übel werden ihnen noch alle Berufschancen genommen. Das Wie und Warum deckte eine HR-Reportage mit dem Titel »Die Türken« durch Befragung eines Schulmädchens auf:

»Wenn du selber entscheiden könntest, würdest du es tragen?« [ihr Kopftuch]
»Nein!«
»Mensch, das ist aber schwierig.«
»Ja.«
»Was möchtest du mal werden von Beruf?«
»Flugbegleiterin.«
»Das ist aber ein schöner Beruf, Flugbegleiterin. Und hast du schon mal ein Praktikum bei einer Fluggesellschaft gemacht?«
»Nö, ich darf nicht, wegen meinem Kopftuch.«
»Kannst du nicht mit dem Papa reden, du möchtest so furchtbar gerne Flugbegleiterin werden?«
»Ich sag' das jeden Tag, aber ich darf nicht.«[380]

Das Bundesverfassungsgericht hätte ein Zeichen setzen können, um Patriarchen und Haustyrannen wie den Vater dieses Mädchens zu stoppen. Grenzenlose Toleranz gegenüber Intoleranz ist das unbedingt falsche Signal. Vor allem dann, wenn sich das Geschehen gegen die staatliche Grundordnung richtet. Dazu gehört eben Gleichberechtigung ohne geschlechtsspezifische Diskriminierung. Aufgabe der Gerichte wäre es, Einwanderer zu verpflichten, die bestehenden Gesetze der aufnehmenden Mehrheitsgesellschaft zu respektieren. Diese Chance wurde schon mehrfach vertan. Zementiert ist heute ein Recht auf religiösen Fanatismus mit hurtigen Schritten zurück ins Mittelalter.

Islamismus und Gegengesellschaften

Ob im »Schächturteil« oder »Kopftuch-Urteil«, hinter den Verfassungsbeschwerden stehen moslemische Organisationen. Unter ihnen der »Zentralrat der Muslime (ZMD)« oder die »Islamische Gemeinschaft Milli Görüs (IGMG)«. Zum besseren Verstehen, welches Denken hinter den Verbänden steht, ein Statement aus dem Dunstfeld von Milli Görüs: »Dutzende von perversen Institutionen, Jugend- und Christenkomitees wollen unsere Kinder abspenstig machen. Werfen wir unsere Kinder nicht den verirrten Ungeheuern zum Fraß vor.«[381] Leute einer solchen Geisteshaltung spinnen also die Fäden und sponsern kostspielige Gerichtsverfahren. Nicht ohne Grund! Das Karlsruher Gericht wird instrumentalisiert, um unsere Gesellschaft und das Rechtssystem herauszufordern. Das Ziel der Strategie ist keineswegs unbekannt: *Errichtung islamischer Gottesstaaten und Abschaffung der Demokratie weltweit – auch in Deutschland.* Islamforscher Ekkehart Rotter berichtet über die Organisation der Islamischen Konferenz (OIC). Hier treffen sich die Außenminister der derzeit 57 Mitgliedstaaten. Klipp und klar sprechen die dortigen Teilnehmer davon, dass ihr politischer Hauptauftrag »die Islamisierung Europas« ist. Islamforscher Rotter fügte noch hinzu: »Das wird bei uns kaum zur Kenntnis genommen.«[382] Auch nicht Prophezeiungen, die überall nachzulesen sind. Eine davon stand auf den Internetseiten von Libyens Staatschef Gaddafi. Sinngemäße Übersetzung: »Am Ende der türkischen Einwanderung werden die Einführung der Scharia und die Vernichtung des Christentums in Europa stehen.«[383] Fundamentalisten bereiten schon dahingehende Schritte vor. Sie wollen die Kandidatur einer islamischen Partei bei Wahlen durchsetzen. Organisiert über eingebürgerte Muslime. Wehe es gelingt! Unmöglich ist das Unterfangen nicht, solange es Multikultischwärmer wie den Grünen Hans-Christian Ströbele gibt: »Wir müssen den Islam einbürgern.«[384] Wirklich? Einen Glauben, der demokratieunfähig ist? Moslems, deren Gesetz die Heilige Schrift und nicht das Grundgesetz ist? Eine Kostprobe zur Gleichstellung von Mann und Frau aus dem Koran, Sure 4, Vers 34: »*Die Männer stehen den Frauen in Verantwortung vor, weil Allah die einen vor den anderen ausgezeichnet hat und weil sie von ihrem Vermögen hingeben (...). Und jene, deren Widerspenstigkeit ihr befürchtet: Ermahnt sie, meidet sie im Ehebett und schlagt sie!*« Dieser Vers wird auch Frauen-Prügel-Vers genannt. Dies alles ist mit westlichen Gesellschaften und Werten nicht kompatibel. Der real existierende Islam ist eine Art religiöser Rassismus, der jedem anderen Glauben seine Berechtigung abspricht, sogar als ungläubig wertet. Nochmals aus dem Koran Sure 8, Vers 55: »*Siehe, schlimmer als das Vieh sind bei Allah die Ungläubigen, die nicht glauben.*«

Damit sind auch alle Christen gemeint. Es ist einzigartig fahrlässig, offene Feindschaftsbekundungen – wie genannte – zu ignorieren oder einfach abzutun. Wie die Geschichte der Menschheit zeigt, setzen sich die stärkste Religion und die stärkste Kultur am Ende durch. Bestimmt wird es nicht diejenige sein, die sich werteliberal und geistig neutral verhält. Probleme, die aus dem Islam kommen, samt seiner Integrationsresidenz müssen angesprochen und behandelt werden. Es ist nicht fünf vor, sondern fünf nach zwölf. Zeit, die freiheitliche Grundordnung der Bundesrepublik *entschieden* zu verteidigen. Wie in Deutschlands Politszene üblich, greift auch hier der Hang, das Falsche zu tun. Davon ist jetzt die Rede.

Gleichmut und Ignoranz

Der gesamte Sprengsatz »Ausländerfragen« liegt weit ausgebreitet auf dem sprichwörtlichen Präsentierteller. So bedrohlich die Lage, so ignorant Deutschlands Mandatsträger. Statt Entschlossenheit spielt man die Konflikte herunter. Ziemlich einhellig sagt die herrschende Klasse, der Islam sei eine friedliche Religion. Fakten sprechen eine andere Sprache: Was ist friedvoll, wenn die Scharia statt Religionsfreiheit die Todesstrafe für »Abtrünnige« des islamischen Glaubens vorsieht? Was ist das Friedliebende an weltweiten Terror- und Selbstmordanschlägen im Namen des Islams? Was ist am Heiligen Krieg friedvoll? Ist Steinigen und das Abhacken von Händen ein Zeichen neuer Sanftmut? Nichts anderes als politische Schönrederei und Einknicken vor dem Islam! Unterbreitet die staatliche »Elite« Lösungsvorschläge, könnte man sie unter dem abgewandelten Emotionsausbruch eines italienischen Fußballlehrers abheften: »Was erlauben Politik?« Zwei der Mottobeiträge: *Einen muslimischen Feiertag in Deutschland einführen und dafür einen christlichen streichen.* Gewissermaßen die offizielle Kriegserklärung zwischen den religiösen Gruppen. Die Integrationsbeauftragte Marieluise Beck: »Eine idiotische Idee.«[385] Die andere Variante der Kampfansage: *eine offizielle türkische Version der deutschen Nationalhymne.*
Ist von ernsthaften Anstrengungen die Rede, dann allenfalls von Sprachkursen. Sicher, Sprache ist der Schlüssel jedweden Zusammenlebens. Doch Sprachkenntnisse dürfen nicht mit einer gelungenen Integration verwechselt werden. Erfüllt ist damit gerade das absolute *Minimum* an Qualifikation zur Aufnahme in eine Volksgemeinschaft. Sich als Zuwanderer die Landessprache aneignen ist weniger als die pure Selbstverständlichkeit. Weltweit! Viele Deutsche bereiten sich für ihren dreiwöchigen Auslandsurlaub sprachlich besser vor, als Zugezogene es in 30 Jahren taten. Das Problem kann

man ruhig beim Namen nennen: Fragliche Ausländer (pardon: Mitbürger mit Migrationshintergrund) wollen nicht! Und wer nicht will, das weiß jeder Therapeut, für den nützen keine noch so gut gemeinten Hilfsangebote. Beweis dafür ist die in Deutschland geborene »dritte Generation«. Mit wachsender Tendenz sprechen diese Jahrgänge gerade noch Teletubbie-Deutsch. Übrigens, ein völlig neues Phänomen! Deutschfeindlichkeit gehört in dieser Schicht bereits zum verfestigten Standard: Scheiß-Deutscher, deutsches Arschloch, Nazi-Schwein, Hitlerjunge, Hurentochter oder deutsche Schlampe sind ein gängiges Vokabular. Man stelle sich ähnliche Beleidigungen von Inländern gegenüber Ausländern vor. Ganz Deutschland würde sich die Hände reichen, um mit Menschen- und Lichterketten seine Empörung auszudrücken. Erkennbar verweigern sich Untergruppen zugewanderter Volksminderheiten unserer Gesellschaft. Namentlich sind die »Neinsager« bekannt: Es sind zum großen Teil Migranten aus der Türkei, aus arabischen Ländern oder Spätaussiedler. Sie akzeptieren den Sozialstaat, nicht aber die westliche Werteordnung. *Das ist das Grundproblem.* Konsequenz: Stopp dem Sozialtourismus! Stopp leistungsloser Zuwendungen! Geordnete Abschiebung von Integrationsunwilligen mit deutschfeindlichen oder gewaltverherrlichenden Tendenzen! Alles gangbare Gegenmodelle der bisher erfolglosen Softversion der Integrationspolitik. Nicht einmal das Eingliedern von Russlanddeutschen ist gelungen. Wie soll das Ziel mit Menschen aus dem Kosmos fanatischer Mullahs erreicht werden? Mit Blick auf den Islam sprach der Autor Henry M. Broder aus, was allerorts zu besichtigen ist: »Das sind inkompatible Kulturen.« Konsequenterweise verlagerte der Publizist sein Zuhause auf Island. Seine Umzugsgründe sollten den einen oder anderen Parlamentarier zum Nachdenken anregen: »Weil man dort nicht auf die Problemkulturen trifft.« Es ist »ein friedliches Land, wissen Sie, keine Multikultigesellschaft«.[386] Wie dieser Spiegel-Autor, haben schon viele Menschen innerhalb Deutschlands mit dem Möbelwagen abgestimmt. Sie verließen Gegenden mit steigendem Ausländeranteil. Ich behaupte, dies geschah nicht freiwillig, sondern die Menschen wurden durch Lärm, Rücksichtslosigkeit und Kriminalität vertrieben. Auf diese Weise konnten sich die gettoisierten Parallelgesellschaften überhaupt erst entwickeln und ausbreiten.

Die offene Multikultigesellschaft ist gescheitert. Auch in der Überzeugung des besonnenen Bezirksbürgermeisters von Neukölln, Heinz Buschkowsky. Wie in Frankreich, erwarten Fachleute bürgerkriegsähnliche Krawalle in deutschen Großstädten. Auseinandersetzungen mit »no future kids« der dritten Generation der hier lebenden Ausländer. Ein Zusammenleben von Menschen unterschiedlicher ethnischer Herkunft und Religionen will anscheinend nirgendwo auf dem Globus gelingen. Dies trifft speziell in Verbindung mit dem Islam zu. Der angesehene Publizist und Schriftsteller Ralph Giordano meint: »Der Islam ist das Problem.«[387] Der Islam-Forscher Ekkehart Rotter nennt die Gründe: »Der Islam ist nicht nur Religion. Der Islam ist auch Ideologie, eine totalitäre Ideologie.« Wir haben es mit einer Glaubenslehre zu tun, die den Alleinanspruch auf Wahrheit erhebt. Andersdenkende werden nicht akzeptiert! Allah ist allumfassend! Religion als zwingender Teil der staatlichen Rechtsordnung! Fazit: Nicht vereinbar mit säkularen Demokratien, die die Religion (fast) als Privatsache betrachten. Leider in der Bundesrepublik nicht konsequent genug. Zwei Beispiele: »Christliche« Parteien und der Staat als religiöser Geldeintreiber (Kirchensteuer – einmalig in der Welt). Weiter mit Deutschlands verfehlter Einwanderungspolitik der vergangenen Jahrzehnte. Fakt ist, sie ist nicht mehr rückgängig zu machen. Das Kind ist in den Brunnen gefallen und bereits ertrunken. Die Lage ruft nach Notmaßnahmen: *Null-Migration aller ethnischen Problemgruppen.* Mindestdauer: bis jedes der schwerwiegenden Probleme der bereits hier Lebenden gelöst ist. Alles andere ist pure Verantwortungslosigkeit. Zwischen den Neubürgern und Einheimischen kann es schon heute nur mehr um ein *geregeltes* Nebeneinander gehen. Ein Modell, das die politische Bühne noch (!) nicht wahrhaben will. Schließlich zogen sich Deutschlands »Volksvertreter« multikultur-säuselnd in sichere Villen-Vororte zurück. Insofern schlug dem Chef der Nassauischen Heimstätte helle Empörung entgegen, als er ankündigte, Wohnblocks künftig ethnisch getrennt vermieten zu wollen. Entrüstung hin oder her, an einem *geregelten* Nebeneinander wie in anderen Teilen der Welt führt kein Weg mehr vorbei. Voraussetzung: Ohne falsch verstandene Toleranz! Ohne Nachsicht für einen Kosmos außerhalb staatlicher Kontrolle! Mit einer klaren Hausordnung! Dahingehende Schritte wurden bisher beharrlich ausgeklammert. Schon das Reden darüber ist in deutsch-typischer Manier tabuisiert.

Regierungen gleich welcher Parteienkonstellation verfolgen seit Jahrzehnten eine Art Abenteuer- und Katastrophenpolitik. Tritt die Katastrophe ein, wird gehandelt. Aber erst dann! Zu besichtigen auf allen wichtigen Politikfeldern. Deshalb bleibt zu befürchten, dass es wie in den Niederlanden erst eines nationalen Blutzolls bedarf, um in Zuwanderungsfragen eine »geistig moralische Wende« herbeizuführen. Dann werden wir allerdings – ebenfalls wie immer – völlig überzogene Reaktionen erleben. Was geschah in unserem Nachbarland? Theo van Gogh (tatsächlich ein Nachfahre von Vincent van Gogh) verfilmte das Drehbuch »Submission 1«. Der islamkritische

Filmemacher und Publizist forderte darin Meinungsfreiheit und Frauenrechte im Islam. Also nur das, was holländische und auch deutsche Gesetze vorsehen. Van Gogh brachte es zunächst Todesdrohungen und schließlich den Tod ein. Inmitten der Innenstadt wurde er regelrecht abgeschlachtet. Sein Kopf war mit einer Machete fast abgetrennt. In der Brust steckten zwei Messer, an deren Klingen Verse aus dem Koran geheftet waren. Der Meinungsmörder: ein 26-jähriger Islamist. Kurzzeitig schreckte diese barbarische Brutaltat auch hiesige Politiker wie einen Hühnerhaufen hoch. Wie gesagt kurzzeitig. Schnell war das Flattern eingestellt, der Brutvorgang über die offenen Fragen ging weiter. Muss in der Bundesrepublik erst ähnlich Schreckliches geschehen? Die ersten Vorboten sind schon da. »Legt das Kopftuch ab«, forderte die türkischstämmige Bundestagsabgeordnete der Grünen Ekin Deligöz von den Musliminnen in Deutschland. Es hagelte Hass- und Morddrohungen. Noch ist ja nichts passiert. Also auch keine wehrhaften Zeichen gegen diesen religiösen Fundamentalismus. Eine Gelegenheit wäre die Absage des Länderspiels der deutschen Herren-Fußball-Nationalelf in Teheran gewesen. Frauen durften nicht ins Stadion! Die Regierenden arbeiteten zeitgleich lieber an einem völlig überzogenen Antidiskriminierungsgesetz für die Bundesrepublik. Ähnlich unverständlich das »neue« Zuwanderungsgesetz. Neu vor allem deshalb, da es eine weitere Schleuse der Einwanderung öffnet. Stichwort: Geschlechtsspezifische Aufnahmegründe! Von den »christlichen« Parteien zu Recht *vehement* bekämpft. Doch letztlich wurde der Gesetzesinitiative im Rahmen einer rot-schwarz-grünen »Koalition der Unvernunft« zugestimmt: ein faktisches Einwanderungsrecht für alle. Erst die Einreise einer sich angeblich diskriminiert fühlenden Frau – durfte womöglich kein Fußballspiel besuchen. Im Zuge der Familienzusammenführung kommen dann die Angehörigen nach. Eine rationale Erklärung für politisches Handeln gegen jedwede Vernunft scheidet aus. Liegt alles im irrationalen Bereich? Wir greifen uns die Bündnisgrüne Claudia Roth heraus. Sie tritt geradezu besessen für Massenzuwanderung ein, ohne Immigranten etwas abverlangen zu wollen. Gründe für ihre fanatische Leidenschaft nennt die Politikerin nicht. Doch zwischen ihren Worten zeichnen sich Motive ab. Roth & Co. scheinen sich als Super-Gutmenschen mit Beglückungsdrang zu verstehen. Sie glauben, alles Elend dieser Welt auf deutschem Boden lösen zu müssen. Innenpolitischer Nebeneffekt: Die Forderungen der Wirtschaft werden erfüllt. Zudem fischt die Grüne Partei extrem erfolgreich in den Gewässern der Immigranten-Wählerschaft. Wichtige Basis ihrer Wahlerfolge.

Waffen statt Entwicklungshilfe

Nach Schätzungen der Vereinten Nationen gibt es auf unserem Globus 1,3 Milliarden absolut Arme. Es wäre eine kaum überbietbare Torheit, dieses Problem über Armutswanderung in die Bundesrepublik oder Europa beseitigen zu wollen. Die Not der Menschen lässt sich nur über Handelserleichterungen ihrer Produkte bekämpfen. Dazu Hilfe zur Selbsthilfe in den Heimatländern. Beschämend ist, wenn das genaue Gegenteil geschieht. Seit Jahrzehnten engagieren sich deutsche Regierungen für die falschen Ziele: Anfang der Sechzigerjahre verpflichtete sich Deutschland, 0,7 Prozent des Bruttosozialproduktes an Entwicklungshilfe zu leisten. Dieser Anteil am Bundeshaushalt wurde nie erreicht und sogar kontinuierlich mehr und mehr zurückgefahren. Der *einzige* Transfer in hilfsbedürftige Länder, der kräftig wächst, ist der Waffenhandel. Bitte zuhören, Frau Roth! Die Bundesrepublik ist unter der rot-grünen Regierung, also unter Ihrer Mitwirkung, zu einem der größten Waffen-Exportländer aufgestiegen. Kronzeuge der krummen Geschäfte ist Daniel Cohn-Bendit, der Ihnen nahesteht und es wissen muss. Der frühere Europa-Abgeordnete der Grünen Fraktion (EFA) eiferte sich ganz bitterlich in einer Phoenix-TV-Runde über diese Art der »Entwicklungshilfe«.[388]

Humanschande Altenpflege – abkassiert, entwürdigt, totgepflegt

Jesuitenzögling Norbert »Nobbi« Blüm erhob sich 1995 zum »Vater« eines »sozialpolitischen Jahrhundertwerks«. Anlass der Ausschüttung solch üppiger Glückshormone war die Einführung der Pflegeversicherung. »Wohltaten für unsere armen Alten« und eine »Liebestat für Pflegebedürftige« sollte das Reformwerk sein. Jedenfalls tönte es so vollblümig aus dem Munde des damaligen CDU-Bundesministers für Arbeit und Sozialordnung. Die Wirklichkeit kam schon wenig später ans Tageslicht. 50 Organisationen und Personen, unter ihnen der prominente Fernsehmoderator und Pfarrer Jürgen Fliege, richteten einen Beschwerdebrief an den Deutschen Bundestag. Titel: »Pflege- und Sterbemissstände – Sie sind in der Verantwortung.«[389] Die Arbeiterwohlfahrt sprach vom »gut organisierten Pflegenotstand«. Der Bund der Versicherten nannte es »kriminelles Handeln«. Dazu erschütternde Schlagzeilen aus dem ganzen Bundesgebiet: »Was passiert mit dem Geld?« »Flächendeckender Betrug in der Altenpflege.« »Ich sah, wie alte Menschen geschlagen wurden.« »Pflegedienst ließ Rentner langsam verfaulen.« »Im Pflegeheim verhungert.« Die angepriesene Wohl- und Liebestat an alten Menschen entpuppte sich schnell als ausgekochtes Gaunerstück und Martyrium für Deutschlands Senioren.

Mit Einführung der Pflegeversicherung und des Pflegeversicherungsgesetzes entledigten sich Vater und Mutter Staat der Verantwortung für Schutzbedürftige. Die Fürsorge wurde zum Markt erklärt und der Mensch zur Ware. Seniorenbetreuung in einer verhängnisvollen Verquickung von Ökonomie und Bürokratie. Ein »kapitaler« Fehler! Es zeigte sich schnell: Die Pflege als Wirtschaftsgut zu betrachten, eignet sich bestenfalls für ein Desaster. Speziell der stetig steigende Umsatz im System von anfangs 18 Milliarden auf fast 30 Milliarden Euro jährlich wirkte kontraproduktiv: *Geldsegen, der so etwas wie Goldgräberstimmung auslöste*. Geschäftemacher und Finanzinvestoren, die nichts mit Pflege oder mitmenschlichen Beweggründen zu tun hatten, gingen in die Branche. Motiv: Rendite! So wurden Sonntagsreden über einen Lebensabend in Würde oder die viel gepriesenen Chancen des Alterns zur bitterbösen Ironie. Realität heute: Alte und hilfsbedürftige Menschen verwahrlosen, sie werden misshandelt, gequält, um ihr Hab und Gut und ihr Leben gebracht. Tatorte sind Alten- und Pflegeheime oder die häusliche Umgebung in Verbindung mit ambulanten Pflegediensten. Kurz: Senioren leben höchstgefährlich, denn in Deutschland ist Altwerden nichts für »Feiglinge«.

Schon nach wenigen Jahren Pflegeversicherung hatten die Missstände kaum vorstellbare Ausmaße angenommen. Im August 2001 mussten sich die Vereinten Nationen (UN) erstmals mit den Menschenrechtsverletzungen der Bundesrepublik beschäftigten. Die Ausschussmitglieder waren geschockt, dass in einem der reichsten Länder der Erde alte Menschen verhungern und verdursten. Ebenso unbegreiflich für das internationale Gremium, dass in Deutschland Hilfsbedürftige statt Pflege Psychopharmaka bekommen oder sich Schwerstkranke wegen Vernachlässigung offene Wunden liegen. Die Delegation der Bundesregierung musste sich geharnischte Worte anhören, verbunden mit der Aufforderung, sofort zu handeln. Eines vorweggenommen: Geschehen ist nichts![390] Obwohl man in Genf äußerst kleinlaut die, wie man sagte, »Pflegemängel« eingestand, tönte es nach der Rückkehr gewohnt großspurig. Wie schon Jahre vor dem UN-Rapport, freches Leugnen quer durch alle Parteien: Die Pflege in Deutschland sei prinzipiell gut, bis auf ein paar schwarze Schafe. Eben Einzelfälle! Die sogenannten Einzelfälle: Der Medizinische Dienst der Krankenkassen überprüfte mehrere Tausend Alten- und Pflegeheime. Danach waren nur 10 Prozent gut. 40 Prozent gerade ausreichend. Der Rest, also die Hälfte, eine Katastrophe.[391] Bevor wir zu konkreten Schilderungen kommen, noch einige Zahlen, die das Ausmaß des Elends verdeutlichen. Mit steigender Tendenz gelten 2 Millionen Menschen in der Bundesrepublik als ständig pflegebedürftig. Sie kommen ohne Hilfe nicht mehr aus. Etwa 1,5 Millionen werden zu Hause versorgt, mit oder ohne Unterstützung von ambulanten Diensten. Weit über eine halbe Million leben in Alten- und Pflegeeinrichtungen. Bilanz einer Studie: *Fast jeder Zweite wird gegen Lebensende ein Pflegefall.*[392] Wir alle haben also große Chancen, einmal zu diesen Menschen zu gehören, wenn wir bloß alt genug werden. Pflegebedürftigkeit ist »kein Restrisiko«, sondern »Allgemeinrisiko«, sagt Prof. Heinz Rothgang von der Universität Bremen. Es geht also nicht nur um unsere Eltern oder Großeltern, sondern gleichermaßen um uns selbst. Niemand glaubt wohl ernsthaft, die ewige Jugend gepachtet zu haben. Doch eines wird verdrängt: Irgendwann geht es ohne Hilfe und Pflege nicht mehr. Die Ultima ratio kann aber auch schon sehr viel früher eintreten. Wer nicht behindert ist, kann es im nächsten Augenblick sein. Wer nicht im Rollstuhl sitzt, kann in wenigen Minuten einen brauchen. Wer jung ist, der kann im nächsten Moment einen Schlaganfall erleiden. Schlimmstenfalls weiß jeder von uns in wenigen Sekunden nicht mehr, warum er lebt und wo er lebt. Wir kennen andere und uns selbst nicht mehr, werden gepflegt, sind abhängig – ein Leben lang.

Endstation Pflegeheim: deutsches Roulette für Senioren

Jede beliebige Umfrage käme zum gleichen Ergebnis: Unter der Bevölkerung gibt es kaum Menschen, die in ein Alten- oder Pflegeheim möchten. Obwohl niemand rein will – gebaut werden sie. Bürgermeister, Stadträte oder Investoren sprechen bei der Planung dieser Häuser nicht von Wohnungen. Die Rede ist beispielsweise von einem 200-Betten-Haus. Sprache ist verräterisch! Viele Heime sehen aus wie der Wartesaal zum Tod. So hört man von Bewohnern immer wieder: »Von mir aus wäre ich nie ins Heim gegangen.« Die meisten der Menschen kommen unfreiwillig in diese Häuser. Angehörige haben sie »überredet« oder »dafür gesorgt«. Manche werden »hinverschafft« oder »hinverbracht«, wie es im allerbesten Behördendeutsch heißt. Diese befremdliche Amtssprache kann noch Befremdlicheres bedeuten: *Zwangseinweisung mit Polizeigewalt.* Alte Menschen in Handschellen wie Verbrecher aus der eigenen Wohnung abgeführt. Das gibt es tatsächlich! Bevor ich mich mit dieser Thematik eingehender befasste, hatten mich Fälle im persönlichen Umfeld immer wieder irritiert: Senioren, die außerordentlich »fit« in ein Heim gebracht wurden, verfielen in wenigen Monaten auf unerklärliche Weise. Immer war eine vergleichbare Apathie zu beobachten. Immer dieser leere Blick. Immer eine dramatische Persönlichkeitsveränderung. Schon damals sagte ich mir: Da stimmt etwas nicht! Das gibt es nicht! Das kann nicht mit rechten Dingen zugehen! Meine dunkle Vorahnung sollte sich bestätigen: In deutschen Heimen werden alte Menschen unter Drogen gesetzt. Anders ausgedrückt, man verabreicht ihnen aus zweckdienlichem Anlass üppig dosierte Psychopharmaka. Gefügig, still und zahm will man sie aus Gründen der Arbeitserleichterung haben. Viele bekommen zu wenig Nahrung, zu wenig Flüssigkeit, denn niemand hilft ihnen beim Essen oder Trinken.[393] Mit »praktischen« Magensonden wird zwangsernährt, das spart Personal bei den Mahlzeiten und sichert die höchste Vergütung in Pflegestufe III. Im Schnitt sind das monatlich summa summarum etwa 3.500 Euro. Der System-Irrsinn: Je schlechter es den Menschen in den Einrichtungen geht, desto mehr Profit werfen Heime aufgrund der höheren Pflegeeinstufungen ab. Um den reibungslosen Ablauf auf den Stationen nicht zu stören, werden Sterbende ins Bad geschoben, manche werden ans Bett oder den Rollstuhl gefesselt, anderen wird ein Dauerkatheter gelegt. Letzteres heißt für Betroffene, die Notdurft wieder wie Kleinstkinder in Windeln machen zu müssen. Oft verharren sie dann stundenlang in ihren Exkrementen. Können Sie sich vorstellen, was es bedeutet, ewig im eigenen Kot zu liegen? *Der Leidensweg durch Pflege liest sich so*: Verwahrlosen, Hungern, Dursten und unvorstellbare Qualen ertragen. Der »Sozialverband

Deutschland« hat Untersuchungen angestellt und kam zu einem gespenstischen Ergebnis: Cirka 10.000 Menschen sterben *jährlich* aufgrund der verheerenden Pflegesituation. Rechtsmediziner der Krematorien aus dem gesamten Bundesgebiet bestätigen das Schreckliche.[394] Konstant stellen sie schwere Pflegefehler bei Verstorbenen aus Heimen fest. Diagnose: Tod durch kriminelle Pflege.

Aus dem Alltag deutscher Horrorheime:
• Hightech statt Zuwendung ist ein anlaufendes Experiment mit künstlichen Robbenbabys. Seriengefertigte Therapieroboter reagieren wie echte Lebewesen auf Sprache, Geste und Berührung. Jedes »Tier« namens »Paro« kostet etwa 3.000 Euro. Diese elektronischen Robben sollen Heimbewohnern fehlende Zuwendung ersetzen und so das Personal entlasten. Heimbetreiber möchten, dass Senioren mit dem Industrieprodukt kuscheln und auf diese Weise Nähe und Fürsorge erleben. Wie weit darf das Pflegeniveau in Deutschland noch sinken?
• Trotz einer Körpergröße von knapp zwei Metern musste Reinhold E. über Monate in einem 1,90 Meter langen Bett liegen. Seine Gelenke versteiften, er wurde bewegungsunfähig. Plötzlich waren ein Bein und ein Arm gebrochen. Wie sollte sich das Malheur zugetragen haben, wenn der Mann bewegungsunfähig war? Einzige Möglichkeit: Die Knochenfrakturen musste das Personal verursacht haben. Die Ehefrau, daraufhin misstrauisch geworden, schaute erstmals unter die Bettdecke und erlitt einen Schock: entsetzliche Liegegeschwüre, sogenannte Dekubiti, an beiden Pobacken. So weit fortgeschritten, dass die Gesäßknochen zu sehen waren. Unheilbar![395]
• Harald Juhnke († 75), Deutschlands prominentestes Pflegeopfer. Der berühmte Schauspieler und Entertainer könnte, wenn er noch könnte, ein Lied über Altenheime singen. Nur sechs Monate nach seiner Einweisung in den »Katharinenhof« bei Berlin fiel er ins Koma. Diagnose: Druckgeschwüre und Austrocknung! Mit Infusionen wurde Juhnke gerade noch gerettet. Um ein Haar wäre der damals 73-Jährige bei einem Pflegesatz von über 3.000 Euro verdurstet.
• Ergo-Therapeutin Doris R., ehemalige Mitarbeiterin eines niedersächsischen Heimes, ging mit heftigen Vorwürfen an die Öffentlichkeit: »Ich bekam die Situation mit, dass eine schwerst pflegebedürftige Bewohnerin von Schwester Heidi mit einer Blasenspritze völlig unangebracht zwangsernährt wurde. Sie drückte ihr die Spritze mit Gewalt in den Mund. Diese Blasenspritze fasst ungefähr 200 Milliliter. Die Bewohnerin hat sich wirklich mit Händen und Füßen gewehrt. Schwester Heidi nahm den rechten Arm der Frau, legte ihn unter die Bettdecke. Der Arm wurde dann mit dem Bettlaken

unter der Matratze fixiert. Und dann hat sie noch einen drauf gesetzt, indem sie sich auf den Arm dieser Bewohnerin kniete und ihr die Nase zugehalten hat.«[396] So sieht teuer bezahlte Essenshilfe für Senioren in Deutschland aus.
- Gegenüber der Presse schilderte eine Pflegerin Zustände eines süddeutschen Altenheims: »Ich bin mit Leib und Seele seit 18 Jahren Krankenschwester. Was da für Missstände herrschen, ist für mich strafbare Pflege. Beispielsweise im Frühdienst war ich mit zwei Helfern für 37 Leute zuständig. Die Patienten mussten dann irgendwie versorgt werden: Waschen! Verbände! Spritzen! Da war keine Zeit für ausreichende Körperpflege, geschweige denn einen Verband zu wechseln. Ich habe dort einen Mann gesehen, der war in seinem Laken in seiner offenen Wunde förmlich verklebt. Es war alles Eiter. Wahnsinn! Der hat geschrien, die Bewohner haben geweint. Ich hab dann von anderen Patienten gehört ›ich liege seit gestern Abend im Stuhlgang und keiner kommt‹. Der Letzte hat sein Frühstück irgendwann gegen Mittag bekommen. Ich habe dort Katheter gesehen, die waren total eitrig und blutig, braun, schwarz.«[397]

Da gerade von Hygiene die Rede ist, sollten Sie noch etwas wissen. Nicht gerade selten werden Betreute nur alle ein bis zwei Monate, manche überhaupt nicht gewaschen oder gebadet. Wer noch Besuchskontakte empfängt, kann wenigstens mit einer gelegentlichen Haarwäsche rechnen. Schließlich könnten Angehörige daran die Verwahrlosung erkennen. Eine Heimbewohnerin plaudert aus dem Nähkästchen: »Es war so ein netter junger Grieche, ich weiß gar nicht, wie er heißt, der hat mich getröstet und gesagt, das ist nichts Schlimmes, am Dreck stirbt man nicht.«[398] Ein makaberer Zuspruch, der sich auch im tagtäglichen Umgangston ausdrückt. Übereinstimmend wird aus Heimen berichtet, dass Mitarbeiter die ihnen anvertrauten Senioren mit Ferkel, Sau oder alte Hexe betiteln. Ähnlich unverschämt und verächtlich das Gerede, wenn sich Pflegekräfte intern unterhalten: »Unnütze Fresser«, »Bekloppte«, die »gaga« sind, soll schon beinahe zum Fachjargon gehören.

Gewalt durch Pflege und sonstige Katastrophen

Ernährungsexperten wie Sven David Müller vom »Verein zur Förderung der gesunden Ernährung« schätzen, dass in Alten- und Pflegeeinrichtungen bis zu 85 Prozent der Bewohner an Unternährung leiden. Verhungern und Verdursten mit inbegriffen. Tod mangels Nahrung bei einem Pflegesatz ab 3.000 Euro aufwärts. Wie ist das möglich? Ein ZDF-Team filmte mit versteckter Kamera eine klassische Variante: Einer hilflosen Frau, offenkundig nicht in der Lage, sich zu artikulieren, wird eine Suppe vorgesetzt. Niemand kommt, um ihr das Essen einzugeben oder etwas Trinkbares zu reichen. 20 Minuten später: Mahlzeit beendet! Ein Pfleger erscheint, reißt die alte Dame vom Tisch mit der unberührten Suppenschüssel. Eilig verfrachtet er die schreiende und kreischende Bewohnerin ins Bett.[399] Jedem mit einem Funken Gefühl im Leibe fährt es bei diesen Bildern durch Mark und Bein. Erkennbar hat die Seniorin Hunger, möchte essen, ist aber ohne Hilfe nicht dazu in der Lage. Mord auf Raten! Für Heimbewohner, die noch selbstständig Nahrung aufnehmen können, lauern anderweitige Gefahren. Einmal appetitlos zu sein kann bedeuten, das Essen schnell hineingestopft zu bekommen. Wer hingegen in der subjektiven Wahrnehmung des Personals zu schnell isst, muss mit Brandblasen im Mundbereich rechnen. Ursache solcher Verletzungen ist eine bewährte Gegenmaßnahme: Essen in der Mikrowelle auf Kochtemperatur überhitzen. All jenen, die vielfältigste Ernährungsklippen meistern, könnte aus einem anderen Grund der Appetit vergehen. Der Verein zur Förderung der gesunden Ernährung und Diätetik e. V. (VFED) stufte das Essen in Alten- und Pflegeheimen als »erbärmlich« ein. Hamburgs Promi-Koch Harald Paulus wollte es einmal ganz genau wissen. Er unterzog in der Hansestadt das Menü des Pflegezentrums »Auf der Uhlenhorst« und des berüchtigten Knasts »Santa Fu« einem Vergleichstest. Ergebnis: Strafgefangene schlemmen auf Feinschmecker-Niveau. Altenheim-Bewohner werden mit schlechter Billigkost abgespeist.[400] Sarkastisch und nicht ohne Wut möchte man hinzufügen: Senioren, wehrt euch, zieht mordend durchs Land, begeht Straftaten, dann werdet ihr wenigstens vernünftig ernährt.

Etwa 80 Prozent aller Heimbewohner sind altersverwirrt, in der Fachsprache dement. Gerade dieser Personengruppe verbleibt eine einzige Lebensfreude: Essen! Ein Genuss, der Erkrankten bei den Mahlzeiten durch ein gelegentliches Schmatzen oder ein Lächeln anzumerken ist. Dieses wirklich allerletzte Vergnügen nimmt man ihnen durch Magensonden. Operativ wird ein Schlauch durch die Bauchdecke in den Magen gelegt. Über diese Kanüle wird flüssiger Kunstbrei, sogenannte Sondenkost, eingeflößt. Ohne medizinisches Erfordernis zwangsernährt, um sich das »Füttern«, Fachkräfte sagen »Eingeben«, zu ersparen. Diese durch nichts zu rechtfertigende Körperverletzung entschuldigen Pflegefunktionäre gern wie folgt: Die vom Gesetzgeber vorgegebenen Minutenwerte würden nicht zur Finanzierung menschlicher Essenshilfe reichen. Eine Schande für die Heimbetreiber! Eine Schande für unser politisches Personal!

Vergleichbarer Missbrauch auch bei der Anwendung von Kathetern. Seit Einführung der Pflegeversicherung und der renditeorientierten Akkordpflege wurde eine Röhre in der Harnröhre zum salonfähigen Ersatz für den Toilettengang. Medizinische Hilfe ohne ärztliche Indikation! Immerhin erspart der Katheter Heimbewohnern, was Leidensgenossen »ohne« ertragen müssen: im Winter stundenlang halbnackt bei geöffnetem Fenster über den Exkrementen sitzen, bevor sich jemand um sie kümmert. Andere sind gezwungen selbstständig zur Toilette zu gehen, obwohl sie diese nur mehr kriechend über den Boden erreichen. Beispiele tiefster Erniedrigung und Demütigung. Politische Minimalforderung: Auch in Deutschland wollen Senioren wieder das Essen und ihre Notdurft menschenwürdig verrichten!

Zu diesem Komplex gehört genauso der ausufernde Einsatz von Windeln, auch »Inkontinenzartikel« genannt. Zwischenzeitlich sind Turbo-Produkte auf dem Markt, mit sage und schreibe knapp vier Litern Saugfähigkeit. Wissenschaftler und Biotechnologen denken sich im Labor unermüdlich Materialien zur Verelendung alter Menschen aus. Ziel ist, Hilflose möglichst lange sich selbst überlassen zu können. Technischer »Fortschritt«, der zudem ein weiteres Problem verschärft: Bettlägerige wurden in der Vergangenheit wenigstens für das kleine Bedürfnis bewegt. Jetzt verbringen sie den ganzen Tag statisch im Urin. Um jedoch das gefürchtete Wundliegen zu vermeiden, sind ans Bett Gefesselte alle zwei bis drei Stunden umzulagern. Geschieht das nicht, bildet sich ein Liegegeschwür, lateinisch Dekubitus. Mehrere offene Stellen werden Dekubiti genannt. Eine Untersuchung der Münchner »Initiative Chronische Wunden« stellte fest: *Bis zu 30 Prozent aller Pflegeheimbewohner leiden unter Druckgeschwüren.*[401] Sie gelten als vermeidbare Pflegefehler und sind der Nachweis einer permanenten Vernachlässigung. Gefährdet sind der Gesäß-, Fersen- und Rückenbereich. Mit unvorstellbaren Schmerzen liegen Betroffene auf faulenden und übel riechenden Wunden. Schlimmstenfalls auf bloßen Knochen. Wie ein Dekubitus aussehen kann, beschrieb ein Spiegel-Artikel mit der Überschrift »Verwahrlost und Verendet« sehr plastisch: »Eine von den Lendenwirbeln bis zu den Kniekehlen reichende, bestialischen Dunst verströmende geschwürige Kraterlandschaft, an deren Grund mehrere Wirbelkörper sichtbar sind. Diagnose: Ausgedehnter verjauchender Dekubitus Sepsis im Finalstadium. Therapie: aussichtslos.«[402] Wenige Stunden später erlag die 79-Jährige ihren Wunden.

Experten sprechen von weit über 10.000 Menschen, die Jahr für Jahr auf diese oder ähnliche Weise zu Tode kommen. Rechenschaft wird von den Verantwortlichen nicht verlangt, denn Leichenscheine weisen gewöhnlich einen »natürlichen Tod« aus. Es scheint niemand mehr zu interessieren, wie und warum alte Menschen ums Leben kommen. Zum Schweigekartell gehören auch die – wie wir wissen – politisch gelenkten Staatsanwaltschaften. Erfahren Familienangehörige einmal die wahre Todesursache, enden Strafanzeigen naturgemäß im Nichts: Verfahren eingestellt! Umso erfolgreicher das Frühwarnsystem für Pflegekräfte. Unter der Überschrift »So dokumentieren Sie einen Dekubitus richtig« wurde im »Online-Magazin für die Altenpflege« Folgendes geraten: »Die korrekte Dokumentation eines solchen Druckgeschwürs ist der erste Schritt, um Sie und Ihre Mitarbeiter vor Schadensersatzansprüchen und Schmerzensgeldforderungen zu schützen.«[403] Hintergrund der Empfehlung: Altenpflegerinnen und Altenpfleger müssen Zeitpunkt und Häufigkeit des Umlagerns protokollieren. Der Tipp aus dem Internet will sagen: Wer nicht umlagert, sollte es zumindest schriftlich tun, um Regressansprüche zu verhindern. Papier ist geduldig und so sind Pflegedokumentationen zu verstehen: flächendeckende Fälschungen! Im WDR-Telefon-Nighttalk »Domian« machte sich ein berufserfahrener Pfleger Luft: »Meiner Meinung nach ist es in Deutschland mittlerweile so, dass Qualität nur auf dem Papier steht und die Qualität in Leistung gar nicht mehr ausgeführt wird.« Wen wundern dann noch Vorkommnisse, die immer wieder ungeahndet publik werden. Etwa aufgelistete Pflegeleistungen an bereits Verstorbenen. Unangenehm für die Fälscher! Unangenehm für Justitia, der Dame mit der falsch verstandenen Toleranz für Pflegebetrug! Überbordende Bürokratie wie die sinnfreien Pflegeberichte rauben Zeit, die an Zuwendung für Senioren fehlt. Jede Pflegekraft, die eine Stunde Dienst absolviert, verschwendet 20 Minuten für Verwaltungstätigkeiten. Etwa ein Drittel verlorene Arbeitszeit. Ressourcenverschwendung die nach einer Konsequenz ruft: raus aus dem Dokumentationswahn, genannt *»Qualitätssicherung«*. Nichts als ein Aberglaube verschanzt sich hinter diesem schönen neuen Modewort. Die Missstände in den Heimen belegen, dass Menschlichkeit auf Papier eben nur auf dem Papier funktioniert. Naheliegende Alternative: Statt Pflegedokumentationen sich die Menschen ansehen.

Für die meisten Heimbewohner wäre körperliche Betätigung geradezu ein Lebenselixier. Doch oberste Priorität hat das Ruhigstellen mit Psychopharmaka. Grob lassen sich die verabreichten Medikamente in drei Gruppen unterteilen: Tranquilizer, Neuroleptika, Antidepressiva. Durchweg mit schweren Nebenwirkungen und hohem Suchtpotenzial. Präparate, dessen Einsatz gewöhnlich Pflegekräfte *ohne* ärztliche Anweisung bestimmen. Doch woher sollten medizinisch Ungeschulte wissen, was nach Gutdünken verabreichte Arzneien anrichten? Vor allem dann, wenn sie hochdosiert in Mehrfachkombination gegeben werden. Häufig wird erst dadurch ein

Verwirrtheitszustand erzeugt, der wiederum mit Medikamenten bekämpft wird. Beginn einer Spirale in die finale Lethargie. Schnell ist ein Stadium erreicht, in dem sich Betroffene kaum mehr artikulieren können. Wer die Drogenopfer beobachten möchte, sollte ein Altenheim besuchen. Da schlurfen sie wie Roboter über die Flure, falls sie noch dazu in der Lage sind. Bitte nicht den Blick von feudalen Foyers oder Hochglanzprospekten trüben lassen. Weit informativer sind Bewohner, die sich nicht mehr fortbewegen können und in ihren Zimmern dahinvegetieren. Unter dem Motto »Pille statt Beziehung« ist der Psychopharmaka-Verbrauch innerhalb von eineinhalb Jahrzehnten drastisch angestiegen. Eine interessante Faustregel spiegelt die Entwicklung wider: *Je größer das Heim, desto höher die Pro-Kopf-Dosis.* Altersforscher Prof. Rolf Hirsch von der Gesellschaft für Gerontopsychiatrie auf die Frage, was die negativen Folgen sein können, wenn zu viel gegeben wird: »Tod! Und das passiert ja auch.«[404]

Daran anknüpfend weitere Praktiken krimineller Pflege: Bauchgurte, Bettgitter, Fixierungen oder verschlossene Türen gehören zum Alltag in deutschen Pflegeeinrichtungen. Diese freiheitsentziehenden Maßnahmen erfordern richterliche Genehmigungen. Doch darauf wird mehrheitlich verzichtet. *Verstöße in Stichpunkten*: • Gitterbetten zum Schutz gegen das Herausfallen als Menschenkäfige zweckentfremdet. • Stundenlanges Festgurten am Rollstuhl. • Einsperren in den Zimmern. • Ausbüxende Bewohner einschließen. • Rauchende, die nicht rauchen »dürfen«, anbinden. • Bewohner ans Bett fesseln, damit sie nachts nicht »nerven«. Dazu Details: Die ausufernde Maßnahme der Fesselung, auch Fixieren genannt, wird häufig mit Verhaltensstörungen oder Bewegungsunruhe verteidigt. Allerdings bewirkt diese motorische Einschränkung in vielen Fällen das glatte Gegenteil: Ursprüngliche Störungen verschlimmern sich und zusätzlich entsteht ein gewaltiger Leidensdruck aufgrund der Fixierung. Man muss sich nur in die Lage eines Patienten versetzen, mit der Vorstellung ans Bett gefesselt zu sein. Welche Empfindungen kommen da auf? Erzwungene Hilflosigkeit erzeugt Ohnmacht und Sich-ausgeliefert-Fühlen. Eine Gewalterfahrung, die traumatisiert. Aufkeimende Angst ist eine Reaktion! Befreiungsversuche die andere! Allein der Gedanke, sich nicht mehr bewegen zu können, macht fast verrückt. Ob Betroffene es werden? Einige bestimmt! Die »Bonner Initiative gegen Gewalt im Alter e. V.« kommt zu folgendem Befund: Positive Effekte fixierender Maßnahmen in der Altenpflege sind unbelegt und die Legitimation »beruht zumeist auf Mythen«. Mit ganz wenigen Ausnahmen handelt es sich um einen nutzlosen, brutalen und illegalen Willkürakt. Erfüllt wird in diesen Fällen der Straftatbestand der Freiheitsberaubung, für den das Gesetzbuch bis zu zehn Jahren Haft vorsieht. Insgesamt ist eine Situation erreicht, die förmlich nach Strafverfolgung schreit. Als politisch flankierende Maßnahme kann nur das prinzipielle Verbot der grausamen Senioren-Fesselungen stehen. Passend zu alldem ein Zitat von Jürgen Fliege, dem Moderator und Theologen: »Der schlechte Umgang mit alten Menschen ist Ausdruck unseres Totalbankrotts.«[405]

Alle verdienen an den Missständen

Das Leid alter Menschen ist für Deutschlands Krankheitsindustrie ein Milliardengeschäft. Aufgrund unserer älter werdenden Gesellschaft »der« boomende Zukunftsmarkt. Die nutznießenden Kartellteilnehmer: Pharmakonzerne mit Schmerzmitteln, Psychopharmaka und sonstigen Medikamenten. Lieferanten der Billigessen. Hersteller von Magensonden und Sondenkost. Fabrikanten von Kathetern, Bettgittern, Fixiergurten und Windeln. Hinzuaddiert werden müssen Ärzte, Krankenhäuser, Rettungs- und Fahrdienste. Nicht zu vergessen die Heimbetreiber selbst, die teils millionenschwere Dividenden ausschütten. Eine Formel verbindet die Gewinner der Misere: Je erbärmlicher die Lage ihrer »Kunden«, umso höher der Profit! Noch etwas vereint die Pflegeindustrie: Im Chor jammern sie das Lied von Personalnotstand, zu hohen Kosten und kargen Budgets. Könnte zu wenig Geld – wenn dem so wäre – das flächendeckende Treten von Menschenrechten und Menschenwürde entschuldigen? Natürlich nicht! Richtigstellung: Tatsächlich sind enorme Finanzmittel vorhanden, sie fließen lediglich in die falschen Taschen. Damit wären wir bei den Trägern der meisten Alten- und Pflegeheime, den Wohlfahrtsverbänden. Gelegentlich scheint der Begriff »Wohlfahrt« fehlinterpretiert und ganz persönlich verstanden zu werden. Gängiger Trick ist das Beschäftigen von Phantompersonal. Heimbewohner und Solidarkassen zahlen für Mitarbeiter, die in Wahrheit nicht angestellt sind. Im Einzelfall ein Millionengeschäft. Insgesamt verschwinden auf diese Weise nach Berechnungen des »Bundes der Pflegeversicherten« jährlich satte 2,8 Milliarden Euro ohne Gegenleistung.[406]

Schluss auch mit Psychopharmaka als »pflegeerleichternde Maßnahme«. Diese Arzneimittel sind nicht nur unmenschlich, sondern extrem kostspielig. Im Austausch ließe sich dafür im großen Stil Personal einstellen. Motto: Zuwendung statt Pille! Noch ein spezifischer Einspareffekt: Immer wieder kommt es zu Unfällen alter Menschen wegen hoher Dosen zwangsverabreichter Medikamente. Verletzungen wie der gefürchtete Oberschenkelhalsbruch nach einem Sturz sind keine Seltenheit. Folge: schwere Operation, langer Krankenhausaufenthalt, lange Reha-Maßnahme. Alles verbunden mit hohen Kosten für die Solidarkassen.

Nun zu Dekubitus-Erkrankungen mit einem ebenfalls gewaltigen Einsparpotenzial. Würde dieser massenhafte Pflegefehler vermieden, der ja vermeidbar ist, wären wenigstens 3 Milliarden Euro freigelegt. Berechnungen, die vielschichtige Folgekosten mit einbeziehen, sprechen sogar von einem zweistelligen Milliardenbetrag. Seit zig Jahren sind diese Zahlen bekannt, doch die politische Klasse verharrt in Duldungsstarre. Darüber hinaus gibt es zahlreiche Chancen, fehlgeleitete Finanzen in Pflege umzuwandeln. Angenommen, lediglich die Kosten der drei genannten Punkte (Phantompersonal, Psychopharmaka, Dekubitus) würden in einer echten Reform in Personaleinstellungen fließen. Sofort könnten in Deutschlands Heimen geradezu paradiesische Zustände herrschen. Gute Pflege ohne mehr Geld ist nicht nur realisierbar, sondern zwingend.

Den Himmel auf Erden gibt es schon

An dieser Stelle sei an Heime erinnert, die hervorragend arbeiten. Sie verfolgen Konzepte, in deren Mittelpunkt der Mensch steht. Sie verfallen nicht in die ausschließliche Logik des wirtschaftlichen Vorteils. Hier leisten Heimleitung und Fachpersonal eine verantwortungsbewusste, aufopfernde, engagierte und menschenwürdige Pflege. Geradezu traumhaft! Einrichtungen auf diesem gedanklichen Hintergrund ersparen Pflegebedürftigen alles, was Sie bisher an Schrecklichem gelesen haben. Herausgegriffen sei ein privates Projekt in der niedersächsischen Stadt Polle an der Weser. Vieles ist dort anders als in den meisten deutschen Seniorenheimen. Die Philosophie wird »Normalisierungsprinzip« genannt und ist »eigentlich« denkbar einfach: In allen Bereichen wird den Bewohnern mit ihren spezifischen Einschränkungen ein normales Alltagsleben ermöglicht. Zwangs- und Massenabfertigung? Fehlanzeige! Beispielsweise ist das gemeinsame Frühstück auf neun Uhr festgesetzt, bleibt aber dennoch variabel. Ob Frühaufsteher oder Langschläfer – wer früher oder später Hunger hat, bekommt zu essen. Appetit ungenormt und nicht zu beliebig festgesetzten Zeiten. Natürlich ist diese individuelle Pflege personalintensiver. Doch niemandem wird eine Magensonde oder ein Katheter »verpasst«, um alles zu beschleunigen und Personal einzusparen. Die Zimmer sind mit Persönlichem ausgestaltet: Fotos, Bilder bis zu Möbelstücken. Jeder Bewohner kann nach seinen Möglichkeiten und

Interessen am Leben teilnehmen, etwa kochen. In Würde versorgt, die Identität gelassen und lebenslange Gewohnheiten respektiert. Menschen werden wie Menschen behandelt und so etwas muss in unserem Land bereits als Ereignis und Vorzeigekonzept gefeiert werden. Eine beschämende Erkenntnis! Wären die Bewohner in Polle womöglich nur wenige Kilometer entfernt untergebracht, sie wären endgelagert, über eine Magensonde zwangsernährt und mit Psychopharmaka zugedröhnt. Und nun zur eigentlichen Sensation: Die Pflege in diesem Heim kostet keinen Heller mehr als in anderen Heimen! Damit wäre das ständige Klagelied nach einer besseren Finanzausstattung vieler Verbandsfunktionäre widerlegt. Ein Fakt, der bereits die hohe Politik erreichte. Universitätsprofessor Dr. Karl Lauterbach (SPD): »Wir wissen, dass mehr Geld in das System das Problem nicht löst, weil es zum Teil sehr teure Einrichtungen sind, die die Probleme haben.«[407] Als gesichert gilt also: Gute Pflege für das heutige Geld ist machbar. Aber warum werden die erfolgreichen Modelle nicht auf andere Pflegeeinrichtungen übertragen? Die Antwort ist einfach: politisches Desinteresse, Wegschauen, Ignoranz und der Einfluss der Krankheitsindustrie.

Ambulante Pflegedienste

Senioren, die noch zu Hause leben können, aber dennoch fremde Hilfe benötigen, sind auf mobile Dienste angewiesen. Nahezu alle aus der stationären Pflege bekannten Missstände sind auch in der häuslichen wiederzufinden. Abgesehen von einem Spezifikum: Dramatisch wirkt sich hier das gesetzliche Honorar- und Abrechnungssystem aus. Den Erfindern derartigen Machwerks wäre dringend professionell-psychologische Hilfe anzuraten. Das dahinterstehende Gedankengut ist hochgradig impertinent. Was jeden vernünftigen Menschen in Rage versetzen muss, nennt sich »Modul-System«: *eine minuten- und punktgenaue Menschenabrechnung.* Jeder »Punkt« schwemmt derzeit 0,041 Euro (4,1 Cent) in die Kassen der Pflegedienste. Dieses weltweit »einzigartige« Verrechnungsmodell ist das Abbild von Deutschlands seelenloser und unmenschlichen Politik. Es weckt obendrein schmerzhafte Erinnerungen an Deutschlands dunkelste Geschichte. Einige Kostproben aus dem sogenannten Leistungskatalog:

- »Darm- und Blasenentleerung, kleine Hilfe« – 60 Punkte = 2,46 Euro.
- »Kleine Toilette ohne Hilfe beim Aufsuchen oder Verlassen des Bettes« – 230 Punkte = 9,43 Euro.
- »Kleine Toilette, d. h. Teilwaschen, An- und Auskleiden, Mund- und

Zahnpflege, Kämmen, Hilfe beim Aufsuchen oder Verlassen des Bettes« – 270 Punkte = 11,07 Euro.
- »Hilfe beim Essen und Trinken, mundgerechtes Zubereiten, portionsgerechte Vorgabe« – 270 Punkte = 11,07 Euro.
- »An- und Ausziehen der Kompressionsstrümpfe« – 80 Punkte = 3,28 Euro.
- »Begleitung außer Haus, d. h. kein Spaziergang oder Kultur. Max. 3 x Monat« – 600 Punkte = 24,60 Euro.
- »Hilfestellung beim Verlassen und Wiederaufsuchen der Wohnung, An- und Auskleiden, Treppensteigen« – 120 Punkte = 4,92 Euro.

Eine im wörtlichsten Sinne peinlichst genaue Pflege aus der Sicht staatlicher Schreibtischtäter. Die Liste umfasst darüber hinaus die Schuh- und Nagelpflege, das Trennen und Entsorgen des Abfalls, das Aufrichten Kranker im Bett bis hin zur »Großen Toilette« für 18,04 Euro. Unter der Aufgabe des Solidarprinzips werden Pflegebedürftige wie ein Stück Altmetall auf der Waage eines Schrotthändlers abgerechnet. Zeitraubend der bürokratische Aufwand, teils aufwendiger als die erbrachte Leistung. Wie wäre es mit menschlicher Zuwendung statt Bürokratie? Nein, für eine derartige Gefühlsduselei darf es in einer leistungsorientierten Gesellschaft keinen Platz geben. Nette Worte oder gar Spielraum für eine Darm- oder Blasenentleerung, die mal daneben geht? Wo kämen wir da hin, liebe Senioren! Wie Motten das Licht zieht hemmungsloser Kapitalismus skrupellose Geschäftemacher an. So tummelt sich auf dem Pflegemarkt heute alles, was sich vom Leid Alter und Kranker einen schnellen Euro verspricht. In der Szene – *man spricht von der Pflegemafia* – ist ein gnadenloser Konkurrenzkrieg entbrannt. Nach der Devise »ohne Moos nix los« kämpfen Anbieter um cashbringende Patienten. Unter anderem prügelten sich in Hamburg mehrfach rivalisierende Geschäftemacher um potenzielle Kunden. Ob hilfsbedürftige Menschen bei aggressiven Schlägern gut aufgehoben sind, darf bezweifelt werden. Außerdem sind schon reihenweise Pflegeunternehmen kriminalpolizeilich in Erscheinung getreten. Bundesweit! Beliebt sind Betrügereien zur Erschleichung der Zulassung. Im Speziellen werden mit gefälschten Urkunden Pflegekräfte vorgetäuscht, die keine sind. Eine andere Variante: Die vom Gesetzgeber geforderten examinierten Fachkräfte werden zunächst eingestellt. Schon nach kurzer Zeit ersetzt man sie durch unqualifizierte und lässt sie auf die Pflegebedürftigen los. Ob geschultes oder ungeschultes Personal – von Vorgesetzten unter Druck gesetzt zu werden ist branchenüblich. Die Arbeit soll schnell erledigt werden, um möglichst hohe Überschüsse zu erzielen. Die enorme psychische Belastung des Personals verschärft das unsägliche Abrechnungssystem mit den minütlichen Zeitvorgaben. Was dabei herauskommt, beschreiben zwei Pflegedienst-Mitarbeiterinnen in einer »Panorama«-Sendung der ARD: »Spritzen werden durch Haushaltskräfte gesetzt, Insulin besonders. Dieses ganze System ist ein Betrug an alten Menschen, der einfach unglaublich ist. Wenn man überlegt, dass wir alle morgen Pflegefälle sein könnten und solchen Menschen in die Hände fallen, denke ich, ist das ein Wahnsinn. Eine kriminelle Energie und ein Betrug, der seinesgleichen sucht.«[408] Sie sehen, es besteht kein fühlbarer Unterschied zu den Missständen in Pflegeheimen.

Auch das noch ...

Ob stationär oder ambulant gepflegt, es gibt ein bereichsübergreifendes Dunstfeld der Hemmungslosigkeit. Betroffen sind vor allem Alleinstehende, die einfach nur alt, schwach oder verwirrt sind. Für sie wird ein gesetzlicher Betreuer bestellt. Ureigenste Aufgabe dieser »Begleitung« wäre die Unterstützung und Regelung rechtlicher Angelegenheiten. Früher wurde die gleiche Maßnahme weniger gefällig, aber weit redlicher ausgerufen: Betreuer waren »Vormund« und Betroffene »entmündigt«. Die sprachliche Schönregelung erfolgte 1992 mit dem Betreuungsgesetz (BtG). Nicht nur das Vokabular, alles sollte mal wieder besser werden. Doch wie in deutschen Landen üblich: Ist von Reform die Rede, wissen wir, wieder wird etwas schlechter. So auch hier! Dem Zeitgeist gehorchend lässt sich jeder Frevel mit Arbeitsplätzen rechtfertigen. In diesem positiven Sinne wurde ein völlig neues Gewerbe geschaffen – das der boomenden Berufsbetreuer. Und siehe da, der Markt scheint selbst Altersschwäche zu regeln. In kürzester Zeit schnellte die Zahl der Entmündigten (Betreuten) von etwa 400.000 auf das Doppelte und die Kosten auf das Dreifache hoch.[409] Da Verwirrte und Schwerstkranke nicht urplötzlich vom Himmel fallen können, gibt es für den »Aufschwung« nur eine plausible Erklärung: Auf Kosten Pflegebedürftiger wird aus marktwirtschaftlichen Nachfragemotiven Schindluder getrieben. Das entscheidende Thema aber ist die allumfassende Macht der Betreuer: Sie organisieren die Pflege für ihre Schutzbefohlenen. Sie bestimmen, ob sie in ein Heim kommen. Sie lösen Wohnungen auf, wann immer es ihnen gefällt. Sie können Kontaktverbot zu Angehörigen erteilen. Sie haben Zugriff auf Konten und Vermögen. Sie sind sich selbst überlassen, ohne wirkliche Kontrolle. Ahnen Sie schon, was sich mit der Lizenz zur Anarchie zusammenbrauen könnte? Direkt zu den Spielarten der erbettelten Gaunereien: Konten werden abgeräumt. Häuser und sonstiges Eigentum verscherbelt oder geplündert.

Vorhandenes Bargeld verschwindet.[410] Rüstige Menschen werden unter dem Vorwand der Kurzzeitpflege für immer in ein Heim abgeschoben, um deren Vermögen abzustauben. Tagtäglich spielen sich in unserer Republik diese und ähnliche Dramen alter, hilfloser und entrechteter Bürger ab. Der Lebensabend als Horrortrip! Fachleute vermuten hinter dem Unwesen eine extrem hohe Dunkelziffer. Ohne Aufsicht werden Machenschaften dieser Art lediglich zufällig, sprich höchst selten bekannt. Fakt ist: Die Missstände haben sich derart verdichtet, dass sich ein gemeinnütziger Verein »Licht in Sicht e. V.« gründen musste. Bündnisziel: *Kampf gegen die Ausbeutung von Senioren im Alter*. Traurig genug, dass Deutschland diesen Schutz nicht durch seinen angeblichen Rechtsstaat garantiert. Das Unerklärliche: Berufsbetreuer werden ohne jede Anforderung, sprich Qualifikation, von Vormundschaftsgerichten eingesetzt. Wieder einmal beklagen Politiker den eigenhändig verursachten Zustand. Für die »Parlamentarische Arbeitsgruppe Betreuungsrecht« jammerte Sozialdemokratin Margot von Renesse in ein Pressemikrofon: »Nichts ist leichter, als gegenwärtig den Beruf des Berufsbetreuers zu ergreifen. Sie brauchen dazu weder eine fachliche Voraussetzung, eine Vorbildung, noch brauchen Sie dazu eine Prüfung, die in Richtung persönliche Eignung geht. Sie brauchen nichts anderes als die Bereitschaft des Vormundschaftsrichters, Ihren Namen aus einer Vorschlagsliste herauszufischen und Sie als Betreuer einzusetzen. Dieses ist für die verantwortliche Aufgabe, die ein Betreuer in jedem Fall hat, ein bisschen wenig.«[411] Meckern auf hohem Niveau ist auch ein bisschen wenig für die Arbeitsgruppe namens »Betreuungsrecht«. Wie wäre es mit einer völlig durchgeknallten Idee: Ändern Sie etwas, meine Damen und Herren, denn dafür sind Sie da.

Wo bleibt der Aufstand der Pflegekräfte?

Viele Berufsanfänger sind äußerst engagiert, gehen mit hohen Erwartungen und Idealen in den Pflegeberuf. Doch damit ist es häufig schnell vorbei. Schon nach wenigen Jahren frustriert, desillusioniert, die Liebe am Beruf verloren und beinahe selbst ein Pflegefall. Meist bleibt nur noch eine Frage: Wo finde ich einen anderen Job? Wie kann es sein, dass die durchschnittliche Verweildauer in diesem Beruf gerade noch sechs Jahre beträgt? Pflegeeinrichtungen sind heute mittelständische Unternehmen mit Millionen-Umsätzen. Sie arbeiten nach betriebswirtschaftlichen Kriterien und wollen größtmögliche Gewinne erzielen. Betreiber üben deshalb enormen Druck von »oben nach unten« aus. In Führungspositionen ist Skrupellosigkeit längst ein Bestandteil des Anforderungsprofils. In diesem Milieu ist es »schick«

geworden, über Personalabbau Erlöse zu steigern. So müssen immer weniger Pflegekräfte immer mehr Patienten betreuen. Wie die Mechanismen greifen, zeigt ein Skandal aus der Münchner Schickeria der Altenpflege. Vorweg ein Satz: *Wohlfahrtsverbände sind mehrheitlich Träger der stationären und ambulanten Pflege.* Es sind selbige Konzerne, die sich ständig über Personalnotstand beklagen, im Zusammenhang mit Forderungen nach mehr Geld. Eine der Organisationen, das Bayerische Rote Kreuz (BRK), demonstrierte, was vom ewigen Gejammere zu halten ist. Die Bosse, mit Traumgehältern und Dienstwagen samt privater Nutzung ausgestattet, setzten »Kopfgeld« aus. Jeder Geschäftsführer konnte sich durch das Feuern von Pflegekräften ein goldenes Näschen verdienen. Pro Geschassten gab es eine Prämie von 12.500 Euro.[412] Wie sagte doch der ebenfalls aus München stammende »Fußballphilosoph« Franz Beckenbauer in einem Werbespot: »So läuft's Business.«

Alten- und Pflegeheime kommen Akutkrankenhäusern gleich. Mehrheitlich leiden die Bewohner an schwersten Mehrfacherkrankungen. Werden auf den Stationen Nachtwachen mit 50 bis 100 Bewohnern allein gelassen, ist das unzumutbare Akkordarbeit. Müssen tagsüber zwei, drei Pflegekräfte 40 Schwerstbehinderte versorgen, ist das Fließbandpflege im Minutentakt. In beiden Fällen völlige Überforderung. Das heißt, Vernachlässigung und für menschliche Zuwendung keine Zeit. Es herrschen Voraussetzungen, wie sich sozialpflegerisch Engagierte den Beruf am Mitmenschen *nicht* im Entferntesten auszudenken vermochten. Manche opfern sich total auf und resignieren irgendwann. Andere greifen zu Medikamenten, um Patienten ruhigzustellen. Bei einigen versagen die Nerven und es kommt zu Übergriffen an Pflegebedürftigen. Mitarbeiter, die Missstände anprangern, müssen mit einer speziellen Krisenbewältigung rechnen: Sie werden als vermeintliche »Nestbeschmutzer« gefeuert oder zur Kündigung gemobbt. Ein geläufiges Lösungsmodell! So verbleibt mehrheitlich ein wenig engagiertes und gering qualifiziertes Personal, das kaum durch Zivilcourage auffällt. Genau genommen ist das die Basis allen Elends. Es wäre sicherlich zu einfach, den Mitarbeitern die Schuld zuzuschieben. Eine erhebliche Mitverantwortung trifft sie sehr wohl. Das Kartell des Schweigens muss gebrochen werden. Gewalt gegen alte Menschen ist kein Kavaliersdelikt. International verankerte Menschenrechte und das Grundgesetz werden permanent und eklatant verletzt. Nicht zu vergessen Straftaten wie Körperverletzung, Freiheitsberaubung, Betrug und sonstige Delikte, die im Verlauf dieses Kapitels zur Sprache kamen. Jeder Bürger, der davon Kenntnis erlangt, ist moralisch, aber auch gesetzlich verpflichtet, dem entgegenzutreten. Wer schweigt, macht sich durch

Unterlassung mitschuldig und könnte sogar strafrechtlich belangt werden. *Appell an alle Pflegekräfte*: Vorkommnisse mit Vorgesetzten oder der Heimleitung bereden. Bei Erfolglosigkeit die staatliche Heimaufsicht oder den Medizinischen Dienst der Krankenkassen informieren. Hilft das – wie so oft – nicht, Sozialverbände, Presse, Polizei oder Staatsanwaltschaft einschalten. Pflegepersonal, das bei genannten Wegen um seine berufliche Existenz fürchten muss, sollte zumindest machbare Schritte anonym ergreifen. Genauso gut könnten Angehörige der Betroffenen ermuntert werden, entsprechend vorzugehen. Generell wäre es auch an der Zeit, dass sich Pflegekräfte organisieren und wie Ärzte auf die Straße gehen. Welche Aktivität auch immer – alles ist besser als Schweigen, Wegsehen und Mitmachen. Das muss ein Ende haben.

Politischer Dreikampf: Schweigen, Ehren und Vertuschen

Parlamentarier gleich welcher Schattierung haben in bekannter Gründlichkeit ein marodes, völlig kaputtes Pflegesystem installiert. Tagtägliche Verbrechen gegen die Menschlichkeit an Alten und Kranken sind das Resultat. Erkenntnisprobleme gibt es nicht! Umsetzungsprobleme zuhauf! Spätestens seit der UN-Ausschuss sofortiges Handeln einforderte, hätte die »Angelegenheit« zur Chefsache erklärt werden müssen. Doch die politische »Elite« hüllte sich in Schweigen: gleich welcher Bundespräsident, gleich welche Bundesregierung, gleich welche Landesregierung. Alles nur stumme Zeugen der größten Humankatastrophe jüngster deutscher Geschichte. Noch einmal: *Jährlich mit weit über 10.000 Todesopfern.* Wer sich den gigantischen Aufwand gegen Terrorgefahren vor Augen hält, mit hierzulande bislang *null* Todesopfern, für den wird die Tatenlosigkeit noch schleierhafter. Vertreter aller Parteien lassen Deutschlands Aufbaugeneration jämmerlich im Stich. Obendrein wird mit Kampagnen und Feindbildern das Klima vergiftet: Senioren als Schmarotzer, die auf Kosten der Jungen leben! Rentner als lästige Kostenfaktoren! Im Kriegsjargon spricht man über alternde Menschen von einem »Sprengsatz« oder einer »Zeitbombe«. Politische Instinktlosigkeiten sondergleichen. Kein Fettnapf wird ausgelassen und jeder nur denkbare Fehler realisiert. Kommen Sozialpolitikerinnen und Sozialpolitiker nicht umhin, sich in der Sache zu äußern, klingen Siechtum und Tod im Minutentakt schöngeredet so: Qualitätssicherung verbessern! Transparenz! Pflegedefizite! Arbeitsüberlastung! Personalmangel! Letzteres – wie schon angesprochen – ist tatsächlich eingetreten. Fachkräfte haben mit den Füßen abgestimmt und liefen in Massen vor ihrem Beruf davon. Wer will schon unter solch katastrophalen Bedingungen arbeiten? Auch in diesem Bereich Flickschusterei und leichtfertige Schnellschüsse, das Markenzeichen deutscher Politik. Trotz hoher Arbeitslosenzahlen werden Pflegekräfte aus Polen, Kroatien oder Slowenien angeworben. Eine höchst interessante Frage aber bleibt: Warum nicht Pflegepersonal aus Österreich, Italien, Schweiz oder Frankreich? Die Gründe liegen auf der Hand. Pflegekräfte aus westlichen Ländern würden sich bedanken, unter derart empörenden Rahmenbedingungen zu arbeiten. Osteuropäer hingegen nehmen die Missstände des Geldes wegen hin. Aufgrund der unfairen Bedingungen der Osterweiterung können sie mit einem Jahresgehalt drei Jahre in ihrer Heimat gut leben. Was alternde Menschen der Parlamentarischen Gesellschaft wert sind, zeigt eine Entscheidung, die Deutschlands Pflegeexperten entsetzte: Besonders »schwer vermittelbare« Langzeitarbeitslose werden zur Pflege Demenzkranker als sogenannte »Präsenzkräfte« eingesetzt. Das gleiche zynische Experiment würde man in unterbesetzten Kindertagesstätten oder Kindergärten niemals wagen. Auch die sogenannte »Weiterentwicklung der Pflegeversicherung« zeigt politisch keine erkennbare Bereitschaft, die Versorgung hilfsbedürftiger Menschen zu verbessern. Wir schreiben den Tag, als fragliches Gesetz den Reichstag passierte. Der Geschäftsführer des Deutschen Paritätischen Wohlfahrtsverbandes, Werner Hesse, stellte sich einem Interview. Frage an ihn: »Wann brauchen wir die nächste Pflegereform?« Antwort: »Morgen!«[413] Welche Lösungsansätze gibt es? Würden Arbeitsbedingungen geschaffen wie im geschilderten Musterprojekt in Polle an der Weser, wären *alle* Probleme auf einmal gelöst. Wie in dieser Einrichtung wollen ältere Menschen leben und Fachkräfte arbeiten. Deshalb existiert dort auch kein Personalmangel. Im Gegenteil, Pflegekräfte stehen Schlange. Mit Blick über die Landesgrenzen könnte genauso gut die Schweiz als Vorbild dienen. Dort funktioniert mit vergleichbaren Kosten zur Bundesrepublik eine geradezu mustergültige Altenpflege.

Jetzt zu einer paradoxen Szenerie um Claus Fussek, dem Mitautor des Buches »Im Netz der Pflegemafia«. Seine Publikation nannte die Münchner Abendzeitung »ein Dokument des Grauens«. Fussek, der unermüdliche Kämpfer gegen Pflegemissstände, wurde in München im Mai 2001 für sein Wirken mit einer Medaille ausgezeichnet. Stopp! Bitte ganz langsam lesen und auf der Zunge zergehen lassen. Vonseiten der Verursacher des Pflegedesasters, die zudem die Situation ändern könnten, wird eine Person geehrt, die den Wahnsinn anprangert und den Opfern hilft. Nicht schlecht, oder? Herr Fussek kündigte anlässlich der Verleihung an, die Medaille für den Fall zurückzugeben, sollte sich an der Pflegesituation nichts ändern. Es änderte sich nichts. Fussek gab ein Jahr später die Auszeichnung an den Verleiher Oberbayerns, Bezirkspräsident Franz Jungwirth, zurück. Irritiert und verwirrt meinte der CSU-Politiker: »Ich kann das nicht nachvollziehen.«[414] Etwa ein Pflegefall? Noch eine politisch interessante Aussage von Deutschlands wohl temporärstem Ordenträger Claus Fussek: »Pflege ist ein Riesengeschäft, da zählen die Menschenrechte nichts. Ich erinnere mich an einen Satz von Claudia Roth: ›Um Menschenrechtsverletzungen im Ausland glaubwürdig anprangern zu können, müssen wir die Rechte in Deutschland einhalten.‹ Seitdem habe ich dazu nichts mehr von ihr gehört.«[415] Der politische Kreis schließt sich mit der Frage: Warum funktioniert in Pflegeeinrichtungen die Heimaufsicht nicht? Kontrolle macht bekannterweise nur Sinn, wenn sie denn unabhängig ist. Diese Kernvoraussetzung ist jedoch die seltene Ausnahme. Kommunen überprüfen »ihre« ortsansässigen Heime höchstpersönlich. Der berühmte Bock ist hier der Gärtner. »Aufpasser« sind Bürgermeister oder Landräte, die häufig im Vorstand der Heimbetreiber sitzen. Nachvollziehbar, dass angesichts dieser Verquickungslage Betreuungsmissstände nicht das Licht der Öffentlichkeit erblicken. So versacken Pflegeschandtaten im Sumpf der Politik. Vertuschen auf höherer Ebene funktioniert nicht weniger reibungslos. Eine Begebenheit aus dem christlich geführten Bayern: Ein Antrag der CSU-Fraktion passierte den Sozialausschuss des dortigen Landtags. Inhalt: Wie in Baden-Württemberg sollten Heimstandards heruntergefahren werden. Man sprach sich zudem *gegen* die Ausweitung von Kontrollen in Pflegeheimen aus. Per Gesetz war sogar der Garaus für unangemeldete Prüfungen geplant. Kurzum: Schlachthöfe werden unangemeldet kontrolliert, Altenheime angemeldet oder gar nicht! Doch mit Scharmützeln dieser Art soll es vorbei sein. Der Bundestag verabschiedete im März 2008 das schon erwähnte »Gesetz zur strukturellen Weiterentwicklung der Pflegeversicherung (PfWG)«. Von »strukturell« kann allerdings keine Rede sein. Das Gesetz hat deutschen Reformstandard und ist folglich eine pure Finanzreform. Will heißen: Versichertenbeiträge hoch und damit das Verbrennen von frischem Geld in einem durch und durch kranken System. Nicht abwegig die Vorstellung, dass sich die zusätzlichen Einnahmen in exorbitante Vorstandsgehälter oder Chefetagen-Mobiliar verwandeln. Eine einzig echte Strukturmaßnahme gibt es tatsächlich: *schärfere Heimkontrollen.* Nach einem Eiertanz ohnegleichen rang sich die politische Klasse zur späten Einsicht durch: »Vertrauen ist gut, Kontrolle ist besser.« Mitte 2009 startete der sogenannte Pflege-TÜV. Doch wie es sich für deutsche Parlamentarier gehört – ein Blendwerk. Die Bewertungskriterien haben sich all jene Verbände erdacht, die an den Pflegemissständen verdienen. Fachkundige Stimmen: »Das Benotungssystem verschleiert die wahren Zustände. Das ist skandalös«[416], zürnte der VdK-Landesvorsitzende Andreas Pfeifer. Ursula Weibler-Villalobos, Leitende Ärztin des Medizinischen Dienstes Rheinland-Pfalz, deren Verband die Prüfungen durchführt: »Schwarze Schafe können sich in Deckung bringen.« Und was meint die politische Klasse selbst? Bayerns Sozialministerin Christine Haderthauer (CSU) hält den Pflege-TÜV für »reine Volksverdummung«. Jetzt noch der SPD-Gesundheitspolitiker Karl Lauterbach, dessen Partei das Gesetz verabschiedete: »Nach den Tests werden wir genauso schlau sein wie vorher.«[417]

In der Pflege steht die Zeit still. Ein Thema, das nicht erst seit gestern existiert, sondern seit 1995 mit Einführung der Pflegeversicherung. Jahr für Jahr werden die Probleme kurzlebig hochgekocht, um im Dunkel der Länderzuständigkeiten zu verpuffen. Die gesamte Debatte geht nicht um Luxus für Pflegebedürftige, sondern um eine nicht gewährleistete Grundversorgung. Wir reden lediglich über Waschen, Essen, Trinken und den Toilettengang. Um kein bisschen mehr geht es hier! Seit der Privatisierung und Industrialisierung der Pflege steht »das gute Geschäft« über dem Grundgesetz und den Menschenrechten. Sprechen die Profiteure über Hochbetagte, die ihre Hilfe brauchen, reden sie von »Verbrauchern« oder von »Marktteilnehmern«. Doch die Pflege ist kein normales Marktgeschehen. Gebrechliche Menschen sind abhängig und können nicht mit Forderungen auftreten. Wie sollten etwa Demente oder Bettlägerige wählen oder sich wehren? Daher muss sich die Pflege auf der Basis von Solidarität und nicht auf dem Hintergrund von Gewinnmaximierung oder Steigerung der Börsenrendite regeln. Wie eine Nation mit Älteren, Alten oder Hilflosen umgeht, sagt mehr über eine Gesellschaft aus als Zahlen über das Bruttosozialprodukt oder Exportüberschüsse. Bitte nicht vergessen! Wir haben es mit unserer ureigensten Schicksalsfrage zu tun: Es geht um den für uns *alle* vorbestimmten Weg, wie wir einmal gepflegt werden wollen. Das Schlusswort gehört einer älteren Dame, die diese Hilfe schon heute braucht. Sie ist Bewohnerin eines maroden Berliner Altenheimes, die mit wenigen Worten ihre ganze Verzweiflung und Hoffnungslosigkeit ausdrückt. Ein Journalist fragte Anna R.:
»Wenn Sie einen Wunsch hätten, welcher wäre das?«
»Einschlafen und nicht mehr aufwachen. Ja, ja, ja, ohne Leiden einschlafen.«[418] Dann bricht die Heimbewohnerin in Tränen aus.

Das Verbrechen, für das Anna R. und so viele Senioren büßen, ist ihr hohes Alter. Ein deutscher Lebensabend ohne Gnade.

Mann oh Mann ... Schicksal Trennung

Sommer 2002 – vor der Berliner Gedächtniskirche ein bis dato einmaliges Szenario. Der Bundesverband »Väteraufbruch für Kinder e. V.« rief zum Hungerstreik. Unter den Teilnehmern der Schauspieler Mathieu Carrière (»Die flambierte Frau« oder »Ein Mann will nach oben«). Gerade schrie sich der prominente Darsteller seine Wut und Ohnmacht von der Seele: »Es gibt in Deutschland drei Millionen Trennungskinder. Jedes Kind hat zwei Eltern, das hat der liebe Gott so gewollt und das ist auch gut so ...«[419] Worte, die ungehört verhallen sollten, denn Wegducken ist das Lösungskonzept unserer staatlichen Führung. Vier Jahre später – wieder war es Sommer, wieder war Berlin der Schauplatz und wieder eine spektakuläre Aktion von Mathieu Carrière: Der Leinwandstar ließ sich vor dem Bundesjustizministerium für mehr Rechte von Kindern »kreuzigen«. Seine letzten Worte waren dem Heiland Jesus Christus entliehen: »Vater, Vater, warum hast du mich verlassen?«[420] In beiden Fällen protestierte Carrière mit Verbündeten und Opfern des deutschen Familienrechts. Es geht um eine gesellschaftliche Massendramaturgie, die ganz offenkundig auch Besserverdienende nicht verschonen will. Der Europäische Gerichtshof für Menschenrechte in Straßburg bescheinigt der Bundesrepublik in regelmäßigen Abständen eklatante »Männerrechtsverletzungen«. Doch stur hält Deutschland an der traditionellen Diskriminierung fest. Der getrennte Mann, politisch geächtet, ausgestoßen und ein Spielball glorifizierter Fraueninteressen. Als Folterinstrument dient das Scheidungs- und Sorgerecht, ein mittelalterlich dunkler Fleck in unserem Rechtssystem.

Mit steigender Tendenz wird jede dritte deutsche Ehe geschieden. In Großstädten bereits jede zweite. Hinzu kommen nichteheliche Paare, die sich noch häufiger trennen. Beziehungen, die auseinanderbrechen, sind heute öfter anzutreffen als Menschen, die ihren Arbeitsplatz oder die Wohnung wechseln. Eine Epidemie! Leidtragend sind immer involvierte Kinder, die nur eines möchten: beide Elternteile, nämlich Mama und Papa behalten. Nach jahrzehntelanger Ignoranz wurde zumindest dieser Punkt von den Fachministerien halbwegs begriffen und gesetzlich manifestiert: *das gemeinsame Sorgerecht.* Wie gesagt nur halbwegs, denn gleichzeitig wurde ein rätselhaftes Zweiklassenrecht eingeführt: nicht gültig für uneheliche Kinder! Ist nicht Kind gleich Kind? Nein, nicht in Deutschland! Ledige Mütter durften bis 2009 mit dem sogenannten »Vetorecht« die gemeinsame Sorge aushebeln. Die paragrafisierte Ausgrenzung und Diskriminierung nicht verheirateter Väter. Genauso hat es der Europäische Gerichtshof gesehen. Deutschland wurde wegen Verletzung der Menschenrechtskonvention zur Gesetzesänderung verurteilt. Einmal mehr konnten unsere Mandatsträger samt Bundesverfassungsgericht (dessen Entscheidung war Grundlage der erfolgreichen Klage) nur von den Straßburger Richtern gestoppt werden. Immerhin ist Trennungskindern aus Ehegemeinschaften die Sorgemöglichkeit beider Elternteile schon seit 1998 staatlich verbrieft. Doch wie in diesem Buch immer wieder diagnostiziert, brauchen deutsche Gesetze nicht eingehalten werden, es sind allenfalls vage Absichtserklärungen. So auch hier: Bereits ein Jahr nach der Scheidung hat die Hälfte aller Kinder einen Elternteil verloren – in aller Regel den männlichen.[421] Die Fachwelt spricht von mehr als 2 Millionen Vätern und ganz wenigen Müttern, die infolge der Trennung ihre Kinder nicht mehr sehen dürfen. Millionenfach legalisiertes Kidnapping im »Rechtsstaat« Deutschland.

> »**Männer bekommen ihre Kinder geliehen, Frauen dürfen sie behalten: Das Scheidungsrecht beraubt sie bei der Trennung von der Mutter automatisch der Kinder.**«
> Autorin Esther Vilar in ihrem Buch »Heiraten ist unmoralisch«

Chronisches Bejammern der Geburtenunwilligkeit gehört zum politischen Prozedere. Parallel dazu entwickeln die staatlichen Nörgler die vaterlose Republik. Deutschland als »Freistaat« für ein Familienfaustrecht. Ein einmaliger Vorgang im vereinten Europa! Schon 1998 brandmarkte der französische Präsident Jacques Chirac die deutschen Verfahrensweisen als »Gesetz des Dschungels«. Internationale Abkommen wie nationales Recht werden seit Jahrzehnten millionenfach gebrochen. Beispiel Bürgerliches Gesetzbuch: »Das Kind hat das Recht auf Umgang mit jedem Elternteil; jeder Elternteil ist zum Umgang mit dem Kind verpflichtet und berechtigt.« Oder: »Die Eltern haben alles zu unterlassen, was das Verhältnis des Kindes zum jeweils anderen Elternteil beeinträchtigt oder die Erziehung erschwert.« Prima formuliert, doch wie so oft »vergaß« der Gesetzgeber das Wichtigste: Sanktionen bei Nichtbeachtung. Parallel dazu wurde noch auf bindende Umgangsregelungen für Trennungskinder verzichtet. Kurzum: Gesetze, die nicht das Papier wert sind, auf dem sie stehen. Beste Voraussetzungen und Entfaltungsmöglichkeiten zur »Umgangsvereitelung«, dem wohl häufigsten Rechtsmissbrauch der Republik. Etwas anschaulicher dargestellt: Mit amtlicher Unterstützung von Justiz und Behörden entsorgen Mütter millionenfach die Väter ihrer Kinder. Gemäß dem Leitsatz »der Zweck heiligt die Mittel«

sichert sich frau Geld und die unberechtigte Macht über den gemeinsamen Nachwuchs. Paradoxerweise werden erst staatliche Halbwaisen produziert, um sie dann in Statistiken als »Problem- und Risikogruppen« zu erfassen.[422] Diese Methode garantiert neben Grund- und Menschenrechtsverletzungen auch Arbeitsplätze für die Scheidungsindustrie: Gutachter, Psychologen, Pädagogen, Sozialarbeiter, Therapeuten und Rechtsanwälte leben fürstlich »im Namen deutschen Trennungsunrechts«. Purer Zufall, wenn Rechtsanwälte als stärkste Berufsgruppe des Bundestages darüber bestimmen, was hierzulande Recht ist? Kein Schelm, der Böses dabei denkt.

Rückschritt als Fortschritt

1977 erblickte wieder eine der vielen deutschen »Jahrhundertreformen« das Licht der Welt. Im Ehe- und Familienrecht wurde das »Schuldprinzip« abgeschafft und durch das »Zerrüttungsprinzip« ersetzt. Nach dem alten Scheidungsrecht erhielt eine Frau, sodenn sie das Scheitern der Ehe zu verantworten hatte, *keine* finanzielle Unterstützung. Wurde der Mann »schuldig« geschieden, war er zum Unterhalt verpflichtet. Sollte man dieser Regelung nachtrauern, die im Prinzip gerecht war? In der damals unzulänglichen Praxis nicht! Es zeigte sich, deutschen Familiengerichten fehlte es an Eignung und Qualifikation, der Schuldfrage ernstlich nachzugehen. Nicht zu vergessen die Schwere der Aufgabe, wenn im Rosenkrieg jeder den anderen mit Schmutz bewirft. So ähnelten frühere Scheidungsverfahren einem Roulettespiel – Willkür als Regelfall. Entsprechend hoch war die Erwartungshaltung an die überfällige Neuregelung. Wie gehabt, sobald der Bürger die Vokabel »Reform« vernimmt, ist das Desaster nah. Heute ist das Unrecht direkt festgeschrieben! Hat eine Frau kein ausreichendes Einkommen, zahlt der Mann. Das Schuldprinzip ist abgeschafft, es lebe die automatisierte Schuld. Nach dem Motto »Männer sind Schweine« wurden die XY-Chromosomenträger zum zahlenden Geschlecht auserkoren. »Der Spiegel« titelte im November 2004 »Der geplünderte Mann« – drei Worte, die mehr sagen als tausend. Nur politisches Unvermögen? Handwerkliche Fehler? Sowohl als auch! Wichtigster Aspekt ist jedoch die Einflussnahme feministischer Kreise auf Gesellschaft, Politik und Justiz. Der Filz des Feminats wird uns im Verlaufe dieses Buches noch beschäftigen. Zwei vieler negativer Folgen zeigt dieses Kapitel: Politik handelt einseitig informiert! Der Gesetzgeber reagiert zugunsten einflussreicher Kampf-Feministinnen. Federführend, oder besser gesagt fehde-führend, ist das »Bundesministerium für Familie, Senioren, Frauen und Jugend«. Bereits in der Namensgebung outet sich die Behörde als Geschäftsstelle für Benachteiligungspolitik. Alle Komponenten einer Familie sind darin enthalten – Männer kommen nicht vor.

Deutschlands gesamte Familienpolitik ist feminisiert. Außer einer Handvoll Alibi-Männer im Bereich »niedriger Arbeiten« haben durchweg Frauen das Sagen. Die daraus resultierende Einseitigkeit kann beinahe jeder Presseerklärung oder gesetzlichen Anstrengung entnommen werden: dumpfes Schwarz-Weiß-Denken! Hier der »manisch böse Mann«, dort die »allzeit gute Frau«. Zur Schräglage trägt auch die wahnartige Vorstellung bei, das weibliche Geschlecht sei Opfer unseres Gesellschaftssystems. Der spätere Gasmann aus Hannover Gerhard Schröder charakterisierte einmal das Familienministerium als Behörde für »Frauen und Gedöns«. Wer immer feministische Kreise selbst kleinlaut kritisiert, bekommt es mit der geballten Frauenpower zu tun. Deutschlands erstem »Medienkanzler« widerfuhr es folglich nicht anders. Heftige Attacken ließen den Vorzeige-Opportunisten Schröder blitzartig verstummen. Kein vernünftiger Mensch würde im Strafrecht einen Fortschritt erkennen, wäre die Schuldfrage dadurch ersetzt, Verdächtige gleich ins Gefängnis zu werfen. Doch das »moderne« Familienrecht vollzieht diese Praktik. Der heutige Mann darf für das lebenslange Wohlergehen seiner Verflossenen und der lieben Kleinen sorgen. Sieht der Gesetzgeber vor, dass ein Zahlvater seine Kinder sehen darf? *Nein, Vater sein heißt ohne Rechte sein.* Einem Mann kann der Umgang mit seinem Kind beliebig versagt werden. Real einklagbare Gesetze stehen nicht zur Verfügung. Die Herren der Schöpfung, ob ehelich oder nichtehelich, degradiert zu »Nutzvätern« oder treffender ausgedrückt zu Trotteln der Nation.

Kinder als Faustpfand

Unterhaltsleistungen und deren Höhe bemessen sich danach, in welchem Haushalt gemeinsame Kinder nach der Trennung leben. Die Verknüpfung von zeitlich nahezu unbegrenzten Ansprüchen und Kind erwies sich als töricht. Mit dem neuen Unterhaltsrecht, das 2008 in Kraft trat, sollte dieses falsche Prinzip korrigiert werden. Welche Änderungen zu erwarten sind, sagt uns Helmut Borth, der Familienrichter und Präsident des Amtsgerichts Stuttgart: »... da wird sich nichts ändern.«[423] Der Grund: Zahlreiche Ausnahmetatbestände machen die Ausnahme zum Regelfall. Nichts dazugelernt! Es bleibt dabei: Mütter werden im Scheidungsprozess zum skrupellosen, ja kriminellen Kampf animiert. »Sehen Sie zu, dass Sie die Kinder besitzen, dann muss Ihr Mann zahlen, bis er schwarz wird.« So oder so ähnlich klingen gut gemeinte Ratschläge gewitzter Anwälte. Jedes Jahr bekommen zigtausend scheidungswillige Ehefrauen Derartiges zu hören. Kombiniert mit rachsüchtigen Motiven sehen die Folgen dann so aus: Nahezu jedes Mittel ist recht, um dem Ex-Mann den Kontakt zu den Kindern zu verwehren. Für solche Konflikte legt der Gesetzgeber noch einen obendrauf. In Sorgerechtsfällen schreibt er vor, es darzutun, warum man selbst der bessere Elternteil sei. So steht es im Gesetz! Und wie macht man das am besten? Indem man den anderen Elternteil schlecht macht. Auf diese Weise mutieren liebevolle Väter unversehens zu Trinkern, Schlägern und Sexualstraftätern. Aus der Luft gegriffene Vorwürfe! Bundesweit das immergleiche Ritual der Umgangsvereitelung: Schutzlos werden Väter auf bösartigste Weise dämonisiert, kriminalisiert und von den Kindern entfremdet. So leben Töchter oder Söhne als Geiseln und Faustpfand in der Hand ihrer eigenen Mütter. Eine schäbige Form des Kindesmissbrauches! Im expandierenden Turbokapitalismus mit Ellenbogengesinnung scheinen Machenschaften um der Ersatzreligion »Geld« willen salonfähig geworden. Passend zum Thema ein kursierender Spruch, der diese Haltung widerspiegelt: »Eine Frau, die zweimal geschieden ist und keinen Porsche in der Garage der eigenen Villa hat, hat etwas falsch gemacht.« Ehe als Geschäft mit Boxenluder-Mentalität. Eine moderne Form staatlich geförderter Prostitution! Für viele mag die Liebe auslaufen, der Dauerauftrag bitteschön nicht. Besonders attraktiv im Zustand stagnierender Löhne und einer problematischen Arbeitsmarktlage. Wer mag in wirtschaftlich harten Zeiten das staatliche Schnäppchen schon abschlagen? Wer möchte nicht für alle Ewigkeit in der Hängematte des Verflossenen ruhen? Versorgt bis zum letzten Atemzug mit Lebensstandard- und Selbstverwirklichungsgarantie. Nicht einmal der Tod eines Mannes befreit ihn von der Unterhaltspflicht. Kaum zu glauben, aber Erben müssen weiterzahlen![424] Kein Bürger unseres Landes ist sozial derart abgesichert und überversorgt wie eine verheiratete Frau. Nur Politiker und Topmanager können auf vergleichbaren Luxus zurückgreifen. Wie steht es mit den viel bemühten Begriffen »Emanzipation« und »Eigenverantwortung«? Das sind familienfrauliche Unworte.

Kritikern des Wellness- und Verwöhnprogramms wird stets vorgehalten: Frauen würden in gleicher Weise wie Männer zur Zahlung herangezogen. Alle Gesetze seien geschlechtsneutral. Nette Theorie! Selbst bei ständiger Wiederholung bleibt diese Behauptung, was sie ist: ein Scheinargument zur Verschleierung des Unrechts. Eine Frau, zum Ehegattenunterhalt verpflichtet, ist nach wie vor ein exotisches Phänomen. Dieser »Problembereich«

kann getrost vernachlässigt werden, deshalb sollten wir uns nicht weiter darin vertiefen. Oder doch? Aufgrund eines erheblichen Schmunzelfaktors darf ein prominentes »Opfer« nicht in Vergessenheit geraten. Ausgerechnet die frühere Familienministerin und Ex-CDU-Star Claudia Nolte bestätigt als Ausnahme die Regel. In der letzten Helmut-Kohl-Regierung war sie die Hüterin über das Wohl und Wehe der Familien. Sie entschied darüber, was gut oder schlecht für die Keimzelle unserer Gesellschaft sei. Der Weg ihrer vierjährigen Amtszeit war geprägt von unglücklichen Entscheidungen, Männerfeindlichkeit und Untätigkeit. Im Nachhinein verwundert die berufliche Erfolglosigkeit wenig, denn auch im Rahmen der eigenen Familie versagte Deutschlands Obermutter. Sie selbst drückt es in einem Interview gegenüber der Zeitschrift »Bunte« so aus: *»Ich bin in einem Bereich gescheitert, in dem ich es nie für möglich gehalten hätte.«* Claudia Nolte wurde mit einem höchst seltenen Sorgerechtsurteil geschieden: Der aus ihrer Ehe hervorgegangene Sohn Christoph wurde dem Vater zuerkannt. Unsere Ex-Familienministerin durfte den Kleinen nur noch alle zwei Wochen sehen.[425] Es hieß: Frau Nolte, bitte zahlen! Und falls Herr Nolte es darauf anlegt und geschickt anfängt – ein Leben lang. Bei den üppigen Ruhestandsgeldern einer Ministerin samt Zusatzpöstchen allerdings kaum existenzgefährdend. Ein Luxusfall!

Die Misere, Kinder für eine nahezu unbegrenzte »Leibrente«, genannt Unterhalt, zu missbrauchen, ließe sich von heute auf morgen entschärfen. Parlamentarier müssten lediglich eigene Appelle in die Tat umzusetzen: »Global denken.« In diesem Fall von unseren europäischen Nachbarn lernen. Dort werden entsprechende Zuwendungen auf höchstens drei Jahre limitiert – dann müssen Geschiedene ihr Leben neu geordnet haben.

Bittersüß, die Rache des Ex-Partners

Bei jeder Trennung spielen verletzte Gefühle eine ganz zentrale Rolle. Immerhin haben es scheidungswillige Paare geschafft, ein Miteinander nicht mehr auszuhalten. Bis zur »Endlösung« der getrennten Wege spielen sich häufig unversöhnliche Streitigkeiten ab. Schmerz und Trauer über das Beziehungsfiasko enden erfahrungsgemäß im Stadium gegenseitiger Vorwürfe. Oft ein Gemisch aus Eifersucht, verletztem Stolz und Rachegefühlen. Dieser Prozess scheint sogar wichtig, um voneinander loszukommen, um sich »abzunabeln«. Partnerkonflikte dieser Art konnten im alten Scheidungsrecht über die gerichtliche Klärung »der Schuld« auf direkter und persönlicher Ebene ausgetragen werden. Heute spielt sich das Geschehen auf einem anderen Gebiet ab: *im Kampf ums Kind.* Die Neuregelung des Familienrechts bietet die Möglichkeit und provoziert es geradezu, seine Rachegelüste in diesem Bereich auszuleben. Das Kind zu bekommen bedeutet, Macht über seinen ehemaligen Partner auszuüben. Ein Triumph, der zugleich lebenslange Unterhaltsansprüche sichert. Speziell für Frauen scheint es ein tiefsitzendes Anliegen zu sein, den Ex-Mann zu demütigen. Was könnte vernichtender sein, als ihm das Liebste zu nehmen, das er besitzt? Sein Kind! Niedrige Beweggründe ein verbreitetes Motiv. Frauen strotzen vor intriganter Schöpferkraft, sie gehen mit Raffinesse und Hinterlist ans Werk, nennt das der Münchner Promi-Anwalt Hermann Messmer.[426] Auf diese Weise werden viele Scheidungskriege von weiblicher Seite mit Vorsatz und Erfolg betrieben. Vorbei an dieser Realität und unter dem Eindruck eines kaum mehr erträglichen Mutter- und Frauenkults schweigen Gerichte, Sachverständige und Medien die vorherrschende weibliche Triebfeder tot. Alle sehen haarscharf, aber gezielt am Problem vorbei. Schon Rosa Luxemburg wusste: »Der Charakter einer Frau zeigt sich nicht, wo die Liebe beginnt, sondern wo sie endet.« Auch der kluge Journalist und Schriftsteller Hellmuth Karasek kennt das wirkliche Leben. In einem Interview bezogen auf seine Buchveröffentlichung »Betrug« meinte er lakonisch: »Frauen sind skrupelloser.« Wie unerbittlich und kompromisslos die holde Weiblichkeit bei der Verfolgung persönlicher Ziele zuschlägt, lässt sich im Frauenboxsport bestaunen – eine wilde Keilerei. Autorin Katja Kullmann, Verfasserin von »Generation Ally«, glaubt, dass Männer in diesem Bereich Opfer einer »pervertierten weiblichen Macht« sind.

Zurück zum »gekreuzigten« und hungerstreikenden Schauspieler Mathieu Carrière. Episoden seiner Trennung werden im Laufe dieses Kapitels immer wieder mit einfließen: Seine Lebensgefährtin und Mutter der gemeinsamen Tochter Elena verließ mit dem damals fünfjährigen Kind die elterliche Wohnung. Der Vater, kaum fünf Minuten vom neuen Domizil seiner Ex entfernt lebend, sah ab diesem Augenblick die Kleine gerade noch sporadisch. Treffen fanden rein nach »Lust und Laune« seiner früheren Partnerin statt. Elena und ihr Papa waren vollends dem Willen der Mutter ausgeliefert. Anlässlich besagter Demonstration forderte der populäre Vater lediglich Selbstverständliches: Er wollte sein Kind häufiger und regelmäßig sehen. Ist das nicht das Normalste der Welt? Warum muss man in unserem Land dafür auf die Straße gehen? Warum sind Väter- und Menschenrechte mithilfe der Gerichte nicht durchsetzbar? Nicht nur deutsches Recht, auch zwischenstaatliche Abkommen werden in Fällen wie diesem mit Füßen getreten. So musste Herr Carrière ohnmächtig und hilflos das Boykotttreiben seiner

Ehemaligen mit ansehen. Dabei zählt der Schauspieler noch zur »Kategorie der Glücklichen«. Immerhin bekam er sein Kind noch gelegentlich zu sehen. Vielen völlig verzweifelten Vätern bleibt lediglich eine Videokassette, ein Bild, die bloße Erinnerung oder eine hilflose Zeitungsanzeige:

> **Ausgegrenzte Väter wünschen ihren Kindern zu Weihnachten alles Liebe und Gute von ganzem Herzen!**
> Gesehen im Münchner Merkur vom 9./10.12.2000

Beute Kind ist Geld

Wie immer es zur Trennung eines Paares kommen mag, eine eiserne Regel gilt: Wer das Kind besitzt, verfügt über die Finanzen seines früheren Partners. Die Rede ist von Ehegatten-, Betreuungs- und Kindesunterhalt. Hat eine Trennungsmutter diese handfesten Ziele errungen, gelten drei wohlige Worte: Money! Money! Money! Lukratives Sponsoring durch einen Zwangsmäzen. Wie lange ist der Minikonzern Ex-Mann Vertragspartner? Das bestimmt allein die frühere Gattin. Verlässlich entscheiden Familiengerichte »zum Wohle der Frau«. In diesem Sinne kann es bedeuten: Zahlen bis ans Lebensende! Sollte der Ehemann als ewiger Versorger seit der Unterhaltsreform 2008 nicht der Vergangenheit angehören? Der politische Eigenapplaus war verfrüht, denn der feministische Klüngel ließ die Damenwelt nicht verkommen. Fragliches Gesetz wurde mit »Härtefallregelungen« überfrachtet, wie mit Folgender: Wer nicht in den Beruf zurückfindet, bekommt Unterhalt. *Also wird frau nicht zurückfinden.* Es bleibt beim »Scheidungsvirus«, wie Anwälte den dubiosen Erreger nennen: Zeichnet sich eine Trennung ab, entwickeln sich psychische Erkrankungen und Depressionen, die niemand überprüfen kann. Irgendein Arzt oder Psychiater findet sich immer, der Gewünschtes bestätigt. Das sind dann die bekannten Fälle: Die Frau spielt Tennis, geht in Diskos, spielt gerne Golf, hat einen Liebhaber, nur eines kann sie nicht: arbeiten! Es lebt sich gut von den Segnungen einer möglicherweise schon jahrzehntelang zerbrochenen Ehe. Nicht selten bedeutet es für den Mann wenig Erfreuliches: seinen Ruin! Sind die Finanzen des Verflossenen nicht mehr ausreichend oder gar verebbt, springt ein solventer »Nach-Ehemann« in die Bresche: Vater Staat! Mit Hartz IV, Wohngeld, Kindergeld und Sachleistungen wird aufgestockt bis zur Sicherung eines sorgenfreien Daseins. Die Konzeption »alleinerziehende Mutter und Vater Staat« ist ein wohl weltweit einzigartiges Familienmodell. Unter solchen Bedingungen gibt es für getrennt Lebende nicht den geringsten Leistungsanreiz. Eigeninitiative nicht erforderlich! Warum sollte eine

Frau ihre großzügig bemessene Freizeit aufgeben? Warum sollte sie arbeiten, um für den früheren Partner – den sie nicht mehr mag – Unterhalt zu sparen? Warum sollte sie viele Besuchskontakte des Kindes zulassen, wenn dadurch ihr Unterhaltsanspruch verloren geht? Diese Regelung gilt, sobald das Kind die Hälfte der Zeit beim Vater verbringt. Ein abenteuerliches Familienrecht! Im Gegensatz zu Ex-Ehemännern sind viele Frauen nach der Trennung besser gestellt. Neben dem Unterhalt oder »Aufstockungsunterhalt« gibt es obendrauf Kinder- und Erziehungsgeld. Apropos Kindesunterhalt. Der hat sich von 1980 bis 2008 mehr als verdoppelt, während die Realeinkommen schrumpften. Häufig wird »schwarz« hinzuverdient und ein neuer Partner reduziert die Lebenshaltungskosten. Bevorzugt wird das Modell »wilde Ehe«, denn eine offizielle Gemeinsamkeit würde den Unterhalt schmälern.[427] Absichtlich nicht heiraten ist eine weitere Konzeption, damit der geschiedene Mann endlos bluten muss. Viele Frauen hätten zudem bei Arbeitsaufnahme weniger Geld zur Verfügung als ohne. Mal ehrlich, wer würde unter solchen Voraussetzungen eine legale Beschäftigung eingehen? Das ist die Basis eines dauerhaften Zahlunrechts – ein groß angelegter Finanzbetrug.

Tatwaffe Kindesmissbrauch

Gelingt es nicht, das Sorgerecht mit ganz »normalen« Intrigen auszuhebeln, kommt es in über einem Drittel der strittigen Familiengerichtsverfahren zur Ultima Ratio der Enthemmung: Vorwurf Kindesmissbrauch! Verdächtigungen erweisen sich beinahe rundweg als falsch, ohne ernsthaft beseitigt zu werden. Devise: *»Verleumde möglichst dreist, es bleibt schon etwas hängen.«* Verleumdungstäter sind gemeinhin Mütter, die regelmäßig mit dem alleinigen Sorgerecht belohnt werden. Gewöhnlich schwebt der beispiellose Rufmord jahrelang klärungsfrei über betroffenen Vätern, die sich ursprünglich »nur« um ihre Kinder kümmern wollten. Ein Grundrecht, das jedem bestialischen Verbrecher zusteht, entfällt: *die Unschuldsvermutung.* Es gibt keine Falschbezichtigung mit ähnlich schwerwiegenden Folgen wie die, sich am eigenen Kind vergangen zu haben. Vorwürfe dieser Art erfüllen eine Litanei an Straftaten: *Beleidigung, Verleumdung, falsche Verdächtigung, üble Nachrede, Vortäuschung von Straftaten.* Beiläufig dienen die Delikte einem Verbrechen, das mit bis zu zehn Jahren Haft bedroht ist: *das der Kindesentziehung.* Unbegreiflich: Dieses Sammelsurium schwerwiegendster Rechtsbrüche wird nicht verfolgt. Auf diese Weise sind Väter den Machenschaften schutzlos ausgeliefert. Für sie gibt es *kein* Mittel der Gegenwehr. Einzig wirksame Entlastungsmöglichkeit wäre der

Lügendetektor – korrekt Polygraf genannt. In der Vergangenheit konnte dieses beeindruckende Gerät mithelfen, Väter aus manch schrecklicher Lage zu befreien. Doch der Bundesgerichtshof fegte diese effektive Untersuchungsmethode vom höchstrichterlichen Tisch.[428] Der »Detektor« könnte, wenn man ihn ließe, emotionale Reaktionen auf belanglose und tatbezogene Fragen messen und vergleichen. Wer lügt, bekommt unvermeidlich feuchte Hände und sein Herz schlägt schneller. Entsprechend veränderter Blutdruck, Schweißabsonderung, Durchblutung und Atemtiefe bestimmen den Befund, der kaum manipulierbar ist. Fachleute sprechen von einer über 95-prozentigen Ergebnissicherheit! Ein zusätzlicher Vorteil: Kinder brauchen in die Untersuchungen *nicht* einbezogen werden. Doch wie gesagt, oberste Instanzen entschieden: Weg mit der objektiven und nahezu fehlerfreien Technik! Heute verlassen sich die Gerichte wieder auf das menschliche, allzu oft unmenschliche Gutachterunwesen. Erfahrungsgemäß erreichen Sachverständige allenfalls eine 50-prozentige Treffsicherheit. Bei einer solch miserablen Fifty-Fifty-Quote steht das Untersuchungsergebnis vorab fest: Es könnte so, aber auch anders gewesen sein. Die Qualitätsunterschiede lassen sich sogar nachweisen. Fast tagtäglich lesen wir von Triebtätern, die aufgrund von »Schlechtachten« auf freien Fuß gesetzt wurden und weitere Verbrechen verübten. Haben Sie in der Vergangenheit je von *einem* rückfälligen Vater gehört, der aufgrund eines Lügendetektors entlastet wurde?

Fallbeobachtungen legen eines nahe: An der Wahrheitsfindung besteht von staatlicher Seite kein Interesse. Unter diesem Gesichtspunkt sind sexuelle Anschuldigungen in Trennungsverfahren zu sehen, die sich sehr leicht aufklären ließen. Warum nicht, wie bei *jeder* anderen Ermittlungsarbeit, die vorwurfserhebende Person in Widersprüche verwickeln und damit konfrontieren? Lügengebäude dieser Art strotzen gemeinhin vor Ungereimtheiten. Manch beginnender Irrsinn wäre schnellstens beendet und allen Beteiligten, auch den Kindern, bliebe großes Leid erspart. In diesem Zusammenhang kann nicht von Justizversagen im Sinne fehlerhafter Entscheidungen gesprochen werden. Hintergrund ist die schon erwähnte feministische Einflussnahme auf alle Bereiche des Rechtswesens *(Details im nächsten Kapitel).* Aus diesem Verquickungssud heraus resultieren Parteilichkeit und ein ideologisch verblendetes Rollenbild: der Mann das Tier, der Täter, der Tyrann! Um die Abstraktheit herauszunehmen, eine typische Geschichte aus dem prallen Leben: Eine scheidungswillige Ehefrau Nähe Oldenburg schrieb kontinuierlich an das zuständige Gericht. Wahllos erhob sie Vorwürfe gegen den getrennt lebenden Ehemann. Ziel ihres Tatendrangs: Besuchskontakte des Kindes verhindern! Die Mutter griff zur handelsüblichen Palette der

Verleumdungen: Alkohol-, drogen- und spielsüchtig sollte der obendrein »schlagfertige« Nochgemahl sein. Nur, wie sollte der ungewöhnlich sanftmütige, gewissermaßen Rund-um-die-Uhr Berufstätige – ein Workaholic – die Zeit für all die behaupteten Laster aufbringen? Wie sollte er unentdeckt im Drogen-, Alkohol- und Spielwahn einen Arbeitstag von 10 bis 14 Stunden bewältigen, wie er es tat? Wie konnte er unter den Bedingungen als qualifiziert, anerkannt und zuverlässig gelten? Derlei Fragen stellte niemand! Die »Schlacht« tobte cirka ein Jahr. In diesem Zeitraum war der Vater mit permanent neuen Vorhaltungen konfrontiert. Verzweifelt versuchte der Rufermordete zu entkräften, was zu entkräften war. Dadurch durfte er seinen geliebten Sohn wenigstens noch gelegentlich sehen. Nun ein erneutes Schreiben seiner Nochgemahlin an das Familiengericht. Wie üblich die Palette abstruser Vorwürfe. Wie üblich in immer neuen Varianten. Wie üblich maschinell verfasst. Ganz offenkundig musste es urplötzlich zu einer göttlichen Eingebung gekommen sein. Die Frau schmierte mit Kugelschreiber am unteren Rand des Blattes: »Bitte wenden!« Auf der Rückseite ebenfalls im handschriftlichen Gekritzel: »Ich glaube, mein Mann missbraucht unseren Sohn.« Während der Ex-Gatte kurzzeitig in Untersuchungshaft landete, wurde die Mutter prämiert: Das Besuchsrecht des Vaters war fort. Bravo, Justiz! Wer genauer nachempfinden möchte, welchen Horror beschuldigte Väter durchleben, dem sei das Buch »Bis zur letzten Instanz« von Bernd Herbort empfohlen. Bundesweit gab es schon eine Reihe von Gerichtsentscheidungen, die Frauen unberechtigter Anschuldigung überführten. Konsequenzen? Keine! Gleiches Recht für alle? In Bayern versuchte sich ein Apotheker nach weiblichem Vorbild. Er beschuldigte seine Ex-Frau des Missbrauchs am gemeinsamen Sohn. Wie es sich gehört, wurde mit dem Mann kurzer Prozess gemacht – verurteilt zu 5.000 Euro Strafe. Der Amtsrichter Stephan K.: »Einen schlimmeren Vorwurf konnte er einer Mutter nicht machen.«[429] Sonderbar, von einer ähnlich konsequenten und strafbewährten Missbilligung einer Verleumdungstäterin ist landauf und landab nichts bekannt. Niemand sollte es daher verwundern, wenn diese Art der femininen Straffreiheit in Anwaltskanzleien zu »adäquaten« Empfehlungen führt. Eine Ehefrau aus meinem Bekanntenkreis erlebte anlässlich ihrer *gütlichen* Trennung Folgendes: Sie konsultierte eine Advokatin, denn selbst bei Einvernehmlichkeit existiert ein gesetzlicher Anwaltszwang. Schon nach wenigen Minuten kam der juristische Rat: »Wenn der auch noch ums Kind kämpft, fahren wir die Missbrauchsschiene.« Warum nicht? Umgangsboykott in Verbindung mit dieser spezifisch weiblichen Schäbigkeit hat sich in Deutschland als perfektes Verbrechen herumgesprochen.

Verordneter Bankrott als staatliche Zukunftschance

Das symbolträchtige Ende einer Lovestory ist der Tag der Scheidung. Vielen Männern wird erst jetzt bewusst: Es ist der Neubeginn in den gesellschaftlichen Abstieg. Lebenslange Verarmung als Perspektive! Zumindest in die relative Armut, etwas über dem Hartz-IV-Satz. Nur eines wird den frisch Geschiedenen vom erwerbslosen Transferempfänger unterscheiden: Für seine kargen Finanzen muss er auch noch arbeiten. Verwundern sollte die Lage nicht. Viele Familien leben heute am Rande des Existenzminimums. Schuld ist die negative Lohnentwicklung und eine ausufernde Steuer- und Kostenspirale. Viele Paare, vorzugsweise mit Kindern, können ihren Lebensunterhalt lediglich dank Verschuldung aufrechterhalten. Scheitern solche Ehen, müssen mit der gleichen Finanzmasse *zwei Haushalte* geführt werden: Bei schlechterer Steuerklasse werden zwei Zeitungen gelesen, zweimal Fernsehgebühren fällig, zwei Autos gefahren. Dazu doppelte Wohnungs- und Versicherungskosten und vieles, vieles mehr. Kurzum: Es reicht hinten und vorne nicht. Die sogenannten Mangelfälle. Greifen wir einmal das reale Rechenbeispiel eines Vaters mit zwei Kindern heraus. Der durchschnittliche Bruttoverdienst unseres Modellmannes liegt bei 2.500 Euro. Nach Abzug der Unterhaltszahlung für seine Ex-Gattin und den beiden Kindern verbleibt ihm nach dem neuen Unterhaltsrecht ein monatlicher Selbstbehalt um 900 Euro.[430] Dieser »Selbstbehalt« bedeutet für den Unterhaltspflichtigen ein Existenzminimum, das ihm großzügig belassen wird. Davon sind Miete, Auto, Essen, einfach alle Lebenshaltungskosten zu bestreiten. Nun zum Rechenmodell eines Bessergestellten mit einem Kind: Dieser Mann kommt auf ein nicht alltägliches Nettogehalt von 3.700 Euro. Darin enthalten der Wohnwert eines Reihenhauses. Nach Abzug der privaten Krankenversicherung, Rentenversicherung, der Alimente und des Unterhalts für seine Ex-Frau findet sich auch dieser Zahlvater bei 900 Euro Selbstbehalt wieder. Diese Reihe ließe sich beliebig fortführen, mit dem immergleichen Ende: ein finanzielles Fiasko! Die Trennung mit Kindern kostet einen Mann so viel, dass er sich kaum eine neue Familie leisten kann. Achtung, meine Herren – auch nicht leisten sollte.

Mit dem Tag der Scheidung wird alleinverdienenden Ehemännern gewöhnlich die gesamte materielle Verantwortung übertragen. Auch die der Familienschulden. Daneben lauert weiteres Ungemach: Der schon erwähnte Absturz in eine schlechtere Steuerklasse. Wegfall des Zählkindervorteils. Wegfall von Ortszuschlägen. Wegfall von Baukindergeld. Wegfall von Steuerfreibeträgen und manchem mehr. Der Gesetzgeber tut einfach so, als hätte sich der geschiedene Mann gleichzeitig von den Verpflichtungen seiner Familie verabschiedet. Das Gegenteil ist richtig. Der ver-single-te Mann wird doppelt belastet, denn er hat von nun an *zwei Haushalte* zu finanzieren. Fatale Wirkung entfaltet auch der sogenannte Zugewinn. Werte, die in Ehetagen erwirtschaftet wurden, müssen an die frühere Partnerin rigoros abgegolten werden. Häuser, oft in jahrelanger, mühevoller Eigenleistung und mit Herzblut errichtet, müssen billigst verramscht werden. War das Familienzuhause eine Mietwohnung, steht meist dem »Hausherrn« der Auszug bevor. Entwurzelt, verarmt, überschuldet, Frau, Kind und Wohnung weg – Männer vor dem Nichts. Ein neues Domizil, die vollständige Wohnungseinrichtung, der komplette Hausrat muss angeschafft werden. Enorme Kosten, normalerweise nur über Kredite finanzierbar. Die Stunde null und der Beginn in die ausweglose Schuldenfalle! Nicht zu vergessen die kaum enden wollenden Aufwendungen für Scheidungsanwälte. Keim der Gefechte: Des Advokats wirtschaftliches Interesse liegt unglücklicherweise in der Ausweitung von Streitigkeiten. Auch hier kann Frau sorgenfrei agieren und agitieren. Unter dem Stichwort »Beratungs- und Prozesskostenhilfe« kann sie jeden beliebigen Rechtsstreit vom Zaun brechen. Kostenfrei, versteht sich! Schuldnerberatungen sprechen von einem »unsäglichen Scheidungsrecht«. Nach Aussage eines dortigen Mitarbeiters sind etwa 90 Prozent ihrer hilfesuchenden Klienten Trennungsgeschädigte.

Warum arbeiten und zahlen?

Können Sie nachempfinden, wie es sich anfühlt, bei voller Erwerbstätigkeit und relativ gutem Einkommen am Existenzminimum dahinzuvegetieren? Vermögen Sie sich vorzustellen, wie einem zumute ist, wenn jeden Monat der eigene Überweisungsauftrag das unbeschwerte Leben der Ex sichert, aber man selbst vor Schulden und Geldnot weder ein noch aus weiß? Das sind Gefühle eines Normalfalls. Doch was bewegt Menschen, wenn ihnen als »Gegenleistung« die Kinder entzogen werden? Oder wenn sie sich des sexuellen Missbrauchs oder der ehelichen Vergewaltigung bezichtigen lassen müssen? Da stellen sich doch die politischen Urheber dieses Irrsinns in immergleichen Ritualen vor laufende Kameras, um sich über die schlechte Zahlungsmoral deutscher Väter zu empören. Nichts Genaues weiß man nicht, denn die Erregten argumentieren mit willkürlichen Daten. Zwischen zehn Prozent und einem Drittel aller Väter sollen nicht zahlen. Nur so wenig? Parlamentarier täten gut daran, sich zu wundern, dass angesichts der Umstände die Mehrheit artig den Unrechtssold Monat für Monat entrichtet.

Der Gesellschaftsskandal wäre es wert, zivilen Ungehorsam zu leisten. »Wehrloszahler« sind sogar unfreiwillige Sympathisanten des eigenen Unheils. Jeder, der sich dem Unrecht unterwirft, unterstützt und stabilisiert dieses System. *Ein Verhalten, das politisches Umdenken verhindert.* Gut honorierte Stellen kündigen, sich als Selbstständige armrechnen oder auf andere Weise der Zahlung entziehen sind gesetzmäßige Notwehrreaktionen auf den Rechtsverrat. Fairness kann nicht von Menschen erwartet werden, mit denen man Schindluder treibt und aller Zukunftschancen beraubt.

Sensible Menschen haben es besonders schwer. Bevorzugt sind sie es, die jeden Halt verlieren. Sie verweigern sich der Gesellschaft oder landen in der Gosse. Hinter dem Schattenreich von Deutschlands geschätzten 860.000 Obdachlosen sollen sich laut Studie sage und schreibe 75 Prozent Ehe- und Trennungsopfer verbergen. Da die Quelle besagter Untersuchung nicht zu bekommen war, machte ich mich auf den Weg in die Mainmetropole Frankfurt. »Bewaffnet« mit ein paar Dosen Bier und einigen Schachteln Zigaretten ging es in die City. Den erstbesten »Stadtstreicher« sprach ich an. Über meine Mitbringsel kamen wir uns schnell näher. Schon bald wurde klar, ich hatte es mit einem netten, gebildeten Mann zu tun, wenngleich nicht unbedingt meinem Sauberkeitsideal entsprechend. Irgendwann lenkte ich unser Gespräch auf die Frage, wie es dazu kam, dass er »auf Platte mache«, wie es umgangssprachlich heißt. Nach und nach erfuhr ich dessen Lebensgeschichte und den Grund seiner Nichtsesshaftigkeit: Über zehn Jahre war Matthias – wie ich ihn hier nenne – glücklich verheiratet. In dieser Zeit kamen zwei Kinder zur Welt, die er sehr liebte. Auch beruflich bestand kein Grund zur Klage. In leitender Position hatte er einiges erreicht. Matthias empfand sich als rundum zufrieden und glücklich. Eines Abends kam er nach Hause – niemand mehr da! Seine Frau hatte ihn verlassen und die Kinder mitgenommen. Der Grund war ein anderer Mann. Er versuchte alles zur Rettung der Ehe und um den Kontakt zu seinen Kindern nicht zu verlieren. Beides erfolglos! Gegen seinen Willen wurde Matthias geschieden und zu ruinösen Zahlungen »verdonnert«. Wie immer er sich verbogen hätte, er war ab diesem Augenblick ein armer Mann. Finanziell ist er heute ebenfalls mittellos, fühlt sich aber nicht gedemütigt und kann vor sich »in den Spiegel sehen«, wie Matthias es ausdrückte. Mit dem jetzigen Weg will er sich seine Würde bewahren und trotz aller Widrigkeiten ist er ein mit sich selbst zufriedener Mensch. Ich fragte nach, ob es vergleichbare Fälle unter seinen »Kollegen« gebe. »Genügend, die meisten sind Scheidungsopfer«, bekam ich zu hören. Damit sehe ich die wohlweislich zurückgehaltene Studie als bestätigt an. Mich interessierte noch, ob er beabsichtige, in Zukunft wieder sesshaft und berufstätig zu werden. Die Antwort war überraschend, denn so weit hatte ich nicht gedacht: Die Anwältin seiner früheren Frau wartet begierig auf diesen Tag X. Sobald er Arbeit aufnimmt oder einen Wohnsitz anmeldet, läuft die geballte juristische Maschinerie gegen ihn an: Lohnpfändungen! Inkasso-Forderungen! Rechnungen! Mahnungen! Alles unter der »netten« Androhung einer Gefängnisstrafe. Unter solchen Voraussetzungen zieht Matthias die Straße in Freiheit vor. Autark und ohne dieses Unrecht über sich ergehen lassen zu müssen. Warum können Scheidungsmänner wie Matthias von politischer Seite keine Hilfe erwarten? Obdachlose bekommen keine Wahlaufforderung.

Der psychische Ruin

Zitat aus dem Vortrag des Richters Harald S. vom Oberlandesgericht Bamberg: *»In unserem Rechtsstaat kann es Menschen, weit überwiegend Vätern, widerfahren, dass gegen ihren Willen und ohne ihnen anzurechnendes schuldhaftes Verhalten ihre Ehen geschieden, ihnen ihre Kinder entzogen, der Umgang mit diesen ausgeschlossen, der Vorwurf, ihre Kinder sexuell missbraucht zu haben erhoben und durch Gerichtsentscheid bestätigt und sie zudem durch Unterhaltszahlungen auf den Mindestselbstbehalt herabgesetzt werden. Die Dimension solchen staatlich verordneten Leides erreicht tragisches Ausmaß und sollte seinen Platz auf der Bühne, nicht in unserer Rechtswirklichkeit haben.«*[431] Fehlt den Worten des fränkischen Richters noch der Hinweis auf einen weiteren staatlichen Bühnenakt: der von vorbildlichen Vätern, die ihre Kinder kaum oder nur mehr unter menschenunwürdigen Bedingungen sehen dürfen. Wahre gerichtliche Besuchsregelung: *Alle sechs Wochen unter Aufsicht 20 Minuten in einer Eisdiele.* Für die Tragik dieser Personengruppe steht stellvertretend die Aussage »unseres« Schauspielers Mathieu Carrière: »Ich weiß, dass ich am Montag um neun Uhr dreißig, wenn ich sie [seine Tochter, Anm. des Verf.] in den Kindergarten bringen muss, dann wahrscheinlich sechs Wochen nicht mehr sehen darf. Ich weiß, dass dann bei mir im Gehirn etwas abläuft, was mich in ein tiefes Loch bringt. Ich muss wahrscheinlich montags Nachmittag wieder zum Psychiater. Ich hab mich schon in die Klinik einliefern lassen, vor zwei Jahren, um mich nicht aus dem Fenster zu stürzen. Ich hab Psychopharmaka genommen, um mich nicht umzubringen. Ich werde es nicht tun, denn ich kann nur für mein Kind sorgen, wenn ich für mich selber sorge.«[432]

Andere Väter, andere Versuche gegen die Ohnmacht anzukämpfen: In Berlin verbreitete ein Zwangsentfremdeter mithilfe der städtischen Plakatwerbung diese Botschaft: »Frohe Weihnachten Giacomo – wünscht Dein Papa.« Darunter stand: »Einen anderen Weg meinen Sohn zum Weihnachtsfest zu erreichen gibt es nicht!«[433] Auf ähnliche Weise versuchte es ein verzweifelter Vater Nähe Gießen: Er plakatierte den Schulweg seiner Tochter mit Geburtstagswünschen. Fehlen noch Väter, denen ohne schuldhaftes Verhalten unter Strafandrohung ein Rede- und Annäherungsverbot erteilt ist. Was tun sie? Wie schäbige Diebe schleichen sie sich an Kindergärten oder Schulen heran, um heimliche Blicke auf »ihre« Kinder zu erhaschen. *Gute Väter, die sich um ihre Kinder kümmern und sie lieben, sind im politisch armseligen Deutschland nicht gefragt.*

So unterschiedlich Betroffene auf ihre Notlage reagieren, so vielfältig sind die Folgen. Die einen suchen ihr Heil im Alkohol. Andere fallen zermürbt in tiefe Depressionen. Manche verelenden. Eine schweigende Mehrheit resigniert und nimmt nach jahrelangen Konflikten das Unrecht einfach hin. Leider! Zu alldem gesellen sich berufliches Versagen, Verlust des Arbeitsplatzes oder, wie schon geschildert, der totale Absturz in ein Leben auf der Straße. Begleitet wird die Dramaturgie von gesundheitlichen Problemen wie Herzrhythmusstörungen, Schlaganfällen bis hin zu tödlichen Infarkten – um nur die schwerwiegendsten zu nennen. Der volkswirtschaftliche Schaden aufgrund der deutschen Trennungspraxis ist nicht bezifferbar. Doch als gesichert ist anzunehmen, statt Steuererhöhungen oder Sozialkürzungen läge hier eines der größten Einsparpotenziale der Republik. Ein Milliardengrab und Demotivationsprogramm! Parallel dazu leiden auch betroffene Kinder schwer unter dem Unrecht. Selbstmordversuche oder Suizidandrohungen von Heranwachsenden gehören Abseits der Öffentlichkeit zum Alltag. Wie sollten sie auch verstehen, dass der Gesetzgeber Hand in Hand mit den Familiengerichten dafür sorgt, dass sie ihre Väter nicht mehr sehen? Für alle Opfer deutschen Familienunrechts gilt: Gestohlene Jahre! Genommene Lebensfreude! Weihnachten ein Fest der Trauer! Hinzu kommt grenzenlose Verzweiflung, die gelegentlich extreme Ideen aufkommen lässt. Mathieu Carrière flehte die Mutter seines Kindes an: »Gib mir das Kind, ich zahle jeden Preis.«[434] In einem TV-Interview äußerte der Filmstar eine andere Vision: »Ich möchte am liebsten mir selbst ein Kind machen. Man kann sich diese Dinger einpflanzen lassen unter die Bauchhaut. Irgendso eine Eizelle – kann man ja kaufen. Und dann würde ich das Kind gerne selbst austragen.«[435] Alle Äußerungen und Proteste hätte sich »unser« prominenter Mustermann lieber verkneifen sollen. Denn wehe, wenn sich Väter wehren.

Die Schizophrenie des Rechts

Wer als Vater seine Kinder aufgibt, wird bevorzugt behandelt oder gar gelobt – so die absurde Situation in der Bundesrepublik. Auf »Rebellen« reagieren Amtsrichterinnen und Amtsrichter trotzig. Wer um seine geraubten Kinder kämpft, sieht sie »erst recht nicht«. In den Sanktionskatalog gehören auch Geld- oder Strafandrohungen. Besonders beliebt ist aber eines: *Väter für verrückt erklären*. Entsprechende Absichten auch bei Herrn Carrière. Aus seiner Gerichtsakte: »Die Forderung des Vaters, das Kind noch mehr als bisher sehen zu wollen, entspringt einer stark ausgeprägten, bereits krankhafte Züge aufzeigenden egomanischen Persönlichkeit. Die psychische Störung des Vaters lässt eindeutige Züge des malignen Narzissmus und des Borderline-Syndroms erkennen.«[436] Unverschämtes Psycho-Blabla! Mittels Ferndiagnose wollte man eine Geisteskrankheit erfinden. Der geschockte Schauspieler: »Es verschlägt mir die Sprache. Meine Tochter wird dafür bestraft, dass ich öffentlich für unsere Rechte kämpfe.«[437] So ist es! Eine ganz übliche Maske, um »aufmüpfige« Väter einzuschüchtern und ihnen ihre Kinder dauerhaft zu entziehen. Da diese Methode eine besonders infame ist, zur Veranschaulichung ein weiterer Fall: Nicht ohne meine Tochter, sagte sich ein Lehrer aus Frankfurt am Main. Seine Ex-Frau entzog ihm das Kind! Jugendamt und Familiengericht machten mit! Verzweifelt wandte sich der engagierte Vater an unzählige Politiker. Ohne Erfolg. Wenigstens berichteten einige Medien über den Fall, doch seine Kleine bekam er nicht zu sehen. Letztlich protestierte der Dozent tagelang vor dem zuständigen Justizgebäude. »Ich möchte meine kleine Tochter wiedersehen«[438], stand auf einem Plakat, das er sich umhängte. Der befasste Richter sollte sich davon angesprochen fühlen. Und tatsächlich, der staatliche »Rechtswahrer« reagierte prompt. Der Vater, aufgrund seiner Fachkompetenz kurz vor der Beförderung vom Studien- zum Oberstudienrat, sollte für verrückt erklärt werden. Beruflich, als Pädagoge außerordentlich erfolgreich, sowohl im Umgang wie in der Unterrichtung »fremder« Kinder. Allein im privat-familiären Bereich sollte er von heute auf morgen nicht mal seine Tochter *besuchen* können. Umgangskontakte wurden als unzumutbare Belastung für das Kind deklariert. Für diesen bösartigen Justizklamauk wurde ein ergebnisorientierter Gutachter eingesetzt, der »Gewünschtes« bestätigte. Kaum fassbar, wer als Sachverständiger berufen wurde. Ein in Justizkreisen »guter Bekannter«. Er praktizierte in seinen Therapieräumen sadomasochistische Neigungen. Dazu nötigte er Frauen sexuell, sogar mit Pistole und vielem Haarsträubendem mehr. *Alles durch Urteil bestätigt.* Zum Glück konnte der Vater das schier Unglaubliche über mühsame Recherchen nachweisen. Somit war das verrückte Gutachten eines wirklich Verrückten unhaltbar und vom Tisch.

Weitere Methoden der Einschüchterung:
Staatliche Gewalt durch Geldstrafe – Ein Vater, der sein Kind nicht mehr sehen durfte, wollte das Unrecht öffentlich machen. Der Münchner demonstrierte mit Flugblättern und einem Plakat auf dem Auto. Ergebnis der Ein-Mann-Kundgebung: 250.000 Euro Strafandrohung. Eine Sanktionierung, die für Tausende steht!
Staatliche Gewalt durch Haft – Während des Väter-Hungerstreiks in Berlin wurde völlig überraschend der Streikteilnehmer Maurice E., Generalsekretär des Vereins »SOS Kindesentführung«, durch die Polizei abgeführt. Der verwegene Haftgrund: »Wegen der Beschädigung eines Rasens.« Dieser Fall rief sogar das Mitglied der deutsch-französischen parlamentarischen Kommission, Pierre Cardo, auf den Plan. Er forderte die sofortige Freilassung und protestierte gegen »in einem demokratischen Europa unannehmbare Methoden«.[439]
Staatliche Gewalt durch Strafverfolgungsbehörden – Wieder eine meiner ganz persönlichen Erfahrungen, die zigtausend ähnliche Fälle repräsentiert. Betroffen war ich nicht als Vater, sondern als Verfasser eines Flugblattes. Zugegeben, das Papier hatte sich thematisch mit der Trennungsmisere beschäftigt, von der hier die Rede ist. Erinnern Sie sich an besagte Rechtsanwältin, die einer Ehefrau den Vorschlag unterbreitete: »Wenn der auch noch ums Kind kämpft, fahren wir die Missbrauchsschiene.«? Genau diese Begebenheit hatte ich im gleichen Wortlaut auf einem Flugblatt veröffentlicht. Jener kärgliche Satz (ohne Namensnennung!) war es Ermittlungsbehörden wert, mir die Kriminalpolizei aus der 50 Kilometer entfernten Kreisstadt ins Haus zu schicken. Der Vorwurf: Ich hätte Rechtsanwälte beleidigt. Postwendend erstattete ich Strafanzeige wegen falscher Verdächtigung und diversen Grundrechtsverstößen. Dazu eine geharnischte Beschwerde an Hessens damaligen Justizminister Rupert von Plottnitz (Die Grünen). Im Nu waren die Ermittlungen eingestellt und damit die versuchte Einschüchterung fehlgeschlagen. Meinungsfreiheit in Deutschland? Nicht für politisch unbequeme Meinungen.

Der letzte Ausweg

Verzweiflung, Resignation, ein ultimativer Aufschrei der Hilflosigkeit – Selbstmord. Für viele Männer das unwiderrufliche Ende einer Ehetragödie. Gleichzeitig ist es die drastischste Form der Demonstration gegen das deutsche Familienrecht. Sprechen Behörden über Suizid, nennen sie es »vorsätzliche Selbstbeschädigung«. Erinnert Sie dieser Jargon auch an einen lapidaren

Blechschaden? Schaut man sich die jährlichen Selbsttötungszahlen an, fällt eines auf: Konstant »ermorden« sich annähernd dreimal so viele Männer wie Frauen. Im Jahr 2007 standen beispielsweise 7.009 männliche Freitode den 2.393 weiblichen gegenüber.[440] Detaillierte Analysen über dieses ungleiche »Phänomen« gibt es aus gutem Grunde nicht. 1987 – ein Jahrzehnt nach Einführung des neuen Scheidungsrechts – führte eine Untersuchung zu einem niederschmetternden Ergebnis: In Hamburg hatten sich 80 Prozent aller Selbstmorde infolge von Trennung oder Scheidung ereignet.[441] *Bundesweit übertraf die Zahl der Scheidungssuizide (8.000) sogar die der Verkehrstoten (7.967).* Nach diesem Horrorszenario wurde es politisch still um diese Thematik. Alle Versuche, für diese Publikation aktuelle Landes- oder Bundesstatistiken zu bekommen, scheiterten. Überall eine »Tut-uns-leid-Absage« aus den angesprochenen Ministerien. Offenbar besteht an der Verbreitung politisch mitverschuldeter Todeswahrheiten kein Interesse.

Unrecht kurz notiert

- Es ist ein gebräuchliches Verfahrensmuster an Familiengerichten und in Jugendämtern, Vätern gesetzliche Umgangs- und Sorgerechte zu versagen. Beide behördlichen Institutionen bestätigen auf diese Weise eindrucksvoll ihren Ruf als »Kinderklaubehörde« und »Mütteramt«. Parteilichkeit statt Unabhängigkeit.
- Bei sexuellen Verleumdungsstrategien gegen abgeliebte Väter fällt etwas auf: Häufig sind in solchen Fällen staatlich geförderte Frauen-Beratungszentren wie »Wildwasser e. V.« verstrickt. Vereine, die in der Hauptsache ihren Lebensunterhalt damit verdienen, Männer zu verdächtigen *(im nächsten Kapitel Ausführliches).*
- Wie im gesamten Justizbereich haben sich auch im Familienrecht Gutachter den Status des Schreckgespenstes erworben. Auffällig konstant bestätigen sie die Erwartungshaltung ihrer Auftraggeber, also der Gerichte. Ihr »Fachurteil« ist bereits die vorweggenommene Gerichtsentscheidung. Eine Methode, aus der sich der schlechte Ruf der Experten rekrutiert: Man sagt, sie seien Deutschlands »Raubritter« und »heimliche Richter« in Personalunion.
- Der Bundesgerichtshof entschied über die »Berechnung des nachehelichen Unterhalts«. Klingt wenig besorgniserregend, bedeutet aber einen weiteren Meilenstein des Unrechts. Für eine Frau, die in der Ehe nicht gearbeitet hat, leiten sich jetzt *unbegrenzte* Ansprüche ab. Selbst dann, wenn sie nach der Scheidung ein eigenes Einkommen bezieht. Es soll ein nachträglicher Bonus für die eheliche Hausarbeit sein. Eine Art Herdprämie. Und der Ex-Mann,

der zahlen muss? Warum wird nicht gewürdigt, was er in der Ehe geleistet hat? Immerhin hat Mann, in der Zeit als Frau den Haushalt führte, mit seinem Beruf die Familie ernährt. Beide haben somit gleichwertig ihren Part erfüllt. Doch lediglich der Arbeitsanteil der Frau wird als Wert betrachtet. Der Hamburger Fachanwalt Gerd Uecker forderte gegenüber dem Magazin »Der Spiegel« wenigstens eine zeitliche Befristung der Zahlungen: »Damit der Mann nicht blechen muss, bis er unter der Erde ist.«[442]
• Helfen Eheverträge, die etwa zehn Prozent aller Paare abschließen? Jein! Frauen ist von derartigen Kontrakten dringend abzuraten. Es besteht die akute Gefahr, nach der Ehe arbeiten zu müssen. Für Männer ein Muss, um nicht für ein paar Ehejahre lebenslänglich zum »Zahlmeister« abgeurteilt zu werden. Aufgepasst! Diese Übereinkunft in Friedenszeiten bedeutet nicht Gerechtigkeit, sondern eine Regelung in feindseligen Zeiten. Und nochmals aufgepasst! Ein neuer Trend macht sich breit: Immer öfter bremsen ausgefuchste Juristen, vor allem Juristinnen, diese Übereinkunft zwischen zwei Menschen mit angeblicher Sittenwidrigkeit aus. Der Rechtsauffassung schließen sich mit wachsender Begeisterung die Gerichte an. Spätestens seit dem Grundsatzurteil des Bundesgerichtshofs (BGH)[443] vom Februar 2004 haben diese Verträge gerade noch marginalen Wert.
• Das Hofieren und Vergöttern alleinerziehender Mütter hat zur Überprivilegierung dieser Spezies geführt. Die Bevorzugten selbst jammern unaufhörlich weiter. 41 Prozent bezeichnen gegenwärtig ihre Lebenssituation als »belastend bis sehr belastend«. Damit unterscheiden sie sich jedoch kaum von verheirateten Müttern, die einen Jammerwert von 37 Prozent erreichen.[444] Bloß kein Mitleid! Sieht man von Frauen ab, die unverschuldet alleinerziehen – beispielsweise wenn sich Väter ihrer Verantwortung entziehen, wählt die große Mehrheit die Vaterlosigkeit freiwillig. *Sie wollen Kinder, aber keinen Mann. Oder nicht den Mann ihrer Kinder.* Wie wir gelernt haben, ist unter ihnen eine große Zahl ungesühnter Straftäterinnen. Aus niedrigen Beweggründen und mit hoher krimineller Energie machen sie ihre Kinder zu Halbwaisen. Statt Sanktionen und Kritik hält der Staat für den Frevel auf dem Rücken von Kindern jede nur denkbare Unterstützung und Mitleid bereit.
• Potsdam ist überall, oder der ganz legale Unterhaltsbetrug: Nachdem die Ehe scheiterte, bezahlte Karl-Heinz T. zehn Jahre Alimente. Aufgrund einer Erbgutuntersuchung stellte sich heraus: Er ist nicht der Vater seines vermeintlichen Kindes. Urteil des Brandenburgischen Oberlandesgerichts: *Weiterzahlen!* Der gehörnte Mann, seither auch noch Justizopfer, rechnete vor, dass ihn der Seitensprung seiner Frau ein Vermögen kostet: »Insgesamt werde ich 350.000 Euro für ein Kind zahlen, das ich nicht gezeugt habe.«[445] Im Namen des Volkes ruiniert!

• Studien zufolge sind fünf bis zehn Prozent der Neugeborenen sogenannte »Kuckucks-Kinder«. Jährlich sind das zwischen 35.000 bis 70.000 Knirpse, die einen anderen »Papa« haben, als ihnen erzählt wird. Institute für genetische Untersuchungen stellen in ungefähr jedem dritten Fall fest: Der »Vater« ist nicht der Vater! So wachsen in der Bundesrepublik geschätzt eine Million Mädchen und Jungen mit einer existenziellen Lebenslüge auf. Niemand spricht davon, dass folglich eine Million Mütter beim Ausfüllen der Geburtsurkunde dieses Dokument fälschen. Zudem erschwindeln sie mit irreführenden Angaben über Jahre oder Jahrzehnte gewaltige Summen. Vergessen wird geflissentlich noch das Erschleichen von Erbansprüchen. Ein enormer volkswirtschaftlicher Schaden! Selbst wenn sich hierzulande herausstellt, dass ein Vater nicht der Vater ist, gibt es kein Anrecht auf Rückzahlung. Doppelt betrogen! Alle Rechte den Frauen, keine den Männern. Beispielsweise entschied das Oberlandesgericht Düsseldorf: Eine Ehefrau braucht ihrem Mann nichts zu sagen, wenn sie mit einem Liebhaber ein Kind zeugt.[446] Jetzt zum Gipfel der Verschrobenheit: Joachim Jacob, der Bundesbeauftragte für Datenschutz, und die SPD-Justizministerin Brigitte Zypries forderten, DNA-Tests unter Strafe zu stellen. Und zwar dann, wenn Mütter ihre Zustimmung verweigern. Natürlich lehnen nur jene die Klärung der Abstammung ab, die etwas zu verheimlichen haben. Fachfrau Zypries und Fachmann Jacob wurden in letzter Minute vom Bundesverfassungsgericht gestoppt. Die Richter gaben dem Gesetzgeber auf, eine Regelung zu finden, wie Männer ihre Vaterschaft klären können. Daraufhin trat im April 2008 das »Gesetz zur Vaterschaftsfeststellung« in Kraft. Wie immer in Deutschland wurde ein juristisches Schlupfloch für Unrecht eingebaut: die sogenannte Härtefallklausel! Man darf gespannt sein, ob der Härtefall nicht zum Regelfall wird. Womöglich wird vielen Männern weiterhin das Grundrecht abgesprochen zu wissen, ob sie ein Kind haben. Väter ohne Recht auf Wahrheit.
• Der Öffentlichkeit wird die Trennungsproblematik modegerecht einseitig dargestellt. Frauen als ewige Verliererinnen! Sie seien die »wirtschaftlich Benachteiligten«, die »Hintergangenen« und »Ausgetauschten«. *Zur Wirklichkeit*: Frauen sind die sozialen und finanziellen Gewinner einer Trennung. Zudem werden knapp zwei Drittel aller Scheidungen von Ehefrauen eingereicht.[447] Will heißen: Mehrheitlich »hauen Frauen ab« und tauschen ihre Männer aus.
• Medien verharmlosen – In einer ZDF-Sendung zum Thema »nachehelicher Unterhalt« beschwerte sich ein geschiedener Mann: »Ich verdiene 3.000 netto. Den Status habe ich mir vor der Ehe erarbeitet. Habe lange studiert, meine Frau hat nichts gemacht. Sie ist mit fünfzehn von der Schule, hat keine Berufsausbildung und ist jetzt fünf Jahre geschieden. Soll ich jetzt

ein Leben lang zahlen? Kann doch nicht sein!« Antwort des Rechtsexperten Dieter Anger (ZDF): »In der Tat, dumm gelaufen.«[448] Unrecht zulasten von Männern, kein mediales Thema.

Was tun und lassen politisch Verantwortliche?

Seit Jahrzehnten werden Parlamentarier von betroffenen Männern und Geschädigten-Initiativen bombardiert. Quellen, aus denen die politische Klasse über das volle Ausmaß des Unrechts informiert ist. Was geschieht? Nichts! Exemplarisch einige Episoden der politischen Verweigerungshaltung: Das ARD-Magazin »Fakt« beschäftigte sich mit Kindesentführungen. Überwiegend Mütter machen sich innerhalb der Bundesrepublik »aus dem Staub«. Jährlich etwa 25.000-mal tauchen sie mit ihren Kindern unter. Für den hinterbliebenen Elternteil besteht kaum eine Chance, sein Kind wiederzusehen. In der Sendung meldete sich die redefleißige SPD-Bundestagsabgeordnete Margot von Renesse zu Wort: »Das Familiengericht muss dafür sorgen, dass die Methode, sich per Faustrecht sein Recht zu verschaffen, zwischen Eltern nicht mehr gilt. Denn dann haben wir eine Rechtssituation, in der das Entführungsopfer nur mehr zum Michael Kohlhaas werden kann. Das ist Rechtverweigerung und das kann in diesem Staat, in dieser Gesellschaft nicht sein.«[449] Da mokiert sich eine SPD-Angehörige, deren Partei die Gesetzeslage zu verantworten hat. Außerdem waren zum Zeitpunkt der Rüge ihre sozialdemokratischen Genossinnen und Genossen in Regierungsverantwortung. Folglich hätte jederzeit eine Korrektur erfolgen können. Zumal sich eine Regelung aufzwingt, die bei Auslandsentführungen gilt: *der Rückführungsanspruch.* Nach dem »Haager Übereinkommen« müssen ins Ausland verbrachte Kinder sofort in ihre alte Umgebung zurück. Solange unsere Politiker das Problem kennen, sogar dagegen wettern, aber diese kleinstmögliche Gesetzänderung nicht hinbekommen, heißt es: Kindesentführung ins Ausland verboten – im Inland erlaubt.

Um der politischen Ausgewogenheit willen nun zu den C-Parteien. Hier könnte die Situation frei nach dem altdeutschen Sprichwort beschrieben werden: »Wer den Schaden hat, braucht für den Spott nicht zu sorgen.« Anlässlich des alljährlichen Weltfrauentages strahlte der TV-Sender »Phoenix« eine rein weibliche Diskussions-Runde aus. Grundtenor: Frauen Opfer unseres Gesellschaftssystems, benachteiligt, immer und überall. Am Zuschauertelefon ein Anrufer, den der einseitige Sendeverlauf offensichtlich mächtig wurmte: »Wer denkt an die Männer, die 2- bis 4.000 Mark (inzwischen 2.000 Euro)

Unterhalt nach der Scheidung zahlen müssen? Die sind in unserem Zeitgeist gar nicht berücksichtigt. Das sind Männer, die 2- bis 4.000 Mark Unterhalt pro Monat zahlen, bloß weil die Frauen irgendwann in der Ehe gesagt haben: April! April! Und dann werden die 2- bis 4.000 Mark fällig. An die Männer denkt kein Mensch. Vielen Dank.«[450] Der Wortbeitrag löste in der Frauenrunde nicht nur höhnisches Gelächter, sondern beinahe Lachkrämpfe aus. Am lautesten juchzte über den Ruin von Männern Dagmar Wöhrl, CSU-Mitglied des Bundestagsausschusses für Frauen.

Jetzt Parteiübergreifendes: Bei jeder Gelegenheit werden zahlungsunwillige »Rabenväter« gerügt. Haben Sie je ein Sterbenswörtchen vom millionenfachen Kinderklau der Mütter gehört? Allein dieser Aspekt macht deutlich, wie einseitig Familienpolitik beherrscht ist. Kaum ein Bundesbürger, der das skandalöse Familienrecht und die Folgen nicht schon im persönlichen Umfeld erlebt hätte. Eine Bevölkerungsmehrheit für geltende Rechtsprechung ist insofern auszuschließen. Eine N-TV-Umfrage spiegelt dieses Meinungsbild wider. Der Sender stellte die Frage, ob Väter mehr Rechte bekommen sollten. In einer nie gemessenen Deutlichkeit stimmte das Publikum zu 97 Prozent mit »Ja«.[451] Nichtsdestotrotz regieren die traditionellen Parteien in ihrer demokratiefeindlichen Eigenart gegen den fast hundertprozentigen Bürgerwillen weiter. Gleich welche Koalition, niemand nimmt sich des Gesellschaftsskandals an. Wie schon erwähnt, prägt zum einen die Berufsgruppe der Rechtsanwälte den Bundestag, die am meisten vom politischen Saustall profitieren. Zum anderen heißt es Kuschen vor dem feministischen Syndikat. Beleg für Letzteres aus dem Leben »unseres« Kinostars Mathieu Carrière: Er unterhielt sich beim gemeinsamen Schachspiel mit Otto Schily. Der Sozialdemokrat jammerte: »Es ist schwieriger, in Deutschland das Sorgerecht und das Umgangsrecht zu reformieren, als im Nahen Osten Frieden zu stiften.«[452] Feigheit vor dem Frauenkartell! Und für diesen Kleinmut hagelt es in Serie schallende Ohrfeigen von der internationalen Völkergemeinschaft in Sachen Kindschaftsrecht: Einmal die Resolution des US-Repräsentantenhauses, das Deutschland zur Einhaltung des Haager Übereinkommens und zum Stopp der Kindesentführungen aufforderte. Dann der eingangs zitierte französische Präsident Chirac, der vom »Gesetz des Dschungels« sprach. Ein und dasselbe ist vom Europäischen Gerichtshof in Straßburg zu hören. Dortige Richter prangern regelmäßig die Menschenrechtsverstöße der Bundesrepublik gegen Väterrechte an. Ähnlich konstant wird Deutschland zu Entschädigungszahlungen an klagende Väter verdonnert. Doch nichts und niemand kann unsere Politiker zur Vernunft bringen. Einzig erkennbarer Eifer sind Bestrebungen, die Straßburger Urteile auszuhebeln, um sie nicht umsetzen zu müssen. Unsere Volksvertreter, auch fern der Heimat, gerade noch um Peinlichkeiten bemüht.

Dieses Kapitel mag speziell aus weiblicher Sicht einen schalen Geschmack hinterlassen. Eben die einseitige Betrachtung eines Mannes. Doch wie das himmelschreiende Unrecht ausgewogen formulieren, wenn es fast ausnahmslos Männer betrifft? Etwa verniedlichen, verharmlosen und bagatellisieren, wie es alle tun, nur um einer interessierten Klientel zu gefallen? Ja, selbst betroffene Männer tragen häufig falsch verstandene Fairness und ritterliche Zurückhaltung zur Schau. Liegt es daran, dass ein »selbstloser Ehrenmann« und »Frauenversteher«, der seine Kinder aufgibt und sich anstandslos zugrunde richten lässt, als Vorbild gilt? Gehen wir weiter zu einer sprachlichen Klärung: Welcher Begriff wäre präzise, wenn, wie es hierzulande geschieht, das Leben von Millionen Menschen aufgrund ihres Geschlechts ruiniert wird? Schlagen Sie im Duden unter »Rassismus« nach, dann haben Sie eine exakte Definition. Eines soll dieses Kapitel nicht: alle einvernehmlichen und fairen Trennungen vergessen machen. Auch nicht die vielen Mütter, die sich gegenüber den Vätern ihrer Kinder besonnen und vernünftig verhalten. Beides leider viel zu selten! Sollte der Eindruck entstanden sein, Männer als besseren Teil der Gesellschaft offerieren zu wollen, dann ist dies nicht im Sinne des Verfassers. Das Leben lehrt, wer an das Gute im Menschen glaubt, liegt falsch. Schon kommunistische Vorstellungen scheiterten an dieser Realität. Gesetzeslücken und sonstige Angebote zur Befriedigung persönlicher Vorteile nimmt der Erdenbürger gerne wahr – ob weiblich oder männlich. Genau hier sitzt das Problem! Gesetzgeber und Justiz haben sich auf die Magie der notorisch ehrlichen Frauenfigur eingeschworen. *Entstanden ist daraus grenzenlose Narrenfreiheit.* Eine Art Persilschein, der erwartungs- und erfahrungsgemäß (aus)genutzt wird. Verschärft wird das Treiben, da selbst dreisteste Machenschaften keine Ächtung erfahren. Und wo keine Ächtung, da keine Besserung! Warum ist der Bereich staatlicher Einmischung »pro Frau« derart entglitten? Wir haben es mit einer spezifischen Lage zu tun: Wir schreiben das Zeitalter des Feminats – Thema des nächsten Kapitels.

Sind Sie auch der Ansicht, Bürokraten sollten sich aus Liebesbeziehungen heraushalten oder auf das Allernötigste beschränken? Tausende von Generationen vor uns haben es doch auch ohne Einflussnahme der staatlichen Schlaumeier geschafft. Die gefallene CSU-Rebellin Gabriele Pauli mit ihrer Vision von der »Ehe auf Zeit« hatte zwei dahingehende Überlegungen: Zurückdrängen des gesetzlichen Einflusses! Und den Leuten Streitereien und Scheidungskosten ersparen! Empörung allerorten gegen Paulis Fiktion, obwohl es genügend Stoff gäbe, sich über die heutige Praktik zu erregen. Nun eine weniger radikale Lösung: Scheidungen entbürokratisieren und rückabwickeln wie eine Eheschließung. Auf dem Standesamt die Frage an das Paar: »Wenn Sie geschieden werden wollen, antworten Sie bitte mit ja.« Haucht mindestens einer der Brautleute die geforderte Vokabel, gilt die Ehe als geschieden. Anschließend die Überreichung der Scheidungsurkunde, die auch die nachehelichen Finanzen regelt. Versorgungsansprüche nur mehr in Ausnahmefällen und dann auf wenige Jahre *befristet*. Vollkaskomentalität und Selbstverwirklichungsgarantie ade. Die Ehe ist keine Rentenversicherung und Männer keine Dukatenesel. Gehen Kinder aus der Beziehung hervor, legt ein weiterer Abschnitt den Umgang fest. Beides auf ein Mindestmaß beschränkt, aber glasklar formuliert und *ohne* jede Ausnahmeregelung. *Verbindlich für alle getrennt Lebenden.* Alles, was darüber hinaus vereinbart wird, ist Angelegenheit der Geschiedenen. Werden gesetzliche Mindestauflagen zum Verdruss eines Elternteils nicht eingehalten, steht eine Schiedsstelle bereit. Postwendend muss diese um Vermittlung bemüht sein. Erst wenn alles fehlschlägt, sollten Rechtsanwälte und Richter eingreifen dürfen. Dieser Punkt ist besonders wichtig! Beide juristische Berufsgruppen tragen Elemente der Eskalation in sich. Speziell Anwälte tendieren dazu, möglichst aggressiv und konfliktbeladen den Prozess zu führen. Jede entfachte Streitigkeit ist eine neue Gebührenquelle! Folglich müssen Wadenbeißer und Unfriedenstifter aus »normalen« Scheidungen herausgehalten werden. Sollte ein Elternteil das Umgangsrecht durch Kindesentziehung sabotieren, muss diese schwere *Straftat* ohne zeitliche Verzögerung unterbunden werden. In Frankreich kommen umgangsverweigernde Elternteile in Beugehaft. In Amerika werden sie in Zwangstherapie geschickt. Beides wären akzeptable Modelle für die Bundesrepublik. Allerdings deutet hierzulande nichts auf ähnlich vernünftige Lösungen hin. So haben deutsche Männer gerade noch zwei Trümpfe in der Hand: *Erstens der Zeugungsstreik*. Mit steigender Tendenz schlossen sich diesem Trend schon ein Viertel der 20- bis 49-jährigen Männer an.[453] Umfragen zufolge wollen sie keine Kinder mehr. *Zweitens der Ehestreik*. Die Wurzel aller Scheidungen ist die Heirat. Daher ist diese schädliche Form der Zweisamkeit zu meiden. Jenen Männern, die sich nur widerwillig dieser Protestform anschließen mögen, ist etwas Aufhellendes mit auf den beschwerlichen Weg zu geben: Mönche können mit der höchsten Lebenserwartung rechnen.[454] Und ein Satz von Oscar Wilde verspricht Trost:

Die Ehe ist ein Versuch, zu zweit wenigstens halb so glücklich zu werden, wie man allein gewesen ist.

Feminismus – nicht Gleichstellung, sondern Unrecht und Anarchie

Den zwischenzeitlich verstorbenen TV-Star Klausjürgen Wussow († 78), »Die Schwarzwaldklinik«, ließ die Schmuddel-Trennung von seiner Frau Yvonne Viehöfer ganz offensichtlich über die Geschlechterverteilung nachdenken: »Die Emanzipation ist schief gelaufen. Frauen wollen heute in allen Bereichen stärker sein als Männer.« Herr Wussow erkannte in seiner Not, worüber die Mehrzahl der deutschen Männer keinen Gedanken verschwenden wollen. Zumindest solange sie nicht betroffen sind. *Feminismus, eine eher belächelte Zeitströmung.* Die Auswirkungen der Bewegung, eines der bestgehüteten Geheimnisse unseres Landes. Hinter der sogenannten Selbstbestimmung der Frau verbirgt sich eine antidemokratische Weltanschauung. Ähnlich wie in den USA, bedroht diese totalitäre Ideologie unbemerkt die Grundlagen unseres Rechtstaates. Erstaunlicherweise zeigen Männer – Frauen sind weit kritischer – eine völlig ignorante Haltung. »Lasst die Emanzen doch reden, alles nur hysterisches Geschrei«, scheint gedanklich hinter der schweigenden Haltung zu stehen. Eines wird völlig außer Acht gelassen: die teils verheerende Wirkung und die Folgen des Geschreis. »Neue Männer braucht das Land«, trichterte Frau dem deutschen Volke ein. Etwa jene, die heute ritterlich und zivilisiert über den tobenden Geschlechterkampf hinwegsehen? Vom gut erzogenen Softie bis zum universal-liberalen Hochschulabsolventen lässt sich Übereinstimmendes beobachten: bereitwilliges Nachplappern der Parolen, die Frau vorsagt. Instinktsicher greift die politische Klasse nach jeder sich bietenden Masche. Entsprechend konsequent geht sie mit der feministischen Zeitgeistwelle auf Wählerfang. Der Glaube, sich »in« und »modern« präsentieren zu müssen, verhindert jede kritische Position. Bloß nicht in einen frauenfeindlichen Geruch geraten. Mit diesem Makel wäre jede Parteikarriere und Wahlchance dahin. So verschließt in denkwürdiger Geschlossenheit Deutschlands Männerwelt die Augen vor den Missständen. Hinter der Einigkeit scheint die Hoffnung zu stehen, der feministische Kelch mit all seinen Risiken und Nebenwirkungen möge tunlichst am eigenen Individuum vorüberziehen.

Wahre Befreiungsabsichten des 21. Jahrhunderts

Glauben Sie, die heutigen Feministinnen wollen gleiche Rechte für Frauen und Männer? Oder gleiche Möglichkeiten am Arbeitsplatz und in der Bildung? Gegenfrage: Warum sollten diese Ziele verfolgt werden?

Chancengleichheit ist doch längst in allen Bereichen verwirklicht. Nicht nur das! Frauen haben sich mit wenigen Ausnahmen beinahe durchgängig Vorteile verschafft. Der Emanzipationsbonus reicht vom reservierten Parkplatz am Bahnhof, im Parkhaus, vor dem Supermarkt bis hin zum lauschigen »Mutter-Kind-Plätzchen« im Schwimmbad. Nebst verbilligter Auto- und Lebensversicherung kann »Sie« auch Sport- und sonstige Veranstaltungen ermäßigt besuchen. Im reichhaltigen Warenkorb auch Frauentaxis, Frauenbüros, Frauenhäuser, Frauenzentren, Frauenkaffees und anderweitige Annehmlichkeiten. Ausnahmslos Privilegien, für die es ausreicht, Inhaber des kleinen Unterschieds zu sein. Beiläufig ist etwas weit Wichtigeres gelungen und greift tief in unsere Gesellschaftsordnung: Stellen und politische Posten, also Machtpositionen, können ungeachtet der Qualifikation besetzt oder deren Besetzung beansprucht werden. Kleines Beispiel gefällig? Frankfurt im Vorfeld der Stichwahl um das Bürgermeisteramt: CDU-Amtsinhaberin Petra Roth und SPD-Kontrahent Achim Vandreike standen sich in einem Fernsehduell gegenüber. Manfred Bissinger, Herausgeber des Blattes »Die Woche«, hielt der OB-Titelverteidigerin Roth vor, sich von ihrem Gegenkandidaten programmatisch kaum zu unterscheiden. Frau Bürgermeisterin verwies auf ihren vermeintlichen Vorzug: »Der Unterschied zwischen Herrn Vandreike und mir ist der, er ist ein Mann und ich bin eine Frau.«[455] Frau sein als Ersatz für politische Ziele und Kompetenz. Mehr als dürftig! In jedem Fall inakzeptabel! Zugleich lässt die Aussage tief in das weibliche Selbstverständnis blicken. Es hat sich eingebürgert und etabliert: Frau glaubt nicht nur, sondern ist davon überzeugt, »der bessere Mensch« zu sein. Diese Variante der Verblendung zerstört jeden fairen Umgang und das Miteinander zwischen Mann und Frau. Der meist unterschätzte Zeitgeist mit teils fatalen Folgen, die uns später beschäftigen. Meike Winnemuth, Redakteurin der Frauenzeitschrift »Amica«, fasst die Situation so zusammen: *»Wir leben inzwischen in einer Kultur, in der nichts Schlechtes über Frauen gesagt werden darf und nichts Gutes über Männer. Frauenfeindlichkeit endet vor Gericht, Männerfeindlichkeit auf einem Aufkleber.«*[456] Modetrend Männerverachtung! Entertainerin Barbara Schöneberger trällerte das Anti-Kerle-Lied »Männer muss man loben« und landete damit einen Hit. Mit Titeln »Nur ein toter Mann ist ein guter Mann« oder »Ein Liebhaber zu viel ist einer zu wenig« wird frau wie Gaby Hauptmann Bestsellerautorin. Ähnlich gut verkaufen sich T-Shirts, sofern deren Aufdrucke die Herren der Schöpfung diskreditieren. Im Kabarettbereich sei an das Comedy-Programm der »Missfits« erinnert. Der Erfolg dieses inzwischen geplatzten Damen-Duos beruhte fast ausschließlich auf sexistischer und intellektueller Herabsetzung von Männern. Was wäre, würde eine Herrentruppe gleiche Ausfälligkeiten auf Frauen gemünzt zum Besten geben? Ein Sturm der Entrüstung würde über Deutschland fegen, natürlich mit der Forderung, die Auftritte zu ächten. Doch wer Männer als »Deppen der Nation« präsentiert, hat die Lacher auf seiner Seite. In die gleiche Kategorie gehören auch geistige Tiefflüge als frohsinnstiftende Proletinnenwitze getarnt:

- **Definition für Mann: Minderbemitteltes Absolut Notgeiles Nichts.**
- **Was ist ein Mann in Salzsäure? Ein gelöstes Problem.**
- **Warum können Männer kein BSE bekommen? Weil sie Schweine sind.**
- **In jedem Mann steckt was Gutes. Und wenn es das Küchenmesser ist.**
- **Was ist der Unterschied zwischen einem Mann und einem Eimer Scheiße? Meistens nur der Eimer.**

Den Vogel der Geschmacklosigkeit schoss Deutschlands angeblich größter Direktversicherer ab. In einem TV-Werbespot sitzen Vater und Mutter auf einem Sofa, er liest Zeitung. Ein etwa 7-jähriges Mädchen spielt vor den Eltern auf dem Boden mit einem Plüschpony. Das Kind: »Du Mama, wenn Papa tot ist, kauf ich mir meinen eigenen Ponyhof.« Mutter: »Moment! Wenn Papa weg ist, kaufe ich mir erst mal eine Finca auf Mallorca.« Der Sprecher: »Sei heller, Risikolebensversicherung von CosmosDirekt für nur 4 Euro 66.«[457] Werbung mit dem Tod von Männern! Landauf, landab das Maskuline zu verachten ist hoffähig geworden. Wer diese Strömung studieren möchte, sollte unter dem Suchbegriff »Feminismus« einen Blick ins Internet werfen oder in der Bibliothek seines Vertrauens stöbern. Grundtenor: Der Mann ein überflüssiges Subjekt, das mehr oder minder entsorgt werden müsste. Einer, der überall stört. Der das falsche Leben führt. Der, sollten Überreste von Gefühlen vorhanden sein, nicht in der Lage ist, sie zu zeigen. Männer als Trinker, die ihre Familie als Repressionsinstrument benutzen. Sie schlagen, sind untreu, vergewaltigen und schänden Kinder. Eine Kampagne, die wieder das Bild des »hässlichen Deutschen« prägt. Nachzulesen in Tageszeitungen, wie unter folgender Kontaktanzeige: *»Philippinin, Anfang 40, ehrlich, sucht deutschen Mann, keine arbeitslosen Raucher und Trinker, keine Schläger.«*[458] Synchron zum emanzipatorischen Feldzug entstand eine mächtige Frauenbewegungsindustrie: Jobs! Politische Posten! Beratungsstellen! Ein kaum durchschaubares und unendliches Sammelsurium von Frauengeflechten, mit einer Gemeinsamkeit: finanziert aus öffentlichen Mitteln. Schillernder Fall aus Frankfurt am Main:

Die sogenannte »Lesben Informations- und Beratungsstelle e. V. (LIBS)« wurde jährlich mit mehr als 50.000 Euro städtischen Zuschüssen gefördert. Daneben gab es erkleckliche Mittel des Landes Hessen. So fand die öffentliche Unterstützung ihre Verwendung: Der Zusammenschluss, als gemeinnütziger Verein anerkannt, verschickte Kataloge für »Frauen-Sexspielzeuge«. Im Sortiment waren Vibratoren, Dildos, Handschellen, Peitschen und Ganzkörpergeschirre aus schwarzem Leder. Unter der Überschrift »Hard Stuff« wurden Lederfesseln, Brustklemmen mit Kette, Peitschen, Gitterkonstruktionen und Gummischlagstöcke angeboten. Die Zweckentfremdung der Mittel flog auf, als eine Rechtsanwältin unfreiwillig Katalog-Empfängerin wurde und dagegen protestierte. Sie forderte die Oberfinanzdirektion auf, die Gemeinnützigkeit der Einrichtung zu überprüfen. »LIBS« konterte mit der grotesken Begründung: Im Verein würden sich nur »sozial engagierte Personen« um die speziellen Bedürfnisse homosexueller Frauen kümmern.[459] Die Konsequenz der bizarren Logik müsste lauten: Beate Uhse und vergleichbare Erotik-Shops sind staatlich zu fördern. Ergebnis des Skandals: Die Zahlungen an den »Verein« und seine Lesbenberaterinnen flossen weiter.

Grundpfeiler jeder Demokratie ist der Rechtsstaat. Er basiert auf dem Prinzip des Individualrechts und bedeutet, dem Einzelnen Vorrang vor Gemeinschaften einzuräumen. Dazu Gleichheit vor dem Gesetz sowie objektive Beweismittel in einer unabhängigen Justiz. Alle Punkte will der feministische Plan beseitigen, vor allem die Neutralität der Gerichte. Eine Gleichbehandlung der Geschlechter ist nicht vorgesehen, sondern die Neuverteilung der Macht an die »übergeordnete Klasse« der Frauen. Schrillen Frauenrechtlerinnen ist es ohne nennenswerten Widerstand gelungen, Gesetze oder deren Auslegung zu verändern. Weit über das Ziel der Gleichberechtigung hinaus. Vor allem im Strafrecht weitet sich die Narrenfreiheit für das weibliche Geschlecht kontinuierlich aus.[460] Parallel dazu hofieren Medien durch einseitige Berichterstattung die ungleiche Entwicklung. Auch Frauenquoten verstoßen nicht nur gegen besagten Grundsatz des Individualrechts, sondern auch gegen jedes natürliche Rechtsempfinden. Bevorzugt wird eine »Sorte Mensch« – nämlich Frauen – ungeachtet ihrer Qualifikation. Wer gleich gut oder gar schlechter ist als der männliche Bewerber, bekommt den Job trotzdem. Ähnliches trifft auf das »Gleichstellungsgesetz« zu. Flüchtig betrachtet nicht zu beanstanden. Doch die Praxis demaskiert den emanzipatorischen Ausgleich als illegale Fördermaßnahme nur für Frauen. Unvereinbar mit dem Grundgesetz Artikel 3 »Männer und Frauen sind gleichberechtigt«. Deutsches Recht will es nun mal, dass niemand aufgrund seines Geschlechts benachteiligt oder bevorzugt wird. Die männliche Deklassierung lässt sich ebenso auf anderen Sektoren beobachten: Quotenregelungen, Förderquoten, Stellenbesetzungsverfahren und sonstige Frauenfördergesetze – glatter Verfassungsbruch! Exemplarisch das Schwerbehindertengesetz (SchwbG): Nach Paragraf 5 Absatz 1 müssen private und öffentliche Arbeitgeber unter bestimmten Voraussetzungen Schwerbehinderte beschäftigen. Wörtlich aus dem Gesetzestext: »Dabei sind schwerbehinderte Frauen besonders zu berücksichtigen.«

Vetternwirtschaft, Freundinnen und das liebe Geld

Die kritische Feministin und Soziologin Hannelore Mabry erlangte aufgrund ihrer Angriffslust und der Zeitschrift »Der Feminist« lokale Popularität. Für Aufsehen sorgte unter anderem ihre spöttische Anrede »Liebe Arschlöcher und Arschlöcherinnen«. Mabry sprach aus, was Männer, im Besonderen männliche Politiker, nie und nimmer wagen würden: Gleichstellungsstellen sind »das Gegenteil dessen, was sie zu sein vorgeben«. Sie schaffen statt mehr Demokratie rechtsfreie Räume. »Unter dem Vorwand der Frauenförderung habe man sich jeder öffentlichen Kontrolle entzogen.« Die Institution missbrauche ihre Macht, um den immer selben Kreis gleichgesinnter Freundinnen öffentliche Gelder zuzuschanzen.[461] Bei dem Wort »zuschanzen« wird man unwillkürlich an die »Lesben Beratungsstelle (LIBS)« erinnert. Gleiches gilt für die uns allen bekannten Gleichstellungs- und Frauenbeauftragten. Jede Stadt, die etwas auf sich hält, beschäftigt nicht nur eine, sondern wie das Beispiel Frankfurt am Main zeigt, zirka 40 (!) Frauenbeauftragte und ihre Stellvertreterinnen. Spöttisch werden sie auch Ober-Oberbürgermeisterinnen genannt. Ohne Qualifikation und Wählerauftrag können sie Einsicht in Akten nehmen und sich überall einmischen. Außerdem arbeiten sie »weisungsfrei«, will meinen, außerhalb jeder Kontrolle. Das hessische Hattersheim meldet einen neuartigen Griff in den Staatssäckel. Dort nahm eine »Ruhebeauftragte« ihren Dienst auf. Viel Lärm um nichts? Das kann so nicht behauptet werden. Es handelt sich um eine ehrenamtliche Tätigkeit und »ehrenamtlich« heißt hier und in ähnlich gelagerten Fällen: Aufwandsentschädigung satt.

Rechtsbruch zugunsten von Frauen

Die Diskriminierung der Frau soll in der Berufswelt dadurch bewiesen sein, dass in Führungsetagen noch immer weniger Frauen als Männer zu finden sind. Tatsächlich deuten die nackten Fakten daraufhin. Allerdings, ohne wirkliche Frauenfeindlichkeit beobachten zu können. Im Gegenteil! Unter dem Slogan »Hauptsache Frau« macht sich ein neuer Trend breit, den Bundespräsident Christian Wulff so beschrieb: »In den meisten Unternehmen wird heute die Frau in weiten Teilen fast mehr als der Mann geschätzt.«[462] Wie kommt es dann zur vermeintlichen Benachteiligung? Schließlich werden doch damit die Verstöße gegen die Verfassung verteidigt. Der Widerspruch lässt sich leicht auflösen. Diskriminierungsdiskussionen werden beinahe durchgängig mit Halbwahrheiten geführt. Unbequeme und dem Konzept zuwiderlaufende Fakten werden unterschlagen. So auch hier! Nach wie vor entscheiden sich viele Frauen für die Familie. Oft geben sie aus freien Stücken das strapaziöse Berufsleben auf, um zu Hause zu bleiben. Natürlich auch dadurch bedingt, dass sie es sind, die die Kinder zur Welt bringen. Numerisch entsteht an dieser Stelle bereits ein deutliches Übergewicht berufstätiger Männer. Proportional minimiert sich dadurch die Chance auf eine weibliche Führungsposition. Von den berufstätigen Frauen geht wiederum nur die Hälfte einer Ganztagstätigkeit nach. Der Rest bevorzugt eine Teilzeitbeschäftigung, die in jedem zweiten Fall sogar weniger als 20 Stunden die Woche beträgt.[463] Wie sollten Frauen mit derart wenig Sinn für ein berufliches Dasein Deutschlands Führungsetagen erobern? Was wäre jedoch das Allerwichtigste, um beispielsweise Chefin eines Autokonzerns zu werden? Entsprechende Ambitionen, diesen Job überhaupt zu wollen. Auch hier wieder das typische weibliche Verweigerungssyndrom: Tendenziell sind Frauen nicht wie Männer bereit, sich mit Haut und Haaren dem Beruf zu verschreiben. Sie haben andere Prioritäten und möchten sich ihre Privatheit erhalten. Dies ist eine *wertfreie* Feststellung! Verschiedenste Umfragen und Statistiken belegen Erstaunliches: Von Frauenfeindlichkeit im Berufsleben keine Spur. Alle Indizien weisen in Richtung Feindseligkeit der Damenwelt gegenüber beruflichen Tätigkeiten und einem erfüllten Arbeitsleben. »Frauen sind dämlich, faul und unaufrichtig.« Wohlgemerkt, kein Spruch eines Parade-Machos. Hier ohrfeigt die Journalistin Barbara Bierach und Buchautorin (»Das dämliche Geschlecht«) die Passivität ihrer Artgenossinnen ab. Zurück zur emotionsfreien Meinungsforschung. Insgesamt üben ungefähr 40 Prozent aller weiblichen Deutschen *keine* Erwerbstätigkeit aus. Einen Beruf, in dem »man aufgeht«, hält nur ein Drittel der West- und die Hälfte der Ostfrauen für erstrebenswert. Einer beruflichen Vollzeitbeschäftigung, mit oder ohne Kinder, möchten laut Allensbach-Umfrage nur gerade Mal knappe *zehn Prozent* aller Frauen nachgehen.[464] In der Rolle der nebenbei Beschäftigten würden sich immerhin annähernd die Hälfte der weiblichen Befragten »wohl fühlen«. Angesichts der Forschungsergebnisse sollte es niemand überraschen, wenn Frauen in Führungspositionen weniger anzutreffen sind. Und noch etwas ist abzulesen: Entgegen anderslautenden Gerüchten ist der Beruf

Hausfrau eine nach wie vor höchst attraktive Tätigkeit. Die Entscheidung »pro Familie« soll Frauen allerdings ausgeredet werden. Der feministische Plan sieht diesen Lebensentwurf nicht vor, sondern ächtet ihn als minderwertiges Tun. Gegen diesen Gesellschaftstrend wehrte sich Susi Hoeneß, die Frau des FC-Bayern-Machers Uli Hoeneß: »Mein Mann hat jemanden gebraucht, der alles zu Hause macht: Büro, Haus, Kinder, Hund. Soll ich da jemanden dafür einstellen, nur damit ich mich selbst verwirklichen kann?« Trotzdem sieht sie sich als gleichberechtigte Partnerin: »Mein Mann ist kein Macho, und ich habe keine Minderwertigkeitsgefühle.« Ihr Resümee: »Meine Karriere habe ich zu Hause gemacht, da muss ich mich hinter keinem verstecken.«[465] Wer dieses Familienbild aber gar in einem Buch zu propagieren wagt, wie das »Blonde Gift« des deutschen Feminismus, wird mundtot gemobbt. Eva Herman, die Autorin (»Das Evaprinzip«) erhielt im Land der freien Meinungsäußerung »Berufsverbot«. Nach 18 Jahren Tagesschau wurde sie als Sprecherin hinauskomplimentiert. Familiäre Leistungen werden heute gleichgesetzt mit Unterdrückung und Knechtschaft. Gleichberechtigung und der Wert der Frau werden nur mehr über Erwerbsarbeit definiert. Die Emanzipationsbewegung will mit plakativen Worten wie »Selbstverwirklichung« und »Karriere« möglichst alle Frauen in die Arbeitswelt drängen. Für betroffene Kinder bedeutet es vorwiegend, bei fremden Menschen aufzuwachsen. Deshalb die allgegenwärtige Forderung: Krippen, Kindergärten, Horte, Schulen, flächendeckend als Ganztagseinrichtungen. Kinder eine Kindheit lang kaserniert und vergesellschaftet. Schon machen die bösen Worte von »Verwahranstalten« und »Kinderbatterien« die Runde. Glücklicherweise ist dieser Bereich wenig erfolgreich. Wie schon die genannten Erhebungen und Umfragedaten belegen, strotzt es in Ost und West nur so von konzeptunwilligen Frauen. Schriftstellerin Esther Vilar (»Der dressierte Mann«) bringt das Phänomen auf den Punkt: »Männer arbeiten ein Leben lang, Frauen nur vorübergehend.«[466] Die stillen Widersacherinnen wissen schon, warum sie eine berufliche Vollzeit scheuen wie der berühmte Teufel das Weihwasser. Warum dem Trott der meisten Männer folgen? Verdammt zur ganztägigen Arbeit. Sich ständig in einer immer brutaleren, oft unzumutbaren Arbeitswelt behaupten müssen. Fremdbestimmt arbeiten, während sich hauswirtschaftliche Tätigkeiten autonom führen lassen. Sind Hausfrauen, wie man uns permanent einbläut, tatsächlich die Benachteiligten und Opfer unserer Gesellschaft? Ist es wirklich derart abscheulich, sich um Haushalt und Kinder zu kümmern? Das »Opferargument« ist leicht zu widerlegen. Wie? Stellen Sie sich eines Morgens vor ein Fitness-Center und beobachten Sie die Freizeitszene. Da strömen sie hin, die »ach so gestressten« Hausfrauen. Ein ähnliches Klientel kann der aufmerksame

Betrachter in Schwimmbädern, Tennisanlagen und sonstigen Freizeitparks besichtigen. Gewissermaßen überall dort, wovon wirklich Gestresste im harten Berufsleben, ob weiblich oder männlich, nur träumen können. Genau dieses Bild bestätigt die sogenannte Schock- und Faulenzerstudie. Im »7. Familienbericht der Bundesregierung« wurden hiesige Mütter einem europäischen Vergleich unterzogen. Wörtlich heißt es: »Die geringste Präsenz am Arbeitsmarkt findet sich bei deutschen Müttern, die diese gewonnene Zeit aber nicht in Hausarbeit investieren, sondern in persönliche Freizeit.« Und erneut die Frage: Sind das die Opfer unserer Gesellschaft? Und was denken Fließbandarbeiterinnen und Fließbandarbeiter darüber? An dieser Stelle wieder eine meiner persönlichen Erfahrungen: Jahrelang übernahm ich die Erziehung meines Pflegesohnes inklusive Haushalt. Darüber hinaus betreute ich Kinder aus meinem Freundeskreis. Gelegentlich ein durchaus anstrengender Job, doch jenseits der leistungsbezogenen Arbeitswelt. Mein Fokus war auf Kreativität, Spontanität und Lebensfreude gerichtet. Ich war mit Dingen befasst wie Schlittenfahren, Puzzeln oder hinter einem Bettlaken ein Kasperle-Theater aufzuführen. Wir spielten mit der elektrischen Eisenbahn. Kaum ein Vergnügungspark war uns fremd. Gern saß ich relaxend auf einer sonnigen Bank und beobachtete das Sandkastentreiben. Mitzuerleben, wie Kinder die Welt entdecken, ihr Lachen, das vorurteilsfreie Zugehen auf Menschen übertraf alles, was ich mir beruflich als »Erfolgserlebnis« hätte vorstellen können. Auch die immer beklagte Monotonie des Familienalltages ist weit angenehmer als die Eintönigkeit im Arbeitsleben. Obendrein ist der häusliche Tagesablauf frei von Weisungen, frei von Vorschriften. Folglich geht die Frauenbewegung von falschen Voraussetzungen aus: *Selbstverwirklichung und Bestätigung gäbe es nur in der Erwerbsarbeit.* Zumal solche Redebeiträge für die große Masse abhängig Beschäftigter reine Utopie sind. Statt »Selbstverwirklichung« und »Karriere« heißt es im Regelfall Geld ranschaffen zur Sicherung der bloßen Existenz. Wer sich von der Richtigkeit dieser These überzeugen will, dem sei eine morgendliche U-Bahnfahrt empfohlen. Mehrheitlich ist in den Gesichtern der Fahrgäste eine recht getrübte Freude auf dem Weg zur »Selbstverwirklichung« abzulesen. Alles in allem – so schlecht kann die gesellschaftliche Rolle der Frau nicht sein, denn sie bekommt ihr gut. Im Durchschnitt kann »Sie« mit einer sechs Jahre höheren Lebenserwartung als der »gemeine« Mann rechnen. Frauen Opfer und Benachteiligte unserer Gesellschaft? *Nein! Nur ein politisch-feministisches Ammenmärchen.*

Männer müssen leider draußen bleiben

Die Emanzipation hat in vielen Bereichen zur Eliminierung des Mannes geführt. Auszüge alljährlicher Fortbildungsangebote aus meiner Heimatstadt. Das Programm teils obskurer Bildungsofferten ist gleichermaßen unter dem Gesichtspunkt zu betrachten, wie sich befreundete »Frauenrechtlerinnen« öffentliche Gelder zuschanzen. Nutznießer in diesen Fällen die geschäftstüchtigen Dozentinnen:

• Frau und Familie • Neuer Start für Frauen • Frauenwoche • Körper Lust – Körper Frust • Das Labyrinth – Ein Symbol erwacht • Sich gut fühlen • Präsent sein • Ich, die Schlechteste von allen • EQ statt IQ • Selbstsicher reden • Neuanfang für Umsteigerinnen • Absicherung und Rechtsansprüche • Renten für Frauen • Als Frau allein • Frauen nutzen ihre sozialen Fähigkeiten • Frauenreise nach Malta • Zeit für mich, ein Wohlfühltag für Frauen • Selbstbehauptung und Selbstverteidigung • Mädchen stärken • Zeitmanagement für Frauen • Erotische Geschichten und Gedichte • Mit neuem Schwung – Frauen leiten Sitzungen • Leiten Frauen anders? • Weihnachtsmeditation für Frauen • Jetzt geht's rund – Tanzen für Runde • Moderne Consumer Electronic ist Frauensache • PC-Bedienung für Frauen • Deutsch für ausländische Frauen • Deutsch für türkische Frauen • Fotografie für Frauen • Fotografie für Mädchen • Sanfte Gymnastik für Frauen • Beckenbodengymnastik • Frau, Ungeheuer im Kommen •

Was macht Mann, wenn er sich fortbilden will? Zu Beginn eines Computerkurses für Frauen fragte ich nach: Wann und wo gibt es für mich eine vergleichbare Schulung? »Geholfen wurde ich nicht«, würde es wohl die Werbebranche formulieren. Viele Telefonate führten letztlich in die 50 Kilometer entfernte Kreisstadt. Im dortigen Angebot ein abgespeckter Zwei-Stunden-PC-Kurs an je drei Abenden. Für Hin- und Rückfahrt alles in allem 300 Kilometer, um als »Antifeminist« an der kärglichen Kurzschulung teilnehmen zu *dürfen*. Männer in diesem Bereich erfolgreich ausgegrenzt! Auf anderen Gebieten ist das Konzept der öffentlichen Toiletten – Mann und Frau getrennt – noch nicht verwirklicht. Doch die Forderungen stehen schon. Mädchen sollen von Jungen unterdrückt, diskriminiert und sexuell belästigt werden. Unter dieser Überschrift wird in schöner Regelmäßigkeit der Ruf nach separiertem Schulunterricht laut. Eine Fürsprecherin ist die CDU-Bundesbildungsministerin der schwarz-gelben Koalition, Annette Schavan, die glaubt, dass »getrennter Unterricht von Jungen und Mädchen durchaus sinnvoll« sein kann.[467] In Gießen sorgten Pädagogen für eine ähnliche Schlagzeile: »Der Schutzraum Schule braucht Geschlechtertrennung.« Als einer der Gründe wurde das gegenseitige Necken der Kinder angeprangert. Zitat: »Schon das Hochziehen von Röcken« und »das Eindringen in Umkleideräume seien Vorformen einer sexualisierten Gewalt.« Dann verstieg man sich in die Feststellung: »... *weil jeder Junge ein potentieller Täter ist.*«[468] Äußerungen als Beleg für eine pathologisch-geistige Deformation. Warum sich die ortsansässige Presse dafür hergab, in großer Aufmachung derart offene Abwegigkeiten zu verbreiten, ist unerfindlich. Im gleichen Zusammenhang die Essenz aus den feministischen Internetseiten *»Wie Mädchen gemacht werden«*: In »gemischten Klassen« – man beachte den rassistischen Wortschatz – geben Jungen den Ton an und der Unterricht sei auf sie zugeschnitten. Des Weiteren wird behauptet: In unserer »sexistischen Gesellschaft betrachten Jungen zwei Drittel der Zuwendung als ihren gerechten Anteil«. Zudem würden sie doppelt so viel Unterrichtszeit wie Schülerinnen beanspruchen. Pädagogen wird pauschal unterstellt, Mädchen weniger Zeit zu widmen. Alles gipfelt in der Feststellung: »*Heutzutage werden Schülerinnen in der gleiche Weise ignoriert, wie unsere Großmütter ignoriert wurden.*«[469] Wer Kinder hat oder nur am Rande mit dem Schulwesen befasst ist, weiß es: blanker Unsinn! Solche und ähnliche Märchengeschichten tauchen immer und immer wieder auf. Vermutlich so lange, bis die Politikerklasse daran glaubt und Handlungsbedarf sieht. Eigenartig, gegen diese Hetzkampagne kommt vonseiten der Lehrerschaft kein Dementi. Immerhin widerlegen sich die Feministinnen im »Word Wide Web« mit nachstehender Meldung selbst: In der Schulbildung haben Mädchen »mit den Buben gleichgezogen oder gar überholt«. Richtig, ein allgemein gültiger Wissensstand! Fakt ist auch, weibliche Kandidaten schneiden in Examen besser ab als männliche. Wo bleibt dann die Wirkung einer angeblichen Benachteiligung? Sollten die Ergebnisse nicht darauf hindeuten, dass die Jungs zu kurz kommen? Genau das ist heute der Fall! Ohne dass dem Warnruf Taten folgten, schlugen bereits im September 2003 die Kultusminister Alarm. Niedersachsens Schulminister Bernd Busemann: »Jungen haben es sehr viel schwerer als Mädchen, weil sich der Schulbetrieb feminisiert hat. 70 bis 80 Prozent der Lehrer sind Frauen, in Grundschulen liegt der Anteil noch höher.«[470] Ergänzend wurden Statistiken aller Bundesländer mit einem bedenklichen Resultat ausgewertet: Je mehr Pädagoginnen an Schulen arbeiten, umso dramatischer fallen die Jungen in der Bildung hinter den Mädchen zurück. Bilanz: *Lehrerinnen machen männliche Schüler dumm.* Noch ein interessanter Aspekt: Als die Jungs noch die besseren Abschlüsse erzielten, war für die Eierstockideologen eines sonnenklar: Es ist das Resultat weiblicher Diskriminierung. Jetzt, da Schülerinnen vorne liegen, krakeelen die gleichen Damen: *Das weibliche Gehirn sei dem männlichen überlegen.* So wird mit zweierlei Maß gemessen und alles dumpfem Fanatismus angepasst. Weiter im einseitigen Geschlechterkampf, der nur von weiblicher Seite geführt wird. Deutschlands Männer üben sich in höflicher Zurückhaltung und überlassen das Feld den Feministinnen. Eine komfortable Situation, in der Frau ungehindert und widerspruchsfrei agitieren kann. Als dahingehende Kostprobe einige Ergüsse des Frankfurter Emma-Clubs: Angeprangert werden »schockierende Zustände« in den meisten Bars und Hotels. »Damen werden dort einfach angesprochen.« Dann die Forderung, um wohl jeden Flirt zu unterbinden: »Das kann nur durch ein Frauenhotel verhindert werden.« Zusätzlich fordern die Emma-Cluberinnen separate Frauenabteile in den U-Bahnen: »Jederzeit kann ein verbaler Angriff stattfinden, oft genug getarnt durch harmlose Fragen nach der Uhrzeit oder dem Weg.« Jetzt zur abenteuerlichsten aller Feststellungen: *»In der Frankfurter U-Bahn sind Frauen permanent geschlechtlichen Mischzonen ausgesetzt.«*[471] Nichts anderes als purer Rassismus. Allein der Wortwahl abzulesen. Nachdem Südafrikas Apartheid überwunden ist, die Weiße und Farbige trennte, soll offenkundig der Wahnsinn zwischen Mann und Frau auf deutschem Boden weiterentwickelt werden. Der Trend ist klar: Radikalfeministinnen möchten unter anderem die amerikanische Version der »sexuellen Belästigung« importieren. Eine Katastrophe, die in den USA völlig außer Kontrolle geriet. Trotz des Wissens über das dortige Desaster gibt es in der Bundesrepublik keine politischen Bestrebungen, der Entwicklung entgegenzuwirken. Im Gegenteil! Die Missstände werden durch eine finanzielle Förderung der Gruppen heraufbeschworen, die solche Ziele verfolgen. Ursprünglich stand an dieser Stelle der Hinweis auf einen glücklichen Umstand. Zu geringe zivilrechtliche Schadensansprüche würden hierzulande Auswirkungen wie in den USA verhindern. Schade, diese positive Nachricht ist ersatzlos wegzudenken.

Die EU-Kommission beschloss Wahnwitz

Unter dem Stichwort »sexuelle Belästigung am Arbeitsplatz« wurde eine europäische Richtlinie erlassen, die von allen Mitgliedsstaaten umzusetzen ist. Gerade deutsche Politiker traten als Scharfmacher bei der Durchsetzung des Gesetzesprojekts hervor. Es ist der Einstieg, die Eskapaden der Vereinigten Staaten nachzuäffen. Für Berührungen, Gesten oder Sprüche darf EU-weit der Rubel rollen. Möglich sind jetzt Schadenersatzansprüche in *unbegrenzter Höhe*. Bitte den Begriff »unbegrenzt« vor Augen halten. Nicht für das Opfer eines Verbrechens, das den Rest seines Lebens im Rollstuhl sitzt. Nicht für das Opfer, dessen Gesundheit durch Ärztepfusch irreversibel geschädigt ist. Nicht für das Opfer, das beide Beine wegen eines betrunkenen Autofahrers verlor. All diese Menschen erhalten nach wie vor himmelschreiend geringe Entschädigungen. Nur »Opfer« von Berührungen, Gesten und Sprüchen dürfen unlimitierte Forderungen stellen! Eine flapsige Bemerkung, ein Pin-up-Kalender im Büro kann bereits als »Sexismus« ausgelegt und zum finanziellen Ruin führen. Noch sind die praktischen Auswirkungen nicht absehbar. Zwei Dinge gelten dagegen als gesichert: Das Gesetz verhöhnt und verspottet wirklich Geschädigte! Und es setzt einen kolossalen Anreiz zum Verdächtigungs-Missbrauch! *Blick in die Vereinigten Staaten*: Wer möchte nicht ohne Arbeit in Luxus leben? Kein Problem in den USA für raffinierte Vertreterinnen des weiblichen Geschlechts. Nicht selten werden Chefs oder gut Situierte der »sexuellen Belästigung« bezichtigt. Fast immer steht Aussage gegen Aussage! Fast immer wird den Frauen geglaubt! Bloße Behauptungen genügen, um Entschädigungen in zweistelliger Millionenhöhe zu erbeuten. Das Ende vom Lied: Es ist kein normaler Umgang zwischen den Geschlechtern mehr möglich. Männer vermeiden es, sich alleine mit Frauen in Büroräumen oder Fahrstühlen aufzuhalten. Sie verkneifen sich jeden sexuell gefärbten Witz. Nur keine nett gemeinten Worte der Bewunderung oder ähnliche zwischenmenschlichen Freundlichkeiten. Berufliche Gespräche mit Frauen nur im Beisein von Zeugen. Welcher Irrsinn mit zeitlicher Verzögerung auf die Bundesrepublik zurollen könnte, veranschaulichen Kurzgeschichten aus dem Mutterland der sexuellen Denunziation und Doppelmoral:

- **New York** – Drei Frauen verklagten die Bosse ihrer Börsenhandelsfirma »Lew Lieberbaum & Co.« auf umgerechnet aberwitzige 87 Millionen Euro. Sie wollen begrapscht worden sein.
- **Ottumwa** (US-Staat Iowa) – Dort ist Männern unter Strafe verboten, fremden Frauen zuzuwinken.
- **Ohio/Georgia/North Carolina** – In diesen US-Bundesstaaten wurde der Verkauf von Brüsseler Exportbier verboten. Auf dem Etikett die Symbolfigur der belgischen Hauptstadt »Manneken Pis«.
- **Lexington** (US-Staat North Carolina) – Der 6-jährige Erstklässler Johnathan P. gab seiner gleichaltrigen Schulfreundin einen Schmatz auf die Wange. Wegen »sexueller Belästigung« wurde der Junge vom Unterricht suspendiert. Das Positive für den Kleinen: Zum Trost spendeten ihm empörte Bürger literweise Eiscreme.
- **Seattle** (Bundesstaat Washington) – Ähnlich wie Johnathan erging es einem 12-Jährigen. Er streckte einer Mitschülerin die Zunge heraus. Die

»Tat« wurde als obszöne Geste gewertet und der Schüler wegen »sexueller Belästigung« bestraft.
• **Denver** (US-Staat Colorado) – Weltweite Empörung löste der Fall des 10-jährigen Raoul W. aus. Nach seiner Festnahme erzählte der Junge: »Ich wollte meiner Schwester nur beim Pipimachen helfen.« Gemeint war seine 5-jährige Halbschwester, der er entsprechend behilflich sein wollte und ihr die Hose herunterzog. Beobachtet wurde die Szene von einer streitbaren Nachbarin, die Anzeige erstattete. Der kleine Raoul wurde verhaftet und in Handschellen abgeführt. In Knastkleidung sperrte man ihn über Monate im Mount-View-Jugendgefängnis ein. Zu »Vernehmungen« wurde er in Ketten vorgeführt. *Warum streben deutsche Politikerinnen und Politiker diesen Irrsinn an, anstatt Kinder und Erwachsene davor schützen?* Mädchen brav – Jungs böse! Pro Frau – kontra Mann! Amerika auch auf diesem Gebiet das Land der unbegrenzten Möglichkeiten: Mörderinnen werden ohne Haftstrafen oder unter geringen Auflagen auf freien Fuß gesetzt. Behauptungen, geschlagen oder missbraucht worden zu sein, gelten als Freibrief für nahezu jede Schandtat oder Verbrechensart. Lapidare Strafen erwartet Frau, falls sie »nur« einen Mann tötet. Mütter, welches Delikt sie auch verüben, sehen kaum mehr das Gefängnisinnere, schließlich müssen sie für ihre Kinder sorgen. Auch Hinrichtungen verbindet eine Selbstverständlichkeit: Fast ausnahmslos treten Männer den barbarischen Gang zum Henker an. Spezielle Grausamkeit für das »starke Geschlecht«: Nicht selten sind Unschuldige unter ihnen. Zurück nach Deutschland.

Die Bundesrepublik nimmt Kurs auf US-Verhältnisse

• **Berlin** – Sexvorwurf gegen einen Erstklässler. Der 7-Jährige spielte unter Aufsicht einer Erzieherin im Freizeitraum. Dabei soll er einen Finger in den Intimbereich eines Mädchens eingeführt haben. Ein Doktorspiel? Zur eigentlichen Frage: Warum wurde das männliche Kind vom Schulunterricht suspendiert und nicht die weibliche Aufsicht?
• **Kreuztal** (Nordrhein-Westfalen) – »Sie haben den Vater erstochen. Der Richter ließ sie laufen«, titelte ein bekanntes deutsches Boulevardblatt. Erbarmungslos metzelten die Geschwister Lydia (19) und Julia (18) ihren Vater hinterhältig und geplant mit einem Küchenmesser ab. Tatmotiv der hübschen Töchter: Ihr Opfer hätte sich angeblich ständig betrunken und sie geschlagen. Des Richters haarsträubende Begründung, eine Aufforderung zu weiteren Bluttaten: »Die Mädchen wollten aus einer ausweglosen Lage ausbrechen. Vielleicht überdenkt nach diesem Urteil so manch ein Familientyrann

sein Verhalten.«[472] Richterspruch: Zwei Jahre auf Bewährung. Kein Tag Gefängnis für die Mörderinnen.
- **Frankfurt** (Hessen) – Die Altenpflegerin Christa O. verliebte sich in den charmanten Lebenskünstler Paul V. und will ihm sexuell hörig geworden sein. Vor Gericht gab sie an, ihr Geliebter hätte getrunken, sie geschlagen und vergewaltigt. Behauptungen, die folgenden Tathergang entschuldigen sollen: Das Opfer schlief, als ihn seine Lebensgefährtin heimtückisch und brutal mit sieben Axthieben erschlug. Erst Jahre später wurde die skelettierte Leiche vergraben im Blumenbeet gefunden. Urteil: Freispruch! Richter Friedrich K., der wohl noch nie etwas von einer schlichten und einfachen Trennung gehört hat: »*Es war das Ende einer Kette von Demütigungen. Der Mann war ihr zuwider geworden.*«[473] Presseberichten zufolge verließ die Mörderin nach der Urteilsverkündung das Gericht und verschwand gutgelaunt in einem Café.
- **Schwerin** (Mecklenburg-Vorpommern) – Die junge Judith P. wurde wegen Mordes an ihrem Ehemann Baskim P. angeklagt. Die Staatsanwältin: »Sie hat ihren albanischen Gatten erst mit Schlafmitteln betäubt, dann erschoss sie ihn in der gemeinsamen Wohnung mit einer Pistole. Die Waffe lieh sie sich vom Schützenverein, dessen Mitglied sie ist.« Angeblich wurde Judith P. jahrelang von ihrem Mann betrogen, geschlagen und gequält. Obwohl der Richter, wie er sagte, von der Schuld der Angeklagten überzeugt war: Freispruch![474]

Dies nur einige von unzähligen Beispielen. Wie wir schon aus Trennungs- und Scheidungsverfahren wissen: Deutschlands Justiz die Speerspitze eines männerfeindlichen »Wertewandels«. Ein Parameter des Ungleichgewichts: Fast 95 Prozent aller Häftlinge sind Männer. Gerade in der Rechtsprechung gewannen Feministinnen enormen Einfluss. Frau kann Mann straffrei »beseitigen«, wenn sich die Täterin mit Schutzbehauptungen als Opfer präsentiert. In der Regel wird das leibhaftige Opfer über den Tod hinaus unüberprüfbar beschuldigt. Bei Männern geht es strafrechtlich weit rustikaler zur Sache. Exemplarisch ein Fall aus der Universitätsstadt Heidelberg: »Sie sah so schön aus, da konnte ich mich nicht mehr bremsen«, gestand ein Arbeiter reuevoll. Was war geschehen? Der 35-Jährige schlenderte an einem heißen Tag über die Neckarwiese und sah eine junge Frau im Bikini. Er stürzte sich auf die Schöne, küsste sie auf Mund und Dekolleté. Ohne die Tat rechtfertigen zu wollen, das gesprochene Urteil ist skandalös. Insbesondere dann, wenn man sich die straffreien Morde an Männern vor Augen hält: Zweieinhalb Jahre Knast für den schuldbewussten Küsser!

**Schon davon gehört?
Die Justiz unterscheidet ganz offiziell zwischen Mann und Frau.
Feministische Gerichts- und Juristinnentage sind Rechtsalltag.**

Die Geschlechtertrennung gilt zumindest juristisch als vollzogen. Dem ersten Anschein nach mögen die geschilderten frauenfreundlichen Urteile verwundern. Unter dem Aspekt der feministischen Einflussnahme eine zwingende Konsequenz. Verschärfend unternimmt unsere politische Führung stetig neue Anstrengungen, die bestehende Schieflage zu vertiefen: »Feministisches Rechtsinstitut«, »Deutscher Juristinnenbund e. V.« sind nur zwei der vielen Frauenvereinigungen, die sich staatlicher Unterstützung erfreuen. Wörtlich erklärtes Ziel der Girlcamps: »*Das Recht aus einer Position der Parteinahme für Frauen weiterzuentwickeln, unter anderem Lobby-Arbeit in Gesetzgebungsverfahren*«. Im Geiste des olympischen Gedankens »Dabei sein ist alles«, hecheln die traditionellen Parteien dem frauen-wähler-bringenden Mainstream hinterher. Fraktionsübergreifend sind sogenannte Arbeitsgruppen für Juristinnen installiert. Alles flankiert von der feministisch-juristischen Förderung im Hochschulbereich. Müsste sich Justitia nicht durchweg gegen Ziele dieser Art verwahren? Kann ein Rechtsstaat geschlechtsspezifisch ausgerichtete Einseitigkeit in Gerichts- und Gesetzgebungsverfahren wollen und zulassen? Man stelle sich vor, Männer würden Bündnisse zur Beeinflussung der Justiz in ihrem Sinne gründen. Skandal, Skandal, würde es tönen! Womöglich dürfte sich der eine oder andere maskuline Aktivist einer psychiatrischen Untersuchung erfreuen. Wie wir aus dem vorherigen Kapitel wissen, ein gängiges Mittel zur Einschüchterung von XY-Chromosomenträgern. Die Verteufelung des Mannes in der Rechtsprechung treibt unaufhörlich neue Blüten. Speziell das Sexualstrafrecht wird stetig weiter ausgebaut. Obwohl in der Vergangenheit die Straftatbestände Körperverletzung und Nötigung zur Verfügung standen, wurde ohne Not das Gesetz »Vergewaltigung in der Ehe« erfunden. Erwartungsgemäß brachte dieses Delikt nicht mehr Rechtssicherheit, sondern mehr Unrecht. Kritische Juristen warnten von Anfang an vor dem neuen Gesetz, da es zum Missbrauch verleite. So gut wie nie gibt es Zeugen oder medizinische Befunde. So gut wie immer steht Aussage gegen Aussage. Zwischenzeitlich häufen sich die falschen Beschuldigungen. Immer öfter sitzen Unschuldige in Gefängnissen ein und nur selten werden die Verleumdungstäterinnen überführt. Eine eheliche Vergewaltigung, die keine war, ist kaum nachzuweisen. Nur glückliche Umstände führen hin und wieder zur Aufdeckung. Generell sind unfreiwillige sexuelle Handlungen zwischen

309

Eheleuten in keiner Weise vergleichbar mit einer Vergewaltigung durch einen unbekannten Sexualstraftäter. Der Überfall eines fremden Mannes stellt eine völlig andere Dimension der Gewalterfahrung dar. Viele dieser Opfer werden verschleppt, bedroht und das Schlimmste: Sie müssen um ihr Leben fürchten. Genauso sollte bedacht werden, dass jede Frau, die nur einmal vom Ehepartner sexuell genötigt wurde, sofort die Trennung herbeiführen kann. *Diese Eigeninitiative ist einer Frau abzuverlangen, ohne nach dem Staat zu rufen.* Landesweit stehen dafür Frauenhäuser zur Verfügung. Einrichtungen, die jede nur denkbare Unterstützung gewähren, auch in finanzieller Hinsicht. Übergriffe über einen langen Zeitraum sind folglich vermeidbar. Sollten sie dennoch stattgefunden haben, sind Frauen mitschuldig und im hohen Maße unglaubwürdig. Fazit: Das Gesetz »Vergewaltigung in der Ehe« verleitet dazu, im Konfliktfall angewandt zu werden. Die Praxis zeigt, anstelle von mehr Recht bringt es Unrecht. Das Gesetz hat sich nicht bewährt, es ist abzuschaffen! *Eine Forderung, so naiv wie illusorisch.* Familiäre Denunziation bleibt auch in Zukunft ein florierendes Gewerbe. Das Feminat wird schon dafür sorgen, schließlich ist es im Interesse der eigenen Klientel. Kein politisch Verantwortlicher wird es wagen, eine Änderung auch nur anzudenken. Die feministisch-demagogische Strategie würde es den Kritikern schon zeigen. Postwendend träfe die Amtsträger der Vorwurf der Frauenfeindlichkeit und der heimlichen Komplizenschaft mit Vergewaltigern. Ruf, Karriere und Wählerstimmen wären dahin. Gründe, die die Rücknahme des Gesetzes auf unabsehbare Zeit ausschließen. Bloß nicht von schlechten Erfahrungen und Fehlern irremachen lassen, scheint oberste politische Doktrin. Oder gelingt es nur nicht, sich dem Einfluss der Frauenrechtlerinnen zu entziehen? Wie dem auch sei, der nächste Sündenfall folgte auf dem Fuße:

Das Gewaltschutzgesetz

Wieder wurde ein feministischer Standpunkt ohne nennenswerten Widerstand durchgesetzt. Wieder warnten anerkannte Rechtswissenschaftler wie Professor Dr. Dr. Michael Bock vergeblich: »Ich empfehle dem Deutschen Bundestag nachdrücklich, den Gesetzentwurf der Bundesregierung insgesamt abzulehnen.«[475] Worte, die auf hermetisch verschlossene Politikerohren trafen. Jetzt dürfen Frauen ihre Männer »vor die Tür setzen«, oder wie es heißt: »Der Schläger geht, die Geschlagene bleibt.« Was beispielsweise im Winter mit einem schlotternden Mann vor der Tür wird, das lässt der Gesetzgeber offen. Wohl in Anlehnung an die männliche Vorliebe für den Fußballsport wird das unfreiwillige Verlassen der Wohnung sarkastisch

»Platzverweis für Männer« genannt. Erneut steht Aussage gegen Aussage. Und auch hier sind die wahren oder erlogenen Angaben der Frau das alleinige Kriterium. Alles wird in diesem Gesetz aus feministischer Sicht geregelt, nur nicht, wenn sich die Frau als Schlägerin entpuppt. Schmunzeln Sie? Es geschieht öfter, als Sie denken. Zum einen hat der neue Mann gelernt, alles für seine Partnerin zu tun, nur nicht zurückzuschlagen. Zum anderen erzählen Sie mal als Kerl, von einer Frau misshandelt worden zu sein. Wer würde Ihnen überhaupt glauben? Ein Gutachten von Prof. Bock, gestützt auf internationale Studien prominenter Wissenschaftler, deckt Erstaunliches auf: In den meisten Fällen wird Gewalt von beiden Partnern wechselseitig ausgeübt. Aggressives Verhalten legen Frauen und Männer in nahezu gleicher Weise an den Tag. *Frauen mit 52 Prozent sogar etwas häufiger.* Außerdem zeigen die Untersuchungen: Das Schlagen mit Gegenständen und der Einsatz von Messern sind etwa gleich verteilt. Deshalb will der Wissenschaftler der UNI Mainz nicht einsehen, »wieso ein Messer bei Männern weniger verletzend wirken soll als bei Frauen«. Das Gutachten spricht von einer »grob unrichtigen Einschätzung der tatsächlichen Lage«. Es stellt weiter fest: Das Gewaltschutzgesetz geht von einem »Feindbild Mann« aus, das faktisch unhaltbar ist. »Es fördert nicht den konstruktiven Dialog der Geschlechter, sondern ist ausschließlich auf Enteignung, Entmachtung, Ausgrenzung und Bestrafung von Männern gerichtet.«[476]

Geschlechtsspezifischer Fundamentalismus und Extremismus

Wann ist es so weit? Ausgangssperre für Maskulisten! Jetzt vermuten Sie sicher eine bösartige Übertreibung. Doch bereits 1981 stand auf einem Frauenforderungskatalog im Rahmen der »Hamburger Woche« ein Ausgehverbot für Männer ab 20 Uhr. Ähnlich ambitioniert die Frauenrechtlerin und Bundestagsabgeordnete Annelore Ressel. Auch sie trachtete dem männlichen Geschlecht nach der Freiheit. Auf Abwegen auch die Gleichstellungsstelle für Frauen (Fiff) der Landeshauptstadt München. Die Bajuwarinnen sammelten im Jahre 2001 Unterschriften für »Baden ohne Männer« in städtischen Schwimmeinrichtungen. Gleichzeitig wurde, zunächst für eine Nacht, eine männliche Ausgangssperre »angeregt«.[477] Übrigens: Männerfreies Baden ist zwischenzeitlich schon vielerorts möglich. Beispielsweise bewirbt das Freiburger Lorettobad das »getrennte Damenbad« als »Highlight« seiner Anlage. Das ganze Drum und Dran lässt erahnen, wie sehr sich die Frauenbewegung über das Männliche erhebt. Es

hat nichts mehr mit dem ursprünglichen Gedanken der »*Gleichstellung von Mann und Frau*« zu tun. Jeder vernünftige Mensch ging mit dem ehemals berechtigten Anliegen konform. Diese Akzeptanz ist verspielt! Mit dem heutigen Hardliner-Feminismus verbinden die Bürger negative Aspekte wie: Realitätsverlust! Krankhafte Selbstüberschätzung! Verzicht auf Wahrhaftigkeit! Kurzgeschichten der fanatisierten Denke:
• Die feministische Partei »Die Frauen« forderte mindestens 80 Prozent Frauen auf den Landeslisten aller Parteien. Zitat: »Höchstens jeder fünfte Platz darf von einem Mann belegt werden.«
• Ohne Fakten zu nennen, wird behauptet: Die medizinische Versorgung von Frauen sei nicht sichergestellt. Wieso das? Jede ärztliche Leistung steht doch allen in gleich schlechter oder guter Qualität zur Verfügung. Sogar Gegenteiliges ist in manchen Fachbereichen der Fall: Derzeit fließen 50-mal höhere Mittel in die Brustkrebs- als in die Prostatakrebsforschung. Das, obwohl beide Krankheiten nahezu gleich häufig auftreten und gleich gefährlich sind. Daneben gibt es flächendeckend Frauenärzte, aber keine Männerärzte. Entschuldigung! Einen hat die Frankfurter Universitätsklinik installiert. Berichtigte Darstellung: ein Facharzt für mehr als 30 Millionen deutsche Männer.
• Frauen sollen die besseren Autofahrer sein, da sie weniger Karambolagen verursachen. Das Statistische Bundesamt entlarvt, wie Datenunterschlagung die Wahrheit beugt: Im fraglichen Jahr verunglückten 303.200 Männer und »nur« 225.100 Frauen. Darauf stützte sich die Prahlerei der weiblichen Überlegenheit im Straßenverkehr. Unerwähnt blieb: Laut gleicher Statistik legten Frauen im Vergleich zu Männern nur etwa ein Drittel der gefahrenen Kilometer im Straßenverkehr zurück. Wirkliches Ergebnis: Beide Geschlechter sind annähernd gleich schlechte Autofahrer.
• Noch immer sollen Frauen weniger verdienen als Männer. Unterstellt, dem wäre so, reden wir von der ureigensten Aufgabe der Gewerkschaften, den Missstand zu beseitigen. Ob diese Ungleichbehandlung tatsächlich existiert, ist jedoch höchst zweifelhaft. Verlässliche Vergleichszahlen fehlen, da herkömmliche Statistiken an einem entscheidenden Manko leiden: Sie rechnen der Frauen liebstes Kind, die geringfügigen Jobs und Babypausen, mit ein.
• Die Gleichbehandlung der Geschlechter wird gerne dann gefordert, wenn es um die angenehmen Seiten des Lebens geht. Zur Bundeswehr bitteschön nur aus freien Stücken. In aller Regel, wenn kein adäquater Ausbildungsplatz zur Verfügung steht. Dieses (Un-)Recht wurde vor dem Europäischen Gerichtshof erstritten. »Frauen klagen auf Anerkennung zur Wehrpflicht.« Diese Schlagzeile pro Zwangsdienst werden wir wohl für immer vermissen. Wieder Männer die Dummen! Schwer verständlich, warum Wehrpflichtige

nicht massenhaft den Klageweg gegen diese Ungleichbehandlung einschlagen. Die Herren der Schöpfung einmal mehr gleichgültig.
• Kaum noch zu ertragen, Deutschland besteht nur mehr aus »starken Frauen« oder »Powerfrauen«. Gemeint sind jene, die mit ihren weiblichen Ellenbogen alles beiseite räumen und sich nach dem Motto durchsetzen: »Brave Mädchen kommen in den Himmel, böse Mädchen überall hin.« Stellen Sie sich einen männlichen Rambo mit identischen Eigenschaften vor. Man würde keineswegs bewundernd darüber reden, sondern ihm Machogehabe und männliche Aggressivität vorwerfen.
• Wie selbstverständlich wird Sexismus Männern unterstellt. Unzählige Frauenzeitschriften liefern den Gegenbeweis. Außerdem geht es nirgendwo enthemmter zu als in Veranstaltungen für die Damenwelt. Nach einem Lady-Abend (für Männer verboten) mit den »American Dream Men« titelte die Presse: »1.300 Frankfurterinnen flippten aus.« Die Fans forderten: »Ausziehen, Ausziehen!« Originalton einer Besucherin in Begleitung ihrer Freundinnen: »Wir wollen hier mal so richtig hemmungslos die Sau rauslassen.«
• Prominenten Skispringern schwenken weibliche Fans Transparente entgegen: »Ich will ein Kind von dir.« Beim EM-Basketball-Länderspiel in der Türkei war zu lesen: »Dirk, willst du mit mir schlafen?« Die Offerte galt Dirk Nowitzki, dem Superstar der deutschen Nationalmannschaft. Würden Männer im Frauensport Spruchbänder mit gleichen Eindeutigkeiten schwingen, wäre die Empörung riesengroß. Ernsthaftes Interesse wäre lediglich vonseiten der Staatsanwaltschaft zu erwarten. Sexuelle Belästigung und Sexismus Männersache? Nein! Vor weiblichen Anzüglichkeiten verschließt man nur erstaunlich großzügig die Augen.
• Wer behauptet, Frauen wären sanftmütiger, muss erklären, warum sie sich mit unfassbaren Gewalttaten solidarisieren. Prominente Killer und Kinderschänder bekommen körbeweise Liebesbriefe. Einer der brutalsten unter ihnen, der Fünffach-Mörder Dieter Zurwehme, heiratete im Knast eine seiner »Verehrerinnen«. Triebtäter Schmökel, der vier Kinder schändete und einen Rentner erschlug, prahlte mit den Zuschriften seiner Brieffreundinnen: »Es werden immer mehr Frauen, langsam verliere ich den Überblick.«[478]
• Menschlichere Politik soll ebenfalls Frauensache sein. Leider merken wir Bürger nichts davon. Obwohl weibliche Bundestagsabgeordnete jedes Gesetz kippen könnten, wirken sie am gleichen Unsinn mit wie die restlichen Parlamentarier.
• Frieden sei weiblich, sagt Frau. Die Geschichte der Menschheit widerlegt dieses Wunschdenken. Seit dem Kosovo- und Afghanistan-Konflikt können wir Deutsche auf jüngste Erfahrungen zurückgreifen. Die »pazifistische« Partei Bündnis 90/Die Grünen wurde über Nacht zum Bündnis/

Olivgrüner. Mit einer Frauenmehrheit von 57,4 Prozent stimmte besagte Bundestagsfraktion für *beide* völkerrechtswidrigen Kriegseinsätze. Ernsthaft Widerstand leistete nur ein Mann: Hans-Christian Ströbele.

Im Irak 2003 erneut eine Frau an der Spitze der Kriegstreiberei: Angela Merkel in »uneingeschränkter Solidarität« auf Seiten des Aggressors Georg W. Bush. Glück für Deutschland: Die Pfarrerstochter aus der Uckermark war noch nicht Kanzlerin.

- Immer wieder ertönt der Ruf nach mehr »Macht den Frauen«. Derartiges ist aber nur in einer Monarchie oder Diktatur möglich. Jemandem Macht wie mit der Schneeschaufel zuzuschippen ist und bleibt mit demokratischen Strukturen unvereinbar. Unter Gleichberechtigung ist zu verstehen: Frauen in allen gesellschaftlichen Belangen zu 100 Prozent gleiche Chancen einzuräumen. Nicht weniger, aber auch nicht mehr.
- Abschließend spricht die Nummer eins der Frauenbewegung Alice Schwarzer: »Wenn eine Frau exakt das Gleiche macht wie der Mann, ziehe ich die Frau vor.«[479] Angela Merkel ist Gewinnerin genau dieser Zeitströmung. Wäre Frau Merkel ein Mann, sie hätte nie und nimmer den Sprung ins Kanzleramt geschafft. Durch Leistung ist die Politikerin weder als Familien- noch als Umweltministerin aufgefallen. Auch als Regierungschefin setzte sich diese verdienstfreie Strömung fort. Von Beginn ihrer Amtszeit an war von Merkels Stil die Rede, nie von politischen Inhalten. Gleichzeitig widerlegt dies eine weitere Mär: Frauen müssten im Berufsleben doppelt so gut sein wie Männer.

Es gibt unzählige Märchen um die wunderbaren Eigenschaften der Frau. Von der »emotionalen Intelligenz« bis zur »erweiterten Sichtweise«. Was immer es sein mag, hier kann nur weniges in Kürze angesprochen werden. Sollten Sie thematisch tiefer eintauchen wollen, lassen sich zwei Bücher wärmstens empfehlen: »Sind Frauen bessere Menschen?« und »Männerbeben«. Autor und Medienwissenschaftler Arne Hoffmann entzaubert amüsant und spannend so gut wie alle Geschlechterklischees und feministischen Dogmas. Seine Ausführungen stützen sich auf seriöse wissenschaftliche Grundlagen mit minutiös aufgelisteten Quellenangaben.

Vorliebe Sex

Wie dieses Kapitel schon zeigte und weiter zeigen wird, beschäftigt sich Feminismus inhaltlich liebend gern unterhalb der Gürtellinie. Es versteht sich – vornehmlich ist der männliche Unterleib Ziel von Angriffen oder anderweitiger »Begehrlichkeiten«. Für Schlagzeilen sorgte in diesem Sinne die

Familienberatungsstelle »Pro Familia«. In Kooperation mit der UNI Essen wurde eine Studie um das »beste Stück« des deutschen Mannes »erarbeitet«. Zitiert daraus nur ein Satz: »Im erigierten Zustand misst der durchschnittliche deutsche Penis genau 14,48 Zentimeter in der Länge, bei einer Breite von 3,95 Zentimetern.«[480] Die sogenannte Untersuchung hinterlässt zwei offene Fragen: Welche familienberatenden Erkenntnisse leiten sich davon ab? Und warum müssen wir Bürger den groben Unfug bezahlen? Sowohl »Pro Familia« wie die Universität Essen finanzieren sich aus Deutschlands Steuertöpfen. Bei bester Laune und strahlendem Wetter können einem die dummen Lüsternheiten noch ein gequältes Lächeln abringen. Eine Milde, die bei den widerlichsten Folgen des feministischen Wildwuchses nicht mehr möglich ist. Dazu kommen wir jetzt.

Steuermittel für straffreie Schwerkriminalität

Zu Beginn der Achtzigerjahre fanden fanatisierte Feministinnen endlich den Slogan, unter dem sich diese Frauen nach US-Vorbild vereinigen konnten: »Sexueller Missbrauch an Kindern«. Schnell wurde etwas Wichtiges erkannt: Dieses *unvergleichlich* emotional besetzte Thema eignet sich vorzüglich als strategisches Konzept. Politischer Einfluss, staatliche Fördermittel und Arbeitsplätze lassen sich mit bloßen Behauptungen mühelos beschaffen. Unter dieser Prämisse schlossen sich Laien mit geringfügiger oder fehlender Vorbildung zusammen und ernannten sich zu »Experten« in Sachen Kindesmissbrauch.[481] So entstand im gesamten Bundesgebiet eine eng verknüpfte Subkultur. Als Sammelbecken dienten die wie Pilze aus dem Boden sprießenden »feministisch-parteilichen Beratungsstellen«. In diesem Fall steht Parteilichkeit nicht dafür, sich für seine Klienten einzusetzen. Das versteht sich im sozialen Bereich von selbst und müsste folglich nicht erwähnt werden. Hier beruht Parteinahme, auf der Basis ideologischer Verblendung, unter Ausschluss von Objektivität und Neutralität. Damit ist bereits erklärt, warum Männer in der Regel die Beratungsstellen nicht betreten dürfen. Auch die Auswahl der Mitarbeiter und deren Qualifikation orientieren sich an einer speziellen Eigenschaft: am Inhalt der Unterhose! Eine weitere Zugangsvoraussetzung: Bevorzugt werden gleichgeschlechtlich ausgerichtete Bewerberinnen. Im normalen Leben kein Problem, hier schon. Es ist kein Geheimnis, dass Lesben »gut mit Schwulen können«, aber gegenüber heterosexuellen Männern latent feindselige Gefühle hegen. Aggressiv wie ihr Auftreten auch die bedeutungsschwangeren Vereinsnamen: Wildwasser, Lawine, Zartbitter, Bittersüß, Zornröschen, Löwen, Kobra usw.

Die Psycho-Berater betrachten sich als Inhaber und Vertreter der absoluten Wahrheit – unfehlbar und über jeden Zweifel erhaben. Damit haben wir Deutschen spezielle Erfahrungen: Menschen mit fundamentalen Ansprüchen und Größenwahn können größtes Unheil anrichten und tun es auch. Im Gegensatz zur Bundesrepublik wagt man in den USA naheliegenden Vergleich auszusprechen und bezeichnet diese Frauengruppen »FemiNazis«. Seit Gründung fraglicher Vereinigungen grassiert das Jagdfieber auf vermeintliche Kinderschänder. Besser ausgedrückt – die Hatz auf Männer. Eine wohl seit Kriegsende beispiellose Propaganda transportiert über die Medien: Hass schüren! Feindbilder aufbauen! Horrende Dunkelziffern! Der Name »Dunkelziffer« verrät es bereits: fiktive Zahlen, willkürlich erdacht. Haben wir uns nicht alle schon einmal kopfschüttelnd gefragt: »Wo leben wir eigentlich?« Je nach Publikation soll jedes vierte oder dritte Kind in Deutschland sexuell missbraucht werden. Schon die divergierenden Behauptungen lassen eines erkennen: Mit Zahlen wird äußerst großzügig umgegangen. Im ersten Fall wären knapp 3 Millionen, im anderen Fall annähernd 4 Millionen kindliche Opfer zu beklagen. Der »kleine« Unterschied von 1 Million Verbrechen. Auch ist immer wieder die Rede von jährlich 300.000 Kindern, die in ihren Familien missbraucht werden. Klingt dem ersten Anschein nach nicht ganz so schrecklich wie die genannten Millionenzahlen. Zu Ende gedacht, ist es aber eine noch größere Infamie. In der Bundesrepublik werden jährlich zirka 700.000 Kinder geboren. Würden davon 300.000 Opfer sexuellen Missbrauchs, hieße das: Nahezu die Hälfte aller Väter wären heimliche Kinderschänder. Ironisch möchte man hinzufügen: Und der Rest kann sich gerade noch beherrschen. Jeder, der sich von diesen Zahlen alarmiert fühlt, sollte sich beruhigt zurücklehnen – zum Glück alles nur Lüge! Laut Strafverfolgungsstatistik bestätigt sich der schlimme Verdacht jedes Jahr rund 2.500-mal in der gesamten Bundesrepublik.[482] Jeder dieser Übergriffe ist selbstverständlich einer zu viel und wie bei allen anderen Straftaten wird es auch hier ungeklärte Fälle geben. Doch mit dem feministischen »Millionenspiel« hat das alles nichts zu tun. Trotzdem, es ist ein Spiel um Millionen – das der baren Münze! Der bewussten Täuschung liegt ein simples Prinzip zugrunde. Verbreitet wird eine Horrorvision: »Seht her, wie viele Millionen Täter und Opfer es gibt.« Gleichzeitig sagt man: »Wir brauchen mehr Geld und Stellen, um zu helfen.« Diese Methode ist jeder entsprechenden Presseveröffentlichung fraglicher Organisationen zu entnehmen. Erst die Verkündung von Horrorzahlen, dann die Forderung nach mehr »Staatsknete« und Stellen. Darüber hinaus fehlt nur selten der Hinweis auf das vereinseigene Spendenkonto. Um nicht mehr und nicht weniger geht es hier. Eines sind diese Zahlenspiele: unglaublich erfolgreich!

> Bereits 1995 erklärte Katharina Larondelle, Aktivistin der
> Beratungsstelle »Wildwasser«, gegenüber der Presse:
> »Jedes vierte Mädchen vom Vater missbraucht!
> Das haben wir als politische Zahl benutzt!«
> Die Zeit Nr. 15 vom 7. April 1995

Seit Beginn der Strategie ergießen sich die staatlichen Zuwendungen über die radikalfeministischen »Fachfrauen«. *Eine Kontrolle oder Überprüfung ihrer Arbeitsweise gibt es nicht.* Unbegreiflich, hält man sich das schon Mitte der 90er-Jahre abgegebene Bekenntnis von Katharina Larondelle vor Augen. Kindesmissbrauch als Konzept für politischen Einfluss und zur Sicherung des eigenen Lebensunterhalts. Ein ekelerregendes Geschäftsmodell! Doch politische Lügen haben lange Beine, deshalb partizipieren die Aufdeckerinnen schon seit Jahrzehnten davon. Bereits Ende 1996 fiel mir eine Personalkosten-Aufstellung von »Zartbitter Köln« in die Hände. Eine der führenden Hardcore-Feministinnen genehmigte sich schon damals ein Grundgehalt von umgerechnet schlappen 5.000 Euro monatlich. Neidisch ist sicher niemand, aber in Anbetracht der Arbeitsweise, auf die wir gleich zu sprechen kommen, macht es wütend. Steuermilliarden der Bürger, um familiäre Katastrophen heraufzubeschwören. Pauschal lässt sich eines sagen: Die Zahl falscher Verdächtigungen hat im gleichen Maß zugenommen wie die Zahl der Beratungsstellen. Schlagzeilen wie diese sind selbst dem allerletzten Hinterbänkler des Bundestages bekannt. Der Spiegel: *»Jeder Mann ein Kinderschänder? Jetzt ist niemand sicher.«* Mainzer Rhein-Zeitung: *»Feministinnen verteufeln Väter.«* Der Spiegel: *»Die Hexenjäger(innen).«* Focus: *»Kinder in der Psycho-Falle.«* Sonntag aktuell: *»Eine Katastrophe für die Kinder.«* Väteraufbruch: *»Wer schützt uns vor dem Kinderschutz?«* Gab es in den Abgeordnetenhäusern von Bund oder Ländern Reaktionen auf diese und ähnliche Presseberichte? Nein, keine!

Politisch ignoriert – Deutschlands Massenverdächtigungen

Coesfeld (Nordrhein-Westfalen) – Rainer M. (35), ein bei Kollegen, Kindern und Eltern ausnehmend beliebter Erzieher im Montessori-Kindergarten, brach in Tränen aus. Gerade wurde ihm eröffnet, wovon er selbst nichts wusste: Er ist ein Kinderschänder und hat sich an einem 5-Jährigen seiner Gruppe vergangen. Nur Stunden später die fristlose Kündigung. Der Vorwurf gegen den ahnungslosen Pädagogen wurde auf abenteuerlichste Weise konstruiert.

Drahtzieherin war eine Freundin der Familie des vermeintlich betroffenen Kindes. Gleichzeitig war die Dame Mitarbeiterin der örtlichen Beratungsstelle »Zartbitter«. Was dann geschah, ist für normal strukturierte Menschen schwer nachvollziehbar. Umso geeigneter als Beleg dafür, welche Infamie und Gefahr von besagten Organisationen ausgehen. Fälle dieser Art zeigen es immer wieder: Hat der Wahn einmal begonnen, werden Beschuldigungen beliebig ausgeweitet. Auch hier wurde eine Lawine losgetreten und Rainer M. systematisch zum Sexmonster stilisiert. In seiner achtjährigen Tätigkeit soll der *außergewöhnlich* geschätzte Erzieher kaum etwas anderes getan haben, als seine Schützlinge zu quälen, zu bedrohen oder zu vergewaltigen. Fast permanent habe er in die Scheide von Mädchen oder in den After der Jungs Zahnbürsten, Spielzeugautos, Seifen, Stöcke u. Ä. eingeführt. Perverseste Handlungen an über 50 Kindergartenkindern und das in Hunderten von Fällen wurden behauptet. Rainer M., der anfangs an eine rasche Aufklärung glaubte, fand sich schnell im Gefängnis wieder. Wie ein Flächenbrand breiteten sich die Wahnvorstellungen aus. Selbst Erzieher(innen), Zivildienstleistende und Reinigungskräfte wurden mitbeschuldigt. Genauso ein Taxifahrer, der gelegentlich Kinder in die Einrichtung brachte. Plötzlich war von einer Mafia-Organisation die Rede. Kinderpornos seien produziert und damit gehandelt worden. Perverseste Fantasien der Feministinnen wurden mittels Suggestion in die Kinder hineingefragt. Fallgruben, unterirdische Gänge, Fledermäuse, Särge und geschlachtete Frauen lastete man Rainer M. an. Übrigens: Vermisst wurde niemand! Rasch war der Pädagoge von den Presseorganen als »schrecklichster Kinderschänder Deutschlands« vorverurteilt. Die viel gepriesene Unschuldsvermutung galt nur auf dem Papier. Ermöglicht wurde alles durch ein Komplettversagen der Justizbehörden. Ermittler und Gericht ließen sich vor den feministischen Karren spannen. Warum keine klassische Polizeiarbeit? Beispielsweise der Spurensicherung im Kindergarten. Bei unzähligen Vergewaltigungen müssten doch irgendwo Spermaspuren zu entdecken sein. Selbst Monica Lewinsky hat es als kriminologisch Ungeschulte hinbekommen, den amerikanischen Präsidenten Bill Clinton auf diese Weise zu überführen. Warum keine Untersuchungen der Kinder, die angeblich anal, vaginal vergewaltigt und denen unmöglichste Gegenstände eingeführt wurden? Hätten derartige Perversionen nicht schlimmste Verletzungen hinterlassen müssen? Wäre bei angeblich vergewaltigten Mädchen eine dahingehende Untersuchung nicht sogar zwingend? Wieso keine rationale Überlegung, wie sich alles zugetragen haben könnte? Wer Kindergärten kennt, weiß doch, dass es keinen unbeobachteten Ort gibt. Wie und wo soll es sich dennoch acht Jahre lang permanent und ununterbrochen zugetragen haben? Warum war das angebliche Sexmonster bei den

Kindern so beliebt? Sogar der Lächerlichkeit gaben sich die Ermittler preis. Als die Laienberater unterirdische Gänge erfanden, wurde angeordnet, den Turnhallenboden aufzureißen. Das Ergebnis überraschte wohl nur die Staatsanwaltschaft: nichts! Wie war es möglich, ohne geringste Spuren, ohne objektive Beweise Anklage gegen Rainer M. zu erheben? Ein Geheimnis, das die zuständige Gerichtsbarkeit in Münster vermutlich ins Grab nimmt. Erst mit kompetenten Sachverständigen fiel das feministische Lügengebäude wie ein Kartenhaus zusammen – Freispruch! Vier Jahre verbrachte der Unschuldige unter dem abscheulichen Verdacht. Davon 26 Monate im Gefängnis und dort noch als Geächteter. Für das schlimmste Unrecht, das einem Menschen hierzulande widerfahren kann, erhielt Rainer M. eine geschmacklos geringe Haftentschädigung. Die enormen Kosten des Verfahrens wurden der Landeskasse, sprich dem Steuerzahler auferlegt.

Worms (Rheinland-Pfalz) – Ein erbitterter Trennungskrieg tobte zwischen zwei Großfamilien. Anlass der Tragödie war eine Ehescheidung. Es ging, wie so oft in Deutschland, um Sorge- und Besuchsrechte der Kinder. Man war nicht nur verkracht, sondern geradezu tödlich verfeindet. Über Jahre grassierte ein bösartiger und erbitterter Kampf. Alles Erdenkliche warf man sich wechselseitig vor, sogar Kindesmissbrauch. Die Staatsanwaltschaft ermittelte diesbezüglich, doch alles verlief im Sande. Irgendwann schaffte es eine Partei, einen Kinderarzt aufzutreiben, der »Wildwasser« nahestand und die Wunderwaffe sexueller Missbrauch bestätigte. Der Mediziner überwies den Fall an seine gute Bekannte Ute P., Mitarbeiterin von »Wildwasser e. V.«, im idyllischen Worms. Von nun an war es mit der Beschaulichkeit der Nibelungenstadt vorbei. Jeder musste es mit der Angst zu tun bekommen. Das Undenkbare soll geschehen sein. Ausgerechnet die tödlich verfeindeten Familien hätten sich gemeinschaftlich an ihren Kindern vergangen. Schnell griff alles auf unbeteiligte Bürger über. Die Folge war eine Verhaftungswelle. Über 30 Personen fanden sich in Untersuchungshaft wieder. Darunter komplette Familien samt Oma und Opa. Die Kinder der Festgenommenen wurden größtenteils mit Polizeigewalt in Heime gebracht. Allen Beschuldigten warf man sexuelle Ausbeutung und Zwangsprostitution der eigenen Sprösslinge vor. Dazu Folterungen am heißen Backofen oder mit Chirurgenklemmen. Ein 6-jähriger Junge wurde angeblich gezwungen, seine 4-jährige Schwester zu vergewaltigen (?). Vieles soll anlässlich von Massen-Kindersex-Orgien mit wüstesten Szenen in literweise Blut und Urin geschehen sein. Das ganze habe man mittels Foto und Video festgehalten und verkauft – ein Pornoring. Für die sensationsgierige Presse ein gefundenes Fressen! Vom Rechtsprinzip der Unschuldsvermutung auch hier keine Spur. Offensichtlich stachelte die gewaltige Medienpräsenz die Wildwasser-Dame zu noch größeren Taten an. Letztendlich saßen 25 Erwachsene, überwiegend Eltern, auf der Anklagebank: die sogenannten »Wormser Kinderschänderprozesse«. Gemeinschaftlich sollen sich alle Beschuldigten an insgesamt 16 Kindern auf widerlichste Art und Weise und in Hunderten von Fällen vergangen haben. Außerdem war ein Wirt eines gutbürgerlichen Lokals angeklagt, in dessen Räumlichkeiten die Sexorgien stattgefunden haben sollen. Sinnigerweise wohnte gleich um die Ecke jene Person, die Regie führte: Ute P. von »Wildwasser«. Während des dreijährigen Prozesses eine gigantische Schlacht von Ärzten, Gutachtern, Rechtsanwälten und einer geradezu besessenen Staatsanwaltschaft. Letztgenannte Institution ließ keine Möglichkeit aus, um zu verhindern, eigene Fehler oder Versäumnisse eingestehen zu müssen. Die Anklagebehörde hatte für perverseste Behauptungen nicht den Funken eines Beweises. Als letzte dahingehende Verzweiflungstat wurde eine Belohnung für das Auffinden der »produzierten« Pornofilme ausgesetzt. Aber wenn alles nicht stattfand, konnte dem kein Erfolg beschieden sein. So war es dann auch. Vorkommnisse einer Schmierenkomödie im Verlauf des Prozesses machten eines deutlich: nicht nur ein »Wildwasser e. V.«, sondern gleichermaßen ein Justizskandal. Radikalfeministin Ute P. war einem Aufdeckungsrausch verfallen, ohne dass ihr von staatlicher Seite Einhalt geboten worden wäre. Sogar ein Kripo-Beamter und die anklagende Staatsanwältin wurden des sexuellen Missbrauches beschuldigt! Beide hätten sich »eigentlich« auf der Anklagebank verantworten müssen. Doch bei ihnen war man der Ansicht: »Das kann nicht sein.« Im Gegensatz dazu saßen die auf gleiche Weise beschuldigten »Normalmenschen« hinter Gittern. Auch ein Baby wurde als Missbrauchsopfer präsentiert. Wie sich später herausstellte, war es zum Zeitpunkt der behaupteten Tat nicht mal geboren. Warum stoppte niemand die offenkundigen Machenschaften? Erst renommierte Sachverständige, wie Professor Burkhard Schade, Max Steller und die Psychologin Dr. Marie-Luise Kluck, brachten Licht ins Dunkel. Auch in das der unschuldigen Menschen im Gefängnis. Am Schluss stand die Staatsanwaltschaft vor dem größten Scherbenhaufen der Nachkriegsgeschichte. Der Richter in seiner Urteilsbegründung: »Den Massenmissbrauch hat es nie gegeben.« Immerhin entschuldigt er sich bei den Angeklagten »für das Unrecht und für das Leid, das Ihnen und Ihren Kindern angetan worden ist«. Warum er die wahre Täterin Ute P. mit den verharmlosenden Worten in Schutz nahm, ihr sei wohl »der missionarische Gaul durchgegangen«, kann und konnte niemand verstehen. Und noch ein rätselhafter Aspekt: Die blindwütige Feministin musste sich in der Folge nie verantworten, obwohl sie weder Einsicht noch Bedauern zeigte. Juristisch betrachtet eine »Überzeugungstat«, die besonders hart zu bestrafen ist. Das Desaster für betroffene Kinder und der Massenrufmord an Erwachsenen hätten zwingend nach einer langjährigen Haftstrafe verlangt. *Erstens zur Abschreckung. Zweitens zur Genugtuung für die Leidtragenden.* 25 Unschuldige verloren im Alter von 29 bis 72 (!) Jahren teils ihre Wohnung, die Kinder, den Arbeitsplatz und saßen bis zu 31 Monate in Haft. Sogar ein Todesopfer forderte der Wahn. Eine 59-jährige Oma eines Kindes verkraftete die Ungeheuerlichkeiten nicht und verstarb an Herzversagen in der Haftanstalt. Am letzten Sitzungstag vor ihrem Tod brach die Frau im Gerichtssaal zusammen. Von der Staatsanwältin musste sie sich noch anherrschen lassen: Sie solle sich nicht so anstellen. Alles in allem: Folgen, wie sie kaum schlimmer hätten sein können. Auch wir Steuerzahler waren 1997 am größten Fiasko der deutschen Rechtsgeschichte beteiligt: Gerichtskosten über 3,3 Millionen Euro wurden der Staatskasse auferlegt. Hinzu kommen alle Entschädigungen und Heimkosten der entzogenen Kinder bis zum heutigen Tag in *zweistelliger* Millionenhöhe. Wieso bis zum heutigen Tag? Ausgestanden ist die Sache nicht! Nach mehr als einem Jahrzehnt sitzen noch immer Kinder in Heimen. Sie wurden den freigesprochenen Eltern nicht zurückgegeben. Selbst Besuchskontakte vereitelte man rigoros. Motto: Behörden irren nie! Das von Beginn an mitversagende Jugendamt verweigert bis heute die Herausgabe »ihrer« Mündel. Man setzt sich mit altbewährten Fachtricks über die Urteile hinweg. Zum einen mit dem Entfremdungsargument. Zum anderen mit erschreckenden Manipulationen samt Indoktrination von betroffenen Kindern. Der begutachtende Sachverständige Prof. Uwe Jopt zeigte sich erschüttert: »Das sind heute psychisch missbrauchte Kinder.« Er beurteilte den Einfluss der staatlichen Jugendhelfer sogar als »wahnhaft«. Besonders dreist: Die staatlichen Amtsträter behaupten, trotz Freispruch wären die Kinder missbraucht worden. Warum stoppt kein Gericht die Menschenrechtsverletzungen der Jugendbehörde? Warum schützt kein Gesetzesparagraf die Kinder? Rechtsstaatlich unerklärbar, daher sind die Gründe im Bereich politisch-behördlicher Korruption zu suchen.

Ob in Coesfeld oder Worms, von einem derartigen Albtraum dürften sich die Verleumdungsopfer kaum mehr erholen. Aber trotz Freispruch seine Kinder aus purer Willkür zu verlieren, übersteigt alles Vorstellbare. »Wie ist das in unserem Rechtsstaat möglich?«, diese Frage wird die Prozessbeteiligten wohl zeitlebens begleiten. Gerechtigkeit ist keiner der verleumdeten Familien widerfahren. Ehen, Lebensplanungen, berufliche Vorhaben, Karrieren wurden irreversibel zerstört. Das Leben der Kinder in den Heimen ebenso. *Der Nebenschauplatz*: Abseits der Wormser Prozesse wurden zahlreiche Bürger mitbeschuldigt, blieben aber von einer Anklage verschont. Die Vorwürfe gegen diese Gruppe waren derart abenteuerlich, dass die Ermittlungen relativ schnell einzustellen waren. Im blinden Übereifer wurde dieser Personenkreis anfangs genauso inhaftiert und auch ihnen die Kinder weggenommen. Der Gipfel an Zynismus: Auch deren Kinder wurden zum Teil nicht zurückgegeben! Wer sich mit der Thematik nie beschäftigte oder zum Glück nicht beschäftigen musste, mag vieles kaum glauben. Fakt ist: In einem Land, das die Menschenrechte derart mit Füßen tritt, sollte Politikern bei Strafe untersagt sein, den Rechtsstaat zu behaupten. Wahrscheinlich fragen Sie sich auch: Wie kann ein Unschuldiger da überhaupt hineingeraten? Woher kommen Beschuldigungen, wenn nichts geschehen ist? Ist da nicht doch »etwas dran«? Vorweg: So wie kein »bisschen schwanger«, so auch kein »bisschen Missbrauch«. Entweder fanden triebhafte Übergriffe statt oder die Beschuldigten sind gänzlich unschuldig.

Wie wird verdächtigt? Wer ruft die Laienberater?

Anhand der geschilderten Massenbeschuldigungen ist bereits der rote Faden erkennbar, wie Verdächtigungen entstehen. Andere Varianten kommen hinzu: Die Version »Trennung-Scheidung« hat uns bereits im vorherigen Kapitel beschäftigt. Gedankliche Auffrischung in einem Satz: Verdachtswillige Mütter suchen eine feministisch-parteiliche Organisation auf. Eine andere Möglichkeit bietet die Jugendhilfe. Das heißt, sobald die kommerziellen Psychoberaterinnen mit den staatlichen Jugendbehörden zusammenarbeiten (mehr im nächsten Kapitel). Gelegenheit macht nicht nur Diebe, sondern auch Verleumdungen: dann, wenn nichtsahnende Eltern aufgrund von Erziehungsproblemen feministische Ratgeberinnen konsultieren. Nicht selten sollen sich jene Personen an ihren Kindern vergangen haben, die in Eigeninitiative dort Hilfe suchten. Welch eine Absurdität! Gefürchtet auch folgende Bedrohungslage: Lebenspartner oder Familienangehörige, die sich schützend vor eine verdächtigte Person stellen. Der standardisierte Vorwurfbaustein lautet in solchen Fällen: dabei gewesen zu sein, zugesehen oder Übergriffe geduldet zu haben. So oder so ähnlich kann jeder Unschuldige in den Sog der Denunziation geraten. Vermutlich werden Sie noch keine Vorstellung haben, wie konkrete Verdächtigungen zustande kommen. Wie werden Sexvorwürfe gemacht?

Suggestion – Grundlage falscher Anschuldigungen

Immer wieder werden sexuelle Vorwürfe mit Mechanismen der Hexenprozesse verglichen. Zu Recht! Sind Kinder den fanatisierten Beraterinnen ausgeliefert, ist es völlig egal, welche Antworten sie geben. *Die »Tat« bestätigt sich.* Ich habe mir zahlreiche Gerichtsakten angesehen, mit Betroffenen gesprochen und Prozesse beobachtet. Immer die gleiche Vorgehensweise. Meine gesammelten Eindrücke kurzgefasst dargestellt: Wie ein Verdacht auch zustande kommen mag, alles mündet in die unvermeidliche Gretchenfrage an das Kind: Ob diese oder jene Person »etwas gemacht« hätte? Bei einer unberechtigten Anschuldigung ist das Kind ahnungslos und verneint. Doch ein »Nein« akzeptieren die Geschlechtsideologen nicht. Beispielsweise wird in solchen Fällen den Kleinen gesagt: »Man wisse auch so, was geschehen ist.« Gibt ein Kind hingegen keine Antwort, wird ein Geheimhaltungsdruck unterstellt. Der Helferlogik gemäß wird es bedroht und wagt deshalb nicht zu reden. *So oder so – Verdacht bestätigt.* In berüchtigten Verhörritualen werden den arglosen Kindern fortwährend sexuelle Handlungen unterstellt. Vorsicht! Es handelt sich ausschließlich um Sexfantasien der Aufdeckerinnen. Bitte halten Sie sich nochmals die Anschuldigungen von Coesfeld und Worms vor Augen. Um das politische Thema dieses Buches nicht zu verfehlen, sind beide Fälle sehr vereinfacht und pauschalisiert dargestellt. Im Detail noch unvorstellbarer, noch grenzenloser, noch verirrter. Alles aus dem durch Urteil bestätigten Nichts heraus! Wer Derartiges erfinden kann, muss sich abnorme Neigungen nachsagen lassen. Liegt darin der Schlüssel des fragwürdigen Erfolgs der Frauenbündnisse? Ja, kein normal denkender Mensch mag sich vorstellen, dass alles nur Lüge sein könnte. Warum sollten Menschen, die vorgeben, Kinder zu schützen, alles frei erfinden? So lautet das Geheimnis des feministisch-parteilichen Siegeszuges: *»Je perverser, umso glaubwürdiger.«* Dazu eine Detailbegebenheit aus Worms: Kinder erzählten, Körner gegessen zu haben. Daraus machten Wildwasser-Frauen Samen und schon war es Sperma.[483] Es macht den gewissen Unterschied, der Staatsanwaltschaft mitzuteilen, ein Kind hätte sein Müsli, also Körner gegessen. Oder man teilt mit, es hätte Sperma essen müssen. Genauso werden Horrorgeschichten konstruiert! Zusätzlich wird mit sogenannten »anatomisch korrekten Puppen« hantiert. »Sexspielzeug« mit übergroßen Geschlechtsteilen, das pervers aussieht und es auch ist. Bis vor Kurzem mussten Kinder ab dem Babyalter damit spielen. Wehe, ein Knirps legte zwei Puppen übereinander, schon galt der Missbrauch als erwiesen. Heute sind diese Puppenspiele verboten. Ob frau sich daran hält, ist höchst zweifelhaft. Ähnlich abenteuerlich werden Kinderzeichnungen interpretiert. Etwas Längliches, wie ein Kirchturm, kann

aus radikalfeministischer Sicht nur ein Phallussymbol sein. Was auch sonst? Die ungelernten »Fachfrauen« hängen einem weiteren Aberglauben nach: Mit Spielereien im Sandkasten ließe sich Missbrauch aufspüren. Am Tag der offenen Tür bei »Wildwasser Worms« habe ich mir eine diesbezügliche Demonstration angesehen: Wahnwitz und schwarze Magie zugleich! Ein ähnlicher Voodoozauber, wenn Kinder animiert werden, Puppen zu bekleiden. Bevorzugen sie dunkle Stoffe, gilt das als Tatmerkmal. Meiden sie dunkle Stoffe, sollen Ängste mit dieser Farbe verbunden sein. So oder so: Verdacht bestätigt! Mit immerwährenden Unterstellungen und unter hohem Erwartungsdruck werden kleinste Kinder systematisch in eine ausweglose Situation getrieben. Eine Form der Gehirnwäsche, die schon nach kürzester Zeit den gewünschten Erfolg bringt: Verunsichert und demoralisiert wagen Kinder nicht mehr zu widersprechen. Erst bestätigen sie »ein bisschen was« und anschließend jede beliebige Frage.[484] Gewöhnlich wollen die Beraterinnen auch nur ein »Ja« von ihnen hören. Eine andere Variante ähnelt dem Günther-Jauch-Quiz. Kindern werden drei Antworten angeboten und sie müssen sich für eine entscheiden. Die Infamie: Jede Frage deutet auf einen Missbrauch hin. Zudem hören betroffene Kinder erstmals von sexuellen Handlungen, noch dazu im übelsten Straßenjargon. Bundesweit »die« Sprache der Psycho-Berater. Durch diese Art der Befragung erlernen Kinder das typische radikalfeministische Sex-Vokabular und außerdem, was man von ihnen hören will. Eine zentrale Rolle spielt dabei die Allmacht eines Erwachsenen. Zur Veranschaulichung ein persönliches Erlebnis: Ich reparierte mein Auto, als ein vermeintlicher Vater mit zwei Kindern an mir vorbeiging. Einer der Jungs blieb interessiert stehen und sah mir zu. Ich sprach mit dem Kind und sagte mit Blick auf den zweiten Jungen relativ bestimmt, denn das hatte ich vermutet:
»So, und das ist dein Bruder.«
»Ja«, kam die prompte Antwort.
Der Mann lachte und meinte: »Nein, das ist sein Freund aus der Nachbarschaft.«
Diese Begebenheit zeigt, wie einfach es ist, einem Kind eine falsche »Ja-Antwort« zu entlocken. Dabei hatte ich nicht mal fordernd oder mehrmalig den Nachbarsjungen als seinen Bruder »unterstellt«. Der Kleine wagte mir als Erwachsener nicht zu widersprechen, sondern erfüllte meine Erwartung, die der Frage hervorging. Wäre ich mit dem Jungen alleine gewesen, hätte ich sicher mehrmals nachfragen können, seine »Notlüge« hätte er wohl beibehalten. Anhand der kurzen Szene lässt sich ziemlich gut nachvollziehen, wie Suggestivfragen im Zusammenhang mit der Allmacht eines Erwachsenen wirken.

Bevor ich mich eingehender mit dieser Thematik befasste, hatte ich eine grenzenlos naive Vorstellung. Im Verdachtsfall »sexueller Missbrauch« vermutete ich behutsam geführte Gespräche mit den Kindern, um eine Vertrauensbasis aufzubauen. Alles darauf fokussiert, dem vermeintlichen Opfer die Scheu zu nehmen, um darüber sprechen zu können, was geschehen ist oder nicht. Weit gefehlt! Von Vertrauen, Behutsamkeit oder Einfühlungsvermögen kann keine Rede sein. Kinder selbst reden lassen, eine geradezu irre Vorstellung von mir. Feministinnen spinnen sich etwas zurecht und unterstellen es so lange den Kindern, bis diese Gewünschtes bestätigen. Bei den Massenbeschuldigungen wurden letztlich nur mehr Namen vorgesagt, auf die die Kleinen unter Befragungsdruck »positiv« reagierten. In Worms soll Ute P. mit den Kindern sogar Straßen abgefahren sein, um Namen auf Türschildern vorzulesen, die sie mit einem »Ja« abgesegnet haben wollte. Sie und ich können von Glück reden, nicht dort gewohnt zu haben. Ein Wormser Gutachter stellte fest, dass sich die Kinder regelrecht hätten »freikaufen können, wenn sie viele Namen nannten«.[485] Im Prozess warf der vorsitzende Richter ein: »Das war ja ein wahlloses Sammeln von Namen, wie aus dem Telefonbuch.« Und er fragte Ute P.: »Was haben Sie sich denn da gedacht?« Die Feministin: »Ob die genannten Personen etwas damit zu tun hatten, habe ich mir nicht überlegt.«[486] Wie die Dame sagte, hatte sie »nicht überlegt«, dennoch alle Personen ungeheuerlichst beschuldigt und damit hinter Gefängnismauern gebracht. So oder so ähnlich werden Vorwürfe konstruiert. Ein Spuk geht um, der schon morgen jeden von uns treffen kann.

Viele kleine Fälle

Die Beschuldigten von Coesfeld und Worms hatten, wenn man so will, das große Glück der Massenverdächtigung. So maßlos, dass letztendlich niemand mehr daran glauben konnte. Wären die Radikalfeministinnen mit ihren Vorwürfen bescheidener umgegangen, hätte für die Angeklagten kaum eine Chance bestanden. Mit Freiheitsentzug von bis zu 14 Jahren wäre zu rechnen gewesen. In beiden Verfahrenskomplexen das erklärte Ziel der jeweiligen Staatsanwaltschaft. Die geschilderten Massen(un)fälle sind aber nicht die einzigen in Deutschland. Es gibt weitere, wie im bayerischen Flachslanden. Hier kamen die Denunziationsopfer weniger glimpflich davon. Verhängt wurden teils langjährige Gefängnisstrafen, die Prozessbeobachter unter »Justizirrtum« einstuften. Gelernt hat die Gerichtsbarkeit weder aus dem Desaster im Montessori-Prozess. Weder aus dem Desaster des Wormser Verfahrens. Nicht aus Desastern anderswo. Und ebenso wenig von

Pädagogikprofessor Reinhart Wolff, der meint: »Fälle von massenhaftem Kindsmissbrauch gibt es nicht.«[487] 2009 endete der bis dato letzte Supergau dieser Art vor dem Bundesgerichtshof (BGH). Sämtliche zwölf Angeklagten im Saarbrücker »Pascal-Prozess« waren freizusprechen. Wieder war eine Dame involviert, diesmal von einer sogenannten »Lebenshilfe«.

Weg von den großen hin zu den kleinen Verfahren im gesamten Bundesgebiet. Es geht um zahllose »unbedeutende« Fälle mit ein, zwei angeschuldigten Personen. Häufig enden sie mit der Verurteilung völlig verzweifelter Menschen. Verfahren mit parteilichen Gutachtern, voreingenommenen Staatsanwälten und befangenen Strafrichtern. Für jeden der Berufsstände die Chance zur Profilierung. Devise: »Mal wieder so ein Schwein hinter Schloss und Riegel gebracht.« Null und nichtig das »Unschuldsprinzip« und der Rechtsgrundsatz im »Zweifel für den Angeklagten«. Dazu willkürliche Parteinahme, wenn – wie meist – Aussage gegen Aussage steht. »Nebenbei« hat sich in diesen Verfahren eine Beweisumkehr etabliert und das alles fern medialer Beachtung. Nicht von ungefähr spricht die Vorsitzende Heidrun Kaspar vom feministisch geprägten Kinderschutzbund München über das Abgründige mit befremdlichem Stolz: In Deutschland sei man »schon einen Schritt weiter als in Amerika«. Die Dame bezog sich dabei auf den Freispruch von Michael Jackson († 2009). Im Missbrauchsprozess gegen den »King of Pop« wollten alle zwölf Geschworenen den teils abstrusen, unlogischen und widersprüchlichen Kinderaussagen keinen Glauben schenken. »Das passiert hier nicht«[488], sagt Frau Kaspar und will damit kundtun, dass unser Land für unschuldige Männer keinen Freispruch vorsieht. Die Bundesrepublik das Schlaraffenland feministischer Untriebe. Und die Opfer? Bestenfalls mit der Chance, sich Trost in Selbsthilfegruppen zu suchen. Diese Notorganisationen registrieren kontinuierlich erschütternde Hilferufe unschuldig Einsitzender oder aus dem Kreis ihrer Angehörigen. Wer sich »vor Ort« das menschliche Leid ansieht, muss jeden Glauben an Rechtsstaatlichkeit verlieren. Menschen sechs, acht und mehr Jahre ihrer Freiheit beraubt, verknüpft mit erschütternden Tragödien. Was sagte mir ein Strafvollzugsbeamter?: »Es geschieht in keinem Bereich so großes Justizunrecht wie bei sexuellen Delikten.«

Deutschlands feminine Laien richten grenzenloses Unheil an, zumal sie noch auf anderweitigen Gebieten tätig sind. Ohne sich an konkrete Vorfälle zu erinnern, beschuldigen erwachsene Töchter ihre Väter, in der Kindheit missbraucht worden zu sein. Die Selbsternannten reden es ihren Klienten in therapeutischen Sitzungen ein. Beispielsweise aufgrund eines »komischen Gefühls«. Anschließend betreiben sie entsprechende Strafanzeigen und begleiten ihre geldbringenden »Kunden« in den Gerichtsverfahren. Passgenau werden prozessverwertbare Aussagen eingeübt. Resultat: bundesweit frappierend wortgleiche Anschuldigungen. Selbst bei Mutter-Kind-Kuren und sonstigen Therapieformen heißt die Allzweckdiagnose »Missbrauchserfahrungen in der Kindheit«. Ebenfalls der Beginn teils entsetzlicher Familiendramen. Ähnliche Missstände werden aus Frauenhäusern und anderen feminisierten Einrichtungen gemeldet. Neuestes Betätigungsfeld ist die Hatz (der bloße Vorwurf reicht) auf Geistliche der katholischen Kirche oder anderer Glaubensgemeinschaften. Offiziell werden in der Bundesrepublik Jahr für Jahr etwa 10.000 Menschen zu Unrecht verdächtigt.[489] »Inoffiziell« ist von der doppelten Opferzahl auszugehen. Alles verbunden mit einem unbeschreiblichen Martyrium für Kinder und Erwachsene.

Vom Rechtsstaat verlassen

Strafanzeigen gegen die Verdächtigungs-Beraterinnen, die den deutschen Rechtsfrieden anhaltend stören, sind zwecklos. Sie werden nicht verfolgt! Es scheint quer durch die Republik Usus zu sein: Weibliche Verleumder dürfen straffrei rufmorden. Eine staatliche Lizenz, Menschen mit der Waffe »Sex« an den moralischen Galgen zu führen. *Nach allem, was bekannt ist, musste sich in der Bundesrepublik noch nie eine Denunziantin verantworten.* Ohne Strafverfolgungsdruck kann keine Entspannung eintreten. Beispiel Gießen, dort löschte eine einzelne Beraterin mehr als zehn Familien aus. Eine gemeinsame Strafanzeige der Betroffenen wurde ohne Vorermittlungen eingestellt. Ich selbst hatte vor Ort gegen die Missstände protestiert und war an der Organisation einer Demonstration beteiligt. Flugblätter, die die Misere wahrheitsgetreu wiedergaben, wurden polizeilich beschlagnahmt. Sogar auf der Anklagebank fand ich mich wieder. Netterweise konnte ich mich mittels Geldauflage »freikaufen«. Ein missliebiger, da kritischer Kreistagsabgeordneter, ebenfalls in Gießen, erhob gegen eine ortsansässige feministische Organisation den Vorwurf der »kriminellen Vereinigung«. Ausgerechnet die Verdächtigungsberaterinnen fühlten sich verleumdet und erstatteten Anzeige. Der Kreistagsabgeordnete Günter F. wurde postwendend verurteilt. Typisches Schema: Prangern Menschen die Missstände an, werden sie vor den Kadi gezerrt. Das Grundrecht auf Meinungsfreiheit ist der geschlechtsspezifischen Gewalt geopfert. Freie Meinungsäußerung im Zweifelsfalle nur die Sache unbelehrbarer Emanzen. Dazu passt: Nach den Wormser Freisprüchen organisierten Nahestehende des Vereins »Wildwasser« – die das Desaster zu verantworten hatten – eine Kundgebung.[490] Dort wurden Parolen von »freigesprochenen Tätern« verbreitet. Eine erneute Straftat – natürlich folgenlos.

So wird das Dilemma möglich

• *Die juristische Ebene* – Wie geschildert, nehmen die staatlich geförderten Frauenrechtlerinnen Einfluss auf *alle* Bereiche des Rechtswesens. Gerichte verzichten wohlwollend auf Abgrenzung und geben ihre Souveränitätsverpflichtung auf. Justiz und Frau klüngeln vor Ort, man kennt sich, man »arbeitet zusammen«. Es entsteht eine unheilvolle Verquickung, die Unabhängigkeit ausschließt und Befangenheit bedingt. Nur so sind Worms, Coesfeld und die vielen Schauplätze anderswo möglich.
• *Die gesellschaftliche Ebene* – Gerade auf diesem Feld entfaltet Deutschlands Megatrend und »Lifestyle«, Frauen als die besseren Menschen anzuhimmeln, seine diskriminierende Wirkung: Frau gut – Mann schlecht.
• *Die ökonomische Ebene* – Eine mächtige Verdächtigungsindustrie bringt ein Heer einflussreicher Nutznießer hervor: Beratungsstellen, Therapeuten, Berufspädagogen, Psychologen, Gutachter, Kinderheimträger und Anwaltskanzleien.

Sie dulden keinen Widerspruch

Katharina Rutschky, Autorin des Buches »Erregte Aufklärung« und Mitherausgeberin der Publikation »Handbuch sexueller Missbrauch«, ist Deutschlands Vorreiterin in Sachen kritischer Betrachtung feministischer Einrichtungen. Auch sie bekam die Militanz der totalitären Unfehlbarenszene hautnah zu spüren. Opposition wird selbst von Geschlechtsgenossinnen *nicht* geduldet. Frau Rutschky wurde bei Vorträgen körperlich attackiert, mit Buttersäure besudelt, Mikrofone wurden abgeschraubt und versteckt. Trillerpfeifen machten ihre Vorträge unmöglich. Übelste Pöbeleien des feministischen Mobs! Diese oder ähnliche Drohbriefe bis hin zu Morddrohungen gingen im Vorfeld ihrer Lesungen und Diskussionsveranstaltungen ein: »Äußern Sie sich nicht mehr öffentlich – weder in Marburg, noch anderswo!« Oder: »Wir bereiten einen gebührenden Empfang bereits vor.« Und: »Nach der Veranstaltung würden wir uns gerne zwanglos und fantasievoll mit Dir auseinandersetzen. Bis dann ...« Für Ausschweifungen dieser Art bedarf es keines Kommentars, für die Bücher von Frau Rutschky schon: Empfehlenswert!

Rote Karte für erfolglose Beratungsbüros

Die Strafverfolgungsstatistik deckt auf, was Insider wissen. Obwohl seit der feministischen Mobilmachung Anfang der Achtzigerjahre in betreffende Beratungseinrichtungen Milliarden öffentliche Mittel flossen, werden nicht mehr, sondern erheblich weniger Fälle aufgeklärt. 1954 konnten in den alten Bundesländern noch 4.363 Sexualstraftäter überführt und verurteilt werden. Seit dieser Zeit sind die Fallzahlen kontinuierlich gesunken. Im Jahre 2005 waren es gerade noch 2.333 rechtskräftig Verurteilte. Fast eine Halbierung der Zahlen! Die selbst behauptete »Aufdeckungsarbeit« gibt es nicht. Wie die Vergangenheit zeigte, wären die Taten auch so aufgeklärt worden. Damit steht fest: Die Psycho-Berater »produzieren« fast ausschließlich Falschanschuldigungen und bringen Unheil und Schrecken über unser Land. Die politische Wirklichkeitsverweigerung, die alles erst ermöglicht, muss von hilfreichen Maßnahmen abgelöst werden: *Aberkennung der Gemeinnützigkeit. Streichung staatlicher Zuschüsse. Strafverfolgung bei haltlosen Anschuldigungen.* Das angestiftete Unrecht wie die finanziellen und gesellschaftlichen Schäden sind gewaltig. Die radikalfeministischen Büros haben sich mit ihrer pseudowissenschaftlich verbrämten Ideologie selbst diskreditiert. Sie arbeiten gegen die Rechts- und Gesellschaftsordnung. Statt Gerechtigkeit, Objektivität und eine freiheitlich-demokratische Gesinnung wird die Spaltung zwischen Mann und Frau betrieben und das Klima in unserem Land vergiftet. Verbände, die Hass und Feindseligkeit zwischen den Geschlechtern schüren, sind weder geeignete Ansprechpartner für Kinder noch haben sie an der juristischen Wahrheitsfindung mitzuwirken. Kindesmissbrauch ist ein schwerwiegendes Verbrechen und die Aufklärung eine hoheitliche Aufgabe. Folglich obliegt dieses Fachgebiet rein staatlichen Organen, sprich der Polizei, den Staatsanwaltschaften und unseren Gerichten. Parteiliche Laien haben in diesem Bereich nichts, aber auch gar nichts zu suchen.

Das Wort zum Kapitel von Professorin Christine Thürmer-Rohr und Hans Eichel

Wer sich alle Probleme vorurteilsfrei betrachtet, die Deutschlands Frauenbewegung heraufbeschwört, sollte sich einer Forderung nicht verschließen können: Wir brauchen eine männerfreundlichere Gesellschaft. Hans Eichel, noch in Funktion als SPD-Bundesminister der Finanzen, redete im TV-Talk einer gänzlich anderen Vision das Wort: »Wir brauchen eine frauenfreundliche Gesellschaft.«[491] War es der Versuch, mit dem Strom zu schwimmen, um weibliche Wählerschaften zu becircen? Steckte Eichel wie seine politischen Mitstreiter den Kopf in den Sand? Mimte Eichel die drei Affen, die nix sehen, nix hören, nix sagen, wie es quer durch das heutige Parteienspektrum zu beobachten ist? Oder hoffen alle genau das, wovon die feministische Professorin Christine Thürmer-Rohr in beinahe philosophischer Manier zu berichten weiß:

»**Ein durch den Konflikt der Geschlechter verschärfter Konflikt; ein verschärfter, veränderter und vermutlich noch lange dauernder Kampf zeichnet sich ab. Die Männer haben dabei – die historische Situation ist gekennzeichnet durch den Niedergang des abendländischen Mannes – mehr zu verlieren. Für die meisten gilt wohl der Satz: Die machen die Augen zu und hoffen, dass der Kelch an ihnen vorübergeht. Die Hoffnung wird sich kaum erfüllen.**«[492]

Deutschlands schrecklichste Behörde ... und morgen verschwindet Ihr Kind

»Unter Kindertränen auch ein Abschied vom Rechtsstaat«, war auf Plakaten und Aufklebern zu lesen. Der öffentliche Protest hessischer Familien richtete sich gegen jenen staatlichen Verwaltungsapparat, der landauf, landab durch besondere Unmenschlichkeit auffällt: Deutschlands Jugendämter! Wie sollte ich mit dieser Institution in Konflikt geraten?, könnte ein Gedanke sein, der Ihnen spontan durch den Kopf geht. Sie werden es kaum glauben, aber es ist eher wahrscheinlich als unwahrscheinlich, »damit« Bekanntschaft zu machen. Wer Pflege- oder Adoptivkinder aufnimmt, das versteht sich von selbst, hat zwangsläufig Tuchfühlung mit dieser Sorte Staatsbürokraten. Aber auch in Trennungs- und Scheidungssituationen mit minderjährigen Kindern tritt das Jugendamt auf den Plan. Immerhin lassen sich beinahe die Hälfte aller deutschen Ehepaare scheiden. Kindergärten und Schulen sind weitere Gefahrenquellen. Ohne Ihr Wissen könnte sich in diesen vermeintlich sicheren Einrichtungen ein Unglück zusammenbrauen: Ihr Sprössling wird von Pädagogen ausgehorcht! Wehe, die Frager haben abwegige Fantasien und schalten die staatlichen Kinderschützer ein. Zahllose Tragödien nahmen genau »so« ihren Anfang. Zurück blieben restlos zerstörte Familien! Allerdings könnte auch der streitbare Nachbar für behördliche Aktivitäten sorgen. Nämlich dann, sollte er auf die Idee verfallen, Sie anonym anzuschwärzen. Eine weitere Konfrontationsmöglichkeit lässt sich hingegen selbst verhindern. Fühlen Sie sich mit Ihrem Kind überfordert? Sind die schulischen Leistungen eingebrochen? Sind Sie erzieherisch ratlos? Bitte, tun Sie alles für Ihr Kind, aber wenden Sie sich *niemals* im guten Glauben an Ihr Jugendamt, um dort Rat oder Beistand zu erhoffen. Achtung! Ebenso empfiehlt es sich, Beratungsstellen zu meiden, die der Behörde nahestehen. Das gilt im Besonderen für feministische Einrichtungen. Wer sich aus beruflichen Gründen eine Tagesmutter über eine Jugendbehörde vermitteln lässt, übt sich unwissentlich im Russisch-Roulette. Es kann gut gehen – muss aber nicht. Die Möglichkeit besteht, sein geliebtes Kind für immer zu verlieren. Zu allen angesprochenen Punkten gleich Ausführliches. Wie brisant und politisch ignorant sich diese Langzeitkatastrophe darstellt, illustriert eine Schlagzeilenauswahl über ein Zeitfenster von einundhalb Jahrzehnten:

- »Wenn der Staat die Kinder raubt« (Stern 11/1994)
- »Unberechtigter Kindesentzug ist staatlich geduldete Vergewaltigung« (Giessener Anzeiger 1.10.1994)
- »Die Eltern-Klauer der Nation« (EX – Juli 1995)
- »Skandal-Akte Jugendamt« (Neue Revue, Heft 4, Januar 1996)
- »Bittere Klagen über Jugendämter« (Stuttgarter Nachrichten, 17. Juni 1997)
- »Jugendamt schickt Gangster-Kids ans Mittelmeer« (Bild, 9. Juli 1999)
- »In der Obhut des Jugendamtes wurde eine junge Frau zur Drogensüchtigen« (Neue Post, 2000/Heft 40)
- »Das Jugendamt hat meine Familie zerstört« (Stuttgarter Nachrichten, 12.01.2002)
- »Heroin statt Hilfe – Die Zerstörung eines jungen Lebens« (Buchveröffentlichung 2002)
- »Jugendamt – Wehe, wenn sich der Staat um deine Kinder kümmert« (Stern 39/2004)
- »Das Protokoll des Versagens. Ein Kind stirbt in der Obhut des Staates« (Bild vom 13.10.2006)
- »Von der Leyen attackiert Jugendamt« (Focus vom 24.11.2007)
- »Willkür deutscher Jugendämter erregt Kritik vor EU und UN« (PressseEcho.de vom 29.12.2008)
- »Jugendämter am Pranger« (Süddeutsche Zeitung vom 21.04.2009)

Die Liste ließe sich beliebig erweitern, soll aber mit der kurz und bündigen Diagnose von Heinz Hilgers, Präsident des Kinderschutzbundes, abgeschlossen sein: »*Unsere Jugendämter sind krank.*«[493]

Warnung an alle Eltern

»*Für die Arbeit der Jugendämter gibt es keinerlei Kontrollinstitutionen, das ist eine Katastrophe*«[494], mit diesen Worten beklagte sich der Bielefelder Wissenschaftler Uwe Jopt. Fehlende Amtshaftung und fehlende Aufsicht sind ein prinzipielles Behördenübel in der Bundesrepublik. Im staatlichen Wächteramt für unsere Kinder wird die Situation durch eine einmalige Machtposition verschärft. Jugendhelfer verfügen über die härteste Sanktionsmöglichkeit überhaupt: *Sie können Ihnen Ihr Kind wegnehmen.* Daher ist jeder, der die Amtsschwelle übertritt, fast beliebig erpressbar und in der Hand der Bürokraten, wie es bedingungsloser nicht sein könnte. Dieser einzigartigen Machtposition sind sich Jugendamtsmitarbeiter bewusst und sie lassen es ihren »Kunden« nur allzu gerne spüren. Daraus leitet sich eine ultimative Faustregel ab: *Wenn Ihnen Ihre Familie etwas bedeutet, suchen Sie keinesfalls aus eigenem Antrieb diese Fachbehörde auf.* Auch dann nicht, wenn Sie sich Amtshilfe erhoffen, da Sie beispielsweise mit der pubertierenden Tochter am Ende Ihres Lateins sind. Rechnen Sie lieber mit dem Allerschlimmsten. Jedes Detail, das Sie vortragen und sozusagen auf dem Silbertablett präsentieren, kann gegen Sie verwendet werden. Ein Leichtes wäre es in einem solchen Fall, Ihnen Ihr Kind mit folgender Argumentation wegzunehmen: Sie bewältigen die elterlichen Aufgaben nicht und sind demzufolge erziehungsunfähig. Genau dieses Szenario hat sich schon unzählige Male unter Deutschlands Behördendächern zugetragen. Daneben eignet sich diese Art der »staatlichen Intervention« zur beruflichen Profilierung. Ohne Arbeit – die scheuen Jugendamtsmitarbeiter in der Regel – kann ein Kind den »unfähigen« oder »bösen« Eltern weggenommen werden. Die Sozialbeamten haben mal wieder gehandelt und ihre Daseinsberechtigung nachgewiesen. Exemplarisch ein Fall, der jeden davon abhalten soll, sein Kind in behördliche Tagespflege oder vorübergehend in die Hände von Pflegeeltern zu geben: Die Eheleute Sandra und John B. aus einem kleinen Ort nahe Limburg ließen sich scheiden. Um die 6-jährige Tochter Rosanna aus dem heftigen Beziehungsstreit herauszuhalten, wandte sich das Paar vertrauensselig an das Jugendamt. Dort wurde eine *vorübergehende* Unterbringung bei Pflegeeltern vereinbart, so lange, bis alles geklärt sei. Die verantwortungsbewussten Eltern glaubten an eine gute Lösung, zumal sie ständige Besuchskontakte zu ihrem Kind verabredeten. Wovon sie nicht wussten: Absprachen und Zusagen haben in deutschen Jugendbehörden keine Gültigkeit! Kaum war Rosanna fremduntergebracht, schon durfte das Nochehepaar ihr Kind nicht mehr sehen. Gesetzlosigkeit und Verletzung der Menschenrechte trotz eindeutiger Rechtslage: Das Sorgerecht hatten die Eltern! Ohne schuldhaftes Zutun war der ungleiche Kampf gegen das feindselige Amt eröffnet. Worte der verzweifelten Mutter nach zahllos gescheiterten Kontaktversuchen, um Rosanna wenigstens zu sehen: »Wir haben keine Chance, Jugendamt und Pflegefamilie mauern total.« Erst nach drei Jahren bekamen die Eltern ihre Tochter wieder zu Gesicht. Allerdings nur auf den Seiten einer Tageszeitung. Die inzwischen 9-Jährige war ihrer Ersatzfamilie davongelaufen und wollte mit dem Zug zum Wohnort der leiblichen Eltern. Rosannas Anliegen wörtlich: »Weil dort meine richtige Mama wohnt.«[495] Ungeachtet der Vorfälle und dem Willen des Kindes – die Kleine durfte ihre Eltern weder sehen noch wurde sie zurückgegeben.

Pflegeeltern, staatlich geduldete Kidnapper

Der Fall Rosanna ist keineswegs der viel bemühte Einzelfall. Vergleichbares ereignet sich zuhauf. Hauptsächlich dann, wenn Pflegeeltern (Eltern auf Zeit) die ihnen anvertrauten Kinder als ihr Eigen betrachten. Ungeschminkt heißt diese Version der Vereinnahmung – sie stehlen Kinder. Sicherlich sind die Kleinen keine Ware, die man beliebig weggibt. Gewiss bauen sich wechselseitige Gefühle und Beziehungen auf, das ist auch gut so. Dennoch besteht eine unverrückbare Basis: Die Herkunftsfamilie der Kinder ist zu akzeptieren. Besuchskontakte zu den leiblichen Wurzeln müssen Pflegeeltern unterstützen und auch bei Rückführungen aktiv mitwirken. Wen diese Situation überfordert, der muss auf Pflegekinder verzichten, besser gesagt, der dürfte vom Jugendamt keine bekommen. Grob lassen sich Zieheltern in drei Kategorien gliedern: Die einen möchten Kinder aufnehmen, um zu helfen – das berüchtigte Helfersyndrom. Gemeint sind Leute, die seelische Eigenprobleme und Schwächen dadurch relativieren, indem sie sich Menschen suchen, denen es noch schlechter geht. Andere sind verkappte Adoptiveltern, die aus verschiedenen Gründen keine Kinder haben oder haben können. Dann jene Abteilung, die vom schnöden Mammon getrieben ist. Besonders Letztere gibt es viel zu viele, denn Behördenmitarbeiter favorisieren diese Klientel. Ahnen Sie warum? Geldabhängige kuschen, lassen alles mit sich machen, selbst dann, wenn sich wie so oft ein »Verwaltungsakt« gegen das Kindeswohl richtet. Eine Sachbearbeiterin des Jugendamts erklärte mir dazu freimütig: »Mit denen haben wir wenigstens keinen Ärger.« Wie es Kindern ergehen mag, deren Pflegegeld zum Stopfen von Finanzlöchern zweckentfremdet wird, interessiert offensichtlich niemand. Gleichzeitig sind Ersatzfamilien, die auf das Betreuungsgeld angewiesen sind, die ganz große Gefahr für leibliche Eltern. Der wirtschaftlichen Notlage gehorchend ist diesem Personenkreis häufig jedes Mittel recht, um die »Einnahmequelle Kind« dauerhaft zu sichern. Um Pflegekinder nicht wieder hergeben zu müssen, beginnt von Anfang an die Strategie der Elternausgrenzung. Bundesweit mit stets gleichlautenden Formulierungen: Betroffene Kinder hätten »vor Mama und Papa Angst« oder »sie wollen nicht mehr zu ihnen zurück«. Gesicherte Lügen, denn es gibt das Phänomen, dass selbst schwer misshandelte Kinder in ihr Elternhaus zurück wollen. Doch selbst vor Amtsrichtern lässt man Kinder entsprechende Textbausteine aufsagen, oft in Verbindung mit erlernten Vorwürfen. In Obhut der Jugendämter ist es alltägliche Methode, Kinder gegen die eigenen Eltern zu manipulieren. Ergebnisorientierte, da jugendamtsnahe Sachverständige – nichts anderes als gekaufte »Beweise« – sind Teil des Unwesens. Regelmäßig verfehlen sie ihren Auftrag und tragen nicht zur Aufklärung bei. Im Gegenteil: Zwielichtige Kinder-weg-Gutachter, wie sie die Boulevardpresse einmal nannte, sind das wichtigste Instrument bei der Zementierung der Missstände. Trotz aller Manipulationen kehren gelegentlich staatlich entführte Kinder zu ihren leiblichen Eltern zurück. Deshalb weiß man, sie werden mit Schlägen oder Drohungen zu Lügen gegen die eigenen Eltern gezwungen. Pauschal lässt sich sagen: Jugendämter unterstützen bereitwillig und durchgängig das infame »Pflegeeltern-Spiel« mittels pseudo-psychologischer Expertisen. Der Grund: Bleibt ein Kind in der Familie, in der es ist, bedarf es keiner Verwaltungsarbeit mehr – die Akte kann gewissermaßen geschlossen werden. Das »Wohl des Kindes« wird zwar inflationär im Munde geführt, aber ähnlich gering geschätzt wie die Gesetze unseres Landes. Was sagt die Dame Justitia zu all dem? Sie schließt verschämt die Augen und »vergisst« auffallend konstant, im Klüngel der Behörden für Recht und Ordnung zu sorgen. Eines der vielen Schandurteile erging im Landgericht Kassel: Der kleine Mauricio gehört den Pflegeeltern![496] Der Richterspruch sorgte deshalb für bundesweites Aufsehen, da er nicht, wie gemeinhin üblich, spitzfindig formuliert war.

Unerklärliche Arbeitsweise

Ohne eine schlüssige Erklärung zu finden, beschäftigt jeden Kenner der Jugendamtsszene ein durchgängiges Phänomen. Bei gefährdeten Kindern, für die dringend »erste Hilfe« geleistet werden müsste, reagiert die Behörde nicht. Etwa bei Vernachlässigung, Verwahrlosung, Gewalt oder sexueller Gewalt. Hingegen wenn es nichts, aber auch gar nichts zu tun gibt, schlagen die behördlichen Helfer gnadenlos zu. Die Wochenzeitschrift »Stern« beschrieb diese Eigenheit so: »Mal werden Kinder Eltern voreilig entrissen, mal wird familiäre Gewalt geschützt.«[497] Es ist Alltag in deutschen Jugendbehörden, völlig intakte Familien zu zerreißen, die sich nichts zu Schulden kommen ließen. Einige Zahlen, um die Größenordnung der Familienzerstörung zu veranschaulichen: Das Statistische Bundesamt (Destatis) meldet jedes Jahr um 30.000 Fälle der »Inobhutnahme« durch das Jugendamt. Davon enden etwa 8.000 mit dem Entzug des Sorgerechts. Der »SEM Gemeinnützige Sozialverband e. V.« stuft die Hälfte dieser Entscheidungen unter dem Begriff »fragwürdig« ein.[498] Die kolossale Fehlerquote – *ein berechtigter auf einen unberechtigten Fall* – deckt sich auch annähernd mit meinen Erfahrungen und Recherchen. Will heißen: Die Arbeitsweise in Jugendämtern ist katastrophal. Tausende von Kindern verschwinden Jahr für Jahr. Sie werden willkürlich ihrer Eltern und damit elementarer Rechte beraubt. Meist ist es ein Abschied für immer. Warnung! *Es kann jeder Familie passieren. Jeder!* Politische Sonntagsprediger nehmen sich gern des Iraks, Afghanistans oder sonst wem in der Welt an. Die Flut deutscher Verbrechen gegen die Menschlichkeit im Bereich der viel beschworenen Familie ist ihnen keiner Rede wert. Kanzlerin Angela Merkel in ihrer ersten Regierungserklärung 2005 beschwörend: »Wir werden bei Menschenrechtsverletzungen nicht schweigen – gegenüber niemand auf der Welt!«[499] Schön wär's! Zumal Frau Merkel für die Missstände in Jugendämtern schwere Schuld auf sich geladen hat. Davon einige Seiten später.

Internationale Rügen zur nationalen Praxis

Straßburg – Auf die Bundesrepublik prasselt im Zusammenhang mit Jugendämtern ständig Kritik aus aller Herren Länder ein. Schon mehrfach wurde unser Land wegen Menschenrechtsverletzungen an Eltern und Kindern verurteilt und bestraft. Der Europäische Menschenrechtsgerichtshof sprach beispielsweise einem deutschen Ehepaar 53.000 Euro Schadenersatz zu.[500] Den Eltern entzog das Jugendamt *sieben* Kinder, als sie einen Antrag auf Familiengeld stellten. Ihr Verhängnis: Sie stimmten einer psychologischen Begutachtung der Lebenssituation zu. Elterliche Arglosigkeit, die repräsentativ ist! Oft erklären Familien freiwillig und »brav« ihr Einverständnis zu irgendwelchen Maßnahmen. Sie bejahen im sicheren Bewusstsein, »wer nichts zu verbergen hat, hat auch nichts zu befürchten«. Falsch! Elternrechte sind in der Bundesrepublik beliebige Rechte. Die Straßburger Richter erkannten und begründeten dies im vorstehenden Fall wie folgt: *Es habe keine Beweise einer akuten Gefährdung der sieben Kinder gegeben.* Kritik auch am gerichtlichen Entscheidungsprozess, der die Eltern in keiner Weise mit einbezog. Fazit: Ein höchstrichterliches Urteil über das deutschspezifische »Phänomen«, jenseits rechtsstaatlicher Vorgehensweisen elterliche Sorgerechte zu entziehen. Gleiches bestätigte sich vor dem Petitionsausschuss des Europäischen Parlaments in Brüssel. Unter dem Vorsitz von Marcin Libicki legte im Juni 2007 eine Anhörung offen, dass das deutsche Jugendamt »brutale Kindesentziehungsmethoden anwendet«. Einige Monate später standen an gleicher Stelle »Systematische Menschenrechtsverletzungen durch deutsche Jugendämter« auf der Tagesordnung. Annelise Oeschger, die Schweizer Präsidentin der INGO-Konferenz im Europarat, hielt eine flammende Rede. Auszug: »Es handelt sich hier nicht um gehäuftes Auftreten von Einzelfällen, sondern um systematisches Unrecht.«[501] Was sagt unsere parlamentarische »Elite« zu den bürgerkriegsähnlichen Zuständen in

Jugendämtern? Exemplarisch das Gerede des CDU-Abgeordneten Rainer Wieland, Mitglied im Europaparlament (MdEP). *Er bestreitet alles und stellt die Bundesrepublik gar als Vorbild hin*: Deutschlands Kinder- und Jugendschutz stehe im internationalen Vergleich glänzend da, gab »unser« Europapolitiker zum Besten.[502] Wie glänzend, das betrachten wir uns jetzt:

Interventionsmissbrauch kontra Untätigkeit

- **Wuppertal** – Die Mutter zweier Töchter wandte sich wegen Überforderung telefonisch an das Jugendamt. Dass man ihr die Kinder wegnehmen würde, hatte sie nicht geahnt. Noch am selben Abend erschienen städtische Mitarbeiter, die die fünfjährige Talea und deren zweijährige Schwester Lenya mitnahmen. Einfach so, ohne Rücksprache und unangemeldet! Ein halbes Jahr später: Talea, die immer Prinzessin sein wollte, war tot. Trotz zahlreicher Gewalthinweise in der Pflegefamilie, in die sie »verbracht« wurde, reagierte das Jugendamt nicht. Die Kleine stirbt im Krankenhaus an den Folgen schwerer Misshandlungen mit faustgroßen Hämatomen. Die verzweifelte Mutter: »Hätte ich das Jugendamt nicht gerufen, würde meine Kleine noch leben.«[503] Jugendhilfe als tödliches Risiko.
- **Hamburg** – Entsetzliche Bilder gingen durch die Medien und erschütterten die Republik. Sie zeigten den kleinen Björn (5) im Notarztwagen, künstlich beatmet, in seinen Ärmchen Injektionskanülen. Seine drogenabhängige Mutter hatte versucht, ihn mit Tabletten und einer lapidaren Begründung zu vergiften: »Ich kam nicht mit ihm zurecht.« Nachbarn hatten im Vorfeld monatelang die staatlichen Kinderschützer auf das beginnende Drama des verwahrlosten und misshandelten Jungen aufmerksam gemacht. Doch kein Vertreter der Behörde ging den Hilferufen nach.
- **Leipzig** – Eine drogenabhängige Mutter ließ ihren zweijährigen Sohn Dominic verhungern und verdursten. Gerichtsmediziner stellten fest: Das Kind hatte zwei bis drei Tage qualvoll gegen den Tod gekämpft. Man höre und staune, sogar ein Staatsanwalt kritisierte das örtliche Jugendamt: Das Problem der heroinsüchtigen Frau wäre der Behörde bekannt gewesen, dennoch habe man sich damit abgefunden, die Mutter kaum zu Hause anzutreffen. Liegt die unausweichliche Frage nahe, warum Herr Staatsanwalt zwar öffentlich »meckerte«, aber keine Ermittlungen, beispielsweise wegen unterlassener Hilfeleistung, aufnahm und die Jugendamtsmitarbeiter auf die Anklagebank brachte.
- **Brand-Erbisdorf** (Sachsen) – Mitschüler bedrohten die achtjährige Tordis: »Wir bringen dich um.« Diesen Vorgang meldete ein Lehrer dem Jugendamt.

Offenbar ging in den Augen der Beamten die Gefahr nicht von den gewaltbereiten und morddrohenden Kindern aus, sondern vom terrorisierten Kind. Sie brachten Tordis ins Heim! Als die nichtsahnende Mutter ihre Tochter von der Schule abholen wollte, wurde sie mit dem Behördenwahnsinn konfrontiert. Nur drei Tage später stand die Kleine auf dem Fensterbrett im ersten Stock des Kinderheimes und rief mit dünner Stimme: »Ich bringe mich um.« Das Kind sieht ängstlich nach unten und bevor es springt, sagt es noch: »Ich will wieder zu meiner Mutti ...« Tordis überlebt schwer verletzt.
• **Butzbach** (Hessen) – Mit größter Wahrscheinlichkeit wurde der Junge, um den sich die Geschichte dreht, zu Unrecht den Eltern weggenommen und in eine Pflegefamilie gebracht. Trotz zahlreicher Hinweise auf Gewalt in seiner Ersatzfamilie nur tatenloses Zusehen des Amtes. So lange, bis es zu spät war. Der Bub wurde von seinen schrecklichen Pflegeeltern zu Tode geprügelt. Verantworten musste sich in der Behörde niemand. Personelle Konsequenzen gab es auch keine. Dem leiblichen Vater des Opfers blieb nur ein hilfloser Protest: Jahr für Jahr erinnert er mit einer Gedenkkarte die Jugendbehörde an deren Schandtat. Leider entschieden zu wenig an Genugtuung in einem angeblichen Rechtsstaat.
• **Mömlingen** (Unterfranken) – Ein Ehepaar wollte, wie es später erklärte, »endlich Urlaub machen und sich erholen«. Deshalb meldeten sie die acht, zwölf und fünfzehn Jahre alten Adoptivtöchter in der Schule krank. Kurzerhand wurden die Kinder in ein dunkles Kellerverlies gesperrt. Zu essen hinterließen sie trockenes Brot und verdorbenes Gemüse. Das behördlich ausgewählte Adoptivpaar amüsierte sich nun auf einer Luxus-Kreuzfahrt vor Bari, Athen, Rhodos, Kreta und Zypern. Drei-Gänge-Menüs, Fischspezialitäten, frische Salate und besonders leckere Desserts standen auf dem Speiseplan. Die indessen verwahrlosten und ausgehungerten Kinder wurden von der Polizei aus ihrer Gefangenschaft befreit. Das unmenschliche Ehepaar wurde nach der Rückkehr verhaftet. Massive Vorwürfe von Mömlingens Bürgermeister Rudi G. an die Adresse des Jugendamtes: »Ich habe schon bei der ersten Adoption protestiert. Ich habe nie geglaubt, dass das Jugendamt denen noch weitere Kinder gibt.«[504]
• **Strausberg** (Brandenburg) – Der knapp 2-jährige Pascal wird bewusstlos und wimmernd ins Krankenhaus gebracht. Sein Körper übersät mit Blutergüssen und Verletzungen. Fast jede Rippe und der Unterkiefer waren gebrochen. Dazu schwere innere Verletzungen. Notoperation! Pascal überlebte, bleibt aber wahrscheinlich sein Leben lang ein Pflegefall. Er ist erblindet, kann seine Bewegungen nicht koordinieren und muss künstlich ernährt werden. Der Lebensgefährte der Mutter hatte das Kleinkind beinahe zu Tode misshandelt. Der drogenabhängige Mann war wegen einschlägiger

Gewaltdelikte vorbestraft. Fakten, die dem Jugendamt bekannt waren, auch dass er dem Kind Gewalt antat. Pascal wurde genau deswegen im Vorfeld der Ereignisse von Jugendhelfern in eine Pflegefamilie gebracht. Aber nur vier Wochen – dann wurde der Kleine in sein Martyrium zurückgegeben. Die Unbelehrbaren im Jugendamt weisen in typischer Manier alle Vorwürfe zurück: »Wir würden genauso wieder handeln.«[505]
• **Beutelsbach** bei Stuttgart – Ein Pflegeelternpaar, das von der Jugendbehörde ständig kontrolliert sein sollte, hatte drei leibliche Kinder geliebt, verwöhnt, verhätschelt, gut ernährt und immer fein rausgeputzt. Nichts war ihnen zu teuer. Anders erging es den drei Pflegekindern, die sie sich als Geldquelle hielten. Für die gab es nichts! Bei geschlossenen Rollläden mussten sie in ihren Zimmern dahinvegetieren und durften nicht einmal im Freien spielen. Die jahrelange Pein nahm erst ein Ende, als aufgrund von Hinweisen Notärzte das Pflegekind Alexander im Koma fanden. Der 5-jährige Knabe war grausam abgemagert. Ein Knochenbündel mit dem Gesicht eines Greises. Bei einer Körpergröße von 1,10 Meter hatte er mit sieben Kilogramm nur mehr das Gewicht eines 1-jährigen Kindes. Die Ärzte kamen zu spät – Alexander starb. Die zwei anderen Jungs konnten gerade noch gerettet werden, weil sie Müll aßen. Beide völlig unterernährt, schwach, die Augen in tiefen Höhlen vergraben. Bei der durchgeführten Hausdurchsuchung fand die Polizei eine randvolle Kühltruhe. Eine Nachbarin: »Ich bekam sogar noch ein paar Kilo Fleisch geschenkt, weil nichts mehr hineinpasste.« *Ein offensichtlich aufmerksamer Behördenbeobachter und Leserbriefschreiber zum Fall:*

> **Typisch Jugendamt! Ihre Nase drin haben, wo sie es nicht brauchen. Aber da, wo es notwendig ist, werden die Augen zugemacht. Der, der diese Pflegeeltern beurteilt und ausgesucht hat, gehört mit eingesperrt!**
> M. Burger, Augsburg (Bayern)[506]

Mitten in Deutschland das tagtägliche Behördenversagen. In schöner Regelmäßigkeit lesen wir von verwahrlosten, verhungerten oder qualvoll getöteten Kindern. Genauso konstant waren die zuständigen Jugendämter alarmiert, aber untätig. Die Opfer heißen Carolin, Kevin, Justin, Dennis, Jessica, Siri und andere, über die schon nach Wochen niemand mehr spricht. Eine weitere Übereinstimmung: *Konsequenzen keine.* Ermittlungen gegen Jugendsamtsmitarbeiter werden nicht verfolgt. »Verfahren eingestellt« heißt es schemenhaft und landesweit. Die Ursache des juristischen Persilscheins ist bekannt und in einem früheren Kapitel aufgearbeitet. Wir erinnern uns: *Staatsanwaltschaften sind nicht unabhängig, sondern der Politik unterstellt.*

Wie menschenverachtend hingegen auf politischer Ebene gedacht wird, demonstrierte Schwerins CDU-Bürgermeister Norbert Claussen (inzwischen per Bürgerentscheid in die Wüste geschickt). Hintergrund war eine Pressekonferenz zum grausamen Hungertod von Lea-Sophie († 5). »Seine« Behörde war jahrelang über die bedrohliche Lage des Kindes informiert. Claussen umschrieb und kommentierte die Todesumstände des kleinen Mädchens mit den Worten »Pech gehabt«.[507] Mit diesen Schilderungen wollen wir es zunächst bewenden lassen. Es sollte lediglich ein flüchtiger Blick hinter die meist schön gefärbten Fassaden der Jugendämter sein. Daneben wird die Diskrepanz sichtbar, wenn Realität auf die selbstlobende Außendarstellung der politischen Klasse trifft. Nun zu einer speziellen Katastrophe, die zu Beginn der Neunzigerjahre ihren Anfang nahm.

Politischer Doppelschlag gegen die Verfassung und Familien

1991 trat das Kinder- und Jugendhilfegesetz (KJHG) in Kraft. Die schlecht ausgebildeten Jugendamtsmitarbeiter wurden in einen richterähnlichen Status gehievt. Seit dieser Zeit können simple Sachbearbeiter hoheitliche Aufgaben der Gerichte übernehmen und die Grundrechte aushebeln. Das heißt, sie dürfen ohne richterlichen Beschluss Kinder aus Familien holen. Artikel 6 unserer Verfassung »Schutz von Ehe und Familie« darf seither den Damen und Herren im Jugendamt schnurzegal sein. Der überwiegende Teil aller Fachleute begrüßte dieses Gesetz und hielten es für überfällig. Alle Hoffnungen stützten sich auf eine wichtige Verbesserung in Gefahrensituationen. Dann, wenn Kinder in Not schnelle und unbürokratische Hilfe brauchen. Insofern sahen viele im neuen Recht eine wichtige Maßnahme zum Schutze misshandelter und vernachlässigter Kinder. Dass dieses Instrument der bundesweite Einstieg zum Massenmissbrauch einer Jugendbehörde werden sollte und derart verantwortungslos damit umgegangen wird, lag jenseits gängiger Vorstellungskraft. Zusätzlich erlaubte die gesetzliche Neuerung im Rahmen der »freien Jugendhilfe« eine Zusammenarbeit mit den selbsternannten Experten von Wildwasser, Zartbitter, Lawine, Bittersüß, Kobra und ähnlichen uns schon bekannten Organisationen. Seit jener Zeit arbeiten Jugendämter Hand in Hand mit diesen sektenähnlichen Gruppierungen. Diese im wahrsten Sinne des Wortes »freien Radikalen« sind meist ohne Fachhintergrund. Sprich, noch schlechter ausgebildet als die schon dürftig qualifizierten Behördenmitarbeiter. Noch heute, im zweiten Jahrzehnt von massenhaft bekantgewordenen Kindertragödien aufgrund der Zusammenarbeit mit diesen fanatisierten Ideologen, zeigen sich Politiker lernresistent. Keine kritische Betrachtung ihrer Arbeitsweise! Keine Kontrolle! Kein Stopp der blindlings verteilten Staatsmilliarden!

Zeitgleich ereignete sich ein weiteres Unglück für Deutschlands Kinder. Ein Drama, das einen besonderen Namen trägt: den der späteren »Miss World«, besser bekannt als Bundeskanzlerin Angela Merkel. Sie selbst kinderlos, übernahm im Januar 1991 das damalige Bundesministerium für Frauen und Jugend. Doris Schröder-Köpf, die Gattin von Gerhard Schröder, im Rückblick auf fragliche Amtszeit: »Frau Merkel hat klar versagt.«[508] Tatsächlich war »sein Mädchen«, wie einst Dauerkanzler Helmut Kohl die unbedarfte Ost-Pfarrerstochter taufte, im neuen Amt heillos überfordert. Detailwissen über feministische Ziele, die gerade aus den USA über die »alte« Bundesrepublik schwappten, waren der ehemaligen DDR-Bürgerin fremd. Männerhassende Frauenrechtlerinnen hatten sich zu Missbrauchs-Expertinnen erkoren und über Netzwerke vereinigt (war Thema des vorherigen Kapitels). Ausgerechnet aus jenem Dunstkreis ließ sich Frau Merkel beraten. Pate stand unter anderem die berühmt-berüchtigte Frau Ursula Enders von »Zartbitter e. V.«. Also eine Dame, die in Publikationen hinter *jedem* Mann einen potenziellen Kinderschänder wissen will. Enders, eine Speerspitze der damaligen Bewegung! Skandalös, dass sich ausgerechnet das höchste deutsche Fachministerium mit fanatisierten Laien umgab. Ein Schulterschluss mit Folgen: Gemeinsam wurde das sogenannte *»Medienpaket zur Aus- und Fortbildung für pädagogische Fachkräfte, Keine Gewalt gegen Kinder«* entwickelt. Dieses Machwerk wurde in einer beispiellosen Kampagne bundesweit an Schulen, Kindergärten und die Presse vertrieben. Inhalt: deutsche Familien als Hort der Gewalt und des Bösen schlechthin. Väter als Kinderschänder! Mütter als Mittäterinnen! Intrigante Denunziation aller erwachsenen Menschen unseres Landes. Wie man heute weiß, die Wirkung dieses »Fortbildungs-Schockers« war verheerend. Pädagogen in Kindergärten, Horten, Vor- und Grundschulen wurden ermuntert, »Jugendamt und Gendarm« zu spielen. Ihr Auftrag: anhand von Checklisten Kinder ausforschen und *heimlich* Tagebuch darüber führen. Gleichzeitig wurden die staatlichen Hobbydetektive angehalten, mittels sogenannter Überprüfungslisten Körper- und Verhaltenssignale zu vergleichen. Besagte Kriterien würden intakte Menschen als normales kindliches Gehabe gewichten. Doch hier wurde nahezu alles auf sexuellen Missbrauch projiziert. Kurzum: Seit dem Staatspamphlet ist niemand mehr sicher, jeder und alles kann verdächtigt werden. Als Basis der Aufklärung sollten Kinderzeichnungen, präziser ausgedrückt nichtssagendes Kindergekritzel, dienen. Sexuelle Gewalterfahrung, die angeblich aus Buntstiften sprechen soll. Um das Krankhafte nachvollziehbarer zu machen, zwei ausgewählte Dokumente aus der Wunderwelt der Fantasie:

Interpretationen des Bundesfamilienministeriums
Bilder, die Gewalt gegen Kinder »beweisen« sollen

Dokument 1
Quelle: Steinhage 1992

Zu Dokument 1:
Markus: »Eine Ratte, nein, eine Giftspinne.«
Der Erzieherin war aufgefallen, dass Markus beim Malen nur dunkle Farben wählte bzw. seine Bilder in der Regel mit nur ein bis zwei dunklen Farben fertigstellte. In einem Gespräch erwähnte sie das der Mutter gegenüber. Diese konnte sich das gar nicht erklären; es stand auch im Gegensatz zu ihrer Wahrnehmung der Bilder ihres Sohnes. Nach diesem Gespräch malte Markus wenige Wochen lang Bilder mit mehreren Farben. Als die Ermahnungen der Mutter vergessen waren, griff er wieder überwiegend zu dunklen Stiften.

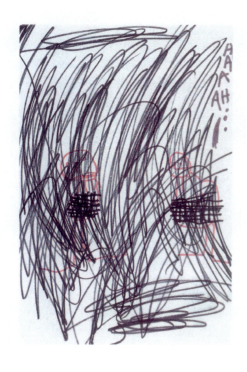

Dokument 2
Quelle: Steinhage 1992

Text zu Dokument 2:
Sonja bringt der Erzieherin ihr Bild.
Sonja: »Du sollst mein Bild mitnehmen.«
Erzieherin: »Magst du erzählen, was du gemalt hast?«
Sonja: »Aber nur wenn alle, alle anderen Kinder weggehen.«
Sonja: »Das sind zwei Männer, und sie wollen die Sonja fangen.«
Erzieherin: »Wo bist du?«
Sonja: »Ich habe mich versteckt, mich kann niemand sehen.«
Erzieherin: »Warum wollen dich die Männer fangen?«
Sonja: »Er« (zeigt auf den linken Mann) »will mir was zeigen. Er auch.« (zeigt auf den rechten Mann.) »Aber, aber ich weiß, alle wollen mich begraben. So, so (zeigt mit der Hand) ganz schwer, aber ich singe ganz laut: schlaf Männlein schlaf« (beginnt laut das Lied zu singen).
(Das Lied heißt: Schlaf Kindlein, schlaf. Die Männer haben keine Arme. Unklar bleibt, ob Sonja den Sinn des »Ah« (Lust-Laut?) erfasst).

Quelle: BMFJ Medienpaket »Keine Gewalt gegen Kinder«
Dynewski – 1993

Selbst das »Ah« eines Kindes wird zum »Lustlaut« gedeutet. Parallel zum Medienpaket wurden horrende Dunkelziffern und Behauptungen herausgegeben, die die Presselandschaft sensationsgierig aufsog und verbreitete: *Jedes dritte Kind in Deutschland wird sexuell missbraucht.* Wie wir aus dem vorherigen Kapitel wissen, eine aus der Luft gegriffene »politische Zahl«. Eines hat der Feldzug gegen besseres Wissen bewirkt: eine schrankenlose Treibjagd gegen Familien, vornehmlich gegen Väter. Bereits zwei Jahre nach Erscheinen des »Medienpakets« registrierte das Meinungsforschungsinstitut Allensbach erste Auswirkungen. Man stellte in einer Untersuchung fest: *Vermutungen und Gerüchte über Kindesmissbrauch belasten Gesellschaft und Familie.*[509] So sahen die »Belastungen« aus, wie sie nachsichtig umschrieben wurden: Erzieherinnen, die angenommen 18 Kinder zu betreuen hatten, fingen an zu rechnen. Rein mathematisch musste jedes dritte, also sechs der Kinder, missbraucht sein. So und ähnlich kam es in öffentlichen Einrichtungen zur Massenhysterie. Kirchtürme, von Kindergartenkindern gezeichnet, reichten aus, um als Phallussymbol gedeutet zu werden. Bevor sich die kleinen »Künstler« versahen, verschwanden sie in staatlichen Heimen. Zigtausend Kinder verloren in den darauf folgenden Jahren grundlos ihr Zuhause. Abseits der Öffentlichkeit schwappte eine Verdächtigungswelle über Deutschland, die nicht abebben will. Noch 2006 resümierte das ARD-Magazin Panorama bezogen auf sexuellen Missbrauch: »Experten stellen fest, dass heute immer häufiger Eltern aufgrund von absurden Gutachten zu Unrecht beschuldigt werden.« Wenig verwunderlich, denn der Auslöser wie die Folgen wurden weder revidiert noch diskutiert. Und das, obwohl nahezu alle renommierten Fachleute, wie Prof. Dr. Udo Undeutsch der UNI Köln, heftige Kritik am damaligen »Medienpaket« übten. Eine Rückrufaktion, wie wir sie aus der Autoindustrie kennen, blieb aus. *Blech wichtiger als menschliches Leid.* Wurde wenigstens die Öffentlichkeit gewarnt? Im Gegenteil, geradezu trotzig wurden ähnliche »Medienpakete« mit vergleichbarer Literatur, Videofilmen, Dias und Hörspielkassetten zusätzlich vertrieben. Die Kinderkommission und der Rechtsausschuss des Deutschen Bundestages sowie alle wichtigen Parlamentarier wissen vom Polit-Unfall. Doch es regiert das klassische Dreikampfverhalten deutscher Politik: Stillhalten! Leugnen! Abwiegeln! Im Boot des Schweigekartells sitzen auch alle Bundespräsidenten seit Beginn des politischen Supergaus. »Mahner« Roman Herzog mahnte nicht, obwohl er es Betroffenenorganisationen zusicherte.[510] Auch Johannes Rau († 2006), der tief protestantische Kirchgänger, protestierte nicht. Und der wie ein kleines Kind beleidigt und schmollend zurückgetretene Horst Köhler brachte zum Versagen seiner Staatskollegen auch kein Sterbenswörtchen über die Lippen.

Um dem Desaster offenbar eine gewisse Perfektion zu verleihen, wurden die radikalfeministischen Vereinigungen zusätzlich auf Schulen und Kindergärten losgelassen. Blutige Laien hielten von nun an »Fortbildungsseminare« ab. Pädagogisch ausgebildete Fachkräfte, wie Lehrer und Erzieherinnen, »lernen« seither mithilfe Ungeschulter unter anderem Folgendes: Väter sind Täter und bestreiten alles! Mütter decken die Taten aus wirtschaftlicher Abhängigkeit! Und die kindlichen Opfer nehmen ihre Peiniger obendrein in Schutz! Damit ist alles und jeder verdächtig, und sagt ein Kind nichts, ist ein Missbrauch besonders wahrscheinlich. Wie wurde der häufigste Missstand unserer Gesellschaft, Gewalt und Verwahrlosung von Kindern, bekämpft? Kaum! Kein Thema für Deutschlands fanatisierte Emanzen, die öffentlich gefördert ihren Sexismus ausleben. Wenn diese Methode auch keine leibhaftigen Kinderschänder überführt, sie produziert Falschanschuldigungen am Fließband und damit Geld und Stellen für die mächtige Verdächtigungsindustrie.

Wahre Kurzgeschichten

- **Münster** – Eine Erzieherin des örtlichen Kindergartens besuchte an drei Abenden Vorträge zum Thema »sexueller Missbrauch an Kindern«. Nach der Blitz-Fortbildung versuchte sie, ihr erworbenes »Fachwissen« anzuwenden. Innerhalb kürzester Zeit »überführte« die Dame mit abenteuerlichsten Methoden (hantierte mit Vibratoren in abgedunkelten Räumen u. Ä.) drei ihrer Zöglinge aus einer einzigen Kindergartengruppe des »sexuellen Missbrauchs«. Zusammen mit dem Jugendamt wurden die ahnungslosen Knirpse aus ihren Familien gerissen. Getrieben von der Furcht um ihre Kinder, solidarisierten sich alle Eltern. Öffentliche Proteste! Presse! Vorübergehende Schließung des Kindergartens! Obwohl hier das Unheil zweifelsfrei durch krasses Fehlverhalten ausgelöst wurde, kamen die weggenommenen Kinder erst nach einem jahrelangen Kampf zu ihren Eltern zurück. Wie landesweit in identischen Fällen zu beobachten ist, machte auch hier das involvierte Vormundschaftsgericht dem Treiben kein Ende.
- **Berlin** – Eine 4-Jährige machte das, was wohl jedes Kindergartenkind mal macht. Sie legte beim Spielen zwei Puppen übereinander. Für die Erzieherin war sofort klar – sexueller Missbrauch. Noch eine beiläufige Frage an das Kind: »Macht das der Papa auch?« Das Kind meinte genauso beiläufig und desinteressiert: »Ja.« Schon war sicher, das Kind wurde vom Vater missbraucht. Jugendamt eingeschaltet – Kind für immer verschwunden.
- **Gießen** – Ein 6-jähriges Mädchen erzählte im Kindergarten, den Opa heimlich auf der Toilette beobachtet zu haben. Das Jugendamt wurde eingeschaltet.

Eine »Spieltherapeutin« rückte an, die sich der Sache folgendermaßen annahm: Sie legte sich auf den Boden, mit der Aufforderung an das Kind, sie zu küssen. Dabei soll es zum Zungenkuss gekommen sein. *Mutmaßliche Erklärung*: Das Mädchen hatte eine Schneidezahnlücke. Zudem gab die »Expertin« an, das Kind habe ihr an die Brust gefasst. *Mutmaßliche Erklärung*: Das Mädchen musste sich beim Küssen irgendwo abstützen. Für die nach herkömmlichem Verständnis perverse Therapeutin war klar – sexueller Missbrauch. Bitte stellen Sie sich einmal folgenden Zusammenhang vor: Wäre dieses Kind tatsächlich vom Opa zu sexuellen Handlungen veranlasst worden. Warum sollte es die Küsse und Brüste der Therapeutin begehren? Das Gegenteil wäre richtig: Missbrauchte verbinden ihre Erlebnisse mit Angst, Scham und Ekel. Aber dieses wirklichkeitsferne Denken ist eine typische Logik der selbsternannten Aufdeckerinnen. Sie haben sich mit Sicherheit nie mit tatsächlichen Opfern und deren Empfindungen auseinandergesetzt. Und noch etwas gilt als sicher: Die spieltherapeutische »Untersuchung« rief alle Gefühle eines Missbrauches hervor: Ekel! Scham! Erniedrigung! Daher wurde das betroffene Kind von dieser Frau missbraucht. Jeder Mann wäre bei einem vergleichbaren Vorgehen zu Recht vor Gericht und anschließend hinter Gittern gelandet. Genau das hätte mit dieser Frau passieren müssen. Doch Gegenteiliges geschah. Die Justiz trieb den unschuldigen Opa in die Verzweiflung. Sein Ruf wurde ruiniert und damit sein Dachdeckerbetrieb. Da sich eine familiäre Möglichkeit bot, brachten die Betroffenen die damals 6-Jährige in die USA. Auf diese Weise wurde das Mädchen zumindest vor dem geplanten Zugriff deutscher Behörden gerettet.

Menschenfresser und ein ungeheuerliches Staatsschauspiel

Betroffen sind zwei Familien, zu denen mich heute sehr persönliche Kontakte verbinden. Halte ich mir die kinderlieben wie rechtschaffenen Menschen vor Augen, wird das schier Unbegreifliche umso absurder. *Ein Feuerwerk deutscher Behördenwillkür.* Die Geschehnisse beinhalten eine breite Palette jener Schandtaten, die sich tagtäglich in Deutschlands Jugendämtern abspielen. Als exemplarischer Fall daher besonders geeignet, zudem er das Versagen der Justiz schonungslos aufdeckt. Guten Gewissens lassen sich die Begebenheiten – im wörtlichsten Sinne – als eine der schrecklichsten der Bundesrepublik bezeichnen. Zu einer ähnlichen Bewertung kam auch der anerkannte Gerichtsgutachter der Forensischen UNI Dortmund, Prof. Dr. Schade. Seinen Worten zufolge lag ihm kaum Vergleichbares vor.

Es war einmal ein Jugendamt in Mittelhessen, in dessen Einzugsbereich lebten zwei ganz normale Familien. Sie wohnten in verschiedenen Städten, hatten Kinder und waren glücklich und zufrieden. Eine Besonderheit verband sie: Die Ehemänner Peter M. und Heiko M. waren Brüder. Wie es unter Geschwistern nicht ganz ungewöhnlich ist, hatte ein Streit zum Abbruch gegenseitiger Kontakte geführt. Aus der Familie von Peter M. gingen eine vier Jahre alte Tochter und ein zweijähriger Junge hervor. Das Mädchen Katharina besuchte einen Kindergarten und erlitt dort sporadisch ohnmachtähnliche Anfälle. Der Verdacht einer Epilepsie bestand. Die Eltern wandten sich besorgt an eine Kinderklinik. Umfangreiche organische Untersuchungen blieben ergebnislos. Da die gesundheitlichen Probleme einen Ursprung haben mussten, vermuteten die Eltern eine psychische Störung. Zumindest wollten sie diese Möglichkeit abgeklärt haben. Sie suchten eine Kinderpsychiatrie und den örtlichen Kinderschutzbund auf. Wie sich im Nachhinein sagen lässt – ein fataler Fehlgriff. Zur Durchführung umfangreicher Untersuchungen sollte auf Anraten der hinzugezogenen »Experten« die vierjährige Katharina stationär in konsultierte Kinderpsychiatrie. Die hilfesuchenden Eltern waren sofort damit einverstanden und so nahm das Drama seinen Lauf. Hinter dem Rücken des Ehepaares formierte sich eine unheilvolle Allianz: Jugendamt, Kinderschutzbund, Kindergarten. Der örtliche Kinderschutzbund war Insidern als »radikalfeministischer Haufen« bekannt. Und die Mitarbeiter des Kindergartens besuchten mittlerweile, wie schon thematisiert, einen »Kinder-Sex-Kurs«. Ominöse Aufdeckungsgespräche mit heute verbotenen »anatomisch korrekten Puppen« musste die kleine Katharina über sich ergehen lassen. Puppen mit überdimensionalen Geschlechtsteilen, die Kinder zum Spielen und Experimentieren verleiten. Auch »materialisierte Suggestion« genannt. Plötzlich wurde ein sexueller Missbrauch behauptet. Ausgerechnet die fürsorglichen Eltern sollen es gewesen sein, die ihr Kind von Arzt zu Arzt brachten und sich um ständig neue Untersuchungen bemühten. Wenig später standen Vertreter des Jugendamtes vor der Tür von Peter M. und seiner Ehefrau. Katharina war ihnen bereits entzogen, jetzt holten sie den zweijährigen Sohn Patrick.

Vor Jugendamtsmitarbeitern ist nichts und niemand sicher. Mit dieser Erkenntnis wurden nun auch Bruder Heiko M. und seine Frau konfrontiert. Sie wissen, jene Familie, die zum Beschuldigten aufgrund von Differenzen keinen Kontakt mehr hatte und in einer anderen Region lebte. Dessen ungeachtet, begann jetzt auch für sie der Staatsterror, ausschließlich aufgrund eines verwandtschaftlichen Verhältnisses. Wie gewöhnlich wollten die Eheleute ihre einzige Tochter Jennifer vom Kindergarten abholen – das

Mädchen war weg. Verschleppt von »Kinderschützern«! Ohne Anhörung der Eltern! Ein Verstoß gegen elementare Prinzipien eines Rechtsstaates. Kurzum: kriminell. Ab sofort drehte die staatliche Maschinerie durch. Alles mutierte zu einem Festival der schrankenlosen Fantasie und Manipulation. Zunächst waren die Vorwürfe, wenn man so will, verhältnismäßig harmlos. Es sollen »lediglich« Orgien mit den Kindern stattgefunden haben. Unter anderem in Kirchen und auf Friedhöfen. Besonders interessant: Die zerstrittenen Brüder, die keinen Kontakt mehr zueinander pflegten, sollten sich in trauter Gemeinsamkeit »vergnügt« haben. Der Jagdeifer griff wie ein Flächenbrand um sich. Schnell war das *gesamte* soziale Umfeld mitbeschuldigt: Freunde, Verwandte, Bekannte, Oma, Opa und sogar der Familienhund (!). Alle sollen sich gemeinschaftlich (ja, auch der Hund) an den drei entzogenen Kindern vergangen haben. Übrigens, bei Jugendamtswillkür eine übliche Verfahrensweise. Sobald sich Kinder in behördlicher Gewalt befinden, wird gelogen und betrogen. Denn eines wissen die Jugendhelfer: Ohne den Zugriff auf das »Beweismittel« Kind ist jede Behauptung unwiderlegbar. In diesem Kontext werden auch regelmäßig Familienangehörige mitbeschuldigt, falls sie sich schützend vor einen Angeschuldigten stellen. So war es auch hier! Eine Besonderheit zeichnet diesen Fall aus: Alles geschah in absolut grenzenloser Form! Die Staatsanwaltschaft fiel zunächst auf alle Machenschaften der Jugendbehörde herein. Glaubte man an einen ganz dicken Fisch? Sah sich der ermittelnde Staatsanwalt bereits auf den Titelseiten der deutschen Presse? Chef-Ankläger einer Wahnsinnstat. Zumindest ließ er die Verdächtigten abhören, veranlasste Hausdurchsuchungen und beschlagnahmte Belangloses. Ohne geringste Beweismittel sicherzustellen, versteht sich. Auf das Naheliegendste verzichtete der Staatsanwalt: *mit den Kindern reden.* Irgendwann ließen sich die Vorwürfe gegen das familiäre Umfeld samt Hund beim besten Willen nicht mehr aufrechterhalten. Also wurden die Beschuldigungen so willkürlich fallen gelassen, wie sie erhoben wurden. Von nun an waren nur mehr die liebevollen Eltern bezichtigt. Da kein Richter, kein Staatsanwalt, kein Ordnungshüter, keine übergeordnete Behörde, kein Politiker und kein anständiger Mensch prüfte, wurde der Wahn auf die Spitze getrieben. Die Eltern, aufgrund der unberechtigten Kindeswegnahmen physisch und psychisch am Ende, wurden beinahe täglich mit angeblich »neuen Erkenntnissen« konfrontiert. Urplötzlich sollen sie an rituellen Kinder-Tötungsdelikten beteiligt gewesen sein. Zitat aus den Strafakten: »Verdacht des Mordes«, »sexueller Missbrauch von Kindern«, »Anbindung eines Zirkels, satanistischer Rituale«, »Kindermorde«. Das Eigenartige: Opfer gab es keine! Wohl deshalb wurde der Tatort so beschrieben: »vermutlich Gießen und andere Orte.« Ein Protokoll, das einer Ergänzung bedurft hätte: Juristen sollten sich an Fakten und Plausibilität halten. Doch man ging verirrten Fantasien nach: Es folgten internationale Fahndungen in den USA und England. Das, obwohl die Beschuldigten ihr ganzes Leben nie dort waren. Man habe »braune Kinder« gegessen und zerstückelt, war der nächste Vorwurf. Zu diesem Ritus seien die Eltern mit Panzern gefahren, die natürlich jeder Bürger zu Hause hat. Gigantische Feuer hätte man entfacht, die niemandem aufgefallen sind. Tote Kinder, die nirgends vermisst wurden, sollen in Kisten mit Flugzeugen verschickt worden sein. Und diese »stinkende Fracht« ist den strengen Kontrollen der Flughäfen entgangen. Entschuldigen Sie die Ironie. Aber eine Schmierenkomödie dieser Dimension, die jeder blutiger Laie sofort entlarvt, ist nicht anders kommentierbar. Sie sehen aber, Jugendhelfer können beliebig verleumden und unsere Justiz leistete begeistert Beihilfe. Bitte, versetzen Sie sich in die Lage der Eltern, um zu erahnen, was ihnen angetan wurde. Zum grundlosen Verlust ihrer geliebten Kinder diese grauenvollen Anschuldigungen: Menschenfleisch fressende Monster, Kinderschänder und Kindermörder zu sein. Ein Horrorszenario der extremen Art.

Der zuständige Vormundschaftsrichter kam intern in die Kritik. Wurde ihm der Fall, oder sein Versagen zu heiß? Wollte er nicht mehr mitspielen? Fakt ist: Er legte das Verfahren nieder und mit ihm verschwanden Akten (!). Dadurch soll längere Zeit niemand mehr gewusst haben, wo sich die Kinder überhaupt aufhielten. Knapp zwei lange Jahre waren verstrichen, dann ein völlig neuer Vorwurf: Jennifer hätte ein »S« unter dem Auge eingestochen. Laut Gerichtsakte das Symbol der Schlange oder des Satans. Natürlich wurde die »Tat« den Eltern angelastet. Wieder eine sofort erkennbare Lüge. Sollte etwa geschlagene *zwei Jahre* eine für jeden augenfällige Gesichtstätowierung niemand gesehen haben? Beinahe lachhaft, wäre der Hintergrund nicht zu ernst. Außerdem wurde Jennifer direkt aus dem Kindergarten geraubt und bis dato erwiesenermaßen ohne derartige Einstiche. Dennoch, auch dieser Richter machte alles mit. Anstatt sich das Kind genau anzusehen, wurde prüfungslos der Jugendbehörde geglaubt. Bundesweit üblich: Behördenwillkür wird nicht gestoppt, selbst wenn die Machenschaften noch so abnorm oder wie hier gar sichtbar gewesen wären. Beweis: *Die Unabhängigkeit der Gerichte ist aufgegeben.* Staatstäter können tun und lassen, was sie wollen, und das wissen Behördenmitarbeiter *aller* deutschen Fachressorts. Professor Hans Herbert von Arnim beschreibt diese deutsche Krankheit in einem seiner Bücher: »Die politische Klasse hat praktisch jede Kontrollmöglichkeit von Regierung und Verwaltung ausgehebelt. Vom Ideal der Demokratie bleibt nur der schöne Schein.«[511]

Kein Besuch, kein Brief, kein Anruf
Wie schon angesprochen, bei Fehlentscheidungen deutscher Jugendämter sind standardisierte Behauptungen »modisch«. Grundlos entzogene Kinder würden ihre Eltern nicht mehr sehen wollen. Sie hätten Angst vor ihnen und Ähnliches. Zur Vereitelung des Lügengebäudes muss jeder Kontakt zu den kindlichen Geiseln verhindert werden. Im zugrunde liegenden Fall operierte man mit einer leicht abgewandelten Variante: Treffen wurden regelmäßig mit der Begründung abgeschmettert: Jennifer, Patrick und Katharina hätten Ängste und seien rundum verhaltensgestört. Deshalb, so die Argumentation, wären weder briefliche, telefonische noch persönliche Kontakte möglich. Eine Strategie, die sich erst änderte, als die Eltern dem Jugendamt Folgendes vorhielten: Ihre Kinder galten bis zum Entzug – der mit dem »Wohl der Kinder« begründet wurde – für normal entwickelt. Seit sie sich in der Obhut des Jugendamtes befinden, werde eine konträre, nämlich verheerende Entwicklung beschrieben. So katastrophal, dass sogar keinerlei Kontakte mehr möglich sind. Demzufolge können die getroffenen Maßnahmen nicht dem »Wohle der Kinder« entsprechen. Auf diese einleuchtende Argumentation wurde postwendend reagiert. Beim nächsten Besuchsantrag wurde eine positive Entwicklung beschrieben. Doch »leider« wäre ein Rückfall zu befürchten, würden die Kinder ihre Eltern sehen. Beliebiger Schwindel, ohne den Hauch einer Chance für die Betroffenen.

Die Justiz verhöhnt die Opfer
Im regelmäßigen Turnus sprachen die verzweifelten Geschwisterfamilien beim zuständigen Richter vor. Als sie wieder einmal ihr Glück versuchten, empfahl der Jurist vor fassungslosen Angehörigen und geschockten Eltern, »... *sich neue Kinder zu machen*«. Das zur viel gepriesenen Würde des Richteramtes! Verständlicherweise erfasste die Eltern immer größer werdende Panik und Verzweiflung. Nach regionalen Juristen wandten sie sich an den Münchner Staranwalt Rolf Bossi. Nebenbei erwähnt: Der Strafverteidiger veröffentlichte Jahre später das Buch »Halbgötter in Schwarz – Deutschlands Justiz am Pranger«. Bossi wollte das beweismittellose Verfahren unverzüglich eingestellt haben und teilte dies in einem *einzigen Satz* dem Gericht mit. In der Justizbehörde muss wohl Panik ausgebrochen sein. Wurde befürchtet, dass die unfassbaren Machenschaften über den prominenten Anwalt an die Öffentlichkeit gelangten? Wie dem auch war, die anhängigen Ermittlungsverfahren wurden Hals über Kopf eingestellt. Der Staatsanwalt fragte bei einer anschließenden Anhörung die etwas erleichterten Eltern: »Warum haben Sie sich einen solch teuren Anwalt genommen? Es war doch klar, dass es eine Einstellungssache ist.« Wie bitte? Bei den

grässlichen Vorwürfen? Die Aussage macht eines deutlich. Es wurde das in vergleichbaren Jugendamtsfällen Übliche getan: Verfahren vor sich hindümpeln lassen, so lange, bis die Behauptung greift, die Kinder hätten sich entfremdet. Mittels Untätigkeit macht sich Deutschlands »unabhängige« Gerichtsbarkeit zu Handlangern der Amtstäter. Anstatt den Rechtszustand wiederherzustellen, agiert die Dame Justitia als Lieferantin für das gefürchtete Entfremdungsargument. Zum allgegenwärtigen polischen Einfluss kommt ein weiterer Systemfehler hinzu, der Unabhängigkeit ausschließt. Weder Jugend- noch Justizbehörden haben ein gesteigertes Interesse, eigene Fehler zu korrigieren. Werden aber unberechtigt entzogene Kinder zurückgeführt, beinhaltet dies ein ungutes Eingeständnis: Man habe sich geirrt! *So kann nicht sein, was nicht sein darf.* Zurück zu den Worten des Staatsanwalts. Er bewertete die Vorgänge offensichtlich längst als Posse. Dafür sprechen weitere Indizien: Staatsanwaltschaft und Vormundschaftsgericht verzichteten jahrelang auf die Begutachtung der Kinder. Zudem gab es trotz der schauderhaften Beschuldigungen keine Verhaftung. Ganz offensichtlich ließ man die Gruselgeschichten bewusst prüfungslos über den Verleumdungsopfern »schweben«. Stellen Sie sich vor, der ermittelnde Staatsanwalt oder einer der beteiligten Familienrichter wäre von einem normal-sterblichen Menschen ähnlich beschuldigt worden. Nicht zu vergessen, mit dem Verlust der jeweiligen Beamtenkinder. Die Denunzianten würden ihres Lebens nicht mehr froh und könnten sich eines langjährigen vergitterten Aufenthalts gewiss sein. Im gleichen Zusammenhang sollte an den Fußballstar Stefan Effenberg erinnert werden. Für ein einziges Wort, nämlich »Arschloch« gegenüber einem Polizisten, wurde er mit 90.000 Euro zur Kasse gebeten. Zu welch utopischen Geldstrafe hätte in diesem Fall das Jugendamt verdonnert werden müssen? Doch Schritte gegen die Schreibtischtäter wurden zu keinem Zeitpunkt getroffen. Tatenlosigkeit trotz strafrelevanter Delikte en masse: Kindesentziehung, Verleumdung, üble Nachrede, Vortäuschen von Straftaten, fingierter Kindermord und unzählige andere Falschverdächtigungen. Obendrein wurden Ermittlungsbehörden und Gerichte jahrelang zum Narren gehalten. In diesen Katalog gehört auch das Veruntreuen von Steuergeldern in Millionenhöhe. Immerhin, nach Einstellung der Verfahren nahm der Staatsanwalt im Beisein der betroffenen Eltern Kontakt zum Vormundschaftsgericht auf. Er bezeichnete die Beschuldigungen als »dummes Zeug« und verlangte, die Kinder zurückzugeben. Der Familienrichter, der für die Rückführung zuständig war, meinte trotzig: »Fällt mir überhaupt nicht ein!« So fallen in Deutschland lebensweisende Entscheidungen über Familien. Ein Albtraum für Mütter, Väter und Kinder.

Was geschah mit den staatlich entführten Kindern?
Ziemlich früh, vermutlich um die natürlichen Bindungen zu zerstören und ihren Willen zu brechen, wurde den Kleinen eingeredet, ihre Eltern wären tot. Sehr aufschlussreich, wie es Deutschlands Amtspersonen mit der Wahrheit halten! Zugleich typisch im Jugendamtsmetier, leibliche Eltern »sterben lassen« ist eine gängige Praxis (allein deshalb müssen Besuchskontakte verhindert werden). Genauso oft werden, entgegen pädagogischer Erfordernisse, Geschwister getrennt. Auch hier war es so! Sinnlos wie unerklärlich zerstörte man die allerletzten Reste der Familie. Geschwisterpaar Katharina und Patrick wurden auseinandergerissen. Das Mädchen brachte man allein unter. Ihr Bruder Patrick wurde mit dem Einzelkind der beschuldigten Bruder-Familie »zusammengeführt«. Ersatzweise tischte man ihnen eine weitere Lüge auf: Sie seien Geschwister. Von nun an lebten diese Kinder gemeinsam in einer Berufspflegefamilie. Apropos: Paare können sich als Berufspflegeeltern betätigen, sobald eine Person pädagogisch ausgebildet ist. Erfahrungswerte besagen, es handelt sich auffallend häufig um Menschen, die im Berufsleben gescheitert sind. Gewissermaßen der letzte Anlauf, um mit einer dürftigen Qualifikationsanforderung eine Tätigkeit im Bereich »üppiger Staatsknete« aufzunehmen. Bitte festhalten, denn selbst Politprofis mittlerer Laufbahn könnten an dieser Stelle vor Neid erblassen. Die monatliche »Vergütung« zur Betreuung von Jennifer und Patrick wurde auf rund 8.600 Euro festgesetzt. Für besagte Ersatzeltern ein Einkommen gleichbedeutend mit einem Lotto-Sechser. In einem Jahr summieren sich schlappe 103.200 Euro. In fünf Jahren eine halbe Million. In zehn Jahren darf sich das Pflegepärchen Euro-Millionär nennen. Kaum überraschend, dass für den Erhalt einer derart üppigen Einnahmequelle nahezu jedes Mittel recht ist. Das sich daraus ableitende Unwesen in seiner Gesamtheit auszuführen würde den hier verfügbaren Rahmen sprengen. Nur einige Ausschnitte: Mit solch üppiger Besoldung lässt sich nicht nur fürstlich auskommen, sondern auch exquisit reisen. Nach einer Odyssee wurden die Kinder zunächst für eineinhalb Jahre nach Neuseeland verschleppt. Jennifer kam dort abgemagert, psychisch und physisch am Ende in ein Krankenhaus. Nur wenig später erkrankte das Kind an einer Hirnhautentzündung. Trotz dieser Infektion, die in jedem zehnten Fall tödlich verläuft, wurden die leiblichen Eltern nicht verständigt. Jennifer überlebte, doch folgenlos blieb die Erkrankung nicht: Seither wird eine geistige Behinderung attestiert. Nächstes Reiseziel war ein skandinavisches Land. Später tummelte sich das Pflegeeltern-Pärchen in den USA. Alles auf Kosten der entwurzelten Kinder, die heute kaum mehr ihrer Muttersprache mächtig sind. Zum ganzen Leid wurden die Gekidnappten über Jahre einer Gehirnwäsche unterzogen. Eine Prozedur, die das Jugendamt

als »therapeutische Behandlung« auspreist. Dazu gehört eine wissenschaftlich nicht anerkannte »Urschrei-Therapie« in einem sektenähnlichen Institut der Vereinigten Staaten. Leiter der Einrichtung, Dr. Arthur Janov, gegen den verschiedene Prozesse aufgrund dubioser Praktiken anhängig sein sollen. Zusammengefasst: Jennifer und Patrick werden seit über einem Jahrzehnt durch die ganze Welt gezerrt. Katharina lebt in Deutschland und wird von Heim zu Heim und von Pflegeeltern zu Pflegeeltern gereicht. Damit nicht genug. Nachdem die Kinder ihres Elternhauses beraubt waren, wurde ihnen zugleich die Identität genommen. Jennifer muss sich Anna nennen, aus Patrick wurde Timo und Katharina hieß plötzlich Ina. Wie es möglich war, sogar die Geburtsnamen und somit das Namensrecht zu umgehen, liegt in bisher unbekannten Sphären. Zwei Kinder sind heute »umgetauft« in Frühling und ein Kind in Herbst[*].

Warum? Wieso? Weshalb?
Sicher interessiert Sie, wie es zu den satanischen Anschuldigungen kommen konnte. Wer lässt sich so etwas einfallen? In diesem Fall ist der Sachverhalt relativ gut rekonstruierbar. Die Beratungsstelle »Zartbitter« und deren radikalfeministischen Freundinnen wollten in Deutschland mit dem Thema »Satanismus« Aufsehen und Medienpräsenz erhaschen. Ein Ansinnen gegen Bares: Es hebt die Spendenbereitschaft in der Bevölkerung und die politische Stimmung für öffentliche Mittel. Folglich wurde eine Abhandlung erarbeitet, die die Damen intern mit dem Titel »Machwerk« überschrieben.[512] Dieses Pamphlet lässt nur einen einzigen Kommentar zu: *unrettbar pervers*. Die Vorwürfe gegen die beschuldigten Familien scheinen nahezu wörtlich aus der Ekelschrift übernommen. Wie war das möglich? Eine radikalfeministische Freundin der Autorinnen wurde als behördliche Beraterin diesem Fall beigezogen. Damit liegt der Verdacht nahe, dass ein Konstrukt (»seht her, es gibt diese Fälle«) das Medienmachwerk unterstützen sollte.

Obwohl für die involvierten Kinder und deren Eltern die unendliche Familientragödie weitergeht, findet sie in diesem Buch nach einem Jahrzehnt ihren Abschluss. Keiner der ausgeheckten Vorwürfe hatte sich bestätigt. Klar! Alle Ermittlungen waren mit diesem Datum seit geschlagenen acht Jahren eingestellt. Genauso viel Zeit zog ins Land, in der die Eltern auch im juristischen Sinne für unschuldig galten und unter dem viel gepriesenen »Schutz der Unschuldsvermutung« standen. Wieder eines der hypothetischen Gesetze! Trotz Ausschöpfung aller nur denkbaren Rechtsmittel sah die raue Wirklichkeit anders aus: Jeder schriftliche, telefonische oder persönliche Kontakt zu

---
[*] Name geändert

den Kindern war den Eltern verwehrt. Das Bundesverfassungsgericht lehnte trotz glasklarer Grundrechtsverletzungen eine anhängige Beschwerde begründungslos ab. Damit stellte sich das Karlsruher Gericht, wie in zahllosen vergleichbaren Fällen, gegen die Europäische Menschenrechtskonvention, gegen die Verfassung und gegen die eigene Rechtsprechung: »Extremes Unrecht kann nicht Recht werden.«[513] Sie wissen jetzt, in deutschen Jugendämtern herrscht Anarchie, denn darunter versteht man Recht- und Gesetzlosigkeit. Eine Behörde mit grenzenloser Macht! Der Bürger hingegen machtlos! Im Ernstfall können Betroffene nicht mal Akten einsehen, obwohl dort persönliche Daten über sie und ihre Kinder gespeichert sind. Das Motiv der Intransparenz liegt auf der Hand: Ohne Bürgerkontrolle werden Dokumente beliebig manipulierbar. Besonders ausgeprägt und charakteristisch sind daher »Korrekturen« zur Vorlage an übergeordnete Behörden oder Gerichte. Resümee: Alles jenseits demokratischer Rechtsstaatlichkeit, oder wie sich eine mit dem Thema vertraute SWR-Journalistin ausdrückte: »Kein Mensch glaubt, was in Jugendämtern geschieht.«

Ware Kind

»Verschifft, verschleppt, alleingelassen. Deutsche Heimkinder im Ausland.« So der Titel einer erschütternden ARD-Reportage. Schwer und weniger schwer erziehbare »Kids« werden in Deutschland nicht nur von Heim zu Heim gereicht, sondern verkrachten, skrupellosen, alkohol- und drogenabhängigen Betreuern anvertraut. Oft unter Tränen werden sie als Sozialmüll im Ausland entsorgt und gewissenlosen Geschäftemachern überlassen. Beispiel Portugal: In Bergtälern, einer sehr armen Gegend, in der die Menschen von der Hand in den Mund leben, hat sich eine Subkultur deutscher Aussteiger breit gemacht. *Kinderhandel*! Heim- und Pflegekinder aus der Bundesrepublik müssen dort im Müll und unter menschenunwürdigen Verhältnissen leben. *Es geht ausschließlich ums Geschäft.* Ein Kind bringt etwa das Doppelte dessen, was ein portugiesischer Lkw-Fahrer verdient. Ein Kenner der Szene erzählt: Man benötige nur ein »Scheißhaus und ein Zelt«, um ein Kind zu bekommen, mehr wird nicht gefordert. Von diesem Geld könne man »wie die Made im Speck« leben. Weiter berichtete er, dass manche Betreuer zwei oder drei Kinder aufnehmen, um sich von den Einnahmen »schnell ein Haus hinzustellen«. Für entsprechende Bauarbeiten werden die Kinder obendrein missbraucht. Es gibt weitere Nutznießer im Auslands-Kinderhandel. Ein Berliner Jugendamt berappte für den zehnmonatigen Aufenthalt eines einzigen »Mündels« 26.000 Euro. Davon erreichten

Portugal gerade mal 7.700 Euro. Der Löwenanteil versickerte in den Familien oder Kinderheimen, aus denen die »Fremdgepflegten« kamen. Es gibt auch eine beschönigende Umschreibung für dieses Business: »Erlebnispädagogische Maßnahme«. In Wirklichkeit für die einen ein sorgenfreies Leben im Ausland. Für andere arbeitsloses Einkommen im Inland. Neueste Entwicklung: Deutschland schickt schwer Erziehbare nach Sibirien.[514] Alles auf Kosten von Kindern und alles aus der Tasche des deutschen Steuerzahlers.

> **Wussten Sie?**
> **Deutschlands Kinderheime oder Berufspflegeeltern bekommen für ein Kind – inklusive Vergünstigungen – bis zu 8.000 Euro monatlich. Im besten Beamtendeutsch: »Hilfe zur Erziehung.«**

Geld regiert die Welt – immer wieder tauchen gleichlautende Gerüchte auf, die nicht verstummen wollen. Für die Vermittlung in Heime oder zu Pflegefamilien fließen Prämien an Jugendamtsmitarbeiter. Bei den üppig kursierenden Staatsgeldern wenig verwunderlich. Ein Sachbearbeiter des Bauamtes flüsterte mir unter vorgehaltener Hand zu: »Pflegekinderprämien an Mitarbeiter des Jugendamts sind ein offenes Geheimnis bis ins Bauamt.« Erklärung: Das Bauamt lag räumlich gleich neben dem Jugendamt. Diesen Verdacht habe ich auf Flugblättern verbreitet und den Vorwurf an den zuständigen Jugendamtsleiter gerichtet. Reaktion: Schweigen! Ich denke, die idyllische Zurückhaltung sagt mehr als tausend Worte. Zumindest beinhaltet die kommerzielle Komponente eine schlüssige Erklärung für voreilige und unrechtmäßige Kindesherausnahmen. Ist der eigentliche Anlass massenhafter »Fehler«, dass Kinder ein gutes Geschäft sind? Wo immer Bares hinfließen mag, es ist ein Milliardengeschäft für die Sorgerechtsindustrie und freien Jugendhilfeträger.

Was sonst in Deutschlands Jugendbehörden passiert

Obwohl unsere Bundestagsabgeordneten in einem überfälligen Gesetzgebungsverfahren die Umgangsrechte von Großeltern und Geschwistern zu stärken versprachen, blieb alles beim Schlechten. Im Pflegekinderwesen oder nach ehelichen wie nichtehelichen Trennungen bleiben meist Oma und Opa auf der Strecke. Staatlich beseitigt! Großeltern spielen eine zentrale Rolle im Leben von Kindern. *Deshalb ist der Umgang mit Enkeln ein Menschenrecht.* Darüber setzen sich Jugend- und Justizbehörden in trauter Gemeinsamkeit hinweg. Zurück bleiben verstörte Kinderseelen und verzweifelte Großeltern.

Wie auch entsorgte Väter pirschen sich Omas und Opas auf Sichtweite an deutsche Schulhöfe und Kindergärten heran. Sie möchten ihre geliebten Enkel wenigstens aus der Ferne sehen. Oft ist es ihnen gar untersagt, zu schreiben, zu mailen, zu faxen oder ein Päckchen zu schicken.[515] Welche Logik steckt hinter den großelterlichen Kontaktverboten, wenn die Eltern auseinandergehen? Welche Pädagogik steckt hinter einem Beziehungsabbruch, wenn Kinder in eine Pflegefamilie kommen? Hatten Großeltern bislang freudige Umgangskontakte, weshalb sollten sie urplötzlich nicht mehr dem Wohl des Kindes entsprechen? Gegenteiliges wäre richtig: Gerade in Trennungssituationen gleich welcher Art ist eine stabile Kind-Großeltern-Beziehung ganz besonders wichtig. Doch mit dem meist missbrauchten Begriff unseres Rechtswesens »Zum Wohle des Kindes« wird jede menschenverachtende und menschenrechtsverletzende Praxis legalisiert.

Es gibt kaum einen Jugendhilfebereich, der nicht vor Misswirtschaft strotzt: Gewalt an Schulen, die in einem erschreckenden Ausmaß von Kindern mit Migrationshintergrund ausgeht, wäre ein Schwerpunktthema für unsere Jugendschützer. Doch die Präsenz liegt hier im nicht messbaren Bereich. Ein ähnliches Null-Engagement in sozialen Brennpunkten. Auch wer »Betreutes Wohnen« kennt, weiß, dass dieser Begriff nicht hält, was er uns einreden will. In Stuttgart wurde in einer entsprechenden Einrichtung ein totes Kind nach *drei Tagen* gefunden. Dem ist nichts hinzuzufügen! Jasmina P., eine Jugendliche, die in einer solchen Institution lebte, schrieb in einem Leserbrief: »Die Erzieher zeigten: kaum Interesse für mich, denen war es egal, ob ich meine Zahnspange trug oder zur Gymnastik ging oder meine Therapietermine einhielt. Denen war es auch egal, ob ich wirklich zur Schule ging. Sie ließen mich einfach rumgammeln, mit dem Ergebnis, dass ich heute nach vier Jahren Jugendamtsobhut ohne Schulabschluss bin.« Außerdem berichtete Jasmina, dass sie es »zunächst ganz schön fand«, um sich »mal auszuleben, auch mal nachts durchzumachen, Drogen auszuprobieren usw.«.[516]
Ein Lob der Wohngemeinschaft des Jugendamtes.
Und schon wären wir beim nächsten Missstand. Es hat sich etwas unter Deutschlands schwer Erziehbaren herumgesprochen: In staatlichen Einrichtungen wird toleriert, was im Elternhaus vernünftigerweise verboten ist. Alljährlich sprechen etwa 7.000 Kinder und Jugendliche[517], die die Tragweite ihres Handelns kaum einschätzen können, im Amt vor. Sie berichten von einer angeblich unerträglichen Situation zu Hause. Schon werden sie in betreute Wohngemeinschaften oder freizügige Jugendheime aufgenommen. Richtigerweise sollten diese Einrichtungen in »Erziehungsfreie Zonen« umbenannt werden. Sehr oft verbergen sich hinter den Selbstmeldern

– Fachsprache Jugendamt – schreckliche Familiendramen. Wer will schon sein Kind an eine staatliche Bleibe verlieren, um dann machtlos zusehen zu müssen, wie es verlottert.

> **Wussten Sie?**
> **Staatlich Fremduntergebrachte werden mit 18 Jahren fast ausnahmslos fallen gelassen. Der Grund:**
> **Sie bringen kein Geld mehr!**

Anstatt das Selbstmelderproblem aufzugreifen und dem entgegenzuwirken, fördert und verschärft der Gesetzgeber die Missstände zunehmend. Der Bundestag beschloss eine Änderung des Bürgerlichen Gesetzbuches. Unter anderem sind jetzt Schreien, Hausarrest, seelische Kälte, Beschimpfungen eines Kindes vor Freunden, verächtliche Bemerkungen »rechtswidrig«. Des Weiteren steht auf der Agenda die Änderung des Strafrechts. Dann drohen Eltern für diese »Delikte« gemeinnützige Arbeiten. Und jetzt kommt es richtig dicke für Mütter und Väter: Im Gegenzug dürfen Kinder sofort um Aufnahme in Jugendhilfeeinrichtungen bitten. Welches Niveau sich hinter solchen Inobhutnahmen verbirgt, davon wurde Ihnen schon ein Eindruck vermittelt. Doch es existiert noch ein weiteres Qualitätsmerkmal. Deutschlands grausamsten Verbrecher sind in Pflegefamilien oder Heimen groß geworden. Übereinstimmend fühlten sie sich dort ungeliebt, abgeschoben und unverstanden. Einige Fälle herausgegriffen:

- Jürgen Bartsch, der bestialische Kindermörder der Sechzigerjahre. Er lockte Kinder in eine Höhle, missbrauchte, quälte und tötete sie. Seine Opfer zerschnitt er derart grausam, dass Einzelheiten über Jahrzehnte unter Verschluss blieben.
- Die sogenannten Pokémon-Mörder, die im Sommer 2001 verurteilt wurden. Jessica W. und ihr Freund Oliver S. hatten einen Jungen erwürgt, um sexuell-sadistische Handlungen an der Kinderleiche zu verüben. Letzten Endes köpften sie den 9-Jährigen in der Dusche und hatten Sex neben dem enthaupteten Opfer.
- Der Kinderschänder Stefan Jahn, der die 12-jährige Ulrike Brandt aus Eberswalde ermordete.
- Der 19-jährige Stricher Sven K., der in einem aufsehenerregenden Fall die kleine Anna (7) in einer Münchner Schultoilette brutalst würgte und vergewaltigte.
- Rolf Diesterweg, der die kleine Kim Kerkow (10) missbrauchte und erdrosselte.
- Die sogenannten Oma-Killer Toni H. (17) und Sascha W. (15). Sie töteten

eine 71-Jährige für lumpige 24 Euro und kauften sich mit der Beute sofort Haschisch. Der unfassbare Kommentar des Heimleiters nach dem Raubmord: »Wenn der Verdacht zutrifft, ist klar, dass wir das missbilligen.«[518]
So schlimm muss es nicht kommen, doch eines fällt auf: Täter schwerwiegender Delikte haben ungewöhnlich häufig ihre Kindheit in Heimen oder bei Pflegeeltern verbracht. Ganz augenscheinlich die Grundlage ihrer kriminellen Energie. Im Gegensatz zu politischen Entscheidungsträgern ist dies in Justizkreisen ein bekanntes Faktum. *Eine Heimkarriere gilt als Strafmilderungsgrund.* Davon unbeeindruckt wollen Parlamentarier mit ständig neuen Gesetzen Kinder zur Nichterziehung den Eltern abwerben. Die politische Klasse erweckt den Eindruck, eine Heimunterbringung würde sich förderlich auswirken. So förderlich, dass es allemal besser sein soll, als zu Hause bei Vater und Mutter gelegentlich »geschimpft« zu bekommen. Nein, nein, die reine Lehre ist eine andere: Der beste Platz für Kinder ist die Familie. Die schlimmste Form der Erziehung ist die staatliche Erziehung.

Mindestens 7.000 Straßenkinder

So viele »Ausreißer« soll es laut Bundesfamilienministerium in Deutschland geben. Die genaue Zahl ist nur schwer zu ermitteln. Ihr Zuhause ist der Bahnhof, die Parkanlage, sie leben in der Illegalität und Kriminalität, nicht wenige gehen der Prostitution nach. Ein ständig anschwellendes Problem, speziell in größeren Städten wie Hamburg und Berlin. Die Entflohenen laufen vor dem Elternhaus, vor Kinderheimen oder ihren Pflegeeltern davon. Wo bleibt die Jugendbehörde, um sie aus der Gosse zu holen? Sie nehmen doch auch Kids völlig intakter Familien direkt vom Kindergarten oder Schulhof weg. Gäbe es bei Straßenkindern nicht ein riesiges Betätigungsfeld? Durchaus! Aber um sie einzugliedern, müssten sich die behördlichen Kinderschützer tatsächlich engagieren und davon sind die meisten meilenweit entfernt. Bekannt ist, kompetente und motivierte Mitarbeiter werden in Jugendämtern (gleiche Situation wie in Altenheimen!) gemobbt und verlassen sehr schnell und resigniert die Behörde. Zwei ehemalige Sachbearbeiter, die die Arbeitsweise nicht mehr ertrugen und dem Jugendamt den Rücken kehrten, brachen ihr Schweigen in der Zeitschrift »Ex«.[519] Auszüge: Wer gegenüber dem Jugendamt die Wahrheit sagt, hat keine Chance. Menschlichkeit, besonders gegenüber Kindern, gibt es nicht. Akten werden rücksichtslos gefälscht, umdatiert oder verschwinden. Gespräche, die nie stattfanden, werden nachträglich »aktenkundig gemacht«. Die Masse der Mitarbeiter schleppt das schon angesprochene Helfersyndrom (eine Persönlichkeitsstörung) mit sich herum. Unter ihnen viele Alleinerziehende, die mit ihren eigenen Kindern nicht zurechtkommen. Zu diesem Hintergrundwissen passt: Das Leipziger Jugendamt sprach sich für den Erhalt des örtlichen Babystrichs aus. Augenscheinlich wollte man jede geistige und körperliche Anstrengung zur Beseitigung der amtsbekannten Kinderprostitution meiden. Aus dem Sitzungsprotokoll: »Aus Sicht des Jugendamtes ist es empfehlenswert, dass der Straßenstrich erhalten bleibt.« Dann die pseudo-pädagogische Sinnlos-Erklärung: »Die Mädchen kennen sich und ihre Probleme, es erfolgt ein Austausch von Erfahrungen in der Arbeit als Prostituierte.«[520] Der Chef der Kripo und der Bürgermeister von Leipzig waren einem Tobsuchtsanfall nahe, als die Behördenverrücktheiten öffentlich wurden.

Bill Clinton, Stimmungen und Stimmen anerkannter Fachleute

Die staatlichen Kindesmisshandlungen der Bundesrepublik mit systematischen Verbrechen gegen untadelige Eltern haben – wie gelegentlich zu hören ist – weder mit Geld noch Personalnot zu tun. Hauptursache der Fehlentwicklung ist eine andere: Jugendämter operieren im rechtsfreien Raum! Macht braucht Kontrolle. Dieser eherne, aber nicht praktizierte Grundsatz wird gegenwärtig noch zusätzlich konterkariert. Öffentlicher Druck ist der Anlass einer neuen Bewegung: In Deutschland sterben laut UNICEF-Report jede Woche mindestens zwei Kinder durch Vernachlässigung oder Misshandlung.[521] Kontinuierlich wird die Nation vom grausamen Tod eines Kindes erschüttert. Im Visier fast immer untätige oder versagende Jugendämter, die im Vorfeld über Missstände informiert waren (widerlegt die Geld- und Personalthese). Die daraus entbrannte Diskussion animiert gegenwärtig die politische Klasse, die Macht der Sozialbehörde weiter zu stärken. Solange Jugendämter aber nicht reformiert und kontrolliert sind, werden wir weiterhin von verhungerten und verwahrlosten Kindern lesen. Angebracht ist sogar die Skepsis, dass der Machtausbau auf Kosten von Menschen geht, die unverschuldet in die Mühlen geraten. Will heißen, Kriseninterventionen, die keine sind, werden angeheizt! Immerhin mahnte CDU-Familienministerin Ursula von der Leyen Deutschlands Jugendämter im Juni 2009 zur Vorsicht. Anlass ihres Appells: Die Inobhutnahmen schnellten in die Höhe. Bei den unter Dreijährigen verdoppelte sich die Zahl der aus den Familien Genommenen sogar. Doch warnende Wort helfen nicht weiter. Die rechtswidrigen Praktiken, Verrücktheiten und das Phlegma im »strukturellen Größenwahn des Jugendamtes«[522], so Prof. Dr. Heinrich

Kupffer, Sozialwissenschaftler und Kinderschutzexperte, dürfen weitergehen. Nach wie vor bleibt politisch unbeachtet, was Betroffenen-Initiativen seit Beginn der Neunzigerjahre verlangen: eine unabhängige Kommission oder Schiedsstelle mit Weisungsbefugnis zur Aufsicht der Jugendbehörden. Genauso wird die »Bamberger Erklärung« aus dem Jahre 2007 ignoriert. Sie enthält identische Forderungen, die im Rahmen eines internationalen Symposiums verabschiedet wurden. Daraus zwei Punkte: Die Einführung »einer unabhängigen und wirksamen Rechts- und Fachaufsicht« über das Jugendamt. Sowie die »konsequente Verfolgung strafrechtlich relevanter Handlungen, die von Mitarbeitern von Jugendämtern und Gerichten begangen werden«.[523] Von der Vision zur Praxis. Das Wort hat nochmals der schon eingangs zitierte Gutachter und Autor Prof. Uwe Jopt. Er berichtet über Eltern, die von Jugendamtsmitarbeitern Folgendes zu hören bekamen: »Was Sie wollen und die Kinder wollen, ist uns scheißegal.« Jopt weiter: »Ich kenne so viele Einzelschicksale, so viele verschiedene Jugendämter, wo in der Person der Vertreter sich Inkompetenz, Willkür, Naivität bis hin zur Dummheit paaren, und das Ganze eingebunden in eine einzigartige Macht.«[524]

Wussten Sie?

Anlässlich des letzten Staatsbesuches von Bill Clinton als scheidender US-Präsident stand auf seiner Tagesordnung der wichtigste wie ungewöhnlichste Punkt: Er forderte von Deutschland 1.100 Kinder zurück, die deutsch-amerikanischen Eltern durch Jugendamt und Vormundschaftsgericht widerrechtlich entzogen wurden.[525]

Mit tödlicher Sicherheit – Pleiten, Pannen, Datenschutz

Im Verlaufe vieler Buchabschnitte hat uns immer wieder das Versagen des Rechts und der Justiz beschäftigt. Ob bei radikalfeministischen Untrieben, bei behördlicher oder politischer Willkür – niemand der Opfer darf sich von juristischer Seite Gerechtigkeit erwarten. Im Besonderen trifft dies bei Sexualverdächtigungen zu, die nicht stimmen. Bei wirklichen Kinderschändern und Frauen, die ihre eigenen Kinder töten, verhält es sich genau umgekehrt. »Unsere Justiz ist in dieser Beziehung völlig verschroben«[526], meint Gabriele Karl zur deutschen Gegenwart. Die Gründerin des Vereins »Opfer gegen Gewalt« fordert seit Jahren eine konsequente Strafverfolgung von Triebtätern. Wichtigstes Ziel: *Opferschutz, nicht Täterschutz*. Hoch bedenklich, wenn sich in unserer Gesellschaft eine Initiative gründen muss, um einen selbstverständlichen Wert der zivilisierten Welt zu reklamieren.

Mit einer frappierenden Konsequenz wird immer wieder unverbesserlichen Verbrechern ermöglicht, mehrfach zu vergewaltigen, Kinder zu schänden oder zu morden. Die gerade zitierte Frau Karl ist selbst mit dieser schrecklichen Tatsache konfrontiert. Ihre einzige Tochter Stephanie († 18) wurde auf diese Weise aus dem Leben gerissen. Brutal getötet! Wie so oft in vergleichbaren Fällen, der Mörder war ein einschlägig bekannter Gewaltverbrecher. Delikte am Fließband »zierten« seine Biografie und die Festplatte des Polizeicomputers. Immer wieder schwere Körperverletzung bis hin zu brutalen Vergewaltigungen mit fast tödlichen Verletzungsfolgen. Das Unerklärliche: So systematisch der Gewohnheitskriminelle seine Taten verübte, so systematisch konnte er sich der Strafverfolgung entziehen: *Verfahren eingestellt. Gar keine Ermittlungen. Lapidare Strafen. Wenn eine Verurteilung, dann regelmäßig seine vorzeitige Entlassung.* Nur so war der Mord an der 18-jährigen Stephanie überhaupt möglich. Zur Tatzeit hätte der Schwerverbrecher eigentlich im Gefängnis sitzen müssen. Hinter den schönen Worten »liberale Resozialisierungspolitik« verbirgt sich der grenzenlose Leichtsinn des Gesetzgebers und der Strafverfolgungsorgane. In verlässlicher Regelmäßigkeit werden wir von den Folgen aufgeschreckt und mit jedem neuen Fall geht ein Aufschrei der Empörung durchs Land. Der zigfache Tod von Kindern und jungen Mädchen klagt die Verfahrensmethoden an. Chroniken vermeidbarer Verbrechen:

- Kindermörder Ronny R. war wegen einer besonders brutalen Vergewaltigung zu zehn Jahren Haft verurteilt. Er verbüßte davon gerade mal drei

Jahre. Selbst diese kurze Zeit war »erleichtert« durch ständigen Hafturlaub. Dem Täter kamen seine Knast-Erholungszeiten gerade recht für weitere Verbrechen: Er verging sich an Kindern. Erdrosselte und verstümmelte mit 17 Messerstichen Christina Nytsch († 11). Vergewaltigte und erwürgte Ulrike Everts († 13).
- Natalie Astner († 7) wurde von Armin S. missbraucht und bewusstlos wie ein Stück Dreck in den Lech geworfen. Natalie ertrank. Der Mörder, ein mehrfach vorbestrafter Sexualdelinquent, war vorzeitig aus der Haft entlassen worden. Aus Zorn und Enttäuschung über das staatliche Versagen verließen die Eltern für längere Zeit Deutschland.
- Ulrike Brandt († 12) wurde von Stefan J. mehrfach vergewaltigt, abartig gequält und schließlich ermordet. Auch hier beging das Verbrechen ein mehrfach verurteilter Intensivtäter, der am Tag des Sexualmords gesiebte Luft hätte atmen müssen. Immerhin konnte sich der Killer »dank« seiner Taten eines sozialen Aufstiegs erfreuen: In Freiheit hauste er in einer völlig heruntergekommenen Wohnung. Jetzt bewohnt er eine schöne freundliche Zelle mit Blick ins Grüne und Farbfernseher.
- Carolin Scholz († 16) wurde vom 29-jährigen Maik S. (29) vom Fahrrad gezerrt, mit der Kordel seiner Jogginghose gefesselt und in den Wald geschleppt. Die Qualen des Mädchens lassen sich nur erahnen, als er sie dort vergewaltigte und ihren Schädel mit einem Stein zertrümmerte. Nach dem Gewaltexzess ließ der Mörder Carolin in einem sumpfigen Graben zurück, ob sterbend oder schon tot, ist ungeklärt. Maik S. wurde erst zwei Wochen vor der Tat aus einer siebenjährigen Haft wegen Vergewaltigung und Entführung entlassen. *Er kam in Freiheit, obwohl ihn ein Gutachten drei Monate vorher als Gefahr für die Allgemeinheit einstufte.* Mit Blick auf das vorangegangene Kapitel »Jugendamt«: Der Täter verbracht seine Kindheit im Heim.

Das Vollzugschaos muss wohl grenzenlos sein

Immer wieder löst der leichtfertige Umgang mit Triebtätern Fassungslosigkeit und Wut aus. Resozialisierung als Gefahr für Leib und Leben anderer. Im selben Rhythmus wird der Volkszorn politisch ausgeschlachtet, wie einst von Kanzler Gerhard Schröder mit seinem berühmten Ausspruch: »Wegschließen – und zwar für immer.« Getan hat weder er noch seine christliche Nachfolgerin Merkel etwas. Politiker, Staatsanwälte und Richter ziehen gemeinsam am Strick, der Leichtsinn heißt. Schlaglichter der Lässigkeit:
- Mario M. war verurteilt wegen Missbrauch an einem 14-jährigen Mädchen. Es folgte die vorzeitige Entlassung aufgrund einer positiven Gutachter-

prognose. Von ihm seien »keine Straftaten mehr zu erwarten«[527], so die fatale Fehleinschätzung. Der mehrfach Vorbestrafte entführte die 13-jährige Gymnasiastin Stephanie R. und hielt sie 36 Tage in seiner Wohnung als Sexsklavin gefangen. Mario M. quälte und vergewaltigte die Schülerin täglich mehrfach. Ein Martyrium bis zur Festnahme des Peinigers! Nach dem Prozessauftakt kletterte der Kinderschänder im Gefängnis auf das Anstaltsdach, aber ohne von dort flüchten zu können. Statt ihn herunterzuholen, bekam er bis zur freiwilligen Aufgabe wärmende Decken, Kaffee und Verpflegung. Für den nächsten Prozesstag bescheinigte ihm der Arzt »Verhandlungsunfähigkeit«. Mario M. sei wegen seines Dachausflugs »zu müde«.

• Klaus-Dieter H. missbrauchte und erdrosselte eine Mutter von zwei Kindern und schnitt ihr die Brüste ab. Auch den Sohn Thorsten (10) erstach er und würgte Tochter Xenia (8) zu Tode. Der Mörder sagte von sich: »Ich bin sexuell nicht ganz normal.« Ein Gutachter beurteilte ihn als »tickende Zeitbombe«. Sein Richter warnte: »Er ist eine Gefahr für die Allgemeinheit, besonders für Frauen und Kinder.«[528] Dann das Unfassbare: Nach seiner Verurteilung stand ein Ausflug in den Freizeitpark Hansaland an der Ostsee auf dem Genussplan. Er vergnügte sich inmitten Tausender Frauen und Kinder.

• Timo J., ein Krankenkassen-Mitarbeiter, war schon als Jugendleiter eines Tennisclubs auffällig. Er verging sich an zwei Kindern des Vereins. Einmal wurde die Tat nicht angezeigt und im zweiten Fall vergeblich angezeigt: Verfahren eingestellt! Bei so viel Wohlwollen machte der Mann weiter. Diesmal bis ins Detail geplant: Über das Krankenkassen-Datensystem seines Arbeitsplatzes suchte er nach Familien mit kleinen Kindern. Er gab sich telefonisch als Experte für Jugendheilkunde aus und bot kostenlose Vorsorgeuntersuchungen zu Hause an. Auf diese Weise missbrauchte Timo J. in den Wohnungen der Eltern 14 Kinder. Reaktion des Staates: Bewährungsstrafe.[529]

• Die wohl größte Dummheit einer Haftanstalt kann aus Hameln gemeldet werden. Ein Kindermörder, zu nur *vier* (!) Jahren verurteilt, sollte nicht innerhalb, sondern außerhalb der Gefängnismauern Unkraut jäten. Natürlich nutzte er die einzigartige Gelegenheit: Weg war er.

• Peinlich, peinlich. Das Bundeskriminalamt wollte über die ZDF-Sendung »Aktenzeichen XY ... ungelöst« nach einem Kinderschänder fahnden. Das Problem: Der Sexualstraftäter war nicht nur gefasst, sondern längst verurteilt. In letzter Minute konnte der TV-Beitrag gestoppt werden.

• Immer wieder Schlagzeilen wie diese: »Serienvergewaltiger Peter K. als Freigänger 14-Jährige vergewaltigt!« »Dreifacher Frauenmörder schlug wieder zu.« »Freigänger ermordete den kleinen Sebastian!« »Jennifers Killer kam vor fünf Wochen aus dem Gefängnis.« »Kinderschänder kriegt 1-Euro-Job in Kindergarten!« »Spielplatz-Vergewaltigung. Verdächtiger hatte Hafturlaub!« Wertung: *Schrankenloser Vollzugs-Wirrwarr.*

»Promi-Fälle« erzählen vom Gesellschaftsskandal

Der abnorme Mörder Dieter Zurwehme war zu lebenslanger Haft verurteilt. Trotz wiederholter Warnungen von Sachverständigen wurden ihm Freigang und Urlaub bewilligt. Sogar eine unbewachte Arbeitsstelle als Koch konnte der Häftling annehmen. Zeitgleich redete Zurwehme in therapeutischen Sitzungen freimütig davon, dass er es für denkbar halte, wieder eine Frau zu vergewaltigen. Nichtsdestotrotz wurde ihm attestiert: *»Uneingeschränkt für den offenen Vollzug geeignet.«*[530] Eine tödliche Verrücktheit. Zurwehme kehrte vom Freigang nicht zurück. Auf der Flucht führte der Kapitalverbrecher die Polizei an der Nase herum und machte seine Fahnder nach allen Regeln der Kunst lächerlich. Und er mordete weiter! Auf bestialische Weise erstach der Killer zwei ältere Ehepaare und zwang ein 15-jähriges Mädchen zum Oralverkehr. *Erst jetzt wurde der Mann zum Staatsfeind Nummer eins ausgerufen.* Monströse und dramatische Fahndungs-Aktionen folgten. Mehr als neun Monate Angst und Schrecken in der Bevölkerung, erst dann wurde Zurwehme gefasst. Während der hysterischen Verfolgungsjagd kam es zu einer weiteren Bluttat. In diesem Fall allerdings ein Staatsverbrechen: Friedhelm B. (62), ein passionierter Wanderer, mietete sich im Hotel »zur Erholung« in Thüringen ein. Er sah dem flüchtigen Zurwehme nur kraft ausgeprägter Einbildungsgabe ähnlich. Doch ein entsprechender Hinweis ging bei der Polizei ein. Nachts erschienen die Polizisten Peter Z. und Jürgen K., um den angeschwärzten Hotelgast zu überprüfen. Unter einem Vorwand animierten die Zivilbeamten den ahnungslosen Rentner, sein Zimmer aufzuschließen. Schlaftrunken öffnete der Pensionär. Als er zwei Unbekannte mit gezogener Waffe vor sich stehen sah – wen wundert's – schlug er vor Schreck die Tür zu. Die Polizisten eröffneten sofort das Feuer und ballerten durch das geschlossene Türblatt. Friedhelm B. brach tot zusammen! Ein Schuss hatte seine Brust durchschlagen. Ein zweiter traf ihn direkt ins Herz. Die beiden Polizeibeamten befolgten keine Vorschrift, die eine solche Situation verlangt hätte. Wieder einmal die allerorts zu beobachtende Diskrepanz: Mit eiskalten Verbrechern wird besonders mild und verständnisvoll umgegangen. Hingegen gewalttätig und rücksichtslos mit unbeteiligten Menschen. Im Jahresbericht 2000 von »Amnesty International«[531], der die Menschenrechtslage weltweit dokumentiert, wurde Deutschland für diesen brutalen Mord an einem unbescholtenen Urlauber angeprangert. Dessen ungeachtet, das Delikt blieb ungesühnt. Die Staatstäter mussten sich *nicht* verantworten. Einmal mehr Verfahren und damit Rechtsstaat Deutschland eingestellt.

Zum zweiten »prominenten« Fall: ein Stück wie aus dem Tollhaus. Gleichzeitig der Offenbarungseid des Strafvollzuges – von und mit Frank Schmökel. Taten & Fakten einer Verbrechenskarriere:

Mai	1988	Versuchte Vergewaltigung.
Dezember	1991	Vergewaltigung und sexueller Missbrauch.
März	1992	Versuchte Vergewaltigung.
September	1992	Versuchte Vergewaltigung.
April	1994	1. Haftflucht bei Osterausflug: 12-Jährige brutal vergewaltigt und fast zu Tode gewürgt.
November	1995	2. Haftflucht bei Arbeitstherapie.
Juli	1996	3. Haftflucht bei »Knast-Urlaub«.
Februar	1997	4. Haftflucht durch zersägen der Zellengitter.
September	1997	5. Haftflucht durch Ausbruch aus einer »absolut sicheren« Nervenklinik.
Oktober	2000	6. Haftflucht beim Besuch seiner Mutter.

Weitere Details: Zusätzlich konnte der notorische Sexualstraftäter und Haftflüchtling aus dem Gefängnis heraus nach Herzenslust Kontaktanzeigen schalten. Auch durfte er unbehelligt seine Vergewaltigungsopfer mit Briefen belästigen, die sie in Angst und Schrecken versetzten. Aufgrund »guter Führung« wurde dem Schwerkriminellen regelmäßig Ausgang gewährt, den er genauso regelmäßig nutzte, um brutale Straftaten zu begehen. Gutachter Dr. Mattias L. kam zur unzweideutigen Beurteilung: unheilbar! Trotz Unbelehrbarkeit und besagter Sachverständigen-Diagnose bekam Schmökel vor seiner sechsten – bis dato letzten Flucht – wieder eine positive Prognose und Behandlungsfortschritte bescheinigt. Zur Belohnung durfte er seine Mutter besuchen, die er, so war es aktenkundig, hasste. Die geradezu erbettelte Katastrophe trat ein. Als sich seine *unbewaffneten* »Pfleger« vor der Haustür eine Zigarettenpause gönnten (!), sticht der Verbrecher zu. Erst verletzte er seine Mutter lebensgefährlich, dann einen seiner nicht betreuenden Betreuer. Schmökel türmte! In der Folge ließen Polizeipsychologen keine Fernsehkamera aus, um der Öffentlichkeit vorzugaukeln, in welch auswegloser Situation sich der Flüchtige befände. Weit gefehlt. Im Nachhinein lässt sich seine »ausweglose Lage« wie folgt rekonstruieren: Schmökel führte auf der Flucht in aller

Seelenruhe ein Tagebuch. Er telefonierte mit seinem Therapeuten und ermordete einen 60-jährigen Laubenbesitzer brutal. Als das Desaster nach dem neuen Gewaltverbrechen endgültig perfekt war, sprach der Polizeipräsident von Frankfurt (Oder) von einer »lebenden Zeitbombe«. Typisches Geschwätz! Getürmte werden urplötzlich zu gefährlichen und unberechenbaren Monstern geredet. Freilich handelt es sich um gleiche Klientel, dem man wenige Tage zuvor noch eine »günstige Sozialprognose« und damit verbundene Lockerungsstufen einräumte. Hätten die »Experten« nur vorher ihre grauen Zellen bemüht! Zum Ritual gehören auch die immergleichen Fernsehbilder: Tausende von Beamten der Polizei und des Bundesgrenzschutzes durchkämmen riesige Gebiete. Suchringe, Straßensperren, zahllose Einsatzwagen koordiniert von einer extra zusammengezogenen Sonderkommission. Zum gebräuchlichen Fahndungsprozedere gehören auch Hubschrauber, Flugzeuge, Wärmebildkameras, Nachtsichtgeräte und Spürhunde. Kosten in zweistelliger Millionenhöhe, beglichen vom staunenden Bürger. Dies alles geschieht in einem verlässlichen Zyklus. Ausbrecher machen sich die Pannen fahrlässiger Hafterleichterungen zunutze und versetzen eine fassungslose Nation in helle Aufregung: Menschen versperren ihre Wohnungen. Kinder dürfen nicht mehr im Freien spielen und haben Angst auf dem Schulweg. Erwachsene wagen sich nachts kaum mehr vor die Haustür. Sieht so Deutschlands viel gepriesene Resozialisierung aus? Sind das die glorifizierten Therapieerfolge?

Unsere Mandatsträger entscheiden über Lockerungsstufen im Straf- oder Maßregelvollzug. Infolgedessen werden nach jedem »unangenehmen« Geschehnis politische Konsequenzen gefordert. Doch letztlich geschieht nichts. Wie auch, wenn es unseren Entscheidungsträgern an Einsicht mangelt. Exemplarisch die Worte von Brandenburgs SPD-Sozialminister Alwin Ziel: Man hätte alles nicht vorhersehen können, »der Mann sei schließlich krank«, verteidigte er den gerade geschilderten Schmökel-Irrsinn. Nach der Verhaftung des Gewohnheitsverbrechers stellte der selbe Minister gar einen erneuten Freigang in Aussicht.[532] Jawohl, das nach dem Flucht-Skandal! Kuschelpolitik, die keine Probleme löst, sondern das Problem ist. Resultat: Unsere Staatsführung und der Strafvollzug sind einer breiten Bevölkerungsschicht nicht mehr vermittelbar. Der Freiburger Oberstaatsanwalt und Vorsitzender des Deutschen Richterbundes Christoph Frank: »Wir haben ein sogenanntes Täterstrafrecht in Deutschland.« Unakzeptabel, Deutschland braucht ein *Tatstrafrecht*. Wichtiger als das Glück des Straftäters sind seine Missetaten und der Schutz der Bürger, vor allem der Kinder. Doch solange Parlamentarier keine Konsequenzen ableiten, werden sich die Fälle gleichen wie ein Ei dem anderen. Landauf und landab täuschen

Täter ihre Gutachter, Psychologen, Ärzte, Sozialarbeiter und lassen sich sogenannte »gute äußerliche Fortschritte« bestätigen. Falsch! Die Vergangenheit, also ihre Taten müssen der wichtigste Maßstab sein. Resozialisierung steht im Strafvollzugsgesetz an oberster Stelle. Falsch! Priorität hat die Allgemeinheit, die vor Verbrechen zu schützen ist. In Strafverfahren heißt es völlig zu Recht »Im Zweifel für den Angeklagten«. Bei Schwerkriminellen, die triebgesteuert und *verurteilt* sind müssen umgekehrte Vorzeichen gelten: »Im Zweifel für die Sicherheit der Öffentlichkeit« oder »Sicherungsverwahrung in dubio contra reo« – also im Zweifel wegsperren.

Heiler reden sich gut und teuer

Den rechtschaffenen Bürger kostet *ein* Triebtäter im Maßregelvollzug jährlich bis zu 150.000 Euro.[533] Investitionen in Gebäude samt Ausstattung von 255.000 Euro pro Therapieplatz nicht inbegriffen. Im Schnitt verbringt der »Erkrankte« sieben Jahre (Tendenz steigend) in einer solchen Einrichtung, plus Folgetherapien.[534] Ein Milliardengeschäft! Für den Steuerzahler dagegen größtenteils versenktes Kapital. Psychiater, Ärzte, Professoren und Psychologen behaupten, Sexualstraftäter seien krank, folglich heilbar. Der Behandlungsgedanke beinhaltet die grundlegende Wandlung fraglicher »Patienten«. Wie gesagt, diese erklärten Ziele rechnen sich ökonomisch und sichern die eigenen Arbeitsplätze. Doch wie steht es mit dem Wahrheitsgehalt? Pädophile fühlen sich, warum auch immer, sexuell zu Kindern hingezogen. Wer will allen Ernstes denken, menschliches Triebverhalten aberziehen oder ausblenden zu können? Nehmen wir an, Sie sind, wie die Masse der Menschen, heterosexuell und ein Seelendoktor meinte, Sie von dieser Last befreien zu müssen. Hielten Sie es für vorstellbar, sich nach erfolgter Behandlung einem gleichgeschlechtlichen Partner zuzuwenden und sich von ihm angezogen zu fühlen? Natürlich nicht! Ebenso wenig sind sexuelle Neigungen von Schwulen und Lesben therapierbar. Apropos, es ist gar nicht so lange her, da »behandelten« dieselben Seelenärzte in den gleichen deutschen Einrichtungen etwa zehn Prozent der Insassen genau deshalb. Ihr Verbrechen lag darin, schwul zu sein. Erst 1994 wurde der Paragraf 175, der männliche Homosexualität unter Strafe stellte, endgültig gestrichen. Und siehe da, heute wagt selbst der größte Psycho-Blender nicht mehr, die ehemals verfolgten und diskriminierten Menschen »kurieren« zu wollen. Im Gegenteil: Das »Verbrechen« von einst ist heute die Befähigung, mit staatlicher Segnung zu heiraten. Professor Norbert Nedopil, Chef der Psychiatrie an der Uni-Klinik München, brachte anlässlich einer Fachtagung die

Situation moderat, dennoch auf den Punkt: Bei der Therapie von Sextätern werde »viel Geld verschwendet«.[535] Dr. Thomas Szasz, kritischer Buchautor und Professor der Psychiatrie, wird einiges deutlicher. Er spricht von einer Irrmeinung mit Professur und sagt: »Die Psychiatrie ist wahrscheinlich diejenige Kraft, die in den letzten 50 Jahren die größte Zerstörung in der Gesellschaft angerichtet hat.«

Die Quintessenz auf dem Gebiet von Triebverbrechern mit Rückfallquoten um 50 Prozent muss lauten: Es gibt nur *eine* erfolgreiche Heilbehandlung: *drakonisch Strafen*. Im Knast »wohnen« bei bester Verpflegung, mit genügend Zigaretten, Fernsehen, Sport und Hinzuverdienstmöglichkeiten hat keinen Abschreckungseffekt. Es sind Bedingungen, wovon Hartz-IV-Empfänger, Geringverdiener und viele Rentner nur träumen können. Deutschlands Justiz im Zusammenwirken mit Politikern begehen dabei einen tödlichen Fehler. Sie wollen (darauf ging schon ein anderes Kapitel ein) in einem sozialromantischen Wahn erziehen, nicht strafen. Die derzeitige Praxis ist eine abgrundtiefe Menschenverachtung, denn sie hat zu unzähligen Morden an Kindern und Erwachsenen geführt. Für eine politische Wende ist es nicht fünf Minuten vor, sondern Lichtjahre nach zwölf. Jeder, der ein triebgesteuertes Wiederholungsverbrechen begeht, sollte künftig wissen, unter verschärften (schlechten) Bedingungen lebenslang weggesperrt zu werden. Wer angesichts dieser Straferwartung weitere Delikte verübt, dessen Triebverlangen ist derart übermächtig, dass Wegsperren zur Pflicht wird. Menschliche Bestien, die angesichts lebenslang drohenden Freiheitsentzugs oder Sicherungsverwahrung weiter schänden und morden, sind schlichtweg nicht behandelbar. Für diese These gibt es grausame Beweise zuhauf. Ein Fakt, den ernsthafte Fachleute auch kaum noch bestreiten. Herausgegriffen der Kriminologe Professor Lorenz Böllinger. Er stuft die Hälfte aller Täter für nicht resozialisierbar ein. Der Strafrechtler möchte diese Klientel in einer geschlossenen Unterbringung sehen. Mag therapeutischer Erfolg hin und wieder möglich sein, die Wiederbelebung der Opfer nicht. Die beste Prävention bei Sexualstraftätern ist, wenn sie nicht mehr aus dem Gefängnis kommen. Schon der bereits zitierte Ex-Bundeskanzler Gerhard Schröder glaubte, »dass erwachsene Männer, die sich an kleinen Mädchen vergehen, nicht therapierbar sind«.[536] Zeitgleich kam aus der Union die Forderung nach einem genetischen Pflichttest für alle Männer. Ein Ansinnen, das gelegentlich noch heute zu hören ist. Aber warum nur für Männer? Der Grund ist uns bekannt: Frauen kritisieren ist unschicklich, selbst wenn sie noch so Verwerfliches tun. Also reden unsere Mandatsträger dem Zeitgeist das Wort und übergehen geflissentlich eine schreckliche Realität:

Wenn Mütter morden

Es fällt schwer, in diesem Zusammenhang Statistiken zu bemühen. Doch zur Verdeutlichung der Situation ist es notwendig, zwei Zahlen zu kennen: Männer verüben etwa zwei- bis dreimal jährlich die bekannt aufsehenerregenden Sexualmorde an Kindern. Fälle, die zu Recht wochen-, oft monatelang die Presse beschäftigen. Im Gegensatz dazu werden barbarische Kindsmorde von Frauen der öffentlichen Diskussion beinahe komplett entzogen. Dieses spezifisch weibliche Tötungsdelikt findet im Presse-Echo kaum Widerhall, obwohl diese Fälle mehr als zehnmal häufiger geschehen und kaum weniger grausam sind.

Schon davon gehört?
Etwa 40 Kinder werden Jahr für Jahr von ihren Müttern getötet.
Die Dunkelziffer wird fünfmal höher geschätzt.
Babys, die nie entdeckt werden.[537]

Mit wenigen spektakulären Ausnahmen wird diese Kategorie weiblicher Kapitalverbrechen nahezu ignoriert. Öffentliche Beachtung und eine damit verbundene Ächtung gehen nur von kriminologisch einmaligen Fällen aus. Sicher ist Ihnen die sogenannte »Eismutter« von Chemnitz ein Begriff. Antje K. brachte innerhalb von sechs Jahren drei Kinder zur Welt, die sie ermordete. Die Leichen lagerte sie in einer Tiefkühltruhe, die sie während der gesamten Zeit für den täglichen Bedarf nutzte. Oder die Serienmörderin Sabine H., die neun ihrer Babys tötete. In Eimern, Körben, Kochtöpfen, Blumentöpfen und im Aquarium vergrub sie die Leichen. Darin pflanzte sie Kräuter wie Schnittlauch für den Küchengebrauch. Um die dahinterstehenden Gräuel anschaulicher zu machen, ein weiterer spektakulärer Fall etwas ausführlicher: Antje L. stand in Erfurt vor Gericht. Sie hat drei Neugeborene selbst entbunden und sofort getötet. *Das erste Kind* versuchte die Angeklagte, mit einem Kopfkissen zu ersticken. Es gelang nicht. Nun stülpte sie über den Kopf des schreienden Kindes eine Plastiktüte, die sie am Hals verschnürte. Als das kleine Mädchen nicht mehr schrie, aber sich noch bewegte, würgte sie es zu Tode. Den Leichnam packte die Mutter in eine Reisetasche, die sie in der Garage der Eltern abstellte. Wochen später brachte die Kindsmörderin ihr Opfer an einen Feldrand. Passanten machten den grausigsten Fund ihres Lebens – die Babyleiche. *Das zweite Kind* erstickte die Mörderin und versteckte den toten Säugling im Kofferraum ihres Autos. Mehrere Tage fuhr sie damit durch die Gegend, ehe sie die Leiche irgendwo ablegte. Die sterblichen Überreste wurden nie gefunden. *Das dritte Kind* ertränkte die Täterin in der Badewanne und verpackte das kleine Opfer luftdicht in Plastik. Das Bündel stellte sie diesmal in einer Reisetasche im Keller ab. Nach 14 Monaten entdeckte ihr ahnungsloser Freund die Tasche. Als er das Kunststoffpaket öffnete, sah er einen undefinierbaren, ekelerregenden Inhalt. Das Baby war stark verwest, umgeben von bräunlicher Flüssigkeit. Er hielt es für ein totes Kaninchen und warf es auf den Müll. Dank einer starken Medienpräsenz wurde die Verbrecherin zur ungewöhnlich hohen Haftstrafe von elfeinhalb Jahren verurteilt. Allerdings nur ein scheinbar hohes Strafmaß. Schon bei Urteilsverkündung eröffnete der Richter der barbarischen Killerin Erfreuliches: Nach halber (!!) Haftstrafe könne sie wieder auf freiem Fuß sein. Wie durch ein Wunder waren es somit real nur etwas über fünf Jahre Freiheitsentzug. Zum Zeitpunkt der Verurteilung saß die Täterin schon einige Zeit. Folglich konnte sie davon ausgehen, recht bald eine freie Frau zu sein, um umzusetzen, was ihr der Vorsitzende Richter als Ratschlag auf den Weg gab: »Ich wünsche Ihnen ganz persönlich alles Gute und dass Sie einmal die intakte Familie haben werden, die Sie sich immer wünschten.«[538] Was fällt einem zu dieser Empfehlung an eine skrupellose Dreifach-Kinder-Mörderin ein? ... Gar nichts!

Fälle – kaum öffentlicher Beachtung wert

• Spaziergänger fanden in Würselen (Nordrhein-Westfalen) an einem völlig abgelegenen Waldweg ein nacktes Baby. Das Mädchen war erst einige Tage alt und wurde vermutlich direkt nach der Geburt dort abgelegt. Der unterkühlte Säugling, aus purem Zufall gefunden, konnte im letzten Augenblick gerettet werden.
• Die Hamburger Kellnerin Annika G. entband ihr Baby »irgendwie« und ließ es verhungern. Das tote Kind packte sie in eine Tasche und versteckte es im Schrank. Anschließend fuhr sie nach Spanien in Urlaub. Der Vermieter fand aufgrund üblen Verwesungsgeruchs die Babyleiche und alarmierte die Polizei.
• In einer Münchner Aral-Tankstelle wurde die zwei Tage alte Anna-Lena auf dem eiskalten Boden ausgesetzt. Die Rabenmutter konnte dank Überwachungskamera ermittelt werden. Und siehe da, eine Wiederholungstäterin! Schon das dritte Kind, das Daniela H. nicht haben wollte. Ihr erstes gab sie zur Adoption frei. Den zweitgeborenen Sohn setzte sie ohne Konsequenzen aus: Ermittlungsverfahren eingestellt, hieß es einst billigend.
• Monika M. aus Euskirchen war bereits Mutter dreier gesunder Kinder, als sie einen weiteren Sohn zur Welt brachte. Sie erwürgte das wenige Minuten

alte Baby und tauchte es in einen Goldfischbottich. Urteil: Zwei Jahre auf Bewährung. Nicht ein Tag Haft für den abscheulichen Mord.
• Inge H. hatte sich vor dem Frankfurter Landgericht zu verantworten. Nach drei Monaten war ihr Säugling Alfred gestorben: »Chronische Unterernährung, mangelnde Flüssigkeitszufuhr, absolut unzureichende Pflege«, so das Gericht.[539] Zu deutsch: Unversorgt ließ sie ihr Baby verhungern und verdursten. Alkohol soll im Spiel gewesen sein. Na dann, schien der Richter gedacht zu haben. Wer trinkt, darf auch ein Baby grausam sterben lassen: Zwei Jahre auf Bewährung! Auch hier der Tod eines Kindes ungesühnt.
• Susanne P. warf ihr zwei Wochen altes Baby auf den Boden. Die kleine Luisa starb an schwersten Kopfverletzungen. Die Kindsmutter war ungewollt schwanger geworden und gab dem Neugeborenen die Schuld für den Verkauf der eigenen Buchhandlung. Freispruch! Des Richters abstruse Begründung: »Trotz Freispruch ist eine Mutter, die ihr Kind auf solche Weise verloren hat, gestraft bis an ihr Lebensende!«[540]
• In Erfurt erstickte eine 19-Jährige ihr Baby und versteckte den Leichnam in einer Plastiktüte hinter der Couch. Urteil: Eine Verwarnung und dazu 750 Euro an »Pro Familia«. Die Mutter gilt nicht einmal als vorbestraft.

Das Wort zum Mord an deutsche Richterinnen und Richter: Ein Strafmaß bedeutet nicht nur Genugtuung, Buße, Strafe, sondern setzt den Wert eines Menschen fest. Wenn Töten mit einer Bewährungsstrafe, einigen Jährchen Haft oder mit ein paar lumpigen Euros abgegolten ist, ist der Mensch nichts wert!

Kinder zum Sterben geboren in Schlagzeilen

• **Berlin** – Saskia D. warf ihren wenige Stunden alten Sohn aus dem zehnten Stock eines Hochhauses. • **Duisburg** – Eine 18-jährige Schülerin ertränkte ihr Neugeborenes in der Toilettenschüssel. • **Münster** – Mit Faustschlägen auf den Kopf tötete eine 20-Jährige ihr zwei Wochen altes Baby. • **Karlsruhe** – Eine junge Mutter brachte ihr Baby im Hotelzimmer um. • **Nürnberg** – Kinder entdeckten im Wald den zerstückelten Körper eines wenige Tage alten Säuglings in einem Müllsack. • **Potsdam** – Nach einem Techno-Festival fanden Reinigungskräfte in der Jauche eines Plastik-Dixi-Klos ein qualvoll ertränktes Baby. • **Jena** – In einer Abwassergrube entdeckten Arbeiter die Leiche eines neugeborenen Mädchens. • **Nordhorn** – In einer Gartenkolonie fanden Spaziergänger einen erfrorenen Säugling. • **Hamburg**

– Ein Neugeborenes wurde tot auf dem Band einer Recyclinganlage gefunden. Die Mutter hatte es auf den Müll geworfen. • **Nürnberg** – Eine 31 Jahre alte Mutter von drei Kindern enthauptete ihren zehn Monate alten Sohn mit dem Brotmesser.[541]

Für grausigste Taten dieser Art bringen Justiz und Presse in verblüffendem Einvernehmen empörungsfreie Toleranz und Verständnis auf. Die veröffentlichte Meinung notiert die Fälle gerade mal als Randnotiz und verkündet im gleichen Atemzug: Die jeweils verdächtige Mutter sei »überfordert« gewesen. Schützende Hände, noch ehe Ermittlungsergebnisse oder Tatumstände bekannt sind. Achten Sie bei solchen Meldungen einmal darauf! Die Gerichte hingegen konstruieren eine juristische Verharmlosung. Nicht, wie man annehmen könnte, wegen Mordes, sondern wegen Totschlags werden diese Delikte verfolgt. Die kleinen hilflosen Opfer profitieren davon nicht, aber die Täterinnen. Es ermöglicht ein erheblich geringeres Strafmaß, wenn es überhaupt zu einer Verurteilung kommt. Für das Aussetzen von Kindern, die überleben, brauchen Mütter keine ernsthaften Sanktionen zu fürchten. Ermorden sie ihre Babys, kommt es nur selten zu einer angemessenen Aburteilung. Vergleicht man die Verbrechen, lässt sich eine übereinstimmende Verteidigungsstrategie erkennen: Gerichtsnützlich präsentieren sich die erbarmungslosen Täterinnen als Opfer »schwieriger Lebensumstände«. Vor dem Kadi werden die getöteten Kinder zur belanglosen Nebensache. Im Zentrum steht die angebliche »Notlage« der »betroffenen« Mütter. *Deutsches Strafrecht ist Täter-Strafrecht.* Natürlich muss immer wieder die »schwere Kindheit« oder der »böse« männliche Lebensgefährte herhalten. Drogen- oder Alkoholmissbrauch sind ähnlich beliebte Rechtfertigungsvarianten. Doch in Wirklichkeit verbergen sich hinter den Kapitalverbrechen ganz egoistische und niedrige Beweggründe: »Ich will kein Kind mehr!« »Ich möchte mein Leben genießen!« »Mit einem Baby ist mein Leben gelaufen!« Es sind Mütter, die sich lieber in Kneipen tummeln. Es sind Mütter ohne jedes Verantwortungsgefühl. Es sind Mütter mit krimineller und verbrecherischer Energie. Kindstötung als »Mittel zur Familienplanung«, wie sich Sachsen-Anhalts Ministerpräsident Wolfgang Böhmer ausdrückte.[542] Eine nicht zeitgeistkompatible Äußerung. Folglich wurde der Unionspolitiker politisch »geprügelt« und sogar zum Rücktritt aufgefordert.

Was tun gegen falsches Tun?

Welche Ausreden Kindsmörderinnen auch vorbringen mögen, niemals dürften sich verteidigungstaktische Gründe strafmildernd auswirken. *Mord an Neugeborenen, eines der unerklärlichsten Verbrechen überhaupt.* Jede werdende Mutter kennt die Möglichkeit der Freigabe zur Adoption. Babys sind besonders begehrt, daher steht ein riesiges Überangebot adoptivwilliger Familien bereit. Krankenhäuser bieten mit anonymen Geburten einen weiteren Ausweg an. Auch Krisenhäuser und kostenlose Notrufnummern stehen zur Verfügung. Nicht zu vergessen die jedem bekannte »Babyklappe«. Hier kann jede Frau ihr Kind in ein Wärmebett legen, besagte Klappe schließen und sich unerkannt entfernen. Elektronisch werden Helfer verständigt, die alle nötigen Maßnahmen für das Kind treffen. Mit der »Babyklappe« wird Frauen das *straffreie* Aussetzen von Kindern erlaubt. Welche Hilfsmöglichkeit soll denn noch gewährt werden? Wer will angesichts der Angebote an eine tatsächliche Notlage glauben? Nein, das grenzenlose Verständnis für Scheußlichkeiten an unerwünschten Kindern muss ein Ende haben. Null Toleranz! Auch vonseiten der Kirchen wäre eine Interessenverlagerung wünschenswert. Warum beschränkt sich im religiösen Umfeld das Engagement speziell auf das ungeborene Leben? Warum nicht für das geborene? Ganz bewusst ist in diesen Ausführungen immer wieder von Mord die Rede, denn Kindstötungen müssen wie Mord an Erwachsenen bestraft werden. Wer kann schon hinter den grausamen Taten an völlig wehrlosen Babys einen anderen Straftatbestand vermuten? Nur Deutschlands Justiz und der Gesetzgeber! Hand in Hand sträuben sie sich erfolgreich gegen höchst dringliche und wirkliche Reformen.

Für Männer, die Sexualverbrechen verüben, und Frauen, die ihre Kinder aussetzen oder kaltblütig ermorden, muss gleichermaßen gelten: *Abschreckung durch hohe Freiheitsstrafen.* Nun zum wichtigsten Schritt einer effektiven Bekämpfung dieser Tötungsdelikte. Ob Frau, ob Mann, es gibt in aller Regel ein gemeinsames Motiv: morden, um nicht entdeckt zu werden. Juristisch: eine Verdeckungstat. Triebtäter wollen von ihren Opfern nicht verraten werden. Mütter möchten sich unentdeckt ihrer Säuglinge entledigen. Seit Jahren besteht eine kriminologische Handhabe, beiden geschlechtsspezifischen Tätergruppen den Beweggrund ihres Handelns zu entziehen. Doch ideologische Grabenkämpfe schützen die falsche Seite – das Verbrechen.

Der genetische Fingerabdruck

Jenseits der Debatte um eine zentrale Gen-Datenbank *nur* für Männer hilft einzig und allein die Erfassung der *gesamten* Bevölkerung. Nur so könnten die charakteristischen *männlichen* wie *weiblichen* Verbrechensfelder, mit denen wir uns gerade befassen, wirksam bekämpft werden. Könnten! Oft hört man von politischer Seite den Einwand zu hoher Kosten. Eine Schutzbehauptung, um Untätigkeit und Bedenkenträgertum zu kaschieren. Auch vor Deutschlands erstem BSE-Fall wurden entsprechende Tests kategorisch ausgeschlossen. Kostengründe und angeblich zu geringe Laborkapazitäten dienten als Vorwand. Nach dem ersten bekannt gewordenen BSE-Fall wurden Untersuchungen gewissermaßen über Nacht möglich. Auch der Preis ist seither im wörtlichsten Sinne nicht mehr der Rede wert. Um bei der finanziellen Belastung einer nationalen DNA-Datei zu bleiben: Derzeit beläuft sich der Preis für einen Einzeltest auf etwa 80 Euro. Bei einem »Massen-Screening« würden sich die Kosten auf weit unter 30 Euro reduzieren. Sind wir diesen geradezu läppischen Betrag nicht Deutschlands Kindern schuldig? *Eine Forderung wird zur Pflicht*: Jedes Neugeborene muss nicht nur wie bisher durch Geburtsurkunde, sondern auch mittels Speicheltest genetisch erfasst und registriert werden. Alle in unserem Land lebenden Bürger sollten sich einmalig einer Gen-Analyse unterziehen. Ist dies geschehen, sind Täter und Täterinnen nahezu chancenlos. Die neuesten Testsysteme arbeiten so genau, dass die zufällige Übereinstimmung des Erbgutes mit einer Genauigkeit von 1:100 Billiarden nur noch theoretisch existiert. Irrtum ausgeschlossen. Dafür reichen Minispuren Blut, Speichel, Sperma, Hautschuppen, ein Haar, eine Zigarettenkippe. Keine Vergewaltigung, kein Missbrauch mit anschließender Ermordung eines Kindes wäre möglich ohne Identifizierung der Tatperson. Keine Mutter könnte ihr Kind aussetzen, töten und auf den Müll werfen, in der Hoffnung, sie bliebe unentdeckt. Es gibt kaum vernünftige Experten, die etwas anderes erwarten würden als den drastischen Rückgang dieser Straftaten. In der Kontra-Diskussion werden solche Aspekte unter den Tisch gekehrt und etwas anderes vergessen: unser aller Selbstschutz! Es wäre in diesem Zusammenhang kaum mehr möglich, unberechtigt verdächtigt zu werden. Auch nach eingestellten Verfahren gilt speziell bei Falschanschuldigungen mit sexuellem Bezug ein gängiges Motto: »Irgendwas wird schon dran gewesen sein.« Ein Verdacht mit fatalen Folgen: Arbeitsplatzverlust droht, Freunde wenden sich ab, der Alltag wird zum Spießrutenlauf.

Eine nationale Gen-Datenbank wird gegenwärtig mit Zähnen und Klauen von Politik und vermeintlich intellektuellen Kreisen unseres Landes bekämpft. Sogenannte Bürgerrechtler sprechen vom Großangriff auf den Datenschutz. Ängste werden mit dem Begriff des »gläsernen Bürgers« geschürt. Ein Generalverdacht gegen die Unschuldsvermutung soll es sein. Persönlichkeitsrechte wären tangiert, so jedenfalls die gängigen Szenarien.

Eine Diskussion, die alle Werte auf den Kopf stellt! Meinen die Kritiker das Recht zu töten für Mörderinnen und Mörder? Warum engagieren sie sich nicht für das Persönlichkeits- und Lebensrecht der Opfer? *Der Verzicht auf eine DNA-Datei ist aktiver Täterschutz, nicht Bürgerschutz.* Ganz sicher würde das Querdenken der politischen Diskutanten einen anderen Verlauf nehmen, wären etwa eigene Kinder Leidtragende eines Sexualdelikts. Den Protagonisten ist jede Sensibilität und funktionierendes Unrechtsbewusstsein abzusprechen. Durch Passivität laden sie Tag für Tag schwere Schuld auf sich. Immer wieder taucht auch ein weiteres Panikgerede auf: Es könnten Informationen über genetische Veranlagungen, beispielsweise einer Erkrankung, an irgendwelche Personen weitergegeben werden. Also bitte! Es wird wohl zu Beginn des dritten Jahrtausends möglich sein, eine Gen-Datei beim Bundeskriminalamt (BKA) in Wiesbaden zu führen, ohne dass sich Unbefugte wie mein Nachbar, mein Postbote oder meine Krankenkasse derer bemächtigt. Außerdem ließen sich die Daten codieren und bestimmte DNA-Merkmale ausblenden. Das heißt, sie wären für Versicherer, Arbeitgeber und andere Interessenten unbrauchbar. Deutschlands »Datenschützer« hätten es fast geschafft, selbst die genetische Erfassung bereits verurteilter Gewalttäter zu verhindern. Zum Glück setzte sich 1998 die Vernunft gegen die ewig gestrigen Anti-Daten-Lobbyisten durch. Das heißt, die christlich-liberale Bundesregierung zusammen mit der SPD verabschiedete das »DNA-Identitätsfeststellungsgesetz«. Auf eine Eskapade wollten die Volksparteien aber nicht verzichten: Je nach Schwere des Delikts wird nach bestimmten Fristen das genetische Profil aus dem Register getilgt. Danach tragen verurteilte Täter wieder eine »reine Weste«[543], obwohl sie keine haben. Re-Integration wird es genannt, in Wahrheit ist es die Gefährdung Dritter. Trotz der Einschränkung führten zwischenzeitlich zahlreiche Verbrechen – auch Jahrzehnte zurückliegende – mittels dieser Datei zur Aufklärung und Ahndung. Auch Unschuldige in Gefängnissen wurden entlastet und kamen dadurch in Freiheit. Die Gleichung »Mehr Gendaten gleich mehr Aufklärung« wirkt simpel, hat sich aber so bestätigt. Doch solange Deutschlands politische Klasse diese Technik ideologisch verteufelt, die die Polizeiarbeit revolutionierte, kann sich etwa die Hälfte aller Kriminellen ins Fäustchen lachen. Die Aufklärungsquote liegt gerade mal bei spärlichen 50 Prozent.[544] Nicht zu vergessen die besondere Wirkung der Abschreckung. Nicht zu vergessen, dass der DNA-Abgleich helfen könnte, unbekannte Tote zu identifizieren. Nicht zu vergessen, dass sich Verwandtschaftsverhältnisse, unbekannte Vaterschaften oder potenzielle Knochenmarkspender finden ließen.

Die nationale Front der etablierten Parteien boykottiert augenblicklich die Speicherung des genetischen Fingerabdrucks aller Menschen unserer Republik. Eine erfreuliche Meldung für Schwerkriminelle, denn sie fürchten nichts mehr als den »DNA-Kommissar«. Nach spektakulären Sexual-Gräueltaten ertönt meist die kurzfristige Parole Einzelner: Gentest für alle Männer! *Eine grundgesetzwidrige Ungleichbehandlung.* Zumal diese Forderung die typisch weiblichen Tötungsdelikte ignoriert, die damit aufzuklären oder zu verhindern wären und zehnmal häufiger geschehen. Gegenwärtig setzen sich alle Bundestagsfraktionen mit gezielten Falschkampagnen über den Bürgerwillen hinweg. Eine schweigende Bevölkerungsmehrheit für eine Gen-Datenbank kann als gesichert angenommen werden. Vor allem dann wären die Bürger wahrhaftig informiert. Unter dem Eindruck des Sexualmordes an der 12-jährigen Ulrike Brandt wurde eine sogenannte Bild-Ted-Umfrage gestartet: 85,6 Prozent der männlichen Anrufer stimmten für eine genetische Erfassung.[545] Spätestens seit der Blitz-Überführung des Mörders von Münchens Modemacher Rudolph Moshammer – dank DNA-Abgleich – weiß heute jeder Bürger um den Wert dieser modernen Fahndungsmethode. Wären alle Frauen und Männer zudem eingeweiht, welche gesellschaftlich geächteten Gewalttaten bekämpft werden könnten, sie würden sich zweifellos mehrheitlich dafür aussprechen. Die Datei wäre sogar kostenneutral zu haben. Nach einer umfassenden Bürgeraufklärung und breit angelegten Diskussion würde die Bevölkerung die Gebühren einer Gen-Typisierung sicherlich bereitwillig übernehmen – *für unser aller Sicherheit und zum Schutze von Deutschlands Kindern.*

Ausblick – was tun?

Viele der unerfreulichen Klischees, die über das System Deutschland kursieren, werden bei genauem Hinsehen zur Gewissheit. Das Ausmaß des pathologischen Befundes offenbart weit tragischere Züge, als dunkelste Annahmen befürchten lassen. So sollte es niemand erstaunen, dass im Vertrauen der Berufsstände Politiker gerade noch vor dem miesen Ruf der Gebrauchtwagenhändler rangieren. Politikerverdrossenheit in Deutschland ist »hip« und lässt gelegentlich den »normalen Bürger« über besondere Maßnahmen nachdenken. Beispielsweise der sympathische Entertainer Achim Mentzel. Er glaubt, dass wir möglicherweise noch eine Chance hätten, würden wir führende Politiker aller Parteien in den Bundestag einsperren. Kaserniert, bis sie für die Probleme des Landes »eine gemeinsame Lösung gefunden haben«.[546] Das Prinzip der Papstwahl hat durchaus Witz und einen gewissen Charme. Einen Haken hätte diese Methode: Die staatlich Weggesperrten wären wieder unter ihresgleichen. Wieder könnten sie ihr inzestuöses Denken pflegen. Weiterhin wäre das, was die kleinen Leute auf der Straße bedrückt, nicht in ihrem Fokus. Deshalb bedarf es für diesen Lösungsansatz keiner prophetischen Begabung, um das Resultat vorherzudenken: Umringt von Kameras und im medialen Blitzlichtgewitter würden unsere »Volksvertreter« einmal mehr chronische Rituale vergangener Jahrzehnte wiederholen, will heißen: mit großem Tamtam faulen Kompromisszauber zelebrieren.

Mit dem Verlust von Maßstäben behandelt das politische System *alle* entscheidenden Fragen unserer Zeit unzureichend oder überhaupt nicht mehr. Eine ganz typische Erscheinung, wenn staatliche Strukturen nicht mehr funktionieren. Es bedarf daher der Komplettsanierung unserer Republik mit glasklaren Eckdaten ohne Denkverbote und frei von Tabus: Verfassung der Neuzeit anpassen. Alle Gesetze radikal »ausmisten«, konkreter abfassen und für *jeden* einklagbar machen. Bundestag halbieren und mit Direktkandidaten besetzen. Bundesrat weg. Stopp der Kleinstaaterei, wenn überhaupt noch maximal vier Länderparlamente: Nord, Süd, Ost, Mitte. Politischen Einfluss aus den heiligen Hallen der Justiz verbannen. Verschlankung und gläserne Behörden sowie deren Kontrolle durch Bürgergremien mit Interventionsvollmacht. Plebiszitäre Elemente – wie die der Volksabstimmung – auf Bundesebene einführen und damit eine der vielen demokratischen Notwendigkeiten verwirklichen. Vordringlichste Aufgabe aber ist: *das Zurückdrängen und die Entmachtung der Parteien auf allen Feldern der Gesellschaft.*

Diese Instandsetzung unseres Staates würde sich von den herkömmlichen Reformen fundamental unterscheiden. Statt dem Dauerzustand der sinnlosen Geldschrankpolitik hieße es mehr Demokratie, mehr Gerechtigkeit plus wirkliche Einsparungen. Deutschland muss weg vom schwachen, aber fetten Staat hin zum schlanken, aber effizienten. Solche Veränderungen würden allerdings bisweilen unbekannte Effekte auslösen: *Die herrschende Klasse wäre betroffen.* Viele Politiker samt staatsdienendem Umfeld wären ihre Jobs los. Reichhaltige Nebentätigkeiten mit korrumpierenden Abhängigkeiten wären Relikte der Vergangenheit. Kreissaal-Hörsaal-Plenarsaal als lebenslang geplante Berufspolitiker-Karriere wäre durch Direktmandate und den damit einhergehenden Wegfall der Landeslisten »out«. Jetzt zum entscheidenden Punkt: Würde sich das politische Kartell all die Grausamkeiten, von denen sie erstmals selbst betroffen wären, freiwillig verordnen? Wohl kaum! Aber was tun?

Ziviler Ungehorsam – Lösungsansatz eins

Kommentatoren im Ausland sagen den Deutschen gewöhnlich Jammerei und Schwarzmalerei als Volkskrankheiten nach. Schuldzuweisungen dieser Art verdrängen den Anlass: Die Bundesrepublik wird von einem politischen Personal geführt, das nicht mehr Hüter rechtsstaatlicher und demokratischer Prinzipen ist. Der Parlamentarismus hört den Menschen nicht mehr zu und sieht nicht, wo der Schuh drückt. Das System Deutschland funktioniert nicht mehr und nirgendwo ist Besserung in Sicht. Selbst Wahlen erweisen sich seit Jahrzehnten als zwecklos. Zutaten, die in Deutschlands Geschichte schon mal in die Katastrophe führten. Sehenden Auges erlebt eine hilflose Nation, wie das Schiff »Heimatland« Kurs auf einen Eisberg nimmt. Sind Klagen darüber nicht legitim? Die Auslandskritik »Jammern« beinhaltet gleichwohl einen wichtigen Hinweis: Es darf nicht beim Wehklagen bleiben. Die Zeit ist reif für unwillige Bürger, die sich den Abbau von Demokratie, Rechtsstaatlichkeit und Gerechtigkeit nicht weiter gefallen lassen. Eine außerparlamentarisch organisierte Gegenöffentlichkeit ist unerlässlich. Wirkliche Strukturveränderungen und Demokratiereformen sind nur über den Druck von außen und von unten möglich. Ohne Widerstand tun Regierungen nichts. Gar nichts! Jede Macht ohne Gegenmacht läuft aus dem Ruder. Diesen schleichenden Prozess erleben wir seit Jahrzehnten.

Philosoph Friedrich Nietzsche störte sich an den deutschen Tugenden »sich unterwerfen und folgen«. Der russische Revolutionsführer und Staatsmann

Lenin soll gewitzelt haben: »In Deutschland findet die Revolution nicht statt, weil das Betreten des Rasens verboten ist.« Gut, beide Äußerungen wurden vor mehr als einem Jahrhundert getan. Doch was wir Deutsche mit stoischer Gelassenheit hinnehmen, erinnert an die unterstellten Charaktereigenschaften von einst. All dies erdulden wir im Hier und Jetzt: *Dass sich Arbeiten und Fleiß nicht mehr lohnt. Statistikfälschungen statt Abbau von Arbeitslosigkeit. Fortschreitender Bildungsnotstand. Demokratiefeindliche Parteien, die sich Land und Leute untertan machten. Politiker, die sich als Leihbeamte der Industrie prostituieren. Eine alles überwuchernde Bürokratie. Staatsverschuldung am Rande des Bankrotts. Justizskandale und Menschenrechtsverletzungen am Fließband. Verwaltungswillkür in allen Bereichen. Abgaben- und Steuertyrannei. Ideologisch ruinierte Sozialsysteme. Flächendeckend gewollte Armut nach amerikanischem Muster. In weltweite Kriegseinsätze verwickeln lassen. Leiden und erbärmliches Sterben in den Alten- und Pflegeheimen ... und so weiter und so fort.* Wir haben es mit einer Art »Friendly Fire«, zu deutsch »befreundeter Beschuss«, der herrschenden Klasse gegen das eigene Volk zu tun. Bis auf eine Minderheit wirtschaftlicher Gewinnler, die das Chaos hinterlässt, kann sich jeder Bundesbürger zu den Opfern der Misere zählen. Müsste nicht ein Inferno des Protests losbrechen? Eigentlich ja, doch mit besten Aussichten auf ein böses Erwachen schlummert Deutschland im Dornröschenschlaf.

Andere Länder, andere Sitten? Um uns herum geht die Bevölkerung immer wieder mit dem Mittel der »sanften Revolution«, auch Generalstreik genannt, erfolgreich auf die Barrikaden. Themen des Auslands: *Wegen versuchter Arbeitszeitverlängerung. Wegen Einschnitten ins soziale Netz. Für höhere Löhne. Gegen die Heraufsetzung des Renteneintrittsalters.* In unseren Nachbar-Nationen reicht es nicht, die Menschen mit Tranquilizerbegriffen wie »Überalterung« oder »Globalisierung« einzulullen. Frankreich, Belgien und Italien sind in dieser Hinsicht Europas Musterknaben. Die Verhältnisse dieser Staaten weisen markante Unterschiede zur Situation in der Bundesrepublik auf. Deutschland gehört zu den streikärmsten Ländern der Welt. Das traditionelle Protestmittel des Volkes gegen seine Regierung, der »Generalstreik«, ist juristisch sogar verboten. Im Ausland lacht man über diese staatliche Reglementierung eines archaischen Vorgangs. Da letztlich immer noch die grundgesetzlich zugesicherte Versammlungsfreiheit gilt, sollte uns nichts davon abhalten, geschlossen aufzutreten. Doch solidarische Massenproteste mit oder ohne dem Etikett »Generalstreik« führen deutsche Interessenverbände nicht mal im Munde. Warum auch, wenn sich die unmittelbar Betroffenen gerade mal vereinzelt ihrer Haut erwehren. Apathisch werden Errungenschaften aufgegeben, die in der Vergangenheit mit erbitterten Streiks und sogar Todesopfern erkämpft wurden. Einige der Einbußen aus dem Bereich der Arbeit: *Ordentliche Tariflöhne gegen Armutslöhne eingetauscht. Flächentarifverträge für Lohndumping aufgegeben. Gekürzte oder gestrichene Weihnachts- und Urlaubsgelder. Unbezahlte statt bezahlte Überstunden. 38-Stunden-Woche weg. Kündigungsschutz aufgeweicht. Urlaubstage verringert. Feiertage gestrichen.* Was ist die Antwort auf die Amerikanisierung in allen Bereichen unserer Gesellschaft? Harmonisches Schweigen! Die stille Besonderheit nährt in Europa eine Fehlinterpretation. Man glaubt, die Deutschen würden unter segensreichen Bedingungen leben und arbeiten. Daneben tragen die Medien ihr Scherflein zur Beschwichtigung bei. Halten wir uns die wochenlangen Berichte der Gazetten um Andrea Nahles (SPD) vor Augen, nur weil sie beim Berliner Oktoberfest im Dirndl aufkreuzte. Oder das TV-Duell zwischen Kanzlerin Angela Merkel und ihrem Herausforderer Frank-Walter Steinmeier. Im Vorfeld schien das größte Problem die Temperatur der Klimaanlage im Studio zu sein. Es hieß, Steinmeier dürfe nicht schwitzen (bekannt war, dass er dazu neigt) und Merkel nicht frieren. Nach dem medialen Aufeinandertreffen – eine Art Luftgitarren-Meisterschaft –, das alle wichtigen Gesellschafsfragen aussparte, beschäftigte die Presse im Wesentlichen das Outfit der Kontrahenten: Die Kanzlerin habe ein dunkelblaues Kostüm getragen und sich mit einer orangenfarbenen Kette geschmückt. Der Herausforderer putzte sich hingegen mit einem schwarzen Anzug und roter Krawatte heraus, ließ man uns wissen. So bringen wir die Parlamentarische Gesellschaft bestimmt nicht von der schiefen Bahn.

Die Engelsgeduld im Umgang mit der Obrigkeit sucht seinesgleichen. Allein der Preis für diese Ruhe ist hoch. Zu hoch! Missstände und Verfilzungen in fast allen gesellschaftlichen Bereichen sind das Ende vom Lied. Eine zwangsläufige Folge, wenn die Mächtigen eines Landes unbehelligt dahinwursteln und miserable Arbeit abliefern dürfen. Deutschland braucht Störenfriede. Wir brauchen den aktiven Widerstand der Zivilgesellschaft. Solidarische Teilnahme an öffentlichen Kundgebungen – sofern sie stattfinden – ist oberste Bürgerpflicht. Liefert nicht die Wiedervereinigung einen imponierenden Beweis, wie das »Instrument der Straße« konsequent angewandt sogar Unmögliches möglich macht?

Mit Umsetzung der Hartz-IV-Gesetzgebung erhellte ein vorübergehender Lichtstreif unsere Zuschauerdemokratie. Die Menschen in den neuen Bundesländern reagierten auf das beschlossene Armutsprogramm mit

Montagsdemonstrationen. Resultat: Die »Wessis« fielen erbost über die wehrhaften »Ossis« her. Gesellschaftlich engagierte Leute mussten sich abkanzeln und beschimpfen lassen. Mit Verlaub, liebe Mitwestdeutschen, das war eine kolossale Torheit. Zur Ehrenrettung der Altländler sei gesagt: Die unsägliche Anti-Kampagne wurde von der Spitze der Polit- und Medienszene gesteuert und organisiert. Oberster Stinkbombenwerfer war der staatliche Reform-Durchpeitscher und inzwischen abgedankte Sozi und »Super-Minister« Wolfgang Clement. Interessanterweise waren die Meinungsmacher der Protest-Gegnerschaft prinzipiell Privilegierte. Also jene, für die der zweifelhafte Genuss der staatlichen Armutsleistung faktisch nie eintritt. Beinahe zeitgleich zu den deutschen Vorgängen lehrte uns das benachbarte Frankreich, wie effektiv breite Solidarität in Verbindung mit Zivilcourage wirkt. Auf dem Nachrichten-Ticker war zu lesen: »*Mit bundesweiten Streiks drängen die französischen Gewerkschaften die Regierung zu einem Linksschwenk in der Sozialpolitik. Hunderttausende gehen für Arbeitsplätze und gegen Jobabbau auf die Straßen. Der Zug- und Flugverkehr kommt weitgehend zum Erliegen. ›Ich höre die Botschaft der Franzosen‹, versichert Premierminister Villepin im Parlament.*«[547] Er beließ es nicht bei Worten, seine Regierung handelte auch danach. Wäre es nicht himmlisch, ein ähnliches Demokratieverständnis mit solch wohlklingenden Einsichten und Taten von deutschen Politikern zu hören und zu erleben?

Falsch wählen – Lösungsansatz zwei

Bundestagswahl 2009. Nach schwarz-gelben Wunschvorstellungen kreuzte der Bürger richtig statt falsch an (Erklärung folgt). Wahlsieger das sogenannte »bürgerliche Lager«. Ein politischer Kampfbegriff, der Andersdenkende als Unbürger oder Antibürger verunglimpfen soll. Doch die »Bürgerlichen« sind keine »Bürgerlichen«, es ist eine Klientelkoalition zur Privatisierung und Deregulierung, sprich Neoliberalisierung. Eine Art Schutzschirm für Wirtschaftsinteressen und zugleich der Rückfall des mündigen Bürgers! Deshalb zurück zum bislang ersten Schritt in die richtige Richtung – das Modell der Bundestagswahl 2005. Wir schreiben fraglichen Wahlabend Punkt 18 Uhr. Die ersten Prognosen flimmerten über die Mattscheiben des Landes. Angela Merkel stand das unerwartet schlechte Unionsergebnis ins Gesicht geschrieben. Als stärkste Fraktion hat es gerade noch gereicht, aber der größte Teil der Deutschen mochte sie nicht als Kanzlerin. Die Quantenphysikerin, von Altkanzler Kohl zur Machtpolitikerin umgeschult, hatte offensichtlich auf falsche Formeln vertraut. Mit ihr wurden Demoskopen und Massenmedien gleich mit abgestraft. Wie nie zuvor verzichtete eine Branche im kollektiven Wahlkampfrausch auf Objektivität und Ausgewogenheit. Nichts anderes als ein glorreicher Sieg von »Angie« war vor dem Urnengang ausgemachte Sache. Das Volk sollte lediglich das vorherbestimmte Ergebnis abliefern. Und Gerhard Schröder, der Noch-Kanzler? Den wollten die Menschen auch nicht mehr. Exakt ein Prozent der Stimmen fehlten[548], um mit seiner Herausforderin wenigstens gleichzuziehen. Zwei Träume platzten mit dem überraschenden Wahlergebnis: Schröders Kanzlerdemokratie im Basta-Stil und Merkels geplantes marktradikales »Durchregieren«. Schwarz und Rot gemeinsam an der Realität gescheitert. Und noch etwas ragte aus dem üblichen Wahlprozedere heraus. Die neu formierte Linkspartei schaffte es trotz beispielloser Diffamierungskampagne auf Anhieb in den Bundestag.

Die Stimmung des Wahlabends und die politischen Reflexe innerhalb der ehemaligen Volksparteien könnte man mit schockähnlicher Verwirrung beschreiben. Abzulesen an der Reaktion von Gerhard Schröder. Obwohl abgewählt, präsentierte er sich im legendären (suboptimalen) Fernsehauftritt als Wahlsieger mit gefühlten 100 Prozent. Die Presse sprach von einem Endorphin-Schock. Substanzen, die der menschliche Körper unter anderem in Notfallsituationen ausschüttet. Was war denn plötzlich in die Wählerinnen und Wähler gefahren, fragte sich das politische Establishment? Wie konnten die Bürger ihren eigenen Willen behaupten? Hatte denn die konzertierte Strömungs- und Meinungsmache der Medien, Demoskopen, Wirtschaftsverbände, Fachleute und Professoren nicht gefruchtet?[549] Ja, selbst die Einmischung von Bundespräsident Horst Köhler, der sich im neoliberalen Vordenken übte, lief ins Leere. Warum blieben die Katastrophen- und Drohszenarien, die aus heutigem Wissen alle nicht eintraten, ohne den gewünschten Einschüchterungserfolg? Weshalb wirkte das Gerede einer Richtungs- und Schicksalswahl nicht? So mancher Mandatsträger wird sein Stimmvieh mit der tiefen Sehnsucht nach einer neuen Herde verwunschen haben. »Gewählt ist gewählt« dachten indes Millionen widerborstige Kreuzchenmacher und lehnten sich trotzig und schadenfroh zurück. Nach 39 Jahren verweigerte der Bürger erstmals seine Zustimmung für eine Wunschkoalition der beiden »Volksparteien«. Weder Rot-Grün noch Schwarz-Gelb erhielten eine regierungsfähige Mehrheit. Warum auch? Beide Bündnisse haben unser weltweit erfolgreiches, tüchtiges und innovatives Volk in einer jahrzehntelangen Anstrengung national demontiert und systematisch verarmt.[550] Zunächst von 1982 bis 1998 in Verantwortung des gelb-schwarzen Kabinetts unter Helmut Kohl. Anschließend folgten die sieben verflixten Kanzlerjahre von Gerhard Schröder und seiner rot-grünen Koalition.

Die Wähler trafen eine überaus kluge Entscheidung. Sie durchkreuzten die Tradition, eine schlechte Regierung mit der schlechten Vorgängerregierung abzulösen. Der Souverän wollte seine Stimme nicht den Tätern von gestern geben, die sich als Vaterlandsretter von morgen aufspielten. Eine alte Masche war mehrheitsfähig abgelehnt. Ein Reifezeugnis! Das unangenehme Wahlergebnis löste kollektives Wehklagen innerhalb der politischen Reihen aus: Alles sei so schrecklich kompliziert geworden. Stimmt, es wurde etwas demokratischer! Jede Partei war gezwungen, mit jeder zu verhandeln. Letztlich blieb nur noch die Möglichkeit, verschämt ins Koalitions-Bett des ewigen Spinnefeinds zu hüpfen. Die Große Koalition zwischen CDU/CSU und SPD war perfekt. Frau Merkel lernte wieder das Lachen, denn diese Heirat machte sie doch noch zur ersten Kanzlerin der Bundesrepublik. Vereint in der Ehe wider Willen, entdeckten die Parteien von heute auf morgen gegenseitig menschliche und fachliche Qualitäten. Das Publikum staunte nicht schlecht. Plötzlich wurden öffentlich nette Worte miteinander und übereinander ausgetauscht. Das wechselseitige Schlechtreden der »Volksparteien« mit allen negativen Effekten war vorerst unterdrückt. Deutschlands SPD-Vizekanzler Franz Müntefering artikulierte den Mentalitätswechsel so: »Man muss dem anderen zuhören, akzeptieren, dass der andere etwas sagt, ohne dass man ihm ins Wort fällt.«[551] Für das Betriebsklima hat der Wähler zumindest Großartiges geleistet. Wenigstens vorübergehend konnten die Nation erleichtert durchatmen. Aber war es auch ein Befreiungsschlag für die gewaltigen Probleme unseres Landes? Nein, das durfte auch niemand erwarten. Letztlich verehelichten sich zwei Parteifeinde, die in der Vergangenheit jeder für sich versagte. Womöglich stützte sich das Vertrauen der Bevölkerung in eine Große Koalition auf die mathematische Formel »Minus mal minus ist plus«. Zahlenwissenschaftlich richtig, bezogen auf die Arbeit der politischen Klasse falsch. Mit wenigen Ausnahmen kam im Großen und Ganzen das Addieren schlechter Vorschläge heraus. Nun zum wichtigsten Aspekt der Vorzeigewahl von 2005: die Wirkung der neu gegründeten Linkspartei durch deren Einzug in den Bundestag. *Ein Bürgerwille veränderte das Land von einem Tag auf den anderen.*

Das linke Wahlbündnis aus WASG und PDS kann man als Retourkutsche auf den marktradikalen Kurs und die soziale Demontage der traditionellen Parteien ansehen. Kaum war »Die Linke« in den Bundestag eingezogen, trauten die Bürger kaum ihren Ohren. Nach der ewigen Forderung »Lohnzurückhaltung« hieß es aus dem rot-grünen Lager: »Die Löhne müssen steigen.« Von heute auf morgen erblickten Slogans das Licht der Welt, die viele Jahre niemand mehr auszusprechen wagte: Soziale Marktwirtschaft!

Reichensteuer! Gerechtigkeit! Mindestlohn! Wiedereinführung der gerade abgeschafften Pendlerpauschale! Ähnliche Phänomene bei den C-Parteien. Selbst über liberale Lippen kamen nie vernommene Bekenntnisse für den Erhalt des Sozialstaates. Allein die bloße Existenz »der Linken« im Reichstag wirkte pädagogische Wunder. Botschaft der Magie: *Das Festhalten an alten Parteien ist falsch. Weg von den Konventionellen, hin zu den Splitterparteien.* Im derzeitigen System Deutschland ist es die alleinige Chance gegen das Allparteienkartell »weiter so«. Auch die tiefe Verfilzung zwischen den Etablierten und der Wirtschaftslobby wird dadurch gestört und könnte in der Folge nach und nach zerbröckeln. Mit dem Modell »Die Linke« geht es nicht darum, mit den Zielen dieser Gruppierung zu sympathisieren. Es weist nur, egal unter welcher politischen Ausrichtung, Bürgerinnen und Bürger auf eine sehr effiziente Methode hin.

Anwendungsbereiche mit Blick in die Zukunft

Wir alle kennen die unsäglichen Bilder von Lebendtiertransporten, die uns immer wieder empören. Wochenlange Gräuelfahrten ohne Futter in der Gluthitze des Sommers, quer durch Deutschland, quer durch Europa. Eingepfercht und knietief in den Exkrementen stehend, wird die geschundene Kreatur auf Lastwagen oder Schiffen zum Töten gekarrt. Fahrten in die Türkei, nach Libyen, Ägypten, an die russisch-chinesische Grenze oder bis in den Vorderen Orient. Die Pein und das Leid unserer vierbeinigen Mitgeschöpfe sind unvorstellbar. Halb tot werden sie beim Verladen getrieben oder mit gebrochenen Gliedmaßen an Seilwinden gehängt.[552] Viele Tiere verenden schon während des Transports qualvoll. Einige ersticken, andere fangen an, sich gegenseitig aufzufressen. Wer überlebt, den erwarten dubiose Schlachtfabriken mit grausamsten Tötungsmethoden. Höllenqualen erleiden, nur um am Zielort geschlachtet zu werden. Dies alles vollzieht sich aus einem einzigen Grund: Lebendtiertransporte sind hochgradig EU-subventioniert! Aufgrund eines jahrzehntelangen gesellschaftlichen Drucks mithilfe der kritischen Berichterstattung und säckeweise Protestschreiben wurde Ende 2005 vordergründig reagiert. Die sogenannte Exporterstattung für »Schlachtrinder« wurde gestrichen. Aber wie es sich für politisch Unwillige gehört, mit einem Schlupfloch: »Zuchtrinder« werden weiterhin subventioniert. Ergebnis: Dann werden halt »Zuchttiere«, meist trächtige Jungkühe, transportiert.[553] Eine Kulturschande, die niemand stoppt und nur unter dem Gesichtspunkt Korruption plausibel wird. Obwohl der Steuerzahler diese sinnlose Tierquälerei zutiefst verabscheut, werden mit dessen Millionen die Gräueltaten finanziert. Unterstellen wir einmal: »Die Tierschutzpartei« oder eine sonstige Vereinigung würde sich den Dauerskandal auf die Fahnen schreiben und damit mehr als fünf Prozent der Wählerstimmen einfahren. Verbürgt ließe sich eines sagen: Das Problem und das Leid der Tiere wären innerhalb weniger Tage beendet. Das System ist gleichermaßen auf die über 20 Millionen Rentner übertragbar. Angenommen »Die Grauen-Generationspartei«, Nachfolgepartei der »Grauen Panther«, würde lediglich ein Viertel oder die Hälfte ihres Potenzials ausschöpfen. Keine Rentenentscheidung wäre mehr gegen den Willen dieser Interessenvertretung durchsetzbar. Bei einer Geschlossenheit von knapp 85 Prozent aller Senioren wäre es sogar möglich, die Bundeskanzlerin oder den Bundeskanzler zu stellen. Frau Merkel genügten für ihren ersten Einzug ins Kanzleramt gerade mal 16,6 Millionen Stimmen. Obwohl numerisch das mächtigste Amt in Deutschland nicht zu besetzen wäre, ließe sich dasselbe Modell auf die lobbyfreien Arbeitslosen übertragen. Anlässlich der Bundestagswahl 2005 hätten die damals mehr als 5 Millionen Erwerbslosen folgende Parteien schlagen können: Die Bündnisgrünen mit ihren 3,8 Millionen Zweitstimmen. Oder die Freidemokraten mit 4,6 Millionen. Oder die Linke mit 4,1 Millionen. Aber selbst wenn Interessenverbände »nur« die Fünf-Prozent-Hürde knapp überspringen, wäre aus heutiger Sicht Märchenhaftes durchsetzbar.

Nichts ist unmöglich – Waffe Kleinparteien

Eine alte Weisheit beschreibt das Grundproblem: »Die Macht der Großen ist die Uneinigkeit der Kleinen.« Es ist unerlässlich, die Kräfte zu kanalisieren, um den Machthabern auf Augenhöhe zu begegnen. Unsere große Chance ist die unstillbare Gier der Altparteien nach Einfluss und Posten. Rauschdroge Macht! Jeder Arzt kann bestätigen, dass Süchtige *alles* tun, um ihre Abhängigkeit zu stabilisieren. Folglich wird für den »Rückkauf« von Wählerverlusten früher oder später jede Kröte und jedes noch so widerliche (aus Sicht der Politiker) Dschungel-Insekt geschluckt. Liebesentzug *das* adäquate Medium, um sich Wählerwünsche zu erfüllen.
• *Mehr Mut, mehr Wut*: Finger weg von den etablierten Parteien. Schluss mit der Wahlentscheidung zwischen Pest und Cholera. Weg von der Stimmvergabe an das vermeintlich geringere Übel. Splitterparteien und Exoten ankreuzen ist *der* Ausweg! Auch wenn präferierte Vereinigungen nicht in den Bundestag einziehen, nimmt es Einfluss auf den Wahlausgang. Jede Stimme verändert das Stimmenverhältnis zuungunsten der großen Parteien. Wahlboykott oder ungültig Wählen als Ausdruck von Unzufriedenheit bewirkt das

Gegenteil. Diese Methode stärkt das prozentuale Gewicht der meistgewählten Parteien. Damit just jene, die Politikverdrossene gemeinhin ablehnen. Bundestagspräsident und späterer »Vize« Wolfgang Thierse (SPD) ist einer, der es wissen muss: *»Die wichtigste Form, feudale Strukturen zu verhindern oder zu zerstören, das sind andere Wahlergebnisse. Die Wähler haben es in der Hand.«*[554] Wir alle besitzen viel mehr Macht, als wir denken. Es zählt zu den hartnäckigsten Irrtümern, dass an den bestehenden Verhältnissen nichts zu ändern sei. Aus dieser Einschätzung mögen Wahlmüdigkeit und Verzweiflung sprechen, richtig ist der Standpunkt deswegen nicht. Unter einem Vorbehalt hat diese resignative Haltung Gültigkeit: nämlich dann, wenn wir kollektiv weitermachen, die immer gleichen Parteien in Regierungsverantwortung zu hieven. Es ist eine deutschtypische Untugend, immer wieder Konstellationen zu vertrauen, die seit Jahrzehnten das Land beschämend schlecht verwalten. Strafen wir SPD-Altkanzler Helmut Schmidt Lügen, der die Deutschen als »Meister im Angsthaben« bezeichnete und uns fehlenden Mut absprach, Neues zu wagen.[555]

• *Aufbruch zur neuen Wahlstrategie*: Wäre es nicht großes Kino, würden wir unsere Träume leben und verwirklichen wie Barack Obama? Sein Wahlspruch »Change«, also Veränderung, und »Yes we can«, frei übersetzt »Ja, wir können es schaffen«. Machen wir uns die Wahlsucht deutscher Politiker zunutze. In keinem Staat der Welt wird so oft gewählt wie in der Bundesrepublik. Im Durchschnitt alle 80 Tage! *Wichtig*: Das Wesen einer Demokratie ist, für alle zur Wahl stehenden Parteien votieren zu können. Verfassungsfeinde, worüber Legenden erzählen, wären nicht zugelassen oder gar verboten. Jede Stimme ist rechtens! Ähnlich steht es mit dem Vorwurf des Populismus. Eine bevorzugte Diffamierung ausgehend von Großparteien, um sich die Kleinen vom Hals zu halten. Nichts als eine Floskel. Warum sollte nur unpopuläre Politik legitim sein, die andere nicht leiden können? Bitte nicht von Vertretern der etablierten Parteien durch ihr vorteilbedachtes Gerede beeinflussen lassen. Auch das Propaganda-Geschrei, diese oder jene Partei sei links- oder rechtsradikal, zählt dazu. Es ist jammerschade, dass zur Bundestagswahl 2009 Hape Kerkeling mit seiner »Horst-Schlämmer-Partei« nicht ernsthaft den Hut in den Ring warf. Sein Wahlspruch: »Was die anderen nicht können, das kann ich auch.« 18 Prozent, also fast jeder fünfte Deutsche hätte Horst Schlämmer gewählt, ergab eine Stern-Umfrage. Wäre ein amüsierter Komiker im Parlament der Untergang für Deutschland? Im Gegenteil! Handfeste Indizien sprechen dafür, dass sich temporäres, also vorübergehendes Chaos nicht schädlich, sondern belebend auswirkt. Zwischen der von Gerhard Schröder angekündigten Neuwahl und der Bildung einer handlungsfähigen Regierungskoalition unter Angela Merkel lag fast ein dreiviertel Jahr. Über diesen langen Zeitraum ging bundespolitisch nichts mehr. Das ZDF-Morgenmagazin beschäftigte sich mit dem damaligen Leerlauf. Gemünzt auf Berlins Abgeordnete hieß es wörtlich: »Die Arbeit der letzten Monate bestand vor allem im Zeitunglesen.«[556] Das Bemerkenswerte dieser Periode: Die Aktien stiegen. Der ifo-Geschäftsklima-Index erreichte ein Fünf-Jahres-Hoch. Erstmals nach zig Jahren sanken die Arbeitslosenzahlen saisonbereinigt. Zwei-Punkte-Fazit: *Es geht auch ohne Regierung. Ein Aufschwungfaktor ist, wenn sich bestehende Politik nicht einmischt.* Konsequenz: Mut zu den Kleinen. Mut zur politischen Wende und zur demokratischen Neuordnung. Mut zur Verwirrung der Parlamentarischen Gesellschaft. Wo immer man politisch stehen mag: Etwa Gregor Gysi oder Oskar Lafontaine von der Linkspartei als »Radikale« zu verteufeln – nach ihrem Einzug in den Reichstag ein Politschlager – zeigt lediglich, welch Geisteskinder die Verkünder sind. Menschen, die solidarisch für Schwächere in der Gesellschaft eintreten, wofür beide Parlamentarier stehen, sind bestimmt keine Gefahr für unser Land. Zündler und Brandbeschleuniger sind andernorts zu finden: im Dunkelfeld der allgegenwärtigen Korruption und im Filz der etablierten Klasse.

Dieses Buch spricht sich für die Entwicklung einer wehrhaften und wirklichen Demokratie aus. Weg vom gegenwärtigen Zustand: Deutschland irrt vorwärts!

Literatur-Verzeichnis

ARNIM, HANS HERBERT VON: *Staat ohne Diener. Was schert die Politiker das Wohl des Volkes?*. Droemer Knaur Verlag, München 1995.

ARNIM, HANS HERBERT VON: *Vom schönen Schein der Demokratie.* Droemer Verlag, München 2000.

AURIN, UTE: *Risiko Jod. Die unterschätzte Gefahr.* Waldthausen/Natura Verlag, Weil der Stadt 2004.

BIERACH, BARBARA: *Das dämliche Geschlecht.* Wiley-VCH Verlag, Weinheim.

BLÜCHEL, KURT: *Heilen verboten – töten erlaubt. Die organisierte Kriminalität im Gesundheitswesen.* C. Bertelsmann Verlag, München 2003.

BOSSI, ROLF: *Halbgötter in Schwarz. Deutschlands Justiz am Pranger.* Eichborn Verlag, Frankfurt 2005.

BRAUNSCHWEIG-PAULI, DAGMAR: *Jod-Krank. Der Jahrhundert-Irrtum.* Dingfelder Verlag, Andechs 2000.

BRAUNSCHWEIG-PAULI, DAGMAR: *Die Jod-Lüge. Das Märchen vom gesunden Jod.* Herbig Verlag, München 2008.

FRIEDENBERGER, GEORG: *Die Rechte der Frauen – Narrenfreiheit für das weibliche Geschlecht?* Georg Friedenberger Verlag, Königsbrunn 1999.

FUSSEK, CLAUS/SCHOBER, GOTTLOB: *Im Netz der Pflegemafia.* Bertelsmann Verlag, München 2008.

HERBORT, BERND: *Bis zur letzten Instanz.* Bastei-Lübbe Verlag, Bergisch Gladbach 1996.

HOFFMANN, ARNE: *Sind Frauen bessere Menschen?*. Schwarzkopf & Schwarzkopf Verlag, Berlin 2001.

HOFFMANN, ARNE: *Männerbeben.* Verlag Lichtschlag, Grevenbroich 2007.

ICKLER, THEODOR: *Falsch ist richtig. Ein Leitfaden durch die Abgründe der Schlechtschreibreform.* Droemer Verlag, München 2006.

JOPT, UWE: *Im Namen des Kindes. Plädoyer für die Abschaffung des alleinigen Sorgerechts.* Rasch und Röhring Verlag, Hamburg 1998.

KOCH, EGMONT R./MEICHSNER, IRENE: *Böses Blut.* Hoffmann und Campe Verlag, Hamburg 1993.

KRÄMER, WALTER: *So lügt man mit Statistik.* Piper Verlag, München 2000.

Lamprecht, Rolf: *Vom Mythos der Unabhängigkeit.* Nomos Verlagsgesellschaft, Baden-Baden 1996.

LEINEMANN, JÜRGEN: *Höhenrausch.* Blessing Verlag, München 2004.

MIEGEL, MEINHARD: *Die deformierte Gesellschaft.* Propyläen Verlag, München 2002.

MÜLLER, ALBRECHT: *Die Reformlüge.* Droemer Verlag, München 2004.

OBERREUTER, HEINRICH: *Parteien – zwischen Nestwärme und Funktionskälte.* Fromm Verlag, Osnabrück 1983.

PETER, LAURENCE J. & HULL, RAYMOND: *Das Peter-Prinzip oder Die Hierarchie der Unfähigen.* Rowohlt Verlag, Hamburg 2002.

RUTSCHKY, KATHARINA/WOLFF, REINHART: *Handbuch Sexueller Missbrauch.* Klein Verlag, Hamburg 1994.

RUTSCHKY, KATHARINA: *Erregte Aufklärung Kindesmissbrauch. Fakten & Fiktionen.* Klein Verlag, Hamburg 1992.

VILAR, ESTHER: *Heiraten ist unmoralisch.* Gustav Lübbe Verlag, Bergisch Gladbach 1994.

VOGEL, ALFRED: *Der kleine Doktor. Hilfreichre Ratschläge für die Gesundheit.* Heyne Verlag, München 1993.
WASSERMANN, BERND: *Heroin statt Hilfe – Die Zerstörung eines jungen Lebens.* Eigenverlag, o. O. 2002.

Bildnachweis

Bundesministerium für Frauen und Jungend. *Medienpaket »Keine Gewalt gegen Kinder«* © 1994.

Quellenangaben und Anmerkungen

(Endnotes)
1. FIFA Fußball-Weltmeisterschaft der Männer 2006.
2. »Hallo Frau Bundeskanzlerin«, in: WDR, *Hart aber fair* vom 12. Oktober 2005.
3. »Geschichte geschrieben«, in: *Münchner Merkur* vom 20.Juni 2005.
4. »Was verstehen deutsche Politiker unter sozialer Gerechtigkeit?«, in: *Pressemitteilung der Bertelsmann-Stiftung* vom 18. Dezember 2006.
5. Martin Richenhagen: »Hallo Aufschwung – ich spür dich nicht!«, in: WDR, *Hart aber fair* vom 2. Mai 2007.
6. »Klage gegen EU-Tabakverbot abgewiesen«, in: *N24.de* vom 12. Dezember 2006.
7. »Rechtschreibrat bald am Ende«, in: *Münchner Merkur* vom 25./26. Februar 2006.
8. »Wenn wir so weitermachen grunzen wir bald«, in: *Bild* vom 26. August 2004.
9. »Deutschland sagt NEIN!«, in: *Bild* vom 4. Juni 2005.
10. »Hartnäckige enden in der Querulantenkartei«, in: *Münchner Merkur* vom 11. August 1999.
11. »Die Deutschen glauben dem Fernsehen nicht mehr«, in: *Bild.de* vom 8. August 2007.
12. »Ist dieser Politiker nicht ganz bei Prost?«, in: *Bild* vom 13. Mai 2005.
13. »Frauen unter Stoiber williger«, in: *Welt Online* vom 17. Mai 2005.
14. »Angst vor den Türken?«, in: BR-Fernsehen, *Münchner Runde* vom 5. Oktober 2004.
15. »Deutschlands Niedergang einzigartig!«, in: *Bild* vom 15. Juli 2004.
16. »Wir sind auf dem Weg in den Suppenküchen-Staat«, in: *Berliner Zeitung* vom 31. Juli 2006.
17. »Die Boom-Verlierer: Hallo Aufschwung – ich spür dich nicht!«, in: WDR, *Hart aber fair* vom 2. Mai 2007.
18. Norbert Röttgen: Im Dialog, in: *Phoenix* vom 3. Februar 2006.
19. Norbert Röttgen: Regierungserklärung »Aufschwung für Deutschland – Gute Zeiten entschlossen nutzen« vom 5. Juli 2007.
20. »FDP will Steuer-Abstimmung wiederholen lassen«, in: *Spiegel Online* vom 26. Mai 2006.
21. »Ich will arbeiten«, in: *Welt Online* vom 21. September 2004.
22. »OB Ude brüskiert Sendlinger Bürger«; Quelle: http://de.wikipedia.org/wiki/Moschee_Sendling, abgerufen am 10. Januar 2010.
23. »Überraschend knappe Mehrheit gegen die Moschee«, in: *tz-München* vom 18./19. Juni 2005.
24. Hans Herbert von Arnim: *Staat ohne Diener. Was schert die Politiker das Wohl des Volkes?*. Droemer/Knaur Verlag, München 1995.
25. »Genervt von Bürger-Protest«, in: *Münchner Merkur* vom 18. Dezember 2002.
26. Ebenda.
27. Franz Maget, in: *Münchner Merkur* vom 11. Mai 2001, S. 5.
28. »Wer hat da mit dem Kanzler eine Rechnung offen?«, in: *Bild* vom 24. Oktober 2002.
29. »SPD-Kettenbrief ruft zum Kanzlersturz auf«, in: *Münchner Merkur* vom 6. August 2004.
30. Franz Müntefering, in: Bundestagsdebatte vom 8. September 2005.
31. Jutta Ditfurth, in: ARD, *Menschen bei Maischberger* vom 6. August 2006.

32 »Deutschland Schlusslicht in der IWF-Wachstumsprognose für 20 vom 13. April 2007.
33 »CDU-Wulff warnt Große Koalition«, in: *Bild* vom 28. Juli 2007.
34 Angela Merkel: Eingangssatz der Dankesrede zu ihrer Nominieru Kanzlerkandidatin der CDU/CSU am 30. Mai 2005.
35 »Stoiber bekräftigt Ost-Kritik«, in: *sueddeutsche.de* vom 11. August.
36 Ebenda.
37 »Der Herausforderer – was hat Edmund Stoiber drauf?«, in: ARD, *Sal   .. ιsιιansen* vom 20. Januar 2002.
38 »Stoiber: Wer nicht Deutsch spricht, kommt auf die Sonderschule«, in: *Bild* vom 3. April 2006.
39 Andreas Petzold, in: WDR, *»Hart aber fair«* vom 25. Oktober 2005.
40 »Die Welt ist ihm nicht genug«, in: *Münchner Merkur* vom 19. September 2000.
41 »Fischers Dosenpfand«, in: *FAZ* vom 12. März 2005.
42 »Familien-Ministerin vermittelt Callboys«, in: *Bild* vom 29. März 2006.
43 »Haschrezepte im Internet«, in: *Bild am Sonntag* vom 30. Juli 2000.
44 »Grünen-Skandal in Brüssel: Jetzt greift Berlin ein«, in: *Bild am Sonntag* vom 29. Oktober 2000.
45 »Ursula von der Leyen«, in: *Münchner Merkur* vom 30. Dezember 2005.
46 Horst Seehofer, in: ZDF, *Frontal 21* vom 28. Oktober 2003.
47 Neujahrsempfang der Stadt Frankfurt am Main 2003; Quelle: Albrecht Müller: *Die Reformlüge*. Droemer, München 2004, S. 17.
48 Vgl. »2007 ändern sich die Sozialbeiträge: Was dann vom Gehalt übrig bleibt«, in: *Münchner Merkur* vom 21. Dezember 2006.
49 Heinz Dürr: Politische Matinee Berliner Ensemble und DGB »Jeder für sich – oder wer für alle?«, in: *Phoenix* vom 23. März 2004.
50 Jürgen Rüttgers, in: *Phoenix vor Ort* vom 8. Februar 2006.
51 Ernst & Young AG; Quelle: »Deutschland hat deutlich zugelegt«, in: *Spiegel Online* vom 8. Juni 2006.
52 »Studie belegt wachsende Kluft«, in: *Medienspiegel* vom 7. November 2007.
53 »345 Euro müssen reichen«, in: *stern.de* vom 23. November 2006.
54 Jahresbilanz der Bundesagentur für Arbeit; Quelle: »40 900 Lehrstellen fehlen«, in: *Bild* vom 13. Oktober 2005.
55 Don F. Jordan: »Unten sparen, oben reich werden. Wie viel Ungleichheit verträgt unser Land?«, in: ARD, *Presseclub* vom 1. Oktober 2006.
56 Internetseite *www.marryyourpet.com*.
57 Wim Wenders: »Busch oder Kerri – Was bedeutet die US-Wahl für Deutschland?«, in: ARD, *Sabine Christiansen* vom 31. Oktober 2004.
58 Quelle: ARD, *Monitor* vom 4. Juli 2002.
59 »Verbände fordern höhere Sozialhilfe«, in: *Münchner Merkur* vom 21. Dezember 2004.
60 Statistisches Bundesamt: »Armutsgefährdung in Deutschland: Ergebnisse aus Leben in Europa 2008«, in: *Pressemitteilung* Nr. 457 vom 27. November 2009.
61 »Dafür sind die 345 Euro Hartz-IV-Stütze wirklich gedacht!«, in: *Bild* vom 23. Januar 2006.
62 »Ich lebe von 83 Cent am Tag«, in: *Bild* vom 30. Mai 2003.
63 Quelle: RBB, *Klipp und Klar* vom 19. April 2005.

_elle: »Immer mehr Arbeitslose im Gefängnis«, in: *Bild* vom 26. August 2003.
»EU: Mehr Geld aus Deutschland«, in: *Münchner Merkur* vom 28./29. Juni 2008.
66 Heiner Geißler, in: n-tv, *Glotz & Geißler* vom 3. Juli 2005.
67 Günter Verheugen: »Europa muss Weltmacht werden«, in: *Internationale Politik (IP)*, Januar 2005, S. 34.
68 Helmut Schmidt in Nürnberg: »Die Weltpolitik im Laufe der nächsten 20 Jahre«, in: *Phoenix vor Ort* vom 12. Dezember 2005.
69 »Franz beschimpft EU. MV hat einen Plan«, in: *Bild* vom 7. September 2000.
70 »Ungeliebtes Europa«, in: *Welt Online* vom 12. Mai 2009.
71 Sigmar Gabriel: »Kapital und Eigentum verpflichten – wozu?«, in: ARD, *Sabine Christiansen* vom 1. Mai 2005.
72 »Euro doch kein Teuro«, in: *Pressekonferenz* Statistische Bundesamt vom März 2002.
73 Statistisches Bundesamt, in: *Pressemitteilung* vom 20. Dezember 2002.
74 Verbraucherzentrale Hessen; Quelle: »Euro doch Teuro«, in: ZDF, *Frontal 21* vom 14. Mai 2002.
75 »Statistiker: Euro kein Teuro«, in: *Münchner Merkur* vom 28. Juli 2004.
76 Walter Krämer: *So lügt man mit Statistik.* Piper, München 2000, Einleitung.
77 Ebenda, S. 199.
78 Gerhard Schröder: »Euro doch Teuro«, in: ZDF, *Frontal 21* vom 14. Mai 2002.
79 Wim Duisenberg: »Hätten ehrlicher sein sollen«, in: *Münchner Merkur* vom 28./29. Dezember 2002.
80 »Kritiker Gauweiler: Euro ist Teuro«, in: *Münchner Merkur* vom 29. Dezember 2006.
81 Peter Bohley: »Haben wir uns am Euro verschluckt?«, in: *Stern*, Heft 23/2005, S. 36.
82 Harald Marx: »Mehr Fehler nach der Rechtschreibreform. Lernpsychologe stellt Studie vor«, in: *dpa* vom 7. September 2004.
83 Nike Wagner, in: Politikmagazin *Cicero*, Juliausgabe 2006.
84 Sigmar Gabriel, in: ARD, *Sabine Christiansen* vom 1. Mai 2005.
85 Manfred Görtemaker, in: *n-tv* vom 1. Juli 2005.
86 Bert Rürup, Chef der Wirtschaftsweisen: »Später in Rente! Rettet das Deutschland?«, in: ARD, *Sabine Christiansen* vom 27. April 2003.
87 Peter Hartz: »Ich habe einen Traum«, in: *Die Zeit*, Nr. 42 vom 13. Oktober 2005.
88 »Warum müssen die Huren nicht aussagen?«, in: *Bild* vom 17. Januar 2007.
89 »Im Bett war Peter kein Großer«, in: *Bild* vom 16. Dezember 2005.
90 »Wieso kriegt Hartz pro Monat 25.000 Euro netto?«, in: *Bild* vom 19. Januar 2007.
91 Heiner Geißler, in n-tv, *Glotz & Geißler* vom 29. Mai 2005.
92 »Hartz IV reißt immer größere Löcher«, in: *stern.de* vom 3. Januar 2005.
93 Erich Pipa, Landrat des Main-Kinzig-Kreises; Quelle: »Jahrhundertreform oder Milliarden-Grab: Ist Hartz IV gescheitert?«, in: ZDF, *Berlin Mitte* vom 31. Mai 2006.
94 Dirk Niebel: Rede auf dem FDP-Bundesparteitag in Köln am 7. Mai 2005.
95 »Arbeitsvermittlung absurd«, in: ZDF, *Frontal 21* vom 26. Februar 2002.
96 Wolfgang Clement: »Keiner so erfolglos im Kampf gegen die Arbeitslosigkeit wie wir!«, in: *Bild* vom 18. August 2003.
97 Agentur für Arbeit/Bundesrechnungshof; Quelle: ZDF, *Berlin Mitte* vom 31. Mai 2006.
98 Quelle: Tageszeitung *Junge Welt* vom 19. Februar 2007.
99 Götz Werner, Gründer der Drogeriemarktkette dm, in: ZDF, *Menschen* vom 21. April.
100 Vgl. Quelle: »Geschönte Statistik?«, in: *Die Zeit* vom 12. März 2008.

101 Dirk Niebel: Antrittsrede als FDP-Generalsekretär, in: *Phoenix* vom 7. Mai 2005.
102 Florian Gerster: »Behörde nicht reformierbar«, in: *Bild* vom 1. September 2005.
103 Quelle: »Billionen-Erbschaften für nichts«, in: *Manager-Magazin* vom 12. August 2005.
104 »Generation Rock'n Roll – geht es den Alten zu gut?«, in: ARD, *Sabine Christiansen* vom 4. Februar 2007.
105 Walter Hirrlinger, Ehrenpräsident des Sozialverbands VdK: »Nur 2000 der 20 Millionen Rentner erhielten die mögliche Höchstrente von 2200 Euro.«, in: *VdK* vom 20. Oktober 2003.
106 »Rentner haben im Schnitt 1.953 Euro im Monat«, in: *Münchner Merkur* vom 22. Februar 2007.
107 Volker Kauder: »Bei uns ist kein Rentner wirklich arm!«, in: *Bild* vom 2. Mai 2008.
108 Walter Hirrlinger, in: *Handelsblatt* vom 21. März 2007.
109 Vgl. »So schrumpft die Rente Jahr um Jahr«, in: *Bild* vom 4. August 2007.
110 »Kein Geld für Lebensmittel: 69-Jähriger fast verhungert«, in: *tz-online.de* vom 28. Mai 2010.
111 Franziskaner Bruder Antonius, in: ARD, *Sabine Christiansen* vom 4. Februar 2007.
112 Prof. Bert Rürup: »Weniger Lohn, weniger Rente – werden die Älteren abgestraft?«, in: ARD, *Sabine Christiansen* vom 4. Dezember 2005.
113 Vgl. »Rürup: Schon 40 Prozent der Rente gekürzt«, in: *Münchner Merkur* vom 11. August 2004.
114 Bernd Raffelhüschen: »Schuften bis zum Umfallen: Und am Ende kaum noch Rente?«, in: ZDF, *Berlin Mitte* vom 2. Februar 2006.
115 Franz Müntefering in Berlin vor der Akademie Europa: »Die Zukunft der Alterssicherungssysteme in Europa«, in: *Phoenix vor Ort* vom 27. Februar 2007.
116 Devetzi Stamatia: »Rentenversicherung im internationalen Vergleich«, in: *Pressekontaktseminar* (2000) des VDR.
117 »Wo bleibt denn der Aufschrei der Rentner?«, in: *Münchner Merkur* vom 19. März 2002.
118 Johannes Singhammer: »Mehr Sex für die Rente!«, in: *Bild* vom 25. Juni 2004.
119 Ulla Schmidt: Plenarprotokoll – 15. Wahlperiode – 70. Sitzung vom 24. Oktober 2003.
120 »Gesundheitssysteme in Europa«, in: *Diabetes-News* vom 31. Juli 2006.
121 Dokumentation »Todkrank und abgeschrieben«, in: *Phoenix* vom 21. Oktober 2006.
122 Ebenda.
123 Alexander Badle (StA): »Betrug auf Rezept? Die Tricks der Ärzte«, in: HR-Fernsehen, *Stadtgespräch* vom 8. Juni 2006.
124 »Ärzte rechneten Impfungen für tote Patienten ab«, in: *Münchner Merkur* vom 28. Februar 2002.
125 Michael Hüther: »Die Milliarden-Verschwendung im Gesundheitssystem«, in: *Berliner Zeitung* vom 24. April 2006, S. 2.
126 Christian Zimmermann, ebenda.
127 Horst Seehofer, in: ZDF, *Frontal 21* vom 6. Juni 2006.
128 »17 000 Klinik-Tote durch Fehler«, in: *Münchner Merkur* vom 25. April 2007.
129 »Falsche Arznei: 25 000 Tote«, in: *Münchner Merkur* vom 16. Mai 2004.
130 »Jährlich 58 000 Tote in deutschen Kliniken«, in: *Bild* vom 16. August 2003.
131 »Neuer Höchststand: Verwaltungskosten der gesetzlichen Krankenkassen liegen bei 8,2

Milliarden Euro«, in: *journalmed.de* vom 13. Juli 2004.
132 Quelle: *Berliner Zeitung* vom 24. April 2006, S. 1.
133 »Das Einkommen der Ärzte«, in: *Münchner Merkur* vom 23. August 2006.
134 »Nur 8 Euro pro Quartal«, in: *Münchner Merkur* vom 14. November 2007.
135 Börsch-Supan: »Aussterben abgesagt«, in: *Die Zeit* vom 8. Juni 2006.
136 »Der Letzte macht das Licht aus«, BR-Werbung für die gleichnamige TV-Sendung, in: *Münchner Merkur* vom 31. Januar 2006.
137 Reiner Klingholz: »Luxus statt Kinder. Die deutschen sterben aus«, in: *Berliner Phoenix Runde* vom 23. März 2006.
138 »Bevölkerung in Deutschland ab 1950«, in: *Statistisches Bundesamt*, Tabelle V II B – 173.
139 Franz Müntefering anlässlich der Präsentation des Buches: »Deutschland. Der Abstieg eines Superstars«; Quelle: *Phoenix* vom 23. März 2004.
140 Gerd Bosbach: »Demografische Entwicklung – kein Anlass zur Dramatik«, in: *www.nachdenkseiten.de/wp-print.php?p=131*, abgerufen am 12. Februar 2010.
141 Gerd Bosbach, FH Remagen; Quelle: *n-tv* vom 16. November 2004.
142 Bernd Raffelhüschen, in: ZDF, *Berlin Mitte* vom 2. Februar 2006.
143 »Monatliches Einkommen von Familien bei 3.700 Euro«, in: *Kredit-Magazin News* vom 15. Mai 2005.
144 »Kritik an der Demografie«, in: Internetlexikon *Wikipedia*; Quelle: Heim/Schaz, S. 12.
145 Klaus Schweinsberg: »Unten sparen, oben reich werden. Wie viel Ungleichheit verträgt unser Land?«, in: ARD, *Presseclub* vom 1. Oktober 2006.
146 Klaus Kocks: »Krieg am Arbeitsplatz: Ist jedes Mittel erlaubt?«, in: ARD, *Menschen bei Maischberger* vom 14. November 2006.
147 »1.450.000.000 Überstunden in Deutschland«, in: *Welt Online* vom 5. März 2007.
148 Helmut Schmidt im Gespräch mit Sandra Maischberger, in: *n-tv* vom 4. April 2002.
149 »Viele sind maßlos geworden«, in: *Münchner Merkur* vom 24./25./26. Dezember 2005.
150 »Zitat des Tages«, in: *Münchner Merkur* vom 19. Juni 2008.
151 Wolfgang Schaupensteiner: »Der gute Ruf der deutschen Wirtschaft wird verschleudert«, in: *Münchner Merkur* vom 27. Dezember 2006.
152 Jens Peter Bostrup: »Der Osten kommt«, in: *Spiegel Online* vom 18. Mai 2005, S. 3.
153 »Billiglohnarbeiter – Leben ohne Mindestlohn«, in: *WDR-Reportage* vom 30. April 2007.
154 »Dumpinglöhne für Bundestags-Putzfrauen«, in: *Bild* vom 12. Mai 2007.
155 Dieter Hundt, in: ZDF, *Berlin Mitte* vom 31. Mai 2006.
156 »Deutschland braucht Mindestlöhne«, in: Drucksache 16/4845 des Deutschen Bundestages vom 27. März 2007.
157 Wendelin Wiedeking: »Der Gipfel des Unsinns«, in: *faz.net* vom 6. April 2005.
158 Marc Beise, Süddeutsche Zeitung: »Wenn Arbeit nicht zum Leben reicht. Brauchen wir den Mindestlohn?«, in: ARD, *Presseclub* vom 6. Mai 2007.
159 Tomas Lundin, ebenda.
160 Wendelin Wiedeking, in: *faz.net* vom 6. April 2005.
161 Vgl. Anja Schulz: »Rückkehrer«, in: *Metallzeitung*, 10/2006, S. 18.
162 Ebenda S, 19.
163 Hans-Böckler-Stiftung (Hg.): *Magazin Mitbestimmung,* 05/2007.
164 Bruder Paulus: »Armes reiches Deutschland«, in: HR-Fernsehen, *Stadtgespräch* vom

26. Oktober 2006.
165 Klaudia Martini: »Sinnlos sammeln und sortieren – Das Märchen von der Mülltrennung«, in: ARD, *Panorama* vom 9. August 2001.
166 Quelle: *Peta's Animal Times*, Frühjahr 2006.
167 Jürgen Rüttgers in Essen: »Die Wirtschaft der nordrhein-westfälischen Landesregierung«, in: *Phoenix vor Ort* vom 8. Februar 2006.
168 »Boni für die Besten«, in: *Die Zeit*, Nr. 16 vom 8. April 2009.
169 »Gentechnik im Überblick«, in: *Spiegel Online* vom 30. Mai 2010.
170 Helmut Schmidt in Nürnberg: »Die Weltpolitik im Laufe der nächsten 20 Jahre«, in: *Phoenix vor Ort* vom 12. Dezember 2005.
171 »Es ist Mode, Politiker zu Prügelknaben zu machen«, in: *Berliner Morgenpost* vom 8. Februar 2005, S. 2.
172 Britta Bannenberg: »Korruption in Deutschland«, in: ARD, *Report* vom 18. März 2002.
173 »Beamte bekommen Viagra«, in: *Bild* vom 10. September 2007.
174 »Jeder Zweite zweifelt an Demokratie«, in: *Focus Online* vom 3. November 2006.
175 Britische Studie der Universität Leicester, veröffentlicht 2006; Quelle: »Was Dänen glücklich macht«, in: *Focus Online* vom 24. Dezember 2006.
176 Matthias Beltz: »Ein Schlappmaul rechnet ab«, in: *Bild* vom 27. März 2002.
177 Hans-Olaf Henkel: »Sagt uns endlich die Wahrheit«, in: *Bild* vom 25. Oktober 2004.
178 Hans-Christian Ströbele: »Neue Sehnsucht nach alten Werten?«, in: ARD, *Sabine Christiansen* vom 10. April 2005.
179 Quelle: Hans Herbert von Arnim: *Vom schönen Schein der Demokratie*. Droemer, München 2000, S. 183.
180 Roland Koch: »Die Große Love-Story der Großen Koalition«, in: *Bild* vom 6. Dezember 2008.
181 Guido Westerwelle, in: ZDF, *Morgenmagazin* vom 3. September 2001.
182 Quelle: Phoenix, *Unter den Linden* vom 4. Oktober 2004.
183 Quelle: »Eine saftige Portion Unverfrorenheit«, in: *Münchner Merkur* vom 21. Dezember 2004.
184 »Heute rieselt's Weihnachtsgeld für unsere Politiker«, in: *Bild* vom 1. Dezember 2000.
185 »FDP-Politiker kassiert vierfach«, in: *Bild* vom 6. November 2002.
186 BASF-Manager Eggert Voscherau: »Geld und Politik. Die Verdienste unserer Abgeordneten«, in: ARD, *Sabine Christiansen* vom 16. Januar 2005.
187 Hans Herbert von Arnim, in: *WDR* vom 16. Januar 2005.
188 »Staatssekretäre im Alter gut versorgt«, in: *RP Online* vom 8. Februar 2008.
189 »Neuer Pensions-Skandal«, in: *Bild* vom 10. Mai 2003.
190 Hans Herbert von Arnim: »Überversorgt und unterkontrolliert«, in: *Die Welt* vom 20. November 2003, S. 9.
191 Oswald Metzger: »Nullrunde und pralle Politiker-Pensionen«, in: ZDF, *Frontal 21* vom 28. Oktober 2003.
192 »Die Pension ist sicher«, in: *Focus*, Heft 45/2003.
193 »Joschka Fischer kassiert 10.700 Euro Pension – 3.000 mehr als Gerhard Schröder«, in: *Hamburger Abendblatt* vom 12. Oktober 2005.
194 »9.411 Euro Pension für 10 Jahre Arbeit«, in: *Bild* vom 17. Mai 2005.
195 WDR, *Hart aber fair* vom 5. November 2003.
196 Peter Ramsauer, in: ZDF, *Frontal 21* vom 28. Oktober 2003.

197 Rita Süssmuth, in: Schreiben vom 10. Mai 1995 an den Verfasser.
198 »Sind unsere Politiker noch Vorbilder, Herr Kardinal?«, in: *Bild* vom 26. März 2002.
199 Karl Heinz Däke: »Weiter hohes Sterbegeld für Politiker«, in: *Bild* vom 11. Oktober 2003.
200 »Privilegien für Politiker – Zweiklassengesellschaft bei der Witwenrente«, in: ARD, *Panorama* vom 28. Juni 2001.
201 Ebenda.
202 »Thierses Frau: 1.600 Mark Alu im Monat«, in: *Bild am Sonntag* vom 26. März 2000.
203 Klaus Töpfer: »Meine Frau hat immer Recht«, in: *Bild am Sonntag* vom 17. September 1995.
204 »FDP-Chef lässt sich Rindswurst schmecken«, in: *Bild* vom 5. Januar 2001.
205 »Die trügerische Ruhe«, in: *Focus Online* vom 1. März 2007.
206 Wolfgang Clement, in: ZDF, *Heute Journal* vom 18. September 2005.
207 »Steinmeier wertet SPD-Verluste als Erfolg«, in: *Focus Online* vom 29. September 2008.
208 Henrik Enderlein: »Spendierhosen aus – Kurswechsel der Regierung?«, in: *Busch@n-tv* vom 11. Juni 2009.
209 Frankfurter Allgemeine Zeitung; Quelle: »Können Politiker noch Vorbild für die Jugend sein?«, in: *Bild* vom 16. November 2002.
210 Andreas Fritzenkötter: »Das Reizthema: Hauptsache die Show stimmt – Politiker in der Medienfalle«, in: WDR, *Hart aber fair* vom 29. September 2004.
211 Michael Konken: »Die fragwürdigen PR-Kampagnen der Bundesregierung«, in: ARD, *Report Mainz* vom 27. August 2007.
212 Gerhard Schröder vor dem Bundestag am 12. September 2001.
213 Friedrich Merz, ebenda.
214 Erwin Teufel, in: SR, *Nachtcafé* vom 21. Januar 2005.
215 Quelle: RTL, *Stern-TV* (ohne Datum).
216 Veröffentlichung des Bundestages 2009.
217 Volker Beck gegenüber der Financial Times Deutschland; Quelle: WDR, *Hart aber fair* vom 12. Januar 2005.
218 Quelle: Jürgen Leinemann: *Höhenrausch*. Blessing Verlag, München 2004, S. 220.
219 Michael Glos; Quelle: *Bild am Sonntag* vom 12. September 2004.
220 »Trotz Verbots: Abgeordnete wollen Trinktest machen«, in: *Bild* vom 20. November 1996.
221 Detlef Kleinert, in: Rede vom 23. November 1994 vor dem Deutschen Bundestag.
222 »Die Grünen-Chefin sprach mit schwerer Zunge«, in: *Bild* vom 11. Februar 2003.
223 Vgl. Laurence J. Peter & Raymond Hull: *Das Peter-Prinzip oder Die Hierarchie der Unfähigen*. Rowohlt Verlag, Hamburg, S. 25.
224 Quelle: »Mitarbeiterführung«, in: *Management-Wissen*, August 1977, S. 6 ff.
225 Leinemann (2004), S. 35.
226 »Deutsche haben die größte Machtzentrale«, in: *Bild* vom 18. Mai 2000.
227 »Mißfelder beleidigt Hartz-IV-Empfänger«, in: *stern.de* vom 20. Februar 2009.
228 Heide Simonis: »Spuren der Macht. Die Verwandlung des Menschen durch das Amt«, TV-Porträt und Langzeitstudie von Herlinde Koelbl, in: *Phoenix* vom 17. März 2005.
229 Nicol Ljubic: »Schröder macht mir Albträume«, in: *taz*, vom 1. September 2004, S. 13.
230 »Forsa-Umfrage: 82 Prozent fühlen sich politisch entmündigt«; Quelle: *World Socialist*

231 Hildegard Hamm-Brücher: »Ist unsere Demokratie in Gefahr?«, in: *Bild der Frau*, Heft 48/2005, S. 5.
232 Quelle: Heinrich Oberreuter: *Parteien – zwischen Nestwärme und Funktionskälte.* Fromm, Osnabrück 1983, S. 23.
233 »Staatsfinanzierung der Parteien«; Quelle: Internetseite des *Bundes der Steuerzahler* vom April 2004.
234 Wilhelm Hennis, Politikwissenschaftler: »Parteien – Gift für die Demokratie?«, in: HR-Fernsehen, *Polittalkshow 3-2-1* (ohne Datum).
235 Quelle: WDR, *Hart aber fair* vom 14. Januar 2004.
236 Erich Böhme, in: WDR, *Hart aber fair* vom 14. Januar 2004.
237 »Der Intendanten-Stadl«, in: *Der Spiegel*, Nr. 45 vom 5. November 2001.
238 Ebenda.
239 »Brender kritisiert Parteien – ›Spione‹ beim ZDF«, in: *merkur-online.de* vom 21. Februar 2010.
240 Gabriele Krone-Schmalz, in: HR-Fernsehen, *Stadtgespräch*, Anfang 2000 (ohne genaues Datum).
241 Jürgen Rüttgers: »CDU 2000 – Wettlauf mit der Krise«, in: ARD, *Sabine Christiansen* vom 9. Januar 2000.
242 »Spitzen-Jobs in den Ministerin aufgestockt«, in: *Bild* vom 17. November 2007.
243 Quelle: Bund der Steuerzahler Deutschland e. V. vom 29. Mai 2008.
244 Heiner Geißler: »Neue Bürgerbewegungen – Retter der Republik?«, in: *Berliner Phoenix Runde* vom 9. Juli 2003.
245 Hans-Olaf Henkel: »Wie die Parteien die Bürger entmündigen«, in: *Bild* vom 17. September 2004.
246 »80 Prozent der Deutschen für Volksbegehren«, in: *Münchner Merkur* vom 28. Dezember 2006.
247 Bundesgesetzblatt 2340, Jahrgang 1998, Teil II, Nr. 37, ausgegeben zu Bonn am 21. September 1998.
248 Quelle: »Neue Dokumente zum Verkauf der Eisenbahnerwohnungen«, in: *Der Spiegel*, Heft 26/2001.
249 Hans See: »Moral egal?«, in: HR-Fernsehen, *Stadtgespräch* vom 9. März 2000.
250 Hans-Werner Sinn: »Hartz IV: zu lasch, zu teuer?«, in: *busch@n-tv* vom 21. Januar 2010.
251 Don F. Jordan: »Alles wie geschmiert – Parteien im Zwielicht«, in: ARD, *Presseclub* vom 17. März 2002.
252 Peter Struck: »Deutschland, schmierig Vaterland?«, in: ARD, *Sabine Christiansen* vom 17. März 2002.
253 Urteil des Oberlandesgerichts Koblenz: Aktenzeichen 1 Ss 291/94.
254 »Arbeitsrichterin legt seit Jahren die eigene Rechtsprechung lahm«, in: *Frankfurter Rundschau* vom 9./10. November 1994.
255 Grundgesetz (GG) Artikel 97 Abs. 1.
256 Auszüge aus der Rede des DRB-Vorsitzenden Wolfgang Arenhövel: »Plädoyer für eine umfassende Justizreform«, in: *Deutsche Richterzeitung*, Heft 12/2003, S. 389.
257 Quelle: HR-Fernsehen, *Hessenschau* vom 25. September 2002.
258 Das Grundgesetz (GG) Artikel 21 über die Parteien: »Sie müssen über Herkunft und

Verwendung ihrer Mittel sowie über ihr Vermögen öffentlich Rechenschaft geben.«

259 »Sein letzter Fall: Helmut Kohl!«, in: *Bild am Sonntag* vom 27. Februar 2000.
260 Peter-Alexis Albrecht, in: HR-Fernsehen, *Hessenschau* vom 25. September 2002.
261 Quelle: »Hand auf – Geld rein«, in: *Hörzu*, letzte Ausgabe 1995.
262 »Gutachten kostet 1,3 Millionen«, in: *Münchner Merkur* vom 21. November 1996.
263 »Die heutige Justiz weckt Erinnerungen an die k. u. k. Monarchie«, in: *Frankfurter Rundschau* vom 26. Juli 1996.
264 Geert Mackenroth: »Besetzung nach Parteibuch – Wie Richterposten ausgekungelt werden«, in: ARD, *Panorama* vom 28. März 2002.
265 Ebenda.
266 »Die Papstwahl als Vorbild für Karlsruhe«, in: *Süddeutsche Zeitung* vom 7. Dezember 2000.
267 Gesamter Schriftverkehr vom 9. Dezember 2000 bis 22. August 2001 im Besitz des Verfassers.
268 Vgl. »Die Richter regieren«, in: *Bild am Sonntag* vom 24. März 2002.
269 Deutsche Richterzeitung, Heft 9/1982, S. 325; Quelle: Internetseite *http://richterdatenbank.org/richterdatenbank*, abgerufen am 24. Juli 2009.
270 Helga Löwitsch: »Sie wollten deine Ehre nehmen«, in: *Spiegel Online* vom 9. Dezember 2002.
271 Jürgen Vitz: »Fall Effenberg: Vorwürfe gegen Staatsanwalt«, in: *Bild* vom 11. März 1997.
272 »Günter Lamprecht: Opferrente erhöht – um ganze 11 Mark«, in: *Bild am Sonntag* vom 19. August 2001.
273 »Das ist Jan Simak«, in: *Welt Online* vom 14. Juli 2002.
274 »Dämlichster Rechtsstreit des Jahres«, in: ARD, *Brisant* vom 28. Mai 2002.
275 »Pfusch in der Justiz«, in: *ARD-Reportage* vom 5. März 2003.
276 Ebenda.
277 Ebenda.
278 Heinrich Löwen, Nebenkläger im Eschede-Prozess, in: n-tv, *Maischberger* vom 2. Mai 2003.
279 »Im Eishallen-Prozess räumt nur ein Angeklagter Fehler ein«, in: *n24.de* vom 7. Januar 2009.
280 »Deutsches Recht kennt keinen Schmerz«, in: HR-Fernsehen, *Stadtgespräch* vom 22. September 2002.
281 »Unermüdlicher Kampf dauert schon 17 Jahre«, in: *Münchner Merkur* vom 27. Dezember 2000.
282 »Pfusch in der Justiz«, in: *ARD-Reportage* vom 5. März 2003.
283 Ebenda.
284 »Im Namen des Gutachters«, in: *Focus*, Heft 12/1995, S. 248.
285 Max Steller: »Wir sind bestürzt und trauern«, in: *Der Spiegel*, Heft 9/1998.
286 Vgl. Hugo Lanz: »Ein Filz und ein Geflecht«, in: *Der Spiegel*, Heft 29/2000.
287 »Weil Arzt pfuschte: Patientin verliert Bein«, in: *Münchner Merkur* vom 6. Februar 2004.
288 Vgl. Rolf Lamprecht: *Vom Mythos der Unabhängigkeit*. Nomos Verlagsgesellschaft, Baden-Baden 1996, S. 130.
289 »Gerechtigkeit? Unschuldig verurteilt«, in: BW, *Nachtcafé* (ohne Datum).

290 Rolf Bossi: »Vorsicht, Justizirrtum!«, in: ARD, *Menschen bei Maischberger* vom 17. Mai 2005.
291 »Deutschland verstößt gegen Menschenrechte«, in: *Die Welt* vom 5. Oktober 2006.
292 »Andrea schwärmt von ihrer Einzelzelle«, in: *Bild* vom 2. Juli 2002, S. 9.
293 »Gefängnis-Ausbruch keine Straftat?«, in: *Bild* vom 22. Januar 1997.
294 »Mehr Härte im Knast«, in: Film aus der Reihe *Hessen-Reporter* des Jahres 2000.
295 Urteil des Bundesverwaltungsgerichts vom 24. Januar 1986 – 6 C 141/82 zur Frage, woran zu erkennen ist, dass ein Richter während der Verhandlung schläft (ein Revisionsgrund), in: *Neue Juristische Wochenschrift*, NJW 1986, S. 2721 ff.
296 »Robin Hood in Anwaltsrobe«, in: *Münchner Merkur* vom 14. März 2005.
297 Anton-Andreas Guha, in: HR-Fernsehen, *Stadtgespräch* vom 22. September 2002.
298 Wolfgang Rund, in: Veröffentlichung vom 3. März 2002; Quelle: Internetseite http://odem.org/informationsfreiheit/forum-view_730-730.html, abgerufen am 27. Juni 2009.
299 Vgl. »Spur im Amt«, in: *Der Spiegel*, Heft 41/1987, S. 85.
300 Ebenda, S. 88.
301 Ebenda, S. 90.
302 Quelle: *Arznei-Telegramm*, Sonderausgabe 10/93.
303 Johanna Lage-Stehr: Referat vor der Berliner Mikrobiologischen Gesellschaft am 18. Januar 1983; Quelle: Hämophilie Webportal www.hämophilieportal.de/modules.php?name=Content&pa=showpage&pid=434&sidebar=0, abgerufen am 5. Februar 2010.
304 »Aids – eine Epidemie, die erst beginnt«, in: *Der Spiegel*, Heft 23/1983.
305 »Der Tod aus der Spritze«, in: *Der Spiegel*, Heft 47/1991, S. 131.
306 Egmont R. Koch/Irene Meichsner: *Böses Blut*. Hoffmann und Campe, Hamburg 1993, S. 137.
307 Peter Gauweiler, in: *Der Spiegel*, Heft 41/1987, S. 85.
308 Vgl. »Mehr Geld für Aids-infizierte Bluter gefordert«, in: *hib-Meldung* des Deutschen Bundestages vom 7. Februar 2001.
309 Quelle: *Bild* vom 14. November 1984.
310 Rita Süssmuth veröffentlichte das Buch: *Aids. Wege aus der Angst*. Hoffmann und Campe, Hamburg 1987.
311 Egmont R. Koch/Irene Meichsner (1993), S. 157.
312 »Mieses Verhalten«, in: *Der Spiegel*, Heft 24/1987, S. 50.
313 Quelle: *Der Spiegel*, Heft 47/1991, S. 131.
314 Vgl. »Skandal schlechthin«, in: *Der Spiegel*, Heft 1/1989, S. 56.
315 Ebenda, S. 56.
316 Veröffentlicht in: *tz-München* vom 11. August 2000; Quelle des Anzeigentextes: Hämophilie Webportal www.bluter-info.de/modules.php?name=Content&pa=showpage&pid=536&sidebar=0, abgerufen am 26. Februar 2010.
317 Horst Seehofer vor dem Deutschen Bundestag: Plenarprotokoll 13/13 vom 20. Januar 1995.
318 »Ja, die Familie Seehofer bleibt zusammen«, in: *Bild* vom 10. Juli 2007.
319 »Berlin kauft Bundeswehr von Blutrache frei«, in: *Kreis-Anzeiger* vom 4. September 2008.
320 »Lebenslang für bulgarische Schwestern«, in: *Hamburger Abendblatt* vom 18. Juli 2007.
321 »Klage von Hepatitis-Opfern abgewiesen«; Quelle: Interessengemeinschaft Hämophiler

e. V. (IGH) vom 4. März 2004.
322 »Bluterskandal: Bis 2017 muss gestorben werden«, in: *Münchner Merkur* vom 19. April 2004.
323 »Aids-Skandal ohne Folgen«, in: *Münchner Merkur* vom 30. Oktober 1996.
324 Dagmar Braunschweig-Pauli: *Jod-Krank. Der Jahrhundert-Irrtum.* Dingfelder Verlag, Andechs 2000, S. 72.
325 Quelle: SWF, *Schlaglicht* vom 20. September 2000.
326 »Schilddrüsenpräparate am häufigsten verschrieben«, in: *BKK Faktenspiegel*, Dezember 2007, S. 4.
327 »Jodierung in Deutschland«, in: *Patientenforum*, 1/2002, S. 14.
328 Umweltbundesamt: Jahresbericht 1994, S. 1197 zum Thema Wasser; Quelle: *http://heilpraxis-kampmann.de/aktuell/jod.htm*, abgerufen am 10. Dezember 2009.
329 »Jodsalz – überflüssig wie ein Kropf?«, in: *Schrot & Korn* vom 27. Juli 2009; Quelle: www.schrotundkorn.de/2000/sk0010g1.htm.
330 »Willkommen im Brunnenland Deutschland!«, in: IDM Informationszentrale Deutsches Mineralwasser; Quelle: *www.mineralwasser.com/index2.php*, abgerufen am 27. Juli 2009.
331 »Jod (I) und Wasser«; Quelle: *Lenntech*, Niederlande. Internetseite www.lenntech.com/deutsch/Element-und-Wasser/Jod-und-Wasser.htm, abgerufen am 20. Juni 2009.
332 Quelle: Zeitschrift *Verbraucherdienst*, Heft 3/98, S. 390.
333 Vgl. Dr. Alfred Vogel: *Der kleine Doktor. Hilfreichre Ratschläge für die Gesundheit.* Heyne Verlag, München 1993, S. 686.
334 Jürgen Hengstmann: »Krank durch Jod«, in: *ARD, Brisant* vom 19. Mai 1998.
335 »Ein Mineral im Zwielicht«, in: *taz* vom 7. September 2001.
336 »Fragwürdige Zwangsjodierung«, in: *Münchner Merkur* vom 20. April 2004.
337 Quelle: Braunschweig-Pauli (2000), S. 201.
338 »22. Krebs durch Jod«, in: Artikelserie *Jodunverträglichkeiten* von Dagmar Braunschweig-Pauli, Trier 1998.
339 »2. Jodallergie auf dem Vormarsch«, ebenda.
340 Quelle: Deutsche Selbsthilfegruppe der Jodallergiker, Morbus-Basedow- und Hyperthyreosekranken, Grundinformation D. B.-P. / 1998, S. 9.
341 »Jodsalz ist unbedenklich«, in: *Ratgeber aus Ihrer Apotheke*, Heft 3/2003.
342 »Jod – zuviel davon macht krank«, in: *Balance*, Heft 3/2000.
343 »Juristische Aspekte: Viele Kläger – keine Richter«, in: Vortragsveranstaltung des Balance e. V. vom 11. März 2005 in Münster.
344 Quelle: Flugblatt der Kleinpartei *Christliche Mitte*, Lippstadt (ohne Datum).
345 Studie des Bundesinstituts für Bevölkerungsforschung; Quelle: *Welt Online* vom 3. Mai 2005.
346 Bassam Tibi: »Europas Angst vor radikalen Islamisten«, in: ARD, *Sabine Christiansen* vom 14. November 2004.
347 Quelle: »Weniger Ausländer«, in: *Münchner Merkur* vom 14. Juni 2005.
348 »Professor warnt vor Masseneinwanderung armer Osteuropäer«, in: *Bild* vom 19. Juni 2004.
349 Giovanni di Lorenzo, in: ARD, *Sabine Christiansen* vom 14. November 2004.
350 »Die deutsche Spur«, in: *Der Spiegel*, Heft 38/2001.
351 Quelle: »News aus Brüssel«, EU-Information der *Hans-Seidel-Stiftung* vom September

2006.
352 »Bevölkerungsentwicklung und Migration in Deutschland«, in: *Bundeszentrale für politische Bildung*, B 43/2001.
353 »Einwanderung statt Zuwanderung«, in: *Welt Online* vom 28. August 2000.
354 Otto Schily: »Starke Kanzler-Worte – Sicherheit durch Wegschließen?«, in: ARD, *Sabine Christiansen* vom 15. Juli 2001.
355 Helmut Schmidt: »Alle müssen länger arbeiten«, in: *Die Zeit*, Wochenzeitung 02/2001.
356 Beschäftigtenstatistik der Bundesagentur für Arbeit und des Statistischen Bundesamts, abgerufen im Internet am 30. Juli 2009.
357 Studie der Vereinten Nationen; Quelle: *Bundeszentrale für politische Bildung* vom 13. Mai 2004.
358 »Die verachten unser System«, in: *Focus*, Heft 14/2006.
359 ZDF, Frontal 21; Quelle: ZDF, *Berlin Mitte* vom 18. November 2004.
360 Otto Schily: Rede vor dem Deutschen Bundestag am 1. Juli 2004.
361 Meinhard Miegel: Buchvorstellung bei *n-tv* vom 13. April 2002.
362 Dieter Wiefelspütz, in: *Phoenix-Schwerpunkt* vom 28. November 2000.
363 »Jeder Bürger hat 20.000 Euro Schulden«, in: *Frankfurter Rundschau online* vom 23. Juli 2009.
364 »Was kostet uns die Zuwanderung?«, in: *Bild* vom 28. Februar 2002.
365 Ebenda.
366 Maria Böhmer: »Einbürgerung. Wie Ausländer Deutsche werden«, in: *Bild* vom 8. Juli 2008.
367 Frankfurter Statistik Nr. 33/2005, Juni 2005.
368 Bayerisches Staatsministerium für Arbeit und Sozialordnung, Familien und Frauen, Pressemitteilung 476.04 vom 6. August 2004.
369 »Dealen statt Deutschkurs – Zunehmende Kriminalität bei Spätaussiedlern«, in: ARD, *Panorama* vom 18. April 2002.
370 Ebenda.
371 »Die Türken«, in: *HR-Fernsehen* vom 27. Januar 2002.
372 Ebenda.
373 Konrad Freiberg, Gewerkschaft der Polizei, in: SAT.1, *Die Nacht* vom 24. April 2001.
374 Dagobert Lindlau, ebenda.
375 »Starke Kanzler-Worte – Sicherheit durch Wegschließen?«, in: ARD, *Sabine Christiansen* vom 15. Juli 2001.
376 Jürgen Linker: »Die Klau-Kinder von der Zeil«, in: *Bild* vom 4. November 2005.
377 »Angst vor Anarchie«, in: *Focus*, Heft 8/2002.
378 »Brutstätten der Gewalt – Hass und Hetze an deutschen Koran-Schulen«, in: ARD, *Panorama* vom 2. Oktober 2003.
379 »Die Moslem-Angst. Kommt der Krieg der Kulturen?«, in: WDR, *Hart aber fair* vom 8. Februar 2006.
380 »Die Türken«, in: *HR-Fernsehen* vom 27. Januar 2002.
381 ARD, *Sabine Christiansen* vom 14. November 2004.
382 Ekkehart Rotter: »Gebet, Gewalt und Gotteskrieger«, in: ZDF, *Maybrit Illner* vom 12. Juli 2007.
383 Homepage Gaddafi: *www.algathafi.org/html-english/index.htm*, abgerufen 7/2003.
384 Hans-Christian Ströbele, in: *busch@n-tv* vom 28. September 2006.

385 Marieluise Beck: »Multikulti am Ende?«, in: ZDF, *Berlin Mitte* vom 18. November 2004.
386 Henry M. Broder, ebenda.
387 »Der Islam ist das Problem«, in: *Focus Online* vom 26. September 2007.
388 Daniel Marc Cohn-Bendit, in: *Phoenix* vom 15. Mai 2001.
389 »Kampf dem Pflegemissstand«, in: *Deutsche Gesellschaft für Humanes Sterben (DGHS)*, Heft 1/2003, S. 23.
390 »Pflege: Kritik von UN ohne Wirkung«, in: *Münchner Merkur* vom 17. Januar 2002.
391 Gundo Zieres, Geschäftsführer des MDK Rheinland-Pfalz; Quelle: ZDF, *Frontal 21* vom 23. April 2002.
392 »GEK Pflegereport 2008« der Gmünder ErsatzKasse.
393 »Pflegebedürftige oft schlecht ernährt«, in: *Bild* vom 6. Oktober 2008.
394 »Untersuchung von Leichen belegt wohl falsche Pflege«, in: *Frankfurter Rundschau* vom 6. Januar 2003.
395 »Tatort Pflegeheim«, in: *ZDF-Dokumentation* vom 20. April 2002.
396 »Streit um das neue Heimgesetz«, in: ARD-Magazin *Fakt*; Quelle: www.mdr.de/fakt/140612.html, abgerufen am 19. Februar 2010.
397 »Tod durch kriminelle Pflege«, in: ZDF, *Frontal 21* vom 23. April 2002.
398 »Der Engel der Alten«, in: *ZDF-Reportage* vom 19. April 2002.
399 Quelle: ZDF-Magazin *Frontal 21* vom 23. April 2002.
400 »Essen im Knast besser als im Altenheim«, in: *Bild* vom 12. März 2002.
401 Pelka-Untersuchung 1998; Quelle: Bonner Initiative gegen Gewalt im Alter e. V.
402 »Verwahrlost und Verendet«, in: *Der Spiegel*, Heft 23/2001.
403 »So dokumentieren Sie einen Dekubitus richtig«, in: *pqsg – das Altenpflegemagazin im Internet*; Quelle: www.pqsg.de/seiten/openpqsg/hintergrund-dekubitus2.htm, abgerufen am 7. Februar 2010.
404 »Endstation Pflege«, in: *ZDF-Dokumentation* vom 28. April 2002.
405 Jürgen Fliege: »Und wer schiebt mich? Altenpflege als Pflegefall«, in: WDR, *Hart aber fair* vom 31. Mai 2006.
406 Quelle: »Kartell des Schweigens«, in: *Deutsche Gesellschaft für Humanes Sterben (DGHS)*, Heft 2/2003, S. 23.
407 Prof. Karl Lauterbach: »Glücksspiel Pflege: Wer schützt die Alten vor den Horrorheimen?«, in: WDR, *Hart aber fair* vom 5. September 2007.
408 »Tödliche Pflege – Das skrupellose Geschäft mit den Alten«, in: ARD, *Panorama* vom 14. Januar 1999.
409 »Änderungen im Betreuungsrecht«, in: *Deutsche Gesellschaft für Humanes Sterben (DGHS)*, Heft 3/2005. S. 13.
410 Quelle: »Wie staatlich bestellte Betreuer die Konten Schutzbefohlener abräumen«, in: ARD, *Plusminus* vom 11. November 2003.
411 »Viel Missbrauch, wenig Kontrolle – Lücken im Betreuungsrecht«, in: ARD, *Panorama* vom 11. Januar 2001.
412 »Wer Pfleger feuert, verdient sich eine goldene Nase«, in: *tz-München* vom 16. Juli 2002.
413 Werner Hesse, in: ZDF, *Morgenmagazin* vom 14. März 2008.
414 »Pflege-Experte gibt Medaille zurück«, in: *Münchner Merkur* vom 4./5. Mai 2002.
415 »Lichterketten auch für alte Menschen«, in: *Münchner Merkur* vom 29. Dezember 2005.

416 Andreas Pfeifer: »Massive Kritik am Pflege-TÜV«, in: *volksfreund.de* vom 28. April 2009.
417 Karl Lauterbach: »Pflege-TÜV ist ›Volksverdummung‹«, in: *süddeutsche.de* vom 5. Juni 2009.
418 Anna Rogulun: »Dienstag – Das starke Stück der Woche«, in: *HR-Fernsehen* vom 4. Juni 2002.
419 Mathieu Carrière, in: ARD-Magazin *Polylux* vom 16. Juni 2002.
420 »Zahlemann und Söhne – Väter ohne Rechte?«, in: *Busch@n-tv* vom 15. Februar 2007.
421 »Das Trauma der Trennung«, in: *Focus*, Heft 49/2001.
422 »Kinder ohne Väter«, in: *Focus*, Heft 5/1995, S. 137.
423 Helmut Borth: »Ex-Frau, Kinder und das liebe Geld – Revolution beim Unterhalt«, in: BW, *Nachtcafé* vom 13. Mai 2005.
424 »Zahlvater seit 1989«, in: *Männer-Rundbrief*, Heft 10/1995, S. 18.
425 »Ex-Familienministerin darf ihr Kind nur alle 2 Wochen sehen«, in: *Bild* vom 31. Dezember 2002.
426 Vgl. Hermann Messmer: »Die Ex«, in: *Focus*, Heft 26/2008, S. 102.
427 Oberlandesgericht Frankfurt: Beschluss vom 21. August 2001, Aktenzeichen 1 UF 94/01.
428 Bundesgerichtshof: *Pressemitteilung* Nr. 96, Entscheidung vom 17. Dezember 1998, 1 StR 156/98, 1 StR 258/98.
429 »Ex-Frau übel angeschwärzt«, in: *Münchner Merkur* vom 17. Juli 1996.
430 Vgl. »Das neue Unterhaltsrecht ab 01.01.2008«, in: *freiepresse.de* vom 8. April 2008.
431 Harald Schütz: Vortrag am 10. Mai 1997 auf dem 49. Deutschen Anwaltstag in Frankfurt am Main; Quelle: *Anwaltsblatt*, Heft 8+9/1997, S. 466-468.
432 Mathieu Carrière, in: ARD-Magazin *Polylux* vom 16. Juni 2002.
433 »Der entsorgte Vater«, in: *Der Spiegel*, Heft 47/1997, S. 92.
434 »Gib mir das Kind, ich zahle jeden Preis«, in: *Bild* vom 20. August 2002.
435 Mathieu Carrière, in: ARD, *Polylux* vom 16. Juni 2002.
436 »Ist Mathieu Carrière geisteskrank?«, in: *Bild* vom 25. Juni 2002.
437 Ebenda.
438 »Verzweifelter Studienrat kämpft um seine Tochter«, in: *Freisinger Neueste Nachrichten* vom 21. April 1995.
439 Väteraufbruch für Kinder e. V., in: *Pressemitteilung* vom 13. Juni 2002.
440 Statistisches Bundesamt: Todesursachenstatistik 1980 bis 2007.
441 »Selbstmorde – Motiv Scheidung«, in: *ISUV/VDU Report*, Heft März 1995.
442 »Anreiz zur Arbeit«, in: *Der Spiegel*, Heft 25/2001, S. 30.
443 Urteil des Bundesgerichtshofs vom 11. Februar 2004, Aktenzeichen XII ZR 265/02.
444 »Allein Erziehen als weit verbreitete Lebensform«, in: *Münchner Merkur* vom 17. August 2001.
445 »Seitensprung seiner Frau kostet ihm 700.000 Mark«, in: *Bild* vom 30. Mai 2001.
446 Oberlandesgericht Düsseldorf: Beschluss vom 28. Oktober 1996, Aktenzeichen 13 W 32/96.
447 Quelle: *Busch@n-tv* vom 15. Februar 2007.
448 Dieter Anger, in: ZDF-Frühstücksmagazin *Volle Kanne* vom 20. Juni 2001.
449 Margot von Renesse, in: ARD, *Fakt* vom 15. Januar 2001.
450 »Weltfrauentag – unverzichtbar oder nur gut gemeint?«, in: *Phoenix-Schwerpunkt* vom

8. März 2001.
451 Umfrage in *Busch@n-tv* vom 15. Februar 2007.
452 Mathieu Carrière: Rede an der Gedächtniskirche in Berlin am 8. Mai 2002«; Quelle: Väteraufbruch für Kinder e. V.
453 »Männer im Zeugungsstreik«, in: *Münchner Merkur* vom 22. Dezember 2006.
454 Quelle: Esther Vilar: *Heiraten ist unmoralisch.* Gustav Lübbe Verlag, Bergisch Gladbach 1994, S. 112.
455 Petra Roth, in: HR-Fernsehen, *3-2-1* vom 22. März 2001.
456 Quelle: Arne Hoffmann: *Sind Frauen bessere Menschen?.* Schwarzkopf & Schwarzkopf Verlag, Berlin 2001.
457 Werbesendung von CosmosDirekt, in: *n-tv* vom 1. September 2007.
458 Quelle: *Kreis-Anzeiger* vom 23. November 2000.
459 Vgl. »Lesbierinnen-Beratung verschickt Sex-Katalog«, in: *Frankfurter Allgemeine Zeitung* vom 12. April 1995, S. 43.
460 Buchempfehlung: *Die Rechte der Frauen – Narrenfreiheit für das weibliche Geschlecht?.* Autor Georg Friedenberger.
461 Vgl. Hannelore Mabry: »Eine Feministin – von Frauen verfolgt«, in: *Süddeutsche Zeitung* vom 22. November 1994.
462 Christian Wulff, in: n-tv, *Spät am Abend* vom 22. April 2001.
463 Karl Schwarz: »Bericht 2000 über die demographische Lage in Deutschland«, in: *Zeitschrift für Bevölkerungswissenschaft*, Heft 1/2001, S. 3-54.
464 Allensbacher Archiv, IfD-Umfragen 5059, 6023 I+II.
465 »Mein Mann ist kein Macho«, in: *Bunte*, Nr. 25/2009.
466 Esther Vilar: »Die undressierte Frau«, in: *Die Welt* vom 16. September 2005.
467 Vgl. »Sollen Jungen und Mädchen in der Schule getrennt werden?«, in: *Bild* vom 23. Oktober 2008.
468 »Der Schutzraum Schule braucht Geschlechtertrennung«, in: *Gießener Allgemeine Zeitung* vom 9. Mai 1997.
469 »Wie Mädchen gemacht werden«, in: *maedchenseite.com*; Quelle: http://maedchenseite.com/index.php?option=com_frontpage&Itemid=1&limit=2&limitstart=2, abgerufen am 8. August 2009.
470 Bernd Busemann: »Lehrerinnen machen Schüler dumm«, in: *Bild am Sonntag* vom 28. September 2003.
471 »Eine Arena des Geschlechterkampfs?«, in: *Emma-Club-FFM* (ohne Datum).
472 Richter Paul-Wolfgang Münker: »Sie haben den Vater erstochen«, in: *Bild* vom 2. Februar 2002.
473 Richter Friedrich Kühn: »Frau erschlägt ihren Freund – Freispruch«, in: *Bild* vom 22. Februar 1996.
474 »Freispruch ...aber der Richter glaubt an ihre Schuld«, in: *Bild* vom 22. Mai 2001.
475 Dr. Dr. Michael Bock im Gutachten vom 15. Juni 2001; Quelle: www.vafk.de/themen/expanhbock.htm, abgerufen am 5. August 2009.
476 Ebenda.
477 Quelle: Zeitung der Landeshauptstadt München, Ausgabe 33/2001.
478 »Schon 25 Brief-Freundinnen«, in: *Bild* vom 1. Februar 2001.
479 Alice Schwarzer, in: *n-tv*, Interview vom 22. November 2005.
480 »Kopf hoch, deutsche Männer!«, in: *Bild* vom 8. Dezember 2000.

481 Vgl. Wildwasser-Anzeige; Quelle: *Frankfurter Rundschau* vom 25. Juni 1994.
482 Statistisches Bundesamt: Strafverfolgungsstatistik VI E – 8.40.7.1 – 1954 bis 2
483 Quelle: *Wiesbadener Kurier* vom 26. Januar 1996.
484 Beispiel Zartbitter: »Exploration – Inquisitorische Befragung von Kindern«, in: *ZEGG-Extra* aus 1992.
485 Quelle: *Wiesbadener Kurier* vom 26. Januar 1996.
486 Ebenda.
487 »Verschüttete Wahrheit«, in: *Focus*, Heft 21/1995.
488 »Was bleibt ist ein schlechtes Gefühl«, in: *tz-München* vom 15. Juni 2005.
489 Vgl. Statistisches Bundesamt: Strafverfolgungsstatistik VI E – 8.40.7.1 – 1954 bis 2003.
490 »Frauensache«, in: *Wormser Wochenblatt* vom 13. Februar 1997.
491 Hans Eichel: »Eichels Kassensturz – Wer zahlt drauf?«, in: ZDF, *Berlin Mitte* vom 17. Mai 2001.
492 Christine Thürmer-Rohr: »Frauenpower macht Männer sauer«, in: *SWR2 Wissen* vom 18. Juli 2003.
493 »Skandal – Akte Jugendamt«, in: *Neue Revue* vom 18. Januar 1996, Heft 4, S. 8.
494 »Jugendamt – Wehe, wenn sich der Staat um deine Kinder kümmert«, in: *Stern*, Heft 39/2004, S. 192.
495 »Wie viel Schuld hat das Jugendamt?«, in: *Bild* vom 9. April 1998.
496 Vgl. »Der Fall Mauricio«, in: *Die Zwei*, Heft 18/1995.
497 »Jugendamt – Wehe, wenn sich der Staat um deine Kinder kümmert«, in: *Stern*, Heft 39/2004, S. 191.
498 SEM e. V., Stadtlohn: »Und morgen verschwindet ihr Kind«, in: *Broschüre* zum Thema unberechtigte Kindeswegnahme (ohne Datum).
499 »Merkels 10 Gebote für Deutschland«, in: *Bild* vom 1. Dezember 2005.
500 »Menschengerichtshof – Schadenersatz für Entzug des Sorgerechts«, in: *Frankfurter Rundschau* vom 10. April 2004.
501 Annelise Oeschger: »Präsidentin der INGO-Konferenz verurteilt Menschenrechtsverletzungen durch Jugendämter«, in: *Presseplog* vom 26. November 2007.
502 Vgl. »EU-Petitionskommission in Brüssel beschließt Initiativbericht zum deutschen Jugendamt«, in *Pressemitteilung* von edv-marketing & mediadesign vom 11. Juni 2007.
503 »Taleas Tod: Massive Vorwürfe gegen Wuppertaler Jugendamt«, in: *Westdeutsche Zeitung* vom 27. März 2008.
504 »Adoptiveltern kehrten zurück – Festnahme«, in: *Münchner Merkur* vom 23. Oktober 1995.
505 »Jugendamt sah keinen Grund zum Eingreifen«, in: *Spiegel TV* vom 17. März 2003.
506 Leserbrief zum Thema: »Pflege-Eltern ließen Kind verhungern«, in: *Bild* vom 2. Dezember 1997.
507 »Schwerin schickt Bürgermeister in die Wüste«, in: *Focus Online* vom 27. April 2008.
508 »Doris Schröder-Köpf legt nach«, in: *Bild* vom 1. September 2005.
509 Vgl. Institut für Demoskopie Allensbach (Hg.): »Sexueller Missbrauch von Kindern«, in: *Allensbacher Berichte*, 17/1995.
510 Verschiedene Schreiben des Bundespräsidialamts vom 24. Januar 1995 bis 27. September 1996 im Besitz des Verfassers.
511 Hans Herbert von Arnim: *Vom schönen Schein der Demokratie*. Droemer Verlag, München 2000.

512 Quelle: »Erste, unredigierte Langfassung« des *Rheinisches Journalistinnenbüro* vom 17. Februar 1994.
513 Vgl. BVerfG – Kammer – EuGRZ 1997, 413, 416.
514 »Wie ein Waldgefängnis mit Auslauf«, in: *faz.net* vom 17. Januar 2008.
515 Quelle: Großeltern-Report, in: *http://grosseltern-report.de/posts/63-marianne-hess-initiatorin-von-grosselternproenkel*, abgerufen am 8. Februar 2010. Eine weitere Anlaufstelle für Betroffene: Bundesinitiative Großeltern www.grosseltern-initiative.de.
516 »Wirkliche Hilfe bekam ich nie«, in: *Stuttgarter Nachrichten* (ohne Datum).
517 Statisches Bundesamt (Destatis), in: *Pressemeldung* vom 15. Juli 2008.
518 »Die Oma-Killer«, in: *Bild* vom 12. Juli 2008.
519 »Die Eltern-Klauer der Nation«, in: *EX* vom 7. Juli 1995, S. 21.
520 »Skandal! Jugendamt für Erhaltung des Babystriches«, in: *Bild* vom 3. Juli 2001.
521 Quelle: UNICEF-Innocenti Report Card Nr. 5, Florenz, August 2003.
522 Quelle: Information der Jugendamtsgeschädigten-Initiative Stuttgart (ohne Datum).
523 Bamberger Erklärung: »Deutsche Jugendämter und Europäische Menschenrechtskonvention« vom 20./21. Oktober 2007; Quelle: *Presseblog* vom 3. Dezember 2007.
524 Uwe Jopt, in: *Report Baden-Baden* vom 19. September 1995.
525 »Clinton will von Schröder 1100 Kinder zurück«, in: *Bild* vom 2. Juni 2000.
526 Gabriele Karl, in: SWF, *Nachtcafé* (ohne Datum).
527 »Lücke im Raster«, in: *Der Spiegel*, Heft 8/2006, S. 48.
528 »... und ein Kindermörder durfte in den Freizeitpark«, in: *Bild* vom 26. Oktober 2001.
529 »Krankenkassen-Mitarbeiter missbraucht 14 Kinder«, in: *RTL-Aktuell* vom 28. August 2008.
530 »Tödliches Gutachter-Roulette um einen Mörder«, in: *Bild am Sonntag* vom 30. April/1. Mai 2000.
531 »Schusswaffengebrauch durch die Polizei«, in: *Amnesty International*, Jahresbericht 2000, S. 160.
532 »Schmökel – der Minister spricht schon vom nächsten Feigang«, in: *Bild* vom 9. November 2000.
533 Quelle: »Psychiater fordert mehr Plätze im Maßregelvollzug für Jugendliche«, in: *MVregio News* vom 3. Juli 2008.
534 »Mehr Lehrer und Erzieher in der Forensik« *Psychiatrienetz Bonn* vom 28. August 2008.
535 Norbert Nedopil: »Bei Therapie von Sex-Tätern wird Geld verschwendet!«, in: *Bild* vom 11. Oktober 2002.
536 Gerhard Schröder: »Es gibt nichts Abscheulicheres als ein Verbrechen an einem Kind«, in: *Bild am Sonntag* vom 8. Juli 2001.
537 Quelle: »Wenn Mütter töten«, in: ARD, *Brisant* vom 19. Januar 2004.
538 Holger Pröbstel, Vorsitzender Richter am Landgericht Erfurt; Quelle: »Dafür sind wir Richter«, in: *Der Spiegel*, Heft 39/2001.
539 »Sie ließ ihr Baby verhungern«, in: *Bild* vom 11. Mai 1999.
540 »Freispruch! Obwohl sie ihr Baby getötet hat«, in: *Bild* vom 16. Mai 2006.
541 »Wenn Mütter ihre Kinder töten – Fälle der vergangenen Jahre«, in: *Augsburger Allgemeine* vom 8. Februar 2008.
542 »Kindesmord zur Familienplanung«, in: *Hamburger Abendblatt* vom 25. Februar 2008.
543 Straftilgung laut Bundeszentralregistergesetz (BZRG) §§ 45 ff.

544 Polizeiliche Kriminalstatistik 2009; Quelle: »Weniger Straftaten – besorgniserregende Tendenzen«, in: *tagesschau.de* vom 18. Mai 2010.
545 »Sollen alle deutschen Männer zum Gen-Test?«, in: *Bild* vom 13. März 2001.
546 »Feiertagsfiasko – Deutschland 15 Jahre nach dem Mauerfall«, in: ARD, *Sabine Christiansen* vom 7. November 2004.
547 Dominique de Villepin, in: n-tv, *Nachrichten-Ticker* vom 4. Oktober 2005.
548 Endgültiges Ergebnis der Bundestagswahl 2005; Quelle: Der Bundeswahlleiter vom 18. November 2005.
549 »Die Wähler haben souverän entscheiden«, in: *Metallzeitung*, 10/2003, S. 8.
550 Vgl. Studie zum Wohlstand: »Deutschland fällt zurück«, in: *Focus Online* vom 7. Mai 2006.
551 Franz Müntefering, in: ARD, *Beckmann* vom 12. Dezember 2005.
552 Quelle: »Endstation Beirut«, in: ZDF-Dokumentation *37 Grad* vom 11. Oktober 2005.
553 Quelle: Menschen für Tierrechte – Bundesverband der Tierversuchsgegner, in: *Presseerklärung* vom 14. Mai 2007.
554 Wolfgang Thierse: »Der Staat eine Beute der Parteien?«, in: *Phoenix Podiums-Diskussion* vom 19. März 2000.
555 »Altkanzler fordert mehr Mut«, in: *Bild* vom 2. Juli 2005.
556 ZDF, *Morgenmagazin* vom 23. November 2005.

Personenregister

Ackermann Josef 40, 96, 185
Adenauer, Konrad 150
Albrecht, Peter-Alexis 165
Al-R, Mohammad 238
Anger, Dieter 291
Antonius, Bruder 74
Arenhövel, Wolfgang 163
Ari, Muhlis 237 f.
Arnim, Hans Herbert von 29, 119, 221, 349
Astner, Natalie 362
Atta, Mohammed 225, 241
Aurin, Ute 7, 215
Axel Börsch-Supan 87

Badle, Alexander 83
Balder, Hugo Egon 113
Bannenberg, Britta 109
Bartsch, Jürgen 357
Baumeister, Brigitte 164
Beck, Marieluise 245
Beck, Volker 136
Beckenbauer, Franz 56, 110, 265
Becker, Boris 110, 204
Beer, Angelika 138
Beltz, Matthias 113, 160
Benneter, Klaus Uwe 115
Bergmann, Christine 38
Bierach, Barbara 300
Bietmann, Rolf 119
Birg, Herwig 233
Bisky, Lothar 114
Bismarck, Graf Otto von 146
Bissinger, Manfred 296
Blüchel, Kurt G. 85
Blüm, Norbert 126, 250
Bock, Michael 310 f.
Bohley, Peter 60
Böhme, Erich 147
Böhmer, Maria 234
Böhmer, Wolfgang 372
Borth, Helmut 273
Bosbach, Gerd 90 f., 140
Bossi, Rolf 186, 190, 350
Bostrup, Jens Peter 98

Bötsch, Wolfgang 125
Böttcher, Monika 186

Brandstätter, Helmut 138
Brandt, Ulrike 357, 362, 376
Brandt, Willy 31
Brehme, Andy 173
Breuel, Birgit 149
Brinkmann, Rainer 125
Broder, Henry M. 246
Brühne, Vera 186
Bryde, Brun-Otto 240
Buschkowsky, Heinz 246
Busemann, Bernd 304
Bush, George W. 222, 314
Busse, Jochen 236
Butterwegge, Christoph 25

Carrière, Mathieu 270, 276, 284 ff., 292
Carstensen, Peter Harry 54
Cempellin, Osvaldo 138
Chirac, Jacques 271, 292
Claussen, Norbert 340
Clement, Wolfgang 69 f., 130, 148, 381
Clinton, Bill 318, 359 f.
Cohn-Bendit, Daniel 249

Däke, Karl Heinz 110, 125
Däubler-Gmelin, Herta 168
Daum, Christoph 173
Deligöz, Ekin 248
Dick, Alfred 127
Diesterweg, Rolf 357
Ditfurth, Jutta 33, 234
Dittrich, Jan 72
Döring, Walter 155
Duisenberg, Wim 59
Durbin, Faruk 236
Dürr, Heinz 43

Ederer, Günter 95, 110
Effenberg, Stefan »Effe« 172, 351
Ehlerding, Karl 155
Eichel, Hans 60, 117, 122, 130, 329 f.

El-Zayat, Ibrahim 222
Enderlein, Henrik 131
Enders, Ursula 341
Eppler, Erhard 133
Eversley, David 93 f.
Everts, Ulrike 362

Faltlhauser, Kurt 22
Fischer, »Joschka« Joseph 17, 36 f., 114, 117, 137, 224
Fliege, Jürgen 250, 259
Frank, Christoph 366
Friedman, Michel 128
Fritzenkötter, Andreas 131
Fussek, Claus 267 f.

Gabriel, Sigmar 57, 63
Gaddafi, Muammar al- 205, 244
Gäfgen, Magnus 187
Gauweiler, Peter 60, 195
Geiger, Willi 170
Geißler, Heiner 14, 55, 66, 152, 194
Gerster, Florian 71
Giordano, Ralph 247
Glos, Michael 38, 137
Gloystein, Peter 22
Gogh, Theo van 247 f.
Göhner, Reinhard 27
Gorbatschow, Michail 32
Görtemaker, Manfred 64
Graf, Stefanie »Steffi« 172
Grosser, Alfred 32
Großklaus, Rolf 221
Guha, Anton-Andreas 190
Gysi, Gregor 387

Haas, Evelyn 240
Haas, Monika 186
Haavelmo, Trygve 45
Haderthauer, Christine 269
Hamm-Brücher, Hildegard 145
Härtel, Margret 164
Hartz, Peter 65 ff., 102
Hauptmann, Gaby 296
Hengsbach, Friedhelm 65
Hengstmann, Jürgen 215

Henkel, Hans-Olaf 113, 153
Hennis, Wilhelm 146, 150
Henrichs, Horst 166
Herbort, Bernd 280
Herman, Eva 301
Hermann, Winfried 125
Herzog, Roman 65, 121, 344
Hesse, Werner 267
Heuss, Theodor 108
Hilgers, Heinz 332
Hirsch, Rolf 258
Hoeneß, Susi 301
Hoeneß, Ulli 43, 301
Hoffmann, Arne 314
Hoffmann-Riem, Wolfgang 240
Hohmann-Dennhardt, Christine 240
Höhn, Bärbel 122
Hömig, Dieter 240
Honecker, Erich 172
Honecker, Margot 77
Hundt, Dieter 100
Hunzinger, Moritz 155
Hüther, Michael 83

Ickler, Theodor 61
Ipsen, Jörn 158

Jackson, Michael 326
Jacob, Joachim 290
Jaeger, Renate 240
Janov, Arthur 353
Jopt, Uwe 321, 332, 360
Jordan, Don F. 49, 158
Juhnke, Harald 253
Jungwirth, Franz 268

Kanther, Manfred 163
Kaplan, Metin 241
Karasek, Hellmuth 276
Karl, Gabriele 361
Kaspar, Heidrun 326
Kastenbauer, Andreas 178
Kauder, Volker 74, 97
Keil, Hilgar 161
Kerkeling, Hape 386
Kinkel, Klaus 125

Klarmann, Dieter 174 f.
Kleinert, Detlef 137 f.
Klingholz, Reiner 88
Klöckner, Bernd W. 72, 74
Kluck, Marie-Luise 320
Koch, Roland 114, 131, 163
Kocks, Klaus 94, 107
Kohl, Hannelore 217
Kohl, Helmut 19, 31, 120, 145, 164, 168, 217, 341, 381 f.
Köhler, Horst 85, 344, 382
Kohlhaas, Michael 291
Köhn, Jutta 120
Konken, Michael 132
Körner, Gernot 174 f.
Krämer, Peter 43
Krämer, Walter 59
Krenz, Egon 172
Krone-Schmalz, Gabriele 148 f.
Kühling, Jürgen 168
Künast, Renate 117

Lafontaine, Oskar 387
Lage-Stehr, Johanna 194
Lambsdorff, Otto Graf 39
Lammert, Norbert 97
Lamprecht, Günter 172
Lanz, Hugo 182
Larondelle, Katharina 317
Lauterbach, Karl 261, 269
Leinemann, Jürgen 137, 141
Lewinsky, Monica 318
Leyen, Ursula von der 38, 93, 132, 332, 359
Libicki, Marcin 336
Limbach, Jutta 169
Lindlau, Dagobert 237
Ljubic, Nicol 144
Lorenzo, Giovanni di 224
Löwen, Heinrich 177
Löwitsch, Klaus 172
Lundin, Tomas 103
Luxemburg, Rosa 276

Mabry, Hannelore 299
Mackenroth, Geert 167

Maget, Franz 30, 130
Mandelartz, Ulrike 82
Martini, Klaudia 108
Marx, Harald 61
Matthäus-Maier, Ingrid 150
Mayer-Vorfelder, Gerhard 136
Meisner, Kardinal 124
Mentzel, Achim 377
Merkel, Angela 17, 19, 27, 33, 35, 44, 75, 81, 106, 120, 132, 314, 336, 341, 362, 380 f., 383, 385, 387
Merz, Friedrich 134
Messmer, Hermann 276
Metzger, Oswald 122
Metzler, Jakob von 187
Meyer, Laurenz 115 f.
Miegel, Meinhard 232 f.
Mißfelder, Philipp 72, 142
Monaco, Caroline von 204
Moshammer, Rudolph 236, 376
Müller, Sven David 254
Müller-Wohlfahrt, Hans-Wilhelm 165
Munoz, Vernor 108
Müntefering, Franz 30, 33, 75, 89, 130, 383
Mzoudi, Abdelghani 241

Nahles, Andrea 31, 380
Nahr, Helmar 40
Nedopil, Norbert 367
Nickels, Christa 38
Nida-Rümelin, Julian 38
Niebel, Dirk 71
Nietzsche, Friedrich 378
Nolte, Claudia 275
Nowitzki, Dirk 313
Nytsch, Christina 362

O'Neill, Jim 46
Obama, Barack 107, 386
Oeschger, Annelise 336
Özdemir, Cem 155

Palmer, Christoph 120
Papier, Hans-Jürgen 240
Pauli, Gabriele 293

Paulus, Harald 255
Peter, Laurence J. 139 f.
Petzold, Andreas 36
Pfannenstiel, Peter 211
Pfeifer, Andreas 269
Pipa, Erich 69
Plottnitz, Rupert von 287
Pollmer, Udo 212
Pompidou, Georges 150
Priol, Urban 61

Raffelhüschen, Bernd 75, 92
Ramsauer, Peter 123
Rau, Johannes 224, 344
Reiche, Katherina 72, 142
Renesse, Margot von 264, 291
Ressel, Annelore 311
Reusch, Roman 237
Riesenhuber, Heinz 136
Rocchigiani, Graciano »Rocky« 173
Rothgang, Heinz 251
Roth, Claudia 135, 248 f., 268
Roth, Petra 296
Rotter, Ekkehart 244, 247
Röttgen, Norbert 26 f.
Rürup, Bert 64 f., 75
Rutschky, Katharina 328
Rüttgers, Jürgen 40, 45, 108, 149

Sarkozy, Nicolas 45
Sayn-Wittgenstein, Casimir Prinz zu 163
Schabowski, Günter 77
Schade, Burkhard 320, 346
Schäfer, Bärbel 128
Scharping, Rudolf 111, 155
Schäuble, Wolfgang 39, 164
Schaupensteiner, Wolfgang 97
Schavan, Annette 303
Schily, Otto 227, 232, 292
Schmid, Albert 224
Schmidt, Helmut 56, 73, 96, 109, 140, 225, 228, 386
Schmidt, Loki 73
Schmidt, Ulla 80
Schmitt, Heinz 125
Schmökel, Frank 313, 365

Schneider, Egon 190
Scholl-Latour, Peter 25
Scholz, Carolin 362
Scholz, Olaf 70
Scholz, Rupert 168
Schöndorf, Erich 180 ff.
Schöneberger, Barbara 296
Schorlemer, Elmo Freiherr von 202
Schreiber, Karlheinz 39
Schrempp, Jürgen 97
Schröder, Gerhard 30, 32 f., 43, 59, 67, 71, 75, 126, 130 ff., 168, 273, 341, 362, 368, 382, 386
Schröder, Ilka 38
Schröder-Köpf, Doris 341
Schuchardt, Erika 126
Schulz, Anja 104
Schumacher, Michael 110
Schwarzer, Alice 314
Schweinsberg, Klaus 94
See, Hans 156
Seehofer, Horst 38 f., 85, 205, 207
Sevindim, Asli 236
Simak, Jan 172
Simonis, Heide 61, 143, 150
Singhammer, Johannes 76
Sinn, Hans-Werner 106, 157, 224
Sloterdijk, Peter 57
Späth, Lothar 114
Stahl, Alexander von 237
Steinbrück, Peer 114, 120
Steiner, Udo 48, 240
Steinmeier, Frank-Walter 17, 130, 380
Steller, Max 182, 320
Stoiber, Edmund 22, 35 f., 72, 133
Stolte, Dieter 148
Strauß, Franz-Josef 164
Strauß, Max 164
Ströbele, Hans-Christian 113, 117, 244, 314
Struck, Peter 158
Süssmuth, Rita 127, 135, 195, 199
Szasz, Thomas 368

Terwitte, Bruder Paulus 107
Teufel, Erwin 134

411

Thierse, Wolfgang 109, 126, 164, 386
Thurau, Udo 235
Thürmer-Rohr, Christine 329 f.
Tibi, Bassam 222, 235
Tiefensee, Wolfgang 70, 120
Töpfer, Klaus 128
Trittin, Jürgen 117
Türck, Andreas 28

Ude, Christian 29
Uecker, Gerd 289
Ullrich, Jan 110

Vandreike, Achim 296
Verheugen, Günter 55
Viehöfer, Yvonne 295
Vilar, Esther 271, 301
Villepin, Dominique de 381
Vitz, Jürgen 172

Wagner, Christian 70
Wagner, Daniel 30
Wagner, Hans-Georg 125
Wagner, Nike 63
Wasserhövel, Kajo 30

Wehner, Herbert 152
Weibler-Villalobos, Ursula 269
Weizsäcker, Richard von 114
Wenders, Wim 49
Werner, Götz 70
Westerwelle, Guido 114, 120
Weyrauch, Horst 163
Wieczorek-Zeul, Heidemarie 206
Wiedeking, Wendelin 100, 103
Wiefelspütz, Dieter 123, 233
Wieland, Rainer 337
Winnemuth, Meike 296
Winter, Klaus 168
Wöhrl, Dagmar 292
Wolf, Ingo 117
Wolf, Markus 77
Wolff, Reinhart 326
Wulff, Christian 34, 300
Wussow, Klausjürgen 295

Ziel, Alwin 366
Zimmermann, Christian 84
Zimmermann, Franz 129
Zurwehme, Dieter 313, 364
Zypries, Brigitte 290